ODD HARALD HAUGE

GEJAGT IM EIS

ODD HARALD HAUGE

GEJAGT IM EIS

THRILLER

Aus dem Norwegischen von Nina Hoyer

Die norwegische Originalausgabe ist 2019 unter dem Titel STOREBJØRN bei Kagge Forlag, Oslo, erschienen.

This translation has been published with the financial support of NORLA.  **NORLA** Norwegian Literature Abroad

Sämtliche Angaben in diesem Werk erfolgen trotz sorgfältiger Bearbeitung ohne Gewähr. Eine Haftung der Autoren bzw. Herausgeber und des Verlages ist ausgeschlossen.

1. Auflage 2021
Copyright © 2019 by Odd Harald Hauge
Copyright der deutschsprachigen Ausgabe © 2021
Benevento Verlag bei Benevento Publishing Salzburg – München,
eine Marke der Red Bull Media House GmbH, Wals bei Salzburg
Published in agreement with Stilton Literary Agency

Medieninhaber, Verleger und Herausgeber:
Red Bull Media House GmbH
Oberst-Lepperdinger-Straße 11–15
5071 Wals bei Salzburg, Österreich

Satz: MEDIA DESIGN: RIZNER.AT
Gesetzt aus der Minion Pro, Verlag Compressed
Lektorat: Nina Hübner
Umschlaggestaltung: zero-media.net, München
Umschlagmotive: © FinePic®, München; © Getty Images/Katja Hinz/EyeEm
Spitzbergenkarte: © David Keeping
Printed by Finidr, Czech Rpublic

ISBN: 978-3-7109-0112-6

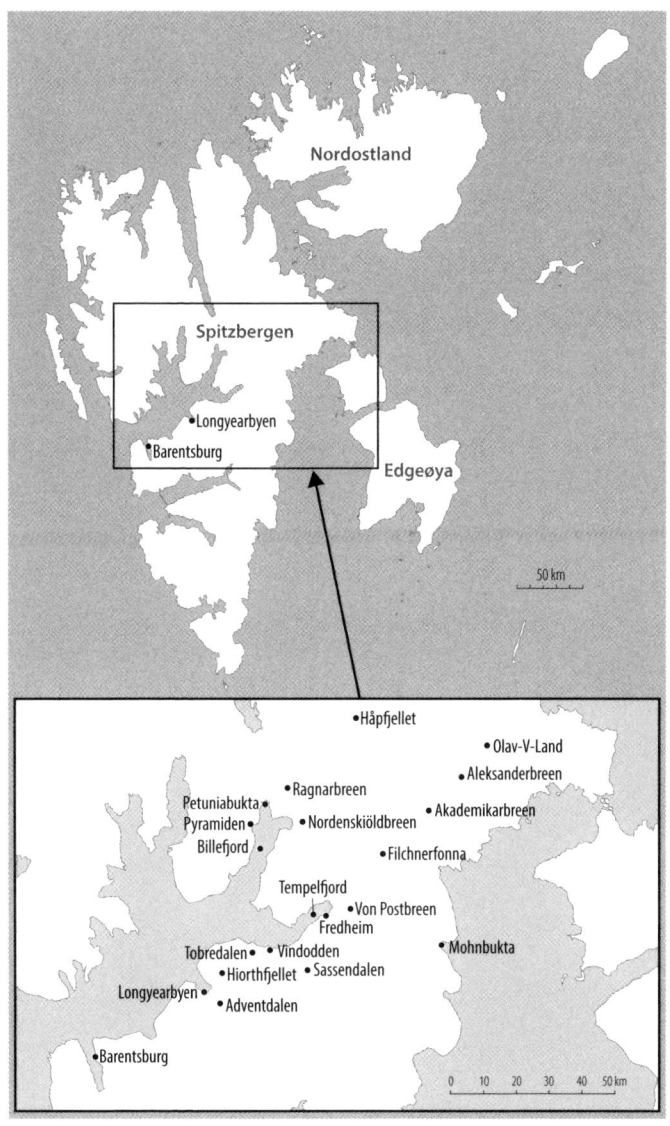

5

1

Die kommenden Tage würden die schlimmsten seines Lebens werden.

Aber das wusste Martin Moltzau noch nicht, als er seinen Blick über das Meer gen Westen schweifen ließ. Er spürte den eisigen Wind im Rücken und vergrub die Hände tief in den Taschen seiner Daunenjacke. Eine Mischung aus Neugier und Unlust machte sich in ihm breit.

Noch eine halbe Stunde, dann musste er wieder liefern, rund um die Uhr. Wäre wieder mit denselben Fragen, denselben Geschichten, derselben Bewunderung und dem Vertrauen in ihn, den Guide, konfrontiert. Er konnte nicht sagen, ob er das hasste oder genoss. Vielleicht brauchte er es einfach.

Als das Flugzeug der skandinavischen Fluggesellschaft SAS herannahte, konnte Martin das Sonnenlicht auf dem Rumpf aufblitzen sehen. Der Himmel über der Maschine war strahlend blau, und unter ihr glitzerte das eisfreie Meer. Der Isfjord Spitzbergens hatte seinen Namen schon vor vielen Generationen erhalten und war längst nicht mehr zugefroren.

Für einen Piloten, der schon häufig in Longyearbyen gelandet war, musste dies trotz der starken Böen ein schöner Arbeitstag sein. Das Flugzeug schaukelte ein wenig im Seitenwind, als es über die Häuschen am Ufer hinwegbrauste. Aus dem Brüllen der Motoren nach der Landung schloss Martin, dass der Flieger vermutlich schwer und die Landebahn entsprechend kurz war.

Er sah dem Flugzeug nach, bis es hinter dem Terminal verschwand. Dann zog er seine Kapuze hoch und stapfte dorthin. Die Sonne wärmte kaum, obwohl es schon Mai war.

Im Terminal – das zugleich Ankunfts- und Abflughalle war – wimmelte es nur so von Menschen. Martin bahnte sich einen Weg durch die Menge und positionierte sich dort, wo die Fluggäste die Halle betreten würden, sodass die neu eingetroffenen Passagiere ihn sofort sehen konnten.

Da spürte er einen Klaps auf seiner Schulter und drehte sich um. Jon Alming, Redakteur der norwegischen Wochenzeitung *Svalbardposten* und mit seinen eins neunzig einen Kopf kleiner als Martin, sah zu ihm hoch. Ein neugieriger Ausdruck lag auf seinem schmalen Gesicht; sein Lächeln entblößte ein schiefes Gebiss.

»Na, bereit für neue Gäste?«

»Ja, die letzten für diese Saison.«

»Wo treibst du diese Leute bloß alle auf, die dir für ein paar Tage in der Wildnis ein halbes Vermögen bezahlen?«

»Das ist ein Berufsgeheimnis, Jon.«

»Deine Berühmtheit ist dir da sicher nicht von Schaden«, sagte der Redakteur mit einem Grinsen. »Du musst mir bald mal ein Interview geben.«

»Vergiss es!«

Martin kehrte Alming den Rücken zu. Er hatte das unbestimmte Gefühl, dass dieser Typ ein Schleimer war.

Martin zog eine kleine amerikanische Flagge aus den Tiefen seiner Jackentasche und hielt sie wie verabredet vor sich hoch.

»Amerikaner? Von der Wall Street?«, fragte Alming.

»Das ist wohl der einzige Straßenname in den Vereinigten Staaten, der dir etwas sagt, oder?«, erwiderte Martin nur.

Er mochte diese alte Bezeichnung für die USA viel lieber und wollte nicht offen zugeben, dass Alming recht hatte. Der Vater der Familie, die er erwartete, arbeitete tatsächlich an der Wall Street, und er hatte ihm subtil zu verstehen gegeben, dass Geld keine Rolle spielte.

Alming trat zuvorkommend beiseite, als die ersten Fluggäste aus der schmalen Tür herauskamen. Nur wenig später blieb ein muskulöser Mann in den Fünfzigern vor Martin stehen – er war ungefähr gleich groß wie er – und nahm seine Hand. Sein Händedruck war so fest, dass er beinahe Martins Hand zerquetschte.

»*Mr. Moltzau, I presume.* Ich bin James Parker.«

Ein Lächeln breitete sich auf Martins Gesicht aus. Diese Begrüßung war ganz nach seinem Geschmack. Bevor er etwas erwidern konnte, erschienen neben Parker zwei Frauen. Eine von ihnen musste Mrs. Parker sein. Sie wirkte nur wenige Jahre jünger als ihr Mann, war blond, klein und zierlich. Mit einem munteren Gesichtsausdruck reichte sie Martin ebenfalls die Hand. Die andere Frau hätte überall Aufsehen erregt, selbst in voller Wintermontur. Martin ertappte sich dabei, wie er seinen Blick unwillkürlich über ihre Figur wandern ließ, bevor sie ihn zur Begrüßung auf die Wange küsste.

Sie stellten sich einander vor, und im Stillen wiederholte Martin die Namen noch mal, um sie sich besser einzuprägen: James, Sarah und Cindy. Für einen Guide war es unerlässlich, seine Kunden mit Namen anzusprechen.

»Die Gepäckausgabe braucht hier leider ewig«, bemerkte Martin.

»Wir reisen mit leichtem Gepäck«, erwiderte James und hob vielsagend einen mittelgroßen Rucksack hoch.

Martin konnte sein Erstaunen nicht verbergen.

Die Tochter, Cindy, zwinkerte ihm zu. »Sie haben uns doch geschrieben, dass echte Abenteurer nur Handgepäck bei sich haben. Und dass wir die gesamte Ausrüstung, die wir brauchen, auch vor Ort leihen können, oder etwa nicht?«

Martin lachte. »Das schreibe ich allen meinen Gästen, aber bisher ist noch niemand meinem Rat gefolgt.«

Geflissentlich ging Martin voran durch das Gedränge am Gepäckband und wies ihnen den Weg zum Ausgang. Als sie in die Kälte hinaustraten und der Wind sie traf, hatten seine Gäste es eilig, sich ihre Parkas anzuziehen.

»Brrr, wie kalt ist es denn gerade?«, fragte Sarah. Ihrer Körpersprache nach zu urteilen, litt sie an einem Kälteschock.

»Minus achtzehn Grad. Celsius. Durch den Wind ist es gefühlt noch kälter. Aber Sie haben Glück, Sie müssen nicht zu Fuß gehen«, sagte Martin und deutete auf ein Großraumtaxi hinter dem Flughafenbus. Doch Familie Parker sah plötzlich in eine andere Richtung. Sie hatten die erste Touristenattraktion Longyearbyens entdeckt. Auf der gegenüberliegenden Straßenseite stand ein Wegweiser, der Auskunft über die Entfernung dieses Außenpostens unweit des Nordpols zu vielen Metropolen der Welt gab.

Martin folgte ihnen, als sie vorsichtig die vereiste Straße überquerten. Sarah glitt aus, und Martin, der sie blitzschnell packte, konnte ihren Sturz auf die Eisplatten gerade noch verhindern. Mit einem energischen Ruck zog er sie wieder auf die Füße. Sie starrte auf seine linke Hand, an der drei Finger fehlten. Nur Daumen und Zeigefinger waren noch da. Martin war es gewohnt, dass die Leute ihn deshalb anstarrten, und ließ Sarah erst wieder los, als sie sicher neben dem Wegweiser stand.

»Danke. Was ist mit Ihrer Hand passiert?«, erkundigte sie sich.

»Ach, das ist eine lange Geschichte«, erwiderte Martin nur.

Er nahm die Kamera, die James ihm hinhielt, und fotografierte die Parkers, während sie auf eines der Schilder am Wegweiser zeigten – New York. 5581 Kilometer. Für einen flüchtigen Moment sah Martin sich selbst wie aus der Distanz, zwanzig Jahre später, immer noch dieselben Aufnahmen knipsend, nur von anderen Familien. Dann schob er diesen so plötzlich in ihm aufgestiegenen Gedanken beiseite.

Wenig später im Taxi baute er sich vor seinen Gästen im Mittelgang auf und gab sich ganz als der Boss.

»Noch einmal herzlich willkommen!«, sagte er mit einer Geste zum Taxifahrer. »Darf ich vorstellen? Das ist mein Freund Aleksander. Vielleicht ist er ja der erste Russe, dem Sie begegnen? Er fährt uns jetzt in knapp fünfzehn Minuten in die Stadt. Heute werden Sie sich diesen seltsamen Ort näher ansehen und können sich erst einmal an die Kälte gewöhnen. Beziehen wir den Windfaktor mit ein, ist die gefühlte Temperatur zurzeit etwa sechzig Grad kälter als in Ihrer Heimat. Sie dürfen gern zugeben, dass Sie das kalt finden.«

Martin schaute in die interessierten Gesichter seiner Gäste und merkte, wie ihn ein Gefühl der Ruhe und Befriedigung überkam, wie immer, wenn er andere Menschen an etwas Interessantem teilhaben lassen konnte.

Als das Taxi langsam das Plateau hinunterfuhr und den Flughafen hinter sich ließ, setzte er sich. Er fragte sich wie so oft, was den Leuten, die Spitzbergen das erste Mal besuchten, wohl durch den Kopf gehen mochte. Was ihnen ins Auge stach. Er selbst war demgegenüber mittlerweile so gut wie blind geworden. Kamen die Gäste während der hellen Jahreszeit mit einem Nachtflug an, war es nicht weiter schwierig, das zu erahnen, dann waren sie von der Mitternachtssonne gefesselt.

Vielleicht fragte sich die Familie Parker ja erstaunt, weshalb der Boden nur wenige Zentimeter von Schnee bedeckt war, obwohl sie sich so nahe am Nordpol befanden? Auch der Anblick der am Straßenrand weidenden Rentiere war sicherlich exotisch für sie.

Jemand tippte ihm auf die Schulter. Er drehte sich um.

»Wo befindet sich eigentlich die berühmte Saatgutbank, diese moderne Arche Noah?«, fragte James.

»Sie liegt gleich da oben«, sagte Martin und deutete auf den Hang zu seiner Rechten. Alle drei lehnten sich zur Seite, um besser sehen zu können.

»Ich kann nichts entdecken.«

Martin bat Aleksander, am Straßenrand anzuhalten. Sie stiegen aus und reihten sich vor dem Auto auf. Weil die Sonne schon so tief stand, mussten sie die Augen mit der Hand abschirmen.

»Es ist dieses kleine Gebäude dort oben links«, erklärte Martin. Er deutete darauf.

»Ich kann nur eine kleine Hütte erkennen.« James drehte sich zu ihm um. »Und ich dachte, das ist eine weltberühmte Sehenswürdigkeit. Kann man sie besichtigen?«

»Da kommt noch nicht mal der US-Präsident persönlich rein.«

James und Sarah schüttelten den Kopf und setzten sich wieder in den Wagen.

Cindy blieb noch stehen und sah zu dem Betonriegel hinauf.

»Menschen aus aller Welt könnten voller Ehrfurcht hierher pilgern«, sagte sie. »Es hat etwas Magisches und Unvergängliches an sich, so ein Vorratslager tief im Berg zu errichten und dort Material zu deponieren, mit dem sich die Welt neu erschaffen ließe. In anderen Ländern wäre so etwas *die* Attraktion.«

»Dieses Land ist nicht wie andere Länder.«

»Aber Spitzbergen gehört doch zu Norwegen, oder?«

»Gute Frage.« Martin bat Cindy mit einer Handbewegung, wieder einzusteigen, bevor er selbst neben dem Fahrer Platz nahm.

Die Straße verlief entlang der Küste des Fjords. Auf der anderen Seite erhob sich ein Steilhang, bedeckt mit Kohlenstaub. Dann kamen Lagergebäude und einst provisorische Hütten in Sicht, die inzwischen dauerhaft dort standen, es folgten Industriegebäude, das Energieunternehmen, das die Stadt mit Kohlestrom versorgte, der einzige Autohändler des Ortes, die einzige Tankstelle. Bei dem markanten Universitätsgebäude bog Aleksander rechts ab Richtung Zentrum, wo sich bunte Holzhäuser in Reihenhausbauweise über das Tal erstreckten. Vor jedem Haus parkten Schneemobile.

Martin drehte sich zu seinen Gästen um. »Die meisten Besucher glauben, dass der Name Longyearbyen sich vom Klima und der hier so lange vorherrschenden Dunkelheit ableitet. Tatsächlich aber rührt er daher, dass ein Amerikaner – Mister John Munro Longyear – 1906 die erste ständige Grubensiedlung auf Spitzbergen gegründet hat. Sie wurde später nach ihm ›Longyear City‹ genannt, und im Norwegischen wurde daraus Longyearbyen. Er hat uns Glück gebracht.«

Sie hielten vor einem Gebäude, das aussah wie ein Bretterhaufen. »Das Fangstmannhotel, erbaut aus Treibholz«, sagte Martin über die Schulter und schwang sich rasch vom Sitz, um seinen Kunden die Schiebetür zu öffnen. »Unser Basis-Camp. Es ist vermutlich einzigartig.« Mit skeptischer Miene musterten die drei Amerikaner das Gebäude, das in ihren Augen wie ein besserer Schuppen wirken musste. Sobald sie jedoch das Hotelinnere betraten, legte sich ein Ausdruck des Staunens und der Erleichterung auf ihre Züge. Dergleichen hatte Martin immer wieder beobachten können. Es konnte kaum nur an den Steinplatten auf dem Boden liegen, der seltsamen Mischung aus arktischen und afrikanischen Souvenirs oder den Jutesäcken mit der Aufschrift *Café do Brasil* an den Wänden, es musste die gesamte Atmosphäre, diese Mischung aus allem sein.

»Sie haben den Taxifahrer gar nicht bezahlt. Sind Sie eng miteinander befreundet?«, fragte Sarah.

»Wir sind wie Brüder«, erklärte Martin.

»Leben eigentlich viele Russen in Longyearbyen?«

»Nein, die meisten leben in Barentsburg.«

James hatte bereits den Schlüssel von der Rezeption erhalten und hielt ihn in die Höhe. »Nur ein Zimmer? Für uns alle?«

Martin breitete in einer entschuldigenden Geste die Arme aus. »Es ist Hochsaison. Alles ist ausgebucht.«

Um sich nicht mit James' Verärgerung auseinandersetzen zu müssen, ging Martin voraus zur Treppe. Milliardäre waren anderes gewohnt als nur ein Familienzimmer. Am Fuß der Treppe setzte sich Martin auf einen Stuhl und löste seine Schnürsenkel.

»Die Schuhe müssen immer hier unten abgestellt werden. Ausnahmen gibt es nicht.«

Er schnappte James' Bemerkung an Sarah auf, wofür sie hier eigentlich bezahlt hätten, kommentierte sie aber nicht weiter. Die Familie war mit einem Linienflug angereist, nicht in einem eigenen Privatjet, sonst hätte er es niemals gewagt, sie zu dritt in einem Zimmer einzuquartieren.

Im Zimmer sahen sich James, Sarah und Cindy staunend um. Alles war aus braunem Holz – Decke, Wände, Boden, Betten, Stühle.

»Man hat ausschließlich hiesiges Material verbaut«, erklärte Martin.

»Aber es gibt hier doch gar keine Bäume ...?«, sagte Cindy fragend.

James kam Martin mit der Antwort zuvor. »Das ist Treibholz. Die Hölzer trieben aus sibirischen Flüssen über das Polarmeer, sind unter Umständen sogar am Nordpol vorbeigetrieben, bis sie hier an die Ufer geschwemmt wurden. Fridtjof Nansen hat als Erster herausgefunden, woher die Baumstämme an Spitzbergens Ufern stammten.«

Martin sah den Milliardär mit großen Augen an. James musste ungewöhnlich gut in der Geschichte Spitzbergens bewandert sein.

»Da kommt sowieso niemand von euch rauf, also werde ich mich opfern«, sagte Cindy und kletterte leichtfüßig die schmale Leiter zum Hochbett hinauf.

James sah ihr kopfschüttelnd zu. »Da könnte ich im Handstand hochkommen.«

»Hört auf, euch zu streiten!«, sagte Sarah.

»Ich hole Sie in einer Stunde zum Mittagessen an der Rezeption ab«, sagte Martin und zeigte zur Fensterfront. »Nachts müssen Sie die Mitternachtssonne mit den Vorhängen aussperren, sonst machen Sie kein Auge zu. Obwohl die Wetterverhältnisse noch immer winterlich sind, scheint schon seit einem Monat die Mitternachtssonne. Erst im September wird es hier wieder dunkel.«

James hielt ihn auf, bevor Martin die Tür hinter sich zumachen konnte. »Wir haben nur einen Schlüssel. Zu dritt ist das unpraktisch.«

»Lassen Sie die Tür einfach offen. Hier gibt es keine Kriminalität. Niemand verschließt hier die Türen.«

Cindy beugte sich vom Hochbett herunter. »Das ist ja traumhaft. Wer möchte hier nicht leben?«

Kopfschüttelnd schloss Martin die Tür hinter sich. Unten an der Rezeption saß eine seiner alten Bekannten hinter dem Empfangstresen. Sie war voll und ganz in drei Rubbellose vertieft und sah nicht auf.

Martin räusperte sich, bis sie ihn bemerkte. »Wusstest du, dass du bei unbegrenztem Zugang zu gratis Rubbellosen bei acht Stunden Rubbeln pro Tag in Vollzeit in einem Jahr 280 000 Kronen Jahreseinkommen erzielen würdest?«

Verblüfft sah sie ihn an. »Woher willst du das denn wissen?«

»Das ist simple Mathematik. Man muss nur die Wahrscheinlichkeit eines Gewinns kennen und wie lange man an einem Rubbellos sitzt.«

Er reckte den Daumen in die Höhe und schenkte sich eine Tasse Kaffee ein, bevor er sich in die Lobby setzte und in der neuesten Ausgabe der *Svalbardposten* blätterte. Es dauerte ein paar Minuten, dann schenkte ihm seine Bekannte aus einer frischen Kanne Kaffee nach. Martin blickte von der Zeitung auf und verspürte den Stich eines schlechten Gewissens, weil er sie mit dem Rubbellos auf den Arm genommen hatte. Übertrieben höflich bedankte er sich bei ihr.

»Wie sind die Leute so, mit denen du diesmal losziehst?«, fragte sie ihn.

Martin zuckte die Schultern. »Keine Ahnung. Es ist eine typische amerikanische Familie. Was soll da schon schiefgehen?«

2

»Hat Ihr Unternehmen viele Angestellte?«, fragte Sarah und zeigte auf Martins rechten Ärmel, auf dem das große blaue Logo mit dem Schriftzug *Ursa Major* prangte.

»Die gesammelte Belegschaft steht vor Ihnen«, erwiderte Martin.

Er hatte noch nie Angestellte gehabt und würde auch niemals welche einstellen. Damit würde er seine Freiheit einbüßen. Sarah schien deshalb nicht enttäuscht. Sie winkte eifrig James und Cindy zu, die gerade aus dem Hotel kamen. Cindy sah sie, lief rasch die Treppen vor dem Eingang herunter und schlitterte in so hohem Tempo auf ihren Schuhsohlen über den vereisten Platz, dass sie beinahe ungebremst gegen die gegenüberliegende Hauswand geprallt wäre, wenn Martin sie nicht gerettet hätte.

»Bei Ihrem Schwung gehören Sie jetzt schon zu meinen Lieblingsgästen.« Martin fand selbst, dass es sich wie eine leere Floskel anhörte. »Nur noch zwei Minuten zu Fuß, dann gibt es Mittagessen«, sagte er und wies in Richtung Fußgängerzone.

Cindy hakte sich bei ihm ein, als sie die Einkaufsstraße hinunterschlenderten. »Sie haben hoffentlich nicht irgendwo hier in der Stadt eine Frau, die auf komische Gedanken käme, wenn sie uns so die Straße entlanggehen sieht, oder?«

Martin schüttelte den Kopf. Er mochte es nicht, wenn man ihm Fragen zu seiner Familie stellte, vor allem, weil er keine hatte. Er war erst fünfundvierzig, für eine eigene Familie blieb ihm noch ewig Zeit.

»Wo kann man hier denn am besten Souvenirs kaufen?«, wollte Cindy wissen.

Martin deutete auf das Gebäude, vor dem sie gerade standen. »Souvenirs der preiswerteren Art können Sie hier im Supermarkt bekommen, ansonsten kann ich Ihnen im Umkreis des Hotels ein paar Adressen nennen.«

»Sie dürfen gern billig und hässlich sein«, erklärte Cindy. »Ich habe die weltbeste Sammlung an den unmöglichsten Souvenirs aus der ganzen Welt daheim.«

»Dann sind Sie hier richtig«, erwiderte Martin.

»Sie sammelt sie schon seit zwanzig Jahren«, fügte Cindys Mutter hinter ihnen hinzu.

»Ach, dann hat sie also schon damit angefangen, als sie noch in den Windeln lag?«, bemerkte Martin.

»*Nice try*, aber ich bin schon über dreißig«, entgegnete Cindy. Im nächsten Moment rief sie aus: »Stationen!«, und zeigte auf das Schild des bekannten Restaurants. »So viel verstehe sogar ich.«

Martin schlenderte ins Restaurant und geleitete die Reisegesellschaft zu einem freien Tisch. Vom Tresen holte er vier Menükarten und setzte sich. Aber niemand der Parkers machte Anstalten, auch nur einen Blick in die Karte zu werfen. James lehnte sich mit verschränkten Armen zurück. »Wir haben den besten Guide der Welt angeheuert. Empfehlen Sie uns etwas.«

»Ja. Alles, nur kein Walfleisch«, fügte Sarah hinzu, als Martin wieder aufstand. »Dieses Lokal scheint ganz im Zeichen des Walfangs zu stehen. So etwas Barbarisches kann auch nur den Norwegern einfallen.«

Martin war versucht, ihr einige ebenso barbarische Facetten der amerikanischen Gesellschaft ins Gedächtnis zu rufen, schenkte ihr stattdessen aber sein charmantestes Lächeln. Sie errötete.

Am Bartresen bestellte er daraufhin ein Gericht, das bei Amerikanern nie ein Fehlgriff war – Hamburger. Mit einer Flasche Rotwein und vier Gläsern kehrte er an den Tisch zurück. Während er seinen Gästen Wein einschenkte, fiel ihm plötzlich ein, dass Amerikaner wahrscheinlich lieber Bier tranken – vor allem zu Burgern. Aber für diese Fehleinschätzung musste er sich sicherlich nicht entschuldigen.

»Was war Ihre bislang größte Heldentat?«, fragte ihn Sarah wie aus heiterem Himmel.

Martin nahm sein Weinglas und lehnte sich auf dem Stuhl zurück. Diese Frage hatte man ihm schon unzählige Male gestellt. Eine passende Antwort darauf hatte er trotzdem nicht. Er wollte schon sagen, dass es für ihn eine Heldentat bedeutete, heute rechtzeitig am Flughafen gewesen zu sein, als Cindy ihm zuvorkam: »Sie wurden zweimal zum ›Entdecker des Jahres‹ gewählt.«

Martin nickte.

»Gab es auch andere, die diese Auszeichnung zweimal bekommen haben?«

»Nicht dass ich wüsste.«

»Ging bei der Everest-Expedition denn nicht alles schief?«, fragte James.

Sarah zupfte ihren Mann am Hemdsärmel. »Er sitzt doch noch hier.«

»Aber nicht der ganze Kerl«, sagte James und deutete auf Martins linke Hand. »Die meisten haben mehr als nur ein paar Finger eingebüßt. Viele haben dort ihr Leben gelassen.«

Drei Augenpaare richteten sich auf ihn. Martin starrte ins Leere. Es verging nicht ein Tag, an dem er nicht daran dachte. Vier von fünf Menschen lagen irgendwo dort oben unterhalb des Gipfels begraben. Er selbst habe Glück gehabt, antwortete er denen, die ihn danach darauf ansprachen. In Wahrheit aber war er nun mal jemand, der nie aufgab.

»Haben Sie inzwischen damit aufgehört, gefährliche Expeditionen zu unternehmen?«, fragte Sarah.

Martin erwiderte nichts, sah nur starr hinab auf die Tischplatte. Er wusste nicht, wie er ›gefährlich‹ definieren sollte. Nichts war gefährlich, wenn alles nach Plan verlief. Und das war immer das Ziel – alles so berechenbar wie möglich zu gestalten.

»Vielleicht ist Ihnen ja nun Ihr Glück abhandengekommen?«, sagte Cindy.

Martin sah ihr in die Augen. »So etwas wie Glück oder Pech gibt es nicht. Man kann höchstens schlecht vorbereitet sein. Aber es stimmt, ich habe damit aufgehört.«

»Sie können doch nicht mit etwas aufhören, das Sie zu einer Berühmtheit gemacht hat!«

»Das haben meine Sponsoren auch gesagt.«

Tatsächlich aber hatte er sich von seinen Sponsoren getrennt, bevor sie sich von ihm trennen konnten. Er konnte den Gedanken nicht ertragen, ein »Polarheld« zu sein, der seinen Zenit überschritten hatte und sich weigerte, das zu erkennen.

»Meine Träume sind in Erfüllung gegangen.«

»Pah!«, sagte Cindy. »Sie haben jetzt einfach nur neue.«

Ich bin auf der Suche danach, hätte er antworten können. Er wusste nur nicht, wo er suchen sollte. Noch immer dachte er über eine passende Erwiderung nach, als die Kellnerin ihn rettete, die mit vier Tellern an den Tisch trat. Nachdem alle vom Essen probiert hatten, erhob Martin sein Glas zu einem Skål.

»Haben Sie nicht auch Bücher geschrieben, die auf Englisch publiziert wurden?«, fragte Sarah.

Martin nickte.

»Schreiben Sie weiterhin?«

»Der Lesehunger nach Büchern über einen Mann, der allein in die weiße Unendlichkeit aufbricht, erschöpft sich irgendwann.«

»Ich werde mir jedenfalls einen von Ihren Titeln im Internet bestellen«, sagte Sarah.

Wer's glaubt, wird selig, dachte Martin bei sich. Er hatte selten jemanden kennengelernt, der so fürsorglich war wie Sarah. »Warum wollten Sie eigentlich ausgerechnet hierher?«, fragte er. »Spitzbergen suchen sich nicht viele für einen Familienurlaub aus.«

»Wir hatten einen Artikel darüber in der *New York Times* gelesen«, erklärte Sarah. »Über die Grubenstadt Pyramiden.«

»Aber vor allem wollten wir gemeinsam als Familie eine unvergessliche Reise erleben«, ergänzte James.

»Die meisten Touristen kommen hierher, um Eisbären zu sehen«, sagte Martin.

James zuckte mit den Achseln. »Für uns ist das Wichtigste, Zeit miteinander zu verbringen.«

»Würden Sie sich selbst als Stadtmenschen bezeichnen?«, fragte Martin. Er hatte schon Gäste gehabt, die draußen in der Wildnis die Panik überfallen hatte. Man konnte unmöglich vorhersagen, wie ein Mensch tickte. Selbst die besonders Ängstlichen strotzten nur so vor Selbstbewusstsein, wenn sie in einem Café saßen und alles aus sicherer Entfernung betrachten konnten.

»Mein Mann und ich sind beide in Wyoming aufgewachsen, aber ich stamme, glaube ich, ursprünglich aus Texas«, erklärte Sarah.

»Das glauben Sie nur?«

»Ich wurde adoptiert. Wir kommen beide vom Land, im Gegensatz zu Cindy.«

»Sie sind also ein richtiges *Manhattan girl*«, mutmaßte Martin laut, zu Cindy gewandt. Doch die starrte nur störrisch vor sich hin, ohne etwas darauf zu erwidern.

»Das ist nichts, wofür man sich schämen müsste«, fügte Martin hinzu, aber Cindy war nicht zu Scherzen aufgelegt und sah ihn nur grimmig an. Selbst das schönste Gesicht kann schlechte Seiten haben, dachte Martin bei sich.

»Kommt es hier bei uns zu Unfällen, dann meistens mit dem Schneemobil«, sagte er, um das Thema zu wechseln. »Viele rasen schon nach einer halben Stunde damit wie die Idioten rum. Sie halten sich für die Weltmeister und legen ein zu hohes Tempo vor.«

»Zu dieser Sorte gehöre ich jedenfalls nicht«, sagte James.

Du Milliardär mit übergroßem Ego, wir werden sehen, dachte Martin im Stillen. Er hatte den Burger noch nicht angerührt. Sein Rotweinglas dagegen hatte er schon zur Hälfte geleert. »Für morgen werden dreißig Grad minus vorhergesagt«, bemerkte er.

Seine Gäste ließen sich unbeirrt weiter das Essen schmecken, als wäre diese Information vollkommen unwichtig für sie.

»Das ist ziemlich kalt«, fügte er hinzu.

»Wir sind doch sicherlich entsprechend ausgerüstet, oder?«, sagte James.

»Wir haben die beste Ausrüstung, die man sich denken kann«, erwiderte Martin. »Aber bei extremen Minusgraden wird alles ein bisschen schwergängiger. Gegenstände frieren ein, gehen kaputt. Das lässt sich nicht vermeiden.«

»Dreißig Grad minus ist doch nicht *so* wahnsinnig kalt«, sagte James mit vollem Mund.

Martin hatte seinen Burger immer noch nicht angerührt. Er leerte sein Weinglas und schenkte sich aus der Flasche nach. Als er den anderen anbot, ihnen ebenfalls nachzuschenken, schüttelten sie den Kopf. Er erhob sein Glas, und James und er prosteten sich erneut zu.

»Wie gut, dass Sie die Sache so sehen. Wenn alle von Ihnen vernünftig mit dem Schneemobil fahren und die Kälte vertragen, wird unser Abenteuer bestimmt von Erfolg gekrönt sein!«

Als Martin kaum eine halbe Stunde später am Tresen die Rechnung beglich, sah er, wie James zum Telefonieren ans Fenster trat. Es schien, als hätte er ein Satellitentelefon. Martin steckte die Quittung in die Hosentasche und ging zurück zum Tisch. James beendete sein Gespräch und steckte das Telefon zurück in die Jackentasche.

»Wir haben hier oben dank Ihrer Landsleute bei der NASA die weltbeste Mobilfunk- und Internetverbindung, die man sich denken kann«, erklärte Martin. »Sie haben knapp tausend Kilometer Glasfaserkabel vom Festland durch das Meer bis hierher verlegt. In Longyearbyen gibt es deshalb keine Notwendigkeit, ein Satellitentelefon zu benutzen.«

James wirkte kein bisschen überrascht. »Wir verwalten zwanzig Milliarden Dollar für unsere Kunden. Ich muss jederzeit mit meinen Angestellten in Kontakt treten können, wo immer ich mich auch aufhalte. Es spielt keine Rolle, was es kostet.«

»Ich habe so ein Telefon noch nie gesehen. Darf ich es mir mal anschauen?«, fragte Martin und streckte die Hand danach aus.

James schüttelte den Kopf. »Ein anderes Mal.«

Martins Hand schwebte in der Luft. Er kam sich dumm vor. Vielen Dank auch, dachte er.

3

Minendirektor Michail Mirantschuk stand am Fenster und ließ seinen Blick über das Barentsburg schweifen, dessen Geschicke er seit mehr als zehn Jahren lenkte. Sein Vertrag war gerade um weitere fünf Jahre verlängert worden, obwohl er längst in Rente gehen und sich am Schwarzen Meer hätte niederlassen können. Er kannte hier jeden Stein, jedes Haus, jeden Menschen. Dies hier war sein Zuhause, die Leute hier seine Familie.

Was er aber hasste, waren Eindringlinge in »seinem« Reich. Der Mann, den er jetzt gerade am Hotel vorbeigehen und leichtfüßig den Pfützen auf der Straße ausweichen sah, war die Inkarnation des Teufels persönlich. Roman Zorin war im Auftrag von Gazprom vor Ort und in Begleitung einer Horde Schlägertypen, für deren Bezeichnung dem Minendirektor fast die Worte fehlten. Sie hegten keinerlei Respekt gegenüber dem Trust Arktikugol, der Kohleminengesellschaft, die die russische Präsenz auf Spitzbergen seit nunmehr fast hundert Jahren verwaltete. Der Minendirektor beobachtete noch, wie sein Feind den Weg zum Büro der Minengesellschaft einschlug, bevor dieser aus seinem Blickfeld verschwand. Aber er wusste, wohin dieser Kerl unterwegs war.

Mit schweren Schritten ging Mirantschuk zu seinem ausladenden Schreibtisch aus dunklem Holz. Eine große russische Flagge zierte die Wand hinter ihm und ein schmeichelhaftes Porträt des russischen Präsidenten die vor ihm. Mirantschuk hatte es dort hingehängt, wo er es immerzu sehen konnte, nachdem der Präsident es persönlich während eines Spitzbergen-Besuchs signiert hatte.

Niemand konnte Mirantschuk vorwerfen, selbstverliebt zu sein, waren die Wände des Büros doch ansonsten nackt. Außerdem fand er, dass nichts schöner war als das natürliche Holz, das beim Bau des Hauptbüros vor fünfzig Jahren verwendet worden war.

Ohne Vorwarnung schwang die Tür auf, und Roman Zorin schritt über die Schwelle. Obwohl Mirantschuk darauf gefasst gewesen war, zuckte er zusammen, als der ungeladene Gast so in sein Büro hereinbrach.

»Für gewöhnlich klopft man erst an«, brummte er.

Zorin erwiderte nichts und nahm einfach kommentarlos auf dem Besucherstuhl Platz.

Der Minendirektor setzte seine Brille ab, legte sie auf den Tisch und sammelte sich, damit er sich unmissverständlich und entschieden ausdrückte. »Roman Zorin – oder vielleicht sollte ich besser Erdölleitungstechniker Zorin sagen. Sie führen sich auf, als würde Ihnen diese Stadt gehören, aber da liegen Sie falsch, denn in Wahrheit gehört sie mir. Falls Sie und Ihre Truppe hier irgendeine Zukunft haben wollen, müssen Sie damit aufhören, die Ortsbevölkerung so herablassend zu behandeln, und lernen, was Manieren sind.«

Zorins Blick schweifte durch den Raum. Er wirkte gelangweilt.

Als Zorin nichts auf Mirantschuks Zurechtweisung erwiderte, kippte der Minendirektor seinen Bürostuhl nach hinten, legte seine Füße auf den Tisch und betrachtete seinen Besucher. Er trug eine Kurzhaarfrisur und hatte ein beinahe unscheinbares eckiges Gesicht, wenn da nicht die tiefe Narbe über dem linken Auge gewesen wäre. Bei ihrer ersten Begegnung hatte

Mirantschuk sich danach erkundigt, wie Zorin zu der Narbe gekommen war, jedoch nie eine Antwort erhalten.

»Ich kenne niemanden, der so unzivilisiert ist wie Sie, Roman. Brechen hier einfach so herein, als handelte es sich um Ihr Büro. Wenn ich nun mit etwas Wichtigem beschäftigt gewesen wäre?«

»Sie sind niemals mit etwas Wichtigem beschäftigt, Michail Mirantschuk«, sagte Zorin.

»Und trotzdem befinden Sie sich hier in meiner Stadt«, entgegnete Mirantschuk und beugte sich auf dem Stuhl nach vorn.

Zorin gab sich weiterhin desinteressiert. »Möglich, aber ich will Ihnen den Befehl ins Gedächtnis rufen, den Sie bekommen haben. Unsere Arbeit ist mit allen Mitteln zu unterstützen, ohne Wenn und Aber.«

Diesmal war es an Mirantschuk, seinen Widersacher schweigend anzustarren.

»Nichtsdestotrotz wurde mir aufgetragen, Sie davon zu unterrichten, dass wir einen Auftrag ausführen, außerhalb der Stadt, ich und meine ganze Truppe«, sagte Zorin. »Wir requirieren die besten Schneemobile vor Ort und sämtliche Ausrüstung, die wir brauchen. Ihre Unterschrift dafür haben wir, glaube ich, schon, das sollte also kein Problem sein.«

»Vielleicht ändere ich meine Meinung wieder.«

»Selbst wenn, dann tun wir es trotzdem. Ich bin nicht hier, um Sie um Ihre Zustimmung zu bitten, sondern nur, um Sie darüber zu informieren. Und eben diesen Teil meines Auftrags betrachte ich hiermit als erfüllt.«

Mirantschuk lehnte sich über den Schreibtisch. »Und wie lautet der restliche Teil des Auftrags?«

Zorin erhob sich, bevor er erwiderte: »Es ist beinahe peinlich, Sie daran erinnern zu müssen, dass Sie das nicht das Geringste angeht.«

»Soll ich jetzt etwa Befehle von der Gazprom entgegennehmen?«, fragte Mirantschuk. »Welche Befugnisse haben Ihre Ölbosse denn hier?«

Zorin sah auf den Direktor hinab. »Ich werde mich nicht wiederholen.«

Ungerührt schlenderte er aus dem Büro und ließ die Tür absichtlich offen. Mirantschuks Sekretärin eilte aus dem Vorzimmer herbei und schloss sie wieder. Mirantschuk stellte sich erneut ans Fenster und sah Zorin zurück in Richtung Hotel gehen. Ihm war nicht zu Ohren gekommen, dass Zorin oder jemand anderes aus seinem Gazprom-Gefolge auch nur einen Fuß in die Bar oder das Hotelrestaurant gesetzt hätten. Sie mieden andere Menschen. Zum Glück. Der Minendirektor rührte sich nicht vom Fleck und blickte Zorin so lange hinterher, bis dieser nicht länger zu sehen war.

Als Igor Arkadij später an die Wohnungstür des Trust-Arktikugol-Chefs klopfte, hatte er in keiner Weise vor, ohne Aufforderung hineinzustürmen. Er wartete, bis ihm die Tür geöffnet wurde und Michail Mirantschuk ihm, seinem Stellvertreter, mit einer Geste signalisierte einzutreten. Kein Russe gab sich die Hand über der Türschwelle, und Mirantschuk war ein besonders abergläubischer Mann.

Der Minendirektor wies seinem Gast den Weg in die geräumige Küche, griff im Vorbeigehen nach der Flasche Wodka, nahm zwei Gläser vom Rand der Spüle und stellte sie auf den Tisch. Aus einem Vorratsschrank holte er Wurst und dunkles Brot und legte beides auf ein Schneidebrett.

»Setz dich, Igor«, forderte er ihn auf und schenkte bis zum Rand Wodka in die beiden kleinen Wassergläser. Sie leerten die Gläser in einem Zug, bevor Mirantschuk sie erneut füllte. »Roman Zorin ist ein Ärgernis und ein Problem.«

Arkadij erwiderte nichts, musterte seinen Chef nur aufmerksam und drehte sein Glas in den Händen.

»Wie äußern sich die Leute in der Stadt eigentlich über Zorin und seine Truppe?«, fragte Mirantschuk.

»Viele hier sind Ukrainer wie ich. Sie hassen herablassende Russen mit einem persönlich auf sie ausgestellten Freifahrtschein in der Tasche. Ich weiß, dass mehrere ihnen liebend gerne eins auf die Fresse geben würden.«

»Das sollen sie natürlich *nicht* tun«, sagte Mirantschuk. »Wir wollen hier schließlich keine Anarchie.« Jäh leerte er sein Glas und knallte es auf den Tisch. Diesmal füllte es Arkadij erneut bis zum Rand.

»Es hilft auch nichts, dass die Gazprom sie hierhergeschickt hat und dass sie uns, die Kohle abbauen, für Dinosaurier halten«, fügte Arkadij hinzu.

»Gazprom sollte es besser wissen«, erwiderte Mirantschuk. Er wusste nicht, welchen Plan Gazprom verfolgte. Sämtliche Länder, die den Spitzbergenvertrag unterzeichnet hatten, durften dort Bodenschätze abbauen, waren dabei aber den norwegischen Gesetzen unterworfen. Norwegische Gesellschaften hatten die interessanten Gebiete schon vor langer Zeit für sich beansprucht. Es ergab also gar keinen Sinn für Gazprom, hier auf der Inselgruppe umherzustreunen, das sorgte bloß für Unruhe.

Arkadij nickte. »Da gibt es irgendetwas, das wir nicht wissen.«

Mirantschuk legte Wurst auf eine Scheibe Brot und schob sie zu Arkadij hinüber. »Ich habe ein schlechtes Gefühl.«

»Und was willst du dagegen tun?«

»Deshalb wollte ich mit dir reden. Sie schwärmen jetzt wieder aus, weigern sich aber zu erzählen, wohin sie fahren und was sie vorhaben. Die ganze Angelegenheit ist ein Machtkampf, und den kann ich ohne Unterstützung von oben nicht gewinnen. Und genau darum sollst *du* dich kümmern.

Arkadij schien diese Order seines Chefs nicht zu überraschen. Mirantschuk richtete einen Zeigefinger auf Arkadij, als er fortfuhr: »Morgen geht ein Flug mit Minenarbeitern von Longyearbyen nach Murmansk. Du wirst an Bord dieses Flugzeugs sein. Von Murmansk nimmst du den ersten Flug nach Moskau, suchst den Leiter des Trust Arktikugol auf und trägst den Fall vor.«

»Aber du kannst deinen Vorgesetzten doch selbst anrufen«, protestierte Arkadij.

»Du aber hast mit ihm zusammen studiert, und ihr beide stammt aus der Ukraine. Er weiß, wie er uns im Kreml die nötige Rückendeckung verschaffen kann. Es ist deine Aufgabe, ihn dazu zu überreden. Und das schaffst du am besten mit einem guten Essen, Wodka und einem Saunabesuch.«

Arkadij nickte und nahm Haltung an. Mirantschuk hatte recht, er wusste mit dem Leiter des Trust Arktikugol umzugehen.

Mirantschuk hob die Wodkaflasche hoch. »Aber zuerst machen wir die hier noch leer.«

4

»Woher wussten Sie eigentlich, dass ich Guide auf Spitzbergen bin? Ich habe ja noch nicht einmal eine eigene Internetseite.« Der Wind, der vom nach der Stadt benannten Gletscher Longyearbreen durch den Ort fegte, war so eisig, dass Martin sich umdrehte und rückwärts die Straße hochging, während er mit seinen Gästen sprach.

»Sie wurden uns empfohlen«, sagte James, der seinen Handschuh zum Schutz vor das Gesicht hielt. »Ich habe mich bei einem alten Freund in der amerikanischen Botschaft in Oslo erkundigt, und er schlug mir den berühmten Martin Moltzau vor. Er hatte sogar Ihre Mail-Adresse.«

»Und nachdem wir etwas über Sie und Ihre Heldentaten gelesen hatten, gab es für uns keinen Zweifel mehr daran, dass Sie unser Mann sind«, fügte Cindy hinzu. Sie folgte Martins Beispiel und drehte sich mit dem Rücken zum Wind.

»Und dann mussten Sie sich nur noch in Ihren Privatjet schwingen.« Sofort bereute Martin die unverhüllte Ironie seiner Worte.

»Ich bin nicht reich geworden, indem ich Geld verschwendet habe«, erwiderte James nur.

Martin hörte, wie sich hinter ihm ein Auto näherte, und machte einen großen Schritt zur Seite. Als das Auto mit dem Taxi-Schild neben ihm hielt, lugte er unter seiner Kapuze hervor. Aleksander ließ mit einem Grinsen die Fensterscheibe herunter.

»Ja, heute ist es ganz schön kalt. Ihr könnt gratis mit mir zum Restaurant Huset fahren. Dorthin wollt ihr doch, oder?«

Martin gab Aleksander einen Klaps auf die Schulter, als er wenig später vor dem grauen Betonkoloss auf der Anhöhe als Letzter aus dem Taxi stieg. »Nimm dir heute Abend frei. Wir sehen uns!«

Am Restauranteingang holte Martin die Parkers ein und schnappte dem Kellner die Weinkarte aus der Hand. »Dieser Weinkeller ist berühmt«, sagte er, während er die umfangreiche Karte hochhielt.

Sie setzten sich, und James griff interessiert nach der Karte. Sarah blickte sich in dem berühmten Gourmetrestaurant um. »Wieso ist es hier so gut besucht?«, fragte sie. »Hier wohnen doch kaum Menschen?«

»Jeder, der nach Longyearbyen kommt, muss wenigstens einmal hier gewesen sein«, erklärte Martin.

Als der Weinkellner an ihren Tisch trat, bestellte James den besten Montrachet auf der Karte zur meeresfruchtigen Vorspeise. Außerdem entschied er sich für zwei Flaschen Sassicaia aus der Toskana. Martin war froh, dass er seinen Preis exklusive Getränke kalkuliert hatte.

»Für irgendetwas müssen die Honorare unserer Kunden schließlich draufgehen«, sagte James mit einem verschmitzten Lächeln.

»Sind Sie Börsenmakler?«, fragte Martin.

»Ich war Gründer einer der ersten Hedgefonds zu der Zeit, als die Investoren nur so an die Börse strömten, um mit auf der neuen Finanzwelle zu reiten.«

Martin hatte sich schon häufig gefragt, wie man davon reich werden konnte, das Geld anderer Menschen zu verwalten, denn die Fondsmanager wurden schließlich immer reicher als ihre Klienten. Es waren Männer wie James, die eine eigene Jacht und einen Privatjet besaßen, nicht ihre Kunden.

Schon beim Servieren der ersten Appetithäppchen wurde Martin wieder die Klasse des hier angebotenen Essens bewusst. Für Gäste, die das Restaurant zum ersten Mal besuchten, war es immer *das* Gesprächsthema.

»Eigentlich müssten sie hier *Michelin*-Sterne haben«, sagte James, nachdem er die Gänseleber gekostet hatte. »Wirklich unglaublich, hier – fast am Nordpol – so einen Ort zu finden.«

Martin unterließ es, ihm von dem begeisterungsfähigen früheren Restaurantbesitzer zu erzählen, der dreißig Jahre seines Lebens darauf verwendet hatte, hier einen exklusiven Weinkeller und eine Haute-Cuisine-Kultur zu etablieren. Diese Kultur war nach wie vor zu spüren. Stattdessen wandte er sich an Cindy. »Und was machen Sie beruflich?«, fragte er mit dem Weinglas in der Hand. Er tippte auf etwas Kreatives, vielleicht irgendetwas mit Design.

»Ich arbeite«, sagte sie mit abweisender Körpersprache.

Er verstand den Hinweis.

Cindy legte ihre Serviette auf den Tisch und entschuldigte sich. James folgte ihr, als sie hinausging.

Sarah lehnte sich zu Martin. »Cindy wollte viele Jahre lang nichts von James und mir wissen. Deshalb ist diese Reise etwas ganz Besonderes für uns – wir hoffen, dass sie uns einander wieder näherbringen kann.«

Martin wusste nicht, was er darauf erwidern sollte. Sarah verstand sein Schweigen als Aufforderung fortzufahren.

»Sie ging auf Distanz zu James' Geld, weil er Milliarden damit verdiente, ›Papiere hin- und herzuschieben‹, wie sie es nannte, hatte aber gleichzeitig nichts dagegen, dieses Geld auszugeben. Sie feierte wilde Partys in Manhattan, von denen wir glücklicherweise nur gerüchteweise gehört haben. Hat sich mit Gleichgesinnten umgeben, mit verwöhnten jungen Leuten, die keine Ziele kannten oder einen Sinn in irgendetwas sahen. Es schien fast so, als ob sie uns für etwas bestrafen wollte. Am Ende mussten wir ihr den Geldhahn zudrehen.«

»Und was ist jetzt anders? Wer von Ihnen hat sich verändert?«

Sarah sah nachdenklich aus dem Fenster, wo die Mitternachtssonne schien. »Ich war im vergangenen Jahr schwer krank«, fügte sie schließlich hinzu. »Das hat uns die Augen geöffnet.«

Das erzählte sie so emotionslos, dass Martin fast den Eindruck gewann, sie hätte sich das alles nur ausgedacht.

Jetzt kamen Vater und Tochter wieder; sie wirkten ernst. Sie haben gestritten, dachte Martin, während die beiden sich schweigend wieder setzten. Drei Schneemobile dröhnten unmittelbar vor dem Fenster vorbei, alle mit schwer beladenen Anhängerschlitten und mit Waffen, die gut sichtbar auf den Motorhauben befestigt waren. Sie hielten Kurs auf den Longyearbreen. Martin zeigte auf die Fahrzeuge. »Ab morgen werden Sie so herumdüsen.«

»Wir haben ja ein Programm von Ihnen zugeschickt bekommen, aber ich habe ganz vergessen, was morgen ansteht«, sagte Cindy.

»Nach dem Frühstück haben Sie etwas Zeit zu Ihrer freien Verfügung, während ich unsere Ausrüstung richte.«

»Dann erreichen wir übermorgen Pyramiden, oder?«

»Sofern das Wetter es zulässt, ja.«

»Wir haben dafür bezahlt, nach Pyramiden zu kommen«, beharrte Cindy. »Das auszulassen kommt nicht infrage, egal wie das Wetter ist.«

»Es kann sein, dass das Eis auf den Fjorden nicht trägt, deshalb müssen wir eventuell einen Umweg über die großen, nördlich gelegenen Gletscher nehmen«, erklärte Martin. »Und das hat bei schlechtem Wetter keinen Zweck.«

Cindy richtete ihren Zeigefinger auf ihn. »Nein. Sie werden liefern.«

Martin war erstaunt über dieses starke Interesse an Pyramiden. Obgleich die alte Minenstadt ein spannender Ort war – eine verlassene russische Bergarbeitersiedlung, beinahe schon eine Geisterstadt, die fast einmalig auf der Welt war. Er konnte die drei bei jedem Wetter dort hinbringen, aber das beabsichtigte er ihnen nicht zu sagen. Er war hier der Boss, und damit mussten sie sich arrangieren.

»Es wird vermutlich klappen«, sagte er nur.

Das letzte von zwei Desserts wurde serviert. Martin stellte fest, dass immer noch eine halb volle Flasche Sassicaia dastand. Er bot an, den anderen nachzuschenken, doch alle schüttelten den Kopf. Daraufhin schenkte er sich selbst großzügig nach. So einen Wein ließ man nicht verkommen.

»Macht Skifahren stark?«, fragte Cindy und fasste prüfend nach seinem Oberarm. Er widerstand dem Impuls, sich aus ihrem Griff zu lösen. Cindy wartete seine Antwort nicht ab, sondern wandte sich an James. »Ich wette, dass du stärker bist als unser Guide, Papa.«

»Das interessiert hier niemanden, Cindy«, sagte James.

Martin aber war klar, dass das zumindest eine Person interessierte. Cindy packte mit der anderen Hand James' Oberarm. »Armdrücken«, sagte sie so laut, dass die Gesellschaft am Nachbartisch sich nach ihnen umdrehte.

Martin wand sich problemlos aus ihrem schwachen Griff.

»Was soll das werden?«

»Trauen Sie sich etwa nicht?«

»Wir sitzen in einem Gourmetrestaurant«, ermahnte sie James. »Sprich nicht so laut.«

»Sie trauen sich nicht.«

Martin sah zu James hinüber. Beide zuckten mit den Schultern. »Wenn es Ihrer Tochter eine Freude macht ...«, sagte er.

Cindy räumte Flaschen und Gläser beiseite, und Martin und James rückten ihre Stühle dichter an den Tisch und setzten sich zurecht. Martin merkte, dass das für James keine Premiere war, da er ein Vorbereitungsritual hatte. Er zweifelte nicht daran, wie der Wettkampf ausgehen würde, die Frage war eher, wie er sich in dieser Situation richtig verhalten sollte. Rasch ließ er seinen Blick durch das Lokal schweifen. Natürlich zogen sie die Aufmerksamkeit der benachbarten Tische auf sich. Zum Glück kannte er keinen der anderen Gäste. Er stützte seinen rechten Ellbogen auf den Tisch, legte seinen linken Arm quer vor sich und grub seine Füße in den Boden. Alles im richtigen Winkel, um die Kraft bestmöglich auszunutzen. Er hatte sich einmal in einer Bar mit dem Weltmeister dieser Disziplin gemessen und wusste, dass es dabei ausschließlich um Schnelligkeit ging. Der Kampf musste sofort entschieden werden. In diesem Fall plante er, aus Rücksicht auf die Zuschauer und seinen Widersacher, es aber zunächst etwas langsamer anzugehen.

»Das ist einfach nur peinlich«, war Sarahs Kommentar.

Cindy stand voller Eifer am Tischende. Sie zählte von zehn herunter, wie beim Start einer Rakete. Auf *Los!* drückte Martin fest zu und merkte rasch, dass er so keinerlei Fortschritte erzielte. Das hatte er schon erwartet. Er sah zu James, aber der Amerikaner starrte auf den Tisch. James mobilisierte mehr Kräfte, und an seinem Hals trat eine Ader hervor, sein Bizeps schwoll an. Martin hielt ruhig dagegen.

Der Kampf ging weiter. Er erwog, James gewinnen zu lassen. Das wäre eine nette Geste, aber er hatte keine Lust, im Anschluss daran zu hören zu bekommen, dass er schwächer als ein Wall-Street-Milliardär wäre. In Longyearbyen würde die Nachricht innerhalb von vierundzwanzig Stunden die Runde machen. Darüber hinaus war er der Guide dieser Leute, sie mussten vor ihm Respekt haben.

Martin erhöhte den Druck, aber James gab nicht einen Millimeter nach. Martin erhöhte ihn abermals, ohne dass sich etwas änderte. Da spürte er, dass er nicht viel mehr Kraft aufbringen konnte, und fürchtete für einen flüchtigen Moment ein schreckliches Kontra und eine demütigende Niederlage zu erleiden. Ein Blick auf seinen Gegner verriet ihm jedoch, dass das nicht sehr wahrscheinlich war. James' Gesicht fing an sich zu röten.

»In einer halben Stunde schließt das Restaurant«, sagte Martin in einem, wie er hoffte, entspannten Ton. Er war bereit, seinem Gegner ein Unentschieden anzubieten.

Cindy verfolgte das Duell gebannt. Martin war froh, dass sie wenigstens den Mund hielt. Sarah schüttelte nur den Kopf.

Nichts tat sich.

Martin hätte die ganze Woche so dasitzen können, zweifelte aber daran, ob er den Typen besiegen konnte. Sie waren gleich groß, doch James war zehn Jahre älter als er. Er gab sicherlich Geld fürs Fitnessstudio aus. Martin trainierte nie drinnen, seine Armkraft kam von einem Leben auf Skiern. Es war mittlerweile nur etwas zu lange her, dass er Skier an den Füßen gehabt hatte.

Martin fasste einen Entschluss. Er konzentrierte seine gesamte Energie auf den Arm, stemmte die Füße in den Boden und übte neuen Druck aus. Zuerst tat sich nichts, doch dann geriet James in die Defensive, und mit dem Arm im falschen

Winkel hatte er keine Chance mehr. Cindy applaudierte überraschend begeistert anhand dieses Ergebnisses.

James reichte Martin mit einem breiten Lächeln die Hand.

»Beeindruckend!«, sagte Martin und meinte das ehrlich.

Als er aufstehen wollte, sah er, wie James Sarah flüchtig zuzwinkerte. Hatte James etwa mit Absicht verloren? War er es, der höflich gewesen war, und nicht Martin? Er verspürte einen sofortigen Drang nach einer Revanche, aber die Parkers waren schon aufgestanden, und damit war die Gelegenheit verstrichen.

»Ich bestelle Ihnen ein Taxi«, sagte Martin. »Es sei denn, Sie möchten vielleicht dem Nachtclub nebenan einen Besuch abstatten? In dieser Jahreszeit fällt es einem nicht so leicht, Schlaf zu finden.«

James und Sarah schüttelten den Kopf. Cindy sah in eine andere Richtung, folgte ihren Eltern aber hinaus, wo immer noch die Mitternachtssonne schien.

5

Irgendetwas stimmte hier nicht, aber was es war, wurde Martin erst klar, als er ein Glas Wein an der Bar orderte und sich, ohne zu rufen, verständlich machen konnte. Im Nachtclub spielte keine Musik.

»Der DJ hat heute Abend die Anlage hochgehen lassen«, klärte ihn der Barkeeper auf.

»Herrlich!«, sagte Martin, denn er hasste es, sich nur schreiend mit seinem Nachbarn unterhalten zu können. Er nahm sein Weinglas in die Hand, stand auf und sah sich im Lokal nach Bekannten um. An der Fensterfront saß Aleksander mit dem Redakteur Jon Alming.

»Wenn du deine eigene Bar hast, musst du dir das zum Beispiel nehmen – keine Musik!«, sagte Martin zu Aleksander und ließ sich auf den Stuhl neben ihm fallen.

Verdrossen starrte Aleksander auf den Boden seines Glases. »Wie du weißt, verweigern mir die Politiker immer noch die Konzession.«

»Weil es in der Stadt angeblich zu viele Bars gibt, ha! Das ist echt ein Witz! Sie sollten den Spitzbergenvertrag mal genauer studieren. Da steht etwas über gleiche Rechte für alle drin.«

»Ich sollte es nicht sagen«, fiel Alming ihm ins Wort, »aber du wirst kommende Woche das Titelblatt der *Svalbardposten* zieren, Aleksander.«

Martin und Aleksander starrten den Redakteur fassungslos an.

»Wir erwischen die Politiker mit runtergelassenen Hosen! In dem Artikel zitieren wir eine Mail, aus der hervorgeht, dass die Lokalpolitiker dir die Schanklizenz verweigern, weil du nicht völlig unbescholten bist. Es reicht schon, wenn du auch nur ein einziges der vielen Gesetze gebrochen hast, die auf noch so entfernte Weise mit dem Betrieb einer Bar zu tun haben. Wie zum Beispiel das Steuer- und Abgabengesetz, das Rechenschaftsgesetz, das Gesetz über das Verbot der Diskriminierung aufgrund von Herkunft, Religion oder Geschlecht und, und, und ...«

»Die Alkoholfahrt«, sagte Aleksander resigniert.

»Vergiss nicht die Schlägerei und das Randalieren in einem Lokal vor besagter Autofahrt«, fügte Alming hinzu.

»Nenn mir eine Person in Longyearbyen, die völlig unbescholten ist!«, sagte Martin. Er hatte sich einen Kommentar verkniffen, als Alming die verschiedenen Gesetze aufzählte. Mittlerweile war es fast zwanzig Jahre her, dass er selbst ein vielversprechender Junganwalt mit Bestnoten gewesen war, um den sich die großen Firmen der Branche gerissen hatten. Er hatte sich jedoch für einen anderen, weitaus einsameren Weg entschieden. Niemand in Longyearbyen ahnte etwas von seiner juristischen Vergangenheit, und so sollte es auch bleiben.

Alming grinste über das ganze Gesicht. »Und in derselben Ausgabe bringen wir ans Licht, dass die Politiker ihr Vorhaben überhaupt nicht durchsetzen können. Eine Schankerlaubnis darf nur verweigert werden, wenn der Straftatbestand nicht älter als fünf Jahre ist. Das habe ich selbst gecheckt. Die Sache mit dem gestohlenen Lieferwagen, den du in den Schneehaufen gefahren hast und wo du dann hinter dem Lenkrad eingeschlafen bist, ist aber schon sieben Jahre her.«

»Ich wusste es!«, sagte Aleksander und stand abrupt auf. Sie sahen ihm nach, als er um die Ecke in Richtung Toiletten torkelte.

»Dieser Aufmacher ist ein Geschenk an die Russen«, sagte Martin mit einem Kopfschütteln.

Alming nickte und leerte sein Glas. »Ich verfolge die russischen Medien. ›So wird Russland von Norwegen gedemütigt‹, hieß es in der *Prawda*. Sie feiern Aleksander als einen russischen Helden. Jetzt fehlt nur noch, dass sich der Präsident höchstpersönlich in die Angelegenheit einmischt.«

»Das ist doch reiner Opportunismus«, bemerkte Martin.

Diese Hysterie war absurd. Vor ein paar Monaten hatten die russischen Medien noch nicht einmal etwas von Aleksanders Existenz geahnt. Er lebte schon, seit er siebzehn war, nicht mehr in Russland. Damals hatte er sich aus Murmansk davongemacht und anschließend einige Jahre in der Finnmark verbracht. Auf Spitzbergen war er mittlerweile seit fünfzehn Jahren zu Hause, sodass Martin Aleksander eigentlich nie als Russen betrachtete.

Als Aleksander wiederkam, hatte er die Hände zu Fäusten geballt. »Der Sysselmann ist hier. Ich könnte geradewegs auf ihn losgehen!«

»Überlass das mir«, sagte Martin und sprang auf, als er den Sysselmann wenig später zu den Toilettenräumen gehen sah.

Am Pissoir stellte er sich direkt neben den höchsten Verwaltungsbeamten der Inselgruppe. Hugo Tverrdal war ein groß gewachsener, hagerer Kerl, der in einem dunklen Anzug wie der Wirtschaftsanwalt einer großen Osloer Firma ausgesehen hätte. Und aus Oslo stammte er auch.

Tverrdal nickte Martin kurz zu, woraufhin er die Gelegenheit sogleich beim Schopf packte. »Sie sollten ein wenig Ordnung in diese Angelegenheit mit Aleksander und der Bar bringen. Norwegen kommt dabei nicht gut weg.«

»Dafür bin ich nicht zuständig.«

»Unfug! Sie sind der Polizeichef hier und können sich über die Beschlüsse der Gemeinde hinwegsetzen.«

»Ich kann mich aber nicht über das Gesetz hinwegsetzen. Und ohne die staatliche Prüfung erhält Aleksander ohnehin keine Schankerlaubnis.«

Martin drehte den Kopf und sah Tverrdal an. »Staatliche Prüfung?«

Tverrdal schloss seinen Hosenschlitz und ging zum Waschbecken. »Dieser Test ist obligatorisch. Fünfzig Fragen, von denen vierzig korrekt beantwortet werden müssen. Ohne Hilfe.«

Martin trat an das zweite Waschbecken. »Aleksander spricht vier Sprachen fließend, kann aber kaum lesen und schreiben. So eine verdammte Prüfung packt er nie!«

Tverrdal stellte fest, dass die Papierhandtücher fehlten, und wischte sich die Hände an der Hose ab. »Ohne Prüfung keine Schankerlaubnis, so lauten die Regeln.«

»Sie Korinthenkacker!«, rief Martin ihm hinterher, als der Sysselmann die Toilettenräume verließ.

An ihrem Tisch hatten sie Gesellschaft von Charlotte, bei allen bekannt als »Charlie«, bekommen. Alming hatte sie vor Jahren einmal interviewt, als sie mit fünfundzwanzig Chefin von Spitzbergens führendem Reiseveranstalter wurde, und sie dabei als »den größten Fang Longyearbyens« bezeichnet. Beide Spitznamen waren an ihr kleben geblieben. Sie rutschte mit ihrem Stuhl beiseite, damit Martin sich dazusetzen konnte.

»Bist du nicht gerade auf Tour?«

»Wir brechen erst morgen Nachmittag auf.«

»Mit der schönen Milliardärstochter«, sagte Aleksander.

Martin errötete. »Du solltest lieber Taxi fahren, statt hier so einen Stuss zu erzählen!«

»Diesen Junggesellen kann sich sowieso niemand angeln«, sagte Charlie mit einem Seitenblick auf Martin.

»Reiche Töchter haben eine Schwäche für Abenteurer, selbst wenn sie an den Schläfen schon ein wenig ergrauen«, entgegnete Aleksander. »Aber es besteht kein Zweifel, dass du am Ende das Rennen machen wirst, Charlie. Niemand sonst hat so schöne lange Beine.«

Martin deutete auf Aleksander und danach zur Tür. Der Russe grinste nur und verteilte den restlichen Wein aus Martins Flasche auf die Gläser.

»Kannst nicht du eine Bar kaufen und Aleksander zum Geschäftsführer machen?«, fragte Charlie.

Martin schüttelte den Kopf. »Das bringt nichts. Solange Aleksander in die Geschäftsführung involviert ist, gelten dieselben Regeln. Außerdem kann ich mir das nicht leisten.«

»Mit deinen ganzen Sponsorenverträgen hast du doch sicher ein Vermögen gemacht!«, protestierte Charlie.

Martin wusste nicht, was er darauf antworten sollte. Es stimmte, seine Sponsoren hatten ihm über die Jahre mehrere Millionen gezahlt, aber er begriff selbst nicht, wo das viele Geld geblieben war. Sein einziges Eigentum war eine kleine Hütte bei Fjellheimen und ein Konto, das sich leerte, wenn er nicht arbeitete. Und für eine andere Arbeit als die jetzige taugte er nicht. Allein der Gedanke an einen Beruf, für den Anzug und Krawatte nötig wären, sorgte bei ihm für Beklemmungen. Er gab sich mit einem Lächeln als Erwiderung zufrieden. »Ich kann es mir immerhin leisten, noch etwas zu trinken zu besorgen«, sagte er, ging zur Bar und kam mit zwei Flaschen des roten Hausweins wieder.

»Für dich endet die Saison doch sicherlich bald, dann bist du wieder häufiger in der Stadt, oder?«, fragte Charlie.

»Ja. Habe nur noch diese kurze Tour vor mir.«

»Man munkelt, du bleibst diesen Sommer hier«, bemerkte Charlie. »Heißt das, wir dürfen dich offiziell als Bewohner von Longyearbyen begrüßen?«

Martin nickte und hob sein Glas. In den vergangenen zwanzig Jahren hatte er mit dem Begriff »Zuhause« nichts anfangen können. Vielleicht änderte sich das ja hier in Longyearbyen, hoffte er.

»Die hiesige Damenwelt würde das sicher zu schätzen wissen.«

»Ich bin bloß ein einfacher Guide.«

»Du bist der berühmte Martin Moltzau«, entgegnete Charlie nachdrücklich.

»Meine Sponsoren habe ich verjagt«, erwiderte Martin. »Die kommen nicht wieder. Ich bin ›Der Entdecker des *letzten* Jahres‹. Wieder spürte er dieses unbestimmte Gefühl in sich aufsteigen, das er am liebsten verdrängen wollte.

»Dann bist du auf deine amerikanischen Kunden angewiesen«, konstatierte Charlie. »Die Wahrheit lautet: Du wirst so lange Guide sein, bis du eines Tages vom Schneemobil fällst. Andere Möglichkeiten hast du nicht.«

Martin lehnte sich auf dem Stuhl zurück und starrte in sein Glas. Vielleicht hatte sie recht. Es galt eben einfach, der Beste zu sein.

Urplötzlich stand Aleksander auf und griff nach seiner Daunenjacke. »Ich muss gehen, bevor ich noch dieses Aas beleidige«, sagte er mit einem vielsagenden Nicken. Martin drehte sich um und sah, dass der Sysselmann direkt hinter ihnen Platz genommen hatte.

Martin tippte Tverrdal auf die Schulter. »Bevor ich's vergesse: Ich habe heute Post von Ihnen bekommen«, sagte er und zog ein Blatt Papier aus seiner Jackentasche. »Darin werden mir nach meiner Tour vorigen Monat saftige Strafen angedroht.«

Tverrdal schüttelte den Kopf und hielt abwehrend die Hände hoch. »Davon weiß ich nichts.«

»Auf dem Brief ist Ihre Unterschrift. Ich soll zwanzigtausend Kronen Strafe zahlen, weil ich mein Lager weniger als hundert Meter entfernt von einem Kulturdenkmal aufgeschlagen habe. Dieses sogenannte *Kulturdenkmal* ist eine Bretterbude aus den Dreißigern.«

Tverrdal wand sich auf seinem Stuhl.

»Diese Verordnung ist genauso irrsinnig wie das Verbot, auch nur einen einzigen verrosteten Nagel von irgendwo mitzunehmen, wenn er vor 1950 dort hingelangt ist. Selbst wenn es sich offenkundig nur um Schrott und Müll handelt, der noch dazu eine Gefahr für Mensch und Tier darstellt. *Verliert* man da draußen aber einen verrosteten Nagel, wird man für Umweltvergehen angeklagt.«

»Sie kennen die Vorschrift, was das Errichten von Lagern in der Nähe von Kulturdenkmälern betrifft«, entgegnete Tverrdal.

»Genau in diesem Fall war das betreffende Kulturdenkmal aber besetzt, und damit meine ich bewohnt. Von einer Truppe Einheimischer, die stockbesoffen waren und mit ihren Schrotflinten Löcher ins Dach der baufälligen Hütte geschossen haben, sodass Sie sie nie wieder werden instand setzen können. Sie können Ihrem Sachbearbeiter schöne Grüße von mir ausrichten und ihm mitteilen, dass ich Fotos und Videos habe, die das beweisen. Ich kann die Story ja dem russischen Fernsehen anbieten, die Russen werden vor Freude über eine weitere sinnlose Regel der Norweger jubeln.«

»Vorschriften sind dazu da, eingehalten zu werden«, entgegnete Tverrdal.

»Wer als Werkzeug nur einen Hammer hat, sieht in jedem Problem einen Nagel«, sagte Martin. Es gelang ihm, das Blatt Papier so klein zu falten, dass er es mit einem breiten Grinsen in die Brusttasche von Tverrdals Hemd stecken konnte. Tverrdal wandte sich ab.

Einige der Umsitzenden applaudierten, als Martin seine Rede beendet hatte. Da spürte er eine Hand auf seinem Arm. Alming zog ihn näher zu sich heran.

»Ich gratuliere, du hast den Sysselmann gerade vor aller Augen lächerlich gemacht. Wirklich smart von jemandem, der auf sein Wohlwollen angewiesen ist.«

Martin versuchte sich aus Almings Griff zu lösen. »Ich hab diese Regeln satt«, sagte er. »Und da bin ich nicht der Einzige.«

Alming lockerte seinen Griff kein bisschen. »Ja. Mit dieser Meinung bist du nicht allein. Ich tippe, dass jeder fünfte Stimmberechtigte in Longyearbyen ebenso gern eine russische Verwaltung gehabt hätte.«

Martin sah den Redakteur an. »Das in einem Leitartikel zu schreiben, wagst du nicht!«

»Ich bin ja nicht bescheuert.« Mit diesen Worten nahm Alming seine Daunenjacke vom Stuhl und stand auf. »Die Bar ist geschlossen, für mich war's das heute.«

Martin deutete auf die beiden Weinflaschen auf dem Tisch, doch Alming schüttelte seinen Kopf und verabschiedete sich.

Charlie schenkte Martin und sich selbst nach. »Dann müssen wir uns dem wohl annehmen«, sagte sie.

Martin war beeindruckt. Charlie konnte trinken wie ein Kerl, aber das sah man ihr nie an.

»Überleg dir gut, wie weit du dich für Aleksander aus dem Fenster lehnen willst«, bemerkte sie.

»Wieso? Freunde sind Freunde, oder nicht?«

»So sehr in der Schuld eines anderen zu stehen tut niemandem gut. Du hast ihm schon das Leben gerettet, du musst nicht auch noch die Verantwortung für seinen großen Traum übernehmen.«

Geistesabwesend starrte Martin in sein Glas. Den Unfall im vergangenen Jahr würde er niemals vergessen.

»Du hast mir nie erzählt, was wirklich geschehen ist, als ihr ins Eis eingebrochen seid«, sagte Charlie. »Ist die Geschichte von dem Schlitten, der wieder an die Wasseroberfläche kam, wirklich wahr?«

Martin konnte nur nicken. Er hatte nicht die Kraft, darüber zu reden. Er war überzeugt gewesen, dass jede Hoffnung auf Rettung vergebens war, als sie damals zu dritt in das Eisloch stürzten und mit vollgelaufenen Stiefeln und Schneeanzügen im eiskalten Wasser trieben. Ihre Schneemobile sanken wie Blei, aber dann geschah das Wunder. Durch die leeren Benzinkanister auf seinem Anhängerschlitten entstand ein so starker Auftrieb, dass der Schlitten wieder an die Wasseroberfläche stieg und dabei das Schneemobil mit sich zog. Martin hatte sich auf den Schlitten gerettet, bis sein Kopf gerade so über der Wasseroberfläche war.

»Damals hast du entschieden, Aleksanders Leben zu retten und nicht das von Ole Gunnar«, fuhr Charlie fort.

»Aleksander kann nicht schwimmen und trieb in meiner Nähe«, sagte Martin. »Ole Gunnar war hundert Meter entfernt, und in dem Schneedress hätte keiner von uns schwimmen können.«

»Wie lange hat er noch gelebt?«

»Beinahe bis der Hubschrauber kam. Hätte ich statt des Funksenders mein Satellitentelefon in die Brusttasche gesteckt, hätte ich den Sysselmann rechtzeitig anrufen können.«

Charlie legte eine Hand auf seinen Arm. »Denk noch mal ein klein wenig über das nach, was ich gesagt habe – was es mit einem macht, einem einzigen Menschen alles zu verdanken.« Sie stand auf. »Ich muss in ein paar Stunden arbeiten und will mich noch mal aufs Ohr hauen. Ich rechne damit, dass du nach deiner Rückkehr zu mir kommst.« Sie schenkte ihm ein makelloses, strahlendes Lächeln.

Martin sah zu ihr auf. Sie zwinkerte ihm neckisch zu. »Nur zu gern!«, sagte er.

6

Irina Kuznovas lange Beine kamen zum Vorschein, als sie aus dem Taxi stieg. Eine raue Windbö wehte über den Kai, sie zog den Mantel enger um sich und sah zu dem Kreuzfahrtschiff, das turmhoch neben ihr aufragte. Den Bug zierte ein großer roter, lächelnder Mund und die Seite ein Auge, von dem sich ein Strich wellenförmig über den gesamten Schiffsrumpf zog. Darüber stand der Name des Schiffes, MY SMILE.

Irina wandte sich an Nikolai, der auf die Quittung des Taxifahrers wartete. »Jetzt weiß ich, warum du mir vor unserer Abreise keine Aufnahmen des Schiffes gezeigt hast, Schatz.«

Er lachte. »Ja, mit dem Kussmund haben sie es wirklich übertrieben. Aber du wirst nicht mehr viel davon sehen, wenn du erst an Bord bist.«

Irina blickte sich auf dem menschenleeren Kreuzfahrtterminal in Kiel um. Ziemlich ruhig, wenn man bedachte, dass das Schiff mehr als zweitausend Passagiere befördern konnte.

»Wir sind früh dran, das Schiff läuft erst am Nachmittag aus«, sagte Nikolai, als hätte er ihre Gedanken gelesen.

»Es sieht ganz so aus, als müssten wir unser Gepäck selbst tragen«, bemerkte sie.

Nikolai eilte zu ihr und ergriff ihre beiden Koffer. Irina lächelte in sich hinein und lief, nur mit einer kleinen Handtasche über der Schulter, voraus zur Gangway. Auf der Mitte der Treppe blieb sie stehen und sah hinauf. Auf dem Oberdeck stand ein Mann, die Hände in die Taschen eines Mantels gesteckt, und betrachtete sie. Sie beschlich das Gefühl, als hätte er nur auf sie beide gewartet.

An der Rezeption überließ sie es Nikolai, die Tickets hervorzusuchen. Sie blickte sich um, betrachtete das klassische Kreuzfahrtschiff-Interieur in Rot, Gelb und Blau, das von blank gewienerten, goldglänzenden Messingelementen durchsetzt war.

»Hier hätten sich Peter der Große und Ludwig XIV. wohlgefühlt«, sagte sie, als Nikolai neben sie trat.

»Die Kreuzfahrtreedereien gehen sicher davon aus, dass uns Passagieren das gefällt«, erwiderte er.

Eine junge Hostess trippelte ungeduldig mit dem Kabinenschlüssel voraus. Irina ließ Nikolai erneut ihre Koffer tragen und folgte der jungen Frau über den Korridor, bis diese an der Kabine Nr. 845 stehen blieb und die Tür für sie öffnete.

Die Kabine war zusätzlich zu einem Doppelbett mit einer Sitzgruppe und einem weitaus größeren Fenster als die Kabinen auf den tiefer gelegenen Decks ausgestattet. Rasch und routiniert zeigte ihnen die Hostess die praktischen Details und machte einen Knicks, als Nikolai ihr zehn Euro zusteckte. Kaum hatte sie die Tür hinter sich geschlossen, öffnete Irina die Flasche Champagner, die auf dem Tisch stand.

»Ein Willkommensgeschenk von der Reederei, großartig!«

Nikolai räusperte sich. »Ich habe mich lieber nicht auf die Reederei verlassen und mich deshalb selbst darum gekümmert.«

Irina belohnte ihn mit einem Kuss auf die Wange. Sie füllte zwei Gläser, und sie prosteten einander feierlich zu.

»Ein Hoch auf deine Vorgesetzten und dass sie dir endlich Urlaub genehmigt haben!«, sagte Irina.

»Und auf deine, die ein paar Wochen auf ihre Spitzenanwältin verzichten können«, erwiderte Nikolai.

Irina schloss genießerisch die Augen, als sie mit einem Schluck das halbe Glas leerte. Es war ein Kampf gewesen, den Urlaub gegen den Widerstand der Partner in der Kanzlei durchzusetzen. Die Klienten und Auftraggeber standen Schlange. Schließlich wagten sie es aber nicht, ihr die Reise zu verweigern, weil sie wussten, wie unersetzbar Irina für sie war.

»Worauf freust du dich am meisten?«, fragte Nikolai.

»Dich besser kennenzulernen. Wir sind jetzt seit fast zwei Jahren zusammen, und du bist mir fast immer noch so ein Rätsel wie an unserem ersten Abend.«

Nikolai lächelte und nahm sie in den Arm. »Jetzt werden wir ja mehr als zwei Wochen Tag und Nacht miteinander verbringen. Danach wird es nicht mehr viel geben, was du nicht über mich weißt. Aber ich meinte eigentlich, auf welchen Ort du dich am meisten freust.«

»Ich glaube, auf Spitzbergen.«

7

»Soll ich etwa unterschreiben, dass ich ein Idiot bin und Sie unfehlbar?« Mit diesen Worten warf Cindy den Vertrag auf den Frühstückstisch. Er landete auf Martins halb verspeistem Omelett. Wütend verschränkte sie die Arme.

Sarah griff nach dem Papier und las vor: »Der beziehungsweise die Unterzeichnende übernimmt die volle Verantwortung für etwaige Vorfälle auf der Tour, ungeachtet dessen, ob eventuelle Schäden und/oder der Verlust materieller Gegenstände auf seine/ihre Fehler und Versäumnisse oder ganz oder teilweise auf die des Guides zurückzuführen sind.«

Martin versuchte ein Lächeln zu unterdrücken. Mit dieser Textpassage hatten alle seine Kunden ihre Schwierigkeiten. Aber am Ende unterschrieben sie immer.

»Und der restliche Text ist sogar noch schlimmer«, fuhr Cindy fort. »Als Letztes soll ich noch bestätigen, dass ich dieses Dokument bei klarem Verstand und ohne Ausübung von irgendeiner Art von Druck unterzeichnet habe.«

»Ob Sie bei klarem Verstand sind, kann ich nicht beurteilen, aber Ihre Unterschrift leisten Sie in jedem Fall freiwillig«, erwiderte Martin beherrscht.

Selten gestalteten sich die Diskussionen über diesen Passus so hitzig. Er wurde zunehmend gereizter. Sie saßen an dem langen Tisch aus Treibholz im Frühstücksraum des Hotels und befanden sich glücklicherweise unter sich. Nach Cindys Ausbruch herrschte einen Moment lang Schweigen.

»Dies ist ein ganz gewöhnlicher Text in so einem Zusammenhang«, sagte James. »Ich nehme an, Sie haben ihn von einem amerikanischen Rechtsanwalt.« Er griff nach dem Stift, den Martin auf den Tisch gelegt hatte, und kritzelte seine Unterschrift auf das Papier. Dann reichte er den Stift weiter an Cindy.

»Ich unterschreibe das nicht. Das ist Nötigung!« Sie warf den Stift beiseite und verschränkte abermals die Arme. Sie erinnerte Martin an ein trotziges Kind. Innerlich zählte er bis zehn.

James erhob sich übertrieben langsam, stemmte die Hände auf die Tischplatte und beugte sich zu Cindy vor. »Du hast da wohl ein paar Dinge vergessen. Unterschreib!«

Vater und Tochter starrten sich an. Im Saal war es still. Fasziniert beobachtete Martin den Machtkampf.

Jäh streckte sich Cindy nach dem Stift und hielt ihn vor James in die Höhe. »Entschuldigung, ich hatte vergessen, dass du *mein Vater* bist.«

Nachlässig unterzeichnete sie das Dokument und reichte Sarah den Stift. James setzte sich wieder, funkelte seine Tochter aber weiter an. »Vergiss das nicht noch mal«, sagte er.

Schnell unterschrieb Sarah und gab Martin den Vertrag zurück. »Darüber können wir uns unterhalten, wenn wir unter uns sind«, zischte sie Ehemann und Tochter an.

Martin sammelte die unterzeichneten Bogen ein und legte sie übertrieben langsam und sorgfältig in eine Plastikhülle, damit die Parkers sich darüber im Klaren waren, dass er diese Dokumente aufzubewahren gedachte und, falls nötig, Gebrauch von ihnen machen würde. Falls etwas geschähe, würden sie ihn garantiert bis auf die letzte Krone verklagen. Da machte er sich keinerlei Illusionen.

Sarah reckte wie eine Schülerin einen Finger. »Ich bin nur neugierig«, sagte sie. »Wie wahrscheinlich ist es denn, von einem Eisbären angegriffen zu werden?«

Martin dachte nach. »Wenn ich sage, dass es zu neunundneunzig Prozent nicht passiert, werden Sie sich sicher fühlen. Wenn ich dagegen sage, dass die Wahrscheinlichkeit bei einem Prozent liegt, werden Sie vermutlich auf der gesamten Tour nervös sein. Ich sage also, es ist zu neunundneunzig Prozent unwahrscheinlich, dass so etwas geschieht.«

Er breitete eine Karte auf dem Tisch aus, auf der der mittlere Teil Spitzbergens abgebildet war und die das gesamte Gebiet umfasste, in dem sie sich bewegen würden.

»Wir können noch einmal die Route durchgehen«, sagte er.

»Ich kann mich noch gut an den Ablaufplan erinnern«, sagte James.

»Mir ist es egal, wie wir fahren, solange wir nach Pyramiden kommen«, meinte Cindy.

Martin faltete die Karte wieder zusammen und legte sie zurück in einen Ordner.

»Ich meine das ernst!«, unterstrich Cindy.

Martin bemerkte, dass James seiner Tochter einen warnenden Blick zuwarf.

»Ist es denn wirklich nötig, im Zelt zu übernachten?«, erkundigte sich Sarah.

Diese Frage hörte Martin beinahe jedes Mal. Niemand schlief bei so niedrigen Minustemperaturen gern im Zelt, obwohl sie sich genau daran ihr gesamtes restliches Leben erinnern würden.

»Ja«, sagte er nur. Er sammelte seine Sachen ein und machte sich bereit zum Aufbruch. »Sie haben jetzt noch genügend Zeit für eigene Aktivitäten. Ich empfehle Ihnen einen Besuch im

Spitzbergen-Museum. Wir können uns anschließend für ein spätes Mittagessen im selben Restaurant wie gestern, dem Stationen, treffen. Danach heißt es dann los und auf ins Abenteuer!«

Sarah hielt ihn zurück, als er aufstehen wollte. »Ich gehe davon aus, dass Einmal-Handwärmer ganz nützlich sein könnten. Wo gibt es hier so etwas zu kaufen?«

»Sie gehören schon zu unserer Standardausrüstung«, erwiderte Martin.

Sarah lächelte. »Das hätte ich mir auch denken können.«

»Ich habe noch ein klein wenig zu tun, bevor es losgeht«, sagte Martin in die Runde, »bitte entschuldigen Sie mich.«

»Ich begleite Sie gerne, falls Sie eine helfende Hand gebrauchen können«, bot Cindy an und erhob sich.

Martin zögerte. Er zog es vor, die Reisevorbereitungen allein zu erledigen. Mit ihr gemeinsam würde es länger dauern. Doch sein Zögern reichte Cindy schon. Sie umrundete den Tisch und stellte sich neben ihn.

»Was kann ich tun?«

»Sie haben eine ganz andere Aufgabe«, sagte Martin. »Bis um elf müssen Sie ausgecheckt haben, es wird ein paar Tage dauern, bis wir wieder herkommen.«

»Wir haben nur Handgepäck dabei, ich bin in fünf Minuten wieder da«, rief sie und lief bereits die Treppe zu den Zimmern hinauf.

Aus dem Augenwinkel bemerkte Martin, dass Sarah ihrem Ehemann einen schwer zu deutenden Seitenblick zuwarf.

8

Martin schritt in seinem Lager auf und ab, wo die Expeditions-ausrüstung über den gesamten Fußboden ausgebreitet war. Er entschied, was in welche Metallbox gehörte, und Cindy legte es auf sein Zeichen hin an die entsprechende Stelle. Eine Signal-pistole samt Patronen, ein Satellitentelefon, Steigeisen, verschie-dene Werkzeuge, Klebeband, Spaten, Axt, Stolperdrähte, ein GPS-Gerät, ein großer Stapel Landkarten, zwei Mehrstoffkocher, Drei-Liter-Benzinkanister, drei Gaskartuschen, zwei Kochtöpfe, Korkuntersetzer, eine Schöpfkelle, Plastikbesteck, ein Stapel Pappteller, feste Pappbecher.

Cindy stand über die Box gebeugt, in der sich Reserve-ausrüstung, Werkzeug, Signalpistole und ein großer Erste-Hilfe-Koffer befanden. Jetzt richtete sie sich auf und deutete auf ein aufgerolltes Seil und einen Klettergurt, die daneben auf dem Boden lagen. »Gehen wir etwa Felsklettern?«

»Es könnte sein, dass Sie sich aus einer Gletscherspalte befreien müssen«, sagte Martin und zeigte auf eine der Metall-boxen. »Legen Sie beides dort obendrauf.«

Dann nahm er zwei Eispickel, die mit einem Seil verbunden waren, und steckte sie in die Tasche. »Die hier nehme ich per-sönlich an mich. Sie könnten mir das Leben retten, falls ich ins Eis einbreche.«

»Falls *Sie* einbrechen, ja.«

»Die Person, die vorausfährt, trägt das größte Risiko. Und diese Person sollte, nein, *muss* sogar ich sein.«

Nachdem sie eine große Vorratskiste bis zum Rand mit haltbaren Lebensmitteln, Instantgetränken, Snacks und Schokolade gefüllt hatten, legten sie eine kurze Pause ein. Martin setzte sich auf die größte Box und bedeutete Cindy, gegenüber Platz zu nehmen. Dann brach er ein Stück von einer Tafel Milchschokolade ab und reichte es ihr. Für einen flüchtigen Moment schaute er in ihre braunen Augen, die ihn durchdringend musterten.

»Sie ähneln Ihrer Mutter nicht sonderlich«, bemerkte er.

Cindy sah auf ihre Schokolade. »Das hätten Sie ihr niemals selbst gesagt.«

Martin überlegte. Sie hatte recht. »Sie muss noch sehr jung gewesen sein, als Sie geboren wurden.«

»Mama ist fünfzig, Papa fünfundfünfzig«, erklärte Cindy und runzelte die Stirn. »Worauf wollen Sie eigentlich hinaus?«

Martin machte eine abwehrende Geste. Im Grunde interessierte es ihn gar nicht. Cindy griff nach der Schokoladentafel und brach sich ein weiteres Stück davon ab.

»Sie haben mir immer noch keine Antwort darauf gegeben, ob Spitzbergen nun zu Norwegen gehört oder nicht«, sagte sie.

»Norweger halten Spitzbergen natürlich für einen Teil Norwegens. Aber trotzdem mussten Sie Ihren Reisepass vorzeigen, als Sie über Norwegen hierhergeflogen sind. Spitzbergen ist ein internationales Territorium, das aber unter norwegischer Souveränität steht. Selbst die hier lebenden Russen müssen sich an das norwegische Gesetz halten.«

»Können Sie mir nicht einfach eine Antwort auf meine Frage geben? Gehört der Archipel nun zu Norwegen oder nicht?«

»In Spitzbergen darf sich zumindest jeder ohne Erlaubnis oder Visum niederlassen, solange er seinen Lebensunterhalt bestreiten kann.«

»Ein Freistaat also«, konstatierte Cindy mit einem Nicken.

»Nein, das nicht, aber in Longyearbyen leben Menschen aus fünfzig Nationen, die zweitgrößte Bevölkerungsgruppe stellen die Thailänder.«

Cindy riss die Augen auf. »Aber sagen Sie mal, wie habt ihr Norweger es nur geschafft, dass die Russen so ausgebootet wurden?«

Martin sah sie überrascht an. »Sie ahnen ja nicht, wie recht Sie mit Ihrer Formulierung haben! Wir haben uns Spitzbergen in dem allgemeinen Chaos nach dem Ersten Weltkrieg gesichert. Die Russen waren auf Spitzbergen damals zwar stärker präsent als wir, aber in Russland war Bürgerkrieg, und die Revolution war in vollem Gange. Daher gab es dort keine Regierung, die Ansprüche auf Spitzbergen geltend machen konnte. Also mussten die Russen von der Seitenlinie aus zusehen, wie die übrigen Nationen Norwegen die Hoheitsrechte über Spitzbergen zusprachen.«

Cindy wirkte nachdenklich. Sie wickelte sich eine Locke ihres langen blonden Haares um den Finger. »Seltsam, dass niemand früher Ansprüche auf Spitzbergen erhoben hat.«

»Diese Inselgruppe ist einer der wenigen Orte auf der Welt, an denen wohl nie eine Urbevölkerung existiert hat, weshalb niemand Gebietsansprüche geltend machen konnte. Trotzdem gab es mehrere internationale Konferenzen, die sich mit dem Schicksal Spitzbergens und seinem Reichtum an Bodenschätzen befassten. Die letzte Konferenz begann am Tag vor dem Ausbruch des Ersten Weltkrieges. Da reisten die Delegierten natürlich postwendend nach Hause. In den Kriegsjahren verhandelte ein norwegischer Geschäftsmann mit der russischen Regierung über einen Verkauf der Grubenanlagen Longyearbyens an die Russen. Der Verkäufer war einer Ihrer Landsmänner, John

Longyear. Aber die norwegische Regierung vereitelte den Handel auf gerissene Weise. Danach waren die Russen vollauf damit beschäftigt, sich in ihrem jahrelangen Revolutionskampf gegenseitig umzubringen, und uns Norwegern wurde alles auf dem Silbertablett präsentiert. 1920 erhielt Norwegen im Spitzbergenvertrag dann offiziell die Souveränität über den Archipel. Nur wenige Jahre später erwarb die neue Sowjetregierung die Bergarbeitersiedlungen Barentsburg von den Niederländern und Pyramiden von den Schweden. Es sollte wohl so etwas wie eine Machtdemonstration sein.«

Martin lehnte sich vor und kramte eine Tüte Erdnüsse aus der Box neben sich, griff hinein und streckte sie Cindy entgegen. Sie schüttelte den Kopf.

»Die Russen sind bestimmt weiterhin scharf auf Spitzbergen«, sagte sie. »Ich begreife nicht, was sie daran hindert, sich den Archipel einfach zu nehmen.«

»Vielleicht sind sie ja bessere Menschen, als die Amerikaner gemeinhin glauben?«

»Ihr Norweger wart schon immer naiv.«

»Die Russen ärgern sich schon seit hundert Jahren wegen Spitzbergen, sie haben sich inzwischen bestimmt daran gewöhnt.«

»Darauf würde ich mich lieber nicht verlassen«, entgegnete Cindy.

9

»Fährst du mich vom Lager zum Schneemobilverleih, Aleksander?«

Martin erhielt ein kurzes »Aber natürlich« als Antwort, und ließ sein Telefon zurück in die Jackentasche gleiten. Er stand vor der Lagerhalle und genoss die Frühjahrssonne, als Aleksanders Großraumtaxi vor ihm wendete. Vorsichtig luden sie gemeinsam die Ausrüstung in den Wagen. Aleksander war zwar von kleiner Statur, hob die schweren Metallboxen jedoch so mühelos, als wären es Brottüten. Woher sein Freund diese Bärenkräfte hatte, wusste Martin nicht, er hatte ihn niemals trainieren gesehen.

»Nimm die Straße, die an der Schule vorbeiführt, ich möchte dir da etwas zeigen«, sagte Martin und kletterte auf den Beifahrersitz.

Als sie auf der Höhe der Schule waren, bat er den Russen anzuhalten und deutete auf ein Gebäude auf der gegenüberliegenden Straßenseite. »Siehst du die Räume im Erdgeschoss da drüben?«

Aleksander nickte.

»Das wird deine Bar. Man hat mir angeboten, die Räumlichkeiten zu pachten. Auf zehn Jahre, zu einem guten Preis. Wir müssen nur die Bürokraten besiegen.«

Aleksander starrte zu dem Gebäude hinüber, seine Augen schimmerten feucht. Er senkte den Kopf und murmelte irgendetwas Unverständliches, bevor er wieder anfuhr und zurück auf die Hauptstraße bog. Martin war es gewohnt, dass sein bester Freund so wortkarg war. Für einen Augenblick schwiegen sie.

»Was wirst du ihnen zeigen?«, fragte Aleksander, als sie das Zentrum passierten.

»Zuerst die Ostküste, dann Pyramiden. Diese Amerikaner sind ganz besessen von der Geisterstadt.«

»Und was sind das so für Leute?«

Martin überlegte kurz. Er hatte sich bereits ein Bild von seinen Gästen gemacht. James hatte eine interessante Persönlichkeit und wirkte sehr intelligent, Sarah hingegen eher fürsorglich und zaghaft, während Cindy charmant und unberechenbar zugleich war.

»Ich habe sie erst für eine typische amerikanische Familie gehalten, aber ich habe mich getäuscht. Die Tour mit ihnen wird garantiert nicht langweilig.«

»Nimm dich bloß vor der Tochter in Acht!«

»Vater und Tochter fechten eine Art Machtkampf aus, während die Mutter versucht, Frieden zu stiften. Ich werde nur die Fliege an der Wand sein und dafür sorgen, dass es keine Unfälle gibt.«

»Eben das meinte ich«, erwiderte Aleksander und hielt inmitten der vielen Fahrzeuge vor dem Gebäude von »Spitzbergen Schneemobile«. Nachdem sie Martins Ausrüstung ausgeladen hatten, streckte Aleksander ihm die Hand entgegen und wünschte ihm viel Glück. Verwirrt ergriff Martin sie. Er konnte sich nicht daran erinnern, dass sie sich jemals zuvor die Hände geschüttelt hätten.

Im ersten Stock des Gebäudes fand Martin die Parkers umringt von einem russischen Fernsehteam samt Kameramann, Tontechniker und Reportern. Es war das TV-Team, das schon wochenlang in Longyearbyen war.

Cindy lief ihm entgegen. »Schaffen Sie die hier weg! Wir wollen nicht ins Fernsehen.«

»Sie beißen schon nicht.«

»Trotzdem. Schaffen Sie die hier weg!«

Demonstrativ kehrte Cindy allen Anwesenden den Rücken zu und sah aus dem Fenster. Martin redete mit dem einzigen Reporter des Teams, der Englisch sprach. Er hatte ihn schon mehrfach im Zusammenhang mit der sogenannten Aleksander-Angelegenheit interviewt. »Diese Leute gehören zu mir, und sie haben jetzt keine Zeit für ein Interview«, sagte er.

Der Reporter nickte und erteilte seinen Kollegen entsprechende Order. Während das Fernsehteam seine Sachen zusammenpackte, schob Martin Cindy, Sarah und James in einen großen Raum mit Schneeanzügen, Schuhen und anderen Ausrüstungsgegenständen. »Der Laden hat sämtliche Größen vorrätig, aber ausschließlich in Schwarz. Anzüge, Helme, Schuhe, Handschuhe, Sturmhauben. Wir sind ja nicht bei einer Modenschau. Am Schluss werden Sie alle gleich aussehen.«

Das Anprobieren dauerte immer eine halbe Ewigkeit, und so ging Martin schon einmal vor die Tür und begann auf dem Hof damit, die Schlitten zu beladen.

James kam als Erster wieder aus dem Gebäude. Martin zeigte auf die aufgerollten Spanngurte, die in einem Haufen auf einem Anhängerschlitten lagen, und anschließend auf die noch nicht verstauten Taschen, Metallboxen und das Benzin. »Das Packen möchte ich nicht jeden Tag allein übernehmen, sehen Sie mal her, dann zeige ich Ihnen, wie das geht.«

James war erstaunlich geschickt. Gleich beim ersten Versuch zog er die Spanngurte in die richtige Richtung, und nach dem

Hinweis, so wenig Befestigungspunkte wie möglich zu verwenden, machte er seine Sache recht souverän.

Nachdem sie fertig waren, setzten sie sich auf ein Schneemobil in die Sonne. »Für welchen Sender arbeiten die Leute, mit denen Sie da gerade herumgeschäkert haben?«, fragte James.

»*Swesda*.«

»Aha, *Swesda*«, erwiderte James.

Martin sah ihn fragend an.

»Der Sender untersteht dem russischen Verteidigungsministerium und ist für Fake-News berüchtigt. Wie zum Beispiel, dass Finnland den Winterkrieg begonnen habe und dass die EU insgeheim plane, sämtliche Homophile in die Ukraine zu schicken.«

Martin starrte seinen Gast fassungslos an. Wieder einmal demonstrierte James, dass sich sein Wissen nicht nur auf die Wall Street beschränkte. Er selbst musste endlich mit seinem Schubladendenken aufhören. »Hier haben sie auch versucht, Falschinformationen zu streuen«, erwiderte er. »Sie haben einen Bericht über die große Satellitenstation auf dem Platåberget oberhalb des Flughafens gesendet, die unter anderem von der NASA benutzt wird. In dem Beitrag haben russische Experten behauptet, die Station diene militärischen Zwecken und würde deshalb gegen den Spitzbergenvertrag verstoßen. Aber für diese Art von Propaganda interessiert sich hier niemand.«

»Da irren Sie sich.«

»Mal abgesehen von den Russen, natürlich.«

»Sie sollten das nicht so einfach ignorieren«, mischte sich Cindy ein, die aus dem Gebäude gekommen war und inzwischen, die Hände in die Hüften gestemmt, auf die Männer hinabsah.

So einen Körper kann auch nur ein Kartoffelsack wie dieser Schneeanzug verhüllen, dachte Martin insgeheim erleichtert.

»Wir wären dann so weit«, sagte sie.

Martin sprang auf und ging voran durch das Durcheinander von Fahrzeugen, Schlitten und Gepäck, vorbei an Zapfsäulen und einen kleinen Abhang hinab. Dort standen reihenweise Schneemobile, deren Motorhauben in Richtung Adventdalen zeigten.

Die Familie Parker hatte ausdrücklich um die neuesten und schnellsten Modelle gebeten. Als Martin diese Forderung per Mail erreicht hatte, war er mehr als überrascht gewesen, denn für gewöhnlich wussten seine Gäste kaum, wo bei einem Schneemobil vorne und hinten war.

Er ging zu einer Reihe mit vier Fahrzeugen und bedeutete den Parkers, sich bei dem vordersten zu versammeln. James setzte sich sofort mit stolzer Besitzermiene auf das Gefährt. Martin blieb neben ihm stehen.

»Normalerweise brauche ich fünfzig Sekunden, um meinen Gästen zu erklären, wie die Maschine zu bedienen ist, und nach vierzig Sekunden sind meine Zuhörer gelangweilt«, sagte Martin. »So simpel ist die Sache – zum Glück und ... leider.«

Zuerst demonstrierte er den dreien den Rückwärtsgang.

»Den werden Sie nur selten brauchen. Diesen Gang werden Sie dagegen lieben.« Er deutete auf den Gashebel. »Ein Druck mit dem Daumen und Sie brausen davon wie ein Ferrari. Diese Biester schaffen es von null auf hundert in knapp drei Sekunden und erreichen eine Spitzengeschwindigkeit von bis zu zweihundert Stundenkilometern.«

James drückte den Hebel, und der Motor heulte auf, aber ansonsten tat sich nichts.

Martin lächelte. »Sie müssen ein wenig fester drücken, und schon flitzt er davon.« Danach zeigte Martin den Parkers noch, wie die Bremse funktionierte und wo man die Sitzheizung einschaltete, und wies sie in die richtige Sitzhaltung ein. »Sobald wir hügeliges Gelände erreichen, zeige ich Ihnen, wie man das Gewicht verlagert. Das ist ausgesprochen wichtig, sonst kippt man mit dem Schneemobil um. So, das waren meine fünfzig Sekunden. Ich bedanke mich für die Aufmerksamkeit!«

»Warum steht da ein Schild?«, fragte James und deutete auf die Stange vor dem Schneemobil.

»Damit wir unsere Fahrzeuge finden können«, erklärte Martin. »Sie schaffen es sicher daran vorbei, aber ich kann es auch beiseiteräumen.«

Er ging ein paar Schritte nach vorne, zog die Stange aus dem Schnee, und im selben Augenblick hörte er einen Motor aufheulen. Instinktiv ahnte er, was passieren würde, und warf sich zur Seite, aber es war zu spät.

Ein heftiges Stechen durchfuhr sein Bein, als das Schneemobil ihn traf. Der Schrei blieb ihm in der Kehle stecken, er jaulte lediglich kurz auf. Tränen traten ihm in die Augen, während er versuchte, den Schmerz auszublenden und ihn in etwas anderes zu verwandeln. Normalerweise half das, diesmal aber war er kaum auszuhalten. Martin lag auf dem Rücken und sah himmelwärts. Seine Gedanken rasten.

James kam angerannt und kniete sich neben ihn. »Verdammt! Das habe ich nicht gewollt! Ist Ihnen etwas passiert?«

Sarah und Cindy kamen ebenfalls herangeeilt. Martin sah in drei besorgte Augenpaare über sich. Cindy wollte schon einen Krankenwagen rufen, aber er streckte eine Hand aus und hielt sie zurück. »Nicht! Helfen Sie mir lieber hoch.«

Sechs Hände versuchten ihn am Aufstehen zu hindern, als er sich rührte.

»Lassen Sie das! Helfen Sie mir auf die Beine!«, rief Martin.

Sie ließen ihn los und wichen zurück.

»Hören Sie schlecht? Ich bin nicht tot!«

Martin streckte beide Hände aus. Widerwillig ergriff James eine Hand, Cindy und Sarah die andere. Es gelang ihm, sein Gewicht auf das unverletzte Bein zu verlagern, und er zog sich hoch. Die Parkers hielten ihn immer noch fest, als könnte er jeden Moment wieder umfallen.

Vorsichtig stellte Martin das verletzte Bein auf. Der Schmerz schoss durch seine Nervenbahnen, und er hinkte zu einem Schneemobil, auf das er sich setzte. Die anderen folgten ihm.

Niemand gab auch nur einen Ton von sich. James hatte seinen Helm und die Sturmhaube abgenommen und starrte zu Boden. »Wir können auch allein fahren«, schlug er vor. »Sie müssen ins Krankenhaus.«

»Es gibt eine einfache Lösung«, entgegnete Martin. »Wenn das Bein gebrochen ist, übernimmt Aleksander die Tour. Er kennt Spitzbergen genauso gut wie ich, wir waren schon tausendmal zusammen unterwegs.«

»Der Russe?« Cindy schüttelte den Kopf. »Niemals!«

»Allein dürfen Sie nicht los, das ist nicht erlaubt.« Martin richtete sich auf und stützte sich auf den Lenker des Fahrzeugs. Erneut setzte er vorsichtig das verletzte Bein auf und belastete es ein wenig. Es tat entsetzlich weh, fühlte sich aber anders an als ein gebrochenes Bein. Außerdem würde er die kommenden fünf Tage ja überwiegend sitzend auf dem Fahrzeug verbringen, das erschien ihm machbar. »Wir fahren«, entschied er.

Die drei rührten sich nicht, sondern starrten ihn nur an.

»Wir fahren, sagte ich!«

James breitete in einer ratlosen Geste die Arme aus. »Sie sind ja verrückt! Wir können die Tour allein machen.«

»Das ist, wie gesagt, nicht erlaubt. Außerdem ist es *mein* Bein. Steigen Sie auf die Schneemobile, dann koppeln wir die Anhängerschlitten an. Auf zur Ostküste!«

Widerstrebend gingen James, Cindy und Sarah zu ihren Maschinen. Martin startete sein Fahrzeug, umkurvte die anderen und fuhr den Hang zur Mietstation hinauf. Unzählige Schneemobile hatten den Schnee so durchgepflügt, dass der Hang einem geriffelten Waschbrett glich. Er musste im Schneckentempo fahren. Bei jeder Erschütterung stöhnte er vor Schmerzen auf.

Zwei Mitarbeiter der Mietstation koppelten ihnen die Schlitten an, während Martin ein Hosenbein und die Wollunterhose bis zum Knie hochkrempelte, um sich seine Wade anzusehen. Die Stelle, wo ihn das Schneemobil getroffen hatte, war dunkelrot verfärbt. Er kannte sich zwar kaum mit Beinbrüchen aus, glaubte aber nicht, dass das Wadenbein gebrochen sein könnte, ohne dass es zu sehen wäre.

10

An Bord der MY SMILE hatten sich lange Schlangen vor dem Buffetrestaurant Weite Welt auf Deck zehn gebildet. Die Passagiere waren gerade von einem Spaziergang durch das kleine Städtchen Kirkwall auf den Orkneyinseln zurückgekehrt. Wie ein Tsunami hatte ein Pulk von zweitausend Leuten den kleinen Ort heimgesucht.

Irina hatte Nikolai schon nach zehn Minuten dazu bewegen können, mit ihr auf das Schiff zurückzukehren. Sie lockte ihn mit Aktivitäten, die aufregender waren als Schulter an Schulter mit anderen Kreuzfahrtgästen die engen Gassen zu durchstreifen. Die Zeit hatte sogar noch für eine Dusche vor dem Mittagessen gereicht.

Irina lehnte sich über den Tisch zu Nikolai. Sie deutete mit einem Nicken in Richtung Buffet.

»Kennst du diesen Mann da drüben, der ganz links an der Kaffeemaschine steht?«

Nikolai warf rasch einen Blick auf den kurzhaarigen und durchtrainierten Mann, der in seinem Alter – 35 Jahre – sein musste. »Nein.«

»Ich dachte, du hättest ihm zugenickt, auch gestern schon, als wir an Bord gegangen sind. Ich bin nur froh, dass du seiner Frau keinen zweiten Blick zugeworfen hast, sie ist wirklich attraktiv. Und sieht sympathisch aus. Sind das Russen?«

Nikolai sah noch einmal flüchtig zu dem Mann hinüber. »Ja, kann sein«, sagte er nur.

Irina leerte ihre dritte Kaffeetasse – eine mehr als sonst zum Mittagessen – und merkte, wie aufgedreht das Koffein sie machte. »Ich muss irgendetwas tun«, sagte sie.

Nikolai blickte kaum von seinem Smartphone auf. »Dann empfehle ich dir den Fitnessraum.«

»Da arbeite ich lieber. Wir haben einen neuen internationalen Klienten, der übrigens auf deinem Gebiet tätig ist.«

Jetzt legte Nikolai das Handy beiseite und widmete ihr seine volle Aufmerksamkeit. »*Mein* Gebiet?«

»Eine große, internationale Mineralölgesellschaft, die sich sehr für die Arktis interessiert und unsere Hilfe bei Steuergesetzen und Vorschriften braucht. Doch was sie – unter uns gesagt - *eigentlich* beschäftigt, ist Russlands Sicht der Dinge.«

Nikolai sah sie stirnrunzelnd an. »Ich wusste gar nicht, dass du Expertin für die Arktis bist?«

»Du hast mich ja auch nie gefragt, mein Lieber. Aber nachdem du zehn Jahre in dieser Branche gearbeitet hast – sag mir doch mal, welche Meinung ihr zu den Öl- und Gasvorkommen in der Arktis, zum Beispiel vor Spitzbergen, habt?«

Nikolai kratzte sich am Kopf, er schien ganz verwirrt zu sein. »Welche Meinung *wir* dazu haben?«

»Ich weiß ja, dass du nichts sagen darfst«, räumte sie ein. Sie gab selbst immer gut darauf acht, keine Details über ihre Klienten oder Aufträge zu nennen.

»Spitzbergen wird von Norwegen schlecht verwaltet«, sagte Nikolai. »Die Norweger haben vergessen, dass es sich um internationales Territorium handelt und sämtliche Nationen, die den Spitzbergenvertrag unterzeichnet haben, gleichberechtigt sein sollen.«

»Aber Norwegen kann doch im Prinzip keine Steuern erheben, oder?« Irina lehnte sich zurück und sagte in belehrendem

Ton: »Deshalb ist Spitzbergen ja auch der beste Ort – tatsächlich der *ultimative* Ort – um Öl oder Gas zu finden.«

»Der ultimative Ort«, wiederholte Nikolai.

Irina war drauf und dran, ihm zu sagen, dass er wie ein Papagei klang. »Norwegen darf nur so viele Steuern erheben, wie für die Verwaltung nötig sind. Heute subventioniert der norwegische Staat die Ansiedlung in Longyearbyen, aber stell dir mal vor, jemand würde vor Spitzbergen Öl- oder Gasvorkommen entdecken? Um Himmels willen! Es steht sogar im Spitzbergenvertrag, dass Bodenschätze nur mit einem Prozent oder weniger besteuert werden dürfen. Norwegen argumentiert, Spitzbergen liege auf dem norwegischen Kontinentalsockel und könne deshalb nach norwegischem Steuerrecht besteuert werden. Damit stehen sie allerdings allein da, Norwegen gegen den Rest der Welt sozusagen. Dies ist der einzige Ort auf der Welt, an dem die Erdölförderung nahezu steuerfrei ist.«

»Bist du jetzt auch Expertin für die Steuergesetze auf Spitzbergen?«, fragte Nikolai.

Irina lächelte. »Ich kenne mich mit Spitzbergen ziemlich gut aus. Deshalb will ich es ja auch mit eigenen Augen sehen. Du nicht?«

»Doch. Unbedingt.«

11

»Das geht zu langsam«, rief Martin. »Sie müssen schneller fahren!«

Cindy, James und Sarah saßen auf ihren Schneemobilen und sahen ihn an. Martin hatte bei dem ersten sanften Hang des Adventdalen angehalten. Er war nicht gerade beeindruckt von dem Tempo, das sie vorgelegt hatten, es waren kaum mehr als vierzig Stundenkilometer gewesen. Ihn wunderte immer mehr, weshalb die Parkers überhaupt nach den schnellsten Schneemobilen verlangt hatten.

Er winkte sie näher zu sich heran und ließ sie absteigen. Es war an der Zeit, ihnen zu zeigen, wie sie ihr Körpergewicht je nach Beschaffenheit des Terrains verlagern mussten. »Sie müssen Ihren Hintern zur entgegengesetzten Seite raushängen lassen, um das Gefälle im Gelände auszugleichen«, schärfte er ihnen ein. »Ein Schneemobil kann leicht kippen, wenn man kein Gegengewicht einsetzt. Es genügt nicht, sein Gewicht nur ein klein wenig zu verlagern, Sie müssen schon richtig aufstehen.« Er demonstrierte es ihnen. »Und das gelingt am besten, wenn man eine gewisse Geschwindigkeit beibehält. Geraten Sie in Schwierigkeiten, müssen Sie das Tempo erhöhen. Dann hat die Raupe mehr Grip, und Sie können es leichter und besser lenken.«

Als sie erneut auf ihren Fahrzeugen Platz genommen hatten, hob Martin die Hand zum Zeichen, wieder loszufahren, und raste davon. Ein Blick in den Seitenspiegel verriet ihm jedoch, dass seine Gäste noch nicht abfahrbereit gewesen waren; Cindy hatte ihren Helm noch nicht wieder aufgesetzt, und Sarah fuhr ohne Handschuhe. Mit der Zeit würden sie es lernen.

Er führte sie durch leichtes, offenes Gelände, wo in den vergangenen Tagen Hunderte Schneemobile gefahren waren. Die Spuren erstreckten sich vor ihnen wie eine Autobahn, sie mussten nur Gas geben.

Am Ende des Sassendalen wurde das Gelände herausfordernder. Die Spur führte über eine Moräne, verlief zwischen Geröllhaufen und spitzen Gesteinsbrocken auf und ab. Solange seine Gäste eine ebenso gleichmäßige Geschwindigkeit hielten wie er und sehen konnten, wie er sich bewegte und sein Körpergewicht verlagerte, sollte alles gut gehen.

Dass er sich in diesem Punkt jedoch irrte, wurde Martin klar, als er die drei nicht mehr hinter sich im Spiegel sah. Etwas war geschehen. Routiniert wendete er sein Gefährt in dem engen Terrain und brauste zurück. Wer von ihnen da wohl Probleme hatte?

Hinter der nächsten Kehre verschaffte er sich einen raschen Überblick über die Lage. Ein Schneemobil lag umgestürzt in einem Graben. Glücklicherweise standen die Parkers alle unversehrt daneben. Zweifellos hatte einer von ihnen in dem ansteigenden Gelände zu wenig Gas gegeben und war aufgrund der Schwerkraft mit dem Schneemobil umgekippt.

»Ich war zu langsam, konnte aber gerade noch abspringen«, rief Sarah ihm zu.

Martin hinkte und schlitterte den Hang hinunter, bis er das Fahrzeug erreichte. Zögerlich folgten ihm die Parkers. Sie mussten gemeinsam ihr ganzes Körpergewicht einsetzen, um das Schneemobil zurück auf die Kette zu wuchten. Es stand auf dem Grund eines tiefen Grabens – es hochzuziehen war unmöglich. Martins Blick schweifte zurück zu dem Hang, an

dem das Fahrzeug gekippt war. Ein Glück, dass es Sarahs Schneemobil getroffen hatte – sie fuhr als Einzige ohne Anhängerschlitten. Ein Schneemobil samt Schlitten hätten sie niemals
hier herausmanövrieren können.

Martin stellte sich mit dem unverletzten Bein auf das Trittbrett und hob das andere Knie auf den Sitz. So befand sich sein
Körpergewicht auf der kritischen Seite. Er spürte die Blicke
seiner Gäste, ihre Skepsis und ihre Bedenken.

Er startete den Motor, schlug den Lenker nach rechts ein
und peilte die Steigung an, die so steil war, dass er schräg
fahren musste. Er holte tief Luft und gab Vollgas. Die Maschine
reagierte wie eine wilde Bestie und preschte nach vorn. Dabei
krachte sie auf einen unter dem Schnee verborgenen Felsen
und stand einen flüchtigen Moment lang aufrecht, ehe sie unter
Martins Gewicht wieder auf die richtige Seite kippte. Martin
ging vom Gas, woraufhin das Schneemobil seitwärts den Hang
entlangrutschte, bis er mit einem erstickten Brüllen den Gashebel voll durchdrückte und durch eine kleine Schneewehe nach
oben raste. Die Maschine schoss mehrere Meter über dem
Rand durch die Luft, dann landete sie auf der flachen Fahrbahn. Beim Aufprall durchschoss Martin ein solcher Schmerz,
als würde ihm das Bein abgerissen werden. Er stieg ab, drehte
sich zu seinen Gästen um und versuchte sich nichts anmerken
zu lassen. James, Cindy und Sarah standen noch immer wie
erstarrt in dem Graben. Martin winkte sie munter zu sich.

Die drei Amerikaner stapften in ihren schweren Stiefeln
den Abhang hinauf und sanken mit jedem Schritt tiefer in den
Neuschnee ein. Martin rechnete damit, dass Sarah die Angst
nach dem Sturz noch tief in den Knochen steckte, aber sie
ging geradewegs zu ihrem Fahrzeug und schwang sich auf den
Sitz.

»Jeder kippt mal um«, sagte er. »Mir passiert das mindestens einmal in jeder Saison. Solange sich niemand dabei verletzt und die Ausrüstung noch funktioniert, heißt es einfach weiterfahren. Also, auf zur Ostküste!«

Sarah nickte.

Martin hinkte zu seiner Maschine, wendete sie elegant und setzte den Weg über die Moräne fort.

Bald erreichten sie ein großes Gletschergebiet. Hier teilten sich die Spuren, anscheinend waren seit dem letzten Schneefall nur wenige Menschen in Richtung Ostküste gefahren. Ihre Fahrzeuge schlingerten nun hin und her, weil die Kufen jeder Unebenheit in der Fahrspur folgten. Martin wich ein kleines Stück abseits der Piste in den unberührten Pulverschnee aus. Dabei neigte sich das Schneemobil leicht nach hinten, sodass man so bequem wie auf einem Sofa saß, das mit achtzig Stundenkilometern durch die Landschaft rauschte. Diese Fahrweise verbrauchte zwar mehr Benzin, aber davon hatte er immer genügend im Gepäck.

Am höchsten Punkt des Ulvebreen bot sich ihnen ein sagenhafter Anblick gen Osten. Der Gletscher fiel einladend sanft und wellenförmig vor ihnen ab, dennoch fand Martin, dass die Landschaft im Osten immer etwas Düsteres und Verlassenes an sich hatte. Vielleicht lag das ja an der Tatsache, dass die Ostküste der Insel nie besiedelt gewesen war und man dort – selbst in der Hochsaison – nur selten jemandem begegnete. Dies war kein Ort für Menschen.

In der Ferne konnte er den Storfjord, die Meerenge im Südosten Spitzbergens erahnen. Aus den offenen Fahrrinnen im Eis stieg Luftfeuchtigkeit nach oben und traf auf die eisigen Luftmassen, sodass sich eine Wolkenbank bildete, die ständig über dem Fjord schwebte. Martin fuhr den leicht abfallenden

Gletscher ein Stück entlang, ehe er anhielt und zurücksah. Die Sonne stand tief hinter ihnen, und der Pulverschnee glitzerte wie ein Sternenmeer.

»Ich kann ein paar Hundert Meter vorausfahren und Fotos von Ihnen machen, wie Sie den Gletscher bei Sonnenuntergang runterfahren. Ein besseres Erinnerungsfoto gibt es nicht«, sagte er zu seinen Gästen, als sie ihn eingeholt hatten.

James, Sarah und Cindy tauschten Blicke.

»Mir ist das nicht wichtig«, erwiderte James, und auch die beiden Frauen schüttelten die Köpfe.

Martin fuhr wortlos weiter. Offenbar waren die Parkers nicht daran interessiert, ihren Großstadtfreunden zu zeigen, wie fantastisch es auf Spitzbergen war. Das hatte er noch nie erlebt, aber die Menschen waren eben verschieden.

Als sie sich dem Fuß des Gletschers näherten, hielt er sich weit rechts und achtete darauf, auf die Moräne zu fahren. Sicherheitshalber schaltete er das GPS-Gerät am Armaturenbrett ein, auf dem er die Routen von früheren Touren gespeichert hatte, und folgte den roten Linien, die dicht nebeneinander auf dem Display dargestellt waren, bis hinunter zum Fjord.

Das Fjordeis lag wie eine gleichmäßige weiße Ebene vor ihnen und erstreckte sich bis zu den schweren Wolkenbänken. Als die Parkers aufgeschlossen hatten, fuhr Martin einige Hundert Meter weit zurück in Richtung Gletscher, erhob sich von seinem Sitz und zeigte auf eine Stelle am Ulvebreen.

Die anderen hielten neben ihm. James nahm seinen Helm ab, klemmte ihn zwischen die Schenkel, zog sich die Sturmhaube vom Kopf und stieß einen beeindruckten Pfiff aus. Er drehte sich zu Sarah und Cindy um und signalisierte ihnen ebenfalls, sich das anzusehen. Der Gletscher endete abrupt in einer mehr als dreißig Meter hohen Abbruchkante.

»Hätten wir dort hinunterstürzen können, falls wir oben auf dem Gletscher geradeaus weitergefahren wären?«, fragte Sarah.

»In schlechtem Licht zweifellos«, erwiderte Martin. »Sie hätten es erst gemerkt, wenn Sie schon in der Luft gestanden hätten. Aber bei Sonnenschein, so wie jetzt, wäre Ihnen die Kante wahrscheinlich rechtzeitig aufgefallen.«

Sie fuhren weiter bis unter die Gletscherstirn. Die grünblaue Eiswand war der perfekte Hintergrund für ein Familienfoto. Martin zückte schon die Kamera, aber James schüttelte den Kopf. Noch einmal frage ich euch nicht, dachte Martin. Warum wollen die bloß keine Aufnahmen?

»Und jetzt?«, fragte James. Er wirkte begeistert und schien sich wohlzufühlen; er griff sich sogar eine ganze Handvoll Erdnüsse, als Martin die Tüte herumreichte.

»Wir suchen uns jetzt einen geeigneten Ort an Land und schlagen ein klein wenig oberhalb des Meeres unser Nachtlager auf.«

Sarah blickte sich in der weißen, kalten Landschaft um. Kein Laut war zu hören, nichts rührte sich. So, als ob alles um sie herum die Luft anhielt.

»Das hier ist Eisbärenland, haben Sie gesagt?«

»Ja, hier regiert der Eisbär.« Martin nickte. »Wir sind hier nur Gäste. Und mögliche Beute.«

12

»Sechsundzwanzig Minuten. Neuer Rekord!«, rief Martin und streckte triumphierend die Arme in die Luft. Er hinkte zu einem Anhängerschlitten und zog eine Flasche Champagner aus dem Beutel mit Schlafsäcken hervor. »Das muss gefeiert werden!«

»Wie lautete denn die bisherige Bestzeit für den Aufbau dieses Zeltes?«, wollte Cindy wissen.

»Zweiundvierzig Minuten.« Martin flunkerte. Er erzählte allen seinen Expeditionsteilnehmern, dass sie einen neuen Rekord aufgestellt hätten, sozusagen als Belohnung für das Errichten des riesigen Zehn-Mann-Zeltes. Der Zeltplatz, für den er sich entschieden hatte, lag nur hundert Meter oberhalb des Fjords. Die Nähe zum Meer barg zwar ein höheres Risiko, einem Eisbären zu begegnen, aber Martin hatte einen Plan.

Nachdem er die Flasche kräftig geschüttelt hatte, ließ James den Korken gen Himmel sausen, und sie prosteten sich mit ihren Sektgläsern aus Plastik zu. Sarah bot allen von einer großen Tafel Schokolade an, die sie in Stücke gebrochen hatte.

»Das ist ja meine Lieblingsschokolade!«, rief James erstaunt aus. »Gibt es die auch hier zu kaufen?«

»Ich habe sie von zu Hause mitgebracht«, erwiderte Sarah. »Hoffentlich hat ihr der Temperaturunterschied nicht geschadet.«

Immer für andere da, immer bereit zu geben, dachte Martin, während James sich zwei große Stücke nahm.

Wenig später kümmerten sich Sarah, James und Cindy darum, die restliche Ausrüstung ins Zelt zu verfrachten, während Martin auf dem Schneemobil saß und entsprechende Anweisungen gab. Als das geschafft war, kroch auch er hinein und setzte sich auf eine Metallbox. Er feuerte die beiden Mehrstoffkocher an und ließ die Flammen eine Weile kräftig lodern. Selbst in einem so großen Zelt wie diesem konnte man spüren, wie die Wärme sich ausbreitete.

»Und was steht heute auf dem Speiseplan?«, fragte Sarah.

»Zuerst Hummersuppe, anschließend Arktischer Lachs mit Gemüse und Knoblauchkartoffeln, danach eine Auswahl französischer Käse und zum Nachtisch Tiramisu«, sagte Martin mit Kellnerstimme. »Dazu reichen wir französische Weine.«

Sarah starrte Martin fassungslos an. »Sie scherzen, oder?«

Martin lächelte. »Nein. Machen Sie es sich in Ihrem Schlafsack bequem, lehnen Sie sich mit einem Glas Wein zurück und lassen Sie den Hunger noch ein wenig an sich nagen.«

Er suchte einen Getränkekarton mit Chablis hervor und füllte ihre Gläser. Sie nippten am Wein, während er in zwei Töpfen Schnee schmolz. Es dauerte seine Zeit, ausreichend Wasser zu schmelzen und es bis kurz vor dem Siedepunkt zu erhitzen.

»Lassen Sie mich mal einen Blick auf Ihr Bein werfen«, bat Sarah.

Martin hatte das verletzte Bein vor sich ausgestreckt. In dieser Haltung war der Schmerz einigermaßen erträglich. Er trat sich den großzügig geschnittenen Stiefel vom Fuß und zog vorsichtig den Schneeanzug nach oben. Schon ohne die dünnen langen Wollunterhosen auszuziehen, war zu sehen, dass sein Bein unnatürlich dick war. Als er den Wollstoff hochrollte, verzog er das Gesicht.

Die Haut an seinem Bein war blau, gelb und rot verfärbt, und an der Stelle, an der das Schneemobil ihn gerammt hatte, tiefviolett. Hätte die Maschine sein Wadenbein und nicht die

Wadenmuskeln getroffen, wäre es zweifellos gebrochen gewesen. Sarah atmete bei diesem Anblick scharf ein.

»Es sieht nicht schön aus«, sagte Martin. »Aber es ist nicht gebrochen, ich komme zurecht.«

Nachdem er seine Kleidung wieder gerichtet hatte, herrschte eine betroffene Stille. Martin füllte beständig weiter Schnee in die Töpfe, die jetzt über die Hälfte mit Wasser und Eisklumpen gefüllt waren.

Schließlich brach Cindy das Schweigen. Sie deutete auf das Logo auf Martins Jackenärmel. »*Ursa Major*«, sagte sie. »Ist das lateinisch für Eisbär?«

Martin schüttelte den Kopf. »Eisbär heißt *ursus maritimus. Ursa Major* bedeutet *Großer Bär.*«

»Aber hier gibt es doch bestimmt keine anderen großen Bären außer dem Eisbären?«

»Der größte Bär von allen ist Russland«, meinte James.

Martin grinste. Er griff nach dem Spaten, zog den Reißverschluss des Zeltes hoch und schaufelte eine neue Ladung Schnee in die Töpfe.

»Ich finde es eigenartig, dass die Ostküste Spitzbergens nie besiedelt war«, bemerkte Sarah. Unruhig rutschte sie hin und her, als würde die Wildnis sie bedrängen.

»Sehen Sie sich hier draußen einmal genauer um, und werfen Sie einen Blick auf die Landkarte«, erwiderte Martin. »Hier gibt es nichts von Interesse, keine natürlichen Ressourcen, mal abgesehen von der Natur selbst.«

»Aber alle Nationen dürfen hier nach Bodenschätzen wie beispielsweise Ölvorkommen suchen«, wandte James ein.

»Sofern sie den Spitzbergenvertrag unterzeichnet haben«, stellte Martin klar. »Aber man hat es aufgegeben, an Land nach Öl oder Gas zu suchen, hier gibt es nichts.«

»Aber eigentlich sollte es das. Ich habe gelesen, dass unter dem gesamten Archipel fossile Brennstoffe stecken.«

Martin erwiderte nichts darauf, diese Diskussion führte zu nichts. Er ließ eine Kunststoffflasche mit Hummersuppe ins inzwischen köchelnde Wasser gleiten und holte die Suppenteller und das Besteck hervor. Es dauerte nur wenige Minuten, bis die Suppe so heiß war, dass er sie servieren konnte.

»Himmlisch! Wie Sie das nur zustande gebracht haben!«, lobte Cindy ihn, nachdem sie den ersten Löffel von der Suppe gekostet hatte.

»Zubereitet vom Chef de Cuisine des Restaurants Gruvelageret höchstpersönlich«, sagte Martin.

»Sie hätten das als Ihren Verdienst ausgeben können«, sagte Sarah, »wir hätten es Ihnen abgenommen.«

»Abenteurer und Sternekoch«, bemerkte Cindy. »In dem Fall wäre es umso rätselhafter, dass Sie noch Single sind.«

»Ich habe nie behauptet, Single zu sein.«

»Schon verstanden.« Cindy reichte ihm den Teller für einen Nachschlag. »Ich finde es bloß seltsam«, fügte sie zwischen zwei Löffeln hinzu.

»Alle Frauen träumen von aufregenden Männern, aber man muss die Aufregung auch aushalten können, die das mit sich bringt«, sagte Martin.

»Lass ihm sein Privatleben, Cindy«, warf Sarah ein. »Das geht uns nichts an.«

»Er darf mich gerne auch über meines ausfragen«, sagte Cindy.

Im Zelt breitete sich ein drückendes Schweigen aus.

»Sie sind hoffentlich gleich bereit für das Hauptgericht«, sagte Martin und ließ ein Vakuumpäckchen mit Lachs sowie eines mit Kartoffelpüree in das warme Wasser gleiten. Er reichte den Chablis herum.

»Wie sieht Ihr Alltag denn für gewöhnlich aus?«, fragte er Sarah. Kaum ausgesprochen, wurde ihm bewusst, dass das eine heikle Frage sein könnte.

»Ich habe eine Tochter großgezogen und bin nicht, wie einige meiner Freundinnen, zur Alkoholikerin geworden«, erwiderte Sarah.

»Eine große Leistung«, bemerkte Cindy, lehnte sich zurück und starrte hinauf zum Zeltdach.

Martin schnitt die Päckchen mit Lachs auf und füllte den Inhalt auf tiefe Teller. Er musste das Gespräch in eine Richtung lenken, die solche Fettnäpfchen umschiffte.

Er wartete, bis die Parkers ihr Dessert verspeist hatten, und gab dann einen Kommentar von sich, der seine Wirkung nie verfehlte: »Ich finde ja, die Eisbärenjagd sollte erlaubt sein.«

Hätte er sie gebeten, splitterfasernackt im Freien zu nächtigen, hätten die Reaktionen nicht heftiger ausfallen können. Sarah schrie am lautesten auf.

»Ihr Norweger seid ja Barbaren! Der Eisbär ist ein Symbol für den gesamten Planeten. Er steht aus gutem Grund unter Schutz.«

Martin wartete ab, bis sich der Proteststurm gelegt hatte. »Sie haben zu viele Aufnahmen von niedlichen Eisbären auf kleinen Eisschollen gesehen. Heutzutage ist die Population der Eisbären übergroß angewachsen, sie verhungern, und in ihrer Not verjagen ausgewachsene männliche Bären die Weibchen von ihren Jungen, um die süßen Kleinen zu fressen. So etwas sollte die BBC mal senden, dann würden viele anders über den Eisbären als Ikone denken.«

Er ließ seine Worte einsinken, bevor er weitersprach: »Wir fangen jetzt mit der Eisbärenwache an. Wir teilen die Nacht in vier Schichten auf, und jeder von uns hält zwei Stunden Wache. Das ist nicht weiter schwierig, Sie müssen nur draußen in der

Mitternachtssonne auf und ab gehen und die anderen warnen, falls sich ein Eisbär nähern sollte. Wir können die Reihenfolge auslosen. Ach nein, ich bestimme das lieber.« Er deutete auf Sarah. »Sie fangen an.«

»Ich soll die Eisbärenwache übernehmen?«

»Ganz genau! Wie alle anderen auch.«

»Dafür haben wir aber nicht bezahlt.«

»Doch, das ist genau das, wofür Sie bezahlt haben.«

Und davon werdet ihr später euren vermögenden Freunden erzählen, dachte Martin. Er signalisierte ihr mit einer Geste aufzustehen und zeigte zur Zeltöffnung. Widerstrebend erhob sich Sarah und schlüpfte in den Schneeanzug.

»Der Eisbär hätte doch genauso gut beim Essen auftauchen können«, murrte sie.

»Dann wären wir aber wach gewesen«, entgegnete Martin.

Er begleitete Sarah hinaus. Von ihrem Lagerplatz aus bot sich ihnen ein guter Überblick über das umliegende Gelände.

»Ein Eisbär würde nie auf das Zelt zustürmen, diese Tiere nähern sich zögernd und neugierig. Ihnen bleibt also genügend Zeit, ihn zu entdecken. Und in dem Fall schießen Sie nicht, sondern wecken mich.«

Mit diesen Worten reichte er Sarah ein Gewehr.

»Das hier dient nur zu Ihrer Beruhigung. Kennen Sie sich mit Waffen aus?«

Sarah schüttelte den Kopf.

Martin machte sie mit der Waffe vertraut; er zeigte ihr, dass das Magazin fünf Patronen enthielt und eine bereits im Lauf war, wie sie die Büchse lud, sicherte und entsicherte. Sarah hob es ans Kinn und nahm den Fjord ins Visier.

»Sie können gern zum Zeitvertreib durch das Zielfernrohr schauen, aber wir würden nie aus hundert Metern Abstand auf einen Eisbären schießen. Das ginge wohl kaum als Selbstverteidigung durch.«

Sarah legte das Gewehr auf der Sitzfläche des Schneemobils ab, den Lauf auf Martin gerichtet. Er trat einen Schritt vor und drehte ihn demonstrativ in eine andere Richtung. »Ich kann Ihnen zu Beginn der Schicht noch etwas Gesellschaft leisten. Ich bin sowieso noch nicht müde.«

Sie setzten sich auf ihre Schneemobile. Martin legte die Beine auf den Lenker und lehnte sich zurück.

»Sind Sie Abenteurer geworden, um Ihren Vater zu beeindrucken oder weil Sie im Wettstreit mit einem älteren Bruder lagen?«, fragte Sarah.

Die Frage überrumpelte Martin so sehr, dass er sich gleich wieder aufsetzte. »Ich habe keine Geschwister.«

»Dann war also Ihr Vater der Grund«, sagte Sarah.

»Mein Vater hat nie irgendwelche Freude über meine Abenteuer oder Erfolge erkennen lassen«, sagte Martin. »Ihm wäre es vermutlich am liebsten gewesen, ich hätte seine Anwaltskanzlei übernommen.«

Sarah lachte freudlos auf. »Dann steckt ja ein noch klassischerer Grund dahinter, als ich vermutet habe.«

Martin stieg ab und verbarg seinen Missmut. Er verabscheute nichts mehr als Küchenpsychologie. »Wenn Ihre zwei Stunden vorbei sind, wecken Sie bitte Cindy. Anschließend soll sie mich wecken, ich übernehme die anstrengendste Schicht in der Nacht, und James ist dann mit der Frühschicht dran.«

Martin kroch ins Zelt, zog den Schneedress aus und schlüpfte routiniert in seinen Schlafsack. Den Schnarchlauten zufolge waren James und Cindy bereits tief und fest eingeschlafen. Wegen der Eisbären machte Martin sich keine Sorgen.

Gefahren gingen eigentlich immer von den Menschen aus. Besonders, wenn sie noch nie ein Gewehr in der Hand gehalten hatten.

13

Der Kellner des Gourmetrestaurants an Bord der MY SMILE musste dem Russen sein romantisches Abendessen mit der dunkelhaarigen Schönheit, die mit jeder Bewegung Eleganz ausstrahlte, wohl missgönnen. Irina sah auf und lächelte zuvorkommend, als der junge Mann ihnen Rotwein einschenkte. Sie sprach erst weiter, nachdem der Kellner die Flasche wieder auf den Beistelltisch gestellt und sich abgewandt hatte.

»Wie war es auf der Krim?«, fragte sie Nikolai.

»Auf der Krim?« Nikolai stellte das volle Weinglas so abrupt ab, dass etwas von seinem Inhalt auf das weiße Tischtuch spritzte. Er senkte die Stimme, damit die Leute an den umliegenden Tischen ihn nicht hören konnten. »Wann habe ich etwas über die Krim erzählt?«

Irina lächelte ihn über ihr Glas hinweg an und zwinkerte ihm zu. »Frauen vergessen nie etwas, weißt du das nicht? Du hast einmal erwähnt, dass deine Firma einen Auftrag auf der Krim ausgeführt hat. Und weil ich gern über deinen Lebenslauf im Bilde bin, weiß ich, dass das während unserer Besetzung der Krim war.«

Nikolais Miene drückte Abscheu aus. »Hast du da gerade *Besetzung* gesagt? Russland hat sich nur das zurückgeholt, was dieser Verräter Chruschtschow 1954 hergegeben hat. Dieser Mistkerl hat russisches Territorium verschenkt, um einen Machtkampf im Kreml zu gewinnen.«

»Trotzdem ist es nicht gerade die feine Art, ein Geschenk zurückzufordern«, entgegnete Irina. »Aber wie war es dort so?«

Nikolais Wangen hatten sich heftig gerötet. Es dauerte einen Moment, bevor er – zögernd und kontrolliert – etwas erwiderte: »Ziemlich ruhig, uns ist nichts aufgefallen. Das Parlament der Krim hatte die Republik als unabhängig von der Ukraine erklärt und gewünscht, stattdessen Teil der Russischen Föderation zu werden. Die Welt hat protestiert, aber das war zwecklos. Genau so und nicht anders sollten solche Dinge ablaufen.«

»Das ist zumindest besser, als Leute zu erschießen«, erwiderte Irina, »aber ich bin mir nicht so sicher, ob die Menschen auf der Krim dir zustimmen würden.« Sie genoss es, den sonst so beherrschten Nikolai derart aus der Fassung gebracht zu haben.

»Das sind fast alles Russen, vergiss das nicht!«, entgegnete Nikolai schnippisch.

Irina tat seinen Kommentar mit einer Handbewegung ab. »Ich bin jedenfalls froh, dass du nicht mehr in solche Konfliktgebiete reisen musst.«

»Dafür gibt es keine Garantie. Ich gehe dorthin, wo man mich hinschickt.«

»Kümmert sich Gazprom gut um seine Leute?«

Nikolai schüttelte den Kopf. »Ich habe dir schon einmal gesagt, dass ich nichts mit Gazprom zu tun habe, Irina. Wostok Energija ist eine kleine Gesellschaft, die für viele verschiedene Auftraggeber arbeitet.«

Irina schnaubte verächtlich. »Niemand in Russland hat mit Öl zu tun, ohne dass sie direkt oder indirekt von Gazprom gelenkt werden. Und wir beide wissen, wer der eigentliche Besitzer von Gazprom ist.«

Nikolai schüttelte lächelnd den Kopf.

Irina tupfte sich mit der Serviette den Mund ab und legte sie auf ihren geleerten Teller. Manchmal fand sie diesen Mann irritierend naiv. Sie wechselte besser das Thema.

»Wollen wir tanzen? Die Band ist bestimmt gut.«

Nikolai sah aus, als hätte sie ihn gebeten, über die Reling zu springen.

»Ist ja schon gut, entspann dich. Du kannst auch an der Bar sitzen bleiben. Es gibt hier an Bord mindestens zehn Männer, die genauso fit aussehen wie du. Ich wette, es sind Russen. Irgendeiner von ihnen wird sich bestimmt von mir auf die Tanzfläche locken lassen.«

Rasch erhob sich Nikolai und bot ihr seinen Arm. »Mit dir zu tanzen kannst du ruhig mir überlassen.«

14

Martin blinzelte. Er lag mit dem Kopf dicht an der Zeltöffnung. Direkt über sich sah er eine schwarze Schnauze, die schnuppernd die Gerüche von Menschen und Essen einsog. Martin nahm eine Hand aus dem Schlafsack, umfasste die neugierige Nase und schob den dazugehörigen Kopf aus dem Zelt. Diese verfluchten halbzahmen Rentiere! Er hatte so etwas schon früher erlebt. Es fehlte nicht viel, und bald stünden sie mitten in Longyearbyen und knabberten die Kleidung der Leute an.

Sein schläfriges Gehirn tat sich noch schwer damit, eins und eins zusammenzuzählen. Rentiere – hier draußen? An der Ostküste? Das hatte er so gut wie noch nie erlebt, hier gab es doch gar keine Nahrung für sie. Die Puzzleteile fügten sich zusammen, als die schnuppernde Schnauze erneut direkt über seinem Kopf auftauchte.

Ein Eisbär.

Blitzschnell rollte er sich herum, fort von der Zeltöffnung, und versuchte verzweifelt, den Reißverschluss des Schlafsacks aufzuziehen. Er hatte sich verklemmt. Jetzt steckte der Eisbär seinen ganzen Kopf in das Zelt und schwenkte ihn von einer Seite zur anderen. Martin gelang es, auch seine zweite Hand aus dem Schlafsack zu befreien, und hockte sich auf die Knie. Für einen flüchtigen Moment sahen sich Mensch und Tier in die Augen, dann nahm Martin den Topf vom Kocher und schlug ihn dem Bären auf den Kopf. Der gab ein seltsames Grunzen von sich und zog sich zurück. Hinter sich hörte Martin jemanden schreien.

Endlich glückte es ihm, den Reißverschluss des Schlafsacks so weit herunterzuziehen, dass er sich ganz aus ihm herauswinden konnte. Hektisch sah er sich um. Wer hielt draußen Wache, und wo war das Gewehr? Er griff nach seinem Rucksack und durchwühlte ihn nach der Signalpistole, den Blick unablässig auf die Zeltöffnung gerichtet. Blind ertastete er die Patrone und fischte sie aus dem Rucksackfach, bevor er flüchtig auf die Pistole hinuntersah, um sie zu laden.

Eine Signalpistole, um sich gegen einen Eisbären zur Wehr zu setzen. Das war aussichtslos. Er brauchte das Gewehr.

»Ruhe!«, knurrte er die Person hinter sich an, die immer noch schrie.

Jäh verstummten die Schreie. Martin horchte. Was auch immer der Bär gerade tat, er gab dabei kein Geräusch von sich. Martin drehte sich um. Sie waren zu viert im Zelt, also war keiner draußen beim Eisbären. Martin musterte die Zeltwand ringsum. Falls der Bär dicht dahinterstand, würde er vielleicht einen Schatten werfen. Er hatte zwar noch nie gehört, dass ein Eisbär auf ein Zelt gesprungen wäre, aber kein Geschöpf der Welt war unberechenbarer als dieses.

Hinter ihm saßen Cindy, James und Sarah mit aufgerissenen Augen kerzengerade in ihren Schlafsäcken. Er bedeutete ihnen, sich in die Zeltmitte zu bewegen, fort von der Zeltwand. Rasch krochen sie zu ihm. Er hielt einen Zeigefinger vor den Mund.

Nicht zu wissen, wo sich der Eisbär gerade befand, war unerträglich. Die Signalpistole in der Hand, robbte Martin vorsichtig zum Zelteingang. Der Reißverschluss war halb geöffnet; der Letzte, der ins Zelt gekommen war, hatte ihn nicht nach unten gezogen. Deshalb hatte der Bär überhaupt erst seinen Kopf hineinstecken können.

Vorsichtig ging Martin in die Hocke, hob das Zelttuch an und lugte hinaus. Es war beinahe so, als blickte er durch ein Schlüsselloch. Er konnte nur ein Schneemobil und den Spaten sehen, mit dem er Schnee geschaufelt hatte. Zögernd streckte er seinen Kopf ganz aus dem Zelt, wohl wissend, dass ihn dort womöglich der tödliche Hieb einer schweren Pranke erwartete. Sein Blickfeld weitete sich. Immer noch nichts zu sehen. Der Bär musste sich irgendwo hinter ihnen befinden. Martin beugte sich weiter nach vorn.

Da kam der Bär pfeilschnell von rechts, erhob sich halb auf die Hinterbeine und stürzte sich auf ihn. Die Bärenpranke streifte seine Schulter, bevor Martin sich rückwärts ins Zelt warf. Auf dem Rücken liegend hielt er die Signalpistole mit beiden Händen in die Luft und feuerte. Der Knall war ohrenbetäubend. Martin fiel noch ein, besser auf die Zeltöffnung zu zielen, da die Signalpatrone vielleicht am Zelttuch abprallen würde, aber es war zu spät.

Die Patrone sauste durch das Zeltinnere und explodierte irgendwo hinter ihm.

»Löschen Sie sie, sofort!«, schrie er.

Cindy warf ihren Schlafsack von sich und erstickte damit blitzschnell die Flammen.

Martin lud die Waffe nach. Draußen war ein rasender Eisbär, und sie hatten nichts als eine Signalpistole zu ihrer Verteidigung. »Wo ist das Gewehr?«, flüsterte er über die Schulter.

»Es liegt draußen, auf dem Schneemobil«, sagte Sarah.

Das Gewehr war nur zehn Meter entfernt, aber er hatte keine Chance, es zu erreichen. Seine Beinverletzung machte ihn viel zu langsam.

Von draußen war kein Geräusch zu hören. Der Eisbär wartete auf ihn. Ein Eisbär konnte gut und gern zwei Tage ausharren, bis die Robbe, die er als Beute auserkoren hatte, aus ihrem Eisloch kam. Vor einem Zelt bestimmt genauso lang. Es waren noch drei Patronen übrig, zusätzlich zu der, die er gerade geladen hatte. Wenig, aber vielleicht doch genügend für den Plan, der in seinem Kopf allmählich Gestalt annahm. Eisbären verabscheuten Lärm. Er würde dem Tier zwar kaum Angst einjagen, aber vielleicht konnte er es dem Eisbären etwas ungemütlich machen.

Cindy hatte überprüft, dass keine neuen Flammen aus der Signalpatrone aufflackerten, und hockte jetzt hellwach neben ihm. Er bedeutete ihr, das Zelttuch an der Öffnung etwas zur Seite zu ziehen. Er brauchte nicht zu zielen, durfte aber nicht versehentlich auf eines der Schneemobile oder einen mit Benzinkanistern beladenen Anhängerschlitten schießen. Er richtete den Lauf der Pistole schräg nach unten und drückte ab. Die Patrone traf vor der Zeltöffnung auf den Boden und sprang einige Meter weit, bevor sie explodierte. Schnell lud Martin nach und feuerte abermals auf dieselbe Stelle. Die letzten beiden Patronen behielt er als Reserve. Falls der Bär angriff, musste er ihm mitten ins Gesicht schießen. Die zehn Meter bis zum Gewehr könnten sie wahrscheinlich innerhalb weniger Sekunden zurücklegen. Martin wartete ab; er glaubte, ein Knirschen im trockenen Schnee zu hören. Vorsichtig kroch er mit erhobener Pistole zur Zeltöffnung. Diesmal war er auf einen Angriff vorbereitet. Der Bär hatte ihnen den Rücken zugewandt und schnupperte an einem der Schlitten. Dann trottete er zu einem Schneemobil und schnüffelte am Benzindeckel.

Das Gewehr lag auf dem Fahrzeug gleich dort vorne, vielleicht konnte er es jetzt erreichen? Hastig wog Martin das Für und Wider ab. Er konnte das Gewehr an sich reißen und den Bären erschießen, aber das würde einen höllischen Ärger mit dem Sysselmann nach sich ziehen. Cindy tippte ihm auf die Schulter und deutete auf die Büchse. »Soll ich hinlaufen?«, flüsterte sie.

Martin gab ihr zu verstehen, dass sie noch warten sollte. Der Bär stapfte weiter zum nächsten Schneemobil, schnupperte wieder und blieb vor dem Schlitten stehen. Darauf standen lediglich Benzinkanister, keine Nahrung für einen hungrigen Bärenvater. Ohne sich noch einmal dem Zelt zuzuwenden, lief der Bär am Schlitten vorbei in Richtung Meer. Als er fünfzig Meter entfernt hinter einem Hügel verschwand, kroch Martin rasch aus dem Zelt. Er stützte sich auf das Schneemobil, auf dem das Gewehr lag, und ließ sich auf den Fahrersitz fallen. Von dort konnte er sehen, dass der Bär mittlerweile schon etwa hundert Meter weit weg war. Diese Teufelskerle legten ein viel höheres Tempo an den Tag, als es ihre gemächlichen Bewegungen vermuten ließen.

Martin humpelte mit dem Gewehr zurück zum Zelt. Die drei Amerikaner hatten sich nicht vom Fleck gerührt. James und Sarah saßen immer noch in der Mitte des Zeltes.

Martin warf einen Blick auf seine Armbanduhr. Viertel nach drei. Dann zeigte er auf Sarah und Cindy. »Warum zum Teufel hat keiner von Ihnen beiden Wache gehalten?«

Sarah schien mit den Tränen zu kämpfen. »Es war so kalt draußen. Deshalb bin ich kurz ins Zelt gegangen. Ich wollte mich nur aufwärmen und dann Cindy wecken, muss aber eingeschlafen sein.«

Martin hatte nicht die Kraft, sie zusammenzustauchen. Er wollte gar nicht daran denken, was alles hätte geschehen können! So schnell wie es sein schmerzendes Bein zuließ, zog er sich an.

»Jetzt halte *ich* Wache, Sie können sich wieder schlafen legen.«

James schlüpfte aus dem Schlafsack und griff nach seinem Schneeanzug. »Nach dieser Aufregung tue ich kein Auge mehr zu. Ich werde nie wieder in einem Zelt übernachten!«

Schließlich setzten sie sich beide draußen auf ihre Schneemobile. Martin beobachtete den Bären durch sein Fernglas. Er war jetzt auf den Fjord hinausgelaufen und steuerte auf die Gletscherkante zu.

»Der wird doch wohl nicht wiederkommen, oder?«, fragte James.

Martin wäre beinahe rausgerutscht, dass er nicht wusste, was in einem Eisbären vorging, rief sich dann aber in Erinnerung, dass er zumindest mehr Erfahrung mit ihnen hatte als sein Gast. »Kaum anzunehmen«, erwiderte er nur.

»Kaum anzunehmen und ausgeschlossen sind aber nicht dasselbe«, sagte James.

»Bleiben Sie einfach wach und aufmerksam, dann geht die Sache schon gut.«

James verschränkte die Arme und sah hinaus auf den weißen Fjord. Woran er wohl dachte? Mit Wall-Street-Milliardären kannte Martin sich erheblich schlechter aus als mit Eisbären.

»Wie schön das ist«, sagte James. »Sie müssen stolz sein, dass diese Landschaft zu Norwegen gehört.«

»Ich glaube kaum, dass sie dadurch schöner wird, dass sie zu Norwegen gehört«, entgegnete Martin. »Spitzbergen könnte ebenso gut zu Russland, Schweden, den Niederlanden oder Großbritannien gehören. Sogar zu den Vereinigten Staaten, hätte Mister Longyear sein Minenunternehmen nicht an Norwegen verkauft.«

»Haben Sie viele russische Freunde?«, wollte James wissen, ohne den Blick vom Fjord abzuwenden.

»Nur einen. Den Taxifahrer von gestern. Er ist mein bester Freund hier.«

»Russlands symbolischer Held, ich weiß. Seien Sie besser auf der Hut vor ihm!«

Martin musste grinsen. Aleksander war wirklich für niemanden eine Bedrohung.

»Ihr Amerikaner leidet wirklich an einer Russenphobie! Vielleicht liegt es ja daran, dass Sie nie einem begegnet sind?«

»Wir sind nur nicht so gutgläubig wie ihr Norweger.«

Sie drehten sich um, als sie Cindy plötzlich hinter sich fluchen hörten. Ihre Beine hatten sich in den Schlaufen von Martins Schlafsack verheddert, und sie schleifte ihn hinter sich her, als sie aus dem Zelt kroch. Sarah kam nach ihr ins Freie und löste die Schlaufen.

»Wir können nicht einfach so da drinnen liegen bleiben«, sagte Cindy. Sie setzte sich auf eines der freien Schneemobile und schwang die Beine auf den Lenker. »Das wäre ja mal was gewesen, wenn Sie den Eisbären erschossen hätten!«

»Wenn wir einen Eisbären erschießen, können Sie Pyramiden vergessen! Dann kommt der Sysselmann mit dem Helikopter und nimmt Aussagen von uns allen zu Protokoll. Da wir keine ordnungsgemäße Bärenwache gehalten haben, hätte man uns ein Bußgeld aufgebrummt. Bären darf man nur zur Selbstverteidigung töten.«

»Aber er war doch im Zelt!«, rief Cindy aus.

»Sie haben ihm den Topf auf den Kopf geschlagen. Wie haben Sie bloß den Mut dazu aufgebracht?«, fragte Sarah.

»Besser, als die Faust zu gebrauchen«, erwiderte Martin.

Er hatte aus purem Reflex gehandelt und einfach nach dem erstbesten Gegenstand gegriffen. Erst allmählich verstand er die Absurdität des ganzen Vorfalls. »Der Guide, der den Eisbären mit dem Topf verjagte« – diese Schlagzeile bekam der Sysselmann lieber nicht zu lesen. Den Behörden gefiel es ganz und gar nicht, wenn Touristen mit Bären auf Tuchfühlung gingen.

Die Mitternachtssonne wurde zur Morgensonne, die im Nordosten hinter einem Bergvorsprung hervorlugte. Martin ging zum Zelt, um die Metallbox mit Kocher, Töpfen und Lebensmitteln zu holen. »Gleich gibt es Kaffee und Knäckebrot.«

Sie frühstückten in der Eiseskälte des stillen Morgens. Niemandem war danach, für länger als nötig ins Zelt zurückzukehren. Martin versuchte Kaviar aus einer Tube zu pressen, aber er war steinhart gefroren. Die Scheiben vom Jarlsbergkäse musste er abbrechen.

»Haben wir Eier dabei?«, fragte Cindy.

»Eier wären entweder nach einer Viertelstunde Fahrt zerbrochen oder nach einer halben Stunde tiefgefroren. Aber ich kann uns Hafergrütze kochen«, schlug Martin vor.

Das weckte keine Begeisterung. Er legte die Kaviartube in das Wasserbad auf dem Kocher, bis der Inhalt einigermaßen aufgetaut war und sie ihre Knäckebrote damit bestreichen konnten.

Sarah holte ihren Rucksack aus dem Zelt und kramte eine Dose hervor. »Ich habe Sourwood-Honig aus den Appalachen eingepackt«, sagte sie. »Es heißt, er wäre der beste Honig der Welt. Alle beim Dienst rühren ihn morgens in den Tee.«

James nahm ihr die Dose aus der Hand. »Alle *im Büro*, meinst du sicher. Aber er ist komplett gefroren, wir bräuchten Hammer und Meißel, um auch nur irgendetwas davon rauszubekommen.«

Martin deutete auf den Topf mit dem warmen Wasser, und James stellte die Dose hinein. Wie konnte man nur darauf kommen, einen speziellen Honig einzupacken, wenn man eine Reise in die Eiswüste unternahm, fragte Martin sich verwundert. Zum Glück hatte er ein paar Teebeutel mitgenommen.

Es war erst fünf Uhr morgens, als sie das Zelt abgebaut und wieder auf den Anhängerschlitten geladen hatten.

»Gut, dass wir so früh unterwegs sind«, sagte Martin. »Uns erwartet heute ein langer Tag auf den Schneemobilen.« Er zeigte zum Meer. »Wir fahren jetzt eine Strecke über das Meereis und halten uns dann nordwärts. Mit etwas Glück können wir weitere Eisbären beobachten – aber diesmal aus sicherer Entfernung.«

»Das ist also das Meer und kein Binnengewässer«, sagte Sarah fragend, und ihr Blick schweifte zu dem dunkelgrauen Eisnebel in der Ferne.

»Genau. Es ist definitiv das Meer.«

»Und das Eis ist auch wirklich sicher?«

»Hier draußen ist nichts sicher«, erwiderte Martin. »Dies ist die Wildnis.«

15

»Diese hier könnten von dem Eisbären stammen, der uns heute Nacht einen Besuch abgestattet hat.«

Martin zeigte auf einige große Spuren, die auf dem Eis in Richtung Norden verliefen. Er ließ sich im Schnee auf die Knie nieder, zog sich die Handschuhe von den Fingern und legte seine Handfläche in den Abdruck des ausgewachsenen Bärenmännchens. Seine Hand füllte die Spur nur zur Hälfte aus. James, Sarah und Cindy umringten ihn.

»Es flößt mir nicht gerade ein Gefühl von Sicherheit ein, hier so zu stehen«, sagte Sarah und blickte sich nach allen Seiten um. Das Meer sah aus, als sei es inmitten eines Sturmes zu Eis erstarrt. Aus den Wellenkämmen waren Schneewälle geworden, durch die sie sich einen Weg bahnen mussten. Manche von ihnen waren so hoch, dass die Fahrzeuge Gefahr liefen umzukippen, wenn man sein Körpergewicht falsch verlagerte. Hier und da ragten festgefrorene Eisberge in den verschiedensten Formen und Farbabstufungen von Weiß und Blau aus der Eisfläche.

»Seien Sie aufmerksam und sehen Sie sich ständig um«, ermahnte Martin seine Gäste, als er wieder auf die Beine kam. »Eisbären lauern oft direkt hinter Eisbergen, dort können sie leichter Robben fangen.«

Er nahm sich das Gewehr, das er zuoberst auf dem Gepäck seines Schlittens befestigt hatte, und schnallte es sich auf den Rücken. Es war zwar nicht ideal, den Riemen erst über den

Kopf ziehen zu müssen, falls ein Eisbär auf sie zugerannt käme, aber immer noch besser, als erst zum Schlitten zu hechten.

Wieder auf dem Schneemobil, folgte er der Bärenspur in langsamem Tempo durch das eisige Labyrinth gen Norden. Er verschaffte sich lieber Gewissheit, dass sich der Bär vor ihnen befand und sich nicht doch hinter ihnen herumdrückte. An einer Stelle kreuzten sie eine weitere Bärenspur, die schon einige Tage alt zu sein schien; dem Abdruck zufolge eine Bärin mit zwei Jungen. Martin hielt so konzentriert nach Eisbären Ausschau, dass er erst merkte, dass etwas nicht stimmte, als James zu ihm aufschloss und auf seinen Anhänger deutete. Martin hielt an und drehte sich um. James' Schlitten hatte kräftig Schlagseite. Martin stöhnte auf. Ständig machten ihm reparaturbedürftige Schlitten auf seinen Touren das Leben schwer. Er musste wirklich mal ein ernstes Wörtchen mit den Leuten des Verleihers wechseln. Martin hinkte zum Anhänger, ging in die Knie und stellte fest, dass die Stahlverbindung zwischen Kufe und Schlitten auf der einen Seite durchgebrochen war. Außerdem fehlte die Stahlfeder, die eigentlich die Stöße dämpfen sollte.

»Der ist kaputt«, stellte Cindy resigniert fest. »Was tun wir jetzt?«

Martin wog die Alternativen ab. Sie konnten den Schlitten hier stehen lassen. Wenn er den Standort im GPS markierte, konnte ihn ein Mitarbeiter der Verleihfirma leicht finden. Problematisch war nur, dass sie ihre gesamte Ausrüstung nicht auf den beiden übrigen Anhängerschlitten würden verstauen können. James' Schlitten transportierte zweihundert Liter Benzin. Würden sie die Kanister auf die anderen Schlitten umladen, würden auch diese sehr wahrscheinlich unter dem Gewicht zusammenbrechen.

Er öffnete den Werkzeugkasten und begutachtete den Inhalt. Am besten hätte sich ein Bolzen aus Stahl geeignet, doch den letzten hatte er auf seiner vorherigen Tour zum selben Zweck verwenden müssen.

»Ich finde es unheimlich hier, so weit entfernt von anderen Menschen«, bemerkte Sarah, während Martin weiter den Werkzeugkasten durchforstete.

»*So* weit entfernt dann auch wieder nicht. Dort drüben stehen Leute«, sagte Cindy.

Martin richtete sich auf. »Wo?«

Cindy zeigte auf die Stelle. Martin stieg auf das Trittbrett des Schneemobils und sah durch den Feldstecher. In Landnähe standen zwei Männer, sie waren ebenfalls auf Schneemobilen unterwegs.

»Vielleicht ist es die Polizei ...«, murmelte er.

»Und was hätte die hier zu suchen?«, fragte Cindy. »Sie haben doch gesagt, auf Spitzbergen gibt es keine Kriminalität.«

»Die Polizeiwache von Longyearbyen ist gnadenlos überbesetzt, und um die eigene Existenz zu rechtfertigen, wird hier nahezu jeder – vor allem Leute wie ich – zum Kriminellen abgestempelt. Die Streifen überprüfen, ob wir die Erlaubnis haben, uns ausgerechnet hier aufzuhalten, ob wir nicht angetrunken sind, ob unsere Ausrüstung den nötigen Anforderungen entspricht und dass wir uns nicht zu dicht an einen Eisbären heranwagen.«

In diesem Moment beobachtete Martin durch sein Fernglas, wie vier weitere Schneemobile zwischen den Eisbergen auftauchten und hinter den anderen beiden anhielten. »Das sind bestimmt nur Touristen«, bemerkte er. »Vermutlich kenne ich ihren Guide sogar. Ich fahre mal rüber und frage, ob sie vielleicht ein paar Ersatzteile für uns übrig haben.«

»Und wir? Sollen wir hier etwa so lange unbewaffnet ausharren?« Sarah legte eine Hand auf seinen Lenker, wie um ihn daran zu hindern, den Motor zu starten.

Martin nahm sein Gewehr ab und gab es James. »Eisbären sind groß, können sich aber schnell bewegen, weshalb sie schwer zu treffen sind. Schießen Sie also erst, wenn er unmittelbar vor Ihnen steht. Verstanden?«

Er wartete die Reaktion seiner Gäste nicht ab, sondern koppelte den Schlitten ab, startete den Motor und brauste davon. Ohne Gäste oder einen Schlitten im Schlepptau, nutzte er die Gelegenheit, ein ordentliches Tempo vorzulegen. Die Schneewehen nahm er im Stehen und ließ sein unverletztes Bein die Stöße abfedern. Auf dem letzten Stück bis zur anderen Gruppe war das Eis eben, sodass er Vollgas gab.

Er hielt unmittelbar vor der kleinen Ansammlung, aber niemand bequemte sich, von den Maschinen zu steigen. Martin ging zu dem Mann hinüber, dessen Schneemobil am nächsten stand, zog die Handschuhe aus und reichte ihm die Hand.

»Martin Moltzau«, stellte er sich vor.

Der andere schüttelte seine Hand, blieb aber stumm. Er hatte Helm und Sturmhaube abgenommen. Über seinem linken Auge verlief eine große Narbe.

»Einer unserer Schlitten ist kaputt. Haben Sie vielleicht einen Metallbolzen?«, fragte Martin und deutete mit den Händen die Größe an.

»*English, please*«, sagte der Mann.

Martin warf einen Blick auf die Schneemobile. Ihm hätte gleich auffallen müssen, dass es sich um russische Modelle handelte, sie waren leicht wiederzuerkennen. Er wiederholte seine Frage auf Englisch.

Der Russe schüttelte den Kopf. Martin spürte Ärger in sich aufsteigen. Er war es gewohnt, dass andere Menschen zumindest Anstalten machten, nach etwas Brauchbarem zu suchen. Diese Gruppe hatte vier schwer mit Ausrüstung beladene Schlitten dabei und viele grüne Benzinkanister.

»Sind Sie sicher?«, fragte Martin noch einmal nach.

»*Yes.*«

Martin schwang sich wieder auf sein Gefährt. Er deutete auf die vielen Kanister. »Haben Sie noch eine lange Strecke vor sich?«

»Mal sehen.«

»Charmebolzen!«, murmelte Martin.

Er wollte gerade den Motor starten, als ein Schuss über das Eis hallte. Für ihn bestand kein Zweifel, woher er kam. Er drehte sich um. Die Familie Parker war nur als ein Haufen kleiner schwarzer Punkte in der weißen Eiswüste sichtbar.

Martin drückte den Gashebel bis zum Anschlag durch, ohne sich von den Russen zu verabschieden. Zweimal fürchtete er schon, von seinem Gefährt geworfen zu werden, konnte sich aber beide Male gerade noch rechtzeitig ausbalancieren. Die Schmerzen in seinem Bein nahm er kaum wahr. Die Parkers standen dicht beisammen, als er jäh vor ihnen bremste. Cindy hielt das Gewehr mit beiden Händen, der Lauf zeigte steil nach oben.

Martin riss sich den Helm vom Kopf. »Worauf haben Sie geschossen?«

Cindy zeigte in die Luft. »Ich habe nur einen Warnschuss abgegeben, um Sie herzuholen. Mein Vater hat dort drüben einen Eisbären gesehen.«

»Zeigen Sie mir, wo!«, befahl Martin und stellte sich neben James.

James deutete mit dem Zeigefinger auf den Ort. »Dort drüben, bei dem großen Eisberg.«

Martin schätzte die Entfernung auf einige Hundert Meter. Er schnappte Cindy das Gewehr aus der Hand und fuhr langsam, das Gewehr auf dem Schoß, in die Richtung, in die James gezeigt hatte. Er umkreiste den Eisberg, fand aber keine Bärenspuren. Auch als er einen anderen Rückweg nahm, konnte er keine entdecken. Ihn beschlich das Gefühl, dass die Parkers den Eisbären nur erfunden hatten, damit er zurückkam.

»Fehlalarm«, sagte er und stellte den Motor aus. »Aber lieber einmal zu oft nachsehen als einmal zu wenig.«

»Konnten die anderen nicht helfen?«, wollte Cindy wissen.

»Es hat sie gar nicht gekümmert. Sie wollten nur, dass ich wieder abhaue. Es sind Russen.«

»Was tun die hier?«, hakte Cindy nach.

»Dasselbe wie Sie, nehme ich an.« Er starrte auf den Schlitten. »Jetzt müssen wir diese verdammte Schrottkiste reparieren.«

Er bat sie, den Schlitten abzukoppeln, während er zur Werkzeugkiste ging und ein weiteres Mal den Inhalt musterte. Er entschied sich für einen Seilrest, den er vor einer Ewigkeit von einem Kletterseil abgeschnitten hatte. Während die anderen den Schlitten in der richtigen Position hielten, band er die gebrochene Seite der Stahlstreben fest, die vom Schlitten bis zur Anhängerkupplung des Schneemobils verliefen.

Prüfend betrachtete er seine Lösung. Cindy, James und Sarah musterten ihn gespannt. Das Seil konnte große Belastungen tragen, aber es war elastisch. Und das war vermutlich nicht gut. Es würde wohl kaum die gesamte Tour halten. Klüger wäre es, den kaputten Schlitten als Benzindepot stehen zu lassen und auf dem Rückweg wieder daran vorbeizufahren.

Diesen Plan behielt er jedoch für sich und bat die Parkers nur, sich wieder auf die Schneemobile zu setzen. Sie folgten der Bärenspur weiter nach Norden. Martin war erleichtert, als die Spur plötzlich auf das offene Meer in Richtung der Insel Edgeøya abbog. Von Eisbären hatte er vorerst genug.

Nach einer Weile wurde es so schwierig, eine fahrbare Strecke über das Packeis zu finden, dass Martin den kürzesten Weg zur nächstgelegenen Bucht einschlug und wieder an Land fuhr. Schließlich trafen sie auf eine alte Schneemobilspur, die in Richtung der Berge führte, und folgten ihr. Das gleißende Sonnenlicht wurde von einem fahlen Grau abgelöst, als tief hängende Wolken über dem Gletscher aufzogen, die Sonne verdeckten und zum Fjord hinunterzogen. Als sie Gefahr liefen, in die Wolkenbank hineinzufahren, hielt Martin an und winkte die anderen zu sich. »Die Sicht wird schlecht, wir müssen langsamer fahren. Später führt unsere Route steil über den Gletscher, und es ist kein schönes Gefühl, wenn man dabei nichts sehen kann. Außerdem gehe ich davon aus, dass wir in dem Gebiet auf große Schneewechten stoßen werden.« Er tippte auf sein GPS-Display. »Aber machen Sie sich keine Sorgen, dank dieses kleinen Geräts finden wir den Weg auf jeden Fall.«

Die Wolkendecke war dichter, als Martin angenommen hatte; sie mussten ihre Geschwindigkeit auf zwanzig Stundenkilometer drosseln. Noch schlimmer aber waren die Wechten. Der Wind war über den Gletscher herabgefegt und hatte dabei sämtlichen lockeren Schnee zu steinharten Rampen zusammengepresst, die gleichmäßig schräg in Windrichtung nach oben verliefen und in einer überhängenden Kante endeten. Direkt auf die Wehen zuzufahren war ein aussichtsloses Unterfangen.

Es fühlte sich an, als würden sie in einer kleinen Nussschale blind an riesigen Wellenbergen vorbeinavigieren.

Allmählich wurden die Wechten so groß, dass die Schneemobile nur noch im Schritttempo vorankamen. Martin warf hin und wieder einen Blick in den Seitenspiegel, um zu sehen, wie es den anderen erging; ihre Vorderscheinwerfer wippten auf und ab und schwangen zur Seite.

Martin verlor jegliches Zeitgefühl. Die Kartendarstellung seines GPS-Displays zeigte an, dass sie den höchsten Punkt des Gletschers überwunden hatten, aber es war ihm nicht einmal mehr möglich festzustellen, ob das Gelände anstieg oder abfiel. Er zuckte vor Schreck zusammen, als ein Schneemobil neben ihm auftauchte und jemand einen Arm schwenkte, um seine Aufmerksamkeit auf sich zu lenken. Es war James.

»Sarah geht es nicht gut. Sie muss sich übergeben.«

Martin blickte nach hinten. Sarah und Cindy hatten in einiger Entfernung gehalten, er konnte sie gerade noch durch den Wolkendunst erkennen. Martin wendete und fuhr zurück. Sarah stand zusammengekrümmt hinter ihrem Fahrzeug, Cindy neben ihr. Martin fasste behutsam nach Sarahs Arm und richtete sie auf.

»Ihnen ist übel, weil Ihr Schneemobil ständig auf und ab wippt, ohne dass Sie Ihren Blick an irgendetwas heften können«, erklärte er. »Das ist so, als wären Sie seekrank. Wir machen eine Pause.«

Martin holte eine Thermosflasche mit heißem Wasser aus seinem Gepäck, goss mehrere Becher einer Instant-Tomatensuppe damit auf und reichte jedem einen davon. Sarah hielt abwehrend die Hände hoch. Stattdessen schenkte Martin ihr einen Becher heißes Wasser ein. Sie schwiegen, während sie darauf warteten, dass die Suppe abkühlte. In der feuchten Luft war alles von Raureif überzogen. Martin nahm seinen Helm ab und kratzte die Eisschicht vom Visier.

James und Cindy stürzten die Flüssigkeit hinunter, Sarah hingegen starrte nur in ihren Becher. Martin füllte zwei weitere Becher mit dem restlichen Wasser. In der Zwischenzeit lichtete sich der Dunst. Wenig später reichte der Ausblick bis zum Tempelfjord im Westen.

»Wir müssen das gute Wetter ausnutzen. Essen Sie schnell auf«, sagte er.

Bei guter Sicht fuhren sie den sanft abfallenden Gletscher, der nun nur noch kleinere Wechten aufwies, in flottem Tempo hinunter. Martin hielt an, als er eine Schneemobilspur entdeckte, die die ihre kreuzte. Ohne eine weitere Erklärung koppelte er James' Schlitten vom Schneemobil ab. Es hatte keinen Zweck, einen kaputten Anhänger mit nach Pyramiden zu schleppen, sie konnten ihn auf dem Rückweg wieder einsammeln.

Martin zeigte auf die vollen Benzinkanister auf James' Schlitten. »Füllen Sie Ihre Benzintanks damit auf. Die übrigen Kanister lassen wir auf dem kaputten Schlitten hier, bis wir wieder zurückkommen.«

Während die Parkers sich um das Auffüllen der Tanks kümmerten, studierte Martin die Wetteraussichten und den Streckenverlauf. Bei guten Verhältnissen war die Strecke über die großen Gletscher ein Erlebnis, bei trübem Wetter hielt man sich besser an Fjorde und Täler. Doch das Wetter sah vielversprechend aus. An die Fahrt über den Gletscher würden sich diese Menschen für den Rest ihres Lebens erinnern.

16

Der Nebel war zurückgekehrt, noch dichter als vorher. Innerhalb von Minuten zog er über die Berge heran. Das Gelände stieg gleichmäßig an, aber das konnten sie nicht sehen. Martin ärgerte sich über seine Streckenwahl, sein Irrtum würde sie Zeit kosten. Je näher sie dem höchsten Punkt des Gletschers kamen, umso dichter wurde der Dunst. Martin entschloss sich zu einer ungewöhnlichen Maßnahme. Er gab Sarah zu verstehen, neben ihm zu fahren, während Cindy und James im Duo hinter ihnen bleiben sollten. Die Schneemobile seiner Gäste waren nicht mit Spiegeln ausgestattet, weshalb sie nicht sehen konnten, ob die hinter ihnen Fahrenden noch mitkamen. Aber zur Seite konnten sie sich gut orientieren.

In dieser neuen Anordnung fuhren sie weiter. Glücklicherweise gab es in diesem Terrain weniger Schneeverwehungen, und das Gefühl, ein Boot durch hohe Wellen zu manövrieren, ließ nach. Ohne Schneewehen schafften sie eine Geschwindigkeit von zehn bis fünfzehn Stundenkilometern. Martin fiel es schwer, konzentriert zu bleiben, denn das Einzige, worauf er seinen Blick richten konnte, war das GPS-Display. Bei klarem Wetter war die Aussicht von diesem Punkt der Strecke fantastisch; überall ragten spitze Felsen, sogenannte Nunataks, aus dem Gletschereis empor. Jetzt aber waren diese Gipfel nur drollige Namen auf der Karte des Navigationsgeräts, wie zum Beispiel *Ryggsekken*, Rucksack, oder *Kaffikjelen*, Kaffeekanne.

Trotz aller Eintönigkeit besserte sich Martins Laune, als die Strecke leicht nach links abfiel und in Richtung des mächtigen Gletschers Nordenskiöldbreen führte. Nur noch eine gute Stunde Fahrt in dieser grauen Suppe, dann wären sie wahrscheinlich unterhalb der Wolkendecke.

Routinemäßig blickte er in den Spiegel und griff augenblicklich hart in die Bremsen. Er drehte sich auf dem Sitz um. Hinter ihm waren keine Schneemobile zu sehen. Sarah hatte nicht bemerkt, dass er angehalten hatte, und fuhr weiter. Martin drückte den Gashebel bis zum Anschlag durch, sodass seine Maschine einen Satz machte und er wieder zu Sarah aufschloss. Er schnitt ihr den Weg ab, doch Sarah konzentrierte sich so sehr auf die Strecke vor sich, dass sie beinahe in ihn hineingefahren wäre.

»Was ist denn?«, rief sie, als sie beide zum Stehen gekommen waren.

Martin deutete nach hinten. Sie drehte sich um und musterte die Dunstschleier. Es waren keine Vorderlichter mehr von den anderen beiden Fahrzeugen zu sehen.

Unter seinem Helm fluchte Martin ungehemmt. Es blieben ihm nur zwei Alternativen: hier zu warten oder zurückzufahren und nach James und Cindy zu suchen. Das Problem war allerdings, dass die Schneemobile auf dem gefrorenen Boden nahezu keine Abdrücke hinterließen. Noch dazu war es in dem grauweißen Zwielicht, das sämtliche Konturen verwischte, unmöglich, auch nur irgendeine Spur zu erkennen. Natürlich konnte er die Route mithilfe des GPS zurückverfolgen, aber die Anzeige war nicht auf den Meter genau, sodass er riskierte, ungesehen an Cindy und James vorbeizufahren.

Martin schaltete den Motor aus und bedeutete Sarah, es ihm gleichzutun. Sie horchten, aber der Nebel schluckte sämtliche

Geräusche. Gerade als er sich dazu entschlossen hatte, gemeinsam mit Sarah zurückzufahren, tauchte das Licht von Scheinwerfern im Nebel auf. Kurz darauf hielt James neben ihnen.

»Wo ist Cindy?«, fragte Martin.

James zeigte hinter sich.

»Sie sind ihr davongefahren?«

»*Sie* sind *uns* davongefahren«, entgegnete James vorwurfsvoll. »Cindy hatte irgendein Problem und musste anhalten. Ich bin stehen geblieben und habe sie gefragt, was los ist, aber Sie und Sarah sind einfach weitergefahren. Sollten Sie nicht in Ihren Spiegel gucken?«

Martin tat den Vorwurf mit einer Handbewegung ab. »Wir fahren jetzt gemeinsam in einer Reihe nebeneinander zurück, ganz langsam. Hoffentlich war Cindy so vernünftig, sich nicht von der Stelle zu rühren.«

Martin dirigierte James und Sarah auf ihre Positionen, in einem Abstand von fünf Metern sollten sie links und rechts neben ihm fahren. So deckten sie zumindest eine Breite von zehn Metern ab. Das sollte reichen, zumal Cindy nicht viel weiter als etwa hundert Meter entfernt sein konnte. Er zoomte den Streckenverlauf auf dem Display seines GPS-Geräts so nah wie möglich heran. Falls sie nicht exakt dieselbe Spur wie auf dem Hinweg nahmen, drohten sie Cindy zu verfehlen. Dann erklärte er Sarah und James, dass sie alle zehn Meter stoppen und nach Cindy Ausschau halten würden.

Mit hochgeklapptem Visier starrte Martin bei jedem Halt so angestrengt in den Nebel, dass ihm die Augen brannten. Nachdem sie dreihundert Meter auf diese Weise zurückgelegt hatten, wurde ihm klar, dass sie wohl zu weit gefahren waren. Es wäre verlockend, bei der Rückfahrt einen größeren Abstand zueinander einzunehmen und so eine größere Fläche abzudecken, aber er wollte es nicht darauf ankommen lassen, noch jemanden zu verlieren. Außerdem brächte ein größerer Abstand keinen Vorteil, falls Cindy in der Spur stehen geblieben war. Als das GPS anzeigte, dass sie wieder an ihrem Ausgangspunkt angekommen waren, musste er es jedoch einsehen: Er hatte Cindy verloren.

17

James und Sarah standen um ihn herum und starrten ihn an wie einen Messias, der Cindy wieder aus dem Nebel hervorzaubern könnte. Martin begriff, dass ihnen ihre eigene Verwundbarkeit bewusst wurde. Ohne ihn wären sie hier draußen vollkommen hilflos.

Er schätzte die Lage ein, versuchte sich in Cindy hineinzuversetzen. Sie hätte stehen bleiben und warten sollen, bis er und die anderen wieder zurückkamen. Vielleicht hatte sie Panik bekommen; das wäre nur zu verständlich, wenn sie keine Ahnung hatte, wo sie war oder wohin sie fahren sollte. Dass der Bär in ihr Zelt geschaut hatte, machte die Sache noch problematischer. So weit oben auf dem Gletscher war das Risiko, auf einen Eisbären zu treffen, zwar minimal, aber Cindy dachte wohl kaum so rational. Martin war sicher, dass sie weitergefahren war. Er bezweifelte, dass es in diesem Wetter möglich war, die Fahrtrichtung auf einem Schneemobil beizubehalten. Zu Fuß war das jedenfalls beinahe unmöglich, man kam in kürzester Zeit unweigerlich vom Kurs ab und lief letzten Endes im Kreis. Cindy hatte die Gruppe schon nach wenigen Hundert Metern verfehlt. Sie konnte überall sein.

»Was machen wir jetzt?«, fragte James.

Martin wollte lieber unerwähnt lassen, dass die sichere Route eine leichte Kurve nach links machte, so ging es steil nach unten zum Billefjord. Fuhr man geradeaus weiter, landete man in einem Gebiet voller gefährlicher Gletscherspalten.

»Wir finden sie, aber machen Sie sich darauf gefasst, dass es eine Weile dauern kann. Vielleicht erst, wenn das Wetter aufklart.«

Cindys Eltern standen entgeistert vor ihm. Sarah packte seinen Arm und zerrte daran, als könnte sie ihre Tochter aus seinem Ärmel schütteln. »Sie müssen sie finden, sofort. Sie bekommt bestimmt Panik.«

»Weder Cindy noch Sie beide haben einen Grund zur Panik«, sagte Martin und hoffte, überzeugend zu klingen. Die Wahrheit aber war, dass Cindy, sollte sie mit dem Schneemobil im Gletscherspaltengebiet unterwegs sein, allen Grund zur Panik hätte. Martin holte eine Landkarte aus dem Rucksack, darauf hatte er eine bessere Übersicht als auf dem GPS-Display. Sarah und James standen dicht neben ihm. Er zeigte auf ihren aktuellen Standort und zeichnete mit dem Finger den Streckenverlauf vom Gletscher bis zum Fjord und quer darüber bis nach Pyramiden nach. Normalerweise brauchte man dafür weniger als eine Stunde. Martin verschwieg seinen Gästen allerdings, dass rechts neben der Standardroute Gefahren lauerten. Je weiter man auf dem Gletscher nach unten kam, desto riskanter war es, sich auf dessen Mitte zuzubewegen. Falls Cindy tatsächlich versucht hatte, geradeaus zu fahren, und es geschafft hatte, diesen Kurs zu halten, dann befand sie sich jetzt irgendwo rechts von ihnen, also dort, wo sie auf keinen Fall sein sollte.

»Wir fahren in einer Reihe nebeneinander weiter«, sagte Martin. »Dann können wir sie am ehesten entdecken, falls sie angehalten hat.«

Nach ihrem Start hielt er sich in der Mitte, Sarah und James jeweils ein paar Meter neben ihm. Das Gelände fiel spürbar ab, und Martin legte ein schnelleres Tempo vor, während er die ganze Zeit nach rechts und links blickte, um sicherzugehen, dass seine beiden Begleiter mitkamen. Obwohl er ihnen eingeschärft hatte, wie wichtig es war, dass sie auch nach ihm schauten, schienen sie zu sehr mit der Strecke beschäftigt zu sein.

Sein Plan war vermutlich eine schlechte Idee, das wurde ihm nun klar. Es wäre reiner Zufall, wenn sie Cindy fänden, aber ihm fiel keine bessere Alternative ein. Er verfluchte sich selbst dafür, Cindy nicht über den Rückspiegel im Auge behalten zu haben. Hoffentlich war sie so weitsichtig, stehen zu bleiben!

Martin fuhr weiter geradeaus, und sie entfernten sich immer mehr von der sicheren Spur. Er hatte diese Route schon Tausende Male zurückgelegt, aber in dem dichten Nebel verlor er zunehmend die Orientierung. Das Display zeigte ihm zwar an, wo sie sich befanden, doch langsam kamen ihm Zweifel, ob sein Plan aufgehen würde. Er konnte sich mittlerweile auch nicht mehr daran erinnern, wie das Gelände aussah. Waren sie schon im Gletscherspaltengebiet?

Mit ein wenig Glück würden sie bald die Wolkendecke durchbrechen, aber es schien nicht, als wäre heute ihr Glückstag. Martin war überrascht, wie niedrig die Wolken hingen, sie waren inzwischen auf eine Höhe von knapp dreihundert Metern abgestiegen.

Ein kurzer Druck auf den Gashebel, und Martin hatte die Distanz zu James und Sarah überbrückt. Er ließ sie anhalten. Selbst im Dämmerlicht, das alle Konturen verschwimmen ließ, konnte er einige Eisbuckel aus dem Gletscher ragen sehen. Das gefiel ihm nicht.

Sarah bat um Toilettenpapier.

Martin öffnete den Rucksack und gab es ihr.

»Gehen Sie nicht zu weit weg«, ermahnte er sie.

»Ich werde mich mit Sicherheit nicht mitten zwischen die Schneemobile setzen«, entgegnete Sarah.

Martin wandte ihr demonstrativ den Rücken zu. Erneut studierte er die Landkarte und verglich sie mit der Anzeige auf dem Display. Sie befanden sich eindeutig an einem Ort, an dem sie sich nicht aufhalten sollten.

Plötzlich ertönte hinter ihm ein gedämpfter Schrei. Er drehte sich um. James und er starrten sich an, ehe James in die Richtung zeigte, aus der der Schrei gekommen war. »Das war Sarah.«

Sie lauschten. Nichts zu hören. James brüllte mehrmals laut »Sarah«, doch er erhielt keine Antwort. Rastlos lief er hin und her.

»Nicht herumlaufen, bleiben Sie stehen«, sagte Martin.

Er ahnte, was geschehen war. Rasch löste er den Spanngurt einer Metallbox und holte zwei Seile, Eispickel, Eisschrauben und einen Klettergurt heraus.

James stand unruhig vor Sarahs Fußspuren. »Bleiben Sie hier«, sagte Martin und bewegte sich langsam vorwärts. Er entdeckte die Vertiefung im Schnee erst, als er kurz davor stand. Er legte sich auf den Bauch und robbte vorsichtig nach vorn, wobei er den Eispickel leicht in den Schnee schlug. Dunkel klaffte der Abgrund vor ihm.

»Sarah«, rief er in die Tiefe.

»Holt mich hier raus«, kam es schrill zurück. Weder der Nebel noch der Schnee konnten die Panik in Sarahs Stimme dämpfen.

Rund um den Spalt war der Schnee etwa fünfzehn bis zwanzig Zentimeter dick. Genug, um eine Person auf Skiern zu tragen, nicht aber zu Fuß. Martin vergrößerte das Loch mit einigen kräftigen Eispickelhieben und ignorierte Sarahs verzweifelte Schreie.

»Was sagt sie?«, fragte James kaum hörbar.

»Sie ist jedenfalls am Leben und hat genug Luft in den Lungen.«

»Sie müssen sie retten.«

Martin kroch rückwärts, dann stand er auf und ging vorsichtig in seinen eigenen Fußspuren zurück zu James und den Schneemobilen. Eine Gletscherspalte kam selten allein. Binnen einer Stunde war eine seiner Touristinnen im Nebel verschwunden und die andere in eine Gletscherspalte gestürzt. So etwas hätte er sich in seinen schlimmsten Albträumen nicht ausgemalt. Wenn diese Geschichte herauskam, wäre das sein berufliches Ende.

James rüttelte an seiner Schulter. »Was machen wir jetzt?«

Martin sah den Amerikaner an. Er wusste, was er zu tun hatte.

Martin startete das Schneemobil, setzte sich aber nicht darauf, sondern lief neben dem Fahrzeug her und fuhr es im Rückwärtsgang bis fünf Meter vor die Spalte. James sah ihm nach. Vorsichtig stieg Martin in den Klettergurt. Er schlang ein Kletterseil um die Anhängerkupplung des Schneemobils, ehe er das andere Ende am Klettergurt befestigte. Das zweite Seil band er an einem Bügel hinter dem Fahrersitz fest. Dann winkte er James heran und zeigte auf die Anhängerkupplung. »Ich krieche jetzt bis zur Kante der Gletscherspalte. Sie seilen mich langsam ab, indem Sie eine Seilschlaufe nach der anderen zugeben. Wenn ich an diesem losen Seil ziehe, stoppen Sie das Abseilen.«

»Ist das nicht zu viel Gewicht, um das Seil abzuwickeln, während Sie am anderen Ende hängen?«

»Das Zuggewicht verringert sich, sobald sich das Seil in den Schnee schneidet. Ich denke, es wird ganz leicht gehen.«

»Was haben Sie danach vor?«

»Wir werden sehen.« Martin hatte eine Idee, aber alles hing davon ab, wie die Verhältnisse bei Sarah in der Gletscherspalte waren.

Mit dem Eispickel in der einen Hand und dem zweiten Seilende in der anderen robbte Martin wieder vor bis zur Kante. Er drehte sich um und glitt mit den Beinen nach unten ins Loch. Dann gab er James das Zeichen zum Abseilen.

Alles funktionierte genau so, wie er gehofft hatte. Langsam rutschte er über die Kante, hinab in die blauschwarze Tiefe. Er spürte einen kleinen Anflug von Höhenangst, aber er atmete ein paarmal tief durch, ehe er nach unten sah.

Der Spalt war schmal, einen knappen Meter breit. Auf den ersten Metern fielen die Wände relativ senkrecht ab, bevor der Spalt nach rechts verlief. Martin konnte den Grund nicht erkennen. Sarah lag auf einem Vorsprung voller Schnee. Er sah aus wie eine kleine Brücke, die jederzeit einstürzen konnte. Sarah rührte sich nicht, womöglich war sie ohnmächtig geworden. Mit einem kurzen Ruck zog er den Rest des zweiten Seils zu sich heran und ließ das lose Ende in die Tiefe fallen. Dabei lösten sich einige Eisstücke und trafen Sarah. Sie regte sich und machte Anstalten, sich aufzusetzen.

»Nicht bewegen!«, rief Martin. »Sie könnten noch tiefer stürzen!«

In dem engen Schacht verwandelte sich sein Rufen in ein gedämpftes Echo.

Sarah legte sich steif zurück in den Schnee.

Martin fragte nicht, ob sie verletzt war, denn nach oben musste sie ohnehin. Er näherte sich dem Vorsprung. James musste das Seilgeben rechtzeitig einstellen, das Gewicht von zwei Personen konnte zu viel für die kleine Schneebrücke sein. Als seine Beine den Vorsprung erreichten, rüttelte er mehrmals an dem losen Seil, doch James ließ weitere zwanzig Zentimeter Seil aus.

Martin stemmte den Rücken gegen die eine Wand des Schachts und sein unversehrtes Bein gegen die andere. Direkt über Sarah fand er eine relativ stabile Position. Von oben glitten weitere zwanzig Zentimeter Seil in seine Arme. Wütend zerrte Martin am losen Seil. Das Ablassen stoppte.

Eigentlich hatte Martin vorgehabt, das lose Seil um Sarah zu binden, aber dafür hätte er mit seinem ganzen Gewicht auf dem Schneeabsatz stehen müssen. Also musste sie es selbst erledigen. »Schlingen Sie das Seil zweimal um Ihren Oberkörper, unterhalb der Achselhöhlen, und verknoten Sie es.«

Sarah war völlig verängstigt und hatte Mühe, zu tun, was er sagte. Schließlich hatte sie noch einen Meter Seil für den Knoten übrig und schlug einen Doppelknoten nach dem anderen.

Martin hatte überlegt, James zu bitten, das Schneemobil zu starten und sie nach oben zu ziehen, fürchtete aber, dass ein heftiger Ruck sie beide verletzen könnte. Er musste es ohne seine Hilfe schaffen. Sarah würde nicht weiter nach unten stürzen, aber er musste sich allein aus der Gletscherspalte befreien.

Zuerst versuchte er sich mit dem Rücken gegen die eine und das Bein gegen die andere Spaltwand nach oben zu stemmen, doch es war zu anstrengend. Er ließ sich nach unten, bis er ganz im Seil hing, und hämmerte den Eispickel so hoch wie möglich in die Eiswand. Dann zog er sich an Seil und Eispickel nach oben. Er hielt sich mit einem Arm am Seil fest, während er mit dem anderen den Eispickel einen halben Meter weiter oben in die Wand hackte. Anschließend zog er sich mit den Armen hoch.

Als Martin sich endlich dem Tageslicht näherte, brannten seine Muskeln. Er kroch über die Kante und blieb einen Moment auf dem Bauch liegen, James' Fragen ignorierte er. Es rauschte in seinen Ohren. Sobald seine Atmung sich wieder normalisiert hatte, robbte er zum Schneemobil und stand auf.

»Legen Sie sich an die Kante des Spalts, damit Sie Sarah sehen können, wenn ich sie hochziehe.«

»Geben Sie mir Ihr Seil«, sagte James.

Martin löste das Seil aus dem Klettergeschirr, zurrte es um James' Brust und behielt das Ende in der Hand. Als James den Rand erreicht hatte, startete Martin den Motor des Schneemobils. Er gab vorsichtig Gas, und das Gefährt bewegte sich langsam vorwärts, bis Sarah zum Vorschein kam und über die Kante gezogen wurde.

James wollte durch den Schnee auf sie zukriechen, doch Martin hielt ihn mit einem strengen Ruf zurück: »Verteilen Sie sich, keine zwei Personen an derselben Stelle!«

Beide sahen zu Martin auf, der heftig gestikulierte. Schnell robbte James zurück zum Schneemobil, und auch Sarah näherte sich ein paar Meter abseits von James' Spuren. Martin half ihr hoch.

»Ist alles in Ordnung mit Ihnen?«, fragte sie. »Wie haben Sie es mit dem verletzten Bein nach oben geschafft?«

Martin nahm an, dass sie sich in einer Art Schockzustand befand, da sie sich hauptsächlich um sein Bein sorgte. Äußerlich wirkte sie unverletzt. Er ließ das Ehepaar an den Seilen gesichert, während sie in ihren Spuren zurück zu den anderen Schneemobilen gingen. Er selbst humpelte mit minimalem Druck auf den Gashebel neben seinem eigenen Fahrzeug her.

18

Martin bekam Schweißausbrüche, obwohl er unter seinem Schneedress nur einen dünnen Wollpullover trug. Jeden Augenblick rechnete er damit, dass der Boden unter ihnen nachgab.

Sarah hatte Glück gehabt, dass sie nur einige Meter tief gestürzt und weich gelandet war. Eine Gletscherspalte wurde selten tiefer als dreißig bis vierzig Meter, weiter unten ließ das Gewicht des Gletschers das Eis schneller fließen. Ein Sturz aus dreißig Metern hätte aber in jedem Fall tödlich geendet. Martin wagte es kaum, zu atmen. Am sichersten wäre es, mit hoher Geschwindigkeit zu fahren, doch ohne gute Sicht war das unmöglich. Er beschloss, dieselbe Route zurückzunehmen, auch wenn das Risiko einzustürzen bestehen blieb. Eine Schneebrücke konnte nur eine gewisse Anzahl an Schneemobilen tragen. James und Sarah folgten ihm; sie klebten geradezu an ihm aus Angst, dort draußen noch einmal verloren zu gehen.

Erst als sie zurück auf der ursprünglich geplanten Route waren, konnte Martin sich wieder entspannen. Trotz schlechter Sicht war das Risiko für einen Einsturz hier verschwindend gering.

Nach einer Weile durchbrachen sie endlich die Wolkendecke und atmeten erleichtert über die kilometerweite Sicht auf. Martin fuhr noch einige Hundert Meter weiter, dann hielt er an.

James stoppte neben ihm. »Sind wir jetzt in Sicherheit?«

Martin nickte, holte das Fernglas aus dem Rucksack und schwenkte es in alle Richtungen, wobei er besonders viel Zeit auf den Teil des Nordenskiöldbreen unterhalb der Wolkengrenze verwandte.

Niemand zu sehen.

Sarah stellte sich neben ihn. Sie zitterte. »Wir können sie nicht dort oben auf dem Gletscher zurücklassen«, sagte sie.

Martin legte das Fernglas zurück und zog eine Metallbox hervor. »Ich könnte das Satellitentelefon benutzen und Hilfe rufen. In einer Stunde wäre ein Rettungshubschrauber hier. Das Problem ist nur, dass sie uns nicht helfen können. In dieser trüben Suppe sehen sie nichts. Der Rettungshubschrauber müsste warten, bis das Wetter aufklart, und dann brauchen wir ihn wahrscheinlich nicht mehr, weil die Sicht dann wieder mehrere Kilometer weit reicht.« Die beiden Parkers hingen schier an seinen Lippen. »Sie befindet sich ein Stück hinter uns auf dem Plateau«, fuhr Martin fort und deutete mit einer weitschweifigen Geste auf das Nebelmeer. »Sie hat sicherlich Angst, aber sie ist nicht in Gefahr.«

»Wenn sie nicht in eine Gletscherspalte gestürzt ist«, wandte James ein.

»Wir hatten großes Pech, das sollte für heute genügen«, sagte Martin.

»Was schlagen Sie also vor?«, fragte James.

Martin deutete in die Ferne. »Wir fahren die Kante des Gletschers entlang, dort ist es sicher. Weiter unten sehen Sie den zugefrorenen Billefjord. Und erkennen Sie die Gebäude auf der anderen Seite des Fjords? Das ist Pyramiden. Normalerweise sind dort auch andere Tourguides, sie können uns bei der Suche helfen, sobald sich das Wetter bessert. Es ist sinnlos, bei dieser Sicht weiterzusuchen.«

Martin schaute seine Gäste nacheinander an. Beide nickten einvernehmlich. »Gut. Hoffen wir, dass uns keine weiteren Überraschungen blühen.«

Den flachen Gletscher hinab legten sie ein hohes Tempo vor. Wo der Gletscher ins Meer überging, befand sich ein großes Gebiet mit meterdickem, blau schillerndem Blankeis, das sie überqueren mussten. Martin war nicht überrascht, als er sich umdrehte und sah, wie Sarah sich auf dem Eis mehrmals langsam um die eigene Achse drehte, ehe sie entgegen der Fahrtrichtung zum Stehen kam. James reagierte, indem er abrupt bremste, was zur Folge hatte, dass er auf dieselbe Weise herumgerissen wurde. Panisch klammerte er sich an sein Schneemobil.

Martin machte kehrt und fuhr zu ihnen. »Ich dachte, Sie wären den Winter in Wyoming gewohnt.«

»Das ist lange her«, sagte James.

»Am wichtigsten ist ein gleichmäßiger, vorsichtiger Druck auf den Gashebel, und keine plötzlichen Lenkbewegungen«, empfahl Martin. »Wenn das Schneemobil ausschert, lenken Sie in die andere Richtung, genau wie beim Autofahren.«

James reckte seinen Daumen nach oben. Langsam brachten die Amerikaner ihre Schneemobile wieder in Fahrtrichtung und fuhren vorsichtig auf den Fjord hinaus.

Als sie das blaue Eis hinter sich gelassen hatten und das griffigere Meereis erreichten, gab Martin Gas. Die Gebäude am anderen Fjordufer wurden rasch größer. Er fragte sich immer, was seine Gäste wohl dachten, wenn sie die sagenumwobene Geistersiedlung Pyramiden zum ersten Mal sahen. Über dem Hafen thronte eine Verladeanlage für Kohle. Auf der Spitze des verrosteten Konstrukts, das die Schiffe mit der kostbaren Fracht beladen hatte, flatterte eine russische Flagge. Ausgerechnet sie schien brandneu zu sein.

Seitlich vom Hauptkai fuhren sie an Land. Die Gebäude im Hafenbereich sahen aus, als stünden sie in einem Kriegsgebiet.

Fenster fehlten, Löcher klafften in den Dächern, und einige der gemauerten Wände waren einsturzgefährdet.

Martin bog nach links ab und fuhr unter der Verschiffungsanlage hindurch auf die Straße, die in die eigentliche Siedlung führte. Die Straße war frisch geräumt. Sie kamen an dem halb überdachten Grubentelefon vorbei, das früher einmal die Kommunikation zwischen dem Hafen und der restlichen Siedlung ermöglicht hatte.

Auf der Anhöhe am Ortseingang ragte eine fünfzehn Meter hohe Säule empor, auf der in kyrillischen Buchstaben der Name »Pyramiden« prangte. Martin nahm eine Abkürzung über einige zugeschneite Rohrleitungen und steuerte auf das Hotel zu, Pyramidens einziges bewohntes Gebäude. Er hoffte, dass andere Gäste vor Ort waren, damit sie ihnen bei der Suche nach Cindy helfen konnten, sobald das Wetter aufgeklart hatte. Als er um die Ecke bog, drückte er die Bremsen voll durch. Ungläubig schob er das Visier nach oben und riss den Mund auf. Das war doch nicht möglich!

19

Irina spürte zum ersten Mal in ihrem Leben einen Anflug von Seekrankheit in sich aufsteigen, als sie auf den Bildschirm ihres Laptops im Internetbereich der MY SMILE starrte. Das Schiff stampfte im harten Nordwestwind voran Richtung Island, und selbst mit ausgefahrenen Schiffsstabilisatoren wankte der Boden unter ihrem Stuhl unbehaglich.

Es ärgerte sie, dass das WLAN an Bord nicht stark genug war, um in der Kabine arbeiten zu können; die Luft im Internetbereich war stickig. Dennoch hatte sie für ihren Kunden eine dreiseitige Zusammenfassung über die politischen Verhältnisse in der Arktis mit einem besonderen Fokus auf Steuern zustande gebracht. Sie war sicher, dass ihre Übersicht hervorragend war, aber ein Hauch von Irritation blieb bestehen. Eigentlich hätte Nikolai etwas dazu beitragen können, aber sobald sie das Thema angesprochen hatte, war er stumm geworden.

Sie trank die Wasserflasche aus, die sie sich mitgenommen hatte. Plötzlich kam ihr eine Idee.

»Was findest du zum Namen ›Nikolai Morosow‹? Arbeitet in der Ölbranche«, schrieb sie einem Kollegen in einem Chat-Kanal. Es nützte nichts, Nikolai zu googeln, das hatte sie bereits getan, mit ernüchterndem Resultat. Jedes Mal, wenn sie Nikolai fragte, wie er es schaffte, unter dem Radar aller Suchmaschinen, Archive und sozialen Medien zu bleiben, lächelte er nur. Aber in einer Gesellschaft wie der russischen hatte ihre Anwaltskanzlei Zugriff auf andere, bessere Quellen.

»Ist es wichtig?«, kam prompt die Gegenfrage aus dem Sankt Petersburger Büro.

Wichtig war es auf keinen Fall, aber Irina antwortete dennoch mit »Ja«. Die Junganwälte der Firma hatten sich nicht darin einzumischen, was wichtig war und was nicht. Daher fügte sie hinzu: »Und besorg mir alles über Wostok Energija.«

Während sie wartete, checkte Irina das Wetter – eine Windkarte des Meergebiets südlich von Island zeigte an, dass der Wind im Lauf des Abends und der Nacht zunehmen würde. Wahrscheinlich lag Nikolai jetzt schon seekrank in der Kabine. Er stammte aus dem Landesinneren. Sie dagegen war in einem Vorort von Sankt Petersburg aufgewachsen, hatte das Meer jeden Tag gesehen und sogar an Segelregatten teilgenommen. Sie fühlte sich auf hoher See zu Hause.

Ihr Kollege hatte eine Antwort geschickt. Der Inhalt der Nachricht war nichts Neues für Irina. Wostok Energija war in Moskau registriert, aber die Eigentümer waren unbekannt. Das war nicht weiter ungewöhnlich. Die Firmenadresse lag mitten in der Stadt, wo viele öffentliche Institutionen ihren Sitz hatten, wie Irina wusste. Es gab nicht einen einzigen Nachrichtenartikel über die Firma. Sie arbeiteten wirklich unterhalb des Radars. Vermutlich ein großer Vorteil für die Auftraggeber, dachte Irina.

Über Nikolai gab es noch weniger Informationen.

»Bist du sicher, dass der Name richtig geschrieben ist?«, fragte ihr Kollege. »Ich habe zu diesem Namen nichts gefunden, nicht einmal in einem Archiv. Sehr merkwürdig.«

Irina musste innerlich bis zehn zählen, um ihm keine sarkastische Antwort zu schicken. Wann bitte hatte sie zum letzten Mal einen Namen falsch geschrieben?

Sie bedankte sich und lehnte sich lächelnd zurück. Das war eine Herausforderung nach ihrem Geschmack. Bevor sie den

Laptop ausschaltete, schickte sie ihre Anfrage noch an den besten Analysten der Kanzlei. Falls nötig, konnte er sich selbst ins Verteidigungsministerium oder das private E-Mail-Konto des Präsidenten hacken.

Die Cafés und Geschäfte vor dem Internetcafé waren nahezu menschenleer. Irina musste sich an den Handläufen festhalten, um nicht von einer Wandseite zur anderen zu taumeln. Als sie beim Duty-free-Shop um die Ecke bog, kam Nikolai ihr entgegen. Er trug eine Sporttasche über der Schulter und lief in souveränem Seemannsgang über den Korridor.

»Hätte nicht gedacht, dass eine Landratte wie du sich bei so einem Wellengang aus der Kabine wagt«, sagte Irina.

Nikolai grinste breit und hielt sich selbst dann auf den Beinen, als das Schiff in eine große Welle stach, sodass der ganze Schiffsrumpf erzitterte.

»Das ist doch noch gar nichts! Und jetzt ist der Fitnessraum garantiert frei.«

»Dann bist du also ein Naturtalent«, meinte Irina.

»Ganz genau«, erwiderte er und strich ihr mit dem Zeigefinger über die Wange, ehe er um die Ecke verschwand.

20

James hielt mit dem Schneemobil neben Martin und zog die Sturmhaube zur Seite. »Was ist los?«

Martin deutete auf den vereisten Hofplatz vor dem Hotel. Dort standen, dicht an dicht, zwei Reihen mit Schneemobilen, und ein Stück abseits ein einzelnes.

»Cindy ist hier«, sagte er.

James' Blick wechselte zwischen den Schneemobilen und Martin hin und her. »Woher wissen Sie das?«

»Hab das Kennzeichen wiedererkannt.«

Martin gab kurz Gas und stellte sein Schneemobil neben Cindys ab. Sarah und James blieben noch stehen, und er beobachtete, wie James Sarah die Neuigkeit überbrachte. Gott sei Dank hatten sie den Rettungshubschrauber nicht gerufen. Martin legte Helm und Handschuhe ab und rannte die Vortreppe hinauf. Am Eingang kam ihm eine Reisegruppe entgegen. Er ließ sie vorbei.

Als der Guide zu den Fahrzeugen in der ersten Reihe ging, fiel Martin auf, dass die zweite Reihe ausschließlich aus russischen Schneemobilen bestand. Wahrscheinlich gehörten sie den Russen, denen sie an der Ostküste begegnet waren.

Hinter der Tür streifte Martin sich flugs die Stiefel von den Füßen und ging schnurstracks zur Bar. Cindy saß auf einem niedrigen schwarzen Ledersofa, eine Tasse Kaffee vor sich auf dem Tisch, und sah sich auf dem Fernseher an der Wand eine Slideshow über Spitzbergen an. Kurzerhand stellte sich Martin vor den Bildschirm.

»Da sind Sie ja!«, sagte Cindy und lächelte breit.

Martin erwiderte das Lächeln nicht. »Wir haben stundenlang auf dem Gletscher nach Ihnen gesucht. Ihre Mutter ist in eine Gletscherspalte gestürzt und hatte riesiges Glück, dabei nicht umzukommen.«

Cindy stand abrupt auf. Ihr Lächeln war wie weggewischt. »Ist sie verletzt? Wo ist sie?«

»Sie ist draußen, und es geht ihr gut. Abgesehen von einem Nervenzusammenbruch Ihretwegen.«

»Das ist nicht *meine* Schuld. Ich muss zufällig den Totmannschalter ausgelöst haben, denn plötzlich ging mein Motor aus. Als mir klar wurde, was passiert war, habe ich das Schneemobil wieder gestartet und bin in die Richtung gefahren, in die Sie verschwunden waren. Nach einer Weile habe ich angehalten und mich darüber gewundert, dass Sie nicht auf mich warteten oder nach mir suchten. Und weil niemand kam, bin ich weitergefahren. Ein paarmal konnte ich eine Fahrspur erahnen, daher wusste ich, dass ich auf dem richtigen Weg war, und auf einmal war ich unter der Wolkendecke.«

Martin stand noch immer mit verschränkten Armen und schief gelegtem Kopf vor Cindy.

»Ersparen Sie mir diesen Gesichtsausdruck«, sagte sie. »Wie soll ich denn sonst hierhergekommen sein? Ich kann nicht fliegen. Auf dem Gletscher konnte ich zwei Schneemobilfahrer anhalten und um Hilfe bitten. Sie haben mir den Weg gezeigt, und ab da war es leicht herzufinden.«

Ein Freudenschrei von Sarah unterbrach Cindy, die an Martin vorbeilief und sich in Sarahs Arme warf. Martin drehte sich zur Bar, wo sein alter Bekannter Sasja das Schauspiel kopfschüttelnd verfolgte. Sasja war fünfundzwanzig und trockener Alkoholiker. Dünn, mit langen Haaren und einem Ziegenbärtchen sah er aus wie ein Einsiedler. Martin bat ihn um zwei Dosen Bier und blieb mit abgewandtem Rücken stehen, während Mutter und Tochter wild durcheinanderredeten. James trat neben ihn an den Tresen.

»Ich dachte, Sie trinken kein Bier.«

»Nicht das erste Wunder heute«, sagte Martin und reichte dem Amerikaner eine Bierdose.

»Was für ein Tag«, sagte James, nachdem er die Dose mit einem Schluck halb geleert hatte.

»Ihre beiden Damen hatten wirklich Schwein!« Martin schob seine Dose zur Seite. »Wir werden hier übernachten.«

Martin winkte Sasja heran, der sich auch um die Rezeption kümmerte, und bekam wenig später drei Schlüssel ausgehändigt, von denen er zwei auf den Tisch vor den Parkers warf.

»In zwei Stunden gibt es Abendessen«, sagte er, »am besten holen Sie Ihre Sachen. Und würde einer von Ihnen bitte meinen Rucksack und das Gewehr mitbringen?«

An der Garderobe schälte er sich aus dem Schneeanzug und wartete, bis James mit seinen Sachen kam. Dann kämpfte er sich mit seinem schmerzenden Bein die drei Stockwerke nach oben in sein Zimmer, knallte die Tür zu und streckte sich auf dem Bett aus.

»Will ich mir das wirklich weiter antun?«, murmelte er vor sich hin. Glücklicherweise hatte die Familie mehrere Hunderttausend Kronen für eine Woche bezahlt, ansonsten hätte er die gesamte Bande in eine Gletscherspalte geschubst.

Der Wechsel von der Kälte in die Hitze des Hotelzimmers machte ihn schläfrig. Er setzte sich auf, nahm die Patronen aus dem Gewehrmagazin und steckte sie ins Deckelfach seines Rucksacks, ehe er den Alarm seines Handys stellte und sich wieder in die Kissen zurücklegte.

Bald habe ich drei von sechs Abenden hinter mir, das Schlimmste ist eigentlich geschafft, dachte er, während ihm die Augen zufielen.

21

Es war nach sieben Uhr abends, als Martin an Cindys Zimmertür klopfte. Niemand antwortete. Dann drückte er die Klinke von James' und Sarahs Tür herunter; die Tür war nicht abgeschlossen. Vorsichtig steckte er den Kopf hinein. »Hallo?«, rief er.

Niemand da. Mit dem Anflug eines schlechten Gewissens schlüpfte er ins Zimmer, ließ die Tür einen Spaltbreit offen und sah sich schnell um. Da beide nur einen kleinen Rucksack dabeihatten, gab es nicht viel, mit dem sie sich hätten ausbreiten können. Martin schaute in die Rucksäcke. Nur ein paar Kleidungsstücke, nichts Besonderes. Auf dem Tisch lag James' exklusives Satellitentelefon. Martin nahm es in die Hand, etwas Derartiges hatte er noch nie gesehen. Auf dem Gerät fand sich kein Markenname, und auf eine sonderbare Art schien es gleichzeitig uralt und futuristisch zu sein. An der Spitze blinkte eine grüne Leuchtdiode, vielleicht um anzuzeigen, dass die Batterie noch geladen war. Er drückte mehrere Knöpfe, bis das Display aufleuchtete.

Martin sah sich die letzten getätigten Anrufe an, die Nummern sagten ihm jedoch nichts, und es waren auch keine Namen oder weiteren Informationen dazu gespeichert. Er achtete darauf, das Telefon wieder an die exakt gleiche Stelle zu legen, bevor er das Zimmer verließ.

Er freute sich, dass es ihm jetzt ein wenig leichter fiel, die Treppe hinunterzusteigen. Der Knochen war nicht gebrochen, aber das Bein stark geschwollen und voller Blutergüsse. Bei seinem Anblick war ihm übel geworden, und er hatte an Wundbrand denken müssen. Sobald er zurück in Longyearbyen war, würde er dem Krankenhaus einen Besuch abstatten.

An einem langen Tisch im Speisesaal saß die Familie Parker und hatte die Köpfe zusammengesteckt. James entdeckte den heranhumpelnden Martin und machte die anderen auf ihn aufmerksam. Martin sah ihren Gesichtern an, dass sie über ihn geredet hatten.

»Entschuldigen Sie bitte die Störung. Möchte jemand Wein zum Abendessen?«

Alle schüttelten den Kopf.

»Ich nehme ein Bier«, sagte James.

Martin holte an der Bar ein Glas Rotwein und eine Dose russisches Bier, das in Barentsburg gebraut worden war, und setzte sich neben Cindy.

»Dann sind Sie also endlich in Pyramiden. Willkommen in einer sozialistischen Utopie auf dem 79. Breitengrad Nord«, sagte er. »Und da Sie ja erwähnt haben, dass Sie auf hässliche Souvenirs stehen: In dem Laden da drüben werden Sie sicherlich fündig.«

Cindy schaute in die Richtung, in die Martin deutete. »Es ist schon ein Souvenir, dass dieses Hotel ›Tulipan‹ heißt.«

Martin sah sie mit erhobenen Augenbrauen an. »Woher wissen Sie das?«

»Ich habe es auf der Wand dort gelesen.« Sie zeigte darauf.

»Mir war nicht klar, dass Sie Russisch lesen können.«

»Ja, ich kann das kyrillische Alphabet.« Cindy lächelte.

Martin schüttelte den Kopf. »Wir gehen morgen auf Erkundungstour und sehen uns den Kulturpalast und die Kantine an. In beiden Gebäuden gibt es klassische russische Wandmosaiken, die glückliche Minenarbeiter darstellen.«

James streckte seine Hand nach oben wie ein Schüler, der eine Frage an den Lehrer hat. »Kultur und Glück ist nicht unbedingt das Erste, woran ich hier denke.«

»Pyramiden war eine sozialistische Traumgesellschaft, eine Art Schaufenster der Sowjetunion. Wer hierherkam, durfte ein arktisches Luxusleben führen, obwohl die Arbeit in den Minen beinhart und gefährlich war. Viele nahmen ihre ganze Familie mit.«

»Worin bestand denn hier der Luxus?«, fragte Sarah und sah sich um.

»Alles war gratis. Die Kantine hatte rund um die Uhr geöffnet, und dort gab es nicht gerade Arme-Leute-Essen. Sie bauten das meiste Gemüse in Gewächshäusern an, hielten Rinder und hatten Hunderte Schweine. Schule und Kindergarten waren kostenlos, es gab hier ein hervorragend ausgestattetes Krankenhaus und gute Wohnungen mit Zentralheizung. Für gewöhnliche Bürger in der Sowjetunion war so etwas utopisch.«

»Kulturpalast«, sagte James, »das hört sich nach Größenwahn an.«

»Im Kulturpalast gab es sowohl einen Theatersaal als auch eine Sporthalle. Daneben befand sich eine große Schwimmhalle mit eigenem Kinderbecken, und zwischen den beiden Gebäuden lag ein großer Fußballplatz.« Martin gestikulierte. »Und da die Russen ein Kulturvolk sind, gab es hier auch eine Bibliothek mit mehreren festangestellten Bibliothekaren und vierzigtausend Büchern.«

Cindy schien jedes Wort förmlich in sich aufzusaugen. Sie legte Martin eine Hand auf den Oberschenkel. »Was war der Witz dabei, sich dieses Schaufenster zu leisten? Hier kam doch ohnehin niemand vorbei, der hineinschauen konnte. Das am besten gehütete Geheimnis der Welt.«

»Nicht für die, für die es gedacht war«, widersprach Martin kopfschüttelnd und schob Cindys Hand beiseite. Er vermied es, sie anzusehen. »Die Gerüchte über die Traumgesellschaft haben die Leute dazu bewogen, hierherzukommen. Sie haben einen Vertrag über zwei oder drei Jahre unterschrieben und dabei so gut verdient, dass sie sich nach ihrer Rückkehr daheim ein Haus bauen konnten. Außerdem gab es für die hiesigen Arbeiter noch ein anderes großes Privileg in der kommunistischen Gesellschaft: Sie durften sich überall in der Sowjetunion niederlassen, außer in Moskau und Sankt Petersburg.« Er schwenkte den Wein in seinem Glas. »Keine kleine Sache in einem Land, in dem man sich nicht frei bewegen konnte. Selbst für kurze Reisen brauchte man die Einwilligung der Behörden.«

»Dafür mussten die Leute erst ein paar Jahre in diesem Klima überstehen«, sagte Sarah. »Ich beneide sie nicht darum.«

»Ihnen wurden lange, kostenlose Urlaube mit der Familie am Schwarzen Meer finanziert. Das war ansonsten nur den Eliten vorbehalten.«

»Wie konnte es sich lohnen, so viel Geld zu investieren?«, fragte James. »Die Kohlevorkommen hier oben können doch unmöglich so groß sein, oder?«

»Es ging nicht ums Geschäft, sondern um Politik. Wie alles hier oben um Politik geht.« Martin trank einen Schluck Wein. »Auch Barentsburg und Longyearbyen existieren aus rein politischen Gründen. Geopolitik unter dem Deckmantel der Wirtschaft.«

»Dann ist Pyramiden strategisch heute also nicht mehr relevant?«, folgerte James.

»Ihnen ging die Kohle aus. Nach dem Zusammenbruch der Sowjetunion war der alte Kalte Krieg verloren, und es war nicht mehr wichtig, ein Verlustgeschäft weiter zu subventionieren.

Dasselbe ist auch an anderen Orten passiert. Ich bin in kleinen ehemaligen Kohlesiedlungen ganz im Norden Sibiriens gewesen, die Ende der Neunzigerjahre von der Zentralregierung in Moskau einfach sich selbst überlassen wurden.«

»Ich bin zum ersten Mal in einer Geisterstadt«, sagte Sarah.

»Die Bewohner sind im Sommer und im Herbst 1998 weggezogen«, sagte Martin. »Das Eigenartige ist, dass es in vielen Gebäuden und Räumen so aussieht, als wären die Leute in aller Eile vom Tisch aufgestanden und gegangen, als hätte das Schiff schon am Kai gelegen, und sie hätten rennen müssen, um nicht zu spät zu kommen.«

Martin wurde von der Köchin unterbrochen, die ein Tablett mit vier Suppentellern brachte. Sie war wie geschaffen für die Legende von Pyramiden. Ein Haarnetz aus den Fünfzigern bedeckte ihr graues, strähniges Haar. Das halblange weiße Kleid aus einem dicken, zerknitterten Stoff eignete sich ebenso gut zum Kochen am Herd wie zum Bedienen im Restaurant. Ihre Füße steckten in gelben Socken, darüber trug sie Plastiksandalen.

Alle lobten die Köchin, nachdem sie von der kräftigen braunen Suppe gekostet hatten.

»Betrachten Sie es als ein Echo vergangener Größe«, scherzte Martin.

James wischte sich den Mund mit der Serviette ab. »Lassen die Russen die Gebäude einfach verfallen?«

»Ich glaube nicht, dass die Geschichte von Pyramiden zu Ende ist«, sagte Martin. »Die Russen haben einen Plan. Sie haben immer einen Plan.«

»Einen Plan?«, wiederholte Cindy. »Worin sollte der bestehen?«

Martin breitete die Arme aus. »Keine Ahnung.«

James zeigte auf Martins Fleecepullover, den das gleiche Logo wie seinen Schneeanzug zierte. »Heute auf dem Schneemobil bin ich endlich darauf gekommen, was ›großer Bär‹ bedeutet. Es ist ein Sternbild.«

»Exakt«, sagte Martin. »Es ist eines der großen Sternbilder am Nordhimmel, immer zu sehen, das ganze Jahr über. Der Große Wagen ist ein Teil des Großen Bären.«

»Ein Sternbild als Firmenlogo?«, fragte Cindy. »Wieso das?«

»Der Große Bär hat schon seit Tausenden Jahren in vielen Kulturen eine mythische Bedeutung. Die unendlich schöne Kallisto, die Tochter der Jagdgöttin Artemis, wurde in eine unsterbliche große Bärin verwandelt und ans Firmament versetzt, zum Schutz vor Rächern auf der Erde. Aber wenn Sie wollen, kann das Logo auch den Eisbären oder Russland symbolisieren.« Martin blinzelte ihr zu.

Sarah war aufgestanden und ans Fenster getreten, von wo aus sie auf den Platz vor dem Hotel schaute. »Dieser Ort hat etwas Unheimliches an sich. Wem gehören die anderen Schneemobile, die da draußen stehen?«

»Ich tippe auf dieselbe Gruppe Russen, die uns nicht helfen wollte, als unser Schlitten an der Ostküste zusammengebrochen ist«, sagte Martin.

»Schon wieder Russen«, meinte Cindy.

»Nicht gerade eine Sensation in einer russischen Siedlung«, merkte Martin an.

»In einer verlassenen russischen Siedlung«, korrigierte Cindy ihn.

Als hätten sie hinter der Ecke gewartet und ihr Gespräch belauscht, trampelte in diesem Moment eine Gruppe Russen herein und stellte sich an den Bartresen.

»Essen wollen sie nichts, dafür aber trinken«, sagte Sarah.

Martin entgegnete nichts. Er trank einen Schluck und schaute aus dem Fenster zu dem Berg, der den gleichen Namen wie die Siedlung trug, Pyramiden. Der amerikanischen Familie hörte er dabei nur mit halbem Ohr zu. James redete über seinen Aktienfonds, Cindy kommentierte es genervt, und Sarah versuchte, die Wogen zu glätten. Die Parkers waren ein heftiger Kontrast zu den Russen an der Bar. Es waren dieselben Leute, mit denen er unterwegs gesprochen hatte, er erkannte ihren Guide an der Narbe über dem Auge wieder. Alle Männer aus der Gruppe waren zwischen dreißig und fünfunddreißig und wirkten top trainiert. Keine typischen Touristen. Vielleicht waren es Freunde, die gemeinsam eine Tour machten.

Einem Impuls folgend stand Martin auf und ging zur Bar, wo sechs breite Rücken wie eine Wand vor ihm aufragten. Er gab Sasja hinter dem Tresen einen Wink und hielt das leere Weinglas in die Höhe. Dann streckte er seine Hand vor und nahm ein neues Glas entgegen.

»Pojechali!«, sagte er an den nächsten Russen gewandt, der sich umdrehte, ein Glas Wodka reckte und »Prost« auf Russisch wiederholte.

»Was für eine Gruppe seid ihr?«, fragte Martin, doch der Russe schüttelte nur den Kopf und zeigte auf den Mann am anderen Ende des Tresens, es war der Kerl mit der Narbe. Es fühlte sich sehr viel länger als zwölf Stunden an, dass sie sich auf dem Meereis begegnet waren. Martin prostete ihm zu, erhielt aber nur ein reserviertes Nicken und ein halb erhobenes Glas zur Antwort.

»Was für ein Mistwetter über dem Gletscher«, rief Martin ihm zu.

Der Guide zuckte mit den Schultern. »Hatten keine Probleme.«

»Sind Sie mit Touristen oder Freunden unterwegs?«

»Kollegen.«

Martin gab es auf und kehrte zu den Parkers zurück. »Genauso unsympathisch wie beim letzten Mal«, sagte er und deutete in Richtung Bar.

»Wer sind diese Leute?«, fragte Cindy. Sie beugte sich dicht zu Martin herüber. Er schob sie vorsichtig mit der Schulter zurück.

»Sie können den Guide ja selbst fragen. Vielleicht bekommen *Sie* mehr als zwei Wörter aus ihm heraus.«

Cindy hielt abwehrend die Hände vor sich. »Ich halte mich an die Menschen, die ich schon kenne.«

»Dann haben Sie wenigstens etwas gemeinsam«, sagte Martin.

»Sie beobachten uns«, bemerkte Sarah.

»Du meinst Cindy«, sagte James. »Einer kann seine Augen gar nicht von ihr abwenden.«

»Höchste Zeit, sich aufs Zimmer zurückzuziehen«, sagte Cindy.

Sarah nickte. »Ich bin völlig erledigt, ich habe heute mehr erlebt als die meisten in ihrem ganzen Leben.«

»Ich trinke noch etwas mit Martin«, sagte James und schwenkte die leere Bierdose über seinem Kopf. »Keine Ahnung, wie ihr bei diesem grässlich hellen Licht schlafen könnt.«

»Auch wenn ich mich wiederhole, es wird erst in vier Monaten wieder dunkel.« Martin grinste.

»Normalerweise übe ich mich ja in Zurückhaltung, wenn es um Alkohol geht, aber das hier schmeckt gut«, sagte James, als Sasja eine neue Dose Bier vor ihm abstellte.

»Zurückhaltung ist ein hässliches Wort, das schlimmste, das ich kenne«, entgegnete Martin. »Zurückhaltung führt nur zu einem, und zwar Mittelmäßigkeit. Sie sind nicht mit Zurückhaltung reich geworden, oder?«

James lehnte sich mit der Bierdose auf dem Stuhl zurück und lächelte. »Das ist wahr, Sie haben recht. Spielen Sie Schach?«, fragte er dann und zeigte auf ein Schachbrett, das auf der Fensterbank stand.

Martin nickte. Er hätte hinzufügen können, dass er meistens gegen sich selbst spielte. Auf seinen Solo-Expeditionen hatte er immer ein winziges Schachbrett dabei und übte jeden Abend Spieleröffnungen. James holte das Brett und stellte es zwischen sie.

»Sie können Weiß nehmen«, sagte er.

Martin willigte ein. Es spielte ohnehin so gut wie keine Rolle, wer einen Vorteil durch die weißen Spielfiguren hatte, es sei denn, sie wären wirklich ebenbürtige Gegner.

Er entschied sich für die gängigste Eröffnung unter Hobbyspielern und begriff schnell, dass James kein Laie war. Sie spielten schnell und routiniert, bis die Stellung unübersichtlich wurde. Plötzlich bemerkte Martin, dass jemand hinter ihm stand. Er drehte sich um und blickte direkt in das Gesicht des wortkargen russischen Guides. Eigentlich wollte er den Kerl darum bitten, zur Seite zu gehen, doch er entschloss sich, ihn zu ignorieren.

Mit der gleichen Anzahl an verbliebenen Bauern auf beiden Seiten steuerten sie auf ein langweiliges Remis zu, als Martin eine kleine Möglichkeit entdeckte. Wenige Züge später wurde James bewusst, dass er Martin nicht mehr daran hindern konnte, einen seiner Bauern in eine Dame umzuwandeln. Er streckte ihm die Hand entgegen.

»Gutes Spiel«, sagte er.

»Ja, das konnte sich sehen lassen«, stimmte Martin zu. Der Russe hinter ihm räusperte sich und deutete auf James' Platz. Martin zögerte und warf seinem Gast einen Blick zu.

»Er sollte gegen den Sieger spielen dürfen«, meinte James und rutschte einen Stuhl weiter.

Martin reichte seinem neuen Spielgegner die Hand.

»Roman Zorin«, stellte der Russe sich vor, ohne eine Miene zu verziehen.

Rasch stellten sie die Figuren wieder auf und losten die Spielfarben aus. Martin drehte das Brett um einhundertachtzig Grad, da er nun mit den schwarzen Figuren spielte. Der Russe eröffnete mit seinem Springer, ein recht ungewöhnlicher erster Zug. Martin begriff, dass es ein schwieriges Spiel werden würde.

Fünfzehn Züge später starrte Martin auf ein wahnsinnig kompliziertes Spielbild. Nach nur wenigen Zügen hatte sich ihr Spiel in einen Bereich fernab jeglicher Theorie bewegt, mit der Martin sich auskannte. Der Russe spielte schnell und präzise, während Martin mit jedem Zug länger und länger überlegen musste. Er spürte, dass er ins Schwitzen geriet. Es war unhöflich, so lange nachzudenken, er musste das Tempo erhöhen.

Martin beschloss, so viele Figuren wie möglich loszuwerden, um sich mehr Übersicht zu verschaffen. Nach ein paar Zügen bemerkte er, dass er in die Falle getappt war. Der Russe hatte einen Bauern mehr und stand sehr viel besser. Martin machte sich auf eine Niederlage gefasst.

Statt sich unnötig quälen zu lassen, sollte er aufgeben. Das war das einzig Richtige. Dennoch bewegte ihn irgendetwas an der kühlen, feindseligen Arroganz seines Gegenübers dazu, weiterzumachen.

Martin blendete alle anderen Gedanken aus und konzentrierte sich darauf, die nächsten Spielzüge zu analysieren. Trotzdem wurde die Überlegenheit des Russen immer größer, und sie steuerten noch immer auf das Unvermeidbare zu. Martin sah, dass sein Gegenspieler Schwierigkeiten hatte, ein höhnisches Grinsen zu verbergen. Auf einmal hatte er Lust, das ganze Brett wie ein Dreijähriger umzustoßen.

Gerade als er dem Russen die Hand reichen wollte, um zu signalisieren, dass er aufgab, hatte er eine Idee. So überlegen, wie sich sein Gegner gerade fühlte, war er vielleicht nicht mehr zu einhundert Prozent aufmerksam. Martin ging die nächsten Züge erneut im Kopf durch und entschied, schnell zu ziehen, in der Hoffnung, der Russe würde es ihm in seinem Übermut gleichtun.

Fünf Spielzüge später starrte der Russe ungläubig auf das Spielbrett. Martin war nicht matt gesetzt, konnte aber keine Figuren mehr bewegen, auch nicht den König. Es war ein Patt. Der Russe sah Martin mit einem Blick an, in dem Anerkennung, Überraschung und Zorn mitschwangen.

»Noch einmal würden Sie nicht davonkommen«, sagte er, bevor er aufstand und zu seinen Leuten an der Bar zurückkehrte.

James applaudierte Martin leise.

»Darauf müssen wir mit dem besten Tropfen des Hauses anstoßen«, sagte Martin und winkte Sasja.

»Waren auf Spitzbergen eigentlich jemals Militäreinheiten stationiert?«, fragte James.

»Während des Zweiten Weltkriegs waren Soldaten der Alliierten und der norwegischen Exilarmee in Longyearbyen und Barentsburg, aber als die Deutschen 1943 mit einer großen Flotte angriffen, wurden beide Basen zerstört«, sagte Martin. »Das Verbot von militärischer Aktivität gilt anscheinend nur in Friedenszeiten. Mit anderen Worten: Es ist völlig sinnlos.«

»Eigenartig, dass die Russen während des Kriegs nicht die Chance genutzt haben, die Insel zu erobern.«

»Als der Krieg ausbrach, waren die meisten hier Russen, aber sie wurden von den Briten in die Sowjetunion zwangsevakuiert.

Dort war die Rote Armee mit dem Kampf gegen die Deutschen beschäftigt und konnte keine Leute hierher entsenden.«

James nickte nachdenklich, während er das Weinglas in der Hand kreisen ließ.

»Aber gegen Kriegsende war Norwegen gewillt, Spitzbergen abzugeben«, sagte Martin.

James stellte das Weinglas ab und sah Martin überrascht an. »Warum in aller Welt wollten sie das tun?«

»Molotow, der legendäre russische Außenminister, bestellte unseren norwegischen Außenminister im Herbst 1944 zu einem nächtlichen Treffen ein und verlangte, dass der Spitzbergenvertrag in den Papierkorb wandern sollte. Stattdessen sollten die Sowjetunion und Norwegen eine gemeinsame Verteidigung Spitzbergens errichten, also die Insel aufteilen und militarisieren.«

James schüttelte den Kopf. »Das abzulehnen war ja nicht schwer.«

»Warten Sie ab, jetzt wird die Geschichte erst richtig interessant«, sagte Martin. »Die norwegische Exilregierung meldete zurück, dass sie einverstanden sei. Sie berieten sich nicht einmal mit ihren Verbündeten, den Briten und den Amerikanern. Das taten sie erst wenige Wochen bevor der Krieg zu Ende war.«

»Das verstehe ich nicht.«

»Die Rote Armee hatte die Nazis aus der Finnmark vertrieben, aber die norwegische Regierung fürchtete, die Russen würden die dortigen eisfreien Meeresgebiete besetzen, auf die Norwegen angewiesen war. Da war es besser, den Russen einen Teil von Spitzbergen anzubieten.«

James sah Martin stirnrunzelnd an.

»Mir ist klar, was Sie denken, James. Das war ein enormes Risiko, und Norwegen wurde nur durch einen Zufall gerettet. Wir bekamen Spitzbergen in dem Wirrwarr nach dem Ersten

Weltkrieg zugeteilt, und wir durften Spitzbergen wegen des Wirrwarrs nach dem Zweiten Weltkrieg behalten.« Martin nahm einen Schluck Wein. »Stalin und Molotow hatten Wichtigeres zu tun, als sich mit diesen Inseln im Norden zu beschäftigen. Als sie das Angebot der norwegischen Regierung schließlich annehmen wollten, schlingerte die Welt geradewegs auf den Kalten Krieg zu, und die Russen zögerten, Spitzbergen einzufordern. Sie hofften, dass Norwegen neutral bleiben würde, doch dann kam die NATO, und Norwegen wählte eine Seite. Damit war die Sache für die Russen gelaufen.«

»Sie glauben wohl nicht, dass die NATO Spitzbergen heute verteidigen würde?«, fragte James.

Martin schüttelte den Kopf. »Nein, das würde ich gern sehen. Aber es ist wohl ebenso unwahrscheinlich wie ein großer Krieg, um die Krim zu verteidigen.«

Ihr Gespräch wurde von lautem Rufen von der Bar unterbrochen. Offensichtlich hatte der Wodka einen enthemmenden Effekt auf mindestens zwei der Russen. Einer stimmte ein Lied an, und bald sangen auch die anderen mit. Nur der Guide stand nach wie vor reserviert daneben und beobachtete sie.

Eine weitere Runde Wodka wurde ausgeschenkt, und die Russen stießen mit erhobenen Gläsern an. Einer von ihnen verlor dabei sein Glas. Es rollte über den Holzboden. Unter dem lauten Jubel seiner Kameraden ließ er sich zu Boden sinken und versuchte den Wodka mit den Händen zurück ins Glas zu schieben.

Als der Mann mit dem Rücken zu Martin und James auf die Knie ging, rutschte sein Hemd nach oben. Martin und James sahen sich an. Aus dem Hosenbund ragte der Griff einer Pistole.

»Und ich dachte, nur die Leibwächter in den kolumbianischen Drogenkartellen tragen ihre Waffen auf diese Weise«, sagte Martin.

James wurde kreidebleich und konnte den Blick nicht von dem Russen abwenden, ehe dessen Kameraden ihm auf die Beine halfen.

»Entspannen Sie sich«, sagte Martin und hob sein Glas. »Ich sollte mir auch eine Pistole anstelle des Gewehrs zulegen. Ist viel praktischer.«

22

Dieses verfluchte Bein. Er konnte nicht schlafen, obwohl die drei Gläser Rotwein, die er mit James getrunken hatte, sowie der Schlafmangel aus der Nacht davor vermuten lassen sollten, dass er in einen tiefen Schlaf fiel, sobald sein Kopf nur das Kissen berührte.

Martin setzte sich auf, schwang die Beine auf den Boden und unterdrückte einen Schmerzensschrei, als er das verletzte Bein belastete. Selbst das Ausruhen machte es nicht besser. Martin stützte sich an der Wand ab und kämpfte sich vor zur Toilette. Als er zurück zum Bett ging, schaute er aus dem Fenster. Aus dem angekündigten guten Wetter schien nichts zu werden. Noch immer hingen die Wolken tief am Berg.

Martin warf einen Blick auf den alten Wohnkomplex auf der gegenüberliegenden Straßenseite. Die Möwen hatten auf allen Fenstersimsen Nester gebaut und das Gebäude so zur originellsten Nistklippe der Welt gemacht. Möwendreck und Federn – Martin wusste, wie abscheulich es dort stank.

Links davon lag die Hauptstraße, die er wegen der Büste an deren Ende einfach Lenin Street nannte. Gerade als er zurück ins Bett kriechen wollte, sah er eine Gestalt an einem der Holzhäuser entlanghuschen. Der schwarze Schneeanzug mit dem Logo auf dem Rücken war nicht zu übersehen, aber er konnte die Person darin nicht erkennen.

Martin nahm sein Gewehr zur Hand und schaute durch das Zielfernrohr. *Spitzbergen Schneemobile* war deutlich auf dem

Rücken der Person zu lesen, und auch wenn sie die Kapuze hochgezogen hatte, zweifelte Martin keine Sekunde daran, dass es sich um Cindy handelte. Sie trug eine Kamera an einem Riemen über der Schulter und blieb stehen, um Bilder von der bizarren Nistklippe zu machen. Martin stellte das Gewehr beiseite. Sie sollte nicht unbewaffnet zu Fuß in der Siedlung herumlaufen. Er versuchte das Fenster zu öffnen, um ihr zuzurufen, doch es klemmte. Dann sollte es eben so sein. Wenn sie unbedingt um zwei Uhr nachts auf Sightseeing-Tour gehen musste, dann wollte er ihr den Spaß nicht verderben. Sie war definitiv keine 08/15-Touristin.

Cindy bog um die Ecke des rotbraunen Gebäudes und war verschwunden. Wieso sie sich auf der Rückseite der Gebäude hielt und nicht die Hauptstraße nahm, war ihm schleierhaft. Er legte sich wieder ins Bett und starrte an die Decke. Vielleicht sollte er doch nach draußen gehen und sie vor den Eisbären warnen? Andererseits musste er nicht rund um die Uhr auf sie aufpassen, und außerdem hatte er sie nur durch einen Zufall gesehen.

Die Unruhe ließ ihn dennoch nicht los, also stand er auf und stellte sich erneut ans Fenster. Niemand in Sicht. Vielleicht war sie wieder nach drinnen gegangen? Sasja hatte in der Bar erzählt, dass seit mehreren Wochen keine Bären mehr in der Nähe der Siedlung gesichtet worden waren. Mit dem Zielfernrohr seines Gewehrs suchte Martin gründlich jeden Quadratmeter ab, den er von seinem Fenster aus überblicken konnte. Er schaute so lange nach draußen, bis er sich dumm vorkam. Schließlich zog er die Gardinen zu und legte sich schlafen.

23

Als er aufwachte, fror Martin und fühlte sich schwummrig. Sofort spürte er wieder das Pochen in seinem Bein. Er zerwühlte das Bett auf der Suche nach seinem Handy, gab die Suche kurz danach aber resigniert auf und überlegte, wie spät es wohl sein mochte. Normalerweise lag er mit seinem Gespür nur selten daneben, aber in diesem Moment hatte er jedes Zeitgefühl verloren.

Er glaubte, verschlafen zu haben, weshalb er aufstand und durch das Zimmer humpelte, bis er das Handy neben dem Nachttisch auf dem Boden fand. Es war halb acht, also alles in Ordnung.

Sie befanden sich in einem totalen Funkloch, deshalb holte er das Satellitentelefon aus dem oberen Fach seines Rucksacks und rief Aleksander an. Man wusste nie, wann der Russe schlief oder arbeitete, daher hatte Martin keine Gewissensbisse, ihn zu dieser frühen Stunde anzurufen.

Aleksander hob sofort ab.

»Kennst du einen russischen Touristenführer, der Roman Zorin heißt?«, fragte Martin. »Er hat eine große Narbe über einem Auge.«

Ein leises Rauschen war zu hören, während Aleksander überlegte. »Nö«, antwortete er schließlich. »An so eine Narbe würde ich mich bestimmt erinnern.«

»Zweifellos«, sagte Martin. »Außerdem ist er jemand, der einem im Gedächtnis bleibt. Dieser Kerl ist irgendwie anders.«

»Tut mir leid«, sagte Aleksander.

Martin schlüpfte in seine Kleider vom Vortag und ging zum Frühstück. Er blieb kurz vor Cindys Zimmertür stehen und wollte schon anklopfen, besann sich aber im letzten Augenblick eines Besseren.

Der Speisesaal war menschenleer. Martin ging am Buffet vorbei in die Küche, wo er sich eine Tasse Kaffee aus der Filtermaschine einschenkte. Das brachte ihm einen bösen Blick der Köchin ein, aber sie sagte nichts.

Auf dem Fernsehschirm im Speisesaal lief dieselbe langweilige Bildershow wie immer, daher kehrte er dem Gerät den Rücken zu und schaute nach draußen ins trübe Wetter. Es war Mai, eigentlich sollte es sonnig sein, aber das Wetter hier oben ließ sich inzwischen immer schwerer vorhersagen. Die Köchin brachte Brot, Butter und Wurst und überraschte ihn, als sie ihm Kaffee nachschenkte, der stark genug war, um den letzten Rest Schläfrigkeit aus seinem Kopf zu vertreiben.

Der Plan für den heutigen Tag stand bereits. Nach dem Frühstück bekamen seine Gäste eine Führung durch Pyramiden, aber danach mussten sie schnellstens aufbrechen. Sie würden einige Teile Spitzbergens bei schlechten Fahrverhältnissen durchqueren müssen, und selbst wenn die Parkers gut und sicher fuhren, würde dafür der ganze Tag draufgehen.

Sasja tauchte in der Küchentür auf, und Martin winkte ihn zu sich. »Du musst die Souvenirbude mal kurz für mich öffnen.«

Misstrauisch beäugte Sasja ihn. »Seit wann kaufst du denn Mitbringsel aus Pyramiden?«

»Mach einfach auf.«

James und Sarah hatten gerade den Frühstücksraum betreten, als Martin aus dem Souvenirladen zurückkam. Auf einem langen

Tisch mit einer karierten Plastiktischdecke warteten kleine Teller mit dunklem Brot und zwei verschiedene Sorten Wurst auf sie.

»Die Köchin bringt gleich noch Hafergrütze, Spiegeleier und Suppe«, sagte Martin. »Hungrig werden Sie das Hotel also nicht verlassen.« Er deutete den beiden mit einer Geste an, sich zu setzen. »Haben Sie Cindy gesehen?«

»Ich hatte nicht vor, ihre Nanny zu spielen«, sagte Sarah. »Damit habe ich vor zwanzig Jahren aufgehört.«

»Ich gehe sie wecken«, sagte Martin und stand auf.

James hielt ihn zurück und zeigte auf Martins verletztes Bein.

»Danke, aber es ist tatsächlich am schlimmsten beim Stillsitzen«, sagte Martin. »Ich muss es in Bewegung halten.«

Das entsprach zwar nicht ganz der Wahrheit, aber es gab Grenzen, wie lange er es am Frühstückstisch aushielt. Er klopfte an Cindys Tür, und dann noch einmal etwas lauter, als keine Antwort kam. Martin wartete, bis er ganz sicher war, dass sie sich ein paar Kleider überziehen und hätte öffnen können, ehe er die Klinke nach unten drückte. Die Tür war nicht abgeschlossen. Vorsichtig schob er sie auf und rief leise Cindys Namen. Von der Schwelle aus konnte er das Bett nicht sehen, also trat er langsam ins Zimmer und rief erneut nach ihr.

Auf dem Fußboden stand ihr kleiner Rucksack, daneben lagen ein paar Kleidungsstücke. Das Bett war unberührt: Die Decke lag straff darauf, und auch die bauschigen Kissen wiesen keinen Kopfabdruck auf. Mit einem mulmigen Gefühl im Bauch stieß er behutsam die Badezimmertür auf. Auch hier hatte niemand Spuren hinterlassen.

Für einen Moment verharrte er neben ihrem Rucksack, wollte aber nicht darin herumwühlen, er hätte ohnehin nicht gewusst, wonach er suchte. Er wandte sich zum Gehen. Auf der Treppe dachte er darüber nach, wie er ihren Eltern die Neuigkeit überbringen sollte. Sarah würde wohl kaum gut auf Cindys erneutes Verschwinden reagieren, aber es half alles nichts. Er musste es ihnen sagen.

Martin kehrte in den Speisesaal zurück und setzte sich an den Tisch. Sowohl James als auch Sarah machten sich über die Spiegeleier und den angebrannten Speck her und würdigten ihn kaum eines Blicks.

»Sie ist nicht da«, sagte Martin. »Sie war die ganze Nacht nicht im Hotel.«

Sarah ließ das Messer fallen und schlug sich die Hand vor den Mund. James legte sein Besteck ruhig und beherrscht ab.

»Was meinen Sie damit?«, fragte er.

»Ihr Zimmer war nicht abgeschlossen, und ihr Bett ist unangetastet. Ich bin mitten in der Nacht aufgewacht und habe Cindy zufällig drüben auf der Straße gesehen, sie war mit einer Kamera unterwegs.«

Die Parkers sahen sich an. In ihren Gesichtern stand Verwirrung und Angst geschrieben, aber auch eine andere Reaktion, die Martin nicht ganz deuten konnte.

»Warum waren Sie um diese Uhrzeit wach?«, fragte James.

»Ich konnte nicht schlafen.«

»Eisbären«, stöhnte Sarah.

Martin musste sich eingestehen, dass diese Gefahr nicht völlig abwegig war. In der ganzen Welt kannte man die Geschichte des Eisbären, der durch ein Fenster in dieselbe Bar geklettert war, in der sie gestern gesessen hatten, dort Erdnüsse gefressen, Bier getrunken und den Kühlschrank in der Küche leer geräumt hatte, bevor er durch dasselbe Fenster wieder verschwunden war. Aber Martin glaubte nicht, dass in diesem Fall ein Eisbär im Spiel war. »Es gibt sicher eine logische Erklärung«, murmelte er.

James legte tröstend den Arm um Sarah, während Martin zum Fenster ging und auf den Platz vor dem Hotel schaute. Ihre vier Schneemobile standen allein dort draußen. Die Russen waren abgereist. Vor dem Frühstück. Und das, obwohl zwei von ihnen noch an der Bar gestanden hatten, als Martin um ein Uhr schlafen gegangen war.

Martin lief in die Küche und fragte die Köchin nach Sasja, woraufhin sie wortlos zum Lager deutete. Dort fand er den Russen rauchend und auf einer halben Palette Bierdosen sitzend. Gelegentlich betrachtete er Sasja fast als einen Freund, nicht zuletzt weil sein Englisch gut genug war, um ein einigermaßen vernünftiges Gespräch mit ihm führen zu können.

»Wo sind deine russischen Freunde? Sieht so aus, als wären sie schon fort.«

Sasja nahm einen tiefen Zug von der Zigarette und schüttelte den Kopf.

»Ich dachte, sie wohnen hier«, sagte Martin.

Wieder ein Zug an der Zigarette, doch diesmal nickte Sasja.

»Den Guide habe ich noch nie gesehen. Wer ist er?«

Sasja drückte die Zigarette auf dem Plastikträger eines Sixpacks aus. Die Glut schmolz ein Loch in das Plastik, ehe sie erlosch. »Ich kenne ihn nicht. Er hat wenig erzählt. Sie kommen aus Barentsburg, das ist alles, was ich weiß.«

»Wir vermissen eine Person«, sagte Martin. »Die junge Hübsche. Sie ist heute Nacht nicht in ihrem Zimmer gewesen, aber ich habe sie gegen zwei Uhr mit einer Kamera draußen gesehen.«

Sasja grinste. »Glaubst du, sie haben sie entführt? Lust dazu hatten sie bestimmt.«

Martin lachte nicht. Er hatte sie gesehen, alleine. Andere konnten das ebenfalls getan haben.

148

»Gibt es hier einen Ort, an dem man stecken bleiben kann? Ein Gebäude, in das man rein-, aber nicht mehr rauskommt?«

Sasja wurde ernst und dachte nach. »Hier gibt es überall so viel Schrott und einsturzgefährdete Gebäude. Niemand hat sich darum gekümmert, die gefährlichen Bereiche abzusperren, da kann einem leicht etwas auf den Kopf fallen, besonders dort, wo schweres Gerät herumsteht.«

Martin wusste, was er zu tun hatte. Er ging zur Garderobe und zog sich an, bevor er James und Sarah zurief, dass er eine Runde durch die Siedlung machte. Sie blickten ihn völlig apathisch an. Zuletzt holte er das Gewehr aus seinem Zimmer, lud es mit fünf Patronen und schnallte es sich um.

Zwar lagen die Gebäude der Siedlung alle nah beieinander, doch Martin setzte sich trotzdem auf das Schneemobil. Sein erstes Ziel war der Ort, an dem er Cindy zuletzt gesehen hatte. Ihre Fußspuren waren deutlich, sodass er klar erkennen konnte, wo sie stehen geblieben war, um Fotos zu machen. Die Abdrücke führten um die Ecke des Gebäudes und an der Rückwand entlang. Langsam fuhr er den Spuren nach. Anscheinend hatte Cindy versucht, die Eingangstür zu öffnen. Martin erkannte sich selbst in ihr wieder, auch er konnte sich noch gut an das Gefühl der Aufregung bei seinen ersten Besuchen in Pyramiden erinnern. Es war faszinierend gewesen, ein Gebäude zu betreten, das fünfzehn Jahre zuvor verlassen worden war, aber gleichzeitig den Anschein erweckte, noch bis vor Kurzem bewohnt worden zu sein.

Erst letztes Jahr hatte er im Gymnastiksaal des Kulturhauses Fußball gespielt. Damals hatten dort alte Bälle herumgelegen, grau und platt, und der Boden war von einer dicken Staubschicht bedeckt gewesen. Er und die anderen Tourguides hatten die Gewehre an die Wand gestellt und gekickt, bis sie schweißüberströmt gewesen waren. Der Boden war danach von einem Wirrwarr an Fußabdrücken übersät gewesen, und dort, wo Martin einen schwedischen Guide ausgetrickst und in die Sprossenwand hatte laufen lassen, zog sich ein langer Streifen über das Parkett.

Er folgte Cindys Spuren weiter. Hinter dem nächsten Gebäude vermischten sie sich mit einer Reihe anderer Fußabdrücke, manche sicherlich schon einige Tage alt. Martin drückte probehalber die Türklinke herunter und fuhr dann weiter.

Von der letzten Hausecke verliefen alle Spuren in Richtung der geräumten Hauptstraße, auf der der Schnee durch die Antriebsraupen der Schneemobile so verdichtet worden war, dass Martin keine Fußspuren mehr ausmachen konnte. Auf dem Mittelstreifen stand ein unfreiwillig komisches Kunstwerk, ein Schild, das einen Eisbären auf einem Globus zeigte. Offenbar hatte der Künstler noch nie einen Eisbären gesehen, denn das abgebildete Tier erinnerte eher an einen zerzausten Königspudel.

Ratlos sah Martin sich um und versuchte, wie ein Tourist zu denken. Jeder wollte ein Foto von der Lenin-Büste auf dem Sockel am oberen Ende der Straße schießen, anschließend stiegen die Besucher oft die Treppe zum Kulturhaus hinauf, wo man durch die großen Fenster in die Eingangshalle spähen konnte.

Schnell klapperte er die normale Touristenrunde ab und fuhr weiter zur Schwimmhalle und dem Fußballplatz. An beiden Orten überprüfte er die Türen. Abgeschlossen. Er hatte nichts anderes erwartet, dort kam man nur mit einem russischen Touristenführer hinein.

Martin musste seine Suche ausweiten. Cindy hatte ein auffallend großes Interesse an Pyramiden gezeigt, daher wäre es nur logisch, wenn sie den Kern der Siedlung und deren ursprüngliche Existenzgrundlage aufgesucht hätte: die Minen.

Inzwischen war Wind aufgekommen, und es schneite, leichte Flocken wirbelten durch die Luft und erweckten nicht den Anschein, irgendwo landen zu wollen. Falls das Wetter weiter so blieb, wären bald alle Spuren ausgelöscht.

Der Eingang zu den Minen lag weit oben auf dem Berg, aber ein überdachter Transportweg für Mensch und Material führte den Hang hinauf. Martin stellte das Schneemobil ab, trat unter das Dach und blickte den tausend Meter langen Korridor entlang nach oben. Er versuchte sich vorzustellen, wie Cindy mitten in der Nacht dort hinaufstieg. Kein normaler Mensch tat so etwas, aber bei Cindy war er sich da ganz und gar nicht sicher. In seiner Verfassung den langen Weg bis zum Mineneingang zu laufen war nicht möglich. Er formte die Hände zu einem Trichter und brüllte mehrmals ihren Namen. Die Blechwände warfen das Echo zurück, doch nach oben hin wurde es immer schwächer. Er horchte nach einer Antwort, hörte jedoch nur das Pfeifen der Windböen durch die Ritzen in den Wänden.

Als er sich wieder auf das Schneemobil setzte, musterte er noch einmal den Berghang vor sich. Er war gerade noch so steil, dass er es bis ziemlich weit nach oben schaffen könnte. Martin manövrierte sein Gefährt um ein verbogenes Blechdach herum, das anscheinend bei einem Wintersturm hierher geweht worden war, fand schließlich einen Weg über eine Rohrleitung und schoss den Hang nach oben.

Auf halbem Weg zum Mineneingang merkte er, dass der Schnee immer lockerer wurde, und er fürchtete, sich festzufahren, und fuhr einen großen Bogen. Als die Kufen wieder bergab zeigten, hielt er an und holte das Fernglas heraus. Von hier aus hatte er einen guten Überblick über die Siedlung und die umliegenden Gebiete. Falls jemand irgendwo auf dem Boden lag, müsste er es sehen. Er nahm sich viel Zeit und suchte systematisch die Landschaft ab. Obwohl er die Flächen hinter den Gebäuden nicht einsehen konnte, kam er zu dem Schluss, dass Cindy sich wohl kaum im Freien aufhielt. Im Grunde war das eine gute Nachricht, denn wenn sie immer noch draußen wäre, dann sicher nicht freiwillig.

Martin ließ sein Fernglas über die Häuser schweifen. Am nächsten lag das ehemalige Büro der Kohleminengesellschaft Trust Arktikugol, ein lang gestreckter zweigeschossiger Kasten in Weiß. Eigentlich eine offensichtliche Wahl für eine neugierige Touristin.

Rasch fuhr er den Hang hinunter und stellte das Schneemobil ab. Hier waren Leute gewesen, aber es war schwer zu sagen, wann. Die Fenster waren eingeschlagen. Durch sie könnte man ins Gebäude gelangen. Martin aber ging die Treppe hinauf und überprüfte die Tür. Sie war offen. Schnell sah er sich um, so als wäre er gerade im Begriff, eine Straftat zu begehen, und trat ein.

Im Inneren dauerte es eine Weile, bis sich seine Augen an die Dunkelheit gewöhnt hatten. Er stand vor einem Empfangsschalter, der irgendwann einmal einladend gewesen sein musste. Jetzt war alles von Staub überzogen, und hinter dem Tresen türmten sich alte Stühle zu einem Haufen auf. Jemand hatte ein paar Dielen aufgestemmt, fast als hätte er nach einem verborgenen Schatz gesucht. Durch die schmutzigen Fenster auf der Straßenseite fiel gerade so viel Licht, dass Martin das Datum in einem aufgeschlagenen Kalender lesen konnte, Mai 1998. Für den fünften Mai war etwas in kyrillischen Buchstaben eingetragen und dann wieder durchgestrichen worden. Er öffnete mehrere Schubladen, manche waren leer, manche voller Papiere. Offensichtlich hatte niemand Zeit oder Lust gehabt, sich darum zu kümmern.

Vor dem Empfang verlief ein Korridor in zwei Richtungen. Martin entschied sich für den rechten Gang, wo aus den offenen Bürotüren helle Lichtstreifen in den Flur fielen. Er warf einen Blick in jeden Raum, und wenn die Tür geschlossen war, öffnete er sie und ging hinein.

Überall fand er Staub, Staub und noch mehr Staub und riesige Papierstapel. In den Bücherregalen mancher Büros standen mehrere Wodkaflaschen, was darauf hindeutete, dass hier die Chefetage untergebracht gewesen war. Auf einem Schreibtisch entdeckte er eine Schale mit etwas, das an Müsli erinnerte. Jegliche Flüssigkeit war mit der Zeit verdunstet, und jetzt war nur noch eine steinharte Masse übrig. Er schnupperte daran, es roch nach nichts. An der Wand hing eine riesige Europakarte, und Martin musste schmunzeln, als er sah, dass Norwegen und Spitzbergen in derselben blauen Farbe eingezeichnet waren. Also hatten die Russen Spitzbergen offiziell als Teil Norwegens betrachtet.

Das Büro am Ende des Flurs war viel größer als die anderen, es musste dem Minendirektor selbst gehört haben. Die Bücherregale standen leer, auf dem Gästestuhl lag eine verschimmelte Decke, und eine vertrocknete Schlingpflanze streckte ihre dürren Zweige an der Wand nach oben wie eine Leiche ihre Finger. Der Raum hatte etwas Gespenstisches an sich, sodass er ihn rasch wieder verließ.

Der Korridor endete an einer Treppe, die ins Obergeschoss führte. Am Fuß der Stufen standen Pappkartons, ein kaputtes Kopiergerät und eine riesige Kiste mit leeren Schnapsflaschen. Vielleicht hatte man hier eine Abschiedsparty gefeiert, bevor das letzte Boot ablegte?

Im Obergeschoss ging Martin von Raum zu Raum. Auch hier fand er denselben Mix aus Staub, Unordnung, Verwüstung und stickiger Luft vor. Eines der Büros hatte augenscheinlich als Archiv gedient. Die Regale waren noch immer mit Aktenordnern gefüllt, aber an manchen Stellen hatte jemand es für sinnvoll gehalten, einen halben Regalmeter Unterlagen auf den Boden zu werfen. Martin hob einen Ordner auf und blätterte darin. Hätte er Russisch lesen können, hätte dieser Raum ihm eine fantastische Geschichte über das kommunistische Paradies erzählen können. Es waren Namen und lange Zahlenreihen, womöglich Gehaltsübersichten oder Produktivitätslisten.

Ein Knall aus der unteren Etage riss ihn aus seiner Fantasiewelt. Es hörte sich beinahe an wie eine Handgranate. Er hatte schon den Mund zum Rufen geöffnet, schloss ihn dann aber wieder. Wer auch immer im Erdgeschoss war, wusste bereits, dass sich noch jemand im Gebäude aufhielt, denn Martins Schneemobil stand draußen quasi auf der Treppe.

Unbeweglich verharrte er mitten im Archiv und lauschte. Von unten waren keine weiteren Geräusche mehr zu vernehmen. Würde er es hören, wenn im Erdgeschoss jemand umherlief? Vorsichtig ging er in den Flur und achtete dabei darauf, auf keine herumliegenden Gegenstände zu treten. Nach jedem Schritt horchte er für ein paar Sekunden.

Ebenso langsam stieg er die Treppe nach unten, bis ihm einfiel, dass jemand, der unten stand, Martins Beine viel früher sehen würde, als er die andere Person entdecken konnte. Er nahm das Gewehr vom Rücken und hielt die Waffe mit beiden Händen vor sich. Wovor hatte er Angst? Er wusste es nicht, lud das Gewehr aber trotzdem durch. In seinen Ohren klang das wie eine Kriegserklärung. Er musste schlucken, beschloss, den Schmerz zu ignorieren, und nahm die restlichen Stufen in schnellen langen Schritten, bis er im unteren Flur stand, das Gewehr im Anschlag.

154

Niemand zu sehen.

So schnell sein schmerzendes Bein es zuließ, durchquerte er den Gang, spähte kurz in jedes Büro und blieb vor dem Empfang stehen. Es war offensichtlich, was den Knall verursacht hatte. Teile eines Bücherregals waren auf den Empfangstresen gefallen, einige Bruchstücke lagen quer über den Boden verteilt. Die Frage war nur, ob das Regal von allein zusammengebrochen war oder ob jemand es heruntergerissen hatte.

Martin beschloss, auch noch den Rest des Gebäudes zu durchsuchen. Er stieß auf noch mehr Staub und Verwüstung sowie mehrere zurückgelassene Gegenstände, als hätten die Leute geglaubt, nur kurz wegzubleiben. Von der Einstellung der Minenarbeiten bis zum Ablegen des letzten Boots waren damals sechs Monate vergangen. An Zeit hatte es nicht gemangelt. Oder hatten sie geglaubt, der Produktionsstopp sei nur vorübergehend? Eine kleine Pause?

Keiner, der hier im Verwaltungsgebäude gesessen und für die Minengesellschaft gearbeitet hatte, konnte an ein neues Leben für die Mine geglaubt haben. Sie wussten, dass die Kohlevorkommen darin so gut wie erschöpft waren. Martin meinte, sich daran zu erinnern, dass sie gegen Ende nur noch 100 000 Tonnen pro Jahr gefördert hatten, ein Drittel der Menge, die nötig gewesen wäre, um Profit zu machen.

Er gab sich nun keine Mühe mehr, vorsichtig oder leise zu sein. Falls jemand sich zu erkennen geben wollte, hätte er es längst getan, und falls nicht, konnte Martin ohnehin nicht viel dagegen ausrichten. Er ging den zweiten Korridor links vom Tresen entlang, das Gewehr über der Schulter, und schaute kurz in jeden Raum, an dem er vorbeikam. Am anderen Ende des Gebäudes stieß er auf eine schwere Stahltür, die aussah wie der Eingang zu einem altmodischen Tresorraum.

Neugierig zog er an der schweren Tür. Er musste beide Hände zu Hilfe nehmen. Dahinter war es dunkel, Fenster gab es keine. Glücklicherweise hatte er immer eine kleine Stirnlampe in der Tasche seines Schneeanzugs verstaut und holte sie nun hervor.

Er blickte sich um; hintereinander angeordnete Stahlkammern bildeten einen Komplex aus mehreren Räumen. Zur Sicherheit zog er die Stahltür hinter sich zu. Wenn jemand sie öffnen sollte, würde er es hören und einen Luftzug spüren.

Es war ihm ein Rätsel, wozu dieses Lager genutzt worden war. Die Wände bestanden aus Stahl oder waren zumindest mit Stahlplatten verkleidet, aber es gab weder Regale noch Schränke oder Safes. Nur kahle Böden, Decken und Wände. Martin brauchte nicht lange, um festzustellen, dass er hier drinnen nichts Interessantes entdecken würde. Er kehrte zurück zur Stahltür und wollte sie aufstoßen.

Sie bewegte sich nicht.

Er stemmte sich mit dem gesamten Körpergewicht gegen die Tür, aber sie saß bombenfest. Das Drehrad zum Öffnen befand sich auf der Außenseite, von innen musste man die Tür nur aufdrücken. Kalter Schweiß lief ihm den Rücken hinab. War er versehentlich an das Rad gekommen, als er die Tür geschlossen hatte?

Noch einmal presste er sich mit voller Kraft gegen die Tür, doch ihm wurde schnell klar, dass es zwecklos war. Sie gab keinen Millimeter nach.

Martin ließ sich zu Boden sinken. Die kleine Stirnlampe erleuchtete den halben Raum. Wie lange würde es dauern, bis jemand ihn fand, bis sich jemand auf die Suche nach ihm machte? Diese Frage war ebenso sinnlos wie furchterregend. Ihm kam ein bizarrer Gedanke. In schätzungsweise einhundertfünfzig Stunden würde die Stirnlampe aufhören zu leuchten, und alles würde dunkel. Aber bis dahin wäre er längst verdurstet.

Martin kämpfte gegen die Panik an. Schon immer hatte er ein klein wenig an Klaustrophobie gelitten, und die drohende Finsternis war nicht weniger Furcht einflößend. Er schaltete die Stirnlampe aus, um zu sehen, ob sich seine Augen an die Dunkelheit gewöhnten. Nach einer Weile gab er auf. Die Finsternis war total.

Im Licht der Lampe ging er die Wände entlang und besah sich jede Schweißnaht, jede Ecke, suchte nach möglichen Schwachstellen. Was für eine Ironie, dass bei all dem Verfall und der Verwüstung in Pyramiden ausgerechnet diese Räume eine Ausnahme bildeten.

Als Nächstes ließ er den Lichtstrahl über die Decke schweifen. Das Material war kein Stahl, sein Aussehen erinnerte eher an Asbest. Martin ging Raum für Raum durch, bis sein Nacken schmerzte, aber er konnte keine Schwachstellen ausmachen. Es spielte ohnehin keine große Rolle, denn die Deckenhöhe betrug mindestens drei Meter, und er hatte nichts, worauf er klettern konnte.

Zunehmend panisch setzte er sich wieder auf den Boden und versuchte, ruhig zu atmen. Er fühlte sich bereits jetzt durstig, Mund und Kehle waren trocken. Dass er das letzte Mal etwas getrunken hatte, war mehrere Stunden her. Sein Blick fiel auf das Gewehr, das er an die Wand gestellt hatte. Gab es eine Möglichkeit, sich nach draußen zu schießen, oder würden die Kugeln wie in einem Flipperautomaten zwischen den Stahlplatten hin und her katapultiert?

Wenn er doch bloß eine Stelle in der Decke fände, auf die er schießen könnte! Wo die Kugeln eine Öffnung hinterließen. Dann könnte er seinen Schneeanzug in Streifen reißen, ein

Seil daraus knüpfen, sich damit ins Obergeschoss ziehen und so aus dem Gebäude kommen. Erneut drehte er eine Erkundungsrunde durch die vier Räume, die genauso erfolglos verlief wie die erste. Einfach wahllos in die Decke zu feuern, war eine schlechte Idee, aber etwas anderes fiel ihm nicht ein.

Auch nach einer dritten Runde hatte er keine geeignete Stelle gefunden, um seine Idee zu testen. Stattdessen setzte er sich mitten auf den Boden und richtete das Gewehr schräg in Richtung Decke. Zu zielen brachte keinen Vorteil, daher drückte er einfach ab. Für einen Moment glaubte Martin, seine Trommelfelle wären zerfetzt worden, so laut donnerte die Explosion im Stahlsarkophag. Es klingelte und rauschte in seinen Ohren. Er sagte ein paar Sätze laut vor sich hin, hörte aber nur eine entfernte Stimme.

Als das Rauschen nachließ, stand er auf, um sich die Auswirkungen seines Schusses anzusehen. Die Kugel war in der Deckenplatte stecken geblieben. Fünf weitere Schüsse an dieselbe Stelle würden kaum einen Unterschied machen.

Langsam wurde ihm bewusst, dass er dort drinnen wirklich sterben konnte, in dem leeren Tresorraum einer russischen Geistersiedlung. Es wäre kein brutaler Tod, kein Sturz über tausend Meter Felswand in die Tiefe, sondern ein schleichender, jämmerlicher Tod.

Martin lehnte den Kopf gegen die Wand hinter sich. Er musste es akzeptieren, dass er dieses Mal nicht Herr über sein eigenes Schicksal war. Gleichzeitig ratterte ein Teil seines Hirns weiter, arbeitete und analysierte. Es gab immer eine Lösung. Er schaltete die Stirnlampe aus, schloss die Augen und visualisierte den Raum, in dem er sich befand. Dann versuchte er sich vorzustellen, dass er einen Ausweg fand und ins Freie kroch.

Abrupt setzte er sich auf und knipste die Lampe wieder an.

Der Boden bestand aus Holz, Qualitätsware, wie überall im Verwaltungsgebäude. Aber Holz war kein Stahl. Für einen Moment überlegte er, was sich wohl darunter befinden könnte. Soweit er wusste, hatte wegen des Permafrosts kein einziges Gebäude auf Spitzbergen einen Keller.

Zuerst ging er noch einmal durch alle Räume, um eventuelle Schwachpunkte auszumachen. Obwohl der Boden einen ebenso soliden Eindruck machte wie der Rest des Tresorraums, weigerte Martin sich, Frustration zuzulassen. Schließlich kroch er auf allen vieren herum und befühlte jede einzelne Diele.

Im dritten Raum hielt er inne. Zwei Bretter fühlten sich feucht an und gaben ein wenig nach. Er stand auf und hüpfte auf seinem unverletzten Bein auf und ab, die Bretter bogen sich deutlich.

Er holte das Gewehr, richtete den Lauf auf die Stoßkante zwischen den beiden morschen Dielen und legte den Finger an den Abzug. Doch dann überlegte er es sich anders. Martin packte das Gewehr mit beiden Händen, drehte es um, hob es hoch in die Luft und rammte das Ende des Kolbens so fest wie möglich auf die Bretter, immer und immer wieder, mit verzweifelter Kraft. Schließlich drang das Gewehr mitten durch das Holz, und Martin stürzte vornüber. Benommen richtete er sich auf. Die morschen Dielen waren dort, wo sie aneinanderstießen, zerbrochen. Mit den Händen grub er sich durch das Dämmmaterial, bis er auf weitere Bretter stieß. Sie wirkten nicht so massiv wie die Dielen. Erneute Schläge mit dem Gewehrkolben führten schnell zu einem Ergebnis. Im Licht der Stirnlampe erkannte Martin Kies und Steine. Prüfend steckte er den Gewehrlauf durch das Loch und erhielt die Bestätigung, dass unter dem Boden genügend Platz war.

Durch das kleine Loch strömte nun frischere Luft in den Raum. Martin stemmte die Dielen aus dem Boden, was leicht ging, solange er sie an der Unterseite zu fassen bekam. Die untere Bretterschicht gab schließlich nach, als er mit einem Bein dagegentrat.

Unter dem Gebäude herauszukriechen war eine enge Angelegenheit. Es stand auf einer Ringmauer, die metertief in den Permafrostboden hineinreichte. Glücklicherweise befanden sich mehrere Belüftungskanäle darin.

Als Martin endlich wieder neben seinem Schneemobil auf der Treppe stand, atmete er zuerst tief durch. Dann hielt er nach frischen Fußspuren Ausschau. Schnee und Wind hatten seine eigenen schon längst wieder verweht. Er mochte sich aus Versehen selbst eingesperrt haben. Und vielleicht war das Bücherregal zufällig umgestürzt. Aber zwei derart unwahrscheinliche Ereignisse in Kombination waren unmöglich.

24

Martin setzte sich auf das Schneemobil, legte die Beine auf den Lenker und lehnte sich zurück. Er blickte hinauf in die umherwirbelnden Schneeflocken und versuchte nachzudenken. Er hatte eine Touristin mitten in Pyramiden verloren, einer verlassenen und übersichtlichen Siedlung. Das war richtiggehend peinlich. Eigentlich sollte er den Sysselmann anrufen und um Unterstützung bitten, doch irgendetwas hielt ihn davon ab. Die Geschichte würde innerhalb von wenigen Stunden in Longyearbyen die Runde machen.

Und was würden die Leute des Sysselmanns eigentlich ausrichten, das er nicht auch selbst tun konnte?

Er kannte die Antwort, wischte sie aber beiseite. Dieses Problem löste er besser selbst.

Der Schneefall wurde dichter. Leichte Flöckchen waren zu schweren Flocken geworden. Auch der Wind nahm zu, und die Wolkendecke kroch den Berghang herab.

Martin fuhr zurück zum Hotel, wo Sasja hinter der Bar stand. Dort war er fast immer, obwohl der Gastraum leer war. Weder von Sarah noch von James war eine Spur zu sehen.

»War sie hier?«, fragte Martin.

Sasja schüttelte den Kopf, und der fröhliche Ausdruck in seinem Gesicht verschwand.

»Ich brauche Hilfe. Du und ein paar andere müsst mir dabei helfen, die Siedlung zu durchkämmen. Sie muss hier irgendwo sein.«

Sasja hob abwehrend die Hände. »Das geht nicht. Das ist alles russisches Eigentum. Gebäude dürfen nur mit unserem Guide betreten werden, und selbst das gilt nur für ein paar der Häuser.«

»Ich kann eine Erlaubnis des Sysselmanns einholen.«

»Euer Sysselmann hat diese Regel selbst aufgestellt, damit niemand zu Schaden kommt und es keinen Vandalismus gibt.«

»Das ist etwas anderes, wenn es Hinweise auf ein Verbrechen gibt.«

Sasja zuckte mit den Schultern. »Dann besorg dir eben die Erlaubnis.«

Martin fand das Ehepaar Parker auf ihrem Zimmer. Er schüttelte den Kopf, bevor sie fragen konnten.

»Eisbären«, sagte Sarah wieder.

»Ich glaube, sie befindet sich in einem Gebäude«, sagte Martin. »Sie können mich begleiten, wenn ich den Kindergarten, das Krankenhaus und die Kantine überprüfe, alles typische Orte, an die sich neugierige Touristen manchmal verirren.«

Das Krankenhaus lag direkt oberhalb des Hotels, aber Martin ging nicht einmal die Treppe hinauf. Schon von Weitem sah er das große Vorhängeschloss an der Eingangstür.

Im Nachbargebäude befand sich der Kindergarten, doch die Tür war abgeschlossen. Hinter mit einer dicken Schmutzschicht überzogenen Fenstern erspähten Martin und die beiden Parkers Kinderzeichnungen an den Wänden sowie buntes Plastikspielzeug auf dem Boden. Zum wiederholten Mal wunderte sich Martin darüber, dass es so wirkte, als sei dieser Ort in aller Eile verlassen worden. Die Bewohner hatten nicht einmal das Kinderspielzeug mitgenommen. Vielleicht lag es daran, dass alles Eigentum öffentlich war und sich daher niemand für irgendetwas verantwortlich fühlte?

Martin befand es für sinnlos, noch mehr Zeit darauf zu verwenden, ein verschlossenes Gebäude zu untersuchen. Es war sehr unwahrscheinlich, dass Cindy an den Vorhängeschlössern vorbeigekommen war. Mit Sarah und James im Schlepptau ging er weiter zur Kantine. Probehalber drückte er gegen die große Eingangstür, und zu seiner großen Überraschung glitt sie lautlos auf.

Sie durchquerten das schummrige Foyer und stiegen eine prunkvolle Treppe hinauf in den großen, hellen Speisesaal. Ein herrliches Wandmosaik zierte den Treppenaufgang, darauf beschien die Sonne eine Winterlandschaft mit Bergen, Fjorden, Eisbären und fröhlichen Menschen.

Wenig später betraten sie die riesige Industrieküche, in der viele der Geräte anscheinend willkürlich aus den Halterungen gerissen und demoliert worden waren.

»Wozu diese Verwüstung?«, fragte James. »So etwas sollte man doch für die Nachwelt bewahren.«

»Vielleicht waren Leute auf der Jagd nach Souvenirs«, meinte Martin. Er erinnerte sich an ein etwas älteres Buch des norwegischen Schriftstellers Kjartan Fløgstad über Pyramiden, in dem er diesen Anblick von sinnloser Verwüstung als Zerstörung von Menschenhand beschrieb.

Im oberen Stockwerk gab es ansonsten nicht viel zu sehen, doch im Erdgeschoss befanden sich Lagerräume, Gefrier- und Kühltruhen, alles, was man benötigte, um tausend Menschen rund um die Uhr zu verköstigen. An möglichen Verstecken mangelte es dort nicht.

Als sie die Treppe wieder hinabgingen, tauchte aus dem Halbdunkel ein groß gewachsener Mann mit langem Bart auf. Er baute sich vor ihnen auf.

»Was machen Sie hier?« Er sprach ein überraschend gutes Englisch, aber sein Akzent war eindeutig russisch.

Sarah kam Martin zuvor. »Wir suchen nach meiner Tochter. Sie ist verschwunden.«

»Hier ist sie nicht.«

Martin hob seine Hand, um Sarah zu bedeuten, still zu sein, doch das nützte nichts.

»Das würden wir gern selbst herausfinden«, erwiderte sie und ging am Russen vorbei in Richtung einer verschlossenen Tür.

Er packte sie am Arm und zog sie zurück. »Das hier ist Privateigentum.«

Sarah riss sich los, und für einen kurzen Augenblick fürchtete Martin, sie würde dem Russen eine Ohrfeige verpassen. Der bärtige Russe und Sarah starrten sich eine Weile an, ehe der Mann sich vor die Tür stellte und demonstrativ die Arme verschränkte.

Sarah blickte von Martin zu James. »Wir sind drei gegen einen«, sagte sie. »Wir müssen ihn nur zur Seite schieben.«

Als Reaktion auf die Aufforderung trat James einen Schritt vor, stoppte jedoch, als ein metallisches Klicken ertönte. Drei Augenpaare schauten zu dem Russen hinüber. In einer Hand hielt er eine Pistole, die er gerade durchgeladen hatte. Mit der anderen Hand zeigte er zur Ausgangstür.

Sowohl James als auch Sarah hoben die Hände über den Kopf, während Martin sich des Gewehrriemens über seiner Schulter und des Kolbens an seiner Hüfte bewusst wurde. Aber er konnte sich unmöglich mit einem Russen auf russischem Eigentum duellieren, und schon gar nicht mit jemandem, der bereits eine Pistole auf ihn gerichtet hielt. Er zupfte an Sarahs Jacke und deutete mit dem Kopf zur Eingangstür. Sie wichen langsam zurück, wobei der Russe still mit der Pistole in der Hand stehen blieb.

»Sie müssen etwas tun, Cindy ist da drin«, sagte Sarah, während sie am Fuß der Außentreppe stehend hilflos dabei zusahen, wie der Russe die Tür des Kantinengebäudes von innen abschloss.

»Wir können keinen Krieg anzetteln«, entgegnete Martin. »Ich habe eine andere Idee.«

25

Sasja sah von seinem gewohnten Raucherplatz im Lager zu Martin auf. »Ihr habt Iwan kennengelernt. Er ist der Touristenführer hier und Hausmeister. Manchmal nimmt er es ein wenig zu genau mit den Regeln, er war Offizier in der ukrainischen Armee.«

Martin nickte. *Ein wenig zu genau.* Das war nicht übertrieben. »Ich rufe den Sysselmann an und bitte ihn, die Polizei herzuschicken.«

Dass er mit einer Schusswaffe bedroht worden war, hatte seinen letzten Widerstand gegen eine Einmischung des Sysselmanns beseitigt. Die Vorfreude auf das Gesicht dieses Iwan, wenn er mit der norwegischen Polizei ankäme, dämpfte seine Schmerzen, als er die Treppe in den dritten Stock hinaufhumpelte.

Das Deckelfach seines Rucksacks, in dem das Satellitentelefon hätte liegen sollen, war leer. Das Ladegerät war noch da, aber nicht das Telefon. Martin stutzte. Hatte er es eventuell herausgenommen und woanders hingelegt? Zehn Minuten später hatte er das ganze Zimmer abgesucht, unter dem Bett nachgesehen, das Bettzeug ausgeschüttelt und den gesamten Inhalt seines Rucksacks auf den Boden geleert. Das Telefon blieb verschwunden.

In rasender Geschwindigkeit eilte er die Treppen wieder nach unten. Sasja hatte nun wieder seinen Platz hinter der Bar eingenommen.

»Wer war in meinem Zimmer?«

Martin musste sich beherrschen, Sasja nicht am Kragen zu packen und über den Tresen zu zerren. Der Russe blickte ihn erstaunt an.

»Jemand hat mein Satellitentelefon gestohlen. Außer dir, mir und meinen Gästen sind relativ wenig Menschen in Pyramiden. Du erzählst mir jetzt sofort, wer diese russische Gruppe ist!«

»Ich habe doch gesagt, dass ich diese Leute noch nie gesehen habe«, sagte Sasja und winselte. »Meine Freunde in Barentsburg meinten, sie seien von Gazprom.«

»Deswegen müssen sie ja noch lange nicht mein Telefon stehlen«, fauchte Martin mit einem Zorn, der ihn selbst überraschte.

Sasja wirkte verwirrt. »Warum sollte jemand dein Telefon klauen, sie kennen deine PIN ja nicht, oder?«

»Damit ich nirgendwo anrufen kann.« Martin trat hinter den Tresen, packte Sasja am Oberarm und zog ihn mit sich. »Deshalb werde ich mir jetzt dein Telefon ausleihen, und damit meine ich *sofort*.«

»Jaja, ist ja gut«, sagte der Russe und ließ sich in die Küche zerren. Die Köchin sah kaum von den Töpfen auf, als sie an ihr vorbeigingen.

»Wo ist es?«, fragte Martin.

Sasja lief durch die Küche, über den Flur und in ein Büro, wo er auf einen Schreibtisch zeigte. Martin schnappte sich das Satellitentelefon und reichte es Sasja, der den Code eintippte. Martin war so wütend, dass er zweimal die falsche Nummer eingab, ehe er sich selbst zur Ruhe zwang. Die Nummer des Sysselmanns kannte er auswendig. In der Leitung war jedoch nichts zu hören, nicht einmal das charakteristische Rauschen, das einen ansonsten glauben ließ, man wäre auf dem Weg ins All. Ein paar kyrillische Buchstaben erschienen auf dem kleinen Display. Martin hielt das Handy vor Sasjas Augen hoch.

»Lies.«

Der Russe blickte auf den Bildschirm. »Die SIM-Karte fehlt.«

Martin warf das Gerät zurück auf den Tisch und atmete ein paar Mal tief durch. »Seit wann hat das Telefon keine SIM-Karte mehr?«

Sasja machte eine ahnungslose Geste. »Ich habe gestern Nachmittag noch in Barentsburg angerufen.«

»Eine SIM-Karte fällt nicht einfach heraus«, sagte Martin.

Jemand war also in Sasjas Büro gewesen, und um dorthin zu gelangen, musste man die Küche durchqueren. Wer wusste, wo sich das Büro befand, wer hatte Zugang?

»Wie viele Leute sind aktuell hier?«, fragte Martin.

»Das sind ich, die Köchin, ihre Schwester und Iwan, den du getroffen hast. Normalerweise arbeiten drei weitere Personen hier, aber die sind gerade in Barentsburg auf einer Geburtstagsfeier.«

Martin sah ein, dass es zwecklos war, Sasjas Kollegen zu befragen. Er konnte niemanden verhören, der nur Russisch sprach. Und zugeben würde ohnehin keiner etwas.

»Vielleicht hast du nicht gründlich genug nach dem Telefon gesucht?«, meinte Sasja. »Es könnte in dem kleinen Fach im Schneemobil liegen.«

Martin machte auf dem Absatz kehrt und trampelte aus dem Büro. Vor lauter Zorn trat er mit seinem verletzten Bein die Schwingtür von der Küche zur Bar auf und schnappte vor Schmerzen nach Luft. Er hielt inne und stützte sich am Tresen ab, während James sich von dem Ledersofa im Gastraum erhob und Martin besorgt ansah. Martin deutete auf ihn.

»Sie haben ein Satellitentelefon. Holen Sie es, wenn Sie Ihre Tochter finden wollen.«

»Okay«, antwortete James und lief in Richtung Treppe.

»Was glauben Sie, haben sie mit ihr gemacht?«, fragte Sarah.

»Das werden wir herausfinden«, antwortete Martin.

Sarah barg das Gesicht in den Händen. Martin setzte sich ihr gegenüber und spielte am Salzstreuer herum. Er musste den Sysselmann erreichen.

In diesem Moment kam James die Treppe wieder herunter und hastete zu ihrem Tisch. »Ich kann das Telefon nicht finden!«, rief er.

Das überraschte Martin nicht. Er fragte gar nicht erst, ob James überall nachgesehen hatte. »Dann sind wir hier isoliert«, stellte er fest. »Ohne Kontakt zur Außenwelt.«

»Das hat etwas mit Cindy zu tun«, sagte Sarah unnatürlich laut.

Martin bemerkte, wie James zusammenzuckte.

»Ich sollte nach Longyearbyen fahren und den Sysselmann informieren«, sagte Martin. »Normalerweise schaffe ich das in zwei Stunden.«

»In zwei Stunden?!«, entfuhr es James und Sarah gleichzeitig.

»Wir haben zwei Tage gebraucht«, fügte James hinzu.

»Gut, vielleicht nicht mit meinem Bein, und ganz bestimmt nicht bei diesem Wetter, aber länger als fünf oder sechs Stunden bin ich nicht unterwegs«, erwiderte Martin.

James und Sarah sahen ihn wortlos an. Sie wirkten ratlos. Martin wusste, dass er von ihnen keine Hilfe erwarten durfte. Die Vernunft sagte ihm, dass er sich so schnell wie möglich auf das Schneemobil schwingen sollte, bevor das Wetter noch schlechter wurde, aber irgendetwas hielt ihn zurück. Er hatte keine Ahnung, wieso, aber ihn überkam das Gefühl, dass es eilte, Cindy zu finden. Außerdem erschien es ihm nicht klug, James und Sarah allein in der Minensiedlung zurückzulassen.

»Ich suche noch einmal nach ihr«, sagte er.

Es hatte keinen Sinn, sie mitzunehmen, sie würden ihn nur aufhalten.

Im Hafengebiet begann er bei den Gebäuden, die am weitesten entfernt lagen. Bei jedem von ihnen hielt er an einem der klaffenden Löcher in den Wänden, lehnte sich hinein und rief ein paarmal »Cindy!«. Die Suche kam ihm ein wenig halbherzig vor, denn eigentlich glaubte er nicht an einen Erfolg.

Vor der größten Lagerhalle stellte er sein Fahrzeug ab und betrat sie durch ein verfallenes Tor. In der Halle herrschte ein wildes Durcheinander aus ausrangiertem Material. Mehrere große Maschinen, von deren Anwendungszweck er keinen blassen Schimmer hatte, standen herum. Teile des Dachgebälks waren auf sie herabgestürzt, und dazwischen häuften sich riesige Mengen an Stahlkabeln, die ein Vorankommen in der Halle nahezu unmöglich machten.

Es war ein Ort, an dem man leicht verloren gehen und sich nicht mehr selbst befreien konnte.

Martin rief mehrmals nach Cindy, bevor er anfing, sich ins Innere vorzuarbeiten. Das Gewehr auf seinem Rücken verhedderte sich in einem Stahlkabel, als er darunter hindurchkroch. Er hakte es ab und lehnte es an die Betonwand, ehe er weiter vordrang. Hier drinnen war es dunkel, und ein paarmal fürchtete er, selbst an den Kabeln hängen zu bleiben. Dann kletterte er auf ein Förderband und bekam so einen besseren Überblick. Cindy konnte hinter einem der Maschinenwracks liegen, also musste er die gesamte Halle durchsuchen.

Er war fast fertig, als eine Bewegung zu seiner Linken ihn innehalten ließ.

Zehn Meter von ihm entfernt stand ein Eisbär und schnupperte in der Luft. Zweifelsohne ein männliches Exemplar. Er kann mich riechen, aber vielleicht sieht er mich nicht, dachte Martin. Diese Hoffnung wurde allerdings zunichtegemacht, als der Bär sich umdrehte und direkt in seine Richtung starrte. Zwischen ihnen befand sich ein Geflecht aus Stahlkabeln. Nicht einmal ein männlicher Eisbär konnte sich einen Weg durch dieses Hindernis bahnen. Es schien, als verstünde das Tier das. Martin bewegte sich langsam seitwärts auf sein Gewehr an der Wand zu, immer darauf bedacht, genügend Stahlkabel zwischen sich und dem Bären zu haben. Das Raubtier folgte ihm, beschnupperte die Kabel und stieß mit einer Pranke dagegen.

Das Letzte, was ich jetzt noch gebrauchen kann, ist ein Bär, dachte Martin. Der Sysselmann wäre sicher alles andere als begeistert, wenn er erführe, dass er dieselbe Touristin zweimal verloren und in Pyramiden dann auch noch einen Bären in einer Lagerhalle erschossen hätte.

Es war schon das zweite Mal innerhalb von zwei Tagen, dass ein Eisbär näher an seinem Gewehr war als er selbst. Das Tier stand fast an der Wand, an der die Waffe lehnte, also drehte Martin sich um und ging wieder ins Innere der Halle, um den Bären dort hinzulocken. Der aber ließ sich nicht ködern, sondern tappte weiter bis zum Eingangstor. Dort schnupperte er am Schneemobil und schlug ein paarmal gegen den Sitz. Das Fahrzeug wankte. Martins Hoffnung, der Bär gäbe auf und verschwände, erlosch, als dieser sich neben dem Schneemobil auf den Boden legte. Der Eisbär hatte ausreichend Zeit, um auf seine Beute zu warten.

Martin befand sich fünfzehn Meter von einer fünfhundert Kilogramm schweren Killermaschine entfernt, aber bis auf Weiteres war er in Sicherheit. Im Gegensatz zum Eisbären mangelte es ihm lediglich an Zeit.

Er sah sich auf dem Betonboden um. Zahlreiche lose Gegenstände lagen herum. Er krabbelte zwischen den Stahlkabelrollen umher und sammelte dabei große und kleine Metallstücke auf. Als er einen mittelgroßen Haufen vor sich aufgetürmt hatte, griff er sich ein rostiges Eisenstück und zielte auf den Bären, der jede seiner Bewegungen liegend verfolgte.

Selbst bei einem Abstand von nur fünfzehn Metern gelang es Martin, den Eisbären komplett zu verfehlen und stattdessen die Windschutzscheibe des Schneemobils zu treffen, die einen großen Riss davontrug. Allerdings reichte das Geräusch aus, um den Eisbären zum Aufstehen zu bewegen. Das nächste Metallteil landete auf dem Rücken des Bären, der sich schüttelte.

Martin ließ es Metall regnen. Einige Teile trafen das Raubtier am Kopf, und es war offensichtlich gereizt. Martin schleuderte mit aller Kraft weiter. Der Bär rappelte sich auf und wich vor dem nervenden Bombardement zurück.

So rasch er konnte, kroch Martin über den Boden und quetschte sich unter Stahlkabeln hindurch, bis er das Gewehr erreichte. Blitzschnell war er auf den Beinen und legte an. Der Bär hatte sich nicht vom Fleck gerührt. Der Abstand betrug nun dreißig Meter, und Tier und Mensch starrten einander an.

Martin zielte auf eine Stelle neben dem Bären, bevor er den Abzug betätigte. Er wusste, dass Eisbären generell keinen Lärm leiden konnten. Der Knall, der zwischen den Wänden widerhallte, war ohrenbetäubend. Schnell lud Martin nach und schoss erneut. Der Bär tappte davon. Ein dritter Schuss veranlasste das Tier, seine Geschwindigkeit zu erhöhen und Kurs auf den Hafen und den Fjord dahinter zu nehmen.

Rasch lief Martin zu seinem Schneemobil und startete es. Er riss die Maschine herum und raste auf die Siedlung zu.

Sarah hatte recht, im Lauf der Nacht konnte Cindy einem Eisbären begegnet sein.

Von seinen Schüssen hatte im Ort vermutlich niemand etwas gehört; Wind und Schnee dämpften jedes Geräusch, und außerdem war die Distanz zu groß. Dennoch wollte er später melden, dass ein Bär in der Minensiedlung umherstreifte. Zuerst musste er jedoch noch etwas überprüfen.

Am alten Schweinestall rüttelte er an der verschlossenen Tür. Neben dem Stall befand sich eines der Wohngebäude aus Holz, die an die Lenin Street grenzten. Er fuhr bis zum Treppenaufgang und hielt an. Der Hauseingang war windgeschützt, davor waren einige Fußspuren zu erkennen. Probehalber drückte er die Klinke herunter: abgeschlossen. Es war verlockend, den Versuch zu wagen, die Tür aufzubrechen, aber er hatte keine Werkzeuge zur Hand. Also untersuchte er den Bereich um die Treppe. Er konnte zwar keine Fährten lesen, war sich aber trotzdem ziemlich sicher, dass etwa sechs oder sieben Menschen hier ein und aus gegangen waren.

Martin fuhr um die Ecke des Wohngebäudes. Eines der Fenster im Erdgeschoss war zerbrochen, lag jedoch zu weit oben, als dass er mit seinem verletzten Bein hätte hineinklettern können. Aber vielleicht wäre es möglich, wenn er sein Fahrzeug als Leiter nutzte.

Er stellte das Schneemobil dicht an die Hauswand und stieg auf den Sitz. Die Fensteröffnung war klein, daher schnallte er das Gewehr ab. Vorsichtig entfernte er lose Glasscherben, die noch im Rahmen steckten, und ließ sie in den Schnee fallen. Dann hob er das gesunde Bein und schaffte es gerade eben, das Knie auf den Fensterrahmen zu stützen.

Er zwängte sich mit dem unverletzten Bein voran durch das Fenster, wobei er vornüberstürzte und sich mit beiden Händen auf dem Boden abfangen musste. Dann stand er auf und lauschte. Totenstille. Er sah sich um. Es musste die Wohnstube einer Wohnung sein, die von derselben Mischung aus eilig Zurückgelassenem und teilweiser Verwüstung geprägt war, die man in der ganzen Siedlung wiederfand. Martin klopfte sich den Staub von seinem Schneeanzug.

Er hoffte, dass sich die Eingangstür zum Gebäude von innen öffnen ließ, denn es wäre schwierig, auf demselben Weg wieder nach draußen zu gelangen. Für einen Augenblick sah er sich selbst, den Touristenführer, in seiner eigenen Falle gefangen, während er aus dem fensterlosen Rahmen winkte und um Hilfe rief. Bis hier jemand vorbeikäme, konnte viel Zeit vergehen, sowohl Cindys Eltern als auch Sasja würden glauben, dass er nach Longyearbyen gefahren sei.

Das klaustrophobische Gefühl aus dem stählernen Sarkophag ergriff wieder Besitz von ihm. Entmutigt beschloss er, das Gebäude so rasch wie möglich zu durchkämmen. Er ging durch ein Schlafzimmer, bemerkte, dass die Wohnung selbstverständlich keine Küche besaß, da die Kantine ja gratis und rund um die Uhr geöffnet gewesen war, und wollte gerade durch die halb offene Wohnungstür auf den Gang hinaustreten, als er eine männliche Stimme hörte. Die Person sprach russisch und klang gereizt.

Martin spähte vorsichtig durch den Türspalt. Ein Stück weit den Flur hinab stand ein Mann. Er hatte ihm den Rücken zugewandt und telefonierte, während er mit dem freien Arm herumfuchtelte. Es war derselbe, der am Vorabend so viel getrunken hatte, dass er in der Bar auf den Boden gefallen war. Und aus seinem Hosenbund ragte dieselbe Pistole.

Martin saß in der Falle.

Es kam ihm am logischsten vor, sich zu erkennen zu geben. Trotzdem hielt ihn sein Bauchgefühl zurück, schließlich konnte er nicht einfach auf den Flur hinaustrampeln, als wäre es das Normalste auf der Welt. Was sollte er sagen?

Er blieb reglos stehen und belauschte das Telefonat. Selbst ohne mehr als acht bis zehn russische Wörter zu verstehen, kapierte er, dass keine Liebesbotschaften ausgetauscht wurden. Der Ton wechselte zwischen hitzig und resigniert, anscheinend waren sich die beiden Gesprächspartner uneins.

Der Russe beendete den Anruf. Martin vernahm Schritte, dann sagte der Mann noch etwas, doch es war keine Antwort zu hören. Es mussten noch weitere Leute hier sein, oder aber der Kerl sprach laut mit sich selbst. Wieder Schritte, diesmal kamen sie in seine Richtung. Vorsichtshalber wich Martin ein Stück zurück und stellte sich hinter die Wohnungstür.

Eine andere Tür wurde zugeschlagen, vermutlich der Haupteingang, und Martin eilte geduckt zum nächstbesten Fenster und spähte über das Fensterbrett nach draußen. Der Russe ging an der Hauswand entlang und bog um die Ecke, glücklicherweise nicht auf der Seite, wo Martin das Schneemobil abgestellt hatte.

In der Wohnung sah sich Martin nach etwas um, mit dem er sich notfalls verteidigen konnte. Mitten im Raum hatte jemand ein paar Dielen aus dem Boden herausgerissen. Martin nahm sich eines der übrig gebliebenen Bruchstücke, das er wie einen Baseballschläger durch die Luft schwang. Zwei große Nägel, die an einem Ende herausragten, machten die Holzlatte zu einer Mordwaffe.

So leise wie möglich überquerte er den Korridor. Jeden Augenblick erwartete er, dass der Russe wiederkäme. Die Türen der anderen Wohnungen waren geschlossen, er prüfte jedoch nicht nach, ob sie sich öffnen ließen. Sein Blick war auf die Tür am Ende des Gangs gerichtet, die zur Hälfte offen stand.

Vorsichtig stieß er sie mit der Holzlatte auf.

In der Mitte des Raums stand ein Stuhl. Darauf saß Cindy, mit Klebeband über dem Mund und die Hände auf den Rücken gefesselt.

Er widerstand dem Drang, sofort zu ihr zu stürzen. Stattdessen deutete er auf das Zimmer und die dahinterliegende Wohnung. Er konnte nicht erkennen, ob jemand hinter der Tür lauerte.

Lautlos formte er die Worte mit den Lippen: *Noch mehr Leute?* Cindy schüttelte energisch den Kopf, und in wenigen Schritten war Martin bei ihr und riss ihr das Klebeband herunter. »Was zur Hölle geschieht hier?«, flüsterte er.

»Machen Sie mich los, schnell!«, zischte Cindy.

Sie war von jemandem gefesselt worden, der wusste, was er tat, doch dank seiner Erfahrungen von zahlreichen Expeditionen konnte Martin den Knoten schnell lösen. Cindy hatte so lange auf dem Stuhl gesessen, dass er ihr auf die Beine helfen musste.

»Wir müssen uns beeilen. Er kommt zurück«, sagte sie.

Martin stützte sie. »Was passiert hier? Wer sind diese Typen?«

Cindy riss sich los und zeigte auf eine Tür zu ihrer Rechten. »Sehen Sie selbst.«

Martin musterte die Tür, ein Schließbolzen, der von der Tür in die Wand geführt hatte, war abgerissen und lag mit einem intakten Vorhängeschloss auf dem Boden. Wieder sah Martin Cindy an, bevor er die Tür mit einem Ruck öffnete. Er kam nur einen Schritt weit in den kleinen Raum hinein, in dem sich Holzkisten mit russischer Aufschrift stapelten. Auf allen Kisten standen dieselben Buchstaben, die Martin als das Wort für Butter wiederzuerkennen glaubte.

Verwirrt wandte er sich an Cindy. »Das sind Kisten mit Butter.«

»Schauen Sie in eine rein.«

Martin hob einen Deckel an. Unter einem Stück Stoff lag eine Art Kalaschnikow. Das berühmte Maschinengewehr der Russen war Martin durchaus bekannt. Oft nur AK-47 genannt, war sie die meistgenutzte Waffe der Welt. Bei einer Tour auf der Halbinsel Kola hatte er selbst mit dieser Waffe geschossen, und in Mosambik war das Gewehr sogar Teil der offiziellen Landesflagge. Doch was nun vor ihm lag, war etwas anderes, etwas, das er noch nie zuvor gesehen hatte. Er schätzte, dass sich noch fünf oder sechs weitere solcher Gewehre in der Kiste befanden.

»Es heißt AS Wal«, antwortete Cindy hinter ihm auf seine unausgesprochene Frage. »Es ist das Lieblingsgewehr der russischen Spezialeinheiten bei Geheimoperationen, weil es eine Art Schalldämpfer besitzt. Es ist viel besser als die AK-47, konnte sich aber nie durchsetzen, sicher weil die Spezialkräfte es am liebsten für sich haben wollten.«

Martin ließ den Deckel wieder zufallen und sah sich in dem kleinen Raum um. Mindestens zwanzig Kisten standen darin.

»Sind die alle voll mit diesen Dingern?«

»Nicht nur«, antwortete Cindy. »In einigen sind auch SR-3-Gewehre, eine verkürzte Variante des AS Wal, dafür aber mit vollständigem Schalldämpfer. Ein so kleines Maschinengewehr, dass man es unter der Kleidung tragen kann. Außerdem finden sich noch ein paar Exemplare des klassischen Scharfschützengewehrs der Spezialkräfte, des WSS-Wintores, das auf der Krim und in der Ukraine oft zum Einsatz kam. Und ganz sicher ein paar schwerere Varianten, die auch Granaten abfeuern können. Ich habe es nicht geschafft, in alle Kisten zu sehen. Zusätzlich gibt es Munition, Uniformen und Winterkleidung. Ausrüstung für mindestens fünfundzwanzig Mann, würde ich schätzen.«

»Was macht dieses Waffenlager hier? Und wieso kennen Sie sich so gut mit russischen Gewehren aus?«

»Das ist Ihnen doch klar, oder?«

Martin zögerte. »Sie wussten, wo Sie suchen mussten?«

»Nicht wo, aber wonach.«

»Woher wissen …«, setzte Martin an, unterbrach sich jedoch selbst.

»Stellen Sie sich nicht dumm«, sagte Cindy. »CIA.«

Verwirrt sah sich Martin ein zweites Mal in dem Raum um, dann schob er sich an ihr vorbei ins Wohnzimmer. Er trat gegen den Stuhl, der umgestürzt auf dem Boden lag, und stellte ihn wieder auf.

»Die Russen aus dieser Touristengruppe sind Speznas-Soldaten«, sagte Cindy. »Oder etwas noch Schlimmeres.«

Martin hatte schon einmal ein Mitglied dieser russischen Spezialeinheit getroffen, allerdings in Zivil und in der Antarktis. Über die Jahre hatte er alles gelesen, was er über die Einheit fand, er erinnerte sich sogar an die vollständige russische Bezeichnung: *Wojska spezialnogo nasnatschenija.* Truppen dieser Einheit tauchten in allen Konfliktgebieten auf, in der Regel schon im Vorweg, und tarnten sich als Zivilisten in der Bevölkerung. Vor der Annexion der Krim befanden sich Hunderte von ihnen auf der Halbinsel und mutmaßlich Tausende in der Ukraine. Der militärische Nachrichtendienst GRU steuerte ihre Geschicke, die Speznas konnten aber ebenso gut unter direktem Kommando von ganz oben stehen.

»Gefährlich«, sagte Martin nur.

Cindy nickte zustimmend. »Das sind die Besten der Besten. Seit wir in Longyearbyen angekommen sind, haben sie uns im Auge behalten.«

»Das wussten Sie schon die ganze Zeit?«

»Ich hatte einen Verdacht.« Cindy zog eine Grimasse. »Wie Touristen sehen sie ja nicht aus.«

»Wo befindet sich der Rest der Truppe gerade?«

»Ich weiß es nicht, aber sie diskutieren darüber, wie sie mich umbringen und es wie einen Unfall aussehen lassen können. Sie scheinen sich nicht einigen zu können. Manche wollen mich einfach nur abknallen und hier liegen lassen, wo man mich frühestens in fünf Jahren findet, doch sie gehorchen ihrem Chef. In Russland funktioniert die Befehlskette eben noch.«

»Wie können Sie das alles wissen? Die reden doch russisch?«

»Das tue ich auch, schon vergessen?«, sagte Cindy und wechselte ins Russische. »*My dolschny ujti otsjuda. Seitschas.*«

»Und was soll das heißen?«

»Dass wir von hier verschwinden müssen. Und zwar sofort.«

Martin nickte. Dann fiel sein Blick auf ein Telefon in einem Regal neben der Tür, das einem der Russen gehören musste. Er steckte es in die Tasche seines Schneeanzugs. Im selben Moment hörte er die Haustür wieder zuschlagen, gefolgt von raschen Schritten, die in ihre Richtung kamen.

26

»Die Blaue Lagune«, sagte Irina, »dort müssen wir einfach hin.«

Sie standen an Deck, als die MY SMILE gerade im Hafen von Reykjavík anlegte. Es sah aus, als erwartete sie ein typischer isländischer Tag, also vier Jahreszeiten innerhalb weniger Stunden. Bis zum Morgen hatte es Schneeregen gegeben, aber jetzt schmolzen die weißen Überreste auf dem Kai in der gleißenden Sonne, während vom Meer dunkle, bedrohliche Wolken herannahten. Die ersten Windböen kündigten sich bereits an.

Die Blaue Lagune stand ganz oben auf Irinas Wunschliste. Jeder, der nach Island fuhr, hatte schon einmal von dem Thermalbad gehört, das mit dem genutzten Wasser eines Geothermalkraftwerks betrieben wurde.

»Das ist ganz schön weit außerhalb«, sagte Nikolai und zeigte auf einen Ort hinter den Hausdächern des Stadtkerns.

»Dann nehmen wir eben ein Taxi. Diese organisierten Bustouren halte ich sowieso nicht aus.«

Mithilfe der Kartenfunktion ihres Smartphones suchte Irina die wichtigsten Gebäude der Stadt heraus, als das Taxi sie durch das kleine Zentrum chauffierte. Nikolai wirkte nur mittelmäßig interessiert und grunzte den ein oder anderen Kommentar. Sie waren gerade erst ein paar Straßen vom Hafen entfernt, als sein Handy klingelte. Er gab nur einsilbige Antworten, ehe er das Telefon wieder in die Tasche steckte.

»Das war mein Chef. Ich muss auf ein paar Fragen antworten, schriftlich, und es eilt.«

Nikolai tippte dem Fahrer auf die Schulter und bat ihn, rechts ranzufahren.

»Ich kann zu Fuß zum Schiff zurückgehen«, sagte er. »Hier ist Geld fürs Taxi und für den Eintritt ins Bad.« Er reichte ihr ein Bündel isländischer Geldscheine. Irina war dermaßen überrumpelt, dass sie nicht herausbrachte, durchaus auch selbst bezahlen zu können. Stattdessen blieb sie mit dem Geld in der Hand sitzen, als er sich zu ihr beugte und ihr einen Kuss auf die Wange drückte. »Tut mir leid, Liebste, aber es ist wirklich wichtig.«

Damit stieg er aus. Der Fahrer warf Irina einen Blick im Rückspiegel zu, nickte und fuhr wieder los. Irina saß verdutzt da und betrachtete die karge, flache Landschaft, die sie auf der Hauptstraße zum Flughafen Keflavík durchquerten. So, stellte sie sich vor, musste es auf dem Mond aussehen.

Schließlich bog der Fahrer von der Hauptstraße in Richtung Meer ab. Irina sah bereits den Dampf über der Landschaft wabern.

Sie wusste nicht, was sie erwartet hatte. In jedem Fall aber nicht diese hochglanzpolierte Anlage mit so vielen Menschen, geschweige denn den intensiven Schwefelgeruch oder die Bar, zu der man hinschwimmen konnte.

Schnell schlüpfte sie in der Umkleide in ihre Badesachen. Draußen waren die Wolken wie von Zauberhand verschwunden, und die Sonne strahlte wärmend von einem blauen Himmel. Ein schwerer Schwefeldunst hing in der Luft. Irina ließ sich sachte in das, wie sie vermutete, achtunddreißig Grad warme Wasser gleiten, und begab sich halb gehend, halb schwimmend in eine Ecke abseits der Menschenmenge. Das warme Wasser entspannte und machte sie schläfrig, wie sie dort rücklings auf der Wasseroberfläche trieb. Eine blonde Frau schwamm oder vielmehr krebste auf sie zu. Es war schwer zu sagen im milchig blauen Wasser.

Irina wurde schnell klar, dass die Blondine tatsächlich auf sie zusteuerte. Die Frau hielt erst inne, als sie sich mit dem Rücken an den Beckenrand gelehnt hatte, Schulter an Schulter mit Irina.

»Sie sind auch Gast auf der MY SMILE«, sagte sie, hob ihre Hand aus dem trüben Wasser und stellte sich als Nina vor.

Da erkannte Irina sie wieder. Sie war die hübsche Begleitung des Kerls, den Nikolai angeblich nicht kannte.

Nina war aus Kazan und studierte Jura. Es dauerte nicht lange, bis sie und Irina so gut miteinander auskamen, dass sie zur Poolbar schwammen und einen Drink bestellten. Und aus dem einen wurden bald zwei.

»Es ist so schade, dass Vadim, mein Mann, in Longyearbyen von Bord gehen und arbeiten muss«, sagte Nina, als sie gerade den dritten Drink leerte. »Ich werde an Bord bleiben und über Norwegen zurück nach Sankt Petersburg fahren, deshalb ist es schön, dich kennenzulernen.«

Irina tätschelte ihr tröstend die Schulter. »Keine Sorge, wir werden uns schon um dich kümmern. Was arbeitet dein Mann denn?«

»Er ist für eine kleine Firma in der Ölbranche tätig.«

Vorsichtig stellte Irina das Glas auf dem Bartresen ab und ließ sich ins Wasser sinken, bis nur noch der Kopf herausragte.

»Wostok Energija«, stellte sie fest.

»Woher weißt du das?«

Irina schaltete blitzschnell und improvisierte. »Mir war klar, dass Nikolai und dein Mann sich kennen müssen. Deshalb habe ich vermutet, dass sie Kollegen sind, sich aber, solange sie an Bord sind, voll und ganz auf ihre Liebsten konzentrieren wollen.«

Nina hatte ihr Glas abgesetzt. »Genau das hat Vadim mir auch gesagt.«

Wostok scheint ihnen dasselbe Drehbuch mitgegeben zu haben, dachte Irina. An Nina gewandt sagte sie: »Ein kluger Mann, dein Vadim.«

Irina griff nach ihrem Getränk und leerte es. »Ich finde, wir haben diesen Ort jetzt ausreichend besichtigt, wollen wir wieder in die Stadt zurückfahren?«

Sie teilten sich ein Taxi. Unterwegs beschlossen sie, in Reykjavík einen Kaffee trinken zu gehen, denn das Schiff würde erst in einigen Stunden gen Spitzbergen auslaufen. Irina bat den Fahrer, langsam die Hauptstraße Laugavegur hinunterzufahren, wo sich zu beiden Seiten Bistros und Restaurants aneinanderreihten. Vor einem gemütlich wirkenden Café mit einem unaussprechlichen Namen ließ sie ihn anhalten.

Nina fasste nach Irinas Arm, als diese gerade den Fuß auf die Stufen zum Eingang stellte.

»Nicht hier rein.«

Verwundert blickte Irina sie an. »Was stimmt denn mit diesem Café nicht?«

»Vadim sitzt da drinnen mit ein paar anderen.«

»Dann gehen wir erst recht rein«, entgegnete Irina.

Sie sah nicht nach, ob Nina ihr folgte. Unmittelbar hinter dem Eingang saßen vier Männer an einem Tisch. Sie erkannte Vadim wieder, doch vor allem erkannte sie den Mann, der ihr seinen Rücken zuwandte.

Nikolai.

Irina zögerte keine Sekunde und trat an den Tisch. Alle vier Männer sahen zu ihr auf.

»Ist das eine Vorstandssitzung von Wostok Energija?«, fragte sie, ohne in Nikolais Richtung zu sehen. Sie merkte, dass Nina jetzt hinter ihr stand.

»Hallo, Liebste«, begrüßte Nikolai Irina lächelnd. »Ich trinke einen Kaffee mit Kollegen, ja.«

Die anderen schwiegen.

»Ich wusste gar nicht, dass so viele deiner Kollegen auf dem Schiff sind. Oder arbeiten sie vielleicht hier in Reykjavík?«, sagte Irina.

»Vadim kennst du vom Schiff«, stellte Nikolai den Mann zu seiner Rechten mit einem Kopfnicken vor. »Anton und Boris gehen hier in Reykjavík an Bord.«

Irina nickte den Männern einzeln zu. »Lasst euch nicht stören«, sagte sie. Dann führte sie Nina an einen Tisch am anderen Ende des Lokals, wo sie sich so hinsetzte, dass sie den vier Männern den Rücken zukehrte.

27

Schwere Stiefel trafen auf morsche Dielen, es klang wie Donner. Wer da den Flur entlanggerannt kam, versuchte gar nicht erst, leise zu sein oder sich anzuschleichen. Martin ging auf, dass draußen jemand sein Schneemobil und das eingeschlagene Fenster gesehen haben musste. Der Zusammenhang war offensichtlich. Bevor er sich einen Plan zurechtlegen konnte, zerrte Cindy ihn zurück, schob ihn um die Ecke ins angrenzende Zimmer und warf sich wieder auf den Stuhl, die Hände auf den Rücken gelegt. Martin packte die Holzlatte mit den Nägeln und presste sich an die Wand. Cindy saß ohne Fesseln und Klebeband auf dem Stuhl.

Laut brüllend stürmte der Russe in die Wohnung. In diesem Augenblick stemmte Cindy die Füße in den Boden und ließ sich auf dem Stuhl nach hinten fallen, sodass sie mit einem Krachen rücklings auf dem Boden aufschlug. Der Russe stellte sich über Cindy, wobei er Martin den Rücken zukehrte, der einen Schritt vortrat und mit aller Kraft die Holzlatte schwang. Das Holz traf den Russen am Hinterkopf und im Nacken. Martin spürte, wie die Nägel ins Fleisch eindrangen und stecken blieben, ehe ihm die Holzlatte aus den Händen gerissen wurde, als der Russe wie ein Baum nach vorne kippte und auf Cindy landete. Dabei fiel eine Pistole auf den Boden und rutschte bis unter das Fenster.

Cindy schob den Mann mit beiden Händen von sich und rollte zur Seite. Im nächsten Moment war Martin am Fenster, zog die Pistole an sich und richtete sie auf den Rücken des Russen. Die Nägel steckten seitlich in seinem Nacken, und die Latte federte noch immer in der Luft auf und ab.

Cindy kniete auf allen vieren auf dem Boden, den Kopf etwa einen halben Meter von dem des Russen entfernt. Sie wandte sich an Martin. »Sie haben ihn getötet. Mit einem Schlag.«

Martin erwiderte nichts, er starrte wie gebannt auf die wippende Holzlatte.

Cindy rappelte sich auf und nahm ihm die Pistole ab. »Die nehme ich. Damit kenne ich mich aus.« Sie zupfte Martin am Arm, um ihn aus seiner Trance zu wecken, dann sah sie sich im Zimmer um. »Haben Sie ein Handy?«

Martin schüttelte den Kopf.

»Sie haben mir meine Spezialausrüstung abgenommen. Es wäre gut, wenn wir das da drinnen dokumentieren könnten«, sagte Cindy und deutete mit dem Kopf auf das Waffenlager.

»Ich glaube nicht, dass die Kisten lange hierbleiben«, meinte Martin. Er dachte nur an eins: Irgendwo in der Nähe befanden sich fünf weitere Spezialsoldaten.

Cindy nickte und warf einen Blick den Korridor hinunter, bevor sie zur Eingangstür sprintete. Martin rannte hinterher. Sie kniete sich in die Türöffnung, die Pistole mit beiden Händen umfasst, und hielt nach allen Seiten Ausschau.

»Nach rechts«, sagte Martin.

Er hoffte, dass der Russe sich nicht am Schneemobil zu schaffen gemacht hatte. Cindy lief an der Hauswand entlang, schaute vorsichtig um die Ecke und verschwand. Als Martin sie erreichte, saß sie bereits auf dem Soziussitz. Glücklicherweise startete der Motor sofort. Erst im letzten Augenblick erinnerte sich Martin an das Gewehr, das er unter dem Fenster zurückgelassen hatte, und legte es auf seinen Schoß.

Martin spähte in die Lenin Street und hielt dann mit Vollgas auf das Hotel zu. Wegen der Rohrleitungen musste er einmal um das Gebäude herumfahren, ehe er um die letzte Kurve schlitterte und dann direkt vor der Hoteltreppe zum Stehen kam. Cindy war schon im Inneren verschwunden, bevor er den Motor ausgeschaltete hatte.

Als er das Hotel betrat, sah er James und Sarah im Laufschritt die Treppen zu ihrem Zimmer nach oben eilen.

»Vergessen Sie das Gepäck!«, rief er ihnen hinterher. Sie sollten nur in die Schneekleidung schlüpfen und sich dann schnellstens vom Acker machen.

Mit dem Gewehr in der Hand lief Martin an der Bar vorbei, trat die Schwingtür zur Küche auf und brüllte »Sasja!«. Der Russe tauchte aus dem Lager auf, noch immer hing eine Zigarette in seinem Mundwinkel. Mit langen Schritten war Martin bei ihm und packte ihn. »Wenn deine russischen Freunde fragen, wo wir sind, dann hast du keine Ahnung, oder ich bring dich um!«, schrie Martin ihn an.

Sasja wirkte vollkommen schockiert. Wieder und wieder schüttelte er den Kopf. Martin ließ von ihm ab. Die Drohung hinterließ sicher Eindruck, würde jedoch kaum etwas nützen. Diejenigen, die hinter ihnen her waren, hatten sehr wahrscheinlich wirkungsvollere Überzeugungsmethoden.

Als Martin wieder ins Treppenhaus kam, war die gesamte Familie Parker auf dem Weg nach unten. Cindy schob die anderen beiden vor sich her. Sowohl James als auch Sarah hielten ihre Rucksäcke in den Händen.

»Wir brauchen doch Kleider«, sagte James betont ruhig.

Cindy und Martin drängten sie zur Garderobe und halfen ihnen mit den Schneeanzügen, Stiefeln, Sturmhauben, Handschuhen und Helmen.

»Denken Sie ja an alles, sonst erfrieren Sie innerhalb einer Viertelstunde«, sagte Martin.

Er ging voran zu den Schneemobilen und lauschte nach Motorengeräuschen. Die anderen drei kamen die Treppe heruntergestolpert und liefen zu ihren Fahrzeugen.

Martin schwang sich das Gewehr über den Kopf und sorgte dafür, dass es gut auf dem Rücken saß. Dann hob er die Hand zum Zeichen, dass es losging, und gab Gas.

Als sie um die Ecke des Hotels bogen, kamen ihnen zwei Männer der russischen Gruppe auf Schneemobilen entgegen. Martin donnerte an ihnen vorbei und sah, dass seine drei Begleiter die Russen auf der entgegengesetzten Seite passierten. Er erwartete schon, den Einschlag einer Kugel zu spüren, während sich ein unbestimmter Teil seines Hirns fragte, wie sich das wohl anfühlen mochte.

Martin presste sich so flach wie möglich auf den Sitz und drückte den Gashebel durch. Selbst mit Anhängerschlitten bäumte sich das Mobil auf und jagte davon. In wenigen Sekunden erreichte Martin die Kreuzung, wo die Straße zum Hafen hinunterführte, und musste abrupt bremsen. Der Schlitten sauste weiter und hätte sein Schneemobil beinahe herumgeschleudert. Schlingernd prallte es gegen die niedrige Schneekante auf der gegenüberliegenden Seite der Querstraße, sodass der Schnee durch die Luft stob, ehe Martin über die Kante auf das dahinterliegende Feld hinausschoss. Dort gewann er die Kontrolle über das Gespann wieder und brachte es zurück auf die richtige Spur.

Die anderen fuhren nicht ganz so wild, und Martin sah sie die Kurve ohne Schwierigkeiten meistern. Noch wichtiger war allerdings, dass keiner der Russen sie verfolgte. Auf der frisch geräumten Landstraße hielt er eine Geschwindigkeit von einhundert Stundenkilometern, denn in diesem dichten Schnee-gestöber wagte er es nicht, schneller zu fahren.

Die tiefen Schlaglöcher an der Kaianlage nahm er mit Bedacht, bis er den zugefrorenen Fjord erreichte. Dann gab er erneut Vollgas. Es war nicht unwahrscheinlich, dass sich die anderen Russen im Hafengebiet aufhielten. Er stoppte erst wieder, als sie ein gutes Stück auf den Billefjord hinausgefahren waren. Die Parkers schlossen nur wenige Sekunden später zu ihm auf. Noch immer verfolgte sie niemand, doch das war sicher nur eine Frage der Zeit.

Cindy lief zu Martin. »Sie denken bestimmt, dass wir auf dem kürzesten Weg nach Longyearbyen fahren. Wir müssen eine andere Strecke nehmen, als sie erwarten, also über den Fjord!«, sagte sie.

»Da werden wir im Nullkommanichts auf dem offenen Meer stranden, und das wollen Sie nicht«, erwiderte Martin.

»Was schlagen Sie dann vor?«, schrie Cindy.

»Dort entlang«, sagte Martin und deutete in die entgegengesetzte Richtung, nach Norden.

Der Billefjord erstreckte sich weiter an Pyramiden vorbei in die Bucht namens Petuniabukta. Von dort aus breiteten sich in verschiedene Richtungen Gletscher aus.

»Aber wir müssen doch genau in die entgegengesetzte Richtung«, widersprach Cindy.

»Eben deshalb fahren wir dorthin. Niemand glaubt, dass wir das tun. Sind wir erst einmal auf den großen Gletschern, finden sie uns nicht mehr. Von dort gibt es viele Wege nach Longyearbyen.«

Cindy erläuterte Sarah und James den Plan, während Martin die Schlitten von den Schneemobilen abhängte. Ihn beschlich das Gefühl, dass diese Entscheidung möglicherweise unklug

war, gleichzeitig glaubte er jedoch nicht, dass sie Zelt, Schlaf-
säcke oder Kocher brauchen würden. Jetzt ging es allein um
Geschwindigkeit, und ohne Schlitten waren sie erheblich
schneller.

Sobald sie bereit waren, schwang er sich wieder auf das
Schneemobil und fuhr weiter auf den Fjord hinaus. Dort verliefen viele Fahrspuren kreuz und quer, es war eine äußerst
beliebte Stelle zum Fahren. Schnee und Wind radierten die
alten Spuren jedoch rasch aus und machten es zugleich unmöglich, den bereits vorhandenen zu folgen. Martin hielt ein
Tempo von einhundertfünfzig Stundenkilometern und war zum
ersten Mal froh, dass die Parkers auf die allerneuesten Fahrzeuge bestanden hatten. Bei dieser Geschwindigkeit konnten
zwar selbst kleinste Eisstücke auf der Fahrbahn einen aus dem
Sitz werfen, doch momentan drohten größere Gefahren, als
rücklings über das Eis geschleudert zu werden.

Als sie weit in die Bucht hineingefahren waren, stoppte
Martin. Der Übergang zwischen Meer und Land war im Winter
unmöglich zu erkennen, aber er vermutete, dass sie sich immer
noch auf dem Wasser befanden.

»Warum halten wir an?«, fragte Cindy.

»Ich will wissen, ob wir Besuch bekommen.«

Martin nahm das Fernglas aus dem kleinen Gepäckfach des
Schneemobils und justierte die Schärfe. Selbst in diesem Schnee-
wetter konnte er das Gebäude an der Stelle ausmachen, wo man
nach Pyramiden abbog. Auf dem Eis rührte sich nichts.

Er verstaute das Fernglas. »Ich glaube, wir sind ihnen ent-
wischt. Jetzt finden sie uns nicht.«

Martin breitete eine Landkarte auf dem Sitz seines Fahrzeugs aus. Er winkte die anderen zu sich und hielt den Finger
auf die Karte.

»Gerade stehen wir hier, am Rand der Petuniabukta, wir sind fast schon wieder an Land.«

»Wie kommen wir von hier weiter?«, fragte Cindy.

»Wir werden hier auf den Gletscher und dann über die Rücken der großen Gletscher nach Longyearbyen fahren«, erklärte Martin und zeigte auf die Karte.

In diesem Moment hörte er ein unverkennbares Geräusch hinter sich und drehte den Kopf. James stand hinter seinem Schneemobil und übergab sich. Dann wischte er den Mund mit Schnee ab und richtete sich wieder auf.

»Der Rotwein von gestern«, sagte er. »Solange ich still sitzen konnte, war alles in Ordnung, aber jetzt kam alles hoch.«

»Das ist meine Schuld«, sagte Cindy.

Martin sah sie erstaunt an. »Ihre Schuld? Sie haben doch geschlafen. Also zumindest dachte ich das.«

»Ich habe ihn gebeten, dafür zu sorgen, dass Sie genügend trinken, um lange und tief zu schlafen. Das Letzte, was ich gebrauchen konnte, war, dass Sie sich einmischen.«

Martin blickte zwischen Cindy und James hin und her und schüttelte den Kopf. »Aber die Russen konnten Sie nicht austricksen?«

»Sie haben Wache gehalten.«

Martin musste tief ein- und ausatmen, es kam ihm vor, als hätte er eine Stunde lang hyperventiliert. Es gelang ihm nicht, das Bild des Russen auf dem Boden mit der noch immer federnden Latte aus seinen Gedanken zu verdrängen. Jetzt brauchte er unbedingt Antworten. Martin packte Cindy am Arm und zog sie ein paar Schritte von den anderen beiden weg.

»Wissen Ihre Eltern, dass Sie für die CIA arbeiten?«

Erst bedachte Cindy ihn mit einem verwunderten Blick, dann begann sie zu lachen. »Sie machen Späße, oder?«

Martin starrte sie weiter an und straffte den Griff um ihren Oberarm, bis sie aufhörte zu grinsen.

»Sie sind natürlich nicht meine Eltern, sondern Arbeitskollegen. James ist ein legendärer Ex-Agent, und Sarah ist eine unserer besten Analystinnen. Wir waren bei der Planung so vorsichtig wie möglich und haben nur Personen ausgewählt, die normalerweise nicht im aktiven Einsatz sind. So wie es aussieht, verfügen die Russen aber über eine erschreckend gute Informationsquelle. Vielleicht sogar auf Spitzbergen.«

Martin wandte sich ab und setzte sich auf das Schneemobil. James kam zu ihm und streckte ihm die Hand entgegen. »Ich habe mit angehört, was Sie besprochen haben. Ich heiße Mike.«

Martin ergriff die Hand nicht, sondern schüttelte nur den Kopf. »Ist mir scheißegal, wie Sie oder die anderen heißen. Für mich sind Sie James.«

»Das mit dem Bein tut mir leid«, sagte James.

Eben war Martin noch im Begriff gewesen, das Schneemobil zu starten, doch jetzt starrte er den Amerikaner mit offenem Mund an.

»Sie haben das mit Absicht getan?«

James senkte den Blick. »Wir haben befürchtet, Sie würden uns wegen des Wetters und der Eisverhältnisse nicht nach Pyramiden bringen, und darauf konnten wir es nicht ankommen lassen, selbst wenn wir den Weg allein gefunden hätten. Wir hatten den Befehl aus Langley, mit einem Guide dort hinzukommen, um keinen unnötigen Verdacht zu erregen. Im schlimmsten Fall mit irgendeinem anderen Guide.«

Martins Schlag traf perfekt. Die zehn Jahre Karatetraining saßen tief. Dass Martins Hand in einem großen Fellhandschuh steckte, war James' Rettung. Er ging wie ein Sack neben dem Schneemobil zu Boden.

Sofort fiel Sarah neben ihm auf die Knie. Vielleicht sind die beiden doch verheiratet, dachte Martin. Cindy stellte sich breitbeinig vor ihn. In den Händen hielt sie die russische Pistole und zielte genau auf seine Brust.

Zu seiner großen Überraschung verspürte Martin keine Angst. Er verschränkte die Arme. »Nur zu, erschießen Sie einfach Ihren ehemaligen und zukünftigen Lebensretter.«

»Wir kommen allein zurecht«, sagte Cindy, die Pistole immer noch auf ihn gerichtet.

Selbst in dieser bedrohlichen Situation gelang es Martin nicht, ein Lachen zurückzuhalten. Hinter Cindy kam James mit Sarahs Hilfe wieder auf die Beine. Ohne Cindy eines Blickes zu würdigen, drehte sich James um, zog ein Fernglas aus seinem Rucksack und hielt es sich vor die Augen.

»Vier Schneemobile sind auf dem Weg zu uns«, sagte er laut.

Cindy war bei ihm, bevor er den Satz beendet hatte, und schnappte sich den Feldstecher.

»Verdammt«, rief sie, als sie die Fahrer entdeckte.

Martin fand es eigenartig, dass es nur vier Fahrzeuge waren. Anfangs waren die Russen zu sechst gewesen; einer von ihnen hatte ein Nagelholz im Kopf, aber was war mit dem fünften?

»Vielleicht sind sie es ja gar nicht?«, sagte James fragend.

»Sie sind es«, antwortete Cindy, während sie durch das Fernglas schaute.

Martin saß noch immer auf dem Schneemobil und schwieg.

Cindy reichte ihm das Fernglas. »Wir müssen weiter, sie kommen schnell näher.«

»Sie haben keine Chance gegen unsere Schneemobile«, sagte Martin und tätschelte den Sitz vor sich.

»Diese Leute sind von einer russischen Spezialeinheit.«

»Hier, in dieser Landschaft, bin ich die Spezialeinheit. Außerdem schaffen sie es niemals, uns dort oben zu finden.« Martin zeigte auf die Wolken, die wie ein Teppich über dem Gletscher lagen.

»Und Sie kennen auch wirklich den Weg?«, fragte James.

Martin deutete auf das GPS. »Ich habe Routen aus einem ganzen Jahrzehnt voller Touren gespeichert. Schon möglich, dass die Russen ebenfalls Routen auf ihren Geräten haben, aber sie haben nicht *meine* Routen.«

Er setzte das Fernglas wieder an und blickte erneut über den Fjord. Cindy hatte recht: Sie näherten sich in hohem Tempo. »Wir fahren«, rief er.

Sie rasten den leicht ansteigenden und spaltenfreien Ragnarbreen hinauf. Martin blickte sich einige Male nach hinten um und konnte die Verfolger deutlich sehen. Er war froh, dass die Russen keine Fernwaffen hatten und die Wolkendecke sie bald verschlucken würde.

Als sie in die Wolken hineinrauschten, mussten sie die Geschwindigkeit auf zwanzig bis dreißig Stundenkilometer drosseln. Jetzt durften sie einander nicht verlieren, das käme einem Todesurteil gleich. Der Gedanke daran, dass die Russen nicht zur selben Vorsicht gezwungen waren, da sie ihren Spuren folgen konnten, ließ Martin unter dem Schneeanzug schwitzen. Vielleicht war er zu selbstsicher gewesen.

Er bremste jäh ab und bedeutete den anderen, dicht neben ihm anzuhalten. Cindy schaute über die Schulter, während Martin sprach. »Wir sind zu langsam. Ich werde jetzt ungefähr fünfzig bis sechzig fahren, und Sie müssen an mir dranbleiben. Fahren Sie ein wenig seitlich versetzt.«

Martin wartete keine Antwort ab, sondern drückte einfach den Gashebel durch.

Sie befanden sich mitten auf der normalen Gletscherroute, bald würde sich die Spur teilen. Sollten sie Richtung Süden nach Longyearbyen fahren, so wie die Russen es erwarteten, oder sollte er sich etwas anderes ausdenken, etwas Unlogisches?

Das Schneetreiben wurde dichter, je höher sie auf den Gletscher kamen, bald war die Sicht fürchterlich schlecht. Als die linke Kufe seines Schneemobils einen großen Eisbrocken traf, bäumte sich der Vorderteil seitlich auf, und Martin wäre um ein Haar aus dem Sitz geschleudert worden. Einzig seine Erfahrung half ihm, blitzschnell das Gewicht zu verlagern und das Fahrzeug wieder auf beide Kufen zu bringen. Sie mussten das Tempo wieder drosseln. Die Russen mochten vielleicht schneller fahren, doch er war sich absolut sicher, dass niemand in der Lage war, ihren Spuren bei diesen Sichtverhältnissen zu folgen.

Nicht lange, dann erreichten sie das riesige Gletschergebiet, das sich viele Kilometer weit nach Norden und nach Süden erstreckte. Falls jemand exakt dieselbe Route wie sie nahm, war das reiner Zufall. Dennoch musste er sich eingestehen, dass es möglich war.

Als ihm der Gedanke kam, fühlte es sich wie ein Geniestreich an. Sie würden nicht südwärts nach Longyearbyen fahren, sondern geradeaus, nordöstlich in Richtung des höchsten Bergs auf Spitzbergen, des Newtontoppen. Dort gab es unzählige Fjellgebiete und Täler, in denen man leicht ein Versteck fand. Sie konnten sich ruhig verhalten, bis das Wetter aufklarte, und mit dem Telefon, das er dem toten Russen abgenommen hatte, einen Helikopter rufen. Martin nahm an, dass es nicht auf das Mobilfunknetz angewiesen war.

Seine Unruhe ließ nach, sobald die Hauptspur nach Süden abknickte und sie weiter geradeaus auf einer Route fuhren, die er in der letzten Saison auf seinem GPS abgespeichert hatte. Sie führte direkt zum Newtontoppen und sollte frei von Gletscherspalten sein.

Immer mehr und immer größere Schneeflocken fielen, der Wind hatte nach dem letzten Schneefall dort oben heftig gewütet. Martin fuhr schneller, als klug war, froh immerhin darüber, dass sie im Gegensatz zu ihren Verfolgern keine Schlitten dabeihatten. Die Russen konnten unmöglich schneller unterwegs sein als sie. Andererseits galt: *Speed is no substitute for direction* – es spielte keine Rolle, wie schnell die Russen waren, solange sie in die falsche Richtung fuhren.

Auch wenn das Fahren viel Konzentration erforderte, versank Martin fast in einen leichten Halbschlaf. Vor seinem inneren Auge tauchte das Gesicht des Russen, Roman, auf. Die schwarzen, durchdringenden Augen, die Narbe, die leere, aber zugleich verbissene Miene. Intelligent, böse. Er riss sich aus seiner Trance, er musste sich zusammennehmen, um auf seine drei Begleiter hinter und neben sich zu achten. Bis in das Tal, das er als Ziel gewählt hatte, würde es mindestens eine Stunde dauern.

Urplötzlich wurde ihm bewusst, dass es aufgehört hatte zu schneien. Die Sicht wurde um einiges besser, weit vor sich konnte er Schneewehen erkennen, und er freute sich, das Tempo erhöhen zu können. Es durfte nur nicht ganz aufklaren. Oben auf dem flachen Gletscherrücken reichte die Sicht bei gutem Wetter mehrere Kilometer weit, und ihre Spuren wären wie Wegweiser im Neuschnee. Er blickte nach oben und entdeckte einen Streifen blauen Himmels.

Das war das Schlimmste, was geschehen konnte.

28

Obwohl es der denkbar ungünstigste Zeitpunkt war, konnte Martin schlicht und ergreifend nicht länger warten. Er musste sich erleichtern. Abrupt bremste er ab und sah, wie die drei anderen an ihm vorbeischossen, bis auch sie die Bremshebel betätigten.

Martin stellte sich hinter das Schneemobil und starrte in die Richtung, aus der die Russen auftauchen könnten. Es waren Elitesoldaten, die besten, die das russische Heer aufbieten konnte. Unterschätzte er sie womöglich? Wenn es den Russen gelang, ihren Wunschkandidaten zum amerikanischen Präsidenten wählen zu lassen, dann besaßen sie sicher auch für diesen Einsatz hier die beste technische Ausrüstung. Vielleicht gab es ja eine Technologie, die es möglich machte, im Nebel zu fahren wie mit Nachtsichtgeräten in der Dunkelheit.

Er blickte sich besorgt um. Es genügte den Russen zu wissen, wo seine Begleiter und er sich befanden. Die Soldaten konnten einfach ungesehen an ihnen vorbeifahren, sich vor ihnen im Nebel aufstellen und sie in einem Kugelhagel ertränken. Dann hätten sie nicht den Hauch einer Chance.

Martin zog seinen Reißverschluss zu und sah zum Himmel hinauf, während er sich auf das Schneemobil setzte. Das Wetter hatte sich noch nicht entschieden. Vorläufig blieb der blaue Streifen bescheiden, doch die Licht- und Sichtverhältnisse wechselten ständig. In einem Augenblick konnten sie mehrere Hundert Meter nach vorn sehen, im nächsten hatten sie eine Sicht von gerade einmal zehn Metern.

Cindy beugte sich über das kleine Armaturenbrett ihres Gefährts und befestigte etwas daran. Martin schloss zu ihr auf, um besser sehen zu können.

»Wo kommt das her?«, fragte er und deutete auf das GPS-Gerät.

»Es gehört mir.«

»Was haben Sie damit vor?«

»Ich habe alle möglichen Routen darauf gespeichert. Wie, glauben Sie, hätte ich es sonst allein vom Gletscher bis nach Pyramiden geschafft?«

Martin ging plötzlich ein Licht auf. »Dann sind Sie also mit Absicht verschwunden? Alles war geplant?«

»Die Idee kam mir, als der Nebel dichter wurde«, antwortete Cindy. »Ich wollte in Ruhe nach dem Waffenlager suchen, aber die Russen erreichten die Siedlung kurz nach mir. Daher kam ich nicht dazu.«

»Sarah hat die Rolle der besorgten Mutter sehr gut gespielt«, sagte Martin.

»Nur die besten Schauspieler bekommen einen Job in der CIA.«

»Und James?«, fragte Martin.

»Er war über zwanzig Jahre lang Agent, aber inzwischen ist er dem Reglement zufolge zu alt. Es kommt allerdings vor, dass er das vergisst. Und dass er vergisst, wer jetzt das Sagen hat.«

Martin begann zu verstehen, wieso es zwischen Cindy und James immer wieder zu Machtkämpfen kam. Er selbst hätte jedenfalls den besonnenen und erfahrenen James als Chef vorgezogen, nicht die ehrgeizige und launenhafte Cindy.

Sarah und James waren auf ihren Schneemobilen sitzen geblieben und bekamen nichts von dem Gespräch mit. Martin bedeutete ihnen loszufahren. Cindy griff ihn am Arm und zeigte auf die Tanknadel. Über die Hälfte des Benzins war verbraucht.

»Unsere Auswahl an Umwegen, bevor wir zurück zum Benzinschlitten müssen, ist begrenzt.«

»Keine Sorge«, beruhigte Martin sie. »Wir verstecken uns vor den Russen, und dabei fahren wir nicht. Es ist genügend Treibstoff da, um den Benzinschlitten zu erreichen. Mich bekümmern andere Dinge.« Er zeigte auf die Wolkendecke.

Das Wetter hatte sich entschieden, und zu dem einzelnen blauen Streifen gesellten sich bald weitere. Innerhalb weniger Minuten war der Himmel über ihren Köpfen wolkenlos geworden. Sie donnerten über einen engen Pass und anschließend einen steilen Gletscherabhang hinab. Die Schneewechten waren weniger geworden, und da sie sie schon im Voraus sehen konnten, war es nicht schwer, ihnen auszuweichen.

Viele der Berge ringsherum waren noch wolkenverhangen, und hinter ihnen schien der Nebel ebenso dicht zu sein. Martin hoffte, dass die Russen in dem weißen Nebeldunst weiter südlich nach ihnen suchten. Er hielt unverändert Kurs nach Norden in Richtung Newtontoppen, doch er sah keinen Grund mehr, ganz hinaufzufahren. In Kürze würden sie den Kvitbreen erreichen, einen großen, flachen Gletscher, der in Ost-West-Richtung verlief. Von dort wollte er nach Osten abbiegen und anschließend eine Pause einlegen, um in Ruhe telefonieren zu können.

Sie waren auf dem Weg in ein Gebiet, das er nicht gut kannte, und sie bewegten sich mittlerweile fernab der für Touristen erlaubten Zone. Er bezweifelte, dass dieses kleine Vergehen vom Sysselmann geahndet werden würde, wenn dieser den Rest der Geschichte hörte, aber bei den Behörden auf Spitzbergen konnte man nie ganz sicher sein.

Sie umrundeten eine Gebirgsformation mit dem treffenden Namen Håpfjellet, Fjell der Hoffnung, und erreichten dann den weitflächigen Kvitbreen. Nach einigen Kilometern hielt Martin mitten auf dem Gletscher. Sie hatten eine gute Aussicht in alle Richtungen, hier konnten sie von niemandem überrascht werden.

Martin war erleichtert, als er vom Schneemobil stieg. Erst jetzt spürte er, wie hungrig und durstig er war. Sie hatten nichts zu essen oder zu trinken dabei, und James ging es anscheinend ähnlich wie ihm. Seine erste Handlung nach ihrem Halt war es, sich eine Handvoll Schnee in den Mund zu stopfen. Martin wusste, dass das sinnlos war, doch sollten die anderen ihre eigenen Erfahrungen machen.

Cindy stand neben ihrem Schneemobil und sah sich nach allen Seiten um. Sie blickte in den Himmel und fuhr plötzlich zusammen. »Achtung, da!«, rief sie und zeigte nach oben.

Die Sonne stand tief, Martin schirmte die Augen mit der Hand ab. Er entdeckte nichts.

Cindy zog ihn mit zu ihrem Schneemobil, wo sie sich hinkniete und in den blauen Himmel zeigte. »Eine Drohne auf elf Uhr.«

Jetzt sah Martin sie ebenfalls. Die Sonne stand fast direkt dahinter, er war beeindruckt, dass Cindy das kleine Gerät überhaupt entdeckt hatte. Es schwebte mindestens zweihundert Meter über dem Boden, schien aber auf sie zuzufliegen.

»Versteckt euch hinter den Fahrzeugen!«, rief Cindy Sarah und James zu. Sie gehorchten sofort und legten sich bäuchlings in den Schnee.

»Das nützt nichts, sie haben uns gefunden«, wandte Martin ein.

»Die Drohne könnte bewaffnet sein. Selbst hier auf Spitzbergen haben Sie ja wohl davon gehört, dass Drohnen auch im Krieg eingesetzt werden?«

Martin überhörte die Beleidigung. Er schnallte das Gewehr ab, fischte eine Handvoll Patronen aus der Brusttasche seines Schneeanzugs und lud das Magazin. Die Drohne kam näher und ging in den Sinkflug. Martin hielt das Gewehr hinter dem Schneemobil versteckt; wer auch immer die Drohne steuerte, verfolgte den Flug schließlich von irgendwoher über einen Bildschirm. Martin hatte selbst einmal mit einer Drohne nach einem Eisbären gesucht und war über die Bildqualität verblüfft gewesen. Er glaubte kaum, dass russische Spezialkräfte schlechteres Equipment hatten, als man sich im Internet bestellen konnte.

Ihm wurde klar, dass sie viel zu dicht beieinander waren. Besser wären sie in vier verschiedene Richtungen gefahren, denn so hätten sich die Russen für einen von ihnen entscheiden müssen. Jetzt war es dafür wahrscheinlich zu spät.

»Wie nah muss das Teil kommen, um zu schießen?«, fragte Martin.

»Nicht besonders nah«, antwortete Cindy vage. Sie hatte keine Ahnung, wie Martin bewusst wurde.

»Könnte sie mit wärmegesteuerten Waffen ausgerüstet sein?«

»Das weiß ich nicht.«

»Sie sind hier die Drohnenexpertin«, sagte Martin.

Er schätzte den Abstand auf etwa zweihundert Meter. Zu groß für das Gewehr. Mit einem Schuss würde er den Drohnenpiloten nur vorwarnen. Sie hielten alle die Luft an, als die Drohne sich weiter näherte. Jetzt war ein schwaches Summen zu hören, es klang wie eine aufgebrachte Hummel. Das Geräusch trug weit in die polare Stille hinein.

Sie sehen uns hier liegen, und ihnen ist klar, dass wir die Drohne entdeckt haben, aber vielleicht wissen sie nicht, dass wir bewaffnet sind, dachte Martin. Doch diesen Gedanken wischte er sofort wieder beiseite: Jeder wusste, dass man auf

Spitzbergen nicht ohne Waffe mit einem Schneemobil unterwegs war. Es stellte sich nur noch die Frage, wann der Drohnenpilot abdrücken würde.

Das graue Fluggerät gab kein leichtes Ziel ab, und die Entfernung war eigentlich zu groß, aber ihm blieb keine andere Wahl. Er musste schießen. Vorsichtig schob er Cindy zur Seite, um mehr Ellbogenfreiheit zu haben. Dann setzte er den Lauf unauffällig auf die Sitzlehne, sodass das Gewehr ruhig lag. Es war ein Risiko. Falls das Gerät der Russen eine hohe Bildqualität lieferte, würden sie den Gewehrlauf möglicherweise entdecken. Doch es half nichts, ohne Auflage hatte er keine Chance auf einen Treffer.

Im knienden Anschlag justierte er das Zielfernrohr und visierte die Drohne an. Das Gewehr lag ganz still, und Martin bog den Zeigefinger langsam zu sich. Plötzlich stieg die Drohne wieder nach oben, und Martin begriff augenblicklich, was geschehen war. Sie hatten das Gewehr bemerkt. Er nahm die Drohne wieder ins Visier, zielte absichtlich ein Stück daneben und drückte ab.

Es war ein Meisterschuss.

Die Drohne überschlug sich und trudelte dem Boden entgegen. Gespannt verfolgte Martin ihren Absturz, bis sie ein paar Hundert Meter entfernt auf dem Gletscher aufprallte. Die Explosion, auf die er sich gefasst machte, blieb aus. Vielleicht war sie doch nicht bewaffnet gewesen.

Martin stand auf und hielt das Gewehr triumphierend in die Luft gestreckt. Von den anderen kamen keine Ovationen, sie lagen noch immer zusammengekauert hinter ihren Fahrzeugen.

»Kommen Sie raus«, rief er mit gespielter Heiterkeit.

Er lehnte das Gewehr gegen das Schneemobil, durchsuchte die Taschen seines Schneeanzugs und zog das russische Telefon hervor. Ihre Rettung.

»Der bedauernswerte Kerl in Pyramiden hat das hier nicht ausgeschaltet, und es hat immer noch Akku«, sagte Martin. »Ich tippe mal, dass es Satellitenempfang hat, also rufe ich den Sysselmann an und bestelle uns einen Helikoptertransport.«

»Schafft die Mannschaft es wirklich, in diesem Wetter herzufliegen?«, fragte James und deutete auf die Wolken, die sie umgaben.

»Ich weiß nicht, wie es in Longyearbyen aussieht, aber das Hubschrauberteam fliegt bei jedem Wetter, nicht nur bei Sonnenschein, das ist sein Job«, sagte Martin. »Das Problem ist die Landung, und hier sind die Verhältnisse dafür perfekt.«

»Im Moment, ja«, entgegnete James.

»Und wir sind im Moment hier«, gab Martin zurück.

Cindy starrte auf das Telefon in Martins Hand.

»Geben Sie mir das«, forderte sie ihn auf.

Verwirrt schaute Martin sie an und gab ihr das Telefon. Cindy legte es auf das Trittbrett des Schneemobils, nahm sich Martins Gewehr und rammte den Kolben zweimal darauf. Der erste Hieb brach das Gerät auseinander, der zweite zertrümmerte es total.

»Was zur Hölle tun Sie da?«, schrie Martin.

»Nur deswegen konnten sie uns orten.« Cindy zeigte auf die Überreste des Telefons. »Diese Drohne war hier, weil sie wissen, wo wir uns befinden.«

»Sie haben unsere einzige Möglichkeit, Kontakt zur Außenwelt aufzunehmen, zerstört!«, brüllte Martin.

»Beruhigen Sie sich«, sagte Cindy und wandte sich an James. »Gib mir dein Satellitentelefon. Wir müssen eine ganze Reihe Anrufe führen.«

James gab keine Antwort.

Martin tippte Cindy auf die Schulter.

Irritiert drehte sie sich um.

»Das Telefon wurde von den Russen aus dem Hotelzimmer gestohlen«, sagte Martin. »Genau wie mein eigenes, während Sie gefesselt auf einem Stuhl gesessen haben.«

Cindy sah aus, als hätte ihr jemand mit der Faust ins Gesicht geschlagen. Mit verzerrter Miene sprang sie auf James zu. »Du verdammter Sesselfurzer!«, schrie sie und schubste James nach hinten. »Warum lässt du unsere Lebensversicherung einfach so im Zimmer herumliegen? Wann warst du das letzte Mal im aktiven Einsatz? Ich sollte dich mit bloßen Händen erwürgen!«

»Ich weiß nicht, wer von Ihnen uns mehr Schaden zugefügt hat«, sagte Martin und setzte sich gegen das Schneemobil gelehnt in den Schnee.

Irgendetwas stimmte hier nicht. Die Russen konnten das Telefon ihres Kollegen geortet haben, aber es war Martin nur durch einen Zufall in die Hände geraten. Spezialsoldaten überließen nichts dem Zufall.

Abrupt stand er auf und untersuchte sein Schneemobil, angefangen bei dem kleinen Gepäckfach. Er tastete die Stellen ab, die er bloßen Auges nicht sehen konnte, und entlang der Kante unter dem Sitz. Die anderen hatten ihren Streit vorübergehend beigelegt und taten es ihm gleich. Als er die Motorhaube anhob, sah er ihn sofort. Ein Sensor, halb so groß wie eine Kreditkarte, war mit einem Magneten neben dem Ersatzkeilriemen befestigt. Der Peilsender war größer als erwartet, und Martin vermutete, dass er eine ungewöhnlich große Akkuleistung besaß, um seine Sendezeit zu maximieren.

Er riss den Sensor ab und zeigte ihn seinen Begleitern.

»Klappen Sie die Motorhauben auf, und entfernen Sie die Tracker. Mit Sicherheit haben die Russen sie an allen unseren Schneemobilen versteckt. Damit haben sie uns geortet, nicht mit dem Telefon.«

Es dauerte nur wenige Sekunden, bis sie auch die anderen Peilsender gefunden hatten.

»Zerstören Sie sie nicht gleich wieder aus Wut, sonst kapieren diese Kerle gleich, dass wir die Sender gefunden haben«, sagte Martin an Cindy gewandt. »Wir stecken sie einfach schön hier in den Schnee. Dann glauben sie, wir würden uns nicht bewegen.«

Cindy würdigte Martin keines Blickes. Sie setzte sich bloß auf ihr Schneemobil und tippte auf dem GPS-Gerät herum.

29

Martin blickte nach oben in den blauen Himmel, wo sich die Wolken zurückzogen. Die Situation war wie auf den Kopf gestellt. Gerade hatte er noch auf Sonnenschein gehofft, damit ein Helikopter landen konnte. Jetzt allerdings waren sie auf trübes Wetter und schlechte Sichtverhältnisse angewiesen, damit man ihren Fahrspuren schwerer folgen konnte.

»Wir sind leicht zu finden, außer uns ist niemand diesen Gletscher hinuntergefahren«, erklärte Martin. »Es ist nur eine Frage der Zeit, bis sie hier sind.«

»Wir müssen uns beeilen«, drängte Sarah.

Sie hatte schon länger nichts mehr gesagt, und jetzt deutete sie hinter sich, wo beim Håpfjellet vier Schneemobile um die Ecke bogen. Rasch holte Martin das Fernglas hervor. Im selben Augenblick stoppten die Verfolger, und er sah, wie zwei von ihnen zu einem der Schlitten liefen. Anscheinend lösten sie ein paar Gurte, um eine Metallbox zu öffnen.

»Steigen Sie auf!«, schrie er. »Verteilen Sie sich!« Er gestikulierte wild mit den Armen.

Mit einer einzigen Bewegung hob er sein Gewehr auf, sprang auf den Fahrersitz, betätigte den Startknopf und drückte den Gashebel durch. Das Gefährt bäumte sich auf, und er presste sich flach auf den Sitz, um eine so kleine Zielscheibe wie möglich abzugeben. Sein Gesicht schwebte nur wenige Zentimeter über dem Tacho, der einhundertfünfundachtzig anzeigte. Bei dieser Geschwindigkeit wagte er es nicht, das Schneemobil in eine andere Richtung zu lenken, obwohl er die anderen dazu aufgefordert hatte, sich zu verteilen. Es ging ihm nur darum, den Abstand zu dem, was kommen würde, um jeden Preis zu vergrößern.

Er warf einen Blick über die Schulter und sah zwei seiner Begleiter ein gutes Stück hinter sich. Zum Glück hielten sie ausreichend Abstand zueinander. Der oder die dritte war direkt hinter ihm, der Neuschnee spritzte zu beiden Seiten.

Er fragte sich, wie groß die Reichweite der Granate wohl wäre, und jeden Augenblick erwartete er, einen Knall zu hören. Aber sein aktuelles Tempo entsprach drei Kilometern pro Minute, und es hatte nicht den Anschein, als hätten die Russen wärmegesteuerte Waffen in ihrem Gepäck. Martin richtete sich auf, hielt das Gewehr mit einer Hand fest und sah erneut über seine Schulter. Die Russen waren nur kleine Pünktchen in der Ferne. Nie im Leben konnten sie von dort treffen.

Martin bremste und fuhr langsamer, bis die anderen ihn eingeholt hatten, dann stoppte er seine Maschine. Er registrierte, dass der Benzinstand bei einem Viertel angelangt war; jetzt mussten sie eine Route wählen, die direkt zu ihrem Treibstoffdepot führte.

Sarah stieg von ihrem Fahrzeug und zeigte ihm ihre bloßen Hände. »Ich habe die Handschuhe verloren«, stöhnte sie. »Ich spüre meine Finger nicht mehr.«

»Mein Helm ist liegen geblieben«, sagte James hinter ihr.

Martin unterdrückte einen Wutschrei, er selbst hätte ebenso gut etwas vergessen können. »Solange Sie eine Sturmhaube tragen, wird es schon gehen«, sagte er zu James.

Sarahs Problem war hingegen schlimmer. Martin führte sie zu seinem Schneemobil.

»Sie wissen schon, dass die Lenkergriffe beheizbar sind?«

Sarah schüttelte den Kopf. Martin zeigte ihr, wie man die Wärme ganz aufdrehte. Trotzdem konnte sie nicht stundenlang ohne Schutz an den Händen fahren, deshalb gab er ihr seinen rechten Handschuh.

»Nehmen Sie den hier für die Hand am Gashebel«, sagte er. »Und dann ziehen Sie den Schneeanzug über Ihre linke Hand und greifen so um den warmen Griff.«

Dann ging er zu Cindy. »Ich fürchte, die Russen haben eine Waffe, mit der sie Granaten abfeuern können. Eine Bazooka oder so ähnlich.«

»Das vermute ich auch«, pflichtete Cindy ihm bei. »Die Speznas-Truppen haben Gewehre, an die sie Granatwerfer montieren können. Aber sie sind wahrscheinlich nicht in der Lage, aus mehreren Kilometern Entfernung zu treffen. Der Großteil ihrer Ausrüstung ist für den Nahkampf ausgelegt.«

»Ich habe nicht vor, es darauf ankommen zu lassen«, erwiderte Martin.

Er kletterte auf den Fahrersitz und beobachtete die Punkte in der Ferne durch den Feldstecher. Sie bewegten sich, doch in die entgegengesetzte Richtung, wie es schien. Martin stieg wieder vom Schneemobil und nahm die Landkarte aus dem Gepäckfach. Sie befanden sich auf unbekanntem Terrain; er war noch nie in dieser Gegend unterwegs gewesen. Vor ihnen lag Olav-V-Land, ein riesiges, flaches und von Gletschern bedecktes Gebiet, das einen großen Teil Ost-Spitzbergens einnahm. Selbst mit unbegrenztem Treibstoffvorrat hätten sie keinen Grund gehabt, dort hinzufahren.

Sie standen am Eingang zu einem Gletschertal, das sich in Nord-Süd-Richtung erstreckte und sie geradewegs zu ihrem Benzinlager führen würde. Der darin verlaufende Aleksanderbreen war auf beiden Seiten von Bergen gesäumt und änderte seinen Namen aus irgendeinem Grund in Akademikarbreen, bevor er in ein flacheres Gletschergebiet mündete. Von dort waren es nur ein paar Kilometer bis zum Schlitten mit den Benzinkanistern. Laut Martins Berechnungen betrug die Strecke knapp einhundert Kilometer. Das war in einer guten Stunde zu schaffen.

James, Sarah und Cindy hatten sich neben ihn gestellt, während er die Karte studierte. »So wie es aussieht, fahren die Russen in die andere Richtung, aber sie können auf keinen Fall eine Abkürzung nehmen. Alle anderen Routen sind länger, wie Sie sehen«, sagte Martin, während er ihnen die Alternativen zeigte.

»Eigenartig. In diesem Licht könnte ein Kind unseren Spuren folgen«, sagte James. »Außer uns ist hier niemand unterwegs gewesen.«

»Störe deinen Feind nie, wenn er gerade Fehler macht«, erwiderte Martin.

Verwirrt sah James ihn an.

»Napoleon«, erklärte Martin.

Dann wurde ihm klar, dass es mit Napoleon am Ende nicht so gut ausgegangen war.

»Wir fahren!«, rief er und stieg auf das Schneemobil.

Ein letzter Blick auf den Benzinstand. Sie würden keine Probleme haben, die hundert Kilometer ohne Schlitten zurückzulegen. Seine einzige Sorge waren Gletscherspalten. Martin kannte niemanden, der exakt diese Route schon einmal gefahren war. Am Ende des Tals mussten sie den höchsten Punkt des Negribreen passieren, ein für Spalten berüchtigtes Gebiet. Allerdings kamen so fern des Meeres wohl kaum viele Spalten vor, und normalerweise hatte ein flacher Gletscher keine Risse. Sie entstanden, wenn sich das Gelände änderte – wenn ein Gletscher eine Kurve machte, steil abfiel, sich dramatisch verengte oder breiter wurde –, bei Veränderungen also, die in gutem Wetter leicht zu erkennen waren.

Die Fahrt durch das Tal mit dem Aleksanderbreen war ein Abenteuer. Herrliche, spitze Berggipfel zu beiden Seiten und ein flacher Gletscher, auf dem der Neuschnee in der tiefen Sonne funkelte. Martin sah auf dem GPS-Gerät, dass sie sich in einem Gebiet befanden, das als Erstes von Russen kartiert worden sein musste. Die Berge trugen Namen wie Pachtusovfjellet und Ergomysevfjellet, möglicherweise benannt nach Förderern russischer Entdecker und Abenteurer.

Aus dem Sonnenstand schloss Martin, dass es gegen neun Uhr abends sein musste; sie stand so niedrig, dass die Berggipfel auf der Westseite des Tals lange Schatten warfen. Er achtete darauf, nicht im Schatten zu fahren, dort wäre die Sicht weitaus schlechter.

Der Gedanke daran, wie schnell die Russen unterwegs waren, nagte an ihm. Mehrmals stellte er sich beim Fahren auf das Trittbrett und schaute nach hinten. Dort war nichts zu sehen außer ihren eigenen schnurgeraden Spuren, die bis zum Horizont reichten. Es ergab keinen Sinn, dass die Russen einen anderen Weg wählten. Jede andere Route war länger. Martin hielt das Tempo bei exakt einhundert Stundenkilometern, und er hatte die Amerikaner dazu angehalten, in seiner Spur zu fahren und nicht im Tiefschnee daneben. So sparten sie einiges an Benzin. Seine Tankanzeige stand bei noch zwei von zehn Strichen, und er schätzte, dass diese Menge für mindestens fünfzig bis sechzig Kilometer ausreichte. Wahrscheinlich sogar mehr, schon oft war er ein gutes Stück weitergefahren, obwohl die Tanknadel null anzeigte.

Martin versuchte sich in die Lage der Russen zu versetzen. Ihnen war ganz sicher klar, dass sie mit Martins Tempo nicht mithalten konnten. Sie hatten Schlitten dabei, also war es ziemlich unwahrscheinlich, dass sie seine Begleiter und ihn einholten. Bald wären außerdem ihre eigenen Treibstofftanks wieder aufgefüllt, und sie würden so schnell fahren können, wie es Gelände und Schneeverhältnisse zuließen. Dann konnten die Russen es sich abschminken, zu ihnen aufzuschließen.

Roman, sein Feind hatte einen Namen. Und ein Gesicht. Roman verfolgte einen Gegner, der sich schneller bewegte, der das Gelände kannte und der nicht mehr geortet werden konnte. Hatte Roman einen Plan? Martin musste sich eingestehen, dass das sehr wahrscheinlich zutraf. Roman war der Offizier eines Spezialkorps und ein herausragender Schachspieler – er hatte sicher nicht vor, sie nach Longyearbyen kommen zu lassen. Hatte Martin etwas nicht bedacht, etwas übersehen? Ihm behagte der Gedanke an den verschwundenen fünften Soldaten nicht. Zweifelsohne kommunizierten die Russen untereinander, der fünfte Mann konnte ausgesandt worden sein, um ihnen den Weg abzuschneiden. Vielleicht war gerade das seine Aufgabe, ein Hinterhalt.

In diesem Fall musste er sich irgendwo verstecken. Martin hielt nach allen Seiten Ausschau, während sie in der Mitte des Tals fuhren. Bis zu den Berggipfeln rechts und links von ihnen waren es jeweils etwa tausend Meter. Aus dieser Entfernung war niemand in der Lage, ein sich bewegendes Ziel zu treffen. Hier bestand also keine Gefahr, doch es gab viele andere Stellen, an denen das nicht so war. Er musste die Russen überraschen, etwas Unerwartetes tun.

Sie überquerten den höchsten Punkt des Negribreen, ohne auch nur auf eine einzige Schneewechte zu stoßen, die Schnee-

211

mobile wogten sanft auf dem Neuschnee. Es war, als führen sie auf einem Daunenkissen, jede Bewegung war weich und federnd. Die Berge wurden flacher, und der Ausblick auf die Westküste wurde immer besser. Bis dorthin reichte das gute Wetter nicht; soweit Martin erkennen konnte, türmten sich in dieser Richtung dunkle, schwere Wolken auf. Er war sich unsicher, ob das ein Vorteil für sie war. Solange sie jedoch genug Benzin hatten und ihre Schneemobile funktionierten, hatten die Russen wohl kaum eine Chance, sie daran zu hindern, Longyearbyen zu erreichen.

Vor ihnen stieg der Gletscher wieder an. Es war ein langer, flacher Hügel, von dessen oberstem Punkt aus man frei nach Westen blicken konnte. Es bestand kein Zweifel, schlechtes Wetter war im Anmarsch. Trotz der eigentlich weiten Sicht war der Tempelfjord für Martin nicht auszumachen, stattdessen trieb Nebel über den Hang auf sie zu. Auf der Strecke hinunter zum Benzinlager aber herrschten noch gute Lichtverhältnisse, also gab Martin Gas, bis der Tachometer einhundertfünfunddreißig anzeigte.

Er hielt großen Abstand zu den Bergen rechts von ihm, denn nahe der Felswand war der Gletscher abgesunken und hatte dort einen Höhenunterschied von fünfzig bis einhundert Metern. Martin umrundete einen Bergvorsprung und raste auf den Von Postbreen hinaus. Ihr Benzinschlitten stand mitten auf dem Gletscher, ganz in der Nähe der nordsüdlich verlaufenden Schneemobiltrasse. Die Spuren der Raupen waren deutlich zu erkennen.

30

Martin stoppte und stieg ab; die Motorhaube seines Schneemobils zeigte in Richtung Tempelfjord. Er verschränkte die
Arme und schaute geradeaus, bis er bemerkte, dass Cindy neben
ihm stand.

»Warum halten wir hier?«

Martin holte tief Luft und atmete langsam wieder aus.

»Weil unser Benzinschlitten hier stehen sollte.«

Cindy starrte ihn an, ihre Augen hinter der Skibrille waren
ganz schwarz. Fast glaubte er schon, sie hätte ihn nicht gehört,
da stapfte sie davon, um den anderen davon zu berichten. Er
stierte weiter nach vorn.

Kurz darauf umringten sie ihn aufgebracht. James brüllte
am lautesten: »Sie verfluchter Idiot! Ich hätte protestieren sollen,
als Sie das Benzin mitten auf dem Fjell zurückgelassen haben.
Das ist unser Tod!«

Sarah trommelte mit den Fäusten gegen Martins Brust,
doch er spürte es kaum. Der dicke Schneeanzug dämpfte alle
Schläge.

Cindy trat ganz dicht vor ihn. »Ich habe die Pistole dieses
Russen. Sie sollten froh sein, dass ich sie nicht benutze.«

Martin drehte sich ruckartig um und stieg auf das Trittbrett. Überragte die anderen. Sie schwiegen.

»Schluss jetzt! Die Russen haben das Benzin gestohlen.
Und die Russen sind verdammt noch mal nicht meine Schuld.
Sie, und nur Sie, sind dafür verantwortlich, dass diese Leute

uns umbringen wollen. Natürlich haben sie unser Benzinlager entdeckt und einen Mann hierhergeschickt. Deshalb waren sie auch zu viert und nicht zu fünft.«

Cindy öffnete den Mund, um etwas zu erwidern, doch Martin brachte sie mit einer Handbewegung zum Verstummen. »Wir haben nicht genügend Treibstoff, um nach Longyearbyen zu kommen, so viel steht fest. Sie dürfen mir gerne sagen, wie es jetzt weitergehen soll.« Er setzte sich auf den Sitz. Wäre er stehen geblieben und hätte auf sie hinabgesehen, wäre unweigerlich er der Chef gewesen, und in diesem Moment wollte er nicht die Verantwortung tragen. Gleichzeitig war ihm bewusst, dass er der Einzige war, der sie retten konnte. Er deutete auf Cindy.

»Sie haben ein GPS und wissen sowohl, wo wir sind, als auch, wohin wir müssen. Was schlagen Sie vor?«

Sie ließ die Schultern hängen. »Ich weiß es nicht«, antwortete sie.

»Was ist mit Ihnen?«

Doch Sarah und James schüttelten bloß die Köpfe und sahen zu Boden.

Martin musterte die professionellen Spione. Ein waschechtes Agententeam der CIA, dem russische Spezialsoldaten mit einer eindeutigen Mission auf den Fersen waren. Die ganze Situation fühlte sich unwirklich an, noch immer konnte er das alles nicht richtig verarbeiten. Diese angebliche Familie hatte ausdrücklich ihn als Guide ausgewählt, nur um später zu versuchen, ihn wieder loszuwerden. Jetzt waren sie von ihm abhängig.

Im Grunde gab es keine Lösung. Sie hatten nicht genügend Benzin. Der kürzeste Weg nach Longyearbyen führte geradeaus, hinunter auf den Tempelfjord, auf das Eis und dann über die »Schnellstraße« zurück in die Stadt. Circa hundert Kilometer, selbst im allerbesten Fall waren das vierzig Kilometer zu viel. In ihren Schneeanzügen und Stiefeln zu Fuß zu gehen, wäre die Hölle, und außerdem unmöglich mit seinem Bein. Und die Truppe mordlustiger russischer Spezialsoldaten, die ihnen hinterherjagte, würde diese Hölle sehr schnell in etwas viel Schlimmeres verwandeln.

Martin betrachtete den Nebel, der weiter unten den Gletscher verhüllte. Er böte ihnen Schutz, wenngleich nicht für immer. Aber das wäre immerhin *etwas.*

»Wir fahren runter auf den Tempelfjord«, sagte er so unvermittelt, dass es sich für die anderen drei wie eine Ohrfeige anfühlen musste.

»Auf den Fjord?«, sagte Cindy besorgt. »Meinten Sie nicht, das Eis sei nicht sicher?«

»Doch.«

Cindy breitete in einer resignierten Geste die Arme aus und wartete darauf, dass er weitersprach.

»Es kommt vor, dass Leute den Tempelfjord überqueren, an der Stelle jedenfalls, wo das Eis stabil ist. Wenn wir dort auf jemanden treffen, können wir uns Benzin borgen.«

»Wieso sollten uns dort Menschen begegnen?«, fragte Sarah.

»Die normale Route nach Pyramiden führt über den Tempelfjord«, erklärte Martin. »Diese Strecke wird täglich gefahren.«

Ihm war klar, dass sie damit riskierten, andere in Lebensgefahr zu bringen, falls die Russen sie erwischten, aber er hatte ein schlagkräftiges Argument.

»Wenn dort jemand mit einem Guide unterwegs ist, hat der auf jeden Fall ein Satellitentelefon dabei.«

»Dann sollten wir nicht länger hier herumstehen«, merkte James an und sah sich unruhig um.

Martin prüfte die Tankstände bei allen. Abgesehen von Sarahs Schneemobil zeigten alle Fahrzeuge noch einen Strich an, ihre Anzeige stand auf null. Martin schaukelte das Schneemobil hin und her, doch die Nadel bewegte sich nicht. Der Tank war also tatsächlich so gut wie leer.

»Wir fahren jetzt in einem Tempo weiter, das benzinsparend ist«, sagte er.

Eine plötzliche Eingebung ließ ihn das Fernglas zücken. Er ließ den Blick langsam über die Bergkämme rund um den Gletscher schweifen. Es dauerte nicht lang, bis er sie entdeckt hatte. Eine Person auf einem Schneemobil links vom höchsten Punkt des Gletschers, die in ihre Richtung schaute. Eine Person mit zwei Schlitten.

»Dort oben ist unser Benzinschlitten, wir können ja versuchen, ihn uns zurückzuholen.« Achselzuckend deutete Martin auf die Stelle.

»Warum lässt er uns vorbeifahren?«, fragte Sarah. »Er hat schließlich eine Waffe.«

»Wir sind vier gegen einen in offenem Gelände, und selbstverständlich weiß er, dass Sie zur CIA gehören. Er hat wohl gelernt, nur bei guten Erfolgsaussichten anzugreifen.«

Martin startete den Motor und fuhr los, ohne eine Reaktion abzuwarten. Der flache Von Postbreen war wie ein frisch gebohnertes Parkett, deshalb fuhren sie hintereinander nach unten: Martin voran, mit minimalem, aber doch genügend Druck auf den Gashebel, um das Tempo über sechzig zu halten. Zu seiner Freude zeigte die Tanknadel zwei Striche an, als es bergab ging.

Sarah fuhr direkt hinter ihm, wahrscheinlich ging ihr als Erstes der Sprit aus, und so würde er es sofort bemerken. Sie erreichten den Nebelschleier, der allerdings nur aus einer dünnen Schicht bestand, ehe die Sicht wieder besser wurde.

Wie ein grauer, feuchter Deckel lagen Wolken und Nebel über der Landschaft und verwischten die Konturen. Dennoch konnte man mehrere Kilometer weit sehen. Vom Wetter war allerdings keine Hilfe zu erwarten.

Am Fuß des Gletschers befand sich ein lang gestrecktes Moränengebiet, in dem die Fahrspur im Zickzack zwischen den Geröllhaufen verlief. In einem solchen Gelände hatten sie keine Chance, jemanden zu entdecken, der auf der Lauer lag. An mehreren Stellen mussten sie über Blankeis fahren, wo selbst die geringste Geschwindigkeitsänderung das Schneemobil seitlich wegrutschen ließ. Doch die Amateure stellten sich besser an, als Martin befürchtet hatte. Lediglich James drehte sich einmal um die eigene Achse, blieb aber in Fahrtrichtung wieder stehen. Auf diese Weise krochen sie durch die Moräne voran.

Bei ihrem Schneckentempo wusste Martin, dass die Russen mit jedem Moment weiter aufholten. Es war beinahe schlimmer, nicht zu wissen, wo sie waren, als wenn er sie hätte sehen können. Sie *mussten* sich hinter ihnen befinden, alles andere war unmöglich. Ständig drehte Martin sich um, aber unter dem Nebelschleier tauchten keine Schneemobile auf, die den Gletscher hinabfuhren.

Sie schafften es bis zum Rand des Fjordeises, bevor Sarahs Fahrzeug den Geist aufgab. Martin bedeutete ihr, sich zu James zu gesellen, und ihm wurde bewusst, dass er die beiden noch immer als Ehepaar ansah.

»Was machen wir, wenn der nächste stehen bleibt, und dann wieder der nächste?«, fragte Cindy gereizt. »Sollen wir zu viert auf Ihr Schneemobil steigen, oder was?«

Mit ruhigen Schritten ging Martin auf sie zu, stellte sich dicht vor sie und presste ihr einen Finger auf die Brust. »Ich bin nicht hergekommen, um Krieg gegen Russland zu führen, ich habe das Telefon nicht zertrümmert, das unsere Rettung war, ich habe den Tourguide nicht hinters Licht geführt. Und wäre ich diejenige, die diese Dinge getan hätte, würde ich meine Klappe halten.«

Er machte kehrt, ging zurück zu seinem Schneemobil, stieg auf und versuchte gleichmäßig zu atmen. Mit erzwungener Beherrschung holte er das Fernglas hervor und scannte den unteren Teil des Von Postbreen, der nun hinter ihnen lag.

Ihre Verfolger waren leicht ausfindig zu machen, wie sich zeigte; sie folgten der Hauptspur. Fünf Schneemobile mit Schlitten, die aufgrund des hohen Tempos auf und ab hüpften, waren beinahe schon bei der Moräne angelangt. Martin drehte sich wieder zu den anderen um.

»Sie sind in zehn Minuten hier.«

31

Das Gesicht von Michail Mirantschuk, Minendirektor des Trust Arktikugol in Barentsburg, war leichenblass. Er hielt den Hörer des altmodischen Telefons krampfhaft umklammert und antwortete nur einsilbig. Als das Gespräch beendet war, setzte er den Hörer langsam auf die Gabel und legte die Stirn auf den Schreibtisch.

Ihm blieb keine Gelegenheit, die Fassung wiederzugewinnen, bevor jemand an die Tür klopfte. Ehe er sich aufrichten konnte, öffnete einer seiner engsten Mitarbeiter die Bürotür einen Spalt und steckte seinen Kopf herein. Oleg war sein Chauffeur und half bei allem Möglichen. Er schien verwirrt zu sein.

»Ich habe gerade den Auftrag erhalten, Sie unverzüglich nach Heerodden zu bringen. Dort wartet ein Helikopter auf Sie. Was ist los?«

»Ich wurde gefeuert«, antwortete Mirantschuk.

Oleg legte den Kopf schief und sah seinen Vorgesetzten verwundert an. »Von wem denn?«

»Keine Ahnung.«

Hinter Oleg tauchte eine weitere Person auf und drängte sich an ihm vorbei. Mirantschuk erkannte ihn als einen von Roman Zorins Gazprom-Kerlen wieder. Er war nur froh, dass Zorin gerade unterwegs war und die Demütigung nicht persönlich vornahm.

»Ich übernehme hier bis auf Weiteres«, sagte der Hinzugekommene und stellte sich breitbeinig mitten in das Büro.

Mirantschuk stand wortlos auf, nahm seinen Parka vom Kleiderhaken und ging an den beiden vorbei. Oleg folgte ihm durch das Vorzimmer nach draußen bis auf die Treppe.

»Wird er der neue Chef hier?«, fragte er und wies mit dem Daumen hinter sich. »Gazprom ist doch ein Gasunternehmen, von Kohleförderung haben die doch keine Ahnung.«

»Neue Zeiten«, erwiderte Mirantschuk knapp.

Sie schwiegen, bis sie im Auto saßen. Oleg fuhr hinaus zur Landzunge Heerodden, wo sich der Hubschrauberlandeplatz befand. »Seit wann wussten Sie es?«, fragte er, während er versuchte, den größten Schlaglöchern auf dem Kiesweg auszuweichen.

Mirantschuk blickte aus dem Fenster auf den Grønnfjord, der wie immer in den letzten Jahren eisfrei war. Selbst im Rauschen der prähistorischen Festnetzleitung aus Moskau hatte sich der Leiter der Gesellschaft kristallklar ausgedrückt. Mirantschuk habe sich in Dinge eingemischt, die ihn nichts angingen, und sei mit sofortiger Wirkung von seinen Aufgaben freigestellt. Was genau ihn nichts anging, war unklar geblieben, doch der Leiter hatte sich geweigert, näher darauf einzugehen. Es sei eine Anordnung von oben, hatte er gesagt. Der Helikopter solle Mirantschuk zum Flughafen in Longyearbyen bringen, wo eine Antonov An-2 nach Murmansk für ihn bereitstünde. Dort habe er sich unverzüglich bei der Militärpolizei zu melden.

Als Mirantschuk nach seinem Stellvertreter Igor, einem Studienfreund des Gesellschaftsleiters, gefragt hatte, erfuhr er lediglich, dass Igor nicht mehr nach Spitzbergen zurückkehren würde. Seit Igor vor drei Tagen abgereist war, hatte er nichts mehr von ihm gehört.

»Möglicherweise wusste ich es seit der Ankunft von Roman Zorin und seinen Männern hier in Barentsburg. Ich wollte es nur nicht wahrhaben«, sagte Mirantschuk schließlich.

Oleg lenkte den Pick-up bis zum Landeplatz und hielt nur fünfzig Meter vom Hubschrauber entfernt. Die Besatzung saß bereits im Cockpit, bereit zum Abflug. Mirantschuk drückte die Hand seines Fahrers besonders lang, ehe er ausstieg. Auf dem Landeplatz blieb er stehen und blickte sich um. Der Himmel war grau, das Meer war grau, der Schnee sah grau aus, und auch der Asphalt verschwamm mit dem Grau des Autos. Er sah an sich herab. Grauer Parka, graue Hose. Er brauchte keinen Spiegel, um zu wissen, dass sein Haar und seine Hautfarbe ebenfalls grau waren – grau, wie alles in Barentsburg.

Vielleicht war es höchste Zeit für ihn, diesem gottverlassenen Ort Lebewohl zu sagen?

Einer der Piloten sprang aus dem Cockpit und öffnete ihm die Passagiertür. Die Zeit drängte wohl.

Mirantschuk stieg die wenigen Stufen hoch. Kaum saß er im Helikopter, begannen die Rotoren sich auch schon zu drehen. Ihm wurde klar, dass er nichts bei sich trug außer seiner Kleidung, nicht einmal seinen Pass. Als der Pilot den Hubschrauber in die Höhe steigen ließ und dann eine Kurve flog, erhaschte Mirantschuk einen Blick auf Oleg, der neben dem Wagen stand und die Hand zum Gruß erhoben hatte. Er winkte nicht zurück.

32

Martin stand auf dem Sitz seines Schneemobils und suchte den Fjord mit dem Fernglas ab. Dort waren keine Bewegungen auszumachen, keine Schneemobile, die möglicherweise auf dem Weg nach Pyramiden waren. Das hatte nicht unbedingt etwas zu bedeuten und war vielleicht sogar ein gutes Zeichen. Falls das Eis sicher war, würden die Tourguides den Fjord weiter draußen, außerhalb seines Sichtbereichs, überqueren.

Er warf einen Blick über die Schulter. Die Russen waren mittlerweile vom Gletscher heruntergefahren und zwischen den Geröllhaufen der Moräne verborgen. Der Vorsprung seiner Gruppe betrug etwa sieben bis acht Minuten, nicht mehr.

Martin drückte aufs Gas und schoss auf die flache Eisfläche des Fjords hinaus. Im Rückspiegel sah er, wie ihm die anderen auf den verbliebenen zwei Schneemobilen folgten.

Er hielt sich dicht am östlichen Ufer des Fjords, während sein Hirn auf Hochtouren ratterte. Das hier war wieder *sein* Territorium, nicht das der Russen. Wie weit schafften die Amerikaner und er es, bevor ihnen das Benzin ausging? Nicht besonders weit. Sie *mussten* andere Schneemobilfahrer finden, ehe sie keinen Treibstoff mehr hatten. Das war ihre einzige Rettung.

Doch was sollte er überhaupt tun, falls ihnen tatsächlich andere Touristen begegnen würden? Er konnte ihnen die Fahrzeuge schließlich nicht einfach mit Waffengewalt abnehmen. Womöglich waren die Russen dazu imstande, eine ganze Schar

Touristen hinzurichten, nur um ihre Absichten zu verschleiern. Wer wusste das schon. Vielleicht war das hier so etwas wie ein Krieg, aber selbst im Krieg gab es Regeln, die Zivilisten in Schutz nahmen. Galten diese Regeln auch für Geheimdienstagenten, für die CIA, für die Speznas? Gab es Regeln für Martin Moltzau? Er hatte einen Mann getötet, doch konnte er beschwören, dass es Notwehr gewesen war? In der aktuellen Situation vielleicht, aber nicht als er die Holzlatte mit voller Kraft geschwungen hatte.

Auf dem flachen Eis des Fjords fuhr er konstant einhundert Stundenkilometer, schnell genug, um nicht wieder von den Russen eingeholt zu werden. Das Eis wurde immer ebener, und es herrschten perfekte Fahrverhältnisse, doch Martin wusste, dass das nichts Gutes verhieß. Es bedeutete, dass das Eis neu war und damit auch relativ dünn. In diesem Jahr war der Tempelfjord erst Anfang April zugefroren, viele Monate später als üblich, und das Eis war nicht besonders dick.

Martin wusste, dass er zockte. Wenn das Eis auf dem Fjord nicht bis zum Sassendalen reichte, saßen sie in der Falle. Auf beiden Seiten des Fjords ragten senkrechte, unbefahrbare Felswände auf, und von hinten näherte sich der Tod.

Er hatte noch einen letzten möglichen Ausweg im Hinterkopf, doch je länger er darüber nachdachte, desto weniger erfolgsversprechend erschien er ihm. Auf Höhe der Fjordmitte gab es eine schmale Kluft, gerade breit genug für ein Schneemobil, die auf einen steilen Hang führte, von dem aus man die Berge oberhalb des Fjords erreichen konnte. Martin war die Kluft bereits mit mehreren Gästen hinaufgefahren, wenn das Eis auf dem Fjord zu unsicher gewesen war. Das Problem war nur, dass der Hang nicht steil, sondern *extrem steil* war. Kurz vor dem Scheitel fühlte sich die Steigung beinahe senkrecht an.

Ein Schneemobil mit zwei Personen hatte keine Chance. Einer der Amerikaner müsste den Hang zu Fuß erklimmen und mit schweren Stiefeln durch den Tiefschnee waten. Das würden sie nicht schaffen, bevor die Russen kämen. Konnte er die Verfolger in der engen Kluft eventuell aufhalten, während die anderen den Steilhang nach oben stiegen? Undenkbar. Es war ein idiotischer Gedanke, sich auf einen Nahkampf mit russischen Spezialsoldaten einzulassen.

Sie konnten nur weiter geradeaus über den Fjord fahren, solange das Benzin eben reichte, eine andere Möglichkeit gab es nicht. Irgendwo dort vorn erwartete sie vielleicht ein Wunder, in jedem Fall aber die Trapperhütte Fredheim, die am Ende des Fjords stand. Schafften sie es so weit, konnten sie sich dort womöglich verschanzen.

Martin sah während der Fahrt immer wieder zurück. Die Verfolger hatten eine Keilformation eingenommen. Es schien, als würden sie trotz der Anhängerschlitten aufholen. Martin konzentrierte sich jetzt besser auf die Gefahren, die vor ihnen lagen. Das Fjordeis war grauweiß, und in dem schlechten Licht verschwanden jegliche Konturen.

Auf der anderen Seite des Fjords befand sich das Kapp Murdoch mit der Einmündung zum Tal, durch das die normale Route nach Pyramiden verlief. Ungefähr an dieser Stelle hatte bis vor Kurzem der festgefrorene Segelschoner Noorderlicht gelegen, als Ausflugsziel für Touristen im Winter. Martin blinzelte und hielt Ausschau nach Bewegungen, nach jemandem, der den Fjord mit einem Motorschlitten überquerte. Alles blieb still und grau.

Er hielt weiter konstant einhundert Stundenkilometer und ließ sich von den Verfolgern nicht dazu drängen, das Tempo zu erhöhen und damit mehr Benzin zu verbrennen. Bei dieser

Geschwindigkeit würden sie Fredheim in wenigen Minuten erreichen. Normalerweise konnte man schon ein oder zwei Kilometer vor Fredheim wieder aufs Land fahren, da unter der Felswand am Fjordufer eine schmale Landzunge verlief, gerade breit genug für ein Schneemobil. Und genau diese Option wollte Martin sich zunutze machen.

Ein paar Hundert Meter vor ihnen bewegte sich plötzlich etwas Gelbweißes. Eine Eisbärin mit ihrem Jungen wandte sich in Richtung der Motorengeräusche. Martin steuerte näher ans Ufer, um der Eisbärenmutter auszuweichen, und beschleunigte gleichzeitig ein wenig. Falls sie auf brüchiges und aufgeweichtes Eis kamen, war hohes Tempo ein großer Vorteil. Rasch blickte er erneut über die Schulter und stellte fest, dass Cindy und James ihm folgten. Sie waren nur knapp hinter ihm.

Im selben Moment, in dem er den Blick wieder nach vorn richtete, sah er, welche Katastrophe sie erwartete. Die offene Wake war in dem schlechten Licht unmöglich zu erkennen gewesen. Jetzt war es zu spät, um noch anzuhalten. Martin spürte, wie die Angst Besitz von ihm ergriff, als das Schneemobil auf das schwarze Wasser hinausraste. Er sah sich selbst, wie er vor einem Jahr im eiskalten Meer lag, sicher, dass sein letztes Stündlein geschlagen hatte.

Gleichzeitig spürte er das Fahrzeug ins Wasser sinken wie in einen halben Meter Neuschnee. Er riss sich aus seiner Trance und wusste plötzlich, was er zu tun hatte. Martin gab Vollgas. Dabei wurde das Schneemobil zwar langsamer, doch ging es nicht unter. Er hielt auf eine Lücke zwischen zwei riesigen, schneebedeckten Felsen am Ufer zu und schlingerte an Land, bis er sich in einem durch die Gezeiten entstandenen Loch beinahe überschlug. Das Schneemobil lag halb auf der Seite, das Gewehr dicht daneben, doch Martin schaffte es, auf Händen und

Füßen zurück zum Ufer zu kriechen, wo er sich aufrappelte und seinen Blick über den schwarzen Wasserspiegel schweifen ließ.

Er hatte sich in letzter Sekunde gerettet, während es für seine weitaus weniger routinierten Gefährten wesentlich schlechter aussah. Cindy war dreißig Meter vom Ufer entfernt gesunken, Sarah und James kämpften noch weiter draußen darum, sich über Wasser zu halten. Sie hatten sich nicht so nah am Ufer gehalten wie Martin, und mit doppeltem Gewicht hätten sie blitzschnell Gas geben müssen, um nicht sofort unterzugehen.

Martin konnte die beiden kaum erkennen, ihre dunklen Schneeanzüge waren in dem pechschwarzen Wasser nahezu unsichtbar. Aber er hörte sie. Verzweifelte, panische Schreie, die man nur von sich gab, wenn man wusste, dass man chancenlos war.

Martin wusste aus eigener Erfahrung, wie es war, mit einem Schneeanzug in Eiswasser zu liegen. Der Anzug isolierte zwar – manche Leute hatten selbst in zwei Grad kaltem Wasser mehr als eine Stunde überlebt –, das half aber nur, wenn man sich an einer Eisscholle oder etwas anderem festhalten konnte. Trieb man im offenen Wasser umher, war das völlig anders. Innerhalb weniger Sekunden liefen Anzug und Stiefel voll und verwandelten sich in bleischwere Gewichte, die einen unweigerlich in die Tiefe zogen. Zu schwimmen war unmöglich.

Er schaute zu Cindy. Sie schlug nicht länger mit den Armen um sich, sie waren zu schwer. Martin sah ihr direkt in die Augen, denn ihre Schutzbrille war beim Sturz heruntergerutscht. Sie blickten dunkel, flehend. Martin konnte seinen Blick nicht von ihr abwenden.

Cindy öffnete den Mund und schrie voller Todesangst, schrie um ihr Leben. Das weckte Martin aus seiner Starre, und er lief zurück zu seinem Schneemobil. Seit seinem Eisloch-Unfall hatte er stets eine zusätzliche Seilrolle dabei, mit der er nun am Rand des Fjords stand und die er wie ein Lasso zu werfen versuchte.

Das Seil landete weit neben Cindy und war außerdem mehrere Meter zu kurz. Schnell holte Martin es wieder ein und watete vorsichtig in den Fjord. Seine Stiefel füllten sich mit Eiswasser, und es wurde schwerer, die Beine zu heben. Er musste aufpassen, dass das Ufer nicht plötzlich steil abfiel.

Cindy verfolgte, was er tat, sagte aber kein Wort. Sie ruderte mit den Armen, um sich über Wasser zu halten. Der nächste Wurf gelang ihm besser, war aber immer noch zu kurz. Er musste weiter hinaus. Auf dem steinigen und unebenen Grund rutschte er mehrmals beinahe aus, während er sich langsam nach vorn bewegte. Als ihm das Wasser bis zur Taille reichte, wagte er einen dritten Versuch.

Diesmal kam das Seil direkt neben Cindy auf. Sie schlug mit den Armen um sich, erreichte damit aber nur, dass das Seil von ihr forttrieb. Blitzschnell holte Martin es wieder ein. Sein vierter Wurf landete auf Cindys Kopf, und sie ergriff das Seil mit beiden Händen. Langsam kämpfte Martin sich rückwärts zurück zum trockenen Ufer. Als sie den halben Weg geschafft hatten, spürte Cindy wieder festen Boden unter den Füßen und konnte mithelfen. Am Ufer fiel sie auf alle viere.

»Sie müssen Mike und Jenny retten«, keuchte sie am Boden liegend.

»*Jenny?* So heißt sie also?«, murmelte Martin. »Dann verraten Sie mir bitte, wie.«

Martin schaute zu den beiden, die für ihn immer Sarah und James bleiben würden. Bis dorthin waren es mehr als einhundert Meter. Sie trieben ein Stück voneinander entfernt, Sarah war nahe der Eiskante vom Schneemobil gestürzt, oder sie war abgesprungen, als sie das offene Wasser gesehen hatte. Hinter ihnen näherten sich die Russen mit hoher Geschwindigkeit. Martin packte die Kapuze von Cindys Schneeanzug und zog sie, fort vom Ufer, hinter sich her.

Erst als sie hinter einem großen Felsen verborgen waren, ließ Martin sie los. Dann hockte er sich hin und beobachtete die Verfolger mit dem Fernglas. Er hielt den Atem an, während ihre Feinde auf das offene Wasser zurasten. Die Russen würden ebenfalls direkt in die Wake fahren, sie würden die Gefahr erst bemerken, wenn es zu spät war.

Er ließ das Fernglas sinken und unterdrückte einen Aufschrei, als das vordere Schneemobil das Tempo verlangsamte und anhielt. Die Russen mussten irgendeine militärische Spezialausrüstung haben, denn in dem diffusen Licht war es absolut unmöglich, irgendetwas zu sehen. Martin musterte die fünf Russen. Sie waren gerade nah genug, dass er ihren Anführer, Roman Zorin, erkennen konnte. Auch er sah durch ein Fernglas, und Martin duckte sich augenblicklich, als er begriff, dass Zorin das Ufer absuchte. Martin glaubte nicht, dass Gefahr für Cindy und ihn bestand. Falls Zorin einen Teil des schwarzen Schneeanzugs zwischen den Schneeblöcken sähe, würde er ihn kaum von den Steinen ringsherum unterscheiden können. Ein spiegelndes Fernglas wäre verräterischer, also legte Martin seines zur Seite und ließ einige Minuten verstreichen, ehe er wieder zu ihm griff. Jetzt hatten sich die vier Soldaten um ihren Anführer versammelt. Zorin zeigte über das Eis und gestikulierte wild. Martin suchte das Wasser nach James und Sarah ab. Sarah entdeckte er sofort, vor der grauweißen Eiskante war sie leicht zu sehen, James aber war schwieriger zu finden. Schließlich entdeckte Martin jedoch den orangen Riemen von James' Schneebrille. Weder Sarah noch James bewegten sich, sie riefen nicht um Hilfe.

Inzwischen hatten auch die Russen Sarah entdeckt. Zwei Soldaten krochen auf die Eiskante zu, einer hatte ein Seil dabei. Zehn Meter vor dem offenen Wasser warfen sie es Sarah zu, und bereits der erste Versuch glückte ihnen. Martin schwenkte das Fernglas wieder auf Sarah und sah, dass sie mit beiden Händen nach dem Seil griff, ehe die Soldaten sie zur Eiskante zogen.

Ihm wurde plötzlich bewusst, dass er von der Taille abwärts in einer eiskalten Hülle gefangen war. Gerade als er sich fragte, was Cindy wohl machte, rührte sie sich neben ihm. Er packte sie und presste sie zu Boden.

»Was tun Sie denn da? Zeigen Sie nicht der ganzen Welt, wo wir sind!«

Sie erwiderte nichts. In einer Hand hielt sie Martins Gewehr und legte es vor sich ab. Martin griff danach, während er Cindy das Fernglas reichte. Auch mit bloßem Auge erkannte er, dass die Russen Sarah aus dem Wasser gezogen hatten und nun über das Eis zu ihren Schneemobilen schleiften.

»Hätte nicht gedacht, dass diese Kerle scharf auf eine Rettungsmedaille sind«, murmelte er.

»Sie verhören sie«, sagte Cindy und gab ihm das Fernglas zurück.

Martin sah, dass die Russen Sarah auf die Beine gezerrt hatten, zwei Männer hielten sie fest, während Zorin sein Gesicht vor ihres schob. Nach einer freundlichen Unterhaltung sah das nicht gerade aus.

»Was wollen sie von ihr?«, fragte Martin. »Ich nehme mal an, Sie kennen sich mit Verhörsituationen aus.«

»Diese Leute interessieren nur zwei Dinge: Wo sich Sarahs Partner befinden, also wir, und ob wir Kontakt zu Außenstehenden hatten.«

»Aber Sarah hält dicht, oder?«, fragte Martin.

»Sie hat die Coverstory eingepaukt, aber ein Verhör durch Speznas-Truppen war nicht Bestandteil unseres Trainings.«

Martin gab Cindy das Fernglas und nahm das Gewehr. Das Zielfernrohr erfüllte den Zweck ebenso gut. Er setzte den Gewehrlauf auf einem kleinen Stein ab und zoomte so nah heran wie möglich. Die Soldaten ließen von Sarah ab, sodass sie auf dem Eis zusammensank. Zorin drehte sich um und sagte etwas zu den anderen, worauf einige eifrig winkten. Es hatte fast den Anschein, als würden sie sich melden. Russische Spezialeinheiten waren wohl eher nicht demokratisch organisiert, daher fragte sich Martin, worüber die Männer wohl diskutierten.

Er brauchte nicht lange zu grübeln. Einer der Soldaten befestigte ein Seil an Sarahs Bein, das andere Ende hielt er fest und stieg damit auf sein Schneemobil. Langsam fuhr er über das Eis und schleifte die hilflose Sarah hinter sich her. Martin dachte kurz, dass das eine seltsame Art von Folter war, bis ihm klar wurde, was die Russen im Sinn hatten.

Der Soldat fuhr auf die Eisbärin zu. Unmittelbar vor dem Tier wendete er abrupt und ließ das Seil los, ehe er zu seinen Leuten zurückfuhr. Sarah schleuderte über das Eis, rollte einige Male herum und kniete schließlich auf allen vieren. Sie hatte die Bärin, die nun innehielt und in der Luft schnupperte, noch nicht bemerkt.

»Bleib liegen, Herrgott«, flehte Martin still.

Sarah stand auf und taumelte. Ihr vollgesogener Schneeanzug war bleischwer. Sie sah zu den Soldaten, die hundert Meter entfernt auf ihren Motorschlitten saßen und sie beobachteten. Erst als Sarah sich wieder umdrehte, entdeckte sie die Eisbärin.

»Nicht rennen«, murmelte Martin, aber da lief Sarah schon los. Sofort nahm das Tier die Verfolgung auf, und es schien, als würde es traben, doch Martin wusste, dass Eisbären bis zu vierzig Stundenkilometer erreichen konnten. Sarah stolperte, kurz bevor die Bärin sie eingeholt hatte.

Das Raubtier stellte sich über sie, und der Kiefer schloss sich um Sarahs Helm. So machen sie es immer, schoss es Martin durch den Kopf. In manchen Albträumen hatte er schon selbst in einem Bärenkiefer festgehangen.

Die Eisbärin stellte sich auf die Hinterbeine und schleuderte Sarah hin und her, bevor sie die schwere Beute in die Luft schnellen ließ und Sarah einige Meter entfernt auf dem Eis aufschlug. Jetzt kam das Eisbärenjunge hinzu und stürzte sich begierig auf das neue Spielzeug.

Cindy schrie auf und griff nach Martins Gewehr. »Ich bringe diesen Bären um, und diese Mistkerle gleich dazu!«

Martin hielt sie zurück. »Sie sind zu weit weg, das wissen Sie doch.«

Seine Waffe war auf einhundert Meter eingeschossen, aus dieser Entfernung traf er das Herz eines Elches oder eines Rentiers bei fünf von fünf Schüssen. Bei einem so großen Abstand wie diesem wäre ein Treffer jedoch reines Glück, und ihre Feinde waren solche Profis, dass er nur einen einzigen Schuss würde absetzen können. Danach würde man sie massakrieren.

Mit pochendem Herzen richtete er das Zielfernrohr wieder auf Sarah und die Eisbären. Gerade als er dachte, dass es nicht schlimmer kommen konnte, geschah genau das. Die Bärin stand mit beiden Pranken auf Sarahs Oberkörper. Mit einer abrupten Bewegung riss die Bärin am Kopf. Das Bärenjunge tollte hinterher, als der Kopf über das Eis rollte. Martin glaubte Jubelschreie von den Russen zu hören.

Cindy presste die Stirn auf die Erde. Sie wollte nichts mehr sehen.

Martin konnte die Augen nicht abwenden. Noch immer machte sich die Bärin an Sarahs Körper zu schaffen. Das Junge kam wieder dazu und fiel wild über die Beute her.

Martin bewegte das Zielfernrohr, um nach James im Wasser zu sehen. Er war kräftig und konnte vielleicht bis zur Eiskante schwimmen, doch würde er sich nie auf das Eis hochziehen können. Martin suchte den Rand der Wake ab, entdeckte aber nirgends eine Bewegung oder etwas Schwarzes, das sich vom Eis abhob. Systematisch ließ er den Blick hin und her schweifen, wohl wissend, dass ein dunkler Kopf aus dieser Entfernung kaum sichtbar war.

Es dauerte eine Weile, bis er ein kreidebleiches Gesicht auf der schwarzen Wasseroberfläche entdeckte. James drehte sich langsam um die eigene Achse, und das weiße Gesicht verschwand wieder, aber Martin hielt das Fernrohr fest auf das Logo auf der Rückseite des Helms gerichtet.

»Sehen Sie Mike?«, fragte Cindy flüsternd.

Martin blieb stumm. James drehte sich immer noch, vielleicht gab es dort draußen eine Strömung. Wieder war das Gesicht für einige Sekunden zu sehen, dann glitten Kopf und Helm sachte unter Wasser. Das Letzte, was Martin von James sah, war die Schutzbrille über dem Helm. Er wandte seinen Blick nicht von der Stelle ab, an der James verschwunden war, doch dann wurde ihm klar, dass James nicht mehr auftauchen würde. Das Meer glänzte schwarz.

»Ich sehe ihn nicht«, sagte Martin. Er legte die Stirn auf den schneebedeckten Boden und holte ein paarmal tief Luft. Vielleicht war es ein Fehler gewesen, nicht zu schießen. Hätte er die beiden retten können? Hätten Sarah oder James mit auf seinem Schneemobil gesessen, wäre es zu schwer gewesen und ganz bestimmt gesunken, bevor sie das Ufer erreicht hätten.

Dann wären sie jetzt alle vier im Wasser umhergetrieben. Nur Glück und Zufall hatten ihn und Cindy überleben lassen.

»Was machen die denn?«, sagte Cindy und stieß ihn an. Sie zeigte aufs Eis, wo sich die fünf Russen um einen Schlitten versammelt hatten.

Martin nahm sich zusammen und griff nach dem Fernglas. Zuerst glaubte er nicht, was er sah, doch es bestand kein Zweifel. Sie *aßen*.

»Sie machen Mittagspause. Das ist ja krank.«

Diese fünf Männer hatten gerade mit angesehen, wie eine Frau von einer Eisbärin enthauptet, in Stücke gerissen und gefressen wurde, während sie auf der Jagd nach weiteren CIA-Agenten waren, und dann dachten sie ans Essen.

Doch plötzlich ging ihm auf, wieso sie so entspannt waren. Natürlich gingen die Soldaten davon aus, dass Cindy und er ebenfalls im Meer schwammen, weil sie sie an Land nicht sehen konnten. Ihre Mission war erfüllt. Martin spürte sein Herz schneller pochen. Natürlich war es so. Sarah und James hatten ihm und Cindy das Leben gerettet.

33

»Du hättest mir ruhig erzählen können, dass du arbeiten musst und dass das hier kein Urlaub ist«, sagte Irina. Sie merkte, dass man ihr die Gereiztheit anhörte, auch wenn sie das gar nicht beabsichtigte. Nikolai lag auf dem Bett und sah fern, er schenkte ihr einen flüchtigen Blick.

»Ich hätte mich nicht für diese Reise abgerackert, wenn ich gewusst hätte, dass du nach der Hälfte von Bord gehst«, fuhr sie fort.

Nikolai hob abwehrend die Hände. »Du hast recht. Ich wollte nur verhindern, dass uns das den ersten Teil des Urlaubs vermiest. Deshalb habe ich es auch vermieden, mit meinen Kollegen an Bord zu reden.«

»Kollegen«, wiederholte Irina. »Wie viele seid ihr denn hier?«

»Fünf.«

Irina schnaubte. »Anscheinend besteht ja das halbe Schiff aus Wostok-Leuten.«

Nikolai lachte. »Jetzt fang nicht an, dir irgendwelche Geschichten zusammenzuspinnen. Du kannst gern mit einem Wostok-Schild in den Speisesaal gehen und mal schauen, wie viele sich melden.«

Irina schüttelte den Kopf. Sie hatte nicht vor, sich zum Narren zu machen, indem sie irgendwelche Fragen stellte. »Dann werde ich jetzt auch ein wenig arbeiten, aber im Gegensatz zu dir sage ich wenigstens Bescheid.«

Sie achtete darauf, die Kabinentür besonders fest zuzu-knallen, als sie hinausging und sich auf den Weg in den Internet-bereich machte. Mit etwas Glück hatte der Hacker der Anwalts-kanzlei Zeit gehabt, ein wenig herumzuschnüffeln.

In ihrem Posteingang erwarteten sie keine interessanten Nach-richten, nur Rundmails an alle Angestellten sowie einige un-wichtige Fragen von Klienten. Streng genommen gab es für sie überhaupt keinen Grund zu arbeiten, sie hatte allen mitgeteilt, dass sie verreisen und nur schlecht zu erreichen sein würde.

Jetzt schon wieder in die Kabine zurückzukehren wäre peinlich, also blieb sie und informierte sich im Internet über Spitzbergen. Ihr wurde bald langweilig, denn das meiste über die Inselgruppe wusste sie bereits. Sie war gerade dabei, sich auszuloggen, als ihr ein Fenster anzeigte, dass sie eine neue E-Mail empfangen hatte.

»Guten Abend, MY SMILE«, stand in der Betreffzeile. Irina zuckte zusammen. Sie hatte dem Hacker nicht gesagt, wo sie sich gerade aufhielt. Anscheinend war das seine Art, Eindruck zu schinden, er wollte ihr zeigen, dass er alles herausfinden konnte.

Unter der Überschrift *Re: Nikolai Morosow* waren persönli-che Angaben wie Geburtsort und -datum, Adresse und Nikolais komplette Ausbildungslaufbahn aufgelistet. Gute Arbeit, da Nikolai angeblich in keinem Register auftauchte, aber nicht unbedingt übermäßig wertvolle Informationen, befand Irina, zumindest nicht für sie. Über ihre eigene Beziehung zu Nikolai hatte der Hacker offenbar nichts in Erfahrung gebracht, und das freute sie sehr.

Dafür hatte er es aber geschafft, eine Verbindung zwischen Nikolai und Wostok Energija zu finden. Die Firma stellte keine

Rechnungen aus, und es war unklar, für wen und womit sie arbeitete. Weiter schrieb der Hacker: »Eine übergreifende Analyse deutet darauf hin, dass diese Firma sogar Verbindungen zu Zaslon (!!) hat.« Irina schüttelte den Kopf. Die beiden Ausrufezeichen ließen vermuten, dass ihr Kollege auf diese Information besonders stolz war, aber sie hatte den Namen Zaslon noch nie gehört.

Der nächste Absatz war verständlicher: »Morosow hat für dieses Unternehmen sehr wahrscheinlich einige Aufträge in Krisengebieten ausgeführt. Bekannt ist, dass er in der Anfangsphase des Ukraine-Konflikts dort einen Einsatz geleitet hat.«

Zum Schluss versprach der Informant Irina, dass er noch viel tiefer graben könne, wenn er mehr Zeit habe, und wollte wissen, ob diese Sache Priorität habe.

»Die Sache hat höchste Priorität«, schrieb Irina zurück und klappte den Laptop zu. Sie blieb mit leerem Blick sitzen und dachte nach. Ukraine. Erst die Krim und dann die Ukraine. Das waren definitiv Krisengebiete. Was noch wusste sie nicht über Nikolai? Sie konnte kaum erwarten, welche Ergebnisse die weitere Suche ihres Analysten zutage fördern würde.

Nikolai war nicht in der Kabine, als sie dorthin zurückkehrte. Sie öffnete ihren Laptop und las die E-Mail erneut, diesmal mit mehr Ruhe. Sie hätte den Hacker darum bitten sollen, ihr zu erklären, was Zaslon war, das fuchste sie.

»Wer oder was ist Zaslon? Was hat Morosow mit Zaslon zu tun?«, schrieb sie, aber die Internetverbindung war so miserabel, dass sich das Mailprogramm aufhängte.

Irina ließ den Computer arbeiten und ging ins Bad, um sich für das Abendessen zurechtzumachen. Immerhin war sie nicht an Bord eines Kreuzfahrtschiffs, auf dem achtzigjährige, blauhaarige Amerikanerinnen das Feld beherrschten. Der Anteil an jungen Blondinen war auffallend hoch, hier musste man sich von der besten Seite zeigen. Einmal ehrgeizig, immer ehrgeizig, dachte sie und lächelte sich selbst im Spiegel zu.

Sie hatte die Tür zum Bad halb offen gelassen und steckte mehrmals den Kopf hindurch, um nachzusehen, ob die Mail gesendet worden war.

Sie bemerkte Nikolais Anwesenheit erst, als sie eine Bewegung im Spiegel wahrnahm. Sie ließ ihre Schminksachen einfach ins Waschbecken fallen und war mit drei großen Schritten aus dem Bad. Nikolai hob gerade ihren Laptop vom Bett und stellte ihn auf den Beistelltisch zwischen den beiden Sesseln. Irina drängte sich an ihm vorbei und klappte hektisch den Computer zu.

»Entschuldigung, aber ich wollte mich kurz aufs Bett legen«, sagte er.

»Berufsgeheimnisse«, erwiderte sie und versuchte dabei so unschuldig wie möglich zu lächeln.

Nikolai ließ sich auf das Bett fallen und schnappte sich die Fernbedienung, während Irina mit einem unguten Gefühl im Bauch wieder ins Bad verschwand. Hatte er etwas gesehen? Er hätte ihre kurze Nachricht innerhalb von zwei Sekunden lesen können.

»Ich freue mich aufs Dinner mit dir, meine Schöne!«, rief er. »Zieh das blaue Kleid an.«

34

Die Eiseskälte kroch Martin bis ins Mark. In den ersten Minuten, nachdem er aus dem Wasser gekommen war, war es nicht so schlimm gewesen, die Wollunterwäsche und der Schneeanzug hatten noch gut isoliert. Doch jetzt lagen Cindy und er schon eine ganze Weile verborgen hinter den Felsen, und das kalte Wasser raubte ihm Energie und Körperwärme. Er zog seinen einzigen verbliebenen Handschuh wechselnd über die eine, dann über die andere Hand. Seine Fingerspitzen waren bereits völlig weiß.

Aus seinem Unterbewusstsein stieg eine unangenehme Erinnerung auf. Er konnte verdrängen, aber nie vergessen, was der amerikanische Arzt damals nach der Everest-Expedition in Kathmandu an seinem Krankenbett zu ihm gesagt hatte: »Moltzau, nach achtundvierzig Stunden ohne Sauerstoffflasche auf über 8500 Metern ist Ihr Herz so entkräftet, dass Sie sich nie wieder großen Anstrengungen aussetzen sollten. Sonst hat bald Ihr letztes Stündlein geschlagen.«

»Und was werden meine Sponsoren dazu sagen?«

»Können die Ihnen denn nicht einen Bürojob geben?«

Martin hatte nie jemandem von seinem Herzschaden erzählt. Seinen Sponsoren sagte er einfach, dass er seine Karriere beendet habe. Heute, in diesem Augenblick, hätte er einen Bürojob dankend angenommen, zum ersten Mal in seinem Leben. Er sah zu Cindy. Sie zitterte wie Espenlaub, und ihre Haarspitzen waren durch das Eis so steif, dass sie unter dem Helm hervorstanden. Martin versuchte, ihre Kapuze herunterzuziehen, aber der Kragen war vollkommen festgefroren.

»Wir müssen bestimmt nur noch ein klein wenig abwarten«, sagte er, ohne sie anzusehen. Es konnte nicht mehr lange dauern, bis die Russen abzogen, und den Weg über die Wake würden ihre Verfolger definitiv nicht nehmen. Martin stöhnte auf, als er sah, dass die Russen zwei Benzinkanister von ihren Schlitten luden.

»Sie wollen die Leiche verbrennen«, sagte er.

Cindy entriss ihm das Fernglas.

»Nein«, entgegnete sie nach einer Weile. »Sie zurren die Kanister an ihr fest. Sie haben vor, sie im Fjord zu versenken.«

Das ergab Sinn, dachte Martin. Einen von Bären zerfleischten Menschen ließ man nicht auf einer Touristenroute liegen, wenn man keine Aufmerksamkeit erregen wollte. Erneut schienen die Russen zu diskutieren. Er vermutete, dass sie nicht wussten, wie sie die Leiche ins Wasser bekommen sollten, ohne selbst durchs Eis zu brechen. Das würde nicht leicht werden, aber offenbar glaubten die Russen, alle Zeit der Welt zu haben. Ganz im Gegensatz zu Cindy und ihm.

Er stieß sie an. »Wir müssen weiter. Viel länger können wir hier nicht liegen bleiben.«

Cindy nickte. Er half ihr, sich aufzurichten. Insgeheim hegte er große Zweifel, ob Cindy überhaupt noch in der Lage war, irgendwo hinzukommen.

Sein Schneemobil lag noch immer halb auf der Seite in einem Erdloch, wo es für die Russen vom Eis aus nicht sichtbar war. Martin versuchte, es allein wieder aufzurichten, schaffte es aber nicht.

»Du musst mir helfen«, flüsterte er Cindy zu, bevor ihm einfiel, dass es unnötig war, so leise zu sprechen. Der Abstand zu den Russen betrug mindestens dreihundert Meter.

Ungelenk zog Cindy an einer Seite des Lenkers, während Martin sich von der anderen Seite mit dem Rücken gegen das Gefährt stemmte. Langsam brachten sie das Schneemobil wieder in die richtige Position. Martin ging erneut in Deckung und sah sich um. Mit einem Fernglas konnten die Russen sie sicher entdecken, aber vermutlich waren sie gerade mehr mit sich selbst beschäftigt.

»Wie groß ist die Reichweite der Waffen, die die Russen benutzen?«, fragte er Cindy, die jetzt wieder etwas munterer wirkte.

»Wenn sie keine Scharfschützengewehre dabeihaben, sind ihre Waffen für eine Distanz von über dreihundert Metern normalerweise nicht besonders geeignet. Sie sind für den Nahkampf ausgerüstet.«

Martin hoffte, dass sie sich nicht irrte und dass er sich beim Abstand nicht verschätzte. Ungeachtet dessen würden sie mit dem Schneemobil in wenigen Sekunden außerhalb der Reichweite von Schusswaffen sein. Er verstaute sein Gewehr in der Halterung an der Seite des Schneemobils, im Moment konnten sie die Waffe nicht gebrauchen. Dann studierte er das Gelände direkt vor ihnen. Auf den ersten dreißig bis vierzig Metern gab es mehrere tiefe Schlaglöcher, ehe das Land flacher wurde, sodass sie dort schnell vorankämen. Schafften sie es an den ersten Löchern vorbei, wären sie rasch in Sicherheit.

Geduckt hinter dem Schneemobil kauernd, startete Martin das Gefährt. Das Geräusch eines laufenden Viertaktmotors war nicht weit zu hören, sodass er das Fahrzeug langsam vorwärtsfahren lassen konnte, während sie nebenher krochen. Doch die Gefahr, entdeckt zu werden, war groß. Zwar würden sie vielleicht nicht selbst getroffen, aber ihr Fahrzeug könnte innerhalb von Sekunden zum Wrack werden. Das Beste war, auf das Schneemobil zu springen und Vollgas zu geben.

Martin zeigte auf das unwegsame Gelände vor ihnen. »Steig auf und halt dich fest, gleich wird es schnell. Bist du so weit?«

Sie nickte, aber Martin war unsicher, wie schnell und agil sich Cindy in dem bleischweren, eiskalten Schneeanzug bewegen konnte. Ob sie es wohl schaffte, sich bei der Fahrt über die Schlaglöcher ausreichend festzuhalten?

Martin half Cindy auf den Soziussitz, ehe er selbst aufstieg und Gas gab. Er beschloss, auf einem Bein stehend durch die Krater zu fahren, obwohl er so eine größere Zielscheibe abgab. Cindy war klug genug, sich mit beiden Händen an seinem Bein festzuklammern, sonst wäre sie heruntergestürzt, als sie über das erste Schlagloch hinwegschossen und in das nächste stießen, wobei Martin beinahe kopfvoran über die Windschutzscheibe geschleudert worden wäre. Er hielt den Gashebel durchgedrückt, und nach einem wilden Ritt wurde das Gelände flach.

Er wartete darauf, Schüsse zu hören, aber Schallwellen waren langsamer als Kugeln. Falls sie also getroffen würden, konnten sie das unmöglich *hören*. Erstaunt nahm er zur Kenntnis, wie viele Dinge ihm in den wenigen Sekunden durch den Kopf schossen, bevor sie mit einhundertfünfzig Stundenkilometern über die schmale Landzunge zwischen Fjord und Bergen hinwegstoben. Martin zählte in Gedanken bis zehn. Jetzt hatten sie schon zwei Kilometer hinter sich gebracht. Er bremste.

Mit dem Fernglas hielt er nach den Russen Ausschau. Die plötzliche Flucht hatte die Verfolger aus ihrer Starre geweckt. Sie schwirrten umher, und noch während Martin sie beobachtete, fuhr das erste Schneemobil los. In die entgegengesetzte Richtung, die Russen nahmen denselben Weg, den sie gekommen waren.

Martin machte sich keine Illusionen, das waren schlechte Neuigkeiten. Die Russen kannten ihr Ziel. Er fuhr schweigend weiter, nun in normalerem Tempo. Vor ihnen kam die Villa Fredheim, die Hütte des legendären Trappers Hilmar Nøis, in Sicht. Das Haus stand dort seit fast einhundert Jahren, mit einem herrlichen Ausblick auf den Tempelfjord und genau gegenüber des mächtigen Bergs Templet.

Cindy fiel beinahe vom Schneemobil, als er davor bremste. Er stieg ab und stützte sie, dann zückte er wieder das Fernglas. Die Russen fuhren zurück über den Fjord, ganz wie er es erwartet hatte. Martin hoffte, dass sie die Abkürzung über die steile Kluft beim Kapp Schoultz nicht kannten, dann würden ihre Verfolger ein paar Stunden länger brauchen, aber so viel Glück hatten Cindy und er wohl eher nicht.

Wenn die Russen die kürzeste Strecke nahmen, waren sie in einer halben Stunde hier, wahrscheinlich sogar früher. Aber ihre Verfolger konnten nicht wissen, welchen Weg sie genommen hatten. Die direkte Route nach Longyearbyen war keine Option. Die Tankanzeige stand auf null, sodass ihnen vermutlich mitten in der breiten, flachen Ebene des Sassendalen der Treibstoff ausgehen würde. Er konnte nicht länger damit rechnen, auf andere Touristen zu treffen. Dass jemand sich bei diesem Wetter auf eine späte Abendtour machte, war unwahrscheinlich.

Martin steckte das Fernglas wieder in seinen Schneeanzug. Egal was die Russen taten, Cindy und er hatten keine Zeit zu verlieren. Er schaute sie an. Sie lehnte sich mit geschlossenen Augen an ihn.

»Aufwachen!«, rief er in der Hoffnung, sie aufzuschrecken.

Cindy richtete sich auf und blickte ihn verwirrt an.

»In weniger als zehn Minuten sind wir bei einer anderen Hütte, halt dich einfach fest.«

Er verfluchte den Neuschnee, ohne ihn hätten die Russen nicht den geringsten Anhaltspunkt, wohin Cindy und er unterwegs waren. Normalerweise gab es hier so viele Schlittenspuren, dass niemand wissen konnte, welche Spur in welche Richtung führte.

Martin ließ Cindy auf dem Schneemobil sitzen und ging einmal um die Trapperhütte. Nichts darin konnte ihnen helfen. Vor Kurzem waren drei Schneemobile hier gewesen, an den Spuren erkannte er, dass sie aus Longyearbyen gekommen und auf dem gleichen Weg wieder zurückgefahren waren.

Prüfend warf er einen Blick auf den Berg, den die Russen schon bald herunterkommen würden. Sicher nahmen sie die Route über Fredheim, um ihnen anhand der Spuren folgen zu können. Er humpelte zurück zum Schneemobil und startete es. Cindy klammerte sich an ihm fest, als er die Hütte umkurvte, einen Hang hinabschoss und dicht am Wasser den Fjord entlangraste. Zehn Kilometer entfernt, bei der Landspitze Vindodden, standen mehrere private Hütten, von denen manche recht modern waren. Dort gab es sicher Kleider und andere Dinge, mit etwas Glück sogar Waffen und Munition. Und im besten Fall Benzin.

Er begann zu rechnen. In ihrer aussichtslosen Lage war eigentlich Vollgas angesagt, aber das würde zu viel Treibstoff verschlingen. In dieser lähmenden Kälte fielen Martin selbst die einfachsten Berechnungen schwer. Bei einer Geschwindigkeit von hundert Stundenkilometern lag die tatsächliche Temperatur bei etwa minus fünfzig Grad, und außerdem trugen sie steifgefrorene Kleider. Er wagte gar nicht daran zu denken, wie es Cindy hinter ihm erging, aber immerhin spürte er noch immer ihre um seinen Körper geschlungenen Arme.

Sie passierten die ersten, älteren Hütten, die eher Verschlägen glichen, und Martin steuerte auf eine der neueren Bauten zu. Seit dem letzten Schneefall war niemand in einem der Gebäude gewesen, sodass ihre Spur für alle Vorbeifahrenden leicht zu entdecken sein würde. In diesem Moment hatten sie jedoch größere Sorgen.

Er parkte hinter einer Hütte dicht an der Wand, sodass man sein Schneemobil erst dann sah, wenn man an der Hütte vorbeigefahren war. Martin half Cindy vom Schneemobil und stützte sie bis zur Tür, die verschlossen war. Einer Gewehrkugel hatte das Vorhängeschloss aber nichts entgegenzusetzen, immerhin konnte man mit diesem Kaliber einen Bären töten. Er schob Cindy hinter sich, setzte die Mündung aufs Schloss und drückte ab. In der Stille dröhnte der Schuss so laut, dass Martin durch den Schall und den Rückstoß nach hinten geschleudert wurde. Ihm ging auf, wie leichtsinnig sein Unterfangen gewesen war, die Kugel hätte in jede Richtung abprallen können. Aber in jedem Fall war das Schloss jetzt zerstört.

Er schob den Türriegel zur Seite, öffnete die Tür und drängte Cindy sanft hinein. Sie betraten einen pechschwarzen Vorbau. Mit beiden Händen tastete Martin nach der Tür, die ins Innere der Hütte führte. Dabei fiel eine Schaufel von einem Nagel und traf sein verletztes Bein.

»Mist!«, brüllte Martin.

»Was ist los?«, fragte Cindy.

Er schob sie aus der Türöffnung, sodass ein wenig Licht in den Vorbau schien. Jetzt erkannte er eine Türklinke, drückte sie herunter und stolperte über die Schwelle in einen Raum mit neuem Parkettboden. Alles darin war grau, schwarz und weiß. Es sah aus wie in einem Magazin für Einrichtungsdesign.

»Zieh die Kleider aus«, sagte er zu Cindy, die sich auf ein graues Wollsofa fallen gelassen hatte. Martin zog ihr die Stiefel aus, kippte das Wasser darin ins Waschbecken und stellte die Schuhe kopfüber auf den Boden. Mit Mühe bekam er Cindy aus dem bleischweren Schneeanzug herausgeschält, der sich so mit Wasser vollgesogen hatte, dass er beinahe so viel wog wie Cindy selbst. Er ließ ihn einfach auf dem Boden liegen, wo mehrere Liter Wasser daraus über die Holzdielen flossen.

Methodisch suchte Martin die Hütte nach Kleidung ab, in den Schlafzimmern, den Schränken, einer Kiste, überall mit demselben ernüchternden Resultat: Es gab Wein, Schnaps, haltbare Lebensmittel, Wachs, trockenes Feuerholz und mindestens hundert Bücher, aber nichts zum Anziehen. Sie könnten sich schnell aufwärmen, indem sie den Ofen anfeuerten, aber Martin wagte es nicht, Rauch aufsteigen zu lassen. Den Russen wäre vielleicht nicht sofort klar, dass es die Flüchtigen waren, dass *irgendjemand* in der Hütte war, allerdings schon.

Ohne den Ofen würden ihre Schneeanzüge indes nicht einmal in einer Woche trocknen.

Martin stand in der Tür zum Schlafzimmer, und sein Blick fiel auf das Bettzeug. Könnte er eine Decke in jeden Schneeanzug stopfen? Eher nicht. Er ging zurück zum Vorbau. Wenn die Außentür und die Tür ins Hütteninnere offen standen, reichte das Licht aus, um alles zu erkennen. Die Lampen in der Hütte schaltete er lieber nicht an, das wäre viel zu auffällig. Im Vorbau hing ein zerschlissener Parka aus einem undefinierbaren Material. Zwar keine Daunenjacke, aber immerhin besser als nichts.

Zurück im Hauptraum der Hütte, nahm Martin das Fernglas aus der Tasche seines Schneeanzugs und legte es auf den Couchtisch. Dann schälte er sich aus seinem eigenen Dress und den Stiefeln. Wenigstens war sein Anzug von der Taille aufwärts trocken. Cindy lag noch immer zitternd und nur in Wollunterwäsche und Fleecejacke auf dem Sofa. Martin richtete sie auf in den Sitz und zwickte sie in beide Wangen, bis sie blinzelte.

»Hilf mir. Komm schon.«

Sie schaffte es, die Arme in die Luft zu strecken, während er sie von den restlichen nassen Kleidern befreite. Dann schlüpfte er aus seinem eigenen Wollunterhemd und der Fleecejacke und zog Cindy beides über.

»Die sind fast trocken«, sagte er.

Die langen Wollunterhosen an seinen Beinen hingegen waren klatschnass. Die alte Weisheit, dass nasse Wolle warm hielt, traf nicht auf Wolle zu, die man in Eiswasser getaucht hatte, das spürte er deutlich. Wahrscheinlich wäre es besser, die Hosen auszuziehen.

Martin wählte einen Mittelweg. Er streifte Cindys und seine Unterhosen ab und wrang das Wasser aus ihnen, bevor er sie Cindy und sich wieder anzog. Das Gleiche tat er mit den Socken. Dann zog er sich die Jacke aus dem Vorbau über.

Durch einen Spalt in den Fensterläden konnte Martin in Richtung Fredheim und Sassendalen blicken, wo die Russen bald auftauchen würden. Er wägte Cindys und seine Möglichkeiten ab und schaute abwechselnd hinaus und zu Cindy auf dem Sofa.

»Die Familie Parker hat ihre Rolle gut gespielt«, sagte er.

»Wir haben monatelang geübt.« Cindy lächelte matt. »Unsere Coverstory hält allen Fragen stand.«

»Wieso habt ihr so eine Seele wie Sarah mitgenommen? Es hätte doch bestimmt Tausende Büroangestellte für den Job gegeben.«

Cindy antwortete nicht.

»Und dann musste sie in der Geschichte auch noch adoptiert sein«, sagte Martin, während er wieder durch den Spalt spähte.

»Sie ist wirklich adoptiert. Wenn möglich halten wir uns an die Wahrheit, das ist am glaubwürdigsten. Die CIA zieht eben Menschen an, die glauben, dass sie nichts zu verlieren haben.«

Martin schüttelte den Kopf. *Nichts zu verlieren.* Sarah hatte alles verloren. Vielleicht hatten diese Leute eine eigene Logik, die er nicht begriff.

»Hast du einen Plan?«, fragte Cindy unvermittelt.

»Nein.«

»Bleiben wir hier?«

»Nein, werden wir nicht.«

Martin zeigte auf den Fußboden, wo Cindys nasser Anzug lag. »Den wirst du wieder anziehen müssen. Die Stiefel auch. Das ist alles, was wir haben, und es isoliert. Zumindest ein bisschen.«

Cindy deutete auf seine Jacke. »Und was ist mit dir?«

»Ich fahre so, nur mit dem Schneeanzug drüber.«

Eine Weile blieb Cindy reglos sitzen, ohne Anstalten zu machen, sich anzuziehen. Martin schaute weiter durch den Fensterspalt.

»Wozu wollten die Russen eigentlich ein verstecktes Waffenlager in Pyramiden anlegen?«, fragte er.

»Weil militärische Aktivität hier auf Spitzbergen nicht erlaubt ist.«

»Aus einem Waffenlager wird doch nicht direkt militärische Aktivität. Auf dieser Insel besitzt jeder Waffen.«

»Es gibt einen Unterschied zwischen Jagdgewehren und …«, setzte Cindy an, wurde aber von einer Handbewegung Martins unterbrochen.

»Gib mir das Fernglas«, sagte er.

Cindy rappelte sich auf und holte das Fernglas vom Couchtisch. Martin griff danach, ohne den Blick vom Fenster abzuwenden. Er musste ein Auge zukneifen, damit er mit dem

Fernglas durch den schmalen Spalt des Fensterladens sehen konnte. Keine Sekunde zweifelte er daran, dass es sich bei den fünf Schneemobilen, die gerade durch das Sassendalen fuhren, um die Russen handelte. Er wandte sich an Cindy.

»Sie haben unsere Spuren am Fjordufer nicht entdeckt. Anscheinend glauben sie, wir hätten den Hauptweg nach Longyearbyen genommen. Aber sie wissen, dass wir kaum noch Benzin haben. Wenn sie uns also nicht bald mit leerem Tank finden, kapieren sie, dass sie sich geirrt haben. Und dann werden sie an anderen Orten nach uns suchen.«

35

Martin hielt abwechselnd Ausschau nach den russischen Verfolgern und durchsuchte den Vorbau nach Benzin, gab die Hoffnung, Treibstoff zu finden, aber bald auf. Möglicherweise lag die
Hütte zu nah an Longyearbyen, als dass die Hüttenbesitzer eine
Benzinreserve für nötig befunden hätten. Er überlegte flüchtig,
in benachbarten Hütten nach trockener Kleidung zu suchen,
kam aber zu dem Schluss, dass das Zeitverschwendung wäre.

Cindy beobachtete ihn aufmerksam. Ihren nassen Schneedress hatte sie noch nicht wieder angezogen.

»Mike war einer der besten Agenten, den die CIA je hatte«,
sagte sie.

»Früher vielleicht einmal.«

»Er war immer noch gut.«

»Dachte er selbst zumindest. In Wahrheit hat eure Organi-
sation Büroleute auf die Mission geschickt.«

»In der CIA arbeiten neunundneunzig Prozent aller Mitarbeiter in Büros. Analysen sind unsere wichtigste Aufgabe.«

»Dann war die Analyse in diesem Fall nicht besonders gut«,
sagte Martin und lief unruhig im Wohnzimmer auf und ab.

»Gut genug, um das Waffenlager ausfindig zu machen –
und dich«, entgegnete Cindy. »Den besten Guide der Welt
und zweimaligen ›Entdecker des Jahres‹, extrem erfahren und
jemand, der Spitzbergen beinahe genauso gut kennt wie die
hartgesottensten Einwohner. Und außerdem jemand, der am
liebsten reiche Amerikaner über die Insel führt. Du warst wie

geschaffen für unsere Operation, wir mussten nur so tun, als wären wir eine normale amerikanische Familie auf einem kostspieligen, exotischen Abenteuer.«

Martin spürte, dass die verächtliche Miene nicht aus seinem Gesicht verschwand. Alles, was Cindy sagt, provozierte ihn. »Was wusstet ihr eigentlich oder, besser gesagt, habt ihr geglaubt zu wissen?«

»Durch Geheimdienstinformationen wussten wir von einem russischen Waffenlager in Pyramiden, aber uns fehlten die Beweise. Unsere Aufgabe bestand darin, das Lager zu finden.«

»Um auf meine vorige Frage zurückzukommen: Wozu braucht man ein Waffenlager auf einer Insel voller Waffen? Schwer vorstellbar, dass es den Russen in Barentsburg an Waffen fehlt. Dort gibt es mehr Gewehre als Einwohner.«

»Die Russen werden wohl kaum auf Minenarbeiter mit Jagdgewehren zurückgreifen, um Spitzbergen zu erobern. Und ganz sicher nicht auf Minenarbeiter aus der Ukraine.«

»Dann rüsten sich Sasja und seine Leute also mit den Waffen aus dem Lager aus und stürmen Longyearbyen?«, fragte Martin spöttisch. »Hoffentlich vergessen sie die Bajonette nicht, damit die Bilder einen historischen Touch bekommen.«

»Es sollte eigentlich niemanden überraschen, dass Russland in Erwägung zieht, Svalbard zurückzuerobern«, sagte Cindy ruhig. »Wo liegt der Unterschied zwischen Spitzbergen und der Krim? Sie würden kein Militärflugzeug mit Sturmtruppen aus Murmansk schicken, um die Insel einzunehmen, davon würden die westlichen Geheimdienste erfahren, lange bevor das Flugzeug Spitzbergen erreicht hätte. Man müsste lediglich ein paar Tankwagen auf die Rollbahn stellen, und schon könnte dort niemand mehr landen. Den Russen ist klar, dass so eine Aktion ein Riesenskandal wäre.«

Als Martin nichts darauf erwiderte, fuhr sie fort: »Wie viele Soldaten braucht es deiner Meinung nach, um Longyearbyen einzunehmen? Die russische Administration geht davon aus, dass fünfundzwanzig Elitesoldaten ausreichen, und das deckt sich mit unserer Einschätzung.«

Martin lief weiter auf und ab. Er versuchte nachzudenken, während Cindy ihm eine schockierende Information nach der anderen vorsetzte. »Und wo sollen diese Spezialsoldaten bitte herkommen? Vielleicht etwa aus der Luft, mit den Flugzeugen, die vorher entdeckt werden, wie du meinst?«

»Der Plan und die Lösung sind wesentlich eleganter, da die Russen verborgen agieren«, sagte Cindy. »Die Soldaten reisen als gewöhnliche Passagiere eines Kreuzfahrtschiffs nach Longyearbyen, wo sie als Touristen an Land gehen. Sie haben im Vorhinein bereits eine Bootstour nach Pyramiden gebucht. Während der Kreuzfahrtsaison finden solche Touren täglich statt. In Pyramiden holen sie dann die Ausrüstung, kapern das Boot und kommen als schlagkräftige Truppe nach Longyearbyen zurück.«

Martin hielt bei seiner Wanderung durch das Wohnzimmer inne und starrte Cindy an. Sie richtete einen Finger auf ihn, als sie weitersprach. »Falls du denkst, dass es zu Blutvergießen kommt, irrst du dich. Sie werden nicht mal eine halbe Stunde brauchen, um den Flughafen und das Büro des Sysselmanns unter ihre Kontrolle zu bringen. Dabei werden sie wahrscheinlich keinen einzigen Schuss abgeben müssen. Und in der Stadt wird niemand etwas bemerken außer einer neuen Flagge.«

»Die NATO würde sich so etwas niemals gefallen lassen«, sagte Martin, obwohl er selbst nicht so recht daran glaubte.

Cindy lachte. »Glaubst du wirklich, die USA und die NATO ziehen gegen Russland in den Krieg, nur um die norwegische Souveränität auf Spitzbergen zu verteidigen? Viele sind der

Ansicht, dass Norwegen diese Souveränität vernachlässigt. Frag mal die EU. Oder die USA. Russland brauche ich gar nicht erst zu erwähnen.«

Martin zeigte auf ihren Schneeanzug, der sich wie eine triefend nasse Pyramide aus Synthetikmaterial auf dem Boden auftürmte. »Zieh dich an. Wir haben wohl beide kein sonderlich großes Interesse daran, dass Spitzbergen russisch wird.«

»Und wie sollen wir das deiner Ansicht nach vereiteln?«, fragte Cindy und verzog das Gesicht, als sie in den nassen Schneeanzug stieg. »Ich glaube nicht, dass die Männer, die hinter uns her sind, eine Speznas-Truppe sind. Sie sind bösartiger, effizienter. Sie müssen von Zaslon sein, der geheimsten Abteilung der russischen nachrichtendienstlichen Spezialkräfte. Diese Leute scheitern nie.«

»Wie wir das vereiteln sollen?«, wiederholte Martin, während er seinen eigenen Schneeanzug vom Boden aufhob. »Ich habe nicht die geringste Ahnung.«

Mit dem Parka wurde es eng unter dem Schneedress, aber wenigstens isolierte er, stellte Martin fest. An den Füßen zu frieren war schlimmer, aber mehr als die Hälfte der Körperwärme gingen über den Kopf verloren, und Sturmhaube und Helm hatte er glücklicherweise immer noch.

»Lass uns versuchen, so nah wie möglich an Longyearbyen heranzukommen«, sagte Cindy. »Und danach schlagen wir uns zu Fuß durch.«

Martin protestierte nicht. Es wäre ohnehin unwahrscheinlich, dass sie so lange überlebten, dass sie erfroren.

Cindy griff nach seinem Arm, als sie wieder vor der Hütte standen. »Ich frage dich noch einmal. Hast du einen Plan?«

Martin erwiderte nichts darauf. Er hatte eine Idee, aber einen Plan würde er das nicht nennen.

36

Die Spieltheorie war ein eigenes Fachgebiet, das sich damit befasste, wie Gegner folgenschwere Entscheidungen trafen, ohne zu wissen, wie der jeweils andere agierte.

Martin versuchte sich in Roman Zorins Lage zu versetzen. Wann würde ihm klar werden, dass seine flüchtigen Widersacher nicht die Hauptroute nach Longyearbyen genommen hatten? Bald. Schon sehr bald. Der Russe wusste, dass Cindy und er keinen Treibstoff mehr hatten. An Zorins Stelle wäre Martin zurück nach Fredheim gefahren und hätte dort nach weiteren Schneemobilspuren gesucht.

Er konnte darauf hoffen, dass der russische Kommandant nicht so logisch dachte, aber erwarten konnte er das keinesfalls. Außerdem hatten ihre Feinde einen gewaltigen Vorteil: Sie waren zu fünft und konnten sich aufteilen. Zorin brauchte nicht darauf zu pokern, dass er richtig riet, sondern konnte alle Eventualitäten abdecken.

Die Kunst bestand nun darin, etwas zu tun, womit die Russen nicht rechneten.

Von den Hütten bei Vindodden führte eine Strecke nach Longyearbyen, die von den Hüttenbesitzern genutzt wurde. Diesen Weg würden Cindy und er aber nicht einschlagen, denn sobald ihnen das Benzin ausging, wären sie in einem engen Tal gefangen.

Kurz blickte Martin nach Westen über den Fjord, dann setzte er sich auf sein Schneemobil. Was er vorhatte, war vielleicht unmöglich, in jedem Fall aber gefährlich. Er hoffte nur, dass Cindy keine Panik bekam.

Martin fuhr bis zu den Ufersteinen, stieg auf das Trittbrett und besah sich den Berg, der über eine Länge von mehreren Kilometern schräg zum Meer hin abfiel, wobei die Neigung des Hangs etwa dreißig Grad betrug. Viel zu steil, um ihn mit einem Schneemobil zu befahren. Es würde einfach nur seitwärts ins Meer rutschen. Oft bildete sich jedoch am Fuß der Steigung direkt über dem Meer eine Art Überhang aus Schnee und Eis, der breit genug war, um darauf zu fahren. Allerdings bot diese Fläche keine Sicherheit, der Überhang konnte abrutschen, und so spät im Frühling war das nur eine Frage der Zeit.

Tatsächlich schien sich auch hier ein solcher Eisschild am Ufer gebildet zu haben. Martin manövrierte das Schneemobil durch ein Bachbett und über eine vereiste Kante, ehe er die schmale Eiszunge erreichte.

Auf dem schmalen Ufereisstreifen zu fahren war nicht weiter schwer, da es flach geradeaus ging. Martin wurde aber bewusst, dass ihre Verfolger es ebenso leicht haben würden. Mit einer Granate hätte er so viel von dem Eisschild hinter sich wegsprengen können, dass den Russen eine Verfolgung nicht mehr möglich gewesen wäre.

Kaum hatte er diese Idee zu Ende gedacht, musste er eine Vollbremsung hinlegen. Ihre Route endete plötzlich. Das Eis war vor ihnen in den Fjord gestürzt, und der Berg fiel nun direkt ins Wasser ab. Ratlos starrte Martin in die schwarze Tiefe vor ihnen.

»Bist du falsch gefahren?«, fragte Cindy.

Hier ist alles falsch, dachte Martin. Sogar meine Begleitung. Wieder richtete er den Blick auf den Berghang und dachte erneut nach. Es war nicht zu schaffen, noch nie hatte er von jemandem gehört, der dort hinaufgefahren wäre.

»Worüber denkst du nach? Wieso stehen wir hier?«, nörgelte Cindy und stieg ab.

Martin schaute sich nach hinten um, jeden Moment erwartete er, die Russen auftauchen zu sehen. Er warf nochmals einen Blick auf den Berghang. Der Neuschnee würde dafür sorgen, dass die Antriebsraupe besseren Halt bekäme. Und wenn es schiefging, wie viel schlimmer wäre es als die Alternative?

Martin deutete auf den Hang. »Ich will da hoch.«

Cindy schüttelte den Kopf. »Das ist unmöglich.«

»Es kann klappen.«

»Nicht mit mir, das mache ich nicht mit. Nie im Leben. Das ist der sichere Tod.«

Martin versuchte gar nicht erst, sie zu überreden. Stattdessen riss er das Schneemobil herum, sodass die Schnauze in Richtung Berg zeigte. Am Übergang zwischen dem Ufereis und dem eigentlichen Hang befand sich eine extrem steile Kante, die er irgendwie überwinden musste. Er stellte sich neben das Schneemobil in den Schnee und drückte den Gashebel durch. Das schwere Fahrzeug machte einen Satz über die Kante und landete dann im Neuschnee oberhalb des Ufereises; Martin kroch auf allen vieren hinterher. Er sah sich nicht einmal um.

Das Schneemobil stand nun so schräg nach hinten geneigt, dass Martin auf dem Sitz nach unten rutschte, als er wieder darauf Platz nahm. Allein wäre sein Unterfangen mit Sicherheit einfacher, vielleicht sogar machbar.

Gerade als er Gas geben wollte, spürte er eine Hand auf seiner Schulter, und Cindy kletterte hinter ihm auf den Sitz. Mit der rechten Hand betätigte Martin den Totmannschalter, sodass es still wurde, ehe er sich halb zu Cindy umdrehte. »Du musst exakt tun, was ich dir sage, und jeder meiner Bewegungen folgen. Ich fahre hundert Meter direkt bergauf, bevor ich nach rechts lenke. Sobald das Schneemobil quer zum Hang steht, *müssen* wir uns sofort zu Boden neigen, und zwar so weit, dass unsere Schultern fast in den Schnee tauchen, sonst kippen wir zur Seite und stürzen ins Meer. Außerdem muss ich wahnsinnig schnell fahren, sonst hat die Raupe keinen Grip.«

Er wartete nicht auf eine Antwort von Cindy, sondern startete den Motor, atmete ein paarmal tief durch und spürte die Furcht wie einen eiskalten Klumpen in seinem Magen. Dann gab er Vollgas.

Mit der Last von zwei Personen, dem Neuschnee und der Steigung dauerte es, bis er das Schneemobil auf Touren gebracht hatte, aber bald konnte er nicht weiter geradeaus fahren. Der Hang wurde immer steiler. Langsam steuerte Martin die Maschine seitwärts und lehnte sich stehend in die Schräge hinein. Nur noch ein Bein hing über dem Fahrersitz, während Cindy sich von hinten an seinen Rücken klammerte.

Sie schossen die Bergflanke entlang, doch selbst bei dieser hohen Geschwindigkeit spürte Martin, dass sie seitlich nach unten in Richtung Meer rutschten. Er schätzte die restliche Strecke auf etwa einen Kilometer, also ungefähr dreißig bis vierzig Sekunden. Er büßte jegliches Zeitgefühl ein, während der aufspritzende Schnee von der linken Lenkkufe ihn nahezu erblinden ließ und das Motorengebrüll ihn wie eine kompakte Wand umgab. Ein plötzlicher, heftiger Schlag gegen die Front des Schneemobils entriss ihm das Steuer, und sie wurden beide aus dem Sitz geschleudert. Martin rollte den Berghang hinab und sah flüchtig, dass sich das Schneemobil mehrfach überschlug.

Verwirrt und mitgenommen versuchte er sich aufzusetzen. Cindy lag unmittelbar unter ihm, ihr Kopf neigte sich in einem unnatürlichen Winkel zur Seite. Sie hatte sich das Genick gebrochen. Er war sich dessen so sicher, dass er völlig entgeistert reagierte, als sie plötzlich den Kopf hob und ihn anstarrte. Sie drehte sich auf den Bauch und kroch auf ihn zu.

»Lebst du?«, fragte sie.

Martin brachte lediglich ein atemloses »Ja« zustande. Das Schneemobil stand nur wenige Meter unterhalb von ihnen und war nach den Überschlägen auf der Antriebskette gelandet, die Front wies direkt auf den Fjord. Martin verschaffte sich einen Überblick über das Gelände, sie hatten das Ende der Schräge fast erreicht. Der Grund für ihren Sturz war ein kleiner Bachlauf. Wäre er nur ein paar Zentimeter tiefer gewesen, hätten Cindy und er wahrscheinlich schwere Verletzungen davongetragen.

Zum ersten Mal seit Tagen war es nicht sein Bein, das am meisten schmerzte. Er musste sowohl mit der Schulter als auch mit dem Kopf gegen einen Felsen geprallt sein; in seinen Ohren dröhnte es. Mit der Hand ertastete er einen tiefen Riss auf der linken Seite seines Helms. Vorsichtig befühlte er den verletzten Arm und die Schulter. Sie war nicht ausgekugelt, das hätte er sofort gemerkt, und glücklicherweise auch nicht gebrochen.

Mühsam kam er auf die Beine. Cindy stützte ihn, sie wirkte unverletzt. Dann fiel ihm ein, wo seine Prellungen an Schulter und Kopf herrührten. Sie stammten vom Gewehr, das er sich vor ihrer Abfahrt auf den Rücken geschnallt hatte. Er hob es mit schmerzverzerrtem Gesicht über den Kopf und untersuchte die Waffe auf Schäden. Wie zu erwarten, war das Mordinstrument wesentlich unempfindlicher als ein Körper aus Fleisch und Blut.

Er lehnte sich an Cindys Schulter, bis er sich etwas gesammelt hatte. Sie konnten einfach auf das Schneemobil steigen, so wie es stand, und den Hang schräg nach unten fahren, wo das Gelände wieder flacher wurde.

»Sieht so aus, als hätten wir es geschafft«, sagte Martin, verspürte aber keine Freude darüber. Er bedeutete Cindy, mit ihm zum Schneemobil zu gehen.

»Könnten die Russen nicht die gleiche Abkürzung nehmen?«

»Sie sind Soldaten, keine Märtyrer. Diese Strecke wird nie wieder jemand fahren«, sagte Martin. Er war sich nicht sicher, ob das Schneemobil nach den Überschlägen starten würde, aber er brauchte nur den Zündschlüssel herumzudrehen, und der Motor lief.

»Was werden sie dann tun?«

»Sie fahren um den Berg herum. Es dauert nur ein bisschen länger.«

Cindy sah ihn lange an. »Dann haben wir gerade wegen zehn Minuten unser Leben riskiert?«

»Hast du vielleicht schon vergessen, dass wir kein Benzin mehr haben?«, erwiderte Martin und gab ihr zu verstehen, dass sie sich hinter ihn auf das Schneemobil setzen sollte.

Er fuhr fünfzig Meter steil hangabwärts, bis sie die Ebene erreichten, hielt an und beobachtete das Tal, das nun vor ihnen lag. Eine einsame Schneemobilspur bildete eine tiefe Furche durch den Neuschnee auf der rechten Talseite. Mehr Glück hätten sie sich nicht wünschen können. In seinem Kopf nahm ein Plan Gestalt an.

»Was denkst du?«, fragte Cindy.

Die Fahrspur verschaffte ihnen neue Möglichkeiten, er wusste nur noch nicht, wie sie sie nutzen sollten. Er blieb noch einen Moment stehen, bevor er auf das Tal zeigte. »Hier ist vor Kurzem jemand gefahren. Wenn wir Glück haben, glauben die Russen, wir wären es gewesen. Jetzt brauchen wir nur noch ein kleines bisschen mehr Glück.«

Er folgte der Schneemobilspur durch das Tal. Durch das Fahren in der Spur reduzierten sie ihren Treibstoffverbrauch, aber trotzdem beschränkte Martin die Geschwindigkeit auf höchstens sechzig Stundenkilometer und zählte außerdem die Sekunden. Die Tankanzeige konnte fehlerhaft sein, oft zeigten diese Instrumente viel zu wenig Treibstoffreserve an.

Direkt vor ihnen entdeckte Martin den Eingang zu einem Seitental. Er zoomte die Umgebung auf der GPS-Karte heraus und berechnete die Entfernung. Ihr Gefährt folgte der tiefen Spur wie von selbst.

Sein Plan war nicht nur theoretisch möglich, sondern tatsächlich umsetzbar. Auf Höhe des Seitentals hielt Martin an.

»Was ist los?«, fragte Cindy.

»Wir biegen hier ab«, Martin deutete in die Richtung des Seitentals, »die Spur führt aber weiter geradeaus. Das heißt, unsere Verfolger können nicht wissen, welche der Spuren von uns stammt. Sie müssen raten.«

»Was wollen wir in diesem Tal?«, fragte Cindy.

»Dort verläuft über zwei hübsche Gletscher eine schöne Route nach Longyearbyen, aber wir werden nicht den einfachen Weg wählen, wir werden es meinem großen Helden Shackleton gleichtun.«

»Ich habe nicht die geringste Ahnung, wovon du redest«, entgegnete Cindy.

»Er hatte auch kein Schneemobil«, erklärte Martin und steuerte nach rechts, hinein ins Tobredalen. Aufgrund des hohen Gewichts sank ihr Gefährt nun tief in den Neuschnee ein, Martin hörte förmlich, wie viel Benzin der Motor jetzt schluckte. Sie brauchten noch eine letzte Portion Glück, jeder Meter zählte. Er gab so wenig Gas wie möglich, um trotzdem ein noch halbwegs anständiges Tempo halten zu können.

Als der Motor erstarb, blieb das Schneemobil augenblicklich im weichen Neuschnee stehen.

»Den Rest müssen wir wohl zu Fuß gehen«, sagte er mit aufgesetzter Munterkeit.

Sie waren nur ein kurzes Stück in das Tal hineingekommen, nicht einmal weit genug, damit ihr Schneemobil von der Abzweigung aus nicht mehr zu sehen gewesen wäre – jetzt würden die Russen das Fahrzeug mit dem leeren Tank sofort entdecken. Einen Moment lang überlegte Martin, ob sie die Maschine mit Schnee bedecken sollten, doch das wäre zwecklos. Mit einem Fernglas wäre es ein Leichtes zu sehen, dass die Spur in einem künstlichen Schneehaufen endete. Das Glück, auf das er sich berufen hatte, war im Grunde wertlos gewesen.

Er marschierte los, seinen Blick auf den Gletscher am Ende des Tals gerichtet. Die Schmerzen in Bein, Schulter und Kopf musste er verdrängen, jetzt zählte jede Minute. Cindy folgte ihm in seinen Spuren.

Sie hielten sich zwischen den Geröllhaufen der Moräne, wo wenig oder gar kein Schnee lag. Besser, sie schlitterten über den Schotter, als durch Neuschnee waten zu müssen. Wo es möglich war, lief Cindy neben Martin.

»Was hast du vor?«, fragte sie. »Was hat es mit diesem Shackleton auf sich, den du so bewunderst?«

Dieser Shackleton. Martin ahnte, dass Polargeschichte eher nicht auf dem Lehrplan der Agentenschule der CIA stand.

»Wir werden die Russen dazu zwingen, ihre Schneemobile stehen zu lassen. Ich will nach oben und diese Halbinsel auf schmalen, schneefreien Bergkämmen überqueren, bis wir direkt auf Longyearbyen hinuntersehen können. Diesen Weg kann man nicht mit Schneemobilen bewältigen. Und zu Fuß haben wir wenigstens gleiche Voraussetzungen.«

Cindy blieb stehen und deutete auf Martins Bein. »Meinst du ernsthaft, wir haben die gleichen Voraussetzungen wie die Russen? Bist du noch ganz bei Trost?«

Ohne zu antworten, humpelte Martin, so schnell er konnte, weiter. Von der Stelle, wo ihr Schneemobil seinen Geist aufgegeben hatte, waren es seiner Schätzung nach etwa drei Kilometer bis zum höchsten Punkt des Gletschers. Selbst unter perfekten Umständen würden sie für diese Strecke mindestens eine halbe Stunde brauchen. Jetzt mussten sie sich mit vollgesogenen Stiefeln und mehr oder weniger verletzt steil bergauf kämpfen. Vom tiefen Schnee, der sie auf dem Gletscher erwartete, einmal ganz zu schweigen.

Wenigstens wärmte ihn der Parka unter dem Schneeanzug.

Vor ihnen teilte sich der Gletscher in zwei Arme, die beide zum Ziel führten, aber Martin vermutete, der Weg über den rechten Arm sei kürzer. Schließlich konnte jeder Meter den Ausschlag geben. Den flachen Gletscher hinauf versuchte er, mit einer Mischung aus Humpeln und Rennen durch den lockeren Schnee voranzukommen. Ihm lief der Schweiß herunter, und das Gewehr scheuerte auf seinem Rücken. Er zwang sich, nicht nach hinten und hinab ins Tal zu blicken.

Martin wusste, dass die Russen mindestens zwanzig Minuten brauchen würden, um den Berg zu umrunden und durch das Tal zu fahren, das sie gerade erst verlassen hatten. Die Soldaten waren zu Beginn etwa zehn bis zwanzig Minuten hinter ihnen gewesen, also hatten Cindy und er im schlechtesten Fall einen Vorsprung von einer halben Stunde gehabt, als sie das Schneemobil stehen ließen. Genau so viel Zeit also, wie sie brauchten, um den Bergkamm zu erklimmen. Vielleicht.

Wenn sie Glück hatten, suchten die Russen am falschen Ort nach ihnen. Wenn, wenn, wenn. Sein Herz klopfte wie wild, als er durch den Neuschnee den Gletscher nach oben stapfte. Mehrmals musste er stehen bleiben, um durchzuatmen. Cindy war mindestens genauso erledigt. Er sah sie an, und gerade als er ihr etwas Aufmunterndes sagen wollte, drang das Geräusch mehrerer Viertaktmotoren an ihre Ohren, und sie drehten sich um. Drei Schneemobile rasten den Gletscher hinauf. Martin richtete den Blick wieder nach vorn. Sie hatten den höchsten Punkt beinahe erreicht, und bis zur Klamm, wo es auf der anderen Seite abwärts zum Isfjord ging, waren es nur noch fünfzig Meter. Links von dieser Klamm verlief der Bergkamm, den sie erklimmen mussten.

Die Russen hielten an. Schließlich wussten sie, dass Martin bewaffnet war, aber wussten sie alles? Martin glaubte nicht. Er zog Cindy am Arm mit zu einer halbmeterhohen Schneewechte, hinter der sie sich flach auf den Boden warfen. Martin setzte das Gewehr auf der Kante der Wechte ab, es war die perfekte Auflage. Allerdings betrug die Entfernung dreihundert Meter. Zu weit.

Er nahm an, dass die Russen inzwischen Respekt vor seinen Schießfertigkeiten hatten, ansonsten hätten sie wohl einen Frontalangriff gestartet. Bei voller Geschwindigkeit hätten die Soldaten mit ihren Schneemobilen in fünfzehn Sekunden hier oben bei Cindy und ihm sein können. Aber das wäre mehr als genug Zeit, um mehrere Fahrer auszuschalten. Ihre Windschutzscheiben bestanden aus Plastik und boten keinen Schutz.

»Mir ist eiskalt«, sagte Cindy. »Wir können hier nicht liegen bleiben.«

Martin war von der Anstrengung ihres Gletscheraufstiegs noch so verschwitzt, dass er ganz vergessen hatte, wie sehr Cindy in ihrem nassen Anzug wohl frieren musste. Er merkte nun selbst, wie er von der Taille abwärts vor Kälte allmählich taub wurde. Wie lange konnten sie es so noch hier aushalten?

Als er den Mund öffnete, um etwas zu erwidern, glaubte er ein wohlbekanntes Geräusch wahrzunehmen, und strengte sich aufs Äußerste an, genau hinzuhören. Das Geräusch wurde deutlicher, und jetzt war er sich ganz sicher. Es war ein Helikopter. Auch Cindy hörte ihn und deutete nach oben. Jemand musste Wind davon bekommen haben, was vor sich ging.

Der Helikopter war beinahe direkt über ihnen, aber aufgrund der Wolkendecke konnten sie ihn nicht sehen. Schnell entfernte sich das Donnern der Rotoren in Richtung Sassendalen und Tempelfjord. Martin atmete erleichtert auf. Wäre der Rettungshubschrauber auf dem Gletscher gelandet, hätten die Russen ihn in Stücke geschossen. Martin glaubte kaum, dass der Sysselmann für einen Krieg ausgerüstet war. Er fragte sich, wie die Russen auf den Helikopter reagieren würden.

Die Antwort folgte prompt. Die Schneemobile ihrer Verfolger bewegten sich langsam seitwärts nach oben. Mit einer Hand am Gas waren die Soldaten neben ihren Fahrzeugen in Deckung gegangen und krochen auf Knien nebenher.

Martin wartete. Wie weit sollte er sie herankommen lassen? Er blickte sich um. Die Wolkendecke, die bisher auf Höhe der Berggipfel ringsum gelegen hatte, sank nun nach unten.

Das entschied die Sache. Er zielte auf das linke Schneemobil. Ein scharfer Knall durchschnitt die Stille und hallte als Echo zwischen den Bergen wider. Die Russen verharrten.

»Schieß weiter, so kannst du sie unten halten«, drängte Cindy ihn.

»Dafür habe ich nicht genügend Munition«, sagte Martin.

»Du hast *was?*«

»Alle Patronen, bis auf fünf Stück, lagen entweder in meinem Zimmer in Pyramiden oder waren in einer Kiste auf dem Schlitten, den wir zurücklassen mussten.«

Mit offenem Mund starrte Cindy ihn an. »Ist das dein Ernst? Was zur Hölle willst du mit einem Gewehr ohne Munition?«

»Wenn ihr schon wusstet, dass ihr in den Krieg zieht, dann hättet ihr verdammt noch mal besser Waffen mitgenommen!«, entgegnete Martin fauchend.

»Wir sind als Touristen in einem Linienflug hergekommen, und wir haben den besten Guide gebucht, einen Meisterschützen.«

Und das habe ich auch bewiesen, dachte Martin. Dann wandte er seine Aufmerksamkeit wieder den russischen Soldaten zu. Nichts dort unten bewegte sich, aber auch ihre Verfolger konnten sehen, dass die Wolken mittlerweile den Hang hinabsanken. Zum ersten Mal hatten Martin und Cindy die Zeit auf ihrer Seite. Martin achtete mehr auf die Wolkendecke, die über den Hang rollte, als auf die Russen. Der Nebel war fast schon in der Klamm hinter ihnen. Alles, was sie brauchten, wären weitere fünf Minuten. Was hatten ihre Feinde jetzt wohl vor?

Diese Frage erübrigte sich, als sie in einem Kugelhagel ertränkt wurden. Wegen der Schalldämpfer hörten sie nur ein leises Knattern. Martin zog den Kopf ein, und als die Kugeln auf die Schneewechte trafen, gab es nur ein Ploppen. Ihm war klar, dass es sich um Deckungsfeuer handelte. Einer der Russen setzte sich in Bewegung, während die anderen dafür sorgten, dass Cindy und er sich nicht aus dem Schutz der Wechte wagten. Martin rollte zur Seite und grub ein kleines Guckloch in den oberen Rand der Schneewechte.

Und richtig: Eines der Schneemobile fuhr den Gletscher hinab, während die beiden übrigen Soldaten lange Schusssalven abgaben. Keine Spur von Munitionsmangel auf der Gegenseite.

Schnell verschwand das Schneemobil außer Sicht, wo der Bergrücken den Gletscher in zwei Arme teilte. Was planten die

Russen? Immerhin waren sie professionelle Soldaten, und mit Sicherheit war dies kein Fluchtversuch. Langsam dämmerte Martin, was gerade geschah. Der Russe, der eben losgefahren war, konnte die Klamm hinter ihnen einfach über den anderen Gletscherarm erreichen, und dann wäre die Sache gelaufen. Sie wären umzingelt.

Die Schüsse hörten auf. Martin rollte sich zurück und packte Cindy am Arm. »Sie versuchen, uns einzukesseln. Wir können nicht warten, bis die Wolken uns Schutz bieten, wir müssen *sofort* los.«

37

Irina checkte ihre Mails auf dem Smartphone unter dem Tisch. Ihre Nachricht war abgeschickt worden, aber der Hacker hatte noch nicht geantwortet, was sie ziemlich ärgerte, bis ihr einfiel, dass es in Russland weit nach Mitternacht war. Selbst Nerds mussten manchmal schlafen.

Sie sah wieder auf und blickte in Nikolais Augen. Er hob sein Rotweinglas und prostete ihr zu. Es war bereits ihre zweite Flasche an diesem Abend, Nikolai hatte einen ordentlichen Zug drauf.

Der Kellner servierte das Dessert, Tiramisù. Irina fühlte sich herrlich satt, außerdem war sie angenehm beschwipst.

»Spionierst du mich aus?«, fragte Nikolai, ohne den Blick von seiner Nachspeise zu nehmen.

»Liest du die E-Mails anderer Leute?«, gab Irina knapp zurück.

Noch immer sah Nikolai nicht auf.

»Erzähl mir von dem Auftrag in der Ukraine«, sagte sie.

»Du weißt genau, dass ich dir nicht viel über meine Arbeit erzählen kann. Besonders jetzt nicht, wo ich weiß, dass ausländische Ölfirmen zu deinen Klienten gehören«, erwiderte Nikolai. »Außerdem war das, lange bevor wir uns kennengelernt haben.«

»In der Ukraine war Krieg«, sagte Irina.

»Ja, dort war wirklich Krieg. Tausende Tote, und niemand hat mitbekommen, was dort eigentlich vor sich ging. Weder im Westen noch im Osten.«

»Die russischen Mütter, deren Söhne in Leichensäcken zurückgekehrt sind, haben es wohl schon mitbekommen«, entgegnete Irina.

»Davon weiß ich nichts. Wir wurden heimgeschickt, als es zu heiß wurde.« Irina beäugte ihn skeptisch, doch Nikolai breitete die Arme aus: »Mehr gibt es dazu nicht zu sagen.«

Sie beschloss, nicht weiter darauf einzugehen. Stattdessen griff sie zum Weinglas, und sie stießen an.

»Wer ist eigentlich dieser Kerl, der in meinem Leben herumstochert?«, fragte Nikolai.

»Der Name tut nichts zur Sache. Aber er findet Dinge heraus, die selbst du schon vergessen hast.«

Nikolai lachte. »Willkommen in meinem Leben. So einen Rückblick auf meine besten Tage könnte ich gut gebrauchen.«

Er winkte den Kellner heran, der am Nachbartisch stand. Nikolais Bewegungen wirkten ein wenig unkontrolliert, doch Irina unterließ es, ihn darauf hinzuweisen. Sie blickte aufs Meer hinaus, denn es war draußen immer noch hell. Inzwischen hatten sie den Polarkreis überquert.

»Eine Flasche Champagner«, hörte sie Nikolai bestellen. »Lanson.«

Ganz weit im Westen erblickte Irina einen Vulkan, den die letzten Sonnenstrahlen des Tages rosa färbten.

»Land, so weit hier draußen, mitten im Nichts?«

»Die Insel Jan Mayen mit dem Beerenberg-Vulkan«, erklärte Nikolai. »Einsamer wird es nicht. Lass uns an Deck gehen und den herrlichen Ausblick genießen.«

Er schnappte sich die volle Champagnerflasche, die der Kellner gerade erst auf den Tisch gestellt hatte, schwankte kurz, und schien erst einmal sein Gleichgewicht wiederfinden zu müssen. »Die Wellen«, sagte er und lächelte dümmlich.

Irina lachte. »Das Meer ist ruhig, die Wellen hast du selbst verursacht.«

Sie hielt ihm den Arm hin, und gemeinsam gingen sie durch den Speisesaal nach draußen. Nikolai zeigte nach hinten zum Achterdeck. Niemand war im Freien, die meisten Passagiere zogen die Bars und Unterhaltungsshows den kalten Temperaturen und dem Fahrtwind vor.

»Wahnsinn, es ist fast Mitternacht, und trotzdem ist es so hell, als wäre es Tag«, sagte Irina und richtete ihren Blick wieder auf Jan Mayen.

Die tief stehende Sonne hüllte den Vulkan in Dämmerlicht. Im Süden tauchte ein zweiter, kleinerer Gipfel auf, und zwischen beiden Erhebungen konnten sie eine flache Landzunge über dem Meer erahnen.

»Wie kommt man dorthin?«

»Das ist nur einigen wenigen vorbehalten«, sagte Nikolai. »Die Insel hat keinen Hafen, nur eine Landebahn aus Kies, und dort landen keine Linienflüge.«

Irina runzelte die Stirn, denn sie konnte sich nicht erinnern, jemals Notiz von diesem entlegenen Ort genommen zu haben. »Ist das ein Teil von Grönland?«

»Jan Mayen gehört zu Norwegen. Die Insel hatte schon viele verschiedene Namen, je nachdem wer dort aktiv war. Die Norweger haben die Insel weder entdeckt, noch haben sie hier Fischfang betrieben, aber sie haben sie in den Zwanzigern okkupiert und 1930 dann annektiert.«

Irina sah wieder zur Insel. Ohne das Licht der Sonnenstrahlen wirkte die Insel viel abweisender, ein von Land umgebener Vulkan mitten im Meer. Er schien hoch zu sein, weit über zweitausend Meter.

»Was stellen die Norweger damit an?«, fragte Irina.

Nikolai nahm ein paar Schlucke direkt aus der Flasche und reichte sie Irina.

»Offiziell ist es eine Wetterstation, doch vierzehn der achtzehn Bewohner sind keine Meteorologen, sondern militärisches Personal. Von daher, keine Ahnung. Vielleicht nutzen sie die Insel, um die Wirtschaftszone zu schützen, die die Norweger auf dreiste zweihundert Seemeilen ausgeweitet haben.«

Irina betrachtete die Flasche, die sie in der Hand hielt. Champagner aus der Flasche zu trinken war nicht ihr Stil. Sie gab sie Nikolai zurück, der einige große Schlucke daraus nahm.

»Viele Feinde kann es hier ja nicht geben«, meinte Irina, während sie ihren Blick über die See schweifen ließ, die hier nicht blau, sondern stahlgrau war. Und nahezu still.

»Der perfekte Ort für eine Militärbasis im Kalten Krieg«, sagte Nikolai. »Wir hätten uns die Insel einfach schnappen sollen, das hätte niemanden gekümmert. Aber die Amerikaner durften hier auch keine Basis errichten. Das muss man den Norwegern lassen.«

Erneut hob Nikolai die Champagnerflasche an den Mund und trank gierig. Schon wieder schwankte er. Irina sah ihn besorgt an.

»Das reicht jetzt.«

Nikolai grinste läppisch und stellte die Flasche auf den Boden. Dann schwang er sich geschmeidig über die Reling und stellte sich auf den fünfzig Zentimeter breiten Sims auf der Außenseite. Mit einer Hand hielt er sich an der Reling fest und lehnte sich nach hinten, wobei er die andere Hand jubelnd in die Luft streckte. Die Füße stemmte er in die Bordwand und ritt das Schiff, als sei es eine blitzschnelle Segeljacht.

»Nikolai!«, schrie Irina. »Hör auf mit dem Blödsinn.«

Er ignorierte sie und stimmte ein russisches Lied an, das sie als eine Hymne auf den einfachen Soldaten erkannte. Irina sah sich um, außer ihnen war niemand sonst an Deck. Vorsichtig kletterte sie über die Reling und spürte, dass sie nur einen klitzekleinen Fehltritt davon entfernt war, fünfzehn Meter tief in das möglicherweise am wenigsten befahrene Gewässer der Welt zu stürzen. Sie versuchte ihr Unbehagen und ihre Unruhe mit einer strengen Stimme zu betäuben: »Du kommst jetzt sofort zu mir!«

Nikolai sang das Lied zu Ende und zog sich wieder heran. Als er das Bein von der Bordwand über die Reling an Deck heben wollte, rutschte er ab. Und stürzte. Irina sah die Szene wie in Zeitlupe – das Entsetzen in Nikolais Blick, der sich lösende Griff um die Reling, zwei rudernde Arme. Sie stand völlig reglos da, außerstande, etwas zu unternehmen.

Dann war er nicht länger zu sehen.

Sie wusste nicht, ob sie schrie oder der Schrei nur in ihrem Kopf widerhallte. Sie trat einen Schritt nach vorn. Da entdeckte sie zwei Hände, die die schmale Kante umklammerten. Unter Schock kniete sie sich hin und schaute über den Rand. Nikolai. Sie starrte ihm direkt ins Gesicht.

Sie streckte ihm eine Hand entgegen. Er ergriff sie.

Im selben Moment spürte sie einen gewaltigen Ruck und wurde von den Beinen gerissen. Nach zwei Sekunden eisiger Furcht durchbrach sie mit dem Kopf voran die Wasseroberfläche. Der Aufprall und die lähmende Kälte pressten ihr die Luft aus den Lungen. Sie schoss in die Tiefe, und der Druck in ihren Ohren wurde heftiger. Dann kam wieder Leben in sie. Sie strampelte mit Armen und Beinen, bis sie an die Wasseroberfläche kam. Sie schnappte nach Luft, und der abwegige Gedanke, dass sie nichts weiter als ein Kleid trug, durchzuckte sie.

Über ihr türmte sich das Schiff auf, es war noch immer nah. Da sah sie Nikolai an der Reling stehen, die Champagnerflasche in der Hand. Sie hob einen Arm aus dem Wasser, winkte und schrie.

Nikolai holte aus und schleuderte die Champagnerflasche über Bord. In hohem Bogen segelte sie durch die Luft und landete mit einem Platschen nur wenige Meter neben Irina. Dann drehte Nikolai sich um und ging.

38

Martin sah nach unten zu ihren Verfolgern, die hinter ihren Schneemobilen in Deckung lagen. Sie schienen alle Zeit der Welt zu haben.

»Wenn wir hier liegen bleiben, sind wir bald erledigt. Fällt dir etwas anderes ein, als loszurennen?«, fragte er.

»Lass uns auf die Wolken warten.« Cindy zeigte nach oben.

»So viel Zeit haben wir nicht. Und wir können auch keinen Schutzwall in den Schnee graben, das würde eine Woche dauern. Da unten sind zwei Soldaten. Ich verschieße die letzten drei Patronen, während du wie der Teufel in den Nebel rennst.«

»Und wie willst *du* dort hochkommen?«, fragte Cindy. »Du hast kein Deckungsfeuer, und du kannst nicht rennen. Wir müssen es umgekehrt versuchen.«

»Nein, die Sache ist entschieden«, bestimmte er und legte die Wange an den Gewehrkolben, bevor er das Zielfernrohr auf das Schneemobil unter ihnen einstellte.

Er schätzte den Abstand auf zweihundertfünfzig Meter. Maschinengewehre waren auf so große Distanz nicht sonderlich treffsicher, dafür feuerten sie aber eine Menge Kugeln ab.

Ihm kam eine Idee, und er drehte sich auf den Rücken. Dann versuchte er, seine schweren Stiefel abzustreifen, doch sie saßen an den Knöcheln fest. Cindy packte zu und zog sie beide ab.

»Ohne zwei Bleigewichte an den Füßen bin ich schneller«, meinte Martin und legte sich wieder auf den Bauch. Er justierte das Zielfernrohr. »Sobald ich den ersten Schuss abgebe, rennst du los.«

Martin konnte die beiden Soldaten hinter den Schneemobilen nicht sehen, daher zielte er auf einen Benzintank und drückte ab. Der Schuss hallte zwischen den Bergen wider. Er registrierte, dass Cindy loslief, starrte aber weiterhin in Richtung der beiden Schneemobile. Einige Sekunden vergingen, dann glaubte er, eine Bewegung zu erkennen, womöglich war es ein Gewehrlauf. Er feuerte einen zweiten Schuss ab, diesmal auf den Tank des anderen Fahrzeugs. Nach Cindy zu sehen, traute er sich nicht, er wollte die Russen nicht aus den Augen lassen. Eine Sekunde der Unaufmerksamkeit könnte reichen. Dann tauchte hinter einem der Schneemobile eine Hand auf. Jemand startete den Motor. Also hatten seine Schüsse ihr Ziel wohl verfehlt, und ein Frontalangriff war das Letzte, was er sich gerade wünschte, ihm blieb nur noch eine einzige Patrone. Es war sinnlos, bei dieser Entfernung auf den Mann zu zielen, deshalb schoss er stattdessen auf die große Windschutzscheibe aus Plexiglas.

Noch während das Echo des Schusses widerhallte, war er auf den Beinen und setzte Cindy nach. Eigentlich hatte er vorgehabt, im Zickzack zu laufen, doch jetzt hielt er schnurgerade auf den Nebel zu. Sein Hirn registrierte alles; dass Cindy es fast geschafft hatte, dass seine Schmerzen ihn fast ohnmächtig werden ließen, dass er außer seinen eigenen Atemzügen nichts hörte, dass er sich eigentlich ducken sollte.

Er vernahm ein leises Knattern, und etwas streifte den Stoff seines Schneeanzugs. Martin zog den Kopf ein und rannte. Das Gelände wurde ebener und er schneller, und plötzlich war er umgeben von Grau. Er schlug einen Haken nach links und versuchte, das Tempo beizubehalten.

Einige Sekunden später warf Martin sich flach auf den Boden. Die Sicht rings um ihn reichte nur zehn Meter weit, und von weiter unten kamen keine Schüsse mehr. Dennoch war die Sicherheit, die er verspürte, trügerisch. Er formte einen Trichter mit den Händen und rief nach Cindy. Sie antwortete zwar, doch in dem dichten Grau war es schwierig auszumachen, von wo.

Martin rappelte sich wieder auf. Sein schmerzendes Bein gab unter ihm nach, aber er zwang sich, weiter bergauf in die Richtung zu humpeln, in der er Cindy vermutete. Er rief erneut, und sie antwortete, diesmal näher.

Er stolperte geradewegs über sie. Cindy saß im Schnee und hatte den Kopf auf die Knie gelegt. Martin streckte ihr die Hand entgegen und zog sie auf die Beine.

»Wir müssen weiter. Der dritte Russe könnte jeden Moment von oben kommen«, sagte er. »Außerdem sind die anderen beiden auch gleich hier.«

Cindy sah sich im Nebel um. »Bist du dir sicher mit der Richtung?«

Martin zeigte ihr das GPS-Gerät in seiner Hand. »Ich habe immer noch das hier.«

»Aber keine Schuhe«, merkte Cindy an.

»Dafür bin ich am Leben«, sagte er.

Die Stiefel auszuziehen, war eine spontane Idee gewesen. Er wusste, dass er ohne die mit Wasser vollgesogenen und bleischweren Dinger doppelt so schnell rennen konnte, aber was nun? Noch nie war er in nassen Socken durch eiskalten Schnee gewandert.

Motorengeräusche erklangen. Die Schneemobile kamen.

Er nahm Cindy bei der Hand und riss sie mit sich, während er das GPS in der anderen Hand hielt. Von den Schmerzen wurde ihm übel. Die Motoren wurden lauter, weit entfernt konnten sie nicht mehr sein. Für einen Augenblick fürchtete Martin, die Russen könnten direkt auf sie stoßen.

Das Gelände stieg steil an, und in drei Richtungen ging es abwärts; nach hinten und zu beiden Seiten. Was bedeutete, dass sie den Bergkamm erreicht hatten. Niemals hätte Martin es für möglich gehalten, derart glücklich darüber zu sein, mit nassen Socken einen steilen Hang mit Neuschnee zu erklimmen. Absolut unmöglich, dass die Russen diesen Weg mit dem Schneemobil befahren konnten. Im Gegensatz zu Cindy und ihm waren sie allerdings mit gesunden Beinen, Maschinengewehren und genügend Munition ausgestattet.

Die drängende Frage war nun, ob die Russen nicht einfach ihren Fußspuren folgen konnten. Martin blickte hinter sich. Zum ersten Mal hatten sie Glück mit dem Schnee. Auf dem exponierten Bergkamm hatte der Wind den Neuschnee bereits wieder weggefegt, der Untergrund auf dem Hang war hart, und in den schlechten Sichtverhältnissen hinterließen Cindy und er keine sichtbaren Spuren.

»Welchen Weg nehmen wir?«, flüsterte Cindy.

»Wir können uns jetzt nicht mehr verlaufen«, antwortete Martin leise und steckte das GPS-Gerät in die Tasche. »Wir gehen bergauf, bis wir den Gipfel erreichen, und folgen dann einem lang gestreckten Bergrücken rechts von uns.«

Alles war ruhig, und sie gaben kaum einen Laut von sich, während sie sich weiter nach oben kämpften. In Martin machte sich eine wachsende Unruhe bemerkbar, und das schlimme Gefühl, gerade einen großen Fehler zu begehen, keimte in ihm auf. Der dritte Russe besaß mit Sicherheit ein GPS und war womöglich auf demselben schmalen Bergrücken unterwegs wie sie, kam ihnen nur aus der entgegengesetzten Richtung entgegen.

Martin packte Cindy und zog sie ein Stück den Abhang zu ihrer Rechten hinunter.

»Was machst du da?«, zischte sie.

»Wir wollen dem dritten Russen nicht begegnen«, flüsterte er.

Unterhalb des Bergrückens war es mühsamer voranzukommen, da sie nicht nur weiter dem Gipfel entgegensteigen, sondern auch aufpassen mussten, nicht den steilen Abhang rechts von ihnen nach unten zu rutschen. Trotzdem hatten sie keine Schwierigkeiten, die Richtung beizubehalten. Immer weiter nach oben. Martin ließ Cindys Arm nicht los, und seine Sinne waren bis aufs Äußerste geschärft. Ihr Feind war vermutlich nicht so hoch konzentriert wie sie, denn er glaubte, bergabwärts auf zwei Zielscheiben zuzulaufen, die sich nicht von der Stelle bewegten. Da fiel Martin ein, dass die Russen möglicherweise miteinander kommunizierten, wahrscheinlich nutzten sie satellitenbasierte Geräte, etwas anderes funktionierte hier nicht. Aber was wusste er schon über russische Militärtechnologie?

Plötzlich glaubte er, einen Schatten oben auf dem Bergrücken zu sehen, und warf sich sofort auf den Boden. Geistesgegenwärtig riss er Cindy mit sich und hielt ihr einen Zeigefinger vor den Mund. Es bestand kein Zweifel, über ihnen stieg eine Person mit Maschinengewehr den Grat hinab.

Nach nur wenigen Sekunden war der Mann im Nebeldunst verschwunden. Dennoch blieb Martin liegen. Schon bald wären die Russen wieder vereint. Was würden sie denken? Was waren ihre nächsten Züge? Der Mann, der ihnen auf dem Bergkamm quasi entgegengekommen war, erzählte den anderen vielleicht, dass er nichts gesehen hatte. Doch was dann? Ihre Verfolger mussten zwangsläufig weiter nach Spuren suchen, und die würden sie auch finden, denn der Hang war nicht überall hart und der Schnee nicht überall verweht. Wieder einmal war alles eine Frage der Zeit.

»Wieso liegen wir noch hier?«, fragte Cindy.

Martin stand auf. Er zeigte ohne weitere Erklärung nach oben und zog sie mit sich auf den Bergrücken, wo ihnen das Gehen leichter fiel. Hin und wieder entdeckte er Spuren des Russen, ein halber Schuhabdruck in einem Feld mit Neuschnee, ein vollständiger Abdruck im losen Schnee zwischen zwei Wechten, die Spuren schrien ihn geradezu an. Genauso wie jeder ihrer eigenen Fußabdrücke den Russen ins Augen stechen musste.

Jetzt, da die unmittelbare Gefahr vorüber war, fühlte er sich völlig entkräftet. Das Adrenalin, das ihn angetrieben und den Schmerz, die Müdigkeit und den Energiemangel in Schach gehalten hatte, war aus seinem Körper gewichen. Wann hatte er zum letzten Mal etwas getrunken? Gegessen hatte er seit fünfzehn oder sechzehn Stunden nichts mehr. Für Cindy war es noch schlimmer, sie hatte den größten Teil der letzten Nacht allein und an einen Stuhl gefesselt verbracht, und einen Zimmerservice hatten die Russen wohl kaum im Angebot gehabt.

Hunger, Durst, Entkräftung. Keines dieser Probleme konnten sie momentan lösen, daher sah Martin keinen Grund, sie Cindy gegenüber zu erwähnen. Sie mussten einfach nur weiter, weiter, weiter.

Auf einmal wurde es vor ihnen ganz flach. Martin bedeutete Cindy mit einer Geste zu warten und ging ein paar Schritte voraus. Es fehlte nicht viel, und er wäre über die Kante auf der anderen Seite gerutscht. Sie waren auf dem Bergrücken, der in einem weiten Bogen auf dem Gipfel des Hiorthfjellet endete, genau gegenüber von Longyearbyen.

»Von hier müssen wir nur diesem schmalen Pfad folgen.«
Er deutete nach rechts. »Dieser Bergkamm führt fast direkt bis
nach Longyearbyen.«

»Wie lange noch?«

Martin musste überlegen. Es waren vielleicht zehn Kilometer, eventuell mehr. In ihrem derzeitigen Zustand also weit.
Furchtbar weit. Wieder überkam ihn die Mutlosigkeit.

»Ich habe keine Ahnung, wie es auf dem Bergrücken aussieht. Der Vorteil ist, dass uns niemand von der Seite überraschen kann, dort geht es ja steil nach unten. Sie können nur
von hinten kommen.«

»Dann lass uns losgehen«, sagte Cindy mit einer Energie,
die Martin ihr neidete.

Er hinkte hinter ihr her. Die Spuren, die sie im Schnee
hinterließ, lasen sich wie eine Schrift in fetten Buchstaben.
Die Russen würden sie entdecken, und sie würden ihn und
Cindy wieder einholen, die Frage war nur, *wann*. Sie mussten es
nach Longyearbyen schaffen. Am besten wäre es, sie würden
sich aufteilen, sodass einer die Russen ablenken konnte und
dem anderen ausreichend Vorsprung verschaffte, um die Stadt
zu erreichen. Einer von ihnen musste sich opfern.

39

Ohne sich auf etwas stützen zu können, war jeder Schritt eine Qual. Martin hatte jedes Gefühl in seinen Zehen eingebüßt, und von unten nagte der Frost an seinen Beinen, die zudem in nasser Wolle und einem steifgefrorenen Schneeanzug steckten. Inzwischen reichte die Bewegung nicht mehr aus, um ihn warm zu halten.

Cindy lief vorneweg, aber es war ohnehin schlicht unmöglich, den Weg zu verfehlen, sie mussten lediglich am Abhang zu ihrer Linken entlanggehen. Martin hatte Probleme hinterherzukommen, sagte aber nichts. Ein hohes Tempo war überlebenswichtig. Trotzdem war er sicher, dass die Russen sie einholen würden. Und dann hätten ihre Feinde die Oberhand. Die Soldaten hatten genügend Gelegenheiten, einen Angriff zu planen; Cindy und er würden nichts davon bemerken, ehe es schon zu spät war.

Plötzlich durchfuhr ihn ein Gedanke. Zuerst konnte er nicht begreifen, dass er es vergessen hatte, auch sein Hirn schien mittlerweile bedrohlich unterkühlt zu sein. Dass sich Cindy aber ebenfalls nicht daran erinnerte, war noch schlimmer. Mit zwei langen, schmerzvollen Schritten schloss er zu ihr auf.

»Was hast du mit der Pistole gemacht, die wir dem toten Russen abgenommen haben?«

Verwirrt sah Cindy ihn an.

»Du hast sie doch nicht etwa weggeworfen?«, fragte Martin.

Cindy klopfte die Taschen ihres Schneeanzugs ab. »Dieses Teil ist so groß, darin verschwindet alles.«

Martin zügelte seine Ungeduld und hielt sich davon ab, ihre Taschen selbst zu durchsuchen. Endlich fand Cindy die Waffe in der großen Einschubtasche auf dem Oberschenkel.

»Die hält Wasser aus, oder?«

»Russische Kommandosoldaten mit Waffen, die trocken gehalten werden müssen? Machst du Späße?«, sagte Cindy, ohne den Sarkasmus auch nur ansatzweise zu verbergen.

Martin sah sich in dem Nebelmeer um, aber es hatte keinen Zweck, sich in dem flachen Gelände in einen Hinterhalt zu legen. »Komm«, sagte er und nahm sie am Arm. »Wir müssen eine bessere Stelle finden.«

Sie wanderten weiter den Grat entlang, die neue Hoffnung machte alles erträglicher. Noch immer hielt er auf dem steilen Abhang neben ihnen nach geeigneten Verstecken Ausschau, entdeckte aber keines. Doch dann bot sich ihnen eine offensichtliche Gelegenheit. Zwei große Felsen und mehrere kleine Steine markierten eine Stelle, an der der Berggrat eine scharfe Kehre machte. Selbst bei perfektem Wetter wäre es der ideale Ort für ihre Zwecke gewesen, und die graue Nebelsuppe, von der sie umhüllt waren, verschaffte ihnen zusätzlichen Schutz.

»Sie werden sich nicht vorsichtig bewegen, wenn sie kommen, sie wissen nicht, dass wir bewaffnet sind«, sagte Martin. »Bestimmt haben sie mein Gewehr hinter der Schneewechte gefunden.«

Er streckte die Hand nach der Pistole aus, doch Cindy schüttelte den Kopf. »Ich kenne dieses Modell, wir trainieren damit.«

Ja, am Schießstand, dachte Martin, protestierte aber nicht. Bisher hatte er so gut wie nie mit einer Pistole geschossen. Das Einzige, was er sicher wusste, war, dass die Entfernung beim

Schuss möglichst kurz zu sein hatte. Er achtete darauf, dass sie deutliche Spuren im losen Schnee hinterließen, als sie an den Felsen vorbeigingen. Erst ein Stück weiter führte er sie auf der anderen Seite des Bergkamms zurück, sodass sie auf der Rückseite der beiden Felsen ankamen. So bestand keine Chance, dass die Russen Verdacht wegen ihrer Fußspuren schöpfen würden.

Sie versteckten sich hinter dem Felsen, der ihren Spuren am nächsten war, denn auf diese Weise würden ihre Verfolger sie mit einem Abstand von etwa fünf Metern passieren. Martin zog Cindy zu sich herab, damit sie sich gegen den Felsen lehnen konnten. »Schieß erst, wenn sie an uns vorbeigegangen sind. Dann sind sie nicht zu verfehlen.«

Die Kälte hielt sie mit eisigem Griff umklammert, während sie schweigend dasaßen und warteten. Martin zitterte unkontrolliert. Cindy drehte sich um und spähte zwischen den Felsvorsprüngen hindurch. Die Schneemobilhandschuhe hatte sie neben sich abgelegt. Martin verlor das Zeitgefühl. Vielleicht hatte er sich geirrt, und die Russen jagten ihnen doch nicht hier oben nach? Sie konnten auch um das Bergmassiv herumfahren und an der Stelle auf Cindy und ihn warten, wo sie vom Hiorthfjellet hinabsteigen würden. Er hatte keine Ahnung, wie ihre Verfolger dachten, aber bis jetzt hatte er deren Strategie immer ziemlich präzise vorausgeahnt. Und aus Sicht der Russen war es das einzig Logische, Cindy und ihn hier oben in den Bergen zu schnappen, solange sie beide zu Fuß und unbewaffnet waren. Es sei denn, Martin hatte irgendetwas nicht bedacht. Gerade als er die möglichen Alternativen durchging, bedeutete Cindy ihm, sich zu ducken.

Martin wollte sich mit einer schnellen Drehung hinknien, doch sein Körper gehorchte ihm nicht ganz, und er schrammte sich die Wange an dem schroffen Gestein auf. Gerade wollte er

Cindy das Signal geben, noch zu warten, aber es war schon zu spät.

Mit erhobener Pistole sprang sie auf und feuerte blitzschnell vier Schüsse ab. Martin erhaschte einen Blick auf ein paar dunkle Schatten vor ihnen. Der erste stürzte vornüber, der zweite fiel oder warf sich zur Seite. Martin riss Cindy nach unten in Deckung, und im selben Moment hagelte es Kugeln von der anderen Seite. Rundherum platzten kleine Felsstücke von dem porösen Gestein ab.

»Du solltest warten!«, brüllte Martin sie an, aber er war nicht sicher, ob Cindy überhaupt etwas registrierte. Sie schien unter Schock zu stehen, und er konnte ihr die Pistole nur mit einiger Kraft entwenden.

Die Russen schossen nicht mehr. Mit steifen Bewegungen kroch Martin zum anderen Ende des Felsens und spähte um einen Vorsprung. Alles war grau, keine Soldaten in Sicht. Er robbte zurück zu Cindy und zog und zerrte an ihr.

»Wir müssen hier weg.«

Martin versuchte in gebückter Haltung in der Spur zu laufen, die sie auf dem Weg zu ihrem Hinterhalt hinterlassen hatten, aber sein Bein versagte ihm den Dienst. Er fühlte sich wie der Glöckner von Notre-Dame. Ein weiteres Mal würden sich die Soldaten nicht überrumpeln lassen, wahrscheinlich brauchten sie Zeit, ehe sie ihre Stellung auf dem Felsen einnehmen würden. Vielleicht konnten Cindy und er einen Vorsprung herausholen.

Schmerzen, Kälte und Adrenalin kämpften um die Oberhand. Martin rang nach Atem und musste innehalten. Cindy war weit zurückgefallen, er winkte ihr ungeduldig zu. Sie lief wie ein Zombie, Martin musste versuchen, ein wenig Leben in sie zu bringen.

»Verdammt, sie könnten direkt hinter uns sein!«

Cindy schüttelte den Kopf. »Den einen habe ich zu hundert Prozent erledigt, und den anderen sehr wahrscheinlich auch.«

»Wie kannst du das wissen?«

»Wegen der Entfernung, es waren weniger als fünfzehn Meter. Mit den ersten beiden Schüssen habe ich den, der uns am nächsten war, in die Brust geschossen, die anderen beiden Kugeln haben den Kerl dahinter getroffen, glaube ich.«

»Aber wer hat dann auf uns geschossen? Waren sie zu dritt?«, fragte Martin.

Cindy nickte und setzte sich in den Schnee. Martin wollte sie wieder hochziehen, schaffte es aber nicht.

»Warte kurz«, bat sie.

Martin blickte nach hinten und umklammerte den Schaft der Pistole mit beiden Händen, den Handschuh ließ er auf den Boden fallen. Von der Kommandostruktur der Russen hatte er keine Ahnung, aber es schien naheliegend, dass der Anführer normalerweise voranging. Wenn das zutraf, hatte Cindy denjenigen mit dem Kommando ausgeschaltet und möglicherweise einen weiteren Soldaten.

Er ging ein paar Schritte zurück und packte Cindy am Kragen ihres Schneeanzugs. »Hoch mit dir!«, forderte er sie mit einer Eindringlichkeit auf, die ihn selbst überraschte. »Ich dachte, ihr wärt darin geschult, Leute umzulegen.«

»Du schaust zu viele Filme«, erwiderte sie.

Martin schob sie vor sich her, während er die Pistole in den Handschuh steckte und ihn sich wieder überstreifte. Bei jedem zweiten Schritt sah er sich nach hinten um. Falls jemand kam, waren sie im Grunde chancenlos. Aber wer würde schon kopflos hinter jemandem herjagen, der erwiesenermaßen eine Waffe trug, damit schießen konnte und gerade einen Kameraden getötet hatte?

Nach einer Weile hatte er keine Energie mehr, sich ständig umzusehen, und stolperte humpelnd weiter. Ohne Gefühl in Füßen und Beinen merkte Martin, dass ihm der Gleichgewichtssinn langsam abhandenkam. Irgendwo in seinem Hirn kam er zu dem Schluss, dass seine Füße schon bald sehr gut zu seiner fingerlosen linken Hand passen würden.

Mit stumpfem Blick bemerkte er, dass der Bergkamm, dem sie folgten, immer schmaler und steiler wurde. Es ging nun spürbar bergauf. Er rief Cindy zu und versuchte, sich auf die Karte auf dem GPS-Gerät zu konzentrieren. Zu beiden Seiten waren die Hänge gefährlich abschüssig, und ihre einzige Alternative war es, weiter in Richtung Berggipfel zu steigen. Die Bergkette, auf die man von Longyearbyen aus fast immer blickte, hatte Martin schon unzählige Male betrachtet, aber er hätte nie gedacht, dort einmal zu Fuß absteigen zu müssen.

Bald erreichten sie ein Plateau, das den eigentlichen Gipfel des Hiorthfjellet bildete, wie ihm klar wurde. Er nutzte das GPS, um sie zu dem Bergkamm zu dirigieren, der am flachsten in Richtung Adventfjord und Longyearbyen abfiel.

Er hatte es aufgegeben, ständig nach hinten zu schauen. Jetzt kam niemand.

Als sie die Wolkendecke durchbrachen und bis nach Longyearbyen auf der anderen Seite des Adventfjords blicken konnten, setzte Martin sich mit letzter Kraft in den Schnee. Ihm war übel und schwindelig. Cindy ließ sich neben ihn plumpsen, und für eine Weile saßen sie schweigend nebeneinander.

Jetzt, da der Ort und die Rettung so nah waren, stießen verdrängte Gedanken wieder an die Oberfläche seines Gehirns. Zuerst musste er die Polizei informieren, doch er hatte keine Ahnung, was er ihnen erzählen sollte.

Er drehte sich zu Cindy um. »Wie wollte die CIA die russischen Eroberungspläne für Spitzbergen eigentlich stoppen? Euer Plan war doch sicherlich weitreichender als eine erfundene Familie mit einem norwegischen Tourguide nach Pyramiden zu schicken?«

»Unsere Aufgabe bestand darin, die Existenz des Waffenlagers zu bestätigen«, antwortete Cindy.

»Keine große Hilfe.«

»Anschließend wollte die CIA den Fund des Lagers als Vorwand nutzen, um den Russen zuvorzukommen.«

Martin traute seinen Ohren nicht. *Zuvorzukommen?* Er sah sie lange an. »Ihr wolltet Spitzbergen also besetzen? Die USA wollten norwegisches Territorium besetzen?«

Sie schüttelte den Kopf. »Wir wollten Spitzbergen *beschützen.* Gegen einen mächtigen Feind.«

Martin stand abrupt auf. »Ihr seid verdammt noch mal kein Stück besser als die Russen!«

40

Auf Hintern und Rücken rutschten sie in ihren glatten Schnee-anzügen den Abhang hinunter. Es tat zwar höllisch weh, aber dafür ging es schnell. Als das Gelände abflachte, blieben sie auf dem Rücken liegen wie hilflose Schildkröten. Cindy musste Martin aufhelfen.

»Gibt es hier keinen Empfang?«, fragte sie.

»Doch, schon, aber Handys mögen kein Salzwasser«, ant-wortete Martin und zeigte auf seine Hosentasche. Das Gerät war so lange im Wasser gewesen, dass es witzlos war, auszu-probieren, ob es noch funktionierte.

Er sah sich um. Sie waren nah, aber trotzdem noch so weit entfernt. Um die Stadt zu erreichen, mussten sie um den Adventfjord herumgehen, und in ihrem aktuellen Zustand würde das dauern. Seit sie die Stadt vom Gipfel aus hatten sehen können, plagte Martin ein Gedanke. »Die Russen waren zu fünft«, sagte er. »Wo sind die beiden Soldaten, die uns nicht über den Gletscher verfolgt haben?«

»In der Nähe«, antwortete Cindy.

Nebeneinanderstehend blickten sie auf die Strecke, die sie noch vor sich hatten. Das Gelände war offen und übersichtlich, kein Mensch in Sicht. Inzwischen war es schon nach Mitternacht, und die Sonne stand im Norden über dem Horizont, sodass die Stadt und das Tal im Schatten lagen.

»Hier können sie in keinem Hinterhalt liegen. Das ist immerhin etwas«, murmelte Martin.

Ihm fiel kein Grund ein, der die Russen daran hindern sollte, ihre Mission zu Ende zu bringen, auch wenn sie von Longyearbyen aus beobachtet werden konnten. Mit einem Schneemobil brauchte man nur wenige Minuten bis in den Ort, während Cindy und er eine Stunde oder anderthalb unterwegs sein würden. Er warf einen Blick auf die beiden Socken, die ihm als Schuhe dienten. Seine Beine spürte er nicht mehr, es war, als gehörten sie einem Fremden.

Er zwang sich, einen Fuß vor den anderen zu setzen, und konzentrierte sich auf einen weit entfernten Punkt. Nicht nachdenken, nicht auf die Uhr sehen, nur die Beine bewegen. Ein paarmal drehte er sich um und vergewisserte sich, dass Cindy ihm folgte. Seit Langem wirkte sie wieder wacher, einmal glaubte Martin sogar, sie lächeln zu sehen.

Als sie die Stelle erreichten, an der das Adventdalen auf den Fjord traf, wurde Martin aus seinem Dämmerzustand gerissen. Durch das milde Wetter der letzten Tage war das Eis an mehreren Stellen des Sumpfgebiets geschmolzen, und sie sanken bis zu den Knien in das eisige Wasser ein.

Sie näherten sich Longyearbyen. Ob sie es wohl schaffen würden? Er blickte landeinwärts ins flache Adventdalen, wo zwei schwarze Punkte, genauer zwei Schneemobile, rasend schnell auf sie zusteuerten.

Martin spürte, wie er instinktiv versuchte, schneller zu laufen, bis ihm klar wurde, dass das vollkommen aussichtslos war. Die Schneemobile würden Cindy und ihn einholen, lange bevor sie in Longyearbyen ankämen. Er hielt kurz inne, um nachzusehen, wie viele Schüsse ihnen noch blieben.

Er betrachtete die Waffe in seiner Hand, sie war nicht gesichert. Also war er mit einer geladenen und entsicherten Pistole einen Bergabhang hinuntergerutscht. Bald hatte er sein Glück endgültig überstrapaziert, so viel war sicher.

Im Magazin steckten noch drei Patronen. Martin sicherte die Waffe und stopfte sie in die Tasche des Schneeanzugs. Die Schneemobile waren inzwischen sehr viel näher, aber er konnte jetzt nicht genau erkennen, welche Richtung sie eingeschlagen hatten.

»Wie sollen wir sie in Schussweite locken?«, fragte er Cindy.

Anscheinend hatte sie keine Antwort parat, so wie ihr Blick zwischen Martin und den Schneemobilen hin und her sprang. Die beiden Fahrzeuge hatten Schlitten dabei und waren in hohem Tempo unterwegs.

Martin sah keine andere Möglichkeit, als den Russen vorzuspielen, dass sie sich ergeben würden. Vielleicht wussten sie nicht, dass Cindy und er eine Waffe hatten. Vielleicht wollten sie sie lebendig. Vielleicht, vielleicht, vielleicht.

Martin hätte schwören können, dass die beiden Schneemobile direkt auf sie zuhielten, jetzt waren sie nur noch ein paar Hundert Meter entfernt. Er zog die Pistole, löste die Sicherung und verbarg sie in der linken Hand hinter seinem Rücken. Sein Plan war zu schießen, bevor sie ganz angehalten hatten, denn für ihre Feinde wäre es schwer, während der Fahrt über unwegsames Gelände vom Schneemobil aus auf Cindy und ihn zu feuern.

Plötzlich bogen die beiden Fahrzeuge in Richtung Longyearbyen ab.

»Was um alles in der Welt war das?«, entfuhr es Cindy.

»Das waren gar keine Russen, sondern Einheimische. Ich glaube, sie fahren einen Umweg in die Stadt, um nicht durch das Eis und Schmelzwasser zu müssen.«

Erleichtert und mit frischer Energie verstaute Martin die Pistole wieder und humpelte weiter. Das erste Gebäude der

Stadt war das des Schneemobilverleihs. Auf dem letzten Hügel, der bis zur Tankstation vor dem Hauptgebäude der Verleihfirma anstieg, musste Cindy ihn stützen. Schwerfällig ließ er sich auf den erstbesten Schlitten sinken.

»Wir halten ein Auto an«, sagte Cindy. »Selbst mitten in der Nacht muss hier doch jemand vorbeikommen.«

Martin stand wieder auf und sah sich um. Seine Langsamkeit erschreckte ihn fast selbst. Ringsum parkten Schneemobile, und bei den meisten steckte sicher der Schlüssel. Auf gefühllosen Füßen, wie benommen, wankte er zum nächsten Fahrzeug. Und tatsächlich: Der Schlüssel steckte im Zündschloss, und der Motor startete beim ersten Versuch.

Was Martin nicht wusste, war, wohin sie fahren sollten.

»Musst du ins Krankenhaus?«, fragte er Cindy.

Sie schüttelte den Kopf.

Martin stieg auf, und Cindy setzte sich hinter ihn. Ein Gefühl der Ohnmacht überkam ihn. Weder hatte er eine Idee, wohin er fahren, noch, was er tun sollte. Die Russen konnten im Ort auf sie warten, eigentlich konnten sie überall sein. Inmitten von Häusern fühlte Martin sich unsicherer als im offenen Gelände.

»Fahr los«, drängte Cindy ihn.

»Hat die CIA-Agentin auch einen Plan, wohin?«

»Zu einem Hotel.«

Martin fuhr zum SAS-Hotel, das nur dreihundert Meter entfernt lag. Gerade als Cindy vor dem Hoteleingang abstieg, fiel ihm ein absurdes Detail ein.

»Warte«, sagte er. »Ich habe etwas für dich.«

Er zog zwei russische Medaillen aus der Brusttasche seines Schneeanzugs, eine mit dem Porträt Lenins, die andere mit Hammer und Sichel. »Die hier habe ich in Pyramiden für dich gekauft.«

»Die sind aber nicht echt, oder?«, fragte Cindy und begutachtete die Medaillen.

»Echter Blechplunder. Ich hoffe, sie sind hässlich genug für deine Sammlung.«

Cindy lächelte ihn an. »Danke.«

Damit ging sie hinein zur Rezeption. Als sie nach fünf Minuten nicht wieder herauskam, wusste Martin, dass es freie Zimmer gab. Er zögerte. Die Polizeiwache war auch nachts besetzt, aber würden sie mitten in der Nacht wegen einer solch abstrusen Geschichte ausrücken? Er verwarf den Gedanken, die Polizei zu informieren. Einen Anruf, in dem er von einem Krieg zwischen der CIA und den Russen erzählte, würde man als Scherz eines Betrunkenen ansehen und nicht ernst nehmen.

Nach Hause. Eigentlich wollte er nur dorthin. Aber wenn die Russen über eine Sache Bescheid wussten, dann, wo er wohnte. Er hatte zwar Freunde, aber die konnte er dieser Gefahr nicht aussetzen.

Wieder sah er zum Hoteleingang. Die Lösung lag vor ihm.

Die Rezeptionistin erkannte ihn nicht, und so entging er der Frage, wieso er im Hotel übernachten wollte. In Zimmer 214 zog er sich aus. Seine Füße waren schneeweiß, aber nicht blauschwarz, wie erfrorene Zehen und Finger es im Himalaja wurden, bevor man sie amputieren musste. Hier gab es immerhin ausreichend Sauerstoff.

Er verschwendete keinen Gedanken an eine Dusche, sondern ging die wenigen Schritte bis zum Bett und ließ sich darauffallen.

Dort blieb er liegen und beobachtete die Tür. Für russische Spezialeinheiten wäre es eine Kleinigkeit, aus der Frau am Empfang herauszupressen, ob jemand im Lauf der Nacht eingecheckt hatte und in welchem Zimmer er wohnte. Schließlich zwang er sich wieder aus dem Bett und holte die Pistole aus dem Schneeanzug.

Als er mit der Waffe in der Hand einschlief, ging ihm nur noch ein Gedanke durch den Kopf: Er lebte.

41

Martin wurde von einem heftigen Schmerz in den Zehen geweckt. Sie waren nicht mehr weiß, sondern rot und angeschwollen, und auf zwei von ihnen bildeten sich große, blutgefüllte Blasen. Eigentlich hätte er das voraussehen müssen, so oft, wie er in seinem Leben schon Erfrierungen erlitten hatte.

An der Rezeption gingen sie erst ans Telefon, nachdem er zum dritten Mal dort angerufen hatte. Während er auf die Schmerztabletten wartete, musste er ins Kopfkissen beißen. Die Schmerzen wurden von Minute zu Minute schlimmer.

Als es klopfte, ließ er vom Kissen ab und brüllte »Herein!«, doch die Person klopfte einfach weiter an die Tür. Nackt und auf brennenden Füßen taumelte Martin ins Bad, griff sich ein viel zu kleines Handtuch und öffnete die Zimmertür. Mit großen Augen starrte ihn die Rezeptionistin an, bei der er eingecheckt hatte. Zum Glück hatte sie einen ganzen Blister mit Paracetamol-Tabletten dabei. Martin schnappte sich die Medikamente und murmelte ein verlegenes Danke, bevor er die Tür wieder schloss.

Im Bad holte er sich ein Glas Wasser und warf drei Tabletten ein. Nach kurzem Überlegen schluckte er zwei weitere auf der Bettkante und ließ sich nach hinten in die Kissen fallen.

Als er erneut aufwachte, wusste er nicht, wie spät es war. Auf dem Fußboden entdeckte er einen Streifen Sonnenlicht, also musste es aufgeklart haben. Ausgehend vom Stand der Sonne versuchte er, die Uhrzeit zu berechnen. In jedem Fall war es schon später am Tag, vielleicht schon bald Nachmittag.

Ihn überkam das Gefühl, dass die Zeit drängte, und er wollte sich mit einem Schwung aufrichten. Kein einziger seiner Muskeln gehorchte, sodass er sich schließlich auf die Seite drehte und die Füße irgendwie auf den Boden setzte. Der Anblick war ekelerregend. Seine Zehen deckten beinahe das gesamte Farbspektrum ab, ein paar Stellen waren immer noch weiß, die meisten aber waren rot angeschwollen und voller Blasen. Einige dieser Blasen verfärbten sich bereits schwarz-lila. Das war gefährlich, er hatte es schon einmal erlebt. Als einzig Positives konnte er festhalten, dass die Schmerzen erträglich waren, sie waren zu einem stetigen Pochen geworden.

Das Krankenhaus musste warten, andere Dinge waren dringender. Martin sah immer noch keinen Sinn darin, zu duschen, nachdem er durch Eiswasser gewatet war. Außerdem hatte er nichts zum Anziehen.

Schneeanzug und Parka lagen im Flur, wo er sie ausgezogen hatte; sie waren noch nass. Socken und Unterhose lagen vor dem Bett, ebenfalls nass. Das war alles.

Er rief an der Rezeption an.

»Verkaufen Sie Kleidung?«

Am anderen Ende der Leitung wurde es still.

»Ich nehme alles, solange es nicht in XL ist.«

»Wir hätten Kapuzensweatshirts und T-Shirts.«

Martin legte auf, hob den Hörer aber gleich wieder ans Ohr. Er kannte ihre Nummer nicht auswendig, daher rief er beim Reisebüro an und fragte nach Charlie. Zum Glück war die Mitarbeiterin am Telefon mit dem Spitznamen ihrer Chefin vertraut.

»Kannst du eine Tüte mit Hosen, Hemd, Socken, Schuhen und einer Jacke für mich packen und an der Rezeption im SAS-Hotel abgeben?«, fragte Martin, als Charlie sich meldete.

»Du rufst aus einem Hotel an, um dir Kleider bringen zu lassen?«, sagte sie.

»Frag nicht, tu's bitte einfach.«

»Ich kann die Sachen bei dir zu Hause holen, die Tür ist doch offen, oder?«

»Geh auf keinen Fall dorthin«, sagte Martin. »Kauf die Sachen in einem Geschäft. Du kennst meine Größe, die Schuhe in 45, bitte.«

Charlie schwieg einen Moment. »Das klingt, als solltest du zur Polizei gehen.«

»Das will ich ja auch, aber nackt werde ich das nicht tun.«

Martin legte auf, bevor sie noch mehr Fragen stellen konnte. Sie würde ihn nicht enttäuschen, das wusste er.

Als er frisch eingekleidet vor dem Schneemobil stand, das er sich in der letzten Nacht illegalerweise ausgeliehen hatte, kehrte die Angst zurück. Irgendwo da draußen suchten sie nach ihm, und Longyearbyen war nicht gerade groß. Allerdings würden sie ihn aus der Entfernung und in den neuen Sachen vermutlich nicht wiedererkennen. Martin tastete nach der Pistole in seiner Jackentasche, sie verschaffte ihm ein Gefühl von Sicherheit. Er stieg auf das Schneemobil.

Während er auf dem Weg zum Büro des Sysselmanns durch den Ort fuhr und den Flusslauf überquerte, bemerkte er, dass es zu tauen begonnen hatte. Schließlich parkte er das Schneemobil zwischen zwei Streifenwagen. Das war sicher nicht erlaubt, aber er schätzte, dass das angesichts seiner Geschichte keine große Rolle mehr spielen würde.

Im Eingangsbereich kämpfte er lange mit seinen Stiefeln, bis er sie ausgezogen hatte und in eine Ecke schob. Wie ein alter Mann wankte er zum Empfangsschalter, wo er gerade darum bitten wollte, dass man den Sysselmann verständigte, als er hinter sich einen strengen Ruf hörte. Ein ihm vage bekannter Polizist kam ihm entgegen.

»Hier sind Sie also.« Der Beamte wirkte wütend und zeigte anklagend auf Martin. »Wir haben nach Ihnen gesucht. Kommen Sie mit.«

Mit schnellen Schritten lief der Beamte den Flur hinunter, und Martin hatte große Schwierigkeiten hinterherzukommen. An einem Büro hielt der Polizist an und steckte den Kopf durch die Tür. »Er ist hier, Männer!«, rief er in das Zimmer und ging dann weiter bis zu einem Besprechungsraum. Martin schaffte es gerade, sich zu setzen, als sich der Raum schon mit Polizisten füllte. Sie waren zu fünft. Einen erkannte er von Abenden im Karlsberger Pub als Unterstaatsanwalt wieder. Der Mann hielt sich allerdings gar nicht erst mit Small Talk auf, sondern kam direkt zur Sache.

»Im Tempelfjord sind zwei Personen, vielleicht auch mehr, ums Leben gekommen, wahrscheinlich ertrunken. Wir haben Grund zur Annahme, dass sie zu Ihrer Gruppe gehört haben. Wieso haben Sie uns nicht alarmiert?«

Martin war so überrumpelt, dass er kein einziges Wort hervorbrachte.

»Bei Fredheim konnte eine Touristengruppe wegen des geschmolzenen Eises nicht weiterfahren«, sagte der Unterstaatsanwalt. »Diese Leute haben beobachtet, wie Sie ins Wasser gefahren sind, und haben sich deshalb so schnell wie möglich auf den Rückweg hierher gemacht und uns benachrichtigt. Wir haben sofort alles in Bewegung gesetzt.«

Dann war das also der Helikopter, den wir gehört haben, überlegte Martin, schwieg aber weiter.

»Wir dachten, dass es sich bei dieser Gruppe um Sie handeln muss«, hörte Martin den Mann sagen, als wäre jemand völlig anderes gemeint. »Sie haben eine ganze Reihe strafbarer Handlungen begangen. Zuallererst war es grob fahrlässig, bei den herrschenden Eisverhältnissen mit Tourgästen auf den Tempelfjord zu fahren, das hat zwei Menschen das Leben gekostet. Zudem deutet vieles darauf hin, dass Sie keine ausreichende Sicherheits- und Rettungsausrüstung mit sich geführt haben.« Der Unterstaatsanwalt holte kurz Luft, den schwersten Vorwurf hatte er sich für den Schluss aufgehoben. »Am schlimmsten ist aber, dass Sie niemanden benachrichtigt haben, obwohl Sie dazu verpflichtet sind, ein Satellitentelefon bei sich zu tragen. Und jetzt, fast zwanzig Stunden nach dem Unglück, spazieren Sie hier herein, als wäre überhaupt nichts geschehen. Meine Kollegen und ich haben diese Sache ausführlich miteinander diskutiert, und etwas Derartiges ist noch keinem von uns untergekommen, weder hier noch sonst wo.«

Als wäre überhaupt nichts geschehen, dachte Martin verärgert. Er lehnte sich auf dem unbequemen Besprechungsstuhl zurück und sah dem Mann in die Augen. »Ich rede nur mit Tverrdal«, sagte er.

»Der Sysselmann ist nicht im Haus«, sagte der Unterstaatsanwalt und knallte seine Faust auf den Tisch. Selbst seine Kollegen zuckten bei dem lauten Geräusch zusammen.

»Mir jagen Sie keine Angst ein«, erwiderte Martin. »Holen Sie den Sysselmann.«

42

»Mir ist warm. Hier drinnen kann mich keiner umbringen.«

Stumm sagte Martin die beiden Sätze vor sich hin, immer wieder, er konzentrierte sich auf nichts anderes. Allerdings schmerzten ihn seine Glieder so sehr, dass es schwer war, sie zu ignorieren. Er musste unbedingt ins Krankenhaus. Aber zuerst musste er mit dem Sysselmann sprechen. Martin glaubte nicht, dass die Sache so unwichtig war, dass er damit kein Gehör beim obersten Polizeichef der Insel finden würde.

Er suchte nach einer bequemen Sitzposition auf dem harten Stuhl, stand ein paarmal auf und lief um den Tisch, ehe er einsah, dass es trotz allem besser war, still sitzen zu bleiben. Die Polizisten hatten die Tür nicht abgeschlossen, dennoch nahm er nicht an, dass es ihm erlaubt war zu gehen.

Draußen war der Himmel wolkenlos, und Schmelzwasser tropfte vom Dach. Allmählich hinterließ die Maisonne ihre Spuren. Martin schaute in Richtung des Sukkertoppen, wo sich drei Skiläufer auf den Weg zum Gipfel gemacht hatten. Länger als ein paar Wochen würde die Skisaison nicht mehr dauern.

Er fuhr zusammen, als die Tür plötzlich aufgerissen wurde und der Unterstaatsanwalt gemeinsam mit dem Sysselmann Hugo Tverrdal eintrat.

»Ich rede nur unter vier Augen mit Tverrdal«, sagte Martin an den Unterstaatsanwalt gewandt und zeigte auf die Tür.

Die beiden Männer sahen sich an, dann nickte Tverrdal. »Ich kümmere mich darum.«

Der Sysselmann ging um den Tisch herum und nahm Martins Jacke vom Stuhl. Als er sie auf einen anderen Stuhl legte, ertönte ein dumpfes, metallenes Geräusch. Tverrdals Blick sprang zwischen der Jacke und Martin hin und her. Martin spürte, wie er errötete. Er hatte die geladene Waffe in seiner Jackentasche völlig vergessen.

Schon wollte der Sysselmann die Jacke wieder aufheben, entschied sich aber dagegen, richtete sich auf und sah auf Martin hinab. Augenscheinlich genoss er die Situation. Dann nahm er betont langsam gegenüber von Martin Platz.

»Ich weiß, wieso Sie hier sind«, sagte Tverrdal. »Erzählen Sie mir Ihre Version.«

Sie wissen überhaupt nichts, dachte Martin und überlegte, wo er beginnen sollte. Ein Frontalangriff wäre vielleicht das Beste.

»Meine Gäste und ich wurden von russischen Spezialkräften gejagt, den ganzen Weg von Pyramiden bis hierher. Sie haben alles Mögliche getan, um uns umzubringen.«

Der Sysselmann verschränkte die Arme und lehnte sich zurück. Sein Gesicht hätte nicht höhnischer aussehen können, wenn Martin ihm gerade unterbreitet hätte, direkt von einem Gespräch mit dem Weihnachtsmann zu kommen.

»Und diese Spezialkräfte haben auch zwei, drei Menschen im Tempelfjord ertränkt?«

»Wir sind bei der Flucht vor den Soldaten in eine Wake geraten. Zwei meiner Gäste konnte ich nicht mehr retten.«

Tverrdal nickte bedeutungsvoll, so als würde er Martin glauben. »Wieso waren diese russischen Spezialsoldaten so besessen davon, Sie umzubringen?«

»Wir sind in Pyramiden zufällig auf ein großes Waffenlager gestoßen. Dort gab es genug Ausrüstung für ein kleines Heer.«

Martin war sich nicht ganz sicher, wieso er es so hinstellte, als hätten sie das Lager durch einen Zufall gefunden.

Tverrdal beugte sich nach vorn und stützte die Ellbogen auf den Tisch. »Das ist jedenfalls eine Information, die sich verifizieren lässt. Haben Sie vielleicht sogar Fotos von diesem Waffenlager?«

Martin schüttelte den Kopf. »Dafür war keine Zeit«, antwortete er und merkte selbst, wie dumm das klang.

»Und wo befinden sich diese russischen Soldaten jetzt?«

»Wir sind ihnen im Nebel am Hiorthfjellet entkommen«, sagte Martin. »Ich weiß nicht, wo sie jetzt sind.«

Tverrdal sah Martin lange an, bevor er den Kopf schüttelte. Dann stand er wortlos auf und verschwand nach draußen. Martin verspürte einen starken Drang, ebenfalls aufzustehen und den Raum zu verlassen, doch er blieb sitzen.

Kurz darauf kehrte der Sysselmann mit einer Karte von Pyramiden zurück und legte sie auf den Tisch vor Martin. »Zeigen Sie mir, wo sich das Waffenlager befindet«, forderte er ihn auf.

Martin deutete auf das Gebäude. »Dort, es ist die Wohnung mit Ausblick nach Westen. In einer Abstellkammer befinden sich verschiedene Maschinengewehre, Munition, Uniformen und weitere Ausrüstung.«

Tverrdal faltete die Karte wieder zusammen. »Sie bleiben solange hier«, sagte er.

»Bin ich verhaftet?«

»Nennen Sie es, wie Sie wollen.«

Martin blieb sitzen und sah zu, wie sich die Tür hinter dem Sysselmann schloss. Er konnte sich nicht erklären, wieso er so viele Informationen zurückhielt. Vielleicht weil er selbst wusste, wie verrückt es klang, selbst ohne die grausigen Details.

Jemand brachte ihm einen Kaffee und ein Glas Wasser in den Besprechungsraum, ansonsten interessierte sich niemand für Martin Moltzau. Einmal ging er sogar zur Tür, um zu überprüfen, ob sie auch wirklich unverschlossen war. Was andererseits aber auch ziemlich albern gewesen wäre, schließlich führte der einzige Weg, die Insel zu verlassen, über den Flughafen.

Trotz der steten, pochenden Schmerzen, die er am ganzen Leib verspürte, war Martin eingenickt, als Tverrdal wieder in der Tür stand, nun mit bekümmerter Miene. »Ich habe gerade mit den beiden Beamten gesprochen, die mit dem Helikopter nach Pyramiden geflogen sind. Sie sind jetzt vor Ort. Dort, wo Sie gesagt haben, gibt es kein Waffenlager.«

»Dann haben sie an der falschen Stelle gesucht«, sagte Martin. »Fragen Sie sie, ob sie eine Leiche gefunden haben.«

»Eine Leiche? Wer ist tot?« Tverrdal starrte Martin an.

»Jemand, der einen unglücklichen Zusammenstoß mit Baumaterialien hatte«, sagte Martin.

Er konnte sich nicht dazu durchringen, die Wahrheit zu sagen, der Anblick des Russen auf dem Boden ließ ihn nicht los. Einen Leichenfund würden die Polizeibeamten aber nicht vor ihrem Chef geheim halten, also waren sie entweder am falschen Ort, oder irgendetwas lief ernsthaft schief.

»Sie sind sich ganz sicher, in welchem Gebäude es war?«, fragte Tverrdal. Er ging nicht weiter auf die Sache mit der Leiche ein.

»Zu einhundert Prozent. Ich kenne Pyramiden wie meine Westentasche.«

Diesmal nickte er nicht ein, während Tverrdal weg war. Er hätte es wissen müssen, die Russen hatten nicht vorgehabt, das Waffenlager am selben Ort zu belassen. Mit nur wenigen Männern konnte man das Lager in ein paar Stunden leer räumen, was bedeuten musste, dass diese Aufgabe Sasja und seinen Mitarbeitern in Pyramiden zugefallen war. Niemand sonst hätte sich darum kümmern können.

Es wunderte Martin nicht, dass Tverrdal zum zweiten Mal kopfschüttelnd zurückkehrte. »Nichts. Auch keiner der Anwohner hat etwas gesehen«, sagte der Sysselmann.

»Das überrascht Sie doch nicht etwa, oder? Natürlich haben sie das Lager jetzt weggeschafft, wo wir zurück in Longyearbyen sind und davon erzählen können. Die Waffen sind immer noch dort, man muss nur danach suchen.«

»Es ist eine ziemlich schlechte Idee, eine gesamte russische Siedlung einzig aufgrund von wilden Spekulationen zu durchsuchen. Wir reden hier von russischem Eigentum.« Tverrdal hatte sich wieder auf den Stuhl gegenüber von Martin gesetzt und die Arme verschränkt.

Martin riss die Arme in die Luft. »Dann reden Sie doch mit Cindy Parker. Sie ist die Amerikanerin, die das Waffenlager entdeckt hat. Sie hat heute Nacht im SAS-Hotel eingecheckt.«

Tverrdal nickte kurz, stand auf und verschwand. Als er zurückkam, war er noch wütender als zuvor, und das hatte einiges zu heißen. »Im SAS-Hotel wohnt keine Cindy Parker.«

Martin seufzte resigniert. »Dann hat sie ihren echten Namen angegeben, und den kenne ich nicht.«

»Sie wissen nicht, wie sie *heißt*? Eine Kundin, die ihre Tour schon vor Monaten gebucht hat?«

»Geben Sie mir Ihr Handy, dann rede ich mit der Hotelrezeption.«

Tverrdal schob sein Handy über den Tisch. Martin erklärte dem Rezeptionisten des SAS-Hotels in allen Einzelheiten, wie Cindy aussah, dass sie Amerikanerin war und sich in der letzten

Nacht gegen ein oder zwei Uhr ein Zimmer genommen hatte. Er hörte mit hochgezogenen Augenbrauen zu, ehe er sich verabschiedete und das Handy wieder an Tverrdal übergab.

»Sie ist heute Morgen ins Krankenhaus gekommen«, sagte Martin. »Wo ich übrigens auch hingehöre.«

»Sie bleiben hier, bis ein wenig Licht in diese Angelegenheit gekommen ist. Ich bitte meine Leute, ins Krankenhaus zu fahren und mit ihr zu reden«, sagte Tverrdal, ehe er kurz aus dem Besprechungsraum auf den Flur trat und mit jemandem sprach, den Martin nicht sehen konnte.

Als er zurückkam, betrachtete er Martin mit einem nachdenklichen Blick. »Ich will, dass Sie mir erklären, warum eine Touristengruppe zufällig über ein angebliches Waffenlager in Pyramiden stolpert.«

»Weil meine Gäste wussten, wonach sie zu suchen hatten.«

Tverrdal hob die Augenbrauen und schien auf eine Erklärung zu warten.

»Sie sind von der CIA.«

Mit einem Ausdruck, der seine tiefe Verunsicherung offenbarte, lehnte sich Tverrdal über den Tisch. »Dann fechten russische Spezialkräfte und CIA-Agenten hier auf unserer Insel einen kleinen Krieg aus, habe ich das richtig verstanden?«

»So könnte man es ausdrücken, ja.«

Das Klingeln von Tverrdals Handy unterbrach sie. Mit einem Grunzen nahm der Sysselmann die kurze Nachricht zur Kenntnis. »Ihre Freundin ist wohl nicht in der Verfassung, verhört zu werden. So wie es aussieht, sind Sie allein hier, Moltzau. Ich denke, es ist an der Zeit für ein paar weitere Details, die wir vielleicht sogar verifizieren können.«

Martin nickte, mit den Details könnte er den Sysselmann überzeugen. Aber er wollte einen Zeugen für alles, was er sagen würde. »Ich möchte, dass der gleiche Mann wie vorhin mit dabei ist«, sagte er.

Tverrdal schüttelte den Kopf. »Hierum kümmere ich mich allein. Ich will nicht, dass im gesamten Ort über die CIA und russische Waffenlager getuschelt wird. Schlimm genug, dass wir zwei Polizisten und ein Helikopterteam nach Pyramiden geschickt haben.«

Martin wurde klar, dass er sich fügen musste. »Dann bestehe ich darauf, dass Sie das Gespräch aufzeichnen.«

Der Sysselmann öffnete die Sprachmemo-App auf seinem Handy und legte es zwischen Martin und sich auf den Tisch. Martin begann seine Geschichte damit, wie er die Familie Parker vom Flughafen abgeholt hatte. Er erzählte ohne Unterbrechungen. Diesmal verschwieg er den toten Russen in Pyramiden, berichtete aber ausführlich von der Flucht und dass der gestohlene Benzinschlitten sie dazu gezwungen hatte, über den Tempelfjord und damit indirekt in eine tödliche Falle zu fahren. Die Russen hätten James, beziehungsweise Mike, und Sarah alias Jenny retten können, erklärte Martin, doch die Soldaten hatten daran kein Interesse gehabt. Zu diesem Zeitpunkt waren die Russen wohl davon ausgegangen, Martin und seine drei Begleiter lägen alle im Wasser und würden ertrinken.

Tverrdal zeigte keinerlei Regung, als Martin davon erzählte, wie Sarah aus dem Wasser gefischt und der Eisbärin sozusagen serviert wurde. Auch bei der Schilderung ihrer Schneemobilfahrt über den Berghang blieb der Sysselmann unbeeindruckt. Anscheinend waren Sie noch nie dort, dachte Martin, sonst hätten Sie mir niemals geglaubt, dass wir diese Fluchtroute gewählt haben.

Während seines Berichts wurde Martin schlagartig klar, wie sehr dieser einem Abenteuer- oder Spionagestreifen glich.

Im letzten Teil, der Verfolgungsjagd oben auf dem Bergrücken, wurde es nicht besser.

Zum ersten Mal unterbrach Tverrdal ihn. »Dann haben toptrainierte Spezialsoldaten es nicht geschafft, einen verletzten Mann auf Socken einzuholen?«

»Sie haben uns eingeholt«, widersprach Martin. »Aber wir haben uns in einen Hinterhalt gelegt, und Cindy hat mindestens einen von ihnen erschossen.«

»Ihnen sollte klar sein, dass tote Menschen, und damit meine ich Menschen, die nur wenige Kilometer von hier erschossen wurden, die Herangehensweise an diese Vorkommnisse vollständig verändern.«

Martin zuckte mit den Schultern. »Wenn das so ist, lassen Sie es einen diplomatischen Skandal zwischen Russland und den USA werden. *Ich* habe niemanden erschossen.«

Der Sysselmann lehnte sich erneut über den Tisch und pausierte die Aufnahme. Er rieb sich die Schläfen und sah zu Martin. »Ich kenne Sie, Moltzau, und zwar besser als alle, die nur von Ihnen gelesen oder gehört haben. Hier in Longyearbyen haben Sie einen guten Ruf, aber nicht bei mir. Sie haben nie Respekt für nur eine einzige Vorschrift gezeigt, und auch wenn ich einräumen muss, dass selbst ich nicht alle Regeln hier oben verstehe, gibt es Grenzen. Gerade sind zwei Touristen bei einem Schneemobilunfall ums Leben gekommen, und Sie erzählen mir von irgendeinem weltpolitischen Konflikt, der direkt vor unserer Nase stattfinden soll. Erklären Sie mir doch erst einmal, wozu die Russen so ein Waffenlager überhaupt brauchen sollten.«

»Das habe ich mir bis zum Schluss aufgehoben«, sagte Martin. »Die Russen können kein Flugzeug mit Soldaten herschicken, weil man es entdecken würde, bevor es ankommt, und es leicht am Landen gehindert werden könnte. Dazu müsste man lediglich mit ein paar Lastwagen die Landebahn blockieren. Aber per Boot könnten zwanzig Männer leicht hier ankommen. Wenn sie die Waffen in Pyramiden holen, können sie den Flughafen und Ihr Hauptbüro in einer halben Stunde einnehmen, ohne einen Schuss abgeben zu müssen.«

Tverrdal stand auf und nahm sein Handy, er wirkte angespannt.

Martin kam ebenfalls auf die Beine, womit er sich deutlich schwerer tat als der Sysselmann. »Ich glaube, ich gehe jetzt«, sagte er.

Tverrdal nickte nur. »Wir sprechen uns noch.«

Nach mehreren Stunden auf dem Holzstuhl hatte Martin Probleme, sich über den Flur zu schleppen, und auch im Eingangsbereich mühte er sich lange, bis er seine Schuhe angezogen hatte.

Das Schneemobil stand in der Sonne, der Sitz war warm; ein sonderbares, unwirkliches Gefühl stieg in ihm auf. Langsam fuhr er über den nackten Asphalt, wobei die Antriebsraupe auf dem groben Untergrund knirschte. Er musste ins Krankenhaus. Dort konnte er mit Cindy reden, und mit ihrer Hilfe wäre diese Sache bald vorbei.

43

Der Gesichtsausdruck des Arztes gefiel Martin ganz und gar nicht. Er sträubte sich nachzufragen, denn er wusste nicht, ob er bereit für die Antwort war.

Bisher hatte Martin nur erzählt, dass er mit seinem Schneemobil ins Meer geraten war, die Stiefel verloren hatte und dann mehrere Stunden mit stark unterkühlten Beinen hatte fahren und gehen müssen. Anscheinend kaufte man ihm die Geschichte ab.

Der Arzt nahm die Brille von der Nase und sah Martin an. »Was Ihr Bein betrifft, kann ich Sie beruhigen, dass es nicht gebrochen ist, aber das wissen Sie wohl selbst. Das Muskelgewebe ist zwar stark verletzt, aber nicht so schlimm, dass es nicht mit der Zeit heilen würde, auch wenn es lange dauern kann.« Der Mann faltete die Hände. »Ich habe große Erfahrung mit Erfrierungsverletzungen, daher weiß ich, dass es momentan noch zu früh ist, um eine sichere Aussage zu treffen. Aber ich fürchte, Sie müssen sich darauf einstellen, eventuell zwei Zehen zu verlieren.« Er zeigte auf die beiden äußeren Zehen an Martins linkem Fuß.

»Solange ich immer noch Klavier spielen kann, ist es halb so schlimm«, sagte Martin.

Der Arzt lächelte und sah auf Martins entstellte Hand. »Wollen wir mal hoffen, dass Ihre Zehen besser davonkommen als Ihre Finger. Die haben Sie auch durch Erfrierungen verloren, meine ich irgendwo gelesen zu haben?«

»Ich scheine eine gewisse Schwäche für Kälte zu haben«, entgegnete Martin. »Es hat sicher keinen Sinn, dass ich im Krankenhaus bleibe, oder?«

Der Arzt schüttelte den Kopf. »Falls etwas amputiert werden muss, dann nicht hier, sondern in Tromsø.«

Martin zog sich Hose und Socken wieder an. Als er das Behandlungszimmer verlassen wollte, gab er vor, dass ihm etwas einfiel.

»Ach, die Amerikanerin, die mit mir unterwegs war, liegt doch auch hier im Krankenhaus. Könnte ich mit ihr sprechen?«

Das entgegenkommende Lächeln des Arztes erstarb und wandelte sich zu einer abweisenden Miene, und der Mann schüttelte den Kopf. »Wir geben keine Auskünfte zu Patienten.«

»Unter uns, ich weiß, dass sie hier ist, das haben Ihre Leute der Polizei bereits bestätigt. Ich will nur kurz mit ihr reden.«

»Tut mir leid«, sagte der Arzt und schob Martin beinahe schon aus dem Zimmer, ehe er die Tür schloss. Martin überlegte einen Moment, die Patientenzimmer entlang des Korridors abzusuchen, besann sich dann aber. Cindy und er brauchten sich nicht unbedingt zu unterhalten. Sie musste lediglich wieder fit genug werden, um dem Sysselmann ihre Geschichte zu erzählen.

Am Empfang blieb Martin stehen, um sich auszuruhen, jeder Schritt war eine Qual. Der Gedanke, möglicherweise zwei Zehen zu verlieren, plagte ihn nicht; mit sieben Fingern war das Leben nicht schlechter geworden, also würde er auch mit acht Zehen zurechtkommen.

Er warf einen Blick aus dem Fenster und sah, dass ein Polizeiwagen vor dem Krankenhaus hielt. Ein Beamter betrat den Eingangsbereich, stellte sich in die Tür und zeigte auf Martin.

»Chauffiert die Polizei jetzt schon Kranke nach Hause, oder was?«, sagte Martin.

»Ich habe den Auftrag, Sie zum Sysselmann zu bringen«, erwiderte der Beamte. Er wirkte mürrisch, und in den zwei Fahrtminuten zum Büro des Sysselmanns wechselten sie kein Wort miteinander.

Sie stoppten direkt vor der Eingangstür, sodass Martin ohne allzu große Schmerzen nach innen humpeln und sich dort die Schuhe abstreifen konnte. Diesmal wurde er ins Büro des Sysselmanns gebracht, nicht in einen Besprechungsraum. Er ließ sich schwer in einen Besucherstuhl fallen.

Tverrdal beäugte ihn lange, und Martin fand die Stille sehr unangenehm.

»Sie fragen sich natürlich, was die Leute im Krankenhaus gesagt haben«, sagte Martin und breitete die Arme aus. »Ich muss mit dem Seiltanzen aufhören.«

Tverrdal ließ sich nicht einmal ein Grinsen entlocken. Stattdessen wartete er, bis es wieder still war. »Ich finde es interessant, oder vielleicht … Absurd ist wohl ein passenderes Wort für diese Situation. Sie haben uns immer mit Verachtung behandelt, und jetzt glauben Sie auf einmal, diese Behörde solle die Insel und die Nation retten. Ich gebe zu, das ist ein Vertrauensbeweis, aber leider kommt er vom falschen Mann.«

Der Sysselmann lehnte sich in seinem Sessel zurück und verschränkte die Hände hinter dem Kopf. Martin wusste um die Bedeutung dieser Körperhaltung. Überlegenheit und Kontrolle.

»Ich habe sowohl mit dem Sicherheitsdienst der Polizei als auch mit dem militärischen Nachrichtendienst gesprochen«, sagte Tverrdal.

»Oh, das soll wohl heißen, dass Sie Verbindungen haben«, unterbrach Martin ihn, merkte aber, dass er seine Späße besser für sich behielt. Nichts in der Stimme des Mannes auf der anderen Seite des Schreibtischs deutete auf Jovialität hin.

»Beide weisen Ihre Geschichte als reine Fantasie zurück«, sagte Tverrdal.

Martin beherrschte sich und nickte ruhig. »Selbstverständlich tun sie das, für sie ist es ja geradezu peinlich, dass diese Sache direkt vor ihrer Nase passiert. Was hätten sie Ihrer Meinung nach denn sagen sollen? ›Vielen herzlichen Dank für diese Entdeckung, Sysselmann Tverrdal, und richten Sie Moltzau unsere Glückwünsche aus‹?«

Der Kommentar prallte an Tverrdal ab, der sich wieder nach vorn lehnte und auf einen Zettel auf seinem Schreibtisch starrte. »Die Patrouille, die wir mit Schneemobilen ausgesandt haben, berichtet, dass auf dem Von Postbreen ein Schlitten mit vollen Benzinkanistern steht. Und zwar an genau der Stelle, wo Ihnen zufolge angeblich kein Schlitten mit Benzinkanistern stand. Können Sie mir das auch erklären?«

»Sie räumen hinter sich auf und stellen sogar Diebesgut zurück. Ihnen ist hoffentlich klar, dass das meine Geschichte nicht entkräftet, sondern bestätigt, oder?«

»Es fällt mir schwer, die Sache so zu sehen«, antwortete Tverrdal. Er klang nun noch grimmiger und formeller. »Ihre Situation wird langsam ernst, Moltzau. Wir haben gerade die Frau verhört, die Sie Cindy nennen. Sie ist am Boden zerstört über den Verlust ihrer Eltern, und sie gibt Ihnen die Schuld.«

»Das waren nicht ihre Eltern, es waren Kollegen von der CIA!«, rief Martin, der nun nicht mehr imstande war, sich zurückzuhalten.

Ganz im Gegensatz zu Tverrdal, der beherrscht weitersprach: »Cindy hat nie etwas von einem Waffenlager in Pyramiden gesehen oder gehört. Sie wusste nicht einmal, wovon meine Leute da redeten. Und sie war ziemlich entsetzt über die Behauptung, von russischen Soldaten verfolgt worden zu sein. Sie sagt, dass die Tour völlig normal verlief, sie seien bei schlechten Sichtverhältnissen vorsichtig und zurückhaltend gefahren, bis Sie durch das Eis brachen. Sie wurde von Ihnen gerettet, weil sie nah am Ufer war, während ihre Eltern weiter draußen im Wasser lagen. Dann hätten Sie hilflos mit angesehen, wie sie ertrunken seien. Anschließend befand sich Cindy wie im Koma und erinnert sich an nichts mehr. Von einem Eisbären hat sie ebenfalls nichts gesehen.«

Martin spürte, wie sich in ihm eine gewaltige Wut aufbaute, und er musste sich zusammenreißen, um nicht den nächstbesten Gegenstand gegen die Wand zu werfen. Tverrdal hatte die Hände im Schoß gefaltet und wirkte fast ein wenig gelangweilt.

»Ich will sofort mit ihr sprechen«, verlangte Martin mit erzwungen ruhiger Stimme.

»Das geht nicht. Sie ist am Flughafen und wartet auf ein Sanitätsflugzeug, das sie nach Tromsø bringt. Ich glaube nicht, dass sie hierher zurückkommt.«

Tverrdals Handy klingelte, und der Sysselmann nahm den Anruf entgegen, ohne sich zu entschuldigen. Während Tverrdal am Hörer hing, versuchte Martin seine Möglichkeiten durchzugehen. Er brauchte nur kurz dafür, denn viele Alternativen blieben ihm nicht.

»Das war unsere Patrouille«, sagte Tverrdal. »Sie haben ein Schneemobil in dem Tal gefunden, in dem Sie Ihres angeblich stehen lassen mussten, aber der Wind hat jegliche Spuren auf dem Gletscher verweht. Oben auf dem Bergrücken haben sie auch keine Spuren gefunden. Und keine Leiche«, fügte er hinzu.

Martin nahm sich zusammen, er zwang sich, rational und vernünftig zu antworten. »Bedenken Sie Folgendes: Angenommen, es stimmt, was ich Ihnen erzählt habe, überrascht es Sie da wirklich, dass Cindy Parker meine Geschichte nicht bestätigt? Natürlich will die CIA ihre Anwesenheit hier oben nicht bekannt werden lassen.«

Martin sah, dass er Tverrdal verunsicherte, also nutzte er die Gelegenheit. »Je mehr Dinge Cindy Parker bestreitet, umso mehr sollten Sie mir glauben, nicht umso weniger. Warum sollte ich mir eine solche Geschichte ausdenken? Welchen Vorteil hätte ich davon?«

Tverrdal wand sich auf seinem Stuhl. Irgendeine Meldung auf dem Computerbildschirm hatte seine Aufmerksamkeit erregt, und er beugte sich vor. Der Sysselmann las etwas und schielte währenddessen mehrmals zu Martin, der daraufhin eine zunehmende Unruhe verspürte. Was zum Teufel war jetzt passiert?

»Ich lese gerade eine E-Mail der amerikanischen Botschaft. Der Sicherheitsdienst der Polizei hat sie kontaktiert und um Informationen zu Ihren Tourgästen gebeten, gerade ist die Antwort eingetroffen. Die Familie Parker, also Cindy, James und Sarah, wohnt in New York. James ist Hedgefondsmanager, Sarah seine Frau und Cindy ihre gemeinsame Tochter.«

Martin lehnte sich auf dem Stuhl zurück. Das Komplott war perfekt.

Im Büro des Sysselmanns war es vollkommen still. Vom Flur hörte man einen Staubsauger. »Diese Situation ist verrückt, das ist Ihnen bewusst, oder?«, sagte Martin schließlich.

»Sehr«, antwortete der Sysselmann.

»Dann heißt es wohl Moltzau gegen die Behörden zweier NATO-Länder, zusätzlich zu Russland«, stellte Martin fest. »Unfaires Spiel.«

»Tatsache ist, dass Sie der Guide einer dreiköpfigen Gruppe amerikanischer Staatsbürger waren, von denen zwei im Tempelfjord ertrunken sind, nachdem Sie sie über eine offensichtlich sehr riskante Route geführt haben. Sicher lässt sich diskutieren, ob das allein schon fahrlässig war, aber Sie haben das Unglück nicht gemeldet. Unter anderen Umständen hätten die Amerikaner vielleicht mit dem Hubschrauber gerettet werden können.« Tverrdal faltete die Hände, ehe er noch etwas hinzusetzte. »Oder irre ich mich etwa?«

Martin schüttelte den Kopf. »Nein, das ist korrekt.«

»Sie müssen mit weiteren Ermittlungen und einer Anklage rechnen. Dann geht es ins Gefängnis. Aber Sie können auf eine Bewährung hoffen, allerdings sollten Sie die Geschichte mit den russischen Spezialkräften vor Gericht lieber nicht erwähnen.«

»Wenn die Russen diesen Ort hier erst einmal übernommen haben, droht mir die Todesstrafe«, murmelte Martin, »da komme ich mit einer Untersuchungshaft in Tromsø eigentlich recht glimpflich davon.«

Tverrdal bedachte ihn mit einem Blick, der am ehesten an Mitleid erinnerte.

Martin stand auf. »Ich bin nicht verhaftet, oder?«

»Sie sind nicht verhaftet, aber Sie dürfen Spitzbergen nicht verlassen«, antwortete der Sysselmann.

»Würde mir nicht im Traum einfallen«, sagte Martin. An der Tür drehte er sich noch einmal um. »Kennen Sie die norwegische Kriegsgeschichte? Haben Sie schon einmal von Plan R4 gehört?«

Fragend blickte Tverrdal ihn an.

»Im April 1940 planten die Briten, Teile Norwegens zu besetzen, um den Deutschen zuvorzukommen. Am 8. April sollten sich 18 000 britische und französische Soldaten von Schottland aus auf den Weg machen, doch dazu kam es nicht. Was glauben Sie, wie es unsere Haltung zu Briten und Deutschen beeinflusst hätte, wären wir von England anstatt von Deutschland besetzt worden?«

Tverrdal sah hinter seinem Schreibtisch noch immer so aus, als stünde er völlig auf dem Schlauch. Martin zog mit einer leichten Verbeugung die Tür hinter sich zu.

In der Garderobe setzte sich Martin kurz hin. Er brauchte einen Plan. Bis jetzt war es darum gegangen, zu überleben, um die norwegischen Behörden alarmieren zu können. Dieses Vorhaben war gescheitert, und einen Plan B hatte er nicht.

Im selben Moment hatte er eine Eingebung. Mit neuer Entschlossenheit quetschte er seine Füße in die Schuhe und watschelte zur Eingangstür. An der Schwelle zögerte er. Die Russen konnten überall lauern. Mit einem simplen Fernglas war es ein Leichtes zu beobachten, wer das Büro des Sysselmanns oben auf dem Hügel betrat oder verließ. Und zu Fuß wäre Martin ein einfaches Ziel.

In diesem Moment trat eine ihm unbekannte Frau vom Empfangsschalter und wollte an ihm vorbei ins Freie. Martin streckte eine Hand aus und hielt sie auf. »Haben Sie ein Auto?«

Die Frau nickte.

»Ich habe ein schlimmes Bein. Würden Sie mich bis ins Zentrum mitnehmen?«

Martin rutschte auf dem Beifahrersitz nach unten und versuchte, seinen Kopf möglichst tief zu halten. Er nahm an, dass das seiner Fahrerin sicher eigenartig vorkam, aber sie sagte nichts, bis sie vor dem SAS-Hotel anhielt.

»Sie sind Martin Moltzau«, stellte sie fest.

Er schwang seine Beine aus dem Auto und raunte der Frau ein Ja über die Schulter zu. Den Blick auf die Eingangstür des Reisebüros geheftet, in dem Charlie arbeitete, versuchte er den Hang so normal wie möglich hinaufzugehen, um keine Aufmerksamkeit zu erregen. Charlie stand von ihrem Platz im hinteren Teil des Büros auf, als er eintrat, und winkte ihn zu sich an ein Ende des Kundenschalters.

»Die Klamotten passen, wie ich sehe. Aber wieso humpelst du?«

Martin breitete die Arme aus und grinste. »Du musst für mich herausfinden, wann das erste Kreuzfahrtschiff der Saison in Longyearbyen anlegt.«

»Das weiß ich auch so. Morgen kommt die MY SMILE aus Deutschland.«

Martin wurde so schwindelig, dass er sich am Tresen festhalten musste. Währenddessen schimpfte Charlie auf die fürchterliche Kreuzfahrtindustrie, die nichts anderes tat, als die Fjorde zu verschmutzen, ohne in irgendeiner Weise dafür Entschädigungen zu leisten oder der Lokalbevölkerung etwas von ihrem Profit zugutekommen zu lassen.

»Mit der MY SMILE kommen zweitausend Passagiere, aber später in der Saison legen noch größere Schiffe mit bis zu viertausend Reisenden an. Früher haben sie vielleicht noch Ansichtskarten gekauft, heute machen sie nur ein Selfie.« Charlie unterbrach sich, als sie Martins Gesichtsausdruck bemerkte. »Was ist los?«

»Schau nach, ob jemand eine Bootstour nach Pyramiden gebucht hat«, bat er sie.

Charlie ging zu ihrem Computer, während die Gedanken in Martins Kopf nur so schwirrten. Er konnte sich für die gleiche Bootstour anmelden, aber allein die Idee war krank. Ein verletzter Amateur gegen eine Truppe Spezialsoldaten. Sie würden ihn über Bord werfen, sobald sie das Hafengebiet verlassen hätten.

Charlie kam zurück und schüttelte ihren Kopf so wild, dass der blonde Pferdeschwanz ihre Wange streifte. »Hier wurde nichts gebucht.«

»Darf ich kurz dein Handy benutzen?«, fragte Martin.

Von einem verborgenen Winkel des Reisebüros aus rief er alle anderen Reiseanbieter des Orts an, bei denen man eine solche Tour buchen konnte. Er behauptete, Bekannte von ihm kämen mit dem Kreuzfahrtschiff und er wolle sich gern für dieselbe Tour wie sie anmelden. Doch von einer Bootstour nach Pyramiden wusste niemand etwas.

Verwirrt starrte Martin auf das Handy. Irgendetwas stimmte hier nicht. Vielleicht kamen gar keine Soldaten, und die CIA hatte ihn auf eine falsche Fährte gelockt.

Charlie setzte sich auf die Fensterbank neben ihm. »Der ganze Ort redet von einem Unfall im Tempelfjord«, sagte sie. »Ich schätze, du weißt etwas darüber.«

Als Martin in ihre Augen sah, wusste er, dass er ihr alles erzählen sollte, dass sie die Person in Longyearbyen war, der er am meisten vertrauen konnte. Das hätte ihm schon vor Langem klar sein müssen. Er öffnete gerade den Mund, als eine Mitarbeiterin nach Charlie rief. Sie drehte sich um und antwortete der Kollegin, bevor sie sich wieder Martin zuwandte. »Was wolltest du sagen?«

Ebenso schnell hatte er sich umentschieden. Er konnte niemanden mit in die Sache reinziehen. »Hab nichts von einem Unfall gehört«, murmelte er.

Abrupt stand Charlie auf. »Das ist so was von gelogen. Aber sag Bescheid, wenn du es dir anders überlegst.«

Martin behielt ihr Handy, als sie wieder hinter den Kundenschalter trat. Dann fiel ihm ein, dass er eine Firma noch nicht angerufen hatte. Pole Position aus dem Hafengebiet bot Dienstleistungen für den Kreuzfahrtsektor an.

Seiner dürftigen Erklärung begegnete man mit großem Wohlwollen. Am nächsten Tag um drei Uhr sei eine Tour für vierundzwanzig Personen nach Pyramiden gebucht worden. Martin dürfe sehr gern mitfahren, im Boot sei ausreichend Platz. Völlig verblüfft hätte Martin fast abgelehnt, aber er brachte einen erfundenen Namen heraus und ließ sich auf die Teilnehmerliste setzen.

Mit frischer Energie rief er Aleksander an, bevor er das Handy zurück auf den Tresen legte. Charlie schenkte ihm nicht einmal einen Blick.

Aleksander bog gerade um die Ecke des Reisebüros, als Martin aus der Tür trat.

»Zum Sysselmann«, sagte Martin.

»Was ist passiert?«, fragte Aleksander, als er bemerkte, dass es Martin schwerfiel, auf den hohen Beifahrersitz zu klettern.

»Ein kleines Malheur, ich erkläre es dir später.«

Keiner von ihnen sprach während der kurzen Fahrt. Martin war dankbar, dass Aleksander nicht nach der Tour mit den Amerikanern fragte oder wieso er schon wieder zurück war.

Am Empfang verlangte er, unverzüglich mit dem Sysselmann zu sprechen. Dabei betonte er die Wörter »verlangen« und »unverzüglich« besonders stark. Es funktionierte. In nicht einmal einer halben Minute hatte die Empfangsdame Tverrdal am Telefon und überzeugte ihn davon, dass Martin Moltzau im Moment das Wichtigste war, womit sich der Sysselmann befassen müsse.

»Ich kenne den Weg«, sagte Martin über die Schulter und humpelte davon.

Tverrdal empfing ihn in der Tür und bat ihn herein. Martin ließ sich auf den Besucherstuhl fallen und kam direkt zur Sache: »Morgen legt die MY SMILE hier im Hafen an, das erste Kreuzfahrtschiff der Saison. An Bord sind vierundzwanzig russische

316

Spezialkräfte, die direkt nach ihrer Ankunft eine Bootstour nach Pyramiden gebucht haben. Dort werden sie die Waffen holen, und sobald sie wieder zurück sind, wird die norwegische Herrschaft über Spitzbergen innerhalb von dreißig Minuten Geschichte sein.«

Der Sysselmann lehnte sich zurück und betrachtete Martin. »Und was soll ich nun Ihrer Meinung nach tun? Das norwegische Heer aus Tromsø herbestellen?«

Martin richtete den ausgestreckten Zeigefinger auf Tverrdal. »Das müssen Sie schon selbst wissen. Sie vertreten die norwegische Regierung vor Ort, nicht ich. Für solche Situationen gibt es doch bestimmt ein Protokoll?«

Tverrdal beugte sich über den Tisch, der Ton seiner Stimme schlug von väterlicher Nachsicht in unterdrückten Zorn um. »Also entdeckt Martin Moltzau, der übrigens der fahrlässigen Tötung zweier amerikanischer Touristen verdächtigt wird, dass sich russische Soldaten an Bord eines Kreuzfahrtschiffs mit dem Ziel Longyearbyen befinden und dass diese Soldaten morgen Spitzbergen besetzen werden. Auf Grundlage seiner Theorien soll die norwegische Regierung eine Krisensitzung abhalten und die Streitkräfte mobilisieren.« Tverrdal gestikulierte mit ausgebreiteten Armen. »Sollen wir das Kreuzfahrtschiff nicht lieber gleich versenken?«

Martin blickte ihm lange in die Augen. Dann stand er auf und ging, blieb aber in der Türöffnung stehen.

»Sie sind nur eine Figur in diesem Spiel, Tverrdal. Genau wie ich.«

Er ließ die Tür hinter sich offen.

44

»Hat jemand nach mir gefragt?«

Martin befragte sämtliche Mitarbeiter der Rezeption im SAS-Hotel, aber alle schüttelten die Köpfe, niemand hatte sich nach Martin Moltzau erkundigt. Er holte ein paarmal tief Luft und spürte, wie er sich entspannte. Vielleicht waren die Russen doch nicht im Ort, obwohl ihnen klar sein musste, dass er zur Polizei gegangen war.

Er ging zum Hotelrestaurant, um herauszufinden, ob er irgendetwas herunterbringen könnte. Plötzlich hielt er inne, als er Jon Alming sah. Der Redakteur befand sich im Gespräch mit dem russischen TV-Team von *Swesda*. Alming war der Letzte, mit dem er jetzt reden wollte, doch der Redakteur entdeckte Martin und sprang von seinem Stuhl am Fenster auf.

»Was ein Glück, dass ich dich gefunden habe. Ich habe gehört, dass du im Ort bist, aber du gehst ja nicht ans Telefon.«

Martin unterließ es, den Zustand seines Handys zu beschreiben.

»Gestern sind zwei Menschen im Tempelfjord ums Leben gekommen. Was weißt du darüber?«

Martin wusste, dass er überrascht wirken sollte, aber es gelang ihm nicht, also begnügte er sich damit zu schweigen.

»Der Sysselmann verrät nur, dass die Opfer Ausländer waren. Ich habe gehört, sie wären Amerikaner. Du wolltest doch mit einer amerikanischen Familie auf Tour fahren, wo sind deine Gäste denn jetzt?«

Egal was er antwortete, Martin wusste, dass es falsch klingen würde.

»Die Deadline ist morgen Vormittag«, drängte Alming.

»Ich habe keine Ahnung«, sagte Martin und merkte, wie undeutlich er sprach.

»Also, wo sind deine Amerikaner?«

Martin war nicht in der Verfassung für Wortklaubereien mit einem ausgeruhten Zeitungsredakteur kurz vor Redaktionsschluss. »Ich passe«, sagte er.

Alming blickte ihn lange an, bevor er zusammenfasste: »Dann habe ich hiermit die Bestätigung, dass es sich bei den beiden Toten um amerikanische Staatsbürger handelt. Und ich schreibe, dass ihr Guide, Martin Moltzau höchstpersönlich, bei bester Gesundheit in einem Restaurant hier im Ort sitzt, sich aber nicht äußern will. Da wir befreundet sind, werde ich nicht zitieren, dass du keine Ahnung von der Sache hast.«

Damit ließ der Redakteur ihn stehen. »Ruf mich an, wenn du es dir anders überlegst«, rief er Martin noch zu.

Martin sah Alming hinterher, der mit leichten, federnden Schritten und schwingenden Armen davonging, als würde er sich über irgendetwas freuen. Martin hätte gern etwas gesagt, er wusste nur nicht, was. Die Russen vom Fernsehteam winkten ihm zu, doch er drehte sich weg. Es bestand kein Zweifel mehr darüber, was ihr Auftrag in Longyearbyen war und wieso sie vom russischen Verteidigungsministerium kamen.

Er ging in sein Hotelzimmer, wo der Zimmerservice sauber gemacht und sowohl den Parka als auch den Schneedress zum Trocknen aufgehängt hatte. Martin durchsuchte die Taschen, um zu sehen, ob er etwas darin vergessen hatte, und fand drei ordentlich zusammengefaltete Papiere in der Brusttasche des Schneeanzugs. »Die Unterzeichnende, Cindy Parker, übernimmt die volle Verantwortung für etwaige Vorfälle auf der Tour«, stand auf dem ersten Blatt. Er musste lachen und warf die Schriftstücke in den Mülleimer. Unter dem Schneeanzug hatte sich eine große Wasserlache gebildet. Er legte ein Handtuch darauf und fiel ins Bett, noch immer voll bekleidet.

Als er aufwachte, leuchtete ihm die Uhr des Radios ins Gesicht. Halb zehn Uhr abends. Er überlegte, ob er noch einmal versuchen sollte einzuschlafen, aber dann würde er nur um zwei Uhr nachts ausgeruht aufwachen. Er streifte sich die Socken von den Füßen und begutachtete seine Zehen. Die Prognose des Arztes schien sich zu bewahrheiten, zwei der Zehen machten einen vernichtenden Eindruck. Mit schmerzverzerrter Miene zog er die Socken wieder an.

Noch immer verspürte er keinen Hunger, also entschied er sich für den kurzen Weg zum Karlsberger Pub. Er fühlte sich sicherer, wenn er unter Leuten war.

Im Pub war es immer dunkel, Tag und Nacht, Sommer wie Winter. Das Lokal hatte keine Fenster, und die Beleuchtung war spärlich, was gut zu den Porträts von Grubenarbeitern an den Wänden passte.

Martin stellte sich an den Bartresen. Die Wände dahinter wurden von einem Sammelsurium an Flaschen dominiert, bei dem es sich angeblich um die weltgrößte Auswahl an exklusiven Cognacs und Whiskys handelte. Weder das eine noch das andere Getränk interessierten ihn. Stattdessen orderte er eine Schale Chilinüsse und ein Glas billigen trockenen Weißwein.

Die Nüsse und der Wein waren eine so schlechte Kombination, dass er die Nüsse beiseiteschob und eine ganze Flasche Wein bestellte. Sein Tag-und-Nacht-Rhythmus war völlig durcheinander, er fühlte sich übernächtigt und ausgeschlafen zugleich.

Martin sah sich in der halb vollen Bar nach Bekannten um und blickte direkt in ein Gesicht, das er nie vergessen würde.

Roman Zorin.

Sie starrten sich in die Augen.

Martin griff nach der Pistole in seiner Jackentasche, aber der Russe hatte Martins Hand blitzschnell gepackt. Zorin hielt sie einige atemlose Sekunden lang umklammert, während sie sich immer noch anstarrten. Dann ließ er los, drehte sich um und verschwand durch die Tür nach draußen.

Martin umfasste die Pistole, zog sie aber nicht. Wenn Zorin sich etwas wünschte, dann, dass er mit erhobener und geladener Waffe in der Hand hinter ihm herstürmte. So könnte Zorin es rechtfertigen, einen geistig verwirrten Tourguide zu erschießen – aus Notwehr.

Martin merkte, dass er die Luft angehalten hatte, und rang nach Atem. Zorin lebte, den Anführer hatte Cindy also nicht erschossen. Im Grunde war es ihm die ganze Zeit bewusst gewesen, Zorin war ein *survivor*. Ein Gewinner.

Was auf jeden Fall feststand, war, dass Martin den Karlsberger Pub nicht sofort verlassen sollte, und schon gar nicht durch den Haupteingang.

Wie in Trance ging er in den hinteren Teil des Lokals, wo sich einige Gäste, die er kannte, bereits einen ansehnlichen Rausch angetrunken hatten. In bierseliger Freundlichkeit rückten sie zusammen, damit er sich zu ihnen setzen konnte. Es dauerte nicht lang, bis Martin begriff, dass sie sich über die beiden Touristen unterhielten, die im Tempelfjord ums Leben gekommen waren. In Longyearbyen verbreiteten sich solche Neuigkeiten schnell.

Im Ort war man der Meinung, dass dieses Unglück ein Skandal war. Der Guide war abgehauen. Aber bislang wusste niemand, wer der Guide war, und wilde Theorien grassierten. Martin musste sich beinahe übergeben. Seine Sitznachbarin fragte ihn, ob alles in Ordnung sei. Er nickte und lächelte schwach. Nach draußen zu gehen, traute er sich nicht, aber er hielt es nicht länger aus, hier sitzen zu bleiben. Er musste die Finger vom Alkohol lassen, seine Chancen standen ohnehin schon schlecht genug.

Als Charlie mit einer großen Schar Freundinnen die Bar betrat, überkam ihn die reine Erleichterung. Er winkte ihr zu und deutete auf einen freien Platz. Sie quetschte sich neben ihn und gab Martin einen Kuss auf die Wange. Er reichte ihr sein Weinglas.

»Alle reden über die Toten im Tempelfjord«, sagte sie.

»Lass sie reden.«

»Wann redest *du*?«

»Früh genug«, antwortete Martin und wusste, dass das Blödsinn war. Er hatte nicht genug Zeit. Niemand in Longyearbyen hatte genug Zeit, aber das ahnten sie nicht.

»Dass du im SAS-Hotel schläfst, zweihundert Meter entfernt von zu Hause, das hat doch mit der Sache im Tempelfjord zu tun«, sagte Charlie.

Martin nickte. Schon wieder war er versucht, ihr alles zu erzählen. Aber es war zu gefährlich. »Was würdest du tun, wenn die Russen Longyearbyen in ihre Gewalt bringen?«, fragte er sie.

Charlie wirkte nicht sonderlich überrascht. »Aufs Festland ziehen. Ich gehe davon aus, du kommst mit.«

Martin war unsicher, wie er diese Einladung interpretieren sollte, daher begnügte er sich damit, ihr Glas mit Wein zu füllen. Am nächsten Tag ging ein Flug nach Oslo, um 12:45 Uhr, also zwei Stunden bevor das Kreuzfahrtschiff anlegen würde. Am

besten wären sie beide an Bord dieses Flugs, doch der Sysselmann würde ihm die Ausreise garantiert verweigern. Er war
bereits ein Gefangener.

45

Martin stand vor dem Pub und ließ seinen Blick über Longyearbyens sogenannte Hauptstraße schweifen. Irgendwo dort draußen wartete Roman Zorin auf ihn.

Hundert Meter weiter torkelte ein offensichtlich betrunkenes Pärchen über den einzigen zentralen Platz des Orts, ansonsten sah er niemanden. Er hatte sich heimlich aus dem Pub geschlichen, während Charlie auf der Toilette war; ihre Begleitung konnte er jetzt nicht gebrauchen.

Zorin war sicher nicht nach Hause gegangen und hatte sich ins Bett gelegt, weil es schon spät war. Soldaten von Spezialeinheiten waren geübt im Warten. Martin trat ein paar Schritte vor. Drüben auf dem Platz stand ein Taxi, hinter dem Steuer saß Aleksander.

Martin humpelte zu ihm und sah sich dabei aufmerksam nach allen Seiten um. Dann öffnete er die Schiebetür des Wagens und stieg ein. Aleksander begrüßte ihn mit einem Lächeln und einem Kopfschütteln.

»Willst du alleine nachglühen?«

»Ja, bei dir«, sagte Martin, schloss rasch die Tür und duckte sich zwischen die Sitzreihen.

Aleksander musterte ihn. »Du siehst schlecht aus.«

»Ich muss bei dir übernachten. Fahr los.«

Aleksander drehte sich verwundert zu Martin um, der sich inzwischen auf den Boden gesetzt hatte. »Bis zu mir sind es nur ein paar Meter, das weißt du.«

»Fahr einfach.«

Aleksander startete den Motor, bog vom Platz und fuhr hügelabwärts durch den Ort. Du bist ein echter Freund und stellst keine Fragen, dachte Martin. Als Taxifahrer hatte er sicher von dem Unglück im Tempelfjord gehört, und Aleksander wusste, dass Martin mit einer amerikanischen Familie unterwegs gewesen war.

»Ich kann noch nicht Feierabend machen«, sagte Aleksander, als er vor der Treppe seines Reihenhauses hielt.

»Ich komme allein zurecht«, erwiderte Martin und war in Sekundenschnelle im Haus seines Freunds verschwunden.

Als er sich im Flur die Schuhe ausgezogen hatte, wich die Anspannung aus seinen Schultern. Die Jacke hängte er an den Kleiderhaken und überlegte für einen flüchtigen Moment, die Pistole mit ins Wohnzimmer zu nehmen, ließ es dann aber bleiben. Aleksanders Wohnzimmer hatte große Panoramafenster nach Norden, zu dem Berg hin, den er vor ungefähr vierundzwanzig Stunden hinuntergerutscht war. Beim Gedanken daran, welche Einblicke in das Haus die Fenster boten, verspürte Martin ein intensives Unbehagen. Er zog die Gardinen zu und sperrte die Mitternachtssonne aus. Dann nahm er sich die Fernbedienung und zappte sich durch die Fernsehkanäle, vorbei an allen Actionfilmen, zu einer Natursendung aus Australien, konnte sich aber nicht auf die Kängurus konzentrieren. Morgen kam ein Kreuzfahrtschiff nach Longyearbyen, und er wusste, wer mit an Bord war. Rastlos ging er in die Küche, setzte Wasser auf, fand aber keinen Kaffee. Also musste es eben russischen Tee geben. Er nahm den heißen Tee, einen Stift und einen alten Briefumschlag mit zum Couchtisch im Wohnzimmer und notierte zweifach unterstrichen das Wort »Alternativen« auf die Rückseite des Umschlags.

Lange starrte er nur auf das Papier und kaute auf dem Stift. In Wahrheit hatte er keine Alternativen, auf die er selbst einen Einfluss hatte. Er musste eine Möglichkeit ausfindig machen, das Brett umzustoßen, das Spiel zu ändern.

Die Tür ging auf. Martin hatte sich entschlossen, Aleksander alles zu erzählen. Irgendjemandem musste er vertrauen, und eine bessere Option als Aleksander gab es nicht. Martin schrieb den Namen des Russen auf den Umschlag und versah ihn mit mehreren Ausrufezeichen, als ein Schatten aus dem Flur auf den Tisch fiel.

Roman Zorin sah lächelnd auf Martin hinab. Die Pistole in seiner Hand war zu Boden gerichtet.

»Endlich ist die Pistole, die Sie meinem Mann in Pyramiden gestohlen haben, wieder in den richtigen Händen«, sagte der Russe in akzentfreiem Englisch, was in starkem Kontrast zu Martins erstem Eindruck stand, er würde fast überhaupt keines sprechen.

Zorin zog sich einen Stuhl an den Tisch und setzte sich. Die Pistole legte er zwischen sich und Martin auf die Tischplatte. Martin begriff, dass er die Pistole nicht als Erster zu fassen bekäme, wenn er es versuchen sollte.

»Sie sind auf dem Schachbrett und auf dem Gletscher davongekommen«, sagte der Russe. »Weder das eine noch das andere hätte möglich sein sollen. Das ärgert mich.«

Martin sah keinen Grund, etwas darauf zu erwidern.

»Wie hat man Sie denn beim Sysselmann empfangen?«, fragte Zorin.

»Wie einen Helden«, sagte Martin.

Der Russe lachte. »Das stimmt nicht mit meinen Informationen überein. Sie kommen wohl wegen fahrlässiger Tötung zweier Touristen vor Gericht.«

»Der Sysselmann weiß über alles Bescheid, das Waffenlager, Ihren Plan, wer Sie und Ihre Kollegen sind, die ganze Verfolgungsjagd und die Ermordung der Frau auf dem Eis.«

Martin hoffte, ruhig und gefasst zu wirken. Seine einzige Rettung war es, das Gespräch so lange am Laufen zu halten, bis Aleksander nach Hause kam, aber das konnte noch dauern.

»Wer soll diese Geschichte denn glauben, wenn niemand mehr lebt, der sie erzählen könnte?«, sagte Zorin. Zwei sind schon gestorben.«

»Aber eine hat die Insel verlassen«, entgegnete Martin, unsicher, ob es klug war, etwas darüber zu sagen, wo Cindy sich befand.

Zorin schnaubte verächtlich. »Wie schwer ist es schon, jemanden in einem Krankenhaus in Tromsø umzulegen?«

Es fühlte sich an, als wäre Martin vor eine Wand gelaufen. Ihm fiel keine Antwort ein. Schweigend blieben sie eine Weile sitzen. Zorin beobachtete ihn wie ein Tier in einem Käfig. Neugierig, ohne Angst.

»Die norwegischen Behörden haben sich besonders für die Auskunft interessiert, dass Zaslon hinter allem steckt«, bluffte Martin, als er sich an Cindys Vermutung erinnerte. Für einen kurzen Augenblick entdeckte er Überraschung, oder vielleicht war es Anerkennung in den Augen des Russen, ehe Zorin seinen Ausdruck einstudierter Überlegenheit wiedergewann.

Martin glaubte, draußen das Geräusch eines Autos zu hören. Das musste Aleksander sein, es war möglicherweise seine einzige Chance. Im selben Moment, in dem die Haustür geöffnet wurde, musste er versuchen, die Pistole an sich zu reißen. Angespannt saß Martin da und fixierte die Augen des Russen mit seinem Blick. Er hörte, wie eine Autotür zugeschlagen wurde, dann begann er in Gedanken zu zählen. Auf vier öffnete sich die Tür, der Russe drehte sich halb um, und Martin stieß nach vorne. Sekunden danach hatte er die Pistole in seiner Hand und lehnte sich wieder auf dem Sofa zurück. Er umfasste die Waffe mit beiden Händen und zielte auf die Brust des Russen.

Zorin grinste, während er Martin direkt in die Augen sah. »Glauben Sie wirklich, die wäre geladen?«

»Sie bluffen«, sagte Martin.

Zorin griff mit der rechten Hand nach hinten in den Hosenbund und zog eine Pistole desselben Modells hervor, das auch Martin in den Händen hielt.

»*Diese hier* ist geladen.«

Martin sah zu Aleksander, der jetzt in der Türöffnung stand. Es war zu spät, ihm zuzurufen, er solle rennen, sich verdammt noch mal nach draußen retten. Aleksander betrat gelassen das Wohnzimmer, ohne einen Blick an Martin zu verschwenden, zog einen Stuhl heran und setzte sich neben Zorin.

Obwohl es offensichtlich war, dauerte es mehrere Sekunden, bis es Martin gelang, die Wahrheit zu fassen. Er wollte, nein, konnte es nicht glauben. Tausende gemeinsame Momente ihrer vermeintlichen Freundschaft rasten ihm durch den Kopf.

»Ich glaube nicht, dass es noch einen Grund gibt zu warten«, sagte Zorin und klopfte Aleksander auf den Oberschenkel. Aleksander nickte. Er stand auf, ging um den Couchtisch und nahm Martin die Waffe aus den Händen. Martin zwang sich, Aleksander nicht anzuschauen, aus Angst, er könnte versuchen, diesen Verräter mit bloßen Händen zu erwürgen, und selbst erschossen werden, bevor er auch nur die Finger um seinen Hals gelegt hatte.

Aleksander setzte sich wieder und lud das Magazin der Waffe, die Martin eben noch auf Zorin gerichtet hatte.

»So wie die Dinge stehen, wird sich niemand darüber wundern, dass Sie Selbstmord begehen«, sagte Zorin. Er klang, als hielte er ein Plädoyer vor Gericht. »Ein einst berühmter Abenteurer verliert die Nerven, während er mit amerikanischen Touristen unterwegs ist. Zwei kommen am Unfallort ums Leben, die dritte erliegt ihren Verletzungen einen Tag später im Krankenhaus. Der Guide flüchtet, ohne das Unglück zu melden. Damit sind der Skandal und die Erniedrigung komplett, Martin Moltzau befindet sich im freien Fall. Am folgenden Abend wird er angetrunken in einer Bar gesehen. Aleksander kommt von der Nachtschicht nach Hause und findet seinen Freund auf dem Wohnzimmerboden, mit einer Pistole in der Hand und einer Kugel im Kopf.«

Martin hörte sich die unanfechtbare Geschichte an. Es war das Wort »Freund«, das ihn beinahe dazu brachte, laut loszubrüllen. »Ich habe nicht vor, brav sitzen zu bleiben, damit ihr mich erschießen könnt«, sagte er.

»Das überrascht mich nicht, deshalb haben wir diese Möglichkeit einkalkuliert«, sagte Zorin und nickte Aleksander zu, der von seinem Stuhl aufstand.

Im selben Moment wurde die Haustür geöffnet, und Charlie taumelte in den Flur, gefolgt von zwei Männern. Martin sah, dass auf der Außentreppe noch mehr Leute standen.

»Glühen wir hier nach?«, johlte einer von ihnen.

Rasch stopfte Zorin die Waffe in den Hosenbund, und Martin war mit drei langen Schritten im Flur, wo er theatralisch die Hände hob.

»Heute auf keinen Fall, hier ist es todlangweilig!«, rief er. »Wir gehen lieber irgendwohin, wo mehr Leben in der Bude ist.«

Martin schob alle nach draußen auf die Treppe, wenn auch unter großem Protest, und trat die Haustür hinter sich zu.

»Wir sind den ganzen Weg hierhergelaufen«, rief einer, der schon mehr als angeheitert war, »Aleksander ist an uns vorbeigefahren und hat nicht mal angehalten!«

»Da ist es doch nur recht und billig, wenn wir uns Aleksanders Auto ausleihen und damit zurückfahren«, sagte Martin und winkte die Leute in das Großraumtaxi. Wie vermutet steckten die Schlüssel. Er wartete nicht, bis jeder einen Platz gefunden hatte, sondern setzte den Wagen sofort zurück, sodass sie zwischen den Sitzen übereinanderpurzelten.

»Bei wem wird nachgeglüht?«, rief Martin.

»Entspann dich«, sagte Charlie. »Wir können bei mir weiterfeiern.«

46

Martin sah aus Charlies Küchenfenster. Die Nachbarn scheuchten gerade die Kinder ins Auto, um sie in den Kindergarten und die Schule zu bringen, ansonsten regte sich nichts.

Er goss heißes Wasser aus dem Kessel in eine weitere Tasse Pulverkaffee und nahm sie mit ins Wohnzimmer. Dort türmten sich leere Flaschen und halb volle Gläser, der Inhalt einer Tüte Erdnüsse lag überall verstreut. Auf dem Sofa schnarchte ein Angestellter des Sysselmanns vor sich hin.

Martin warf einen Blick auf das Gewehr, das Charlie aus dem Waffenschrank geholt hatte, nachdem er sie dazu überredet hatte. Ein Browning, stark genug, um einen Eisbären aufzuhalten. Ein geladenes Gewehr in einem Zimmer voller hemmungslos betrunkener Leute war keine gute Idee. Aber in Longyearbyen war fast jeder an den Umgang mit Waffen gewöhnt.

Vom Panoramafenster im Wohnzimmer hatte man eine gute Aussicht auf das Hafengebiet und den Flugplatz. Es war nicht bewölkt und windstill, der Rauch des Kohlekraftwerks stieg senkrecht nach oben. Ein herrlicher Tag für einen Krieg, dachte Martin. Ihm fiel ein kleiner, schwarzer Fleck am Himmel über dem Flugplatz auf, und er griff nach dem Fernglas, das im Bücherregal lag. Es war ein Hubschrauber, also entweder die Russen oder der Sysselmann. Für einen kurzen Moment schwebte der Helikopter über der Landebahn, dann näherte er sich dem Ort. Von hier aus war nicht zu erkennen, ob es sich um einen norwegischen oder russischen Helikopter handelte.

Er stieg weiter in die Luft und hielt direkt auf Martin zu. Martin beschlich das Gefühl, der Helikopter würde auf Charlies Haus zusteuern und wollte schon hinter dem Sofa in Deckung gehen, als der Hubschrauber in Richtung Norden abdrehte. Martin stellte sich mit dem Fernglas ans Fenster und verfolgte seinen Flug.

Es war der Heli des Sysselmanns, und anscheinend war er voll besetzt. Kurz darauf verschwand der Hubschrauber hinter dem Berg, den Cindy und er hinuntergerutscht waren. Martin überlegte, was die Leute des Sysselmanns dort wohl vorhatten. Es gab keinen Grund, so früh nach Leichen im Tempelfjord zu suchen, aber dann dämmerte es ihm.

Pyramiden.

Ihr Kurs wies genau dorthin. Vielleicht hatte also doch jemand auf ihn gehört.

Er legte das Fernglas zurück und setzte sich auf das andere Sofa, er verspürte ein klein wenig Hoffnung und musste lächeln. Die Tür zum Schlafzimmer öffnete sich, und Charlie kam im Morgenmantel heraus. Selbst mit zerzausten Haaren und Make-up vom Vortag hätte sie das Cover eines jeden Modemagazins zieren können. Sie blickte sich um.

»Oh Gott.«

»Ich wollte gerade aufräumen«, sagte Martin.

»Du solltest dich lieber hinlegen.«

»Musst du nicht zur Arbeit?«

»Ich sage einfach, dass ich heute später komme.«

»Ich kann jetzt nicht schlafen«, sagte Martin. »Ich räume auf.«

Charlie schüttelte bloß den Kopf und schloss wieder die Tür zum Schlafzimmer.

Martin holte eine Mülltüte, in die er Flaschen und Bierdosen sortierte. Anschließend stellte er sämtliche Gläser in die Spülmaschine und wischte den Tisch mit einem feuchten Lappen ab. Im Flur entdeckte er den Staubsauger und beseitigte die schlimmsten Spuren auf dem Teppich.

Der letzte verbliebene Partygast schnarchte noch immer. Martin legte sich auf das Sofa und schloss die Augen. Er versuchte sich vorzustellen, wie der restliche Tag ablaufen würde. Es gab zu vieles, was er nicht wusste, zu viele Akteure, deren Absichten man nicht voraussehen konnte.

Als Charlie ihn wachrüttelte, hatte er mehrere Stunden geschlafen. Der andere Gast war inzwischen gegangen.

»Ich muss jetzt zur Arbeit«, sagte Charlie. »Du kannst dich ins Bett legen.«

Martin setzte sich auf und rieb sich die Augen. »Ich komme mit.«

»Willst du immer noch nicht nach Hause?«

Martin schüttelte den Kopf. Charlie hatte schon die Jacke angezogen und war abfahrbereit, also schlüpfte Martin im Flur schnell in Jacke und Schuhe und stieg draußen in Charlies Auto. Schweigend fuhren sie ins Ortszentrum.

»Ist das nicht Aleksanders Taxi?«, fragte Charlie und zeigte zum örtlichen Kindergarten.

»Ich habe es heute Nacht dort abgestellt«, sagte Martin.

Nach der Flucht vor Roman Zorin und Aleksander hatte er das Auto zurück ins Zentrum gefahren, sonst hätte es wie eine Einladung vor Charlies Haus gestanden.

»Anscheinend kommen heute auch andere schwer aus dem Bett«, meinte Charlie.

Oder sie finden die Autoschlüssel nicht, dachte Martin. Als er zurück zur Hausparty bei Charlie gehumpelt war, hatte es ihm großes Vergnügen bereitet, den Schlüssel zu Aleksanders Taxi in einen Mülleimer zu werfen.

Charlie parkte neben dem Reisebüro. »Und was jetzt?«

»Ich sollte aus dem Hotel auschecken«, sagte Martin.

»Das klingt gut«, erwiderte Charlie.

Martin lief den Hügel zum Hotel hinab. Davor stand das zweite Taxi der Firma, für die Aleksander arbeitete. Wer hinter dem Steuer des Wagens saß, war nicht zu erkennen. »Tu jetzt bloß nichts Dummes, Moltzau«, murmelte Martin vor sich hin und schlich sich ungesehen von hinten ans Auto heran. Er spürte das Adrenalin in seinen Adern rauschen. Dann machte er einen Satz nach vorn und riss die Fahrertür auf.

Erschrocken sah Aleksanders Kollege von seinem Handy auf, auf dem er Solitär spielte. Martin schluckte den Kloß in seinem Hals herunter und bemühte sich, sich einen normalen Anschein zu geben.

»Weißt du, wo ich Aleksander finde?«

»Habe ihn eben zum Flughafen gefahren. Wahrscheinlich steigt er gerade in den Flieger nach Oslo.«

Martin spürte, dass er die Fassung verlor.

»Stimmt etwas nicht?«, fragte der Taxifahrer.

47

Es war der perfekte Frühlingstag, um auf Spitzbergen anzu-
landen.

Die MY SMILE glitt in gemächlichem Tempo durch den
spiegelglatten, sonnenglitzernden Isfjord. Nikolai stand auf
dem obersten Deck und sah gen Land, wo sie gerade das Kapp
Linné umrundet hatten. Spitze Gipfel ragten auf wie Zähne im
Maul eines Raubtiers und erstreckten sich mehrere Kilometer
südwärts entlang der Küste. Um die höchsten Gipfel tummelten
sich ein paar Wölkchen, ansonsten war der Himmel über
Spitzbergen völlig wolkenlos. Die Sonne wärmte so sehr, dass
Nikolai seine Jacke über die Reling gehängt hatte.

Als höchstdekorierter Offizier der 45. Garde-Spezialauf-
klärungsbrigade und als einer der äußerst wenigen Militärs,
die die Medaille des Verdienstordens für das Vaterland, die
zweithöchste staatliche Auszeichnung der russischen Föderation,
tragen durften, hatte er nichts mehr zu beweisen. Bei der
Annexion der Krim hatte die Brigade eine makellose Operation
durchgeführt, die Ukraine hatten sie auf die gleiche Weise in-
filtriert und damit Chaos und einen Bürgerkrieg ausgelöst.

Schon während der Tschetschenienkriege war ihm die
Tapferkeitsmedaille verliehen worden, daher erwartete er nicht,
dass ihm oder einem der anderen an Bord nach der Spitzbergen-
fahrt noch weitere Ehrungen zuteilwürden. Hinter ihm öffnete
sich eine schwere Tür, und er drehte sich um. Sein Kamerad
Vadim trat an Deck.

Die beiden Soldaten blieben schweigend stehen und ließen ihre Blicke über die Insel schweifen.

Ein Fjordarm streckte sich landeinwärts gen Süden, an dessen Ende schneeweiße Gletscher in die Höhe ragten. Am linken Fjordufer stach ein großer, rußiger Fleck aus diesem weißen Schneemärchen heraus.

»Barentsburg«, sagte Nikolai und deutete mit dem Kinn auf den dunklen Rauch, der von einem Schlot zwischen langen Gebäudereihen aufstieg. Der Ruß des Kohlekraftwerks färbte die Siedlung schwarz, nur ein paar Flecken Neuschnee legten eine barmherzige weiße Decke über all den Dreck.

»Du warst schon mal dort«, stellte Vadim fest.

»Drei Mal in den letzten Monaten, zum Auskundschaften«, sagte Nikolai.

Vadim ließ den Anblick der beeindruckenden Landschaft Spitzbergens auf sich wirken.

»Dafür lohnt es sich zu kämpfen«, sagte er und machte eine ausholende Geste.

»Es ist nur eine Frage der Zeit«, sagte Nikolai. »Eine Frage der Zeit. Wir haben hundert Jahre gewartet, da kommt es auf ein bisschen mehr nicht an.«

Nach einer kurzen Pause fragte Nikolai: »Und was ist mit Nina?«

»Ich habe mich darum gekümmert.«

»Gut.«

»Wie regeln wir die Sache danach, wie erklären wir …« Vadim ließ den Satz offen.

»Zaslon«, antwortete Nikolai. »Sie räumen immer auf. Alles wird erklärt, wir bekommen ein wasserdichtes Alibi, und sie kümmern sich um alle Papiere. Falls nötig, bekommen manche auch eine Medaille. Ich muss sie unbedingt daran erinnern, dass es in St. Petersburg einen Hacker gibt, der nicht weitermachen darf.«

»Ich habe noch nie jemanden von Zaslon getroffen.«

»Dafür gibt es auch einen guten Grund«, sagte Nikolai.

48

Die MY SMILE legte gerade am Kai an. Martin verfolgte das Anlegemanöver mit verschränkten Armen aus hundert Metern Entfernung und sah zu, wie die Gangway bereitgemacht wurde.

In Martins Augen war das Schiff eine einzige Abscheulichkeit. Den Bug zierte ein roter Kussmund, und auf beiden Seiten des Schiffs waren Augen aufgemalt, von denen wellenförmige Linien entlang der Bordwand zum Heck verliefen. »Ach du meine Güte«, murmelte Martin.

Ein Hotelmitarbeiter, der zu einem Lager im Hafengebiet musste, hatte ihn mitgenommen. Von dort war er, zwischen Lagerhallen verborgen, zu Fuß gegangen. Er vermisste schmerzlich die Pistole in seiner Jackentasche.

Martin ließ seinen Blick über die zusammengewürfelte Schar der Wartenden gleiten, von denen die meisten irgendeine Aufgabe im Zusammenhang mit dem Einlaufen des Schiffs hatten. Von der Polizei war niemand vor Ort, aber Martin wusste nicht, ob das immer so war.

Im Grunde interessierte er sich auch nur für eine einzige Personengruppe: Russische Spezialsoldaten in Zivil. Roman Zorin würde er jederzeit erkennen.

Mehrere Busse und zwei der örtlichen Taxis fuhren auf dem Kai vor. Was sie bei der riesigen Anzahl an Schiffspassagieren ausrichten sollten, war ihm nicht klar.

Von Zorin war nichts zu sehen.

Martin war so in seine Gedanken versunken, dass er die Person, die neben ihn trat und ihn am Arm packte, erst gar nicht bemerkte. Er zuckte zusammen und versuchte, sich zu befreien.

»Kommen Sie mit«, sagte ein hochgewachsener Mann mittleren Alters, der eine schwarze Daunenjacke trug. Der feste Griff um seinen Oberarm verriet Martin, dass das keine freundliche Bitte war. Als er keinen Widerstand mehr leistete und sich stattdessen fort vom Kreuzfahrtschiff führen ließ, löste der Mann den Griff um Martins Arm. Er blieb neben einem Lagergebäude stehen. Niemand sonst war in ihrer Nähe.

Stumm sahen sie die ersten Passagiere an Land gehen. Martin fragte sich, wer die Soldaten waren und ob sie das Schiff als Erste oder als Letzte verlassen würden. Konnte er sie aus der Entfernung erkennen, weil sie anders aussahen als die restlichen Kreuzfahrtgäste? Er glaubte, eine Gruppe durchtrainierter Soldaten müsste auf einem Kreuzfahrtschiff auffallen. Von den ersten Passagieren, die von Bord gingen, brauchten einige Hilfe, um an Land zu kommen.

»Wir glauben Ihnen«, sagte der Mann so abrupt und unerwartet, dass Martin erschrak.

»Sie haben sich noch gar nicht vorgestellt«, merkte Martin an.

»Nennen Sie mich Johansen, wenn es Ihnen hilft.«

Martin kommentierte das nicht weiter.

»Ihnen ist hoffentlich bewusst, dass diese Geschichte nicht an die Öffentlichkeit kommen darf«, sagte der Mann.

»Das wird sie wohl in ein paar Stunden«, entgegnete Martin. Noch immer behielt er die Passagiere im Auge, die über die Gangway an Land strömten.

»Für ein paar der Passagiere hat sich das Programm geändert«, sagte Johansen.

Natürlich läuft die Sache so ab, dachte Martin. Ein paar Leute haben über geheime Kanäle miteinander kommuniziert. Die Welt soll nichts erfahren, und alles soll sein wie zuvor. Abgesehen davon, dass ein paar Leute tot sind und das Leben einiger anderer auf den Kopf gestellt wurde.

»Weshalb glauben Sie, dass ich die Wahrheit nicht ans Licht bringe?«, fragte Martin. »Und wieso sollten Sie mir vertrauen?«

Johansen drehte sich zu ihm um und sah ihm zum ersten Mal mit stahlgrauem Blick direkt in die Augen. »Ihnen vertrauen? Überhaupt nicht. Aber falls Sie der Versuchung nachgeben sollten und aller Welt Ihre Geschichte erzählen, wird man Sie von allen Seiten diskreditieren. Sie werden für die fahrlässige Tötung unschuldiger Touristen verurteilt und viele Jahre hinter Gittern verbringen. Ihr Leben wäre zerstört.« Er wandte seinen Blick den Leuten zu, die das Kreuzfahrtschiff verließen. »Tatsächlich bestehen die Amerikaner sogar darauf, dass wir genauso verfahren, sie sind der Meinung, alle losen Enden dieses Falls sollten beseitigt werden, wir sollen aufräumen.«

»Die Medien werden meine Geschichte erzählen, ich bin glaubwürdig, sie vertrauen mir«, sagte Martin. »Sie können nicht jeden Redakteur des Landes bestechen.«

Johansen versuchte, sein Lachen zurückzuhalten, Martins Kommentar amüsierte ihn sichtlich.

»Welch rührendes Vertrauen in die Medien. Es braucht nur einen diskreten Hinweis auf die nationale Sicherheit, und schon sind sie genauso gehorsam wie in Nordkorea. Funktioniert jedes Mal, dabei muss die Sache nicht einmal wichtig sein.«

»Ich glaube Ihnen kein Wort«, erwiderte Martin, aber er wusste, dass der Kerl die Wahrheit sagte.

»Ihr Freund Aleksander«, sagte Johansen. »Wir vermuten, dass Sie ihm ein wenig böse sind. Er hält seinen Posten hier seit fünfzehn Jahren im Auftrag der Russen, sie haben nur auf eine Gelegenheit gewartet, ihn einzusetzen. Der Fall des ortsansässigen Russen, der von den norwegischen Behörden diskriminiert wurde, passte perfekt in ihren Propagandaapparat. Ihr unermüdlicher Einsatz, ihm eine Bar zu verschaffen, hätte diesen Plan zunichtemachen können. Auch diesen Plan.«

Martin musste schlucken. Kreuzfahrtpassagiere überquerten den Kai in Richtung der wartenden Busse, die Szene wirkte wie aus einem Stummfilm auf einer weit entfernten Leinwand. Kurz wurde ihm schwindelig. Falls er jemals die Chance dazu bekam, würde er Aleksander einen gehörigen Fausthieb mitten ins Gesicht verpassen.

»Wie wollen Sie geheim halten, dass es dort draußen noch weitere russische Leichen gibt?«, fragte Martin in der Hoffnung, eine Reaktion des Fremden zu provozieren oder eine Schwachstelle ausfindig zu machen.

»Ich habe nichts von irgendwelchen toten Russen gehört«, entgegnete Johansen. »Andere übrigens auch nicht.«

»Die Spezialkräfte in Pyramiden waren von Zaslon«, sagte Martin.

Überrascht sah Johansen Martin an.

»Niemand weiß, ob Zaslon überhaupt existiert. Es gibt keinerlei Dokumentation, keine Daten, und die Russen haben noch nie Fragen zu Zaslon beantwortet, selbst dann nicht, wenn alle Gesprächspartner sich auf völlige Offenheit und Transparenz geeinigt hatten.«

Martin deutete in Richtung des Orts. »In Longyearbyen läuft ein Zaslon-Kommandant herum. Ich kann Sie mit Roman Zorin bekannt machen.«

Johansen wurde nachdenklich, was Martin freute. Er verspürte den heftigen Wunsch, diesem Mann irgendetwas entgegenzusetzen. Martin drehte sich um und stach dem Mann einen Zeigefinger in die Brust.

»Wenn die CIA mit ihrer Operation erfolgreich gewesen und nicht von den Russen entdeckt worden wäre, dann hätten sie die Beweise für ein russisches Waffenlager in Pyramiden gehabt. Damit wären die Amerikaner den Russen zuvorgekommen und hätten Spitzbergen annektiert und es die ›Sicherung der norwegischen Souveränität‹ genannt.«

Zum ersten Mal verlor Johansen seinen Ausdruck besonnener Überlegenheit. Martin erkannte einen Hauch von Überraschung und Verwirrung in seiner Miene, ehe er seine Gelassenheit wiederfand.

»Sie haben eine lebhafte Fantasie, Moltzau.«

»Bullshit«, sagte Martin laut. »Die Russen haben den Amerikanern gezeigt, wie es gemacht wird. Man muss bloß mit einem Kreuzfahrtschiff anreisen und vor Ort Zugang zu Waffen haben.«

Johansen war es sichtlich unangenehm, dass Martin so laut sprach. Inzwischen waren mehr Leute am Hafen unterwegs, und Martin sah sich um, ob jemand sie belauschte. Ihm war nicht danach, das Gespräch noch länger fortzuführen, also nickte er dem Fremden kurz zu und entfernte sich vom Kai. Hinter seinem Rücken hörte er Johansen sagen: »Moltzau, ich rate Ihnen, Spitzbergen zu verlassen.«

Martin blieb stehen und drehte sich um. »Ich sehe nur einen einzigen Grund, weshalb Sie die Amerikaner nicht konfrontieren, so wie Sie es offenbar mit den Russen getan haben. Norwegen hat hier ebenfalls ein geheimes Waffenlager.«

Johansen zeigte keine Reaktion, er sah Martin nur an. Er wartete auf mehr. Doch Martin hatte nicht vor, ihm mehr zu geben.

Stattdessen blickte er sich um, sah den blauen Himmel, den schmelzenden Schnee und das überdimensionierte Kreuzfahrtschiff, das inmitten des wilden und wunderschönen Adventfjords völlig fehl am Platz wirkte. Dann humpelte er los in Richtung Hauptstraße. Als er sie erreichte, hielt er inne. Er stand an einem Scheideweg.

Zurück nach Longyearbyen, in ein Leben, das er sich versuchte aufzubauen, oder zum Flughafen, hinaus in die Welt?

Doch Martin wusste nicht, wohin er gehen sollte, ob es überhaupt irgendwo noch einen Ort für ihn gab.

Ein Auto kam ihm aus dem Zentrum entgegen, und er erwog, es anzuhalten. Noch bevor er sich entscheiden konnte, drosselte es das Tempo und hielt neben ihm. Er beugte sich vor, um hineinsehen zu können.

Charlie ließ die Scheibe herunter.

»Höchste Zeit, dass du mit mir kommst.«

Stefan Schrahe / Roland Löwisch

OLDTIMER

Klassiker aus 7 Jahrzehnten

mit Wertangaben

HEEL

Einteilung der Fahrzeugklassen

Klein- und Kompaktwagenklasse

Mittelklasse

Oberklasse

Sportwagenklasse

Nutz- und Sonderfahrzeuge

Kaum zu glauben, aber heutzutage muss man sich die Frage stellen: Darf man eigentlich noch von Oldtimern träumen? Und über sie schreiben? Viele Unwissende verteufeln heutzutage diese „Spritschlucker", ohne eine Ahnung davon zu haben, um wie viel nachhaltiger alte, gut in Schuss gehaltene Klassiker sind als neu gebaute Autos.

Ob die oftmals eher kritiklos als Allheilmittel gefeierte Elektromobilität – als ein Teil eines gut durchdachten Mobilitätskonzeptes zweifelsfrei sinnvoll, als Massenmobilitätsmittel aktuell eher begrenzt hilfreich – uns in 30 Jahren auch in Begeisterung versetzen kann, wird die Geschichte zeigen. Allerdings ist es schwer vorstellbar, dass die nicht selten seelenlosen Batterieträger mit ihren häufig polarisierend designten Kunststoff-Karossen das Potenzial zu würdigen Nachfahren unseres heute gefeierten automobilen Kulturguts haben könnten – jenen Automobilen, die wie wohl kaum ein anderes Produkt den Alltag der Menschen in den vergangenen 130 Jahren verändert haben.

Zur Erinnerung: In den ersten Jahrzehnten nach der Erfindung von Carl Benz waren Autos Spielzeuge exzentrischer Avantgardisten oder technikbegeisterter Pioniere. Erst Anfang der zwanziger Jahre wurde deutlich, dass sich das Antlitz der Welt durch das Auto – in den großen Metropolen wie auf dem Land – stärker verändern würde als durch jede andere Erfindung zuvor. Die technologische Entwicklung gewann eine ungeheure Dynamik. Innerhalb weniger Jahre wurden Autos nicht nur besser, sondern auch erschwinglicher. In einer fortschrittbesessenen Zeit entwickelte sich kaum ein anderes Produkt ebenso zum Statussymbol wie auch zur Notwendigkeit. Sowohl in Sachen Technik als auch in Sachen Sozialisation gab es stets Bewegung.

Diese Veränderung und die Entwicklung des Automobils von Anfang des zwanzigsten Jahrhunderts bis etwa 1990 zeigt dieses Buch auf – und zwar mit einem großen Herzen für die einst innovative Technik und das sich stets verändernde Design. Die Einteilung in Dekaden führt Sie zurück in bewegte Zeiten und zu spannenden Fragen: Welche Technologie sollte sich durchsetzen, welche Länder würden sich als „Automobilnation" profilieren

und welche Marken die Jahrzehnte überleben? Und Sie können erleben, wie es immer schneller und für immer mehr Probleme immer noch vielfältigere Lösungen gab, bis sich schließlich mehr oder weniger ein Standard durchsetzte, bei dem immer mehr das Detail den Unterschied machte.

Drei Kriterien bestimmten die Auswahl der - chronologisch und nach Klassen alphabetisch gegliederten - mehr als 250 Autos in diesem Buch: ihr wirtschaftlicher Erfolg, ihre Bedeutung als Ideengeber oder Innovator sowie ihre Eigenschaft, besonders typisch für eine Epoche zu sein. Die Wertangaben beziehen sich auf

die jeweils teuerste heute noch erhältliche Ausführung im Best-
zustand. Im Falle mehrerer angegebener Ausführungen/Motori-
sierungen sind die angegebenen Preise als Durchschnittswert für
die Modellreihen zu verstehen.

In diesem Sinne wünschen wir allen Oldtimer- und Autofans viel
Vergnügen beim Eintauchen in stark bebilderte sieben Jahrzehnte Automobilgeschichte.

Stefan Schrahe/Roland Löwisch
Herbst 2022

Volksmotorisierung und Traumwagen

Wie im Zeitraffer verlief die Automobil-Entwicklung in den zwanziger und dreißiger Jahren des vergangenen Jahrhunderts. Stand am Anfang der „Roaring Twenties" nicht einmal fest, ob der Verbrennungs- oder der Elektromotor das Rennen machen würde, bedeutete die Erfindung des elektrischen Anlassers und dessen Verbreitung ab 1920 den endgültigen Durchbruch für den Benziner. Der war nun von jedermann einfach und komfortabel zu starten und konnte seine Vorteile der besseren Reichweite und schnelleren Betankung ausspielen.

Besonders in den USA verbreitete sich das Auto rasend schnell. Henry Fords „Tin Lizzy" schuf einen Motorisierungsgrad, der in Europa erst Jahrzehnte später erreicht werden sollte. Die Massenproduktion mit bis zu 9000 Fahrzeugen am Tag machte es nicht nur möglich, dass sich auch einfache Angestellte ein Auto leisten konnten. Der Ford T war außerdem lebenswichtiges Transportmittel unzähliger Siedler, die in den zwanziger Jahren weite Flächen der USA eroberten. Das Auto begann, seine Umwelt und die Lebenswelten der Menschen zu verändern.

In Europa waren die Anfänge deutlich bescheidener, die Autos kleiner, die Stückzahlen ohnehin. Auch der Beginn der Massenproduktion automobilisierte noch längst nicht die breite Masse der Menschen. Einen Opel „Laubfrosch" konnten sich in den Zwanzigern nur Gutverdienende leisten. Innerhalb von knapp zehn Jahren sollten sich die „Volksautos" allerdings extrem verwandeln: Ganzstahlkarosserien hatten die Holzaufbauten und Stromlinienformen das kastenförmige Kutschen-Design ersetzt.

Spätestens in den 1930er Jahren hatte sich das Auto auch als wichtiges Repräsentationsinstrument etabliert. Ein Maybach Zeppelin oder ein Mercedes 770 erscheinen heute als „fahrende Ritterburgen" und protzten mit Dimensionen, die kaum je wieder erreicht wurden. Neben der schieren Größe kann auch der

technologische Standard am Vorabend des Zweiten Weltkrieges
heute noch beeindrucken. Vor allem viele Motorkonstruktionen
aus den Dreißiger Jahren sollten die Automobilentwicklung bis in
die Sechziger begleiten.

Austin Seven

ca. 14.000 €

Land	GB
Marke	Austin
Baujahr	1922-1939
Motor-Bauart	Vierzylinder (Reihe)
Lage	Front
Antrieb	Heck
Hubraum (ccm)	696 bis 750
Leistung (PS/U/min)	10 bei 3200,
	15 bei 3000
Vmax (km/h)	75
Bauart	Limousine (2-türig),
	Cabriolet, Roadster
Material	Stahlblech
Produktionszahl	290.000

Einer der größten Erfolge der britischen Automobilindustrie: Der Austin Seven erschien 1922 und läutete auf der Insel die Massenmotorisierung ein. Die Limousine mit dem zunächst 696, ab 1923 immerhin 750 ccm großen Vierzylinder bot auf weniger als drei Metern Länge immerhin Platz für vier Personen. Das Konzept kam an: Die Lizenz zum Erfolg wurde nach Deutschland, nach Frankreich und in die USA verkauft. In England gab es den Seven neben der Limousine, deren Aufbau bis 1930 aus Aluminium und später aus Stahl gefertigt war, auch als Cabriolet und Roadster. Mit zehn PS ging es 1922 los, aber die Leistung sollte in den 17 Jahren seiner Karriere ständig steigen. Die Sportversionen „Nippy" und „Speedy" leisteten immerhin 23 respektive 30 PS und hatten mit den wenig mehr als 400 kg Gewicht leichtes Spiel. Den Großteil der 290.000 Austin Seven, die bis 1939 vom Band liefen, bildeten freilich die braven Limousinen.

BMW 3/15, 3/20 („BMW Dixi")

Land	Deutschland
Marke	BMW
Baujahr	1929-1932
Motor-Bauart	Vierzylinder (Reihe)
Lage	Front
Antrieb	Heck
Hubraum (ccm)	749
Leistung (PS/U/min)	15 bei 3000
Vmax (km/h)	75
Bauart	Limousine (2-türig),
	Roadster, Cabriolet
Material	Stahlblech
Produktionszahl	16.948

ca. 23.500 €

Das allererste Auto der Bayerischen Motoren Werke, die bis dato „nur" Motorräder und Flugzeugmotoren produziert hatten: der BMW 3/15 – besser bekannt als „Dixi". Kurios: Er war keine Eigenentwicklung und wurde auch nicht in Bayern, sondern im thüringischen Eisenach produziert. Anfangs hieß er tatsächlich nur „Dixi", wie die gleichnamigen Fahrzeugwerke, die eine Lizenz zum Nachbau des Austin Seven gekauft hatten, 1928 aber in Zahlungsschwierigkeiten geraten und von BMW übernommen worden waren. Unter der Bezeichnung 3/15 wurde der Dixi, den BMW selbst nie so nannte, bis 1932 weitergebaut. Allerdings musste sich die Ur-Konstruktion etliche Modifikationen gefallen lassen: Der BMW 3/15 erhielt eine breitere Ganzstahl-Karosserie ohne Trittbretter, eine Vierrad-Bremse und Kurbelfenster. Immerhin knapp 17.000 Exemplare verließen die Fabrikhallen unterhalb der Wartburg.

Ford Model T („Tin Lizzy")

Gegen diese Zahlen verblassen Europas Anfänge der Volksmotorisierung: Mehr als 15 Millionen Mal verkaufte sich der Ford T – das erste überhaupt auf einem Fließband produzierte Auto – zwischen 1908 und 1927. Auch in Berlin lief Henry Fords „Tin Lizzy" vom Band – allerdings erst ab 1926, und da hatte sie ihren Zenith schon längst überschritten. In den USA hatte der Ford T bis dahin längst Geschichte geschrieben und die Entwicklung vieler ländlicher Gegenden überhaupt erst möglich gemacht. Der robuste 2,9-Liter-Vierzylinder mit 20 PS war extrem wartungsarm ausgelegt: Er verfügte weder über ein konventionelles Getriebe noch über Benzin- und Wasserpumpe oder Ölfilter. Weil schwarzer Nitrolack am schnellsten trocknet, wurde der Bestseller zwischen 1915 und 1925 nur in dieser Farbe produziert und das bis zu 9000 Mal am Tag!

Land	Deutschland
Baujahr	1926-1927
Motor-Bauart	Vierzylinder (Reihe)
Lage	Front
Antrieb	Heck
Hubraum (ccm)	2894
Leistung (PS/U/min)	20 bei 3200
Vmax (km/h)	65
Bauart	Cabriolet
Material	Stahlblech
Produktionszahl	weltweit rund 15.000.000

[ca. 38.000 €]

Land	Deutschland
Marke	Opel
Baujahr	1924-1926
Motor-Bauart	Vierzylinder (Reihe)
Lage	Front
Antrieb	Heck
Hubraum (ccm)	951
Leistung (PS/U/min)	12 bis 14 bei 2400
Vmax (km/h)	60
Bauart	Cabriolet
Material	Holz, Stahlblech
Produktionszahl	ca. 120.000

[ca. 35.000 €]

Opel 4/12 PS („Laubfrosch")

„Das ist doch dasselbe in Grün", müssen viele Zeitzeugen ausgerufen haben, als sie den Opel 4/12 PS von 1924 an auf Deutschlands Straßen erblickten. Kein Wunder, denn das zumeist grün lackierte Fahrzeug – das erste in Deutschland auf einem Fließband produzierte – war ein exaktes Plagiat des seit 1922 gebauten und überwiegend gelb lackierten Citroën 5 CV. Für die Adam Opel AG geriet die Kopie zum großen Erfolg auf dem Massenmarkt: In den sieben Jahren, in denen der im Volksmund nur „Laubfrosch" genannte Wagen angeboten wurde, verließen mehr als 120.000 Exemplare die Rüsselsheimer Werkshallen. Dabei sprachen weniger technische Finessen als der unschlagbar günstige Preis für den anfangs nur als Zweisitzer lieferbaren Kleinwagen.

DKW F1 (Front)

Land	Deutschland
Marke	DKW
Baujahr	1931-1933
Motor-Bauart	Zweizylinder-Zweitakt (Reihe)
Lage	Front
Antrieb	Front
Hubraum (ccm)	490, 584
Leistung (PS/U/min)	15 bis 18 bei 3200
Vmax (km/h)	75 bis 80
Bauart	Roadster, Cabrio
Material	Holz
Produktionszahl	4353

[ca. 20.000 €]

DKW war in den Zwanzigern mit kleinen Zweitaktmotorrädern zum größten Zweiradhersteller der Welt aufgestiegen. 1928 wurde man mit der Übernahme von Audi zum Automobilproduzenten und bot im gleichen Jahr erstmals einen Kleinwagen unter dem Namen DKW an. Eine echte Sensation aber war die Präsentation des F1 im Jahr 1931. Er war der weltweit erste Großserienwagen mit Frontantrieb und niemand hätte damals geahnt, dass sich diese Antriebskonfiguration – wenn auch erst vier Jahrzehnte später – weltweit durchsetzen würde. Was sich nicht durchsetzen konnte: der Zweitaktmotor, dem DKW bis Mitte der 1960er Jahre die Treue hielt. Der Zweizylinder im DKW F1 holte 15 PS aus knapp 500 ccm – eine damals beachtliche Literleistung. Weil der Umgang mit ihnen einfach war, ihre Produktion preiswert und ihre Robustheit außer Frage stand, konnten sich die Zweitakter aus Sachsen gut im Markt etablieren.

Fiat 508 Balilla

Der Balilla war ein Meilenstein für Fiat und motorisierte den italienischen Mittelstand. Auf dem Mailänder Autosalon 1932 präsentiert, ließ er sich bis 1937 mehr als 160.000 Mal verkaufen. Das technische Prinzip war überaus simpel: Der Reihenvierzylinder hatte 995 ccm Hubraum und leistete anfangs 20, später 24 PS. Der Balilla bot vier Personen Platz und lief immerhin 80 km/h Spitze. Neben der Limousine gab es verschiedene Lieferwagenaufbauten, ein viersitziges „Torpedo"-Cabriolet sowie einen zweisitzigen Spider. Fiat wusste schon in den 1930er Jahren, wie man die Attraktivität eines Modells steigern konnte: Ab 1933 gab es den Balilla Sport, der 36 PS leistete und Geschwindigkeiten bis zu 115 km/h ermöglichte.

Land	Italien
Marke	Fiat
Baujahr	1932-1937
Motor-Bauart	Vierzylinder (Reihe)
Lage	Front
Antrieb	Heck
Hubraum (ccm)	995
Leistung (PS/U/min)	20 bei 3400, 24 bei 3800
Vmax (km/h)	80 bis 115
Bauart	Limousine, Cabriolet
Material	Stahlblech
Produktionszahl	ca. 160.000

[ca. 11.000 €]

Land	Deutschland
Marke	Mercedes-Benz
Baujahr	1926-1928
Motor-Bauart	Sechszylinder (Reihe)
Lage	Front
Antrieb	Heck
Hubraum (ccm)	1998
Leistung (PS/U/min)	38 bei 3400
Vmax (km/h)	75
Bauart	Sport-Zweisitzer, Tourenwagen, Limousine (2-/4-türig)
Material	Stahlblech
Produktionszahl	ca. 15.000

k.A.

Mercedes-Benz 8/38

Der Mercedes 8/38 ging zwar nicht als Innovationsträger in die Automobilgeschichte ein. Er ist aber trotzdem ein Meilenstein: Denn er war das erste Fahrzeug, das aus der Fusion der beiden erfolgreichen Automobilproduzenten Benz und Daimler hervorging, die sich tatsächlich zu einer „Hochzeit im Himmel" entwickeln sollte – im Gegensatz zu der gescheiterten Chrysler-Ehe viele Jahrzehnte später. Außerdem wurde er von niemand Geringerem als Ferdinand Porsche konstruiert und gilt als erstes Mittelklassefahrzeug der Stuttgarter Automobilfirma, dem viele erfolgreiche Baureihen bis zur E-Klasse des 21. Jahrhunderts folgen sollten. Zusammen mit dem modifizierten Nachfolger vom Typ „Stuttgart" verließen mehr als 15.000 Mercedes 8/38 die Fabrikhallen.

Ford Model A

Land	Deutschland
Marke	Ford (D)
Baujahr	1928-1931
Motor-Bauart	Vierzylinder (Reihe)
Lage	Front
Antrieb	Heck
Hubraum (ccm)	3285
Leistung (PS/U/min)	40 bei 3800
Vmax (km/h)	100
Bauart	Limousine, Cabriolet, Roadster
Material	Stahlblech
Produktionszahl	4.320.446

[ca. 38.000 €]

Die unlösbare Aufgabe für den Ford A war, den Erfolg seines legendären Vorgängers, der Tin Lizzy, zu wiederholen. Schließlich war die Zahl der Wettbewerber gewachsen, und es war nicht davon auszugehen, ein weiteres Baumuster 19 Jahre lang fast unverändert zu produzieren. Die Umstellung von T auf A im Jahr 1927 dauerte fast ein halbes Jahr – dann liefen die ersten Ford A mit 3,3-Liter-Vierzylindermotor und 40 PS vom Band. Schon in den 1920er Jahren agierte man also in den USA bei Massenautos mit ganz anderen Hubräumen als in Europa. Trotzdem wurde der Ford A auch in Europa angeboten. In Berlin wurden – zur Umgehung der hohen Importzölle – die Ford A für den deutschen Markt montiert, bevor man sich in Detroit zum Bau einer kompletten Automobilfabrik in Köln entschloss. Die Karriere des Ford A endete schon 1931 – nach immerhin 4,3 Millionen Exemplaren.

Opel 1,2 Liter, P4

Land	Deutschland
Marke	Opel
Baujahr	1931-1937
Motor-Bauart	Vierzylinder (Reihe)
Lage	Front
Antrieb	Heck
Hubraum (ccm)	1073
Leistung (PS/U/min)	23 bei 3400
Vmax (km/h)	85
Bauart	Limousine (2-türig)
Material	Stahlblech
Produktionszahl	65.864

[ca. 22.000 €]

Der P4 war für die Rüsselsheimer Autobauer ein würdiger Nachfolger des erfolgreichen „Laubfrosch". Das lag nicht an seiner exklusiven Technik: Der 1931 vorgestellte P4 gehörte optisch eher in die Zwanziger und auch seine Technik setzte keine neuen Standards. Aber der 1,1 Liter große Vierzylinder begründete den Ruf der haltbaren und robusten Opel-Motoren. Und die entscheidende Trumpfkarte war sein Preis: Mit 1450 Reichsmark entsprach der Preis des P4 als vollwertigem Auto für vier Personen und einer Höchstgeschwindigkeit von 85 km/h dem eines hochwertigen Motorrads. Die aggressive Preispolitik der deutschen GM-Tochter verhinderte freilich einen noch größeren Erfolg. Auf Druck der Machthaber, die sich um den Erfolg ihres „KdF-Wagens" sorgten, wurde die Produktion des populärsten deutschen Fahrzeugs 1937 eingestellt.

Horch 830, 830 B, 830 BK/BL, 830 BL, 930, 930 V

So sah Oberklasse „Made in Zwickau" aus: Nach dem Zusammenschluss von Horch, Audi, DKW und Wanderer zur Auto Union wurde die Marke, die August Horch 1900 gegründet hatte, zur Speerspitze. Der Horch 830 verfügte über einen neu konstruierten Dreiliter-Achtzylinder, der anfangs 70, später mit 3,8 Litern bis zu 92 PS leistete. Technisch waren die Horch 830 Modelle zunächst mit Kastenrahmen und Starrachsen konventionell aufgebaut. 1935 wurde jedoch eine moderne Vorderradaufhängung eingeführt und 1937 – parallel mit der Namensänderung zum 930 – eine Doppelgelenk-Hinterachse. Den technischen Fortschritt der Konkurrenten Mercedes-Benz und Maybach konnten die Sachsen jedoch nicht halten und verloren zusehends an Boden. Nicht zuletzt deswegen scheiterten auch die Wiederbelebungsversuche nach Kriegsende.

Land	Deutschland
Marke	Horch
Baujahr	1933-1939
Motor-Bauart	V8
Lage	Front
Antrieb	Heck
Hubraum (ccm)	3004 bis 3823
Leistung (PS/U/min)	70 bei 3500
	bis 92 bei 3600
Vmax (km/h)	110 bis 130
Bauart	Limousine, Cabriolet
Material	Stahlblech
Produktionszahl	k.A.

[**ca. 450.000 €**]

Land	Frankreich
Marke	Citroën
Baujahr	1934-1957
Motor-Bauart	Vierzylinder (Reihe)
Lage	Front
Antrieb	Front
Hubraum (ccm)	1911
Leistung (PS/U/min)	56 bei 3800
	bis 63 bei 4000
Vmax (km/h)	115 bis 130
Bauart	Limousine (4-türig)
Material	Stahlblech
Produktionszahl	530.315

[ca. 31.500 €]

Citroën 11 CV („Traction Avant")

Der 1934 vorgestellte Citroën Traction Avant kombinierte in so konsequenter Weise wie kein anderes Auto seiner Zeit moderne Konstruktionsmerkmale. Deshalb wurde er nicht nur bei seiner Präsentation als Sensation empfunden, sondern auch bis 1957 gebaut – damals ein Weltrekord. Selbsttragende Karosserie, Frontantrieb, OHV-Motoren und eine platzsparende Torsionsstabfederung gab es sonst nirgendwo. Seine sensationelle Straßenlage trug ihm den Ruf als „Gangster-Limousine" ein. Zwischen drei Radständen und zahlreichen Karosserievarianten konnten die Kunden wählen. Zu dem Vierzylinder-Motor, der bereits eine Geschwindigkeit von 115 km/h ermöglichte, gesellte sich ab 1938 der 15 CV mit einem 2,9-Liter-Sechszylinder, der 77 PS leistete und für 130 km/h gut war. Die Investitionen für den 11 CV hatten Citroën jedoch nahezu ruiniert: Michelin übernahm die Firma Anfang 1935. Mit fast 600.000 Fahrzeugen war die 11CV/15CV-Familie einer der größten Erfolge der Firmengeschichte.

17

Lancia Lambda Serie I bis Serie IX

Der Lancia Lambda war ein Meilenstein. Er debütierte 1922 auf dem Pariser Autosalon als erstes Automobil mit selbsttragender Karosserie – eine Bauweise, die für die meisten Hersteller erst knapp 30 Jahre später zum automobiltechnischen Standard wurde. Dieses patentierte Verfahren für einen aus Blech gepressten Rahmen sicherte dem Lambda gegenüber den Rahmenkonstruktionen seiner Wettbewerber einen enormen Gewichtsvorteil. Die Einzelradaufhängung bescherte dem Lancia eine hervorragende Straßenlage, während der konstruktiv eigenwillige V4-Motor mit einem Zylinderwinkel von nur 13 Grad und zentraler, obenliegender Nockenwelle dank 50 PS aus 2100 ccm auch die entsprechenden Fahrleistungen bereit stellte. Am Ende gab es gar 69 PS aus 2500 ccm – bis der Lambda 1931 vom Dilambda abgelöst wurde.

Land	Italien
Marke	Lancia
Baujahr	1923-1931
Motor-Bauart	V4
Lage	Front
Antrieb	Heck
Hubraum (ccm)	2120, 2370, 2570
Leistung (PS/U/min)	50 bei 3250,
	59 bei 3250, 69 bei 3500
Vmax (km/h)	115 bis 120
Bauart	Tourer, Limousine, Roadster
Material	Stahlblech, Holz/Kunstleder
Produktionszahl	rund 13.000

[ca. 140.000 €]

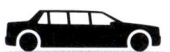

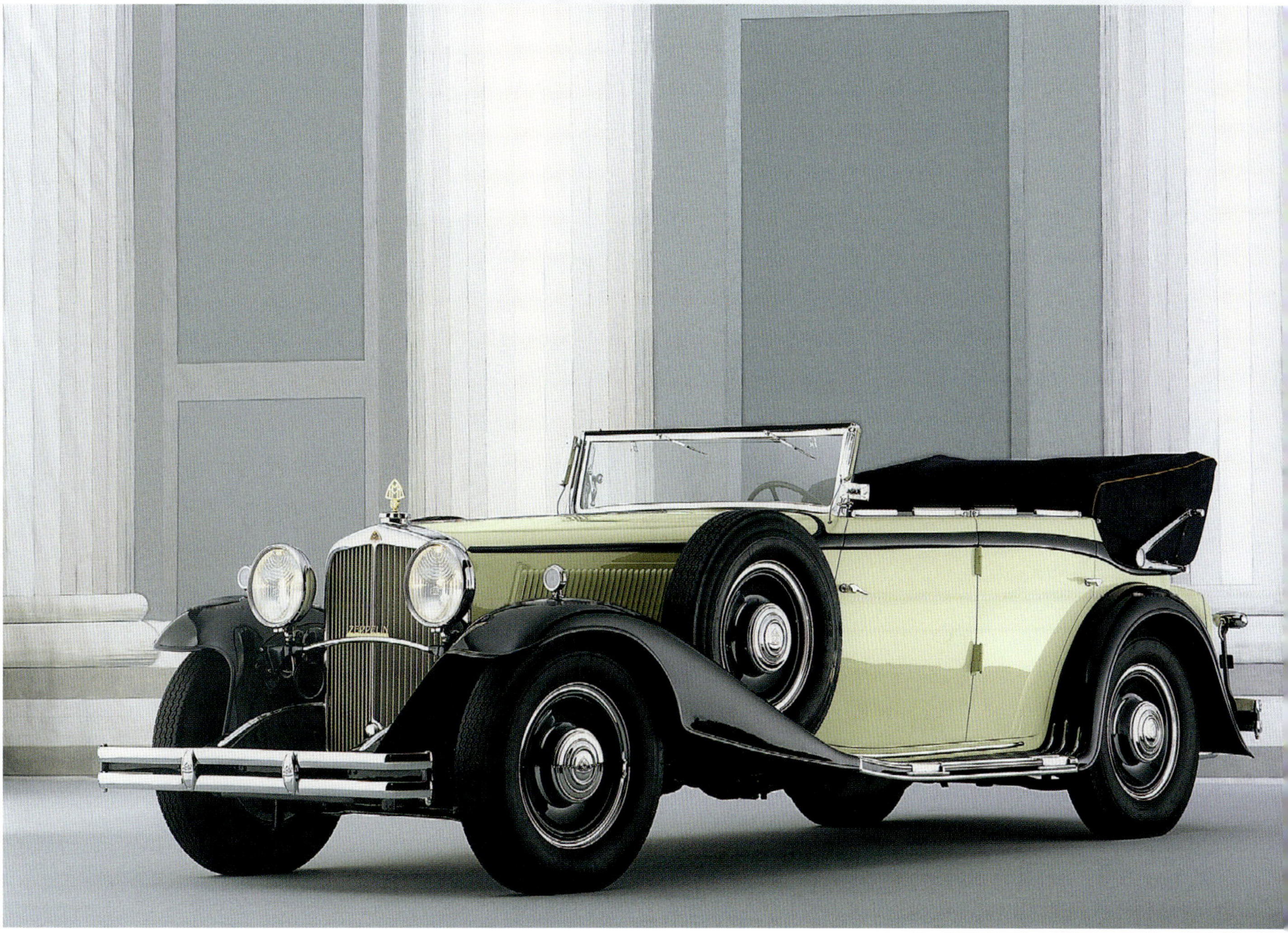

Maybach Zeppelin DS7/DS8

[je nach Originalität und Historie bis zu 3,5 Mio €]

Der Maybach Zeppelin DS7 war 1930 der erste deutsche Zwölfzylinder und sollte bis 1987 auch der einzige bleiben. Die Typenbezeichnung „Zeppelin" hatten die Friedrichshafener gewählt, weil sie ähnliche Zwölfzylindermotoren auch für die seinerzeit sehr populären Luftschiffe lieferten. Um den gigantischen Motor mit erst 7, später als DS8 mit 8 Litern Hubraum herum hatte Maybach ein Fahrzeug gebaut, das keine Wünsche mehr offen lassen sollte. So gab es einen eingebauten Kompressor zur Befüllung der Reifen ebenso wie vier eingebaute Wagenheber. Die Servobremsen brachten die fast drei Tonnen sicher zum Stehen, nachdem der 150 PS starke Motor den Zeppelin auf nahezu 160 km/h beschleunigt hatte. Im DS8 stieg die Leistung auf 200 PS, durch sieben Vorwärtsgänge schaltete sich der Chauffeur auf bis zu 170 km/h. Mit 33.000 Reichsmark war der Maybach DS8 aber für nahezu jedermann ein unerfüllbarer Traum.

Land	Deutschland
Marke	Maybach
Baujahr	1930-1940
Motor-Bauart	V12
Lage	Front
Antrieb	Heck
Hubraum (ccm)	7922
Leistung (PS/U/min)	150 bis 200 bei 3200
Vmax (km/h)	150 bis 170
Bauart	Limousine, Cabriolet
Material	Stahlblech
Produktionszahl	k.A.

Rolls-Royce Phantom I, II

Aus Unzufriedenheit über den Mangel an Zuverlässigkeit seines Decauville beschloss der Ingenieur Frederick Henry Royce 1903, selbst Automobilproduzent zu werden. Auf Basis des französischen Gefährts entstand der erste Prototyp, und der begeisterte den adligen Rennfahrer Charles Rolls so sehr, dass er mit in das Unternehmen einstieg – Rolls-Royce war geboren. 1904 wurden auf dem Pariser Salon bereits vier Modelle präsentiert. Der Silver Ghost hatte sich von 1906 bis 1925 einen legendären Ruf erworben – nicht mit sportlichen Ambitionen, sondern durch Qualität und Zuverlässigkeit. Der 1925 vorgestellte Phantom folgte dieser Tradition: Er verfügte über einen 7,7 Liter großen Reihensechszylinder, der 95 PS mobilisierte. Das reichte für eine Höchstgeschwindigkeit von rund 145 km/h und war in jedem Falle „genügend". Mehr als 50 Prozent aller seit 1904 gebauten Rolls-Royce sollen heute noch fahrbereit sein.

Land	GB
Marke	Rolls-Royce
Baujahr	1925-1935
Motor-Bauart	Sechszylinder (Reihe)
Lage	Front
Antrieb	Heck
Hubraum (ccm)	7672, 7668
Leistung (PS/U/min)	95, später 120
Vmax (km/h)	140 bis 147
Bauart	Limousine, Cabriolet, Coupé
Material	Stahlblech
Produktionszahl	2916

je nach Originalität und Historie bis zu 6,5 Mio €

Mercedes-Benz 770 (W 07, „Großer Mercedes")

Der Name war Programm: Tatsächlich nannten die offiziellen Verkaufs-
unterlagen den Typ 770 „Großer Mercedes". Und groß war er: Der mehr
als fünfeinhalb Meter lange 2,7-Tonnen-Koloss, dessen Kühlergrill über
einen Meter hoch war, wurde von einem 7,6 Liter großen Achtzylinder-
motor angetrieben, der in seinen acht Jahren Bauzeit zwischen 105 und
200 PS (mit Kompressor-Aufladung) leistete. Sowohl Adolf Hitler als auch
der japanische Kaiser Hirohito nutzten den 770 als Staatskarosse – ebenso Papst Pius XII. Für Privatleute war der Große Mercedes dagegen unerschwinglich: 38.000 Reichsmark wurden für die Pullmann-Limousine
fällig – das Cabriolet war nochmals 6500 RM teurer.

Land	Deutschland
Marke	Mercedes-Benz
Baujahr	1930-1938
Motor-Bauart	Achtzylinder (Reihe)
Lage	Front
Antrieb	Heck
Hubraum (ccm)	7655
Leistung (PS/U/min)	105 bis 200 bei 2800
Vmax (km/h)	150 bis 160
Bauart	Limousine (4-türig), Cabriolet
Material	Stahlblech
Produktionszahl	117

21

[je nach Originalität und Historie bis zu 12 Mio €]

Land	Italien
Marke	Alfa Romeo
Baujahr	1931-1937
Motor-Bauart	Achtzylinder (Reihe)
Lage	Front
Antrieb	Heck
Hubraum (ccm)	2336, 2905
Leistung (PS/U/min)	142 bis 180
Vmax (km/h)	k.A.
Bauart	Limousine, Spider, Cabriolet, Coupé
Material	Stahlblech
Produktionszahl	rund 200

Alfa Romeo 8C 2300, 8C 2900

Der Alfa Romeo 8C 2300 („otto cilindri") wurde 1931 auf der London Motor Show präsentiert und öffnete ein neues Kapitel in der ruhmreiche Tradition von Alfa Romeo. Die Mailänder hatten alle Register gezogen: Der Achtzylinder-Reihenmotor holte aus nur 2,3 Litern Hubraum dank einer Höchstdrehzahl von 5200 U/min 142 PS – was einer Literleistung von 62 PS entsprach, die viele Serienmotoren bis heute nicht erreichen. Mit Hilfe zweier Roots-Kompressoren konnte die Leistung gar auf 180 PS gesteigert werden. Mit 180 km/h war der 8C schnellstes Serienfahrzeug der Welt. Es gab sowohl eine kurze Version für sportliche Ausführungen als auch eine lange Version für Limousinen-Aufbauten. 1935 wurde der 8C modifiziert, erhielt eine neue Vorderradaufhängung und als 8C 2900 mehr Hubraum. Der Gewinner zahlreicher Rennen in den 1930er Jahren zählt heute zu den begehrtesten und teuersten Oldtimern überhaupt.

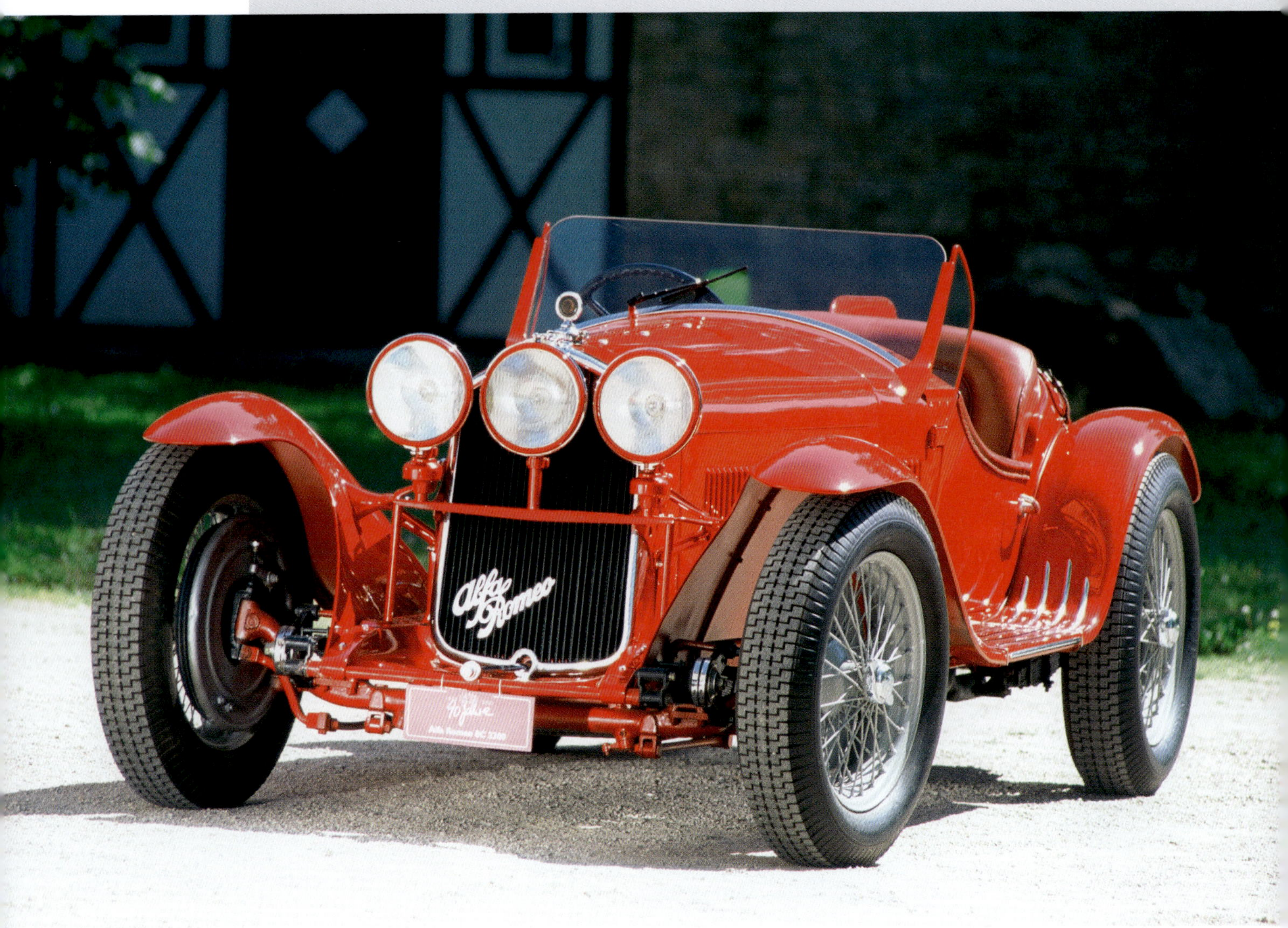

ca. 260.000 €

Audi Front (Typ UW, 225, 225 Luxus)

Anfang der dreißiger Jahre war der Frontantrieb in Mode gekommen. Die von August Horch gegründete Marke Audi hatte sich durch ihr Luxuswagen-Engagement in schwieriges Fahrwasser begeben, aus dem sie nur dank der Aufnahme in den Auto Union-Verbund wieder herauskommen konnte. Um dann von Konzernentwicklungen zu profitieren: Für den ersten Audi-Pkw mit Frontantrieb nutzten die Konstrukteure 1933 das Know-How von DKW, implantierten den 2,6-Liter-Reihenmotor des Wanderer W 22 und ließen den Audi Front im sächsischen Horch-Werk vom Band laufen. Der Erfolg hielt sich freilich in Grenzen: Schon 1935 wurde er durch den Audi 225 ersetzt. Ein Platz in der automobilen „Hall of Fame" ist ihm trotzdem sicher: Als erster Audi mit Frontantrieb begründete er eine bis heute anhaltende Tradition.

Land	Deutschland
Marke	Audi
Baujahr	1933-1938
Motor-Bauart	Sechszylinder (Reihe)
Lage	Front
Antrieb	Front
Hubraum (ccm)	1950, 2257
Leistung (PS/U/min)	40 bei 3500,
	50 bei 3300,
	55 bei 3800
Vmax (km/h)	100 bis 105
Bauart	Limousine, Cabriolet,
	Roadster (Einzelstück)
Material	Holz, Stahlblech
Produktionszahl	4408
	(davon: 25 Spezial-Cabriolets,
	1 Roadster)

Mercedes-Benz SSK, SSKL (W 06)

Ende der 1920er Jahre wohl die Krone der Schöpfung im Automobilbau: der Mercedes SSK. Er basierte auf dem verkürzten Fahrgestell des Mercedes SS und sollte den Ruhm der jungen Marke Mercedes-Benz mit Erfolgen im Motorsport festigen. Der Siebenliter-Sechszylinder leistete bereits in der unaufgeladenen Version zunächst 140 PS, später schrittweise bis zu 180 PS. Seinen legendären Ruf erwarb der SSK aber durch seinen zuschaltbaren Roots-Kompressor: Die mechanische Zwangsbeatmung ließ die Leistung des Zweisitzers auf 200 PS steigen. Optional wurde eine Version mit 180/300 PS angeboten, die 195 km/h erreichte – und von vier Seilzugbremsen verzögert werden musste. Exakt 33 Exemplare reichten aus, um Automobilgeschichte zu schreiben. Die noch selteneren, 200 kg leichteren Werksrennwagen vom Typ SSKL schafften gar 235 km/h.

Land	Deutschland
Marke	Mercedes-Benz
Baujahr	1928-1932
Motor-Bauart	Sechszylinder (Reihe)
Lage	Front
Antrieb	Heck
Hubraum (ccm)	7068
Leistung (PS/U/min)	140 bei 3200
	bis 300 bei 3400
Vmax (km/h)	192 bis 235
Bauart	Speedster, Cabrio
Material	Stahlblech
Produktionszahl	33 oder 38

Bentley 6.5 Litre

Land	GB
Marke	Bentley
Baujahr	1928-1931
Motor-Bauart	Sechszylinder (Reihe)
Lage	Front
Antrieb	Heck
Hubraum (ccm)	6597
Leistung (PS/U/min)	147 bis 180
Vmax (km/h)	k.A.
Bauart	Cabriolet, Limousine (4-türig), Tourer
Material	Stahlblech
Produktionszahl	k.A.

1919 hatte Walter Bentley seine erste automobile Schöpfung mit dem Anspruch, den ersten ernstzunehmenden Sportwagen Englands zu bauen, präsentiert. Der drei Liter große Vierzylinder, der ab 1921 zu kaufen war, leistete 80 PS und verfügte über Vierventil-Zylinderkopf und obenliegende Nockenwelle. Getreu dem Motto „win on sunday – sell on monday" erreichte das junge Unternehmen schnell beachtliche Renn- und Verkaufserfolge – zwischen 1924 und 1930 gewannen fünf Mal Bentleys das 24-Stunden-Rennen von Le Mans. Das half aber Ende der Zwanziger nicht mehr: Der 6 1/2 litre mit 147 PS sollte die Antwort auf den Rückgang der Nachfrage nach straßentauglichen Rennwagen sein und ab 1928 mit Rolls-Royce und Hispano-Suiza konkurrieren. Auch eine auf 180 PS erstarkte Version konnte aber die Zahlungsunfähigkeit 1931 nicht mehr verhindern. Rolls-Royce kaufte Bentley auf und legte Entwicklung und Produktion zusammen: das erste „Badge-Engineering" der Automobilgeschichte.

Bugatti Typ 57

Land	Frankreich
Marke	Bugatti
Baujahr	1934-1940
Motor-Bauart	Achtzylinder (Reihe)
Lage	Front
Antrieb	Heck
Hubraum (ccm)	3257
Leistung (PS/U/min)	135 bei 5000
Vmax (km/h)	160
Bauart	Coupé, Cabriolet
Material	Stahlblech
Produktionszahl	725

Der Typ 57 sollte der letzte Bugatti sein, der für eine Serienfertigung entwickelt wurde. Der von Bugatti-Sohn Jean entworfene Sportwagen wurde 1934 vorgestellt und bis 1940 im elsässischen Molsheim immerhin 725 Mal gebaut. Sein Reihenachtzylinder unter der endlos langen Motorhaube ist ein technisches Meisterwerk. Das 3,3-Liter-Aggregat leistete 135 PS, seine beiden obenliegenden Nockenwellen wurden von Zahnrädern angetrieben. Zahlreiche Varianten entstanden, legendär wurden die „Atalante"- und „Atlantic"-Modelle, die mit einem Kompressor beatmet auf bis zu 200 PS kamen. Nach dem Krieg wurde versucht, eine Produktion auf Basis des Typ 57 wieder aufzunehmen. Die inzwischen veraltete Technik stand einem Erfolg jedoch im Weg: Insgesamt entstanden bis 1956 ganze sechs Typ 101.

Adler 2,5 Liter („Adler Autobahn")

ca. 200.000 €

Land	Deutschland
Marke	Adler
Baujahr	1937-1940
Motor-Bauart	Sechszylinder (Reihe)
Lage	Front
Antrieb	Heck
Hubraum (ccm)	2499
Leistung (PS/U/min)	58 bei 3800
Vmax (km/h)	125
Bauart	Limousine (4-türig), Cabriolet (2-türig)
Material	Stahlblech
Produktionszahl	5300

Zu einer der erfolgreichsten Vorkriegs-Marken zählten die Frankfurter Adler-Werke, die von 1900 an vom Schreibmaschinen-Fabrikanten zum Auto-produzenten wurden. Ab 1937 war der Adler 2,5 Liter, der unter dem Zusatznamen „Autobahn" verkauft wurde, der Star im Modellangebot. Mit Fahr-zeugen wie ihm sollten die Reichsautobahnen dereinst beschickt werden: Während die Standardversion mit 58 PS schon relativ gut motorisiert war und eine Geschwindigkeit von immerhin 125 km/h ermöglichte, wäre die „Sport"-Version auch mehr als zwanzig Jahre später noch ein ernsthafter Aspirant für die linke Spur gewesen. 80 PS reichten in Verbindung mit der bei Karmann in Osnabrück hergestellten stromlinienförmigen Karosserie für 150 km/h – ein Wert, den ein Volkswagen erst Ende der Sechziger erreichen sollte. Trotzdem war nach dem Krieg kein Wiederanfang möglich. Adler baute wieder Schreibmaschinen und ging später in der AEG auf.

Fiat 500 (Serie A, „Topolino")

ca. 17.500 €

Land	Italien
Marke	Fiat
Baujahr	1936-1948
Motor-Bauart	Vierzylinder (Reihe)
Lage	Front
Antrieb	Heck
Hubraum (ccm)	569
Leistung (PS/U/min)	13 bei 4000
Vmax (km/h)	85
Bauart	Limousine (2-türig), Roadster
Material	Stahlblech
Produktionszahl	122.000

Der Fiat Balilla hatte bereits seinen Beitrag zur Motorisierung in Italien geleistet. Mit dem 1938 vorgestellten Topolino („Mäuschen") wurde das Auto für noch größere Bevölkerungsschichten erschwinglich. Der von dem Designer Dante Giacosa eingekleidete Topolino stand für automobilen Minimalismus, ohne dabei ärmlich zu wirken. Ganz im Gegenteil: Mit seinem schräg gestellten Kühlergrill brachte er sogar modisch-aerodynamischen Schwung in die Kleinwagenklasse. Funktional war der kleinste Fiat ebenfalls. Beide Sitzplätze waren genau zwischen den Achsen positioniert, was dem Fahrkomfort zugutekam. Der 500-ccm-Vierzylinder mit 13 PS war zugunsten einer ausgewogenen Gewichtsverteilung weit vorne angebracht, während hinten ein großer Kofferraum zur Verfügung stand. Kein Wunder, dass der Topolino sich bis 1949 im Programm hielt und noch jahrzehntelang zum typisch italienischen Straßenbild gehörte.

[ca. 24.000 €]

Opel Olympia

Der 1935 vorgestellte Opel Olympia war eine echte Sensation: Die sonst nicht als innovativ geltenden Rüsselsheimer hatten sich dazu entschlossen, das erste Fahrzeug mit einer selbsttragenden Karosserie für eine Großserie zu entwickeln – im Nachhinein eine mutige und wegweisende
Entscheidung. Für Opel war der Olympia ein großer Erfolg: Dank des niedrigen Preises von 2500
Reichsmark sicherte sich der kompakte, aber geräumige Mittelklassewagen schnell die Sympa-
thien. Mit 24 PS aus 1,3 Litern war zügiges Fortkommen mit 100 km/h garantiert. 1937 gab es einen
völlig neuen OHV-Motor, der aus 1,5 Litern 37 PS bereitstellte und den Olympia auf immerhin 112
km/h trieb. Bis 1940 wurden fast 168.000 Olympioniken verkauft. Ab 1947 wurde der Olympia im
wieder aufgebauten Rüsselsheimer Werk fast unverändert weiterproduziert, um von 1949 bis 1953
stark modifiziert nochmal richtig durchzustarten und Opel mit 157.000 Fahrzeugen Platz 2 der
Zulassungsstatistik zu sichern.

Land	Deutschland
Marke	Opel
Baujahr	1935-1940
Motor-Bauart	Vierzylinder (Reihe)
Lage	Front
Antrieb	Heck
Hubraum (ccm)	1288, 1488
Leistung (PS/U/min)	24 bei 3300 bis 37 bei 3500
Vmax (km/h)	100 bis 112
Bauart	Limousine (2-/4-türig), Cabrio-Limousine
Material	Stahlblech
Produktionszahl	167.974

BMW 326

Der BMW 326 läutete 1936 eine neue Epoche für BMW ein und darf als stilbildend für die Marke gelten. Als komplette Neukonstruktion war er deutlich erwachsener und repräsentativer als seine Vorgänger. Den Sechszylinder-Reihenmotor hatte er von seinem Vorgänger, dem BMW 319, geerbt. Das Zweiliter-Aggregat begeisterte mit seidenweichem Lauf und hervorragendem Durchzug – die 50 PS reichten dank Stromlinienform für 120 km/h. Vier Gänge und eine hydraulische Bremsanlage untermauerten den technischen Anspruch. Das Konzept war erfolgreich: Bis 1941 wurden fast 16.000 Exemplare ausgeliefert. Diesem Triebwerk sollte ein langes Leben bis weit in die 1950er Jahre beschieden sein. Der BMW 326 erlebte nach dem Zweiten Weltkrieg unter sowjetischer Besatzung seine Wiedergeburt: Zunächst unter seinem alten Namen, ab 1949 lief er bis 1955 als EMW 340 in Eisenach vom Band.

Land	Deutschland
Marke	BMW
Baujahr	1936-1941
Motor-Bauart	Sechszylinder (Reihe)
Lage	Front
Antrieb	Heck
Hubraum (ccm)	1971
Leistung (PS/U/min)	50 bei 3750
Vmax (km/h)	120
Bauart	Limousine (4-türig), Cabriolet (2-türig), Cabriolet (4-türig), Coupé
Material	Stahlblech
Produktionszahl	rund 16.000

[**ca. 150.000 €**]

Mercedes-Benz 260 D (W 138)

Als erster Diesel-Serienpersonenwagen der Welt war der 260 D 1936 tatsächlich ein automobiler Meilenstein – wenngleich es nahezu 50 Jahre dauerte, bis sich dieses Verbrennungsprinzip auf breiter Front im Personenwagenbau durchsetzen konnte. Schon 1933 hatte Mercedes mit Diesel-Pkw experimentiert – die heftigen Vibrationen hatten aber in Dauerversuchen zu Rahmenbrüchen geführt. Erst die Erfindung der Vorkammer-Einspritzung konnte die ausgeprägten Schwingungen besänftigen, und man wagte eine Pilotserie von 170 Fahrzeugen auf Basis des Typ 230, die ausschließlich als Taxis eingesetzt wurden. Der Test verlief zufriedenstellend: Mit seinen 45 PS schaffte der Selbstzünder immerhin 95 km/h und zeigte sich für einen Dieselmotor sehr kultiviert. Die Kostenersparnis lag damals schon bei 60 Prozent – so ist es kein Wunder, dass der 260 D als Urahn der weltweit erfolgreichen Mercedes-Taxis gilt.

Land	Deutschland
Marke	Mercedes-Benz
Baujahr	1936-1940
Motor-Bauart	Vierzylinder (Reihe)
Lage	Front
Antrieb	Heck
Hubraum (ccm)	2545
Leistung (PS/U/min)	45 bei 3000
Vmax (km/h)	95
Bauart	Limousine (4-türig), Landaulet, Cabriolet
Material	Stahlblech
Produktionszahl	1967

[ca. 55.000 €]

Land	Deutschland
Marke	BMW
Baujahr	1936-1940
Motor-Bauart	Sechszylinder (Reihe)
Lage	Front
Antrieb	Heck
Hubraum (ccm)	1971
Leistung (PS/U/min)	80 bei 4500
Vmax (km/h)	150
Bauart	Roadster
Material	Stahlblech
Produktionszahl	464

[ca. 800.000 €]

BMW 328

Der BMW 328 war „der" deutsche Sportwagen vor dem Krieg. Den ersten öffentlichen Auftritt hatte er beim Eifelrennen 1936, in dem er gleich seine Klasse dominierte. 1937 wurde die Serienversion zum Preis von 7400 RM präsentiert. Dem überarbeiteten Zweiliter-Sechszylinder des 326 hatten die Münchner Ingenieure 80 PS entlockt. Drei statt zwei Vergaser, eine höhere Verdichtung sowie optimierte, halbkugelähnliche Brennräume waren die wesentlichen Maßnahmen. Die Drehzahl musste mit 4500 U/min relativ zahm bleiben – auf obenliegende Nockenwellen hatte man aus Kostengründen verzichtet. Keineswegs selbstverständlich waren 1937 hydraulische Bremsen an allen vier Rädern. Zahlreiche Sportversionen entstanden – so die stromlinienförmigen Coupés, die auf der Mille Miglia 1938 eingesetzt wurden und die Plätze 1 und 3 belegten.

Tatra 77, 87

Land	Tschechoslowakei
Marke	Tatra
Baujahr	1937-1950
Motor-Bauart	V8
Lage	Heck
Antrieb	Heck
Hubraum (ccm)	2958
Leistung (PS/U/min)	60 bei 3500
Vmax (km/h)	145
Bauart	Limousine (4-türig), Kombi (3-türig), Cabriolet
Material	Holz/Stahl
Produktionszahl	15.864

[ca. 200.000 €]

Ein in jeder Hinsicht unkonventionelles Fahrzeug war das Modell 77 der tschechischen Firma Tatra, das 1934 vorgestellt wurde und dessen Konstruktionsprinzip bis 1999 beibehalten werden sollte. Im Heck, hinter der Hinterachse des konsequent stromlinienförmig gestalteten Wagens, arbeitete ein luftgekühlter V8-Motor, der aus seinen drei Litern Hubraum zunächst relativ bescheidene 60 PS herausholte. Eine vertikale Heckflosse sollte den Geradeauslauf verbessern. Trotz aufwändiger Einzelradaufhängung waren die Fahreigenschaften des hecklastigen Tatra aber nicht ganz unkritisch. Abgelöst wurde der Tatra 77 im Jahr 1936 vom Typ 87, der konstruktiv deutlich verbessert und mit 75 PS nahezu 160 km/h schnell war. Etwas mehr als 3000 Fahrzeuge wurden von beiden Typen bis 1950 gebaut und hatten so prominente Besitzer wie Felix Wankel oder John Steinbeck.

Peugeot 202

[ca. 18.500 €]

Land	Frankreich
Marke	Peugeot
Baujahr	1938-1949
Motor-Bauart	Vierzylinder (Reihe)
Lage	Front
Antrieb	Heck
Hubraum (ccm)	1133
Leistung (PS/U/min)	30 bei 4000
Vmax (km/h)	100
Bauart	Limousine (2-/4-türig), Cabrio-Limousine, Cabriolet
Material	Stahlblech
Produktionszahl	122.878

Die Marke mit dem vielleicht ältesten Logo der Welt: Der Löwe zierte Peugeot-Produkte bereits 1850. Damals produzierten die Franzosen jedoch ausschließlich Sägeblätter, später – bis heute – Fahrräder und ab 1889 auch Autos. Der Peugeot 202 fiel durch sein avantgardistisches Design auf. Die hinter der Frontmaske versteckten Scheinwerfer sollten jahrelang das typische Peugeot-Gesicht formen. Die verkleideten Hinterräder setzten die aerodynamische Linie konsequent fort. Auch unter dem Blech zeigte sich die Konstruktion mit Torsionsstabfederung und vorderer Einzelradaufhängung durchaus modern. Mit seinem 1,1-Liter-Aggregat und 30 PS erreichte der Mittelklasse-Franzose zeitgemäße 100 km/h und wurde ein großer Erfolg, der durch den Krieg zwischen 1940 und 1945 zwar unterbrochen wurde, aber letztlich bis 1949 andauerte.

Schwieriger Neubeginn

Mit Vorkriegskonstruktionen wagten die meisten europäischen Automobilhersteller den Neuanfang nach 1945. Erst Ende der Vierziger Jahre konnte überhaupt wieder von einer regulären Produktion gesprochen werden. Auch in Ländern, die nicht so stark unter den Kriegsfolgen zu leiden hatten, bestimmte Materialknappheit Produktion und technische Lösungen. So war der automobile Fortschritt zwischen 1938 und 1952 nahezu zum Stillstand gekommen – ehe Pontonkarosserien und moderne Konstruktionsprinzipien für eine neue Ära sorgten.

Viele glorreiche Marken wie Adler oder Horch hatten den Krieg erst gar nicht überlebt. Andere gerieten in existenzbedrohende Turbulenzen wie BMW oder DKW. Kleinere Brötchen wurden gebacken – auch im Luxussegment, wo sich 1951 selbst ein Adenauer-Mercedes gegenüber dem „Großen Mercedes" aus den Dreißigern wie ein Kompaktwagen ausnahm. Für Marken, die von ihrer Größe und Exklusivität gelebt hatten wie Bugatti, Duesenberg oder Hispano-Suiza, bedeutete das, nicht mehr an die Vorkriegs-Erfolge anknüpfen zu können – und damit das Aus. Die Scheichs im Nahen Osten waren als Zielgruppe noch nicht entdeckt.

Die Volksmotorisierung war immer noch hehres Ziel – und für viele das eigene Auto ein nahezu unerfüllbarer Traum. Diesem näher zu kommen, versprachen die zahlreichen skurrilen Kleinstwagenkonstruktionen jener Zeit, von denen sich die am besten verkaufen ließen, die wenigstens formal so taten, als seien sie „richtige" Autos. Die Goggos und Isettas konnten freilich nicht verhindern, dass die wahren Volkswagen ihren Siegeszug antraten – seien es der „Volkswagen" in Deutschland, der Renault 4CV in Frankreich, der Fiat 500 in Italien oder der Morris Minor in England.

Citroën 2 CV („Wellblechente"; A, AZ, AZ Berline, AU, AZU, AZLP)

Der Entwicklungsauftrag für den 2CV lautete angeblich, ein Auto zu bauen, das 60 km/h fahren konnte, zwei Bauern mit Stiefeln und einem Fässchen Wein Platz bieten konnte und dabei so gut gefedert war, dass in einem an Bord befindlichen Korb mit Eiern auch auf schlechten Wegstrecken keines kaputtgehen würde. Es lag nicht nur an der Schwere der Aufgabe, dass von den ersten Skizzen 1934 bis zur Präsentation auf dem Pariser Salon 1948 viel Zeit vergehen sollte. Die ersten Prototypen entstanden 1939, viele davon wurden jedoch wegen der deutschen Besetzung vernichtet, andere tauchten erst Jahrzehnte später wieder auf. Bis 1949 dauerte es, bis die ersten „Wellblech-Enten" zu den Händlern rollten. Häme und Spott, die sich über den französischen Automobilminimalismus ergossen, taten dem Erfolg keinen Abbruch. Wegen Materialengpässen kam es zu Wartezeiten von bis zu sechs Jahren. Bis zum Produktionsende 1990 verkaufte sich das Kultmobil mehr als fünf Millionen Mal.

Land	Frankreich
Marke	Citroën
Baujahr	1949-1960
Motor-Bauart	Zweizylinder (Boxer)
Lage	Front
Antrieb	Front
Hubraum (ccm)	375, 425, 602
Leistung (PS/U/min)	9 bei 3500 bis 29 bei 5750
Vmax (km/h)	65 bis 115
Bauart	Cabriolimousine (4-türig), Kombi (3-türig)
Material	Stahlblech
Produktionszahl	676.504 (ohne Kombi)

[ca. 21.000 €]

DKW Meisterklasse (F 89)

Dass der DKW-Neuanfang bis 1950 dauerte, lag nicht daran, dass mit der Entwicklung des F89 erst lange nach Kriegsende begonnen werden konnte. Tatsächlich war die rundliche Karosserie des ersten Nachkriegs-DKW 1939 fertig konstruiert und sollte ab 1940 von den Bändern im sächsischen Zwickau laufen. Aber nach 1945 mussten für den Fortbestand der Automobilproduktion erst einmal neue Fertigungsstätten gesucht werden. Die alten standen unter sowjetischer Besatzung und damit nicht mehr zur Verfügung. Fündig wurde man in Düsseldorf-Derendorf, wo ein ehemaliges Rüstungswerk der Rheinmetall-Borsig leer stand. Den Zweizylinder-Zweitakter übernahm der F89 von seinem Vorgänger. Mit der 870 Kilogramm schweren Karosse hatte der 23 PS leistende 700-ccm-Motor seine liebe Mühe. Im Volksmund wurde aus der „Meisterklasse" daher schnell die „Kleistermasse".

Land	Deutschland
Marke	DKW
Baujahr	1950-1954
Motor-Bauart	Zweizylinder-Zweitaktmotor
Lage	Front
Antrieb	Front
Hubraum (ccm)	684
Leistung (PS/U/min)	23 bei 4200
Vmax (km/h)	100
Bauart	Limousine (2-türig),
	Coupé, Cabriolet, Kombi (3-türig)
Material	Stahlblech
Produktionszahl	59.475

[ca. 30.000 €]

Ford Taunus („Buckel-Taunus")

Land	Deutschland
Marke	Ford
Baujahr	1948-1952
Motor-Bauart	Vierzylinder (Reihe)
Lage	Front
Antrieb	Heck
Hubraum (ccm)	1172
Leistung (PS/U/min)	34 bei 4250
Vmax (km/h)	95 bis 105
Bauart	Limousine (2-türig),
	Kombi (3-türig),
	Cabriolet, Sonderkarosserie
Material	Stahlblech
Produktionszahl	76.590

[ca. 22.000 €]

Die Ford-Werke gehörten zu den zahlreichen Firmen, die Ende der 1940er Jahre ihre Vorkriegsmodelle wieder aufleben ließen, um eine Pkw-Produktion überhaupt wieder in Schwung zu kriegen. So repräsentierte der „Buckel-Taunus" zum Produktionsbeginn im November 1948, wie nicht anders zu erwarten, technisch den Standard der Dreißiger. Der seitengesteuerte Motor von 1934 – der allerdings im 12M noch die Sechziger erleben sollte – sowie die vorderen und hinteren Starrachsen ließen daran nicht den geringsten Zweifel. Seinem Verkaufserfolg tat das keinen Abbruch: Robustheit und niedrige Unterhaltskosten waren in den Jahren vor dem Wirtschaftswunder wichtiger als technische Raffinesse oder optischer Chic.

Renault 4 CV („Cremeschnittchen")

Eine echte Neukonstruktion war der Renault 4 CV, der 1946 vorgestellt wurde und radikal mit Konstruktionsprinzipien der Vorkriegszeit brach. Sein 760 ccm großer wassergekühlter Vierzylindermotor war im Heck untergebracht und leistete zunächst 18, später in der „Sport"-Version bis zu 42 PS. Weil zu Anfang nur ein Beige aus Restbeständen des deutschen Afrika-Corps lieferbar war, nannten die Franzosen das Fahrzeug schnell „Motte de Beurre", ein „Stück Butter". Im Saarland, wo der 4 CV wegen der Zollunion fast 3/4 aller Fahrzeuge ausmachte, wurde daraus schnell der Spitzname „Cremeschnittchen". Der kleine Viertürer leitete eine ganze Ära von Heckmotor-Renaults ein, die bis in die 1970er Jahre andauerte. Sein Antriebsstrang trieb – von hinten nach vorn versetzt – ab 1961 den R4 an und blieb so bis 1992 im Programm. Für den 4 CV war nach 14 Produktionsjahren Schluss – nach mehr als 1,1 Millionen Exemplaren.

Land	Frankreich
Marke	Renault
Baujahr	1947-1961
Motor-Bauart	Vierzylinder (Reihe)
Lage	Heck
Antrieb	Heck
Hubraum (ccm)	760, 747
Leistung (PS/U/min)	18 bei 4000
	bis 42 bei 6000
Vmax (km/h)	95 bis 140
Bauart	Limousine (4-türig),
	Cabrio-Limousine
Material	Stahlblech
Produktionszahl	1.105.543

[ca. 21.000 €]

Land	Deutschland
Marke	Volkswagen
Baujahr	1945-1953
Motor-Bauart	Vierzylinder (Boxer)
Lage	Heck
Antrieb	Heck
Hubraum (ccm)	1131
Leistung (PS/U/min)	25 bei 3300
Vmax (km/h)	105
Bauart	Limousine (2-türig)
Material	Stahlblech
Produktionszahl	ca. 400.000

[ca. 71.500 €]

Volkswagen Standard und Export

Von 1932 an war Ferdinand Porsche von dem Gedanken besessen, ein Fahrzeug zu bauen, das mit modernen Konstruktionsprinzipien den Massenmarkt erobern sollte. Nach Prototypenversuchen mit Zündapp entstand 1934 eine für NSU entwickelte Studie, die dem späteren Käfer sehr nahe kam. Er bot das Projekt den neuen Machthabern an und die nutzten den nun KdF-Wagen genannten Viersitzer vor allem für propagandistische Zwecke. Von 1938 an konnte bestellt und angespart werden – der Krieg kam dem Serienanlauf jedoch in die Quere. 1946 wurden schließlich – noch unter britischer Besatzung – die ersten Käfer montiert. 1948 begann die Serienproduktion. Der Käfer entwickelte sich zum größten Erfolg der Automobilgeschichte. Immer wieder modifiziert, aber im Kern unverändert, konnte er 1972 mit mehr als 15 Millionen Exemplaren den Rekord des Ford T-Modells einstellen.

Land	GB
Marke	Morris
Baujahr	1948-1971
Motor-Bauart	Vierzylinder (Reihe)
Lage	Front
Antrieb	Heck
Hubraum (ccm)	803 bis 1098
Leistung (PS/U/min)	27 bei 4400
	bis 48 bei 5100
Vmax (km/h)	100 bis 125
Bauart	Limousine (2-/4-türig)
Material	Stahlblech
Produktionszahl	1.015.218

[ca. 14.500 €]

Morris Minor Saloon

Der Morris Minor – vom legendären Mini-Entwickler Alec Issigonis entworfen – war eine komplette Neukonstruktion, verfolgte aber einen konventionellen Ansatz. Der wassergekühlte 800-ccm-Vierzylinder mit 27 PS Leistung war vorn untergebracht und trieb die Hinterräder an. Neben dem adretten Aussehen sprachen für den Morris Minor sein gutes Raumangebot, die robuste und zuverlässige Technik sowie die niedrigen Unterhaltskosten. Der Minor ist in England eine ähnliche Ikone wie der Käfer in Deutschland – und wurde auch annähernd so lange gebaut. Erst 1971 – mit mittlerweile 1,1 Liter Hubraum und 48 PS – war Schluss, nach mehr als einer Million Exemplaren. Noch heute zählt er auf der Insel zum Straßenbild, weil viele Werkstätten sich auf die Erhaltung der liebevoll gepflegten Klassiker spezialisiert haben.

Alfa Romeo 1900 Berlina

(Alfa Romeo 1900, 1900 TI, 1900 Super, 1900 TI Super, 1900 Primavera)

Mit mondänen Luxuskarossen und exklusiven 6- und 8-Zylinder-Sportmodellen hatte Alfa Romeo sich vor dem Krieg einen Namen gemacht. Die Mailänder besaßen aber genügend Gespür zu wissen, damit nach 1945 nicht übergangslos weitermachen zu können. So fiel bald nach Kriegsende die Entscheidung, sich künftig auch mit kleineren Fahrzeugen zu befassen und es entstand der erste Alfa Romeo überhaupt, für dessen Blechkleid – eine selbsttragende Ponton-Karosserie – und Technik die Mailänder die komplette Produktion übernahmen. Die sportlichen Gene hatte der 1950 vorgestellte Alfa Romeo 1900 freilich von seinen Vorgängern geerbt: Der vollkommen neukonstruierte Doppelnockenwellen-Vierzylinder leistete 90 PS und hatte mit der 900 Kilogramm schweren Karosserie leichtes Spiel. Er begründete Alfas Ruf als Hersteller sportlicher Limousinen.

Land	Italien
Marke	Alfa Romeo
Baujahr	1950-1958
Motor-Bauart	Vierzylinder (Reihe)
Lage	Front
Antrieb	Heck
Hubraum (ccm)	1885, 1975
Leistung (PS/U/min)	90 bei 5200
	bis 115 bei 5500
Vmax (km/h)	150 bis 180
Bauart	Limousine (4-türig)
Material	Stahlblech
Produktionszahl	17.243

[ca. 47.000 €]

Borgward Hansa (Hansa 1500, Hansa 1800, Hansa 1800 Diesel)

Land	Deutschland
Marke	Borgward
Baujahr	1949-1954
Motor-Bauart	Vierzylinder (Reihe)
Lage	Front
Antrieb	Heck
Hubraum (ccm)	1498 bis 1758
Leistung (PS/U/min)	42 bei 3700
	bis 60 bei 4400
Vmax (km/h)	105 bis 150
Bauart	Limousine (2-/4-türig), Kombi (2-türig), Cabriolet
Material	Stahlblech
Produktionszahl	23.140; 8531

[ca. 21.000 €]

Carl F.W. Borgward hatte zwar schon vor 1925 seine „Blitzkarren" in Bremen gebaut, richtige Autos aber erst mit der Übernahme der Hansa-Lloyd-Werke 1929. Der Markenname „Borgward" wurde 1939 eingeführt – während des gesamten Krieges durften in Bremen aber keine Autos, sondern ausschließlich Rüstungsgüter gebaut werden. Nicht zuletzt deshalb wurde der Firmeninhaber von 1945 bis 1948 interniert – wo er offenbar genug Zeit und Muße fand, mit dem Borgward Hansa 1500 Deutschlands erstes Nachkriegs-Auto mit Ponton-Karosserie – auf einem Zentralrohrrahmen – zu konstruieren. Im März 1949 war Weltpremiere in Genf, ab Oktober lief die Produktion. Die Ponton-Bauweise ermöglichte mehr Innenraum bei gleicher Außenbreite: Sechs Personen fanden im Hansa 1500 Platz. Auch der Anderthalbliter-OHV-Motor mit 48 PS war eine moderne Konstruktion, die ab 1952 ein 1,8-Liter-Triebwerk mit 60 PS ersetzte. Von 1953 an gab es gar wahlweise einen 1,8-Liter-Diesel mit 42 PS.

Land	Deutschland
Marke	Borgward
Baujahr	1955-1961
Motor-Bauart	Vierzylinder (Reihe)
Lage	Front
Antrieb	Heck
Hubraum (ccm)	1493
Leistung (PS/U/min)	60 bei 4700
	bis 75 bei 5200
Vmax (km/h)	135 bis 150
Bauart	Limousine (2-türig), Kombi (2-türig), Coupé (2-türig)
Material	Stahlblech
Produktionszahl	202.872

ca. 29.000 €

Borgward Isabella (Isabella, Isabella TS, Isabella de luxe, Isabella Combi)

„Schreibt meinetwegen Isabella drauf" soll Carl F.W. Borgward gesagt haben, als er gefragt wurde, ob die Prototypen des neuen Mittelklasse-Borgward eine Bezeichnung erhalten sollten. Der südländische Frauenname trug sicherlich neben der raffinierten Borgward-Werbung und der gefälligen Karosserie dazu bei, dass die Isabella von 1954 an auf viele Männer eine geradezu erotische Ausstrahlung hatte. Tatsächlich fuhr die Bremerin mit ihren 60 PS aus 1,5 Litern Hubraum, ab 1957 im Isabella TS sogar 75 PS, ihren Wettbewerbern auf und davon. 150 km/h Spitze waren Mitte der fünfziger Jahre auf dem Niveau eines Porsche 356. War die Limousine der Isabella schon ein automobiler Traum der Fünfziger, galt das in noch stärkerem Maße für das ab 1957 lieferbare Coupé. Die Isabella wurde sogar über das Ende des Borgward-Konzerns hinaus produziert. Die letzten Exemplare entstanden 1962 aus vorhandenen Einzelteilen der Konkursmasse.

Land	Deutschland
Marke	Ford
Baujahr	1952-1958
Motor-Bauart	Vierzylinder (Reihe)
Lage	Front
Antrieb	Heck
Hubraum (ccm)	1172 bis 1498
Leistung (PS/U/min)	38 bei 4250 bis 55 bei 4250
Vmax (km/h)	105 bis 130
Bauart	Limousine (2-türig), Kombi (3-türig), Cabriolet, Sonderkarosserie
Material	Stahlblech
Produktionszahl	430.736

ca. 18.000 €

Ford Taunus 12, 12 M (Werkscode G 13, „Weltkugel-Taunus")

Der Taunus 12 M läutete 1952 am Rhein als erste Neukonstruktion die Nachkriegs-Ära ein. Als erstes deutsches Automobil mit selbsttragender Ponton-Karosserie ist er gar ein echter technischer Meilenstein. Allerdings entstand der Entwurf der mit einem emaillierten Globus über dem Kühlergrill verzierten Limousine nicht in Köln, sondern im US-amerikanischen Dearborn. Der als Limousine und Kombi lieferbare 12 M bot viel Platz und einen riesigen Kofferraum – unter der Motorhaube aber nur den 1,2-Liter-Motor mit inzwischen 38 PS, der schon 1934 den Ford Eifel angetrieben hatte. Ab 1955 erhörten die Ford-Chefs den Ruf nach mehr Leistung und lancierten unter der Bezeichnung 15 M einen Zwilling, der dank neu konstruiertem Motor mit 55 PS deutlich mehr Leistung bot. Mehrfach modifiziert blieb die Baureihe bis 1962 im Programm.

Land	Italien
Marke	Lancia
Baujahr	1950-1958
Motor-Bauart	V6
Lage	Front
Antrieb	Heck
Hubraum (ccm)	1754, 1991, 2266
Leistung (PS/U/min)	57 bei 4700
	bis 85 bei 4800
Vmax (km/h)	135 bis 160
Bauart	Limousine (4-türig), Cabriolet
Material	Stahlblech
Produktionszahl	12.784

[ca. 45.000 €]

Lancia Aurelia

So sah italienische Premium-Mittelklasse der 1950er Jahre aus: Die Aurelia von Lancia zeigte bei ihrer Vorstellung 1950 eine ganze Reihe innovativer Konstruktionsmerkmale – und sah auch noch hinreißend aus. Der 1,8-Liter-V6 gab seine Kraft von 57 PS über eine Welle an das auf Höhe der Hinterachse angebrachte Getriebe ab. Die „Transaxle"-Bauweise verbesserte Gewichtsverteilung und Straßenlage. Die Schräglenkerhinterachse war 1950 eine Weltpremiere – erst ein Jahrzehnt später gab es auch deutsche Pkw mit dieser Konstruktion. Bis 1958 sollte die Aurelia in Produktion bleiben. Das Interesse wach hielten ständige Modellpflegemaßnahmen: So wuchs beim B20 GT der Hubraum bis auf 2,5 Liter und die Leistung betrug zum Schluss 118 PS – gut für 160 km/h Spitze. Für dieses Top-Modell werden Preise bis zu 175.000 Euro aufgerufen.

Mercedes-Benz 180 (180 a, b, c und 180 D) (W 120)

Dem Trend zur Ponton-Karossiere konnte sich auch Mercedes nicht widersetzen. 1953 präsentierten die Schwaben ihre erste Konstruktion mit selbsttragender Karosserie unter der Bezeichnung Mercedes 180 respektive Mercedes 190. Bei der Konstruktion der viertürigen Limousine flossen erstmals Sicherheitsmerkmale ein, an denen der Konstrukteur Béla Barényi bereits seit den 1930er Jahren gearbeitet hatte. So besaß der Mercedes 180 als erstes Auto vordere und hintere Knautschzonen, die im Falle eines Unfalles Energie aufnehmen sollten. Aus den Dreißigern stammte auch die Konstruktion des 1,8-Liter-Basismotors, während der optisch nur leicht veränderte 190 bereits über einen neu konstruierten 1,9-Liter-Vierzylinder mit 75 PS verfügte. Wahlweise gab es auch einen 1,8-Liter-Diesel mit 40 PS – über den sich vor allem die Taxifahrer freuten.

ca. 45.000 €

Land	Deutschland
Marke	Mercedes-Benz
Baujahr	1953-1962
Motor-Bauart	Vierzylinder (Reihe)
Lage	Front
Antrieb	Heck
Hubraum (ccm)	1767, 1897, 1988
Leistung (PS/U/min)	40 bei 3200 bis 68 bei 4400
Vmax (km/h)	112 bis 136
Bauart	Limousine (4-türig)
Material	Stahlblech
Produktionszahl	118.234, 152.983 (180 D)

Land	Deutschland
Marke	Opel
Baujahr	1948-1951
Motor-Bauart	Sechszylinder (Reihe)
Lage	Front
Antrieb	Heck
Hubraum (ccm)	2473
Leistung (PS/U/min)	55 bei 3500
Vmax (km/h)	125
Bauart	Limousine (4-türig)
Tragstruktur	selbsttragend
Material	Stahlblech
Produktionszahl	ca. 30.000

ca. 42.000 €

Opel Kapitän (Modell 1949)

Der Opel Kapitän war der letzte Pkw, der vor dem Krieg in Rüsselsheim konstruiert wurde, und feierte auf dem Genfer Salon 1939 seine Weltpremiere. Bis zum Herbst 1940 wurden mehr als 25.000 Exemplare hergestellt. Kein Wunder also, dass man am Main das erfolgreiche Konzept 1948 wieder aufleben ließ, so wie man es ein Jahr zuvor mit dem Olympia getan hatte. Nur leicht modifiziert wurden bis Februar 1951 fast 30.000 Kapitäne vom Stapel gelassen – für ein Oberklasse-Fahrzeug ein enormer Erfolg. Den konnte das immer noch auf der Vorkriegs-Konstruktion basierende Nachfolge-Modell von 1951 noch toppen. Der 2,5-Liter-Sechszylinder leistete nun 58 statt 55 PS – außerdem trug der Kapitän deutlich mehr Chromschmuck. Bis Juli 1953 entschieden sich nochmals fast 50.000 Käufer für den großen Opel.

Land	Deutschland
Marke	Opel
Baujahr	1953-1954
Motor-Bauart	Vierzylinder (Reihe)
Lage	Front
Antrieb	Heck
Hubraum (ccm)	1488
Leistung (PS/U/min)	40 bis 45 bei 3800
Vmax (km/h)	115 bis 120
Bauart	Limousine (2-türig), Cabrio-Limousine, Kombi (3-türig)
Material	Stahlblech
Produktionszahl	136.028

[ca. 20.000 €]

Opel Olympia Rekord (Modell 1954)

Auch in Rüsselsheim startete die Nachkriegs-Ära erst mit Verspätung. 1953 löste der erste nach dem Krieg komplett neukonstruierte Pkw den Olympia von 1936 endgültig ab. Um den Neuanfang auch äußerlich zu dokumentieren, gab es einen neuen Namen: Der Olympia 1953 trug die Zusatzbezeichnung „Rekord", die bis 1986 für alle Mittelklasse-Opel beibehalten werden sollte. Mit Ponton-Karosserie und Chromschmuck zeigte er sich betont zeitgemäß, die Technik war wenig spektakulär. Bis 1957 wurde der Olympia Rekord produziert – und jedes Jahr optisch zumeist am Kühlergrill so verändert, dass das Auto des Vorjahres plötzlich überholt und alt wirkte. Obwohl diese Maßnahme einige Kunden vergrätzt haben dürfte, konnte sich der Olympia Rekord auf Anhieb als die Nummer eins der Mittelklasse profilieren.

Opel Olympia

Land	Deutschland
Marke	Opel
Baujahr	1947-1949
Motor-Bauart	Vierzylinder (Reihe)
Lage	Front
Antrieb	Heck
Hubraum (ccm)	1488
Leistung (PS/U/min)	37 bei 3500
Vmax (km/h)	112
Bauart	Limousine (2-türig)
Material	Stahlblech
Produktionszahl	29.952

[ca. 25.500 €]

Obwohl die Zerstörungen im Rüsselsheimer Opel-Werk gewaltig gewesen waren, vermochten die Hessen als einer der ersten Autohersteller die Produktion wieder aufzunehmen. Vielleicht lag es daran, dass lange unklar war, ob GM sich erneut in Deutschland engagieren oder Opel aufgeben würde. Die verbliebenen Opelaner jedenfalls schufen Fakten: Im Dezember 1947 lief der erste Olympia vom wiederaufgebauten Fließband. Stolze 6785 D-Mark kostete der äußerlich und innerlich weitgehend auf dem Stand von 1938 basierende Olympia nach der Währungsreform. Dabei war er in der Ausstattung etwas schlichter als sein Vorgänger. Erst 1950 – als sich das Wirtschaftswunder anzukündigen begann – durfte der Olympia mit Chromgrill und ausgeformten Kotflügeln ein neues Selbstbewusstsein demonstrieren. Neue Technik gab's dagegen erst 1953.

Land	Frankreich
Marke	Peugeot
Baujahr	1948-1960
Motor-Bauart	Vierzylinder (Reihe)
Lage	Front
Antrieb	Heck
Hubraum (ccm)	1290
Leistung (PS/U/min)	42 bei 4500
	bis 45 bei 4500
Vmax (km/h)	105 bis 120
Bauart	Limousine (2-/4-türig),
	Cabrio-Limousine, Cabriolet,
	Coupé, Kombi (5-türig)
Material	Stahlblech
Produktionszahl	685.828

[ca. 40.500 €]

Peugeot 203

Peugeot ging einen anderen Weg als die meisten europäischen Automobilproduzenten: Zwar war schon 1945 die Herstellung des populären 202 wieder aufgenommen worden – aber der 203, der 1948 präsentiert wurde, war eine komplette Neuentwicklung. So kennzeichnen ihn viele Konstruktionsmerkmale, die in anderen Automobilen der Mittelklasse erst später Einzug hielten: selbsttragende Karosserie, hydraulische Bremsen, Einzelradaufhängung vorn, synchronisiertes Vierganggetriebe und 12-Volt-Elektrik. Auch der Motor zeigte sich als OHV-Konstruktion mit Leichtmetallzylinderkopf durchaus modern. Kein Wunder, dass der 203 zwölf Jahre lang im Angebot der Franzosen blieb und sich mit fast 700.000 Einheiten als echter Erfolgstyp feiern lassen konnte.

Land	Schweden
Marke	Saab
Baujahr	1949-1955
Motor-Bauart	Zweizylinder-Zweitaktmotor
Lage	Front
Antrieb	Front
Hubraum (ccm)	764
Leistung (PS/U/min)	25 bei 3800
Vmax (km/h)	100
Bauart	Limousine (2-türig)
Material	Stahlblech
Produktionszahl	20.128

[**k.A.**]

Saab 92

Saab war ein schwedisches Unternehmen, das seit 1937 erfolgreich Flugzeuge baute. Der Markt für Jagdbomber war nach dem Zweiten Weltkrieg allerdings zusammengebrochen und so begann man, sich in Trollhättan nach anderen Optionen umzusehen. Im Automobilbau glaubte man am ehesten das vorhandene Know-How einsetzen zu können. Ab 1946 entwickelte man unter der Projektnummer 92 einen Fronttriebler mit Zweizylinder-Zweitaktmotor, dessen Optik zu Beginn der Serienfertigung 1949 radikal wirkte und dessen Silhouette an das Profil eines Flugzeugflügels erinnerte. Der Saab 92 wurde 1955 durch den Nachfolgetyp 93 ersetzt, der keine wirkliche Neuentwicklung darstellte, aber im Rallyesport enorme Erfolge feiern konnte. In seiner Grundform wurde der erste Saab als Typ 96 bis 1980 fast eine halbe Million Mal gebaut.

Volvo PV 444 („Buckel-Volvo")

Land	Schweden
Marke	Volvo
Baujahr	1947-1958
Motor-Bauart	Vierzylinder (Reihe)
Lage	Front
Antrieb	Heck
Hubraum (ccm)	1414, 1585
Leistung (PS/U/min)	40 bei 3800,
	85 bei 5500
Vmax (km/h)	110 bis 150
Bauart	Limousine (2-türig)
Material	Stahlblech
Produktionszahl	196.005

[**ca. 22.500 €**]

Ein neues Pkw-Modell zu präsentieren war im Europa des Jahres 1944 nur im neutralen Schweden möglich. Volvo hatte als Hersteller hochwertiger und exklusiver Fahrzeuge auch den Trend zur Volksmotorisierung rechtzeitig erkannt. So entstand Anfang der 1940er Jahre ein Viersitzer mit selbsttragender Karosserie in typischer Buckelform, der dank 40 PS aus einem 1,4-Liter-Vierzylinder 110 km/h schnell war. Der Wagen stieß auf begeisterte Resonanz – nicht nur wegen des niedrigen Preises von 4800 schwedischen Kronen, sondern auch wegen seiner Solidität. Aufgrund kriegsbedingter Materialknappheit, der sich auch Schweden nicht entziehen konnte, kam die Produktion jedoch erst 1947 und sehr langsam in Gang. Der PV 444 und sein Nachfolger PV 544 waren mit 440.000 Exemplaren, die bis 1965 vom Band liefen, nicht nur im Verkauf erfolgreich. Im Rallyesport, aber auch auf der Rundstrecke und am Berg zählten sie bis Ende der Sechziger zu den Siegertypen.

[ca. 67.000 €]

BMW 501 V8 (501 V8, 502, 2600, 3200 L, 3200 S)

Statt mit einem Nachfolger für den beliebten, zu seiner Zeit durchaus sportlichen BMW 326 in die Nachkriegsära zu starten, suchte man bei BMW – wo in München ja bis dato niemals Automobile vom Band gelaufen waren – mit dem 501 das Glück in Form einer repräsentativen Oberklasse-Limousine, die formal die 1930er Jahre zitierte. Das musste schiefgehen. Daran konnte auch der 1954 vorgestellte, brillante 2,5-Liter-Achtzylinder nichts ändern, der im Laufe seiner Bauzeit auf 3,2 Liter aufgebohrt wurde und bis zu 160 PS erreichte. Nie gelang es, den Status von Mercedes zu erreichen, und spätestens im Vergleich mit den Ponton-Karosserien der Wettbewerber wirkte der Barockengel auch als BMW 3200 L wie der Vertreter einer vergangenen Epoche – in einer Zeit, in der Nostalgie ein Fremdwort war. 1964 war Schluss für die großen BMW – mehr als sechs Zylinder sollte es erst 1987 wieder geben.

Land	Deutschland
Marke	BMW
Baujahr	1954-1964
Motor-Bauart	V8
Lage	Front
Antrieb	Heck
Hubraum (ccm)	2580, 3168
Leistung (PS/U/min)	100 bei 4800
	bis 160 bei 5600
Vmax (km/h)	162 bis 190
Bauart	Limousine (4-türig),
	Cabriolet (2-türig),
	Cabriolet (4-türig), Coupé
Material	Stahlblech
Produktionszahl	ca. 13.224

Land	Deutschland
Marke	Mercedes-Benz
Baujahr	1951-1957
Motor-Bauart	Sechszylinder (Reihe)
Lage	Front
Antrieb	Heck
Hubraum (ccm)	2996
Leistung (PS/U/min)	115 bei 4600
	bis 160 bei 4500
Vmax (km/h)	155 bis 163
Bauart	Limousine (4-türig),
	Cabriolet (4-türig)
Material	Stahlblech
Produktionszahl	7646, 642 (Cabriolet)

**Mercedes-Benz 300
(300, 300 b, 300 c (W 186), 300d (W 189))**

[**ca. 162.500 €**]

Für ein Jahrzehnt repräsentierte der Mercedes 300 die Spitze des deutschen Automobilbaus. Die inoffizielle Zusatzbezeichnung „Adenauer" rührt daher, dass sich der damalige Bundeskanzler für den 1951 vorgestellten Mercedes als Staatslimousine entschied – wie zahlreiche andere Repräsentanten in aller Welt. Gegenüber automobilen Vorkriegs-Giganten vom Schlag eines Mercedes 770 gab sich Mercedes 300 mit weniger als fünf Metern Außenlänge regelrecht bescheiden. Technisch basierte er auf dem Fahrgestell des bis 1943 gebauten Mercedes 230. Dagegen war der Dreiliter-Sechszylinder mit 115 PS eine Neukonstruktion und stempelte den größten deutschen Pkw mit fast 160 km/h bei seiner Präsentation auch zum schnellsten. In seiner letzten Version, als 300d, leistete der Dreiliter dank Saugrohr-Einspritzung sogar 160 PS.

Jaguar Mk VII, VII M, VIII

Der Jaguar MK VII verkörperte ab 1950 Oberklasse „made in England". Die Karosserie ruhte auf einem Kastenrahmen, orientierte sich allerdings ohne freigestellte Kotflügel und mit integrierten Scheinwerfern an der aufkommenden Ponton-Mode. Unter der Motorhaube fauchte der 3,4 Liter große DOHC-Sechszylinder des Sportwagens XK 120 mit 160 PS, der den MK (sprich: Mark) VII auf bis zu 180 km/h beschleunigte. Der Jaguar Mark VII brachte einen völlig neuen Stil in die automobile Oberklasse: luxuriös verpackte Sportlichkeit statt staatsmännischer Repräsentation. In Verbindung mit den günstigen Preisen kam das Konzept an und begründete den steilen Aufstieg der Marke aus Coventry.

Land	GB
Marke	Jaguar
Baujahr	1950-1959
Motor-Bauart	Sechszylinder (Reihe)
Lage	Front
Antrieb	Heck
Hubraum (ccm)	3442
Leistung (PS/U/min)	162 bei 5200
	bis 213 bei 5750
Vmax (km/h)	170 bis 180
Bauart	Limousine (4-türig)
Material	Stahlblech
Produktionszahl	37.181

ca. 52.500 €

Tucker (Torpedo)

Land	USA
Marke	Tucker
Baujahr	1946-1948
Motor-Bauart	Sechszylinder (Boxer)
Lage	Heck
Antrieb	Front
Hubraum (ccm)	5500
Leistung (PS/U/min)	166 bei 2700
Vmax (km/h)	220
Bauart	Limousine (4-türig)
Material	Stahlblech
Produktionszahl	51

[ca. 2.200.000 €]

Preston Tucker war seiner Zeit weit voraus. Der US-Geschäftsmann hatte von 1946 an Investoren gesucht, um „das Auto der Zukunft" zu bauen. Tatsächlich gelang es ihm, 26 Millionen Dollar als Vorfinanzierung aufzutreiben. Das rassige Design des 1948 vorgestellten Tucker mit einem cw-Wert von 0,3 erregte beträchtliches Aufsehen, während die verstärkte Fahrgastzelle, ein gepolstertes Armaturenbrett, Sicherheitsgurte und eine lösbare Frontscheibe konstruktive Ernsthaftigkeit bewiesen. Für die Motorisierung war ursprünglich ein 9,6-Liter-Sechszylinder im Heck vorgesehen, dessen Haupt-Entwicklungsziel maximale Haltbarkeit sein sollte. Zum Einsatz kam aber ein 5,5-Liter-Sechszylinder-Boxer mit 166 PS. Newcomer Tucker wurde Opfer einer massiven Kampagne der „Big Three", die das Unternehmen nach nur 51 gebauten Exemplaren in die Pleite treiben sollte und später Stoff für einen Kinofilm lieferte.

AC Ace, Ace Bristol

ca. 320.500 €

Land	GB
Marke	AC
Baujahr	1953-1963
Motor-Bauart	Sechszylinder (Reihe)
Lage	Front
Antrieb	Heck
Hubraum (ccm)	1991, 1971
Leistung (PS/U/min)	86 bei 4500
	bis 130 bei 5750
Vmax (km/h)	160 bis 200
Bauart	Roadster
Material	Aluminium
Produktionszahl	226, 466

AC war ein englischer Hersteller, der schon 1913 Automobile baute und dafür 1919 einen Leichtmetall-Sechszylinder mit zwei Litern Hubraum entwickelte, der bis 1963 verwendet werden sollte. 1953 entschied man sich, die Sportwagentradition aus der Vorkriegszeit fortzusetzen. Rennwagen-Konstrukteur John Tojeiro entwickelte einen Gitterrohrrahmen, über den eine Aluminium-Karosserie gezogen wurde, die nicht ganz zufällig Ähnlichkeiten mit zeitgenössischen Ferrari-Typen hatte. Die Räder waren einzeln aufgehängt, während man als Antrieb den altbekannten Sechszylinder mit 86 PS wählte, mit dem man immerhin 160 km/h schnell sein konnte. Alternativ gab es ein anderes Vorkriegs-Triebwerk: den Zweiliter aus dem BMW 328, der bei der englischen Firma Bristol verbaut wurde. Der AC Ace sollte der Ahne des legendären AC Cobra werden, der ab 1962 die Automobilwelt mit gigantischen Fahrleistungen aufmischte.

Land	GB
Marke	Austin-Healey
Baujahr	1953-1956
Motor-Bauart	Vierzylinder (Reihe)
Lage	Front
Antrieb	Heck
Hubraum (ccm)	2660
Leistung (PS/U/min)	91 bei 4000
	bis 134 bei 4700
Vmax (km/h)	160 bis 200
Bauart	Roadster
Material	Stahlblech
Produktionszahl	12.853

ca. 82.000 €

Austin-Healey 100 („100/4", „Hundred")

Der Name „Hundred" der Studie des englischen Konstrukteurs Donald Healey, die auf der London Motor Show 1952 präsentiert wurde, sollte den Stolz darüber ausdrücken, dass es dem mit einem 2,7 Liter großen Austin-Triebwerk ausgerüsteten Wagen gelang, die magische Marke von 100 Meilen pro Stunde zu reißen. Einer der vielen, die Interesse an dem Fahrzeug zeigten, war Sir Leonard Lord, Chef der Austin-Werke in Longbridge. Er wollte aber nicht das Auto kaufen, sondern das gesamt Konzept und die Fertigung übernehmen – so begeistert war er von dem perfekt gestylten Zweisitzer. Tatsächlich kam es zu einer Kooperation zwischen Healey und Austin, und 1953 wurde die Produktion gestartet. Bis 1956 wurden fast 13.000 Exemplare des puristischen Roadsters verkauft – das Nachfolgemodell lief gar bis 1968 vom Band.

ca. 183.000 €

Chevrolet Corvette C1

Manchmal haben auch Legenden einen schwierigen Start. Dem großen Erfolg, den offene Autos aus Deutschland, England oder Italien in den USA hatten, wollte GM nicht länger tatenlos zusehen. So präsentierte man 1953 die erste Corvette – ein Fahrzeug, das auf einem Kastenrahmen eine Kunststoffkarosserie trug, die heute ansprechend wirkt, damals aber den Zeitgeist nicht zu treffen schien. In der Lücke zwischen opulenten US-Cabrios und puristischen Roadstern war offenbar wenig Platz. Außerdem kostete die Corvette mehr als ein vergleichbarer Jaguar. Sicher verhinderte auch der Gusseisen-Sechszylinder mit anfänglich 150 PS einen nachhaltigen Erfolg. Es ist GM hoch anzurechnen, dass man das kommerzielle Desaster nicht zum Anlass nahm, sich von dem Sportwagenprojekt zu verabschieden, sondern sich entschloss, beim Nachfolger alles besser zu machen.

Land	USA
Marke	Chevrolet
Baujahr	1953-1955
Motor-Bauart	Sechszylinder (Reihe)
Lage	Front
Antrieb	Heck
Hubraum (ccm)	3859, 4342
Leistung (PS/U/min)	150 bei 4200
	bis 195 bei 5000
Vmax (km/h)	165 bis 175
Bauart	Roadster
Material	Kunststoff
Produktionszahl	4640

Ferrari 212 Inter

Am 11. Mai 1947 war erstmals in Piacenza ein Ferrari bei einem Automobilrennen gestartet, und in den Folgejahren gab es eine kaum überschaubare Serie von Einzelexemplaren oder Kleinserien, die bei diversen italienischen Karosserieschmieden entstanden. Allen gemeinsam war der kleine Zwölfzylindermotor, der ursprünglich nur 1,5 Liter Hubraum und 72 PS hatte. Im ersten „Serien"-Ferrari, dem 212 Inter, der ab 1950 in immerhin hohen zweistelligen Stückzahlen produziert wurde, war das Aggregat auf 2,5 Liter und 130 PS angewachsen. In den 1950er Jahren war der V12, den der ehemalige Alfa-Romeo-Ingenieur Gioacchino Colombo entwickelt hatte, der einzige Zwölfzylinder in einem Serienauto. Vielfach modifiziert blieb er bis 1975 im Programm der Sportwagen aus Maranello.

ca. 2.000.000 €

Land	Italien
Marke	Ferrari
Baujahr	1950-1953
Motor-Bauart	V12
Lage	Front
Antrieb	Heck
Hubraum (ccm)	2562
Leistung (PS/U/min)	130 bei 6500
	bis 170 bei 6600
Vmax (km/h)	180
Bauart	Coupé, Roadster
Material	Stahlblech/Aluminium
Produktionszahl	k.A.

Jaguar XK 120

ca. 110.500 €

Land	GB
Marke	Jaguar
Baujahr	1948-1954
Motor-Bauart	Sechszylinder (Reihe)
Lage	Front
Antrieb	Heck
Hubraum (ccm)	3442
Leistung (PS/U/min)	162 bei 5200
	bis 213 bei 5800
Vmax (km/h)	190 bis 265
Bauart	Roadster, Coupé
Material	Aluminium, Aluminium/Stahlblech
Produktionszahl	12.087

Vor allem in den USA erfolgreich war der Jaguar XK 120, der schon 1948 in Coventry gebaut wurde. Das Styling des Roadsters ist auch heute noch atemberaubend und lässt viele Parallelen zum BMW 328 erkennen. Technisch war der XK 120 durchaus avantgardistisch: Sein 3,4-Liter-Reihensechszylinder verfügte bereits über doppelte obenliegende Nockenwellen. Die ersten Exemplare des Triebwerks wurden in Handarbeit montiert. Der Verkaufserfolg war derart überwältigend, dass bald auf eine Serienfertigung des robusten Sechszylinders umgestellt wurde, der im Übrigen in seinen Grundzügen bis 1992 im Programm der englischen Firma blieb. Die ersten XK 120 hatten noch einen Holzrahmen. Auch hier musste aufgrund der großen Nachfrage umgestellt werden: Ab April 1950 gab's die Stahlblechvariante, ab 1951 auch das XK 120 Coupé.

ca. 145.500 €

Mercedes-Benz 190 SL (W 121)

Land	Deutschland
Marke	Mercedes-Benz
Baujahr	1955-1963
Motor-Bauart	Vierzylinder (Reihe)
Lage	Front
Antrieb	Heck
Hubraum (ccm)	1897
Leistung (PS/U/min)	105 bei 5700
Vmax (km/h)	171
Bauart	Cabriolet
Material	Stahlblech
Produktionszahl	25.881

Dass es einen Markt für einen sportlichen Mercedes unterhalb des 300 SL geben würde, war dem amerikanischen Mercedes-Importeur Max Hoffman schon beim Erscheinen des Flügeltürers klar. Seine Vorschläge für einen Roadster fanden offene Ohren in Stuttgart. 1954 wurde die erste Studie in New York präsentiert, und 1955 startete die Produktion des 190 SL. Der neu entwickelte Vierzylinder-OHC-Motor leistete 105 PS und ermöglichte standesgemäße 170 km/h. Mit 16.500 Mark war der 190 SL zwar nur für gutbetuchte Kunden erschwinglich – aber doch immerhin nur wenig mehr als halb so teuer wie ein 300 SL. Zu den Kuriositäten der Automobilgeschichte zählt aber, dass der 190 SL bis heute untrennbar mit dem Frankfurter Edel-Callgirl Rosemarie Nitribitt verbunden wurde, die einen schwarzen 190 SL fuhr und 1957 ermordet wurde.

Land	Deutschland
Marke	Mercedes-Benz
Baujahr	1954-1957
Motor-Bauart	Sechszylinder (Reihe)
Lage	Front
Antrieb	Heck
Hubraum (ccm)	2996
Leistung (PS/U/min)	215 bei 5800
Vmax (km/h)	235
Bauart	Coupé
Material	Stahlblech
Produktionszahl	1400
	(davon 29 mit Alu-Kar.)

[ca. 1.400.000 €]

Mercedes-Benz 300 SL Coupé, „Flügeltürer", „Gullwing" (W 198 I)

Schon in den frühen 50ern hatte man bei Mercedes erkannt, dass ein Anknüpfen an die Motorsport-Aktivitäten den Ruhm der Produkte mit dem Stern weltweit mehren würde. So wurde mit dem 300 SL ein Rennsportwagen entwickelt, der 1952 auf Anhieb zahlreiche Erfolge einfuhr. Das weckte die Begierde nach einer Straßenversion, die im Frühjahr 1954 in New York präsentiert wurde. Der 300 SL war optisch und technisch eine Sensation. Seine Konstrukteure hatten die Gitterrohr-Bauweise des Rennwagens beibehalten, was die charakteristischen Flügeltüren notwendig machte. Mit drei Litern Hubraum und einer Leistung von 215 PS, die auch dank der erstmals in einem Serienfahrzeug verwendeten Benzineinspritzung möglich war, schaffte der Über-Sportwagen bis zu 235 km/h und sprengte alle bis dahin gültigen Maßstäbe. In Deutschland war der Silberpfeil mit 29.000 Mark nahezu unerschwinglich. Fast 80 Prozent der Produktion des schnellsten Sportwagens der Welt gingen in die USA.

Land	Deutschland
Marke	Porsche
Baujahr	1949-1955
Motor-Bauart	Vierzylinder (Boxer)
Lage	Heck
Antrieb	Heck
Hubraum (ccm)	1086 bis 1488
Leistung (PS/U/min)	40 bei 4000
	bis 70 bei 5000
Vmax (km/h)	140 bis 175
Bauart	Coupé, Cabriolet, Speedster
Material	Stahlblech
Produktionszahl	7627

[ca. 710.000 €]

Porsche 356, 356 Super

Aus heutiger Sicht kaum zu glauben: Mit 40 PS aus 1,1 Litern Hubraum und einer Höchstgeschwindigkeit von 140 km/h begründete der 356 im April 1950 den Porsche-Mythos. Technisch basierten viele Komponenten zunächst auf dem VW Käfer. Permanente Modellpflegemaßnahmen und konstruktive Änderungen schufen jedoch immer mehr das charakteristische Porsche-Feeling. Schon nach einem Jahr folgte der stärkere 1,3-Liter mit immerhin 44 PS. Dann ging es Schlag auf Schlag: 1953 war man bei 1,5 Litern und 70 PS angelangt – gut für 170 km/h. 1955 folgte die zweite Serie, der 356 A, während parallel die Sportversion „Carrera" mit einem vollkommen neu konstruierten Kurzhub-Boxer mit Königswellenantrieb und Doppelzündung erschien. Der 1,5-Liter-Boxer mobilisierte 100 PS und trieb den Zuffenhausener Sportler auf 200 km/h.

Porsche Spyder 550, Spyder 550 A

Land	Deutschland
Marke	Porsche
Baujahr	1954-1957
Motor-Bauart	Vierzylinder (Boxer)
Lage	Heck
Antrieb	Heck
Hubraum (ccm)	1498
Leistung (PS/U/min)	110 bei 6200, 135 bei 7200
Vmax (km/h)	220, 240
Bauart	Speedster
Material	Stahlblech
Produktionszahl	90

je nach Originalität und Historie bis zu 4 Mio €

Neben den „Normalmodellen" sind es bei Porsche oft die Kleinserien gewesen, die maßgeblich zur Legendenbildung beitrugen. Das gilt in besonderer Weise für den 550 Spyder, der nur drei Jahre lang in einer Auflage von 90 Stück gebaut wurde. Der 1,5 Liter große Vierzylinder-Boxer mit Doppel-Königswellenantrieb und Doppelzündung war vom Heck vor die Hinterachse gewandert. Damit war Porsche einer Idee des Frankfurter Porsche-Händlers Glöckler gefolgt, der einen ähnlich konzipierten Rennwagen mit Mittelmotor ab 1952 eingesetzt hatte. Dank seiner flachen, aerodynamischen Aluminiumkarosserie schaffte der erste serienmäßige Mittelmotor-Porsche 220 km/h Spitze. Gedacht war der 550 Spyder, der tatsächlich auch nur 550 kg wog, als Basismodell für den Motorsport. In seinem eigenen 550 kam US-Schauspielerikone James Dean ums Leben.

Triumph TR 2, TR 3, TR 3A

Land	GB
Marke	Triumph
Baujahr	1953-1961
Motor-Bauart	Vierzylinder (Reihe)
Lage	Front
Antrieb	Heck
Hubraum (ccm)	1991, 2138
Leistung (PS/U/min)	90 bei 4800 bis 100 bei 5000
Vmax (km/h)	160 bis 165
Bauart	Roadster
Material	Stahlblech
Produktionszahl	80.241

Die Triumph TR-Modelle gelten als Inkarnation der Idee des englischen Roadsters. Die rundlich-schwungvolle Karosserie des TR2 von 1953 fand nahezu überall ihre Liebhaber, während die kleine Frontscheibe und die tief ausgeschnittenen Türen für maximales Feeling beim Offen-Fahren sorgten. Zum Erfolgsrezept gehörte, dass man bei Triumph auf einfache Technik setzte. Der Reihenvierzylinder mit zwei Litern Hubraum leistete 90 PS und garantierte bei 830 kg Leergewicht sportliche Fahrleistungen. Zusammen mit seinem nur leicht modifizierten und auf 100 PS erstarkten Nachfolger, dem TR3, wurde die Baureihe bis 1961 zum weltweit erfolgreichsten Roadster. Dabei gingen nahezu zwei Drittel der Produktion nach Übersee: Für den ewigen Sommer Kaliforniens schienen die britischen Urgesteine wie gemacht!

ca. 47.000 €

Volkswagen Bus T1 („Bulli")

Manche geniale Ideen entstehen fast zufällig. Der holländische VW-Importeur Ben Pon hatte 1947 bei einem Besuch in Wolfsburg „Plattenwagen" auf Basis des Käfer-Chassis gesehen, die für den Werkstransport eingesetzt wurden. Spontan kam ihm die Idee der Kommerzialisierung und wenig später entstand die erste Skizze, die bereits das spätere Konzept – Fahrer ganz vorn, Motor ganz hinten – vorwegnahm. Nach nur 51 Wochen Entwicklungszeit wurden im November 1949 der Kastenwagen sowie ein Bus mit drei Sitzbänken vorgestellt, vier Monate später begann die Produktion mit dem 24,5-PS-Boxermotor des Käfers. So wie der als Personenwagen zur Ikone des Wirtschaftswunders wurde, galt das für den T1 im kommerziellen Bereich. Keine Baustelle war ohne den T1 vorstellbar, und er dominierte mehr als 60 Prozent des Transport-Markts. Bis 1967 entstanden – ab 1956 im eigens gebauten Transporter-Werk in Hannover – mehr als 1,8 Millionen Exemplare.

Land	Deutschland
Marke	Volkswagen
Baujahr	1950-1967
Motor-Bauart	Vierzylinder (Boxer)
Lage	Heck
Antrieb	Heck
Hubraum (ccm)	1131, 1192
Leistung (PS/U/min)	25 bei 3300
	bis 44 bei 4000
Vmax (km/h)	80 bis 100
Bauart	Kleinbus
Material	Stahlblech
Produktionszahl	1,85 Mio.

[**ca. 80.500 €**]

Land Rover (Series I, II, III, Tdi, Defender)

Die wahrscheinlich nachhaltigste Idee der Automobilgeschichte hatte 1947 Maurice Wilks, technischer Direktor der Rover-Werke, als er auf seinem Landsitz erkennen musste, dass der dort verwendete Willys Jeep bald das Zeitliche segnen würde. In nur wenigen Wochen entstand auf einem Willys-Chassis der Prototyp eines „Land-Rover", dessen Bleche aus Duraluminium – Stahl war knapp – gefertigt waren. Die Konzernleitung gab grünes Licht zur Serienentwicklung. Im April 1949 debütierte der „Landy" auf der Motorshow in Amsterdam – ausgerüstet mit dem 1,6-Liter-Vierzylinder aus dem Rover-Regal. Schon die Reaktionen auf der Messe zeigten, dass die Entscheidung goldrichtig gewesen war. In aller Welt bestand Bedarf nach einem robusten, geräumigen und geländegängigen Fahrzeug mit niedrigen Unterhaltskosten. Noch mehr als 60 Jahre später wird der Land Rover, der sich inzwischen „Defender" nennt, gebaut – und ein Ende ist nicht abzusehen.

Land	GB
Marke	Rover
Baujahr	1948-heute
Motor-Bauart	Vierzylinder (Reihe),
	Fünfzylinder (Reihe), V8
Lage	Front
Antrieb	4x4
Hubraum (ccm)	1595 bis 3500
Leistung (PS/U/min)	51 bei 4000
	bis 122 bei 4200
Vmax (km/h)	90 bis 130
Bauart	Kombi (2-türig), Cabriolet
Material	Stahlblech/Aluminium
Produktionszahl	k.A.

[**k.A.**]

[**ca. 22.000 €**]

Land	GB
Marke	Austin
Baujahr	1959-1967
Motor-Bauart	Vierzylinder (Reihe)
Lage	Front
Antrieb	Front
Hubraum (ccm)	848, 998
Leistung (PS/U/min)	37,5 bei 5500
Vmax (km/h)	120
Bauart	Limousine (2-türig), Kombi (3-türig), Pick-Up
Material	Stahlblech
Produktionszahl	k.A.

Austin Seven, Austin Mini 850, Morris 850 („Mini")

Ob Sir Alec Issigonis wusste, dass er eine automobile Legende schaffen würde, als er auf einer Papiertischdecke das Layout des Mini entwarf, ist nicht überliefert. Der Mini war radikal auf Platzökonomie ausgelegt. Sein Frontantriebskonzept sollte sich als wegweisend erweisen. Trotz nur etwas mehr als drei Metern Außenlänge fanden vier Personen Platz. Der Mini hatte nicht nur erstmals einen quer eingebauten Frontmotor, sondern auch noch das Getriebe darunter angeflanscht. Auch die Einzelradaufhängung in Verbindung mit der Gummi-Federung trug zur Raumökonomie bei. Dass der Mini auch noch „knuffig" aussah, schon mit dem spritzigen 37,5-PS-Motor wieselflink zu bewegen war und als „Cooper" richtig sportlich wurde, lieferte das Fundament für einen Kult, der bis heute anhält. Mehr als fünf Millionen Mini wurden bis 2000 gebaut.

AWZ P50 Trabant, AWZ P50/1 Trabant (auch: Trabant 500)

Land	DDR
Marke	IFA
Baujahr	1957-1962
Motor-Bauart	Zweizylinder-Zweitaktmotor
Lage	Front
Antrieb	Front
Hubraum (ccm)	499
Leistung (PS/U/min)	18 bei 3750, 20 bei 3900
Vmax (km/h)	90, 95
Bauart	Limousine (2-türig), Kombi
Material	Kunststoff
Produktionszahl	131.495

[**ca. 14.000 €**]

Mitte der 1950er Jahre unterschieden sich die Kleinwagen-Konzepte in Ost und West kaum voneinander. Der IFA AWZ P 50, der später als „Trabant" bekannt werden sollte, hätte 1957 auch von einem der zahlreichen Kleinwagenhersteller in Westeuropa kommen können. Seine Karosserie bestand wegen des Stahl-Embargos der westlichen Länder aus Duroplast. Unter der Motorhaube werkelte ein Zweizylinder-Zweitaktmotor, der konstruktiv auf die DKW-Motoren der Vorkriegs-Ära zurückging. 500 ccm lieferten zunächst 18 PS, die immerhin für 90 km/h sorgten. Bis 1962 verließen mehr als 130.000 Trabant 500, wie die spätere Bezeichnung lautete, das Werk in Zwickau.

ca. 30.000 €

Land	Deutschland
Marke	BMW
Baujahr	1955-1962
Motor-Bauart	Einzylinder-Viertaktmotor
Lage	Heck
Antrieb	Heck
Hubraum (ccm)	245, 298
Leistung (PS/U/min)	12 bei 5800, 13 bei 5200
Vmax (km/h)	85, 95
Bauart	Coupé
Material	Stahlblech
Produktionszahl	161.360

BMW Isetta 250, Isetta 300

Trotz des gigantischen Erfolgs des VW Käfer war in den 1950er Jahren für viele der Traum vom Automobil noch unerfüllbar. Das brachte insbesondere jene Hersteller auf den Plan, die auch Motorräder produzierten, ihr Know-How für die Entwicklung von Kleinstwagen einzusetzen, die die Lücke zwischen Motorrad und „richtigem" Auto schließen sollten. Bei BMW hatte man sich 1954 die Lizenz für den Nachbau des ISO-Mini-Mobils aus Italien gesichert. Ein Antriebsaggregat für das originelle Gefährt für zwei Personen, die durch eine große vordere Tür einstiegen, hatte man im Regal: den 250-ccm-Einzylinder aus dem Motorrad R25. Mit 12 PS erreichte man zwar maximal 85 km/h – blieb aber trocken! Die Isetta sollte ein durchschlagender Erfolg für BMW werden. Zwischen 1955 und 1962 entstanden mehr als 160.000 „Knutschkugeln" so viel wie von kaum einem anderen Kleinwagen dieser Ära.

Land	Deutschland
Marke	BMW
Baujahr	1959-1965
Motor-Bauart	Zweizylinder (Boxer)
Lage	Heck
Antrieb	Heck
Hubraum (ccm)	697
Leistung (PS/U/min)	30 bei 5000,
	32 bei 5000
Vmax (km/h)	120
Bauart	Limousine (2-türig)
Material	Stahlblech
Produktionszahl	154.557

[ca. 15.000 €]

BMW 700 Limousine (700, LS)

Ohne Zweifel eines der wichtigsten Autos in der Geschichte von BMW. Mit der Produktion der aufwändigen V8-Modelle verlor man jenes Geld, das man mit der Isetta mühsam verdient hatte. So konnte es nicht weitergehen und BMW stand 1959 kurz vor der Übernahme durch Mercedes-Benz. Nur der sich abzeichnende Erfolg des BMW 700 versetzte den Großindustriellen Quandt in die Lage, weiter in BMW zu investieren und an die Zukunft der Marke zu glauben. Der Kleinwagen mit dem 700 ccm großen Boxermotor im Heck, der auf den Motorradmotoren des Hauses basierte, war 1959 auf den Markt gekommen und hatte mit seinen 30 PS und dem attraktiven Design sportliche Akzente in der Kleinwagenklasse gesetzt. Der 700 spülte jenes Geld in die Kasse, das für die Entwicklung der „Neuen Klasse" dringend gebraucht wurde.

DKW Junior und Junior de Luxe

In den Vorkriegsjahren hatte es stets erschwingliche, preiswerte Fahrzeuge von DKW gegeben. Nach dem Krieg wurden diese von den Anhängern der Marke schmerzlich vermisst, F89 und F91 waren eindeutig in der Mittelklasse positioniert. Zwar wurde der Junior bereits auf der IAA 1957 gezeigt, aber es sollte zwei weitere Jahre dauern, bis er von den Bändern des Ingolstädter Werks rollte – und da war es eigentlich schon zu spät. Denn trotz seines modernen Äußeren, dem großzügigen Platzangebot und dem modernen Fahrwerk war die Zeit des Zweitaktmotors abgelaufen. Daran konnten auch die ab 1961 lieferbare Frischöl-Automatik, die das Beimischen des Schmieröls an der Tankstelle überflüssig machte, und die guten Fahrleistungen des 40-PS-Motors nichts mehr ändern. 1965 war die Geschichte der Marke DKW beendet.

Land	Deutschland
Marke	DKW
Baujahr	1959-1963
Motor-Bauart	Dreizylinder-Zweitaktmotor
Lage	Front
Antrieb	Front
Hubraum (ccm)	741, 796
Leistung (PS/U/min)	34 bis 40 bei 4300
Vmax (km/h)	115
Bauart	Limousine (2-türig)
Material	Stahlblech
Produktionszahl	237.587

[ca. 16.500 €]

Daf 600, 750, Daffodil, 33

Land	NL
Marke	Daf
Baujahr	1959-1974
Motor-Bauart	Zweizylinder (Boxer)
Lage	Front
Antrieb	Heck
Hubraum (ccm)	590, 746
Leistung (PS/U/min)	19 bei 4000
	bis 32 bei 5000
Vmax (km/h)	90 bis 120
Bauart	Limousine (2-türig),
	Kombi (3-türig)
Material	Stahlblech
Produktionszahl	312.367

[ca. 11.000 €]

Die Niederlande haben keine große Tradition im Automobilbau. Der einzige Pkw-Serienhersteller in der Geschichte des Landes, die „van Doorne's Automobilfabriken" waren aus einer Anhängerfabrik hervorgegangen und hatten ab 1950 Lastwagen produziert. Ende der Fünfziger entstanden die Pläne für einen Kleinwagen, der 1958 vorgestellt wurde. Der DAF 600 war eine zeitgemäße Konstruktion mit selbsttragender Karosserie und Platz für vier Personen, die von einem eigens konstruierten Zweizylinder-Boxermotor mit 19 PS angetrieben wurde. Nichts Besonderes also, wäre da nicht die stufenlose Automatik gewesen, welche die Kraft mittels zweier Kunststoffriemen auf die Hinterachse übertrug. Die Variomatic stempelte die holländischen Kleinwagen zum Auto für ältere Damen und Rentner. Daran änderte auch nichts, dass man mit dem DAF 600 genauso schnell rückwärts wie vorwärts fahren konnte.

Fiat 600 Multipla

Aus heutiger Sicht ist der Fiat Multipla von 1955 ein echter Pionier: die erste Großraumlimousine im Kompaktformat. Bis zu sechs Personen konnten im Multipla untergebracht werden – in drei Zweierreihen. Die hinteren Sitzbänke konnten umgelegt werden, was die Nutzung des Multipla äußerst variabel gestaltete. Die technische Basis lieferte der Fiat 600, mit dem der Multipla sich auch den Motor teilte. Zunächst mussten sich 19 PS aus 633 ccm mit der italienischen Großfamilie abmühen, ab 1960 kam der 767 ccm große Vierzylinder mit 29 PS aus dem Fiat 770 zum Einsatz, der den Multipla allerdings auch noch nicht beflügelte. Bis 1969 blieb das auch als Taxi beliebte, skurrile Fahrzeug, von dem es auch eine Campingversion gab, im Programm. Mit seinem 1999 vorgestellten Namensvetter teilt er jedoch das Schicksal, keinesfalls als ästhetischer Meilenstein zu gelten.

Land	Italien
Marke	Fiat
Baujahr	1955-1969
Motor-Bauart	Vierzylinder (Reihe)
Lage	Heck
Antrieb	Heck
Hubraum (ccm)	633, 767
Leistung (PS/U/min)	19 bei 4600
	bis 29 bei 4800
Vmax (km/h)	95 bis 110
Bauart	Limousine (2-türig)
Material	Stahlblech
Produktionszahl	k.A.

ca. 35.000 €

Fiat 500 Nuova

[**ca. 12.000 €**]

Land	Italien
Marke	Fiat
Baujahr	1957-1975
Motor-Bauart	Zweizylinder (Reihe)
Lage	Heck
Antrieb	Heck
Hubraum (ccm)	479, 499, 594
Leistung (PS/U/min)	13 bei 4000
	bis 18 bei 4800
Vmax (km/h)	85 bis 105
Bauart	Limousine (2-türig), Kombi
Tragstruktur	selbsttragend
Material	Stahlblech
Produktionszahl	3.400.000

Wohl kaum einem Kleinwagen sind mit den Jahren so die Herzen zugeflogen wie dem „Nuova 500", der 1957 mit großem Aufwand in Turin präsentiert wurde. Dabei trat er ein schweres Erbe an: Der Topolino hatte sich seinen festen Platz in der italienischen Volksseele erobert. Das musste der Neue erst mal schaffen. Eingekleidet wurde er – wie sein Vorgänger – von Dante Giacosa. Technisch war aber alles anders: zwei gebläsegekühlte statt vier wassergekühlte Zylinder, dafür Platz für vier Personen statt zwei und der Motor hinten statt vorn. Das Erscheinungsbild des 500 blieb bis 1975 fast unverändert – während die Leistung immerhin von 13 PS auf 18 PS stieg. Mit mehr als 3,4 Millionen Exemplaren ist der 500 bis heute das erfolgreichste Auto in der über 100-jährigen Fiat-Geschichte. In Deutschland kostete der Fiat 500 1958 nur 2900 Mark – auch hierzulande war er einer der erfolgreichsten Kleinwagen.

Goggomobil TS 250, TS 300, TS 400 Coupé

Land	Deutschland
Marke	Glas
Baujahr	1957-1969
Motor-Bauart	Zweizylinder-Zweitaktmotor
Lage	Heck
Antrieb	Heck
Hubraum (ccm)	247, 296, 395
Leistung (PS/U/min)	13,6 bei 5400
	bis 20,0 bei 5000
Vmax (km/h)	84 bis 100
Bauart	Coupé
Material	Stahlblech
Produktionszahl	66.511

[**ca. 17.000 €**]

Der Landmaschinenhersteller Glas im niederbayrischen Dingolfing hatte von 1951 an mit dem „Goggo"-Motorroller am Zweiradboom partizipiert. Die Niederbayern hatten jedoch wie viele erkannt, dass das eigentliche Ziel der Begierde in jenen Jahren das eigene Auto – sei es auch noch so klein – war. Also konstruierten sie ab 1954 das Goggomobil, einen Kleinwagen mit einem 250-ccm-Zweitaktmotor im Heck, der 13,6 PS mobilisierte. Das auf der IFMA präsentierte Fahrzeug kostete 3500 Mark und verzichtete auf skurrile Ideen, stattdessen orientierte sich seine Formgebung an „richtigen" Autos. Außerdem hatten vier Personen Platz – wenn auch etwas beengt. Vielleicht war es genau diese Mischung, die das Goggomobil zum erfolgreichsten Kleinwagen der 1950er Jahre machte. Erst 1969 war Schluss – da hatte BMW längst Glas übernommen, und die letzten Käufer eines Goggomobil konnten sich über den Eintrag „BMW" in ihren Fahrzeugpapieren freuen.

Lloyd LP, LC 600, LS 600, LK 600, Lloyd Alexander, Lloyd Alexander TS

Den Trend weg vom Zweitakter erkannte Borgward – anders als etwa DKW in Ingolstadt – noch zur rechten Zeit. Als Ergebnis brachte Lloyd schon 1955 mit dem „600" einen modern konzipierten Zweizylinder-Viertaktmotor auf den Markt, der 19 PS leistete und den Bremer Kleinwagen deutlich aufwertete. Ein Übriges tat die ab 1957 eingeführte „Alexander"-Version, die sich durch eine erheblich verbesserte Ausstattung profilierte.

Der Lloyd Alexander TS stellte eine Interpretation des gediegenen Kleinwagens für höhere Ansprüche dar. Der Viertakt-Parallel-Twin mit 600 ccm, den Lloyd schon 1955 vorgestellt hatte, war im Alexander TS von 19 auf 25 PS erstarkt. Das reichte, um auf der Autobahn sogar die 30-PS-Käfer zu ärgern. Um dabei aus Geschwindigkeiten von 100 km/h und mehr nicht unversehens abzufliegen, hatten die Bremer Ingenieure dem Alexander TS eine Schräglenker-Hinterachse spendiert. Seit 1955 war auch die Karosserie in Ganzstahlbauweise ausgeführt. Der Lloyd Alexander TS galt als edler und besser verarbeitet als viele seiner Wettbewerber – bei extrem niedrigen Unterhaltskosten. Mit 4328 Mark lag er aber in der Anschaffung auch knapp über dem Standard-Käfer.

Land	Deutschland
Marke	Lloyd
Baujahr	1955-1961
Motor-Bauart	Zweizylinder (Reihe)
Lage	Front
Antrieb	Front
Hubraum (ccm)	596
Leistung (PS/U/min)	19 bei 4500 bis 25 bei 5000
Vmax (km/h)	95 bis 107
Bauart	Limousine (2-türig), Kombi (3-türig)
Material	Stahlblech
Produktionszahl	176.524.

[ca. 18.000 €]

Land	Deutschland
Marke	NSU
Baujahr	1958-1962
Motor-Bauart	Zweizylinder (Reihe)
Lage	Heck
Antrieb	Heck
Hubraum (ccm)	583
Leistung (PS/U/min)	20 bei 4600
	bis 30 bei 5500
Vmax (km/h)	105 bis 118
Bauart	Limousine (2-türig)
Material	Stahlblech
Produktionszahl	94.549

[**ca. 12.500 €**]

NSU Prinz (Prinz I, II, III, 30 und 30 E)

NSU war in den Fünfzigern größter Motorradhersteller der Welt, und es war nur eine Frage der Zeit, bis man sich auch in Neckarsulm Gedanken über die Autoproduktion machen würde – zumal man selbst bis 1929 bereits Autos produziert hatte. Der Prinz war eigentlich als dreirädriges Rollermobil konzipiert worden und nutzte den verdoppelten Antrieb der NSU Max mit 600 ccm. Der Viertakter hatte eine Besonderheit: Seine obenliegende Nockenwelle wurde durch zwei Schubstangen angetrieben. Aus der dreirädrigen Studie wurde aber das vierrädrige Serienmodell. Zum Produktionsstart 1958 wäre ein Rollermobil auch nicht mehr zeitgemäß gewesen. Ab 1959 gab es die Sport-Version, die 30 statt 20 PS aus dem Parallel-Twin zauberte und 120 km/h ermöglichte. Mit fast 100.000 Prinzen, die das Neckartal bis 1962 verließen, war der kleine NSU einer der erfolgreichsten Kleinwagen seiner Zeit.

Renault Dauphine (Dauphine, Dauphine Gordini, Dauphine 1093)

Die Dauphine setzte ab 1956 die erfolgreiche Ära des parallel weitergebauten 4CV fort und konnte sich als französischer Volkswagen profilieren. Zwar basierte sie technisch auf dem „Cremeschnittchen", bot aber dank eines längeren Radstandes deutlich mehr Platz im Innenraum. Auch die Motoren waren erstarkt: Der 845-ccm-Vierzylinder, der seine Arbeit im Heck verrichtete, leistete zunächst 27 PS, als Dauphine Gordini ab 1958 in Verbindung mit einem Vierganggetriebe gar 40 PS. Ein Homologationsmodell für den Einsatz im Motorsport brachte es auf 47 PS. Ebenso wie seinem Vorgänger sollte der Dauphine ein langes Leben beschieden sein. Erst 1968 lief die Produktion nach mehr als 2,1 Millionen Fahrzeugen aus. Mit R 8 und R10 sollte die Heckmotor-Ära bei Renault jedoch noch bis 1973 dauern …

Land	Frankreich
Marke	Renault
Baujahr	1956-1968
Motor-Bauart	Vierzylinder (Reihe)
Lage	Heck
Antrieb	Heck
Hubraum (ccm)	845
Leistung (PS/U/min)	27 bei 4250
	bis 47 bei 5600
Vmax (km/h)	115 bis 145
Bauart	Limousine (4-türig)
Material	Stahlblech
Produktionszahl	2.120.220

ca. 20.000 €

Land	Deutschland
Marke	Zündapp
Baujahr	1957-1958
Motor-Bauart	Einzylinder-Zweitaktmotor
Lage	Mitte
Antrieb	Heck
Hubraum (ccm)	248
Leistung (PS/U/min)	14 bei 5000
Vmax (km/h)	80
Bauart	Limousine (2-türig)
Material	Stahlblech
Produktionszahl	6902

[ca. 39.000 €]

Zündapp Janus

Auch der Motorrad-Hersteller Zündapp hatte früh erkannt, dass der Trend bei den Gebrauchsfahrzeugen weg vom Motorrad und hin zum Auto gehen würde. Ein Zündapp-Kleinstwagen sollte aber unbedingt vier Personen Platz und damit einen deutlichen Vorteil gegenüber der BMW Isetta bieten. Möglich wurde dies durch die skurrile Idee des Konstrukteurs Claudius Dornier, der die hinteren Passagiere entgegen der Fahrtrichtung platzierte. In der Mitte lärmte der 250-ccm-Zweitaktmotor mit 5000 U/min, der den Zündapp Janus auf 80 km/h beschleunigte. Der Einstieg musste über jeweils eine Tür hinten und vorne bewerkstelligt werden. Für das ungewöhnliche Konzept konnten sich nicht viele Kunden begeistern, trotz guter Fahreigenschaften. Nach nur einem Jahr verschwand der Janus von der Bildfläche – um im Jahr 2011 im Disney-Film „Cars 2" eine Wiedergeburt als computeranimierter Bösewicht zu erleben.

Alfa Romeo Giulietta Berlina

Hatte Alfa Romeo 1950 mit dem 1900 bereits radikal mit Vorkriegstraditionen gebrochen, gingen die Mailänder 1955 mit der Giulietta noch einen großen Schritt weiter. Die Giulietta sollte tatsächlich der erste Alfa fürs Volk werden. Als Coupé schon 1954 vorgestellt, spielte die Berlina als vielleicht erstes Fahrzeug überhaupt die Rolle des kompakten, sportlich ambitionierten Familienautos. Das fing beim konstruktiv eher einem Rennsport- als einem Alltagstriebwerk ähnelnden 1,3 Liter großen Doppelnockenwellen-Motor mit 53 PS an, aus dem in der TI-Version 65 PS und später 74 PS gekitzelt wurden. Das ging weiter beim agilen und spurtreuen Fahrwerk, das sich auch der höheren Leistung absolut gewachsen zeigte. Die Giulietta machte Alfa Romeo zum „richtigen" Serienproduzenten. Mit mehr als 160.000 Exemplaren – rechnet man das Coupé dazu – übertraf sie alles, was bisher das Mailänder Wappen tragen durfte, um das Zehnfache.

Land	Italien
Marke	Alfa Romeo
Baujahr	1955-1965
Motor-Bauart	Vierzylinder (Reihe)
Lage	Front
Antrieb	Heck
Hubraum (ccm)	1290
Leistung (PS/U/min)	53 bei 5200
	bis 74 bei 6200
Vmax (km/h)	140 bis 165
Bauart	Limousine (4-türig)
Material	Stahlblech
Produktionszahl	131.876

ca. 47.000 €

Chevrolet Corvair (Serie 1)

Land	USA
Marke	Chevrolet
Baujahr	1959-1964
Motor-Bauart	Sechszylinder (Boxer)
Lage	Heck
Antrieb	Heck
Hubraum (ccm)	2287
Leistung (PS/U/min)	80 bei 4400
	bis 96 bei 4400
Vmax (km/h)	140 bis 175
Bauart	Limousine (2-/4-türig),
	Kombi (5-türig), Cabriolet
Material	Stahlblech
Produktionszahl	1.271.089

Der Erfolg, den kompakte europäische Fahrzeuge – allen voran der Käfer – auch in den USA hatten, ließ die GM-Manager nicht ruhen. Mit dem Corvair präsentierten sie 1959 ein Fahrzeug, das die GM-Palette nach unten ausbauen und den Europäern Paroli bieten sollte. Das Konzept war mutig: Ein luftgekühlter Sechszylinder-Boxer mit 2,3 Litern Hubraum, der wahlweise 81 oder 96 PS leistete, fand sich im Heck des mit 4,50 Metern dann doch nicht so kompakt ausgefallenen Corvair. Neben dem Viertürer gab es ein Coupé und einen fünftürigen Kombi. Das Konzept kam an: Bis 1964 fanden 1,3 Millionen Corvair einen Kunden, und die bootsähnlich betonte Gürtellinie hatte zahlreiche Nachahmer – von Neckarsulm bis in die Ukraine – gefunden. Vom US-Sicherheitsapostel Ralph Nader monierte Fahrsicherheitsmängel verhinderten jedoch den Erfolg einer zweiten Generation und GM trennte sich 1969 endgültig vom Heckmotor-Prinzip.

[ca. 26.500 €]

Citroën DS 19

ca. 47.500 €

Land	Frankreich
Marke	Citroën
Baujahr	1955-1968
Motor-Bauart	Vierzylinder (Reihe)
Lage	Front
Antrieb	Front
Hubraum (ccm)	1911
Leistung (PS/U/min)	75 bei 4500
	bis 84 bei 5250
Vmax (km/h)	150 bis 160
Bauart	Limousine (4-türig)
Material	Stahlblech
Produktionszahl	1.415.719

An eine Halluzination müssen viele Besucher des Pariser Salons im Oktober 1955 geglaubt haben, als sie den Citroën-Stand aufsuchten. Der DS sprengte alle bis dato gültigen Vorstellungen von Automobil-Stilistik und -Technik. Es war ein derart tiefer Einschnitt, dass nie der Versuch unternommen wurde, ihn zu kopieren. Die hydropneumatische Federung kombinierte Komfort und Sicherheit in einer nicht für möglich gehaltenen Weise. Automatische Kupplung, hydraulische Getriebebetätigung und hydraulisches Bremssystem waren weitere Technik-Highlights unter der futuristischen Karosserie. Schon am ersten Tag lagen mehr als 12.000 Bestellungen vor. Konstrukteur André Lefèbvre wurde gefragt, ob die „Déesse" (Göttin) das Auto von morgen sei und antwortete: „Das ist das Auto von heute. Die anderen sind von gestern."

DKW 3=6 (F 93/94, „Großer DKW")

Die Kritik am zu schwachen F89 hatte man sich bei DKW zu Herzen genommen und 1953 den auf 34 PS erstarkten F 91 präsentiert. Dessen Dreizylinder-Zweitaktmotor übernahm der 3=6, der ab 1955 angeboten wurde. Die Modellbezeichnung sollte suggerieren, dass der ventillose Dreizylinder so kultiviert wie ein Viertakt-Sechszylinder lief – ein erfolgloser Versuch, das Image-Defizit des Zweitakters zu bekämpfen. Immerhin hatte der 3=6 aber eine um 10 cm breitere Karosserie als sein Vorgänger und war auch als Viertürer lieferbar. 1957 erhöhte man die Leistung auf 40 PS, während 1960 der Name in Auto Union 1000 geändert wurde – als Reminiszenz an die legendären Vorkriegs-Rennwagen. Die Leistung des 980-ccm-Aggregats stieg auf 50 PS. Immerhin knapp 350.000 große DKW wurden zwischen 1955 und 1963 in Ingolstadt gebaut.

Land	Deutschland
Marke	DKW
Baujahr	1955-1959
Motor-Bauart	Dreizylinder-Zweitaktmotor
Lage	Front
Antrieb	Front
Hubraum (ccm)	896
Leistung (PS/U/min)	38 bei 4200
	40 bei 4250
Vmax (km/h)	115 bis 123
Bauart	Limousine (2-türig),
	Limousine (4-türig), Coupé,
	Kombi (3-türig), Cabriolet
Material	Stahlblech
Produktionszahl	157.331

[ca. 22.500 €]

Land	Deutschland
Marke	Ford
Baujahr	1957-1960
Motor-Bauart	Vierzylinder (Reihe)
Lage	Front
Antrieb	Heck
Hubraum (ccm)	1698
Leistung (PS/U/min)	60 bei 4250
Vmax (km/h)	120 bis 130
Bauart	Limousine (2-türig),
	Limousine (4-türig),
	Kombi (3-türig), Cabriolet
Material	Stahlblech
Produktionszahl	239.978

[ca. 25.000 €]

Ford Taunus 17 M (Werkscode P2, „Barock-Taunus")

Wie ein eingelaufener Ami-Schlitten wirkte der 17 M von 1957, mit dem Ford eine lange Tradition einleitete, die erst mit dem Auslauf des Scorpio beendet werden sollte. Blitzender Chrom, modische Zweifarbenlackierungen und kecke Heckflossen, eine durchgehende Sitzbank, ein nierenförmiger Tacho sowie goldene Lurex-Fäden in den Sitzbezügen trafen genau den Geist der Zeit – wirkten allerdings wenige Jahre später bereits wieder aus ihr herausgefallen. Technisch basierte der 17 M auf der Vedette des französischen Ford-Ablegers und hatte immerhin als erstes deutsches Fahrzeug eine McPherson-Vorderachse. Die breite Angebotspalette mit Zwei- und Viertürer sowie dem Kombi trugen dazu bei, dass der 17 M ein Publikumserfolg wurde. Die Form war aber bereits nach drei Jahren überholt und es wurde Zeit für einen Nachfolger.

Land	Deutschland
Marke	Opel
Baujahr	1957-1960
Motor-Bauart	Vierzylinder (Reihe)
Lage	Front
Antrieb	Heck
Hubraum (ccm)	1488, 1680
Leistung (PS/U/min)	45 bei 3900
	bis 55 bei 4000
Vmax (km/h)	125 bis 132
Bauart	Limousine (2-/4-türig),
	Kombi (3-türig), Coupé, Cabriolet
Material	Stahlblech
Produktionszahl	817.003

[ca. 25.000 €]

Opel Olympia Rekord P1

Das Design des Opel Rekord P1 von 1957 traf exakt den Zeitgeist. Gegenüber dem pummeligen Vorgänger wirkte die auch viertürig lieferbare Limousine gestreckt und trug mit Panoramascheiben, Hüftknick und Heckflossen unverkennbar amerikanische Züge. Spötter sprachen auch vom „Bauern-Buick". Aber auch das modische Interieur mit Bandtacho wusste zu gefallen. Technisch war der P1, dessen Zusatzbezeichnung Olympia 1959 wegfiel, ganz der Alte geblieben. Die Motoren mit 1,5 Liter Hubraum und 45 PS sowie 1,7 Liter und 55 PS galten als einfach, aber unverwüstlich. Erfolgreich war nicht nur die Limousine, sondern auch der erstmals „Caravan" genannte Kombi, der mit und ohne Verglasung zu haben war. Ab 1959 gab es erstmals in einem Mittelklasse-Opel auf Wunsch eine Halbautomatik, die die Kupplung überflüssig machte. Der P1 war der erste Opel, der einer Produktionszahl von einer Million nahe kam. 1960 wurde er vom P2 abgelöst.

Land	Frankreich
Marke	Panhard
Baujahr	1959-1964
Motor-Bauart	Zweizylinder (Boxer)
Lage	Front
Antrieb	Front
Hubraum (ccm)	850
Leistung (PS/U/min)	42 bei 5300
	bis 50 bei 6300
Vmax (km/h)	130 bis 150
Bauart	Limousine (4-türig), Cabriolet
Material	Stahlblech
Produktionszahl	k.A.

[ca. 13.500 €]

Panhard PL 17, PL 17 B, PL 17 Tigre

Zu echten automobilen Exoten zählten die Fahrzeuge der Firma Panhard. Der PL 17 von 1959 war nicht nur stromlinienförmig gezeichnet – niedriges Gewicht und gute Bremsen zählten ebenfalls zu den konstruktiven Vorgaben. So ließ sich mit dem kleinen, gebläsegekühlten und 850 ccm großen Zweizylinder-Boxermotor, aus dem immerhin 42 PS geholt wurden, eine Geschwindigkeit von 130 km/h erzielen. In der „Tigre"-Version leistete der Motor gar 50 PS bei 6300 U/min. Mit 150 km/h zählte der Zweizylinder damit zu den wirklich schnellen Pkw. „Downsizing" war aber Ende der Fünfziger noch nicht en vogue: Die Verkaufszahlen der 1955 schon teilweise von Citroën übernommenen Firma fielen immer weiter. Daran konnte auch der Panhard 24 von 1963 nichts mehr ändern. 1967 war Schluss für eines der interessantesten Kapitel der Automobilgeschichte.

Land	Frankreich
Marke	Peugeot
Baujahr	1956-1967
Motor-Bauart	Vierzylinder (Reihe)
Lage	Front
Antrieb	Heck
Hubraum (ccm)	1290, 1468, 1816
Leistung (PS/U/min)	48 bei 4000 bis 58 bei 4750
Vmax (km/h)	120 bis 135
Bauart	Limousine (4-türig), Kombi (5-türig), Cabriolet
Material	Stahlblech
Produktionszahl	1.214.130

[ca. 15.500 €]

Peugeot 403

1955 stellte Peugeot den 403 als Nachfolger des 203 vor. Technisch keine Revolution, sollte sich die schnörkellose Formgebung der von Sergio Pininfarina entworfenen Karosserie in den Folgejahren als großer Wurf erweisen. Der 1,5-Liter-Vierzylindermotor leistete 58 PS, ab 1959 gab es – zunächst nur für den bis zu achtsitzigen Kombi – wahlweise auch einen 1,8-Liter-Dieselmotor mit 48 PS. 1960 ergänzten die Produktplaner in Sochaux nach dem Auslaufen des 203 die Motorenpalette nach unten: um einen 1,3-Liter-Motor mit 54 PS. Der 403 lief bis 1967 vom Band, wurde ein Exportschlager und der erste Peugeot, der über eine Million Mal gebaut wurde. Dazu trug auch seine Variantenvielfalt bei inklusive eines Cabriolets, das durch seine Auftritte in der amerikanischen TV-Serie „Columbo" in den Siebzigern nachträglichen Ruhm ernten sollte.

Land	Tschechoslowakei
Marke	Škoda
Baujahr	1959-1965
Motor-Bauart	Vierzylinder (Reihe)
Lage	Front
Antrieb	Heck
Hubraum (ccm)	1089, 1221
Leistung (PS/U/min)	40 bei 4600
	bis 45 bei 5750
Vmax (km/h)	125 bis 140
Bauart	Limousine (2-türig),
	Kombi (3-türig), Cabriolet
Material	Stahlblech
Produktionszahl	15.864

[**ca. 18.500 €**]

Škoda Octavia, Octavia Super, Felicia

Der Mittelklasse-Škoda wurde ab 1955 im tschechischen Mlada Boleslav zunächst unter der Bezeichnung „440" gebaut, 1959 wurde der Name in Octavia geändert. Anfangs leistete der 1,1-Liter-Vierzylinder 40 PS, später gab es eine 1,2-Liter-Version mit 45 PS. Die Škoda galten als zeitgemäße, robuste und anspruchslose Fahrzeuge. Das ist auch der Grund dafür, dass es ihnen als einzigen Ostblock-Fahrzeugen gelang, auch im Westen – bis nach Südamerika und Australien – Akzeptanz zu finden. Neben der Limousine gab es ein Cabrio, das unter dem Namen Felicia verkauft wurde, sowie einen Kombi, der gar bis 1971 produziert wurde. So lange lebte die Limousine nicht: Als man 1965 auf die Heckmotor-Typen 1000 MB wechselte, die mit Renault-Hilfe entwickelt worden waren, lief die Produktion des Octavia nach mehr als 300.000 Exemplaren aus.

Triumph Herald (Herald, Herald 1200, 12/50, 13/60)

Der Triumph Herald wurde vom italienischen Designer Giovanni Michelotti entworfen. Im Gegensatz zu fast allen anderen Wettbewerbern vertraute man auch Ende der Fünfziger noch auf den bewährten Kastenrahmen. Immerhin waren dadurch viele Varianten ohne größere konstruktive Änderungen möglich. Zudem war die Karosserie mit dem Rahmen verschraubt und ließ sich dementsprechend leicht auswechseln. Als Antrieb dienten 950-ccm-Vierzylindermotoren mit zunächst 35 PS. Das neue Modell wurde anfangs zögerlich aufgenommen und konnte nicht verhindern, dass Standard Triumph 1961 in die British Motor Corporation übernommen wurde. Dafür war nun Geld für Modellpflege vorhanden. Mehr Leistung – bis zu 83 PS im Herald 13/60 – und Fahrwerksänderungen verbesserten aber die Akzeptanz, so dass bis 1971 fast eine halbe Million Heralds gebaut wurden.

[**ca. 14.500 €**]

Land	GB
Marke	Triumph
Baujahr	1959-1971
Motor-Bauart	Vierzylinder (Reihe)
Lage	Front
Antrieb	Heck
Hubraum (ccm)	948, 1147,
	1220, 1296
Leistung (PS/U/min)	35 bei 4500 bis 83
Vmax (km/h)	110 bis 165
Bauart	Limousine (2-türig),
	Kombi (3-türig),
	Coupé, Cabriolet
Material	Stahlblech
Produktionszahl	482.502

Volvo 121 („Amazon")

Land	Schweden
Marke	Volvo
Baujahr	1956-1970
Motor-Bauart	Vierzylinder (Reihe)
Lage	Front
Antrieb	Heck
Hubraum (ccm)	1585 bis 1980
Leistung (PS/U/min)	60 bei 4500
	bis 100 bei 4700
Vmax (km/h)	135 bis 160
Bauart	Limousine (2-/4-türig),
	Kombi (5-türig)
Material	Stahlblech
Produktionszahl	644.716

[**ca. 22.500 €**]

War sein Vorgänger PV 544 bei allen Qualitäten noch von einer gewissen Schrulligkeit geprägt, fand sich dieses Merkmal beim 1956 vorgestellten Volvo Amazon nicht mehr. Die Typenbezeichnung musste zwar kurze Zeit später wegen einer Klage des Motorradherstellers Kreidler zurückgezogen werden, aber auch als P 121 zeigte sich der neue Mittelklasse-Volvo absolut auf der Höhe seiner Zeit. Die Stufenheck-Karosserie, die es anfangs nur mit vier Türen gab, ist von einer zeitlosen Ausgewogenheit und kann auch Jahrzehnte später ästhetisch überzeugen. Technische Basis war der „Buckel-Volvo", aber dank des geschickt ausgebauten Modellprogramms mit Zweitürer und Kombi sowie zahlreichen Motorvarianten bis 100 PS, gelang es dem P 121 und seinen Derivaten, während seiner 14 Jahre währenden Bauzeit große Käuferkreise zu erreichen.

Wartburg 311, 312

Land	DDR
Marke	IFA
Baujahr	1956-1966
Motor-Bauart	Dreizylinder-Zweitaktmotor
Lage	Front
Antrieb	Front
Hubraum (ccm)	900, 992
Leistung (PS/U/min)	37 bei 4000
	bis 45 bei 4200
Vmax (km/h)	100 bis 122
Bauart	Limousine (4-türig),
	Kombi (3-türig)
Material	Stahlblech
Produktionszahl	292.723 (o. Sport)

[**ca. 23.500 €**]

Auch in Ostdeutschland gab es eine automobile Mittelklasse – die Auswahl beschränkte sich jedoch wie bei den Kleinwagen auf ein einziges Modell: den Wartburg 311, der 1956 der Öffentlichkeit vorgestellt wurde. Statt der Basis der Vorkriegs-BMW-Modelle bediente man sich in Eisenach von Mitte der 1950er Jahre an Konstruktionsprinzipien von DKW aus den Dreißigern. Das hieß vor allem: Zweitaktmotoren und Frontantrieb. Im Fall des 311 war es ein 900-ccm-Dreizylinder mit 37 PS, der in einer absolut zeitgemäß und stilsicher gezeichneten viertürigen Limousine eingebaut war, die um einiges moderner wirkte als die DKW-Modelle, die zeitgleich in Ingolstadt vom Band liefen. 1962 wurde der Motor auf knapp einen Liter Hubraum aufgebohrt und leistete 45 PS – es gab ein Coupé, einen Kombi und sogar ein Cabrio. 1966 wurde der 311 vom ebenfalls zweitaktenden 353 abgelöst, der bis 1990 am Leben gehalten wurde.

Cadillac Series 62 Convertible und Eldorado Biarritz

ca. 152.000 €

Die Ikone der Heckflossen-Ära war ohne Zweifel der Cadillac Eldorado des Jahrgangs 1959. Dabei hatten die Auswüchse der hinteren Extremitäten, die sich ab Mitte der Fünfziger abgezeichnet hatten, keinerlei praktische Funktion. Auch als Einparkhilfe für ein mehr als sechs Meter langes Auto wären sie wohl nur bedingt tauglich gewesen. Vielmehr waren die Heckflossen Ausdruck der Raketenbegeisterung jener Zeit. Vielleicht war denn auch der „Sputnik"-Schock der Grund dafür, warum sie Anfang der Sechziger schlagartig verschwanden. Unter den Motorhauben ging die Aufrüstung freilich weiter: Die 6,4 Liter und zuletzt 350 PS, die der Cadillac Series 62 zu Markte trug, sollten in den Folgejahren noch übertroffen werden.

Land	USA
Marke	Cadillac
Baujahr	1959
Motor-Bauart	V8
Lage	Front
Antrieb	Heck
Hubraum (ccm)	6384
Leistung (PS/U/min)	309 bei 4600
	bis 350 bei 4800
Vmax (km/h)	175 bis 185
Bauart	Cabriolet
Material	Stahlblech
Produktionszahl	12.450

Land	USA
Marke	Chrysler
Baujahr	1958
Motor-Bauart	V8
Lage	Front
Antrieb	Heck
Hubraum (ccm)	5426
Leistung (PS/U/min)	208 bei 4400
Vmax (km/h)	150 bis 170
Bauart	Kombi
Material	Stahlblech
Produktionszahl	k.A.

ca. 51.000 €

Chrysler New Yorker Wagon

Ende der Fünfziger waren Kombis in den USA sehr populär. Aber wie in Europa wurden sie vorwiegend für rein praktische Zwecke eingesetzt, und es haftete ihnen das Lastesel-Image an. Kombis wie der Chrysler New Yorker von 1958 begannen, an diesen Vorstellungen zu rütteln. Sie kombinierten Raum mit Komfort, und Familien mit großem Platzbedarf waren die Zielgruppe. Auf standesgemäße Motorisierung musste nicht verzichtet werden. Der New Yorker Wagon wurde von einem typischen V8 mit 5,4 Litern Hubraum angetrieben, der immerhin knapp 210 PS mobilisierte. Die Heckflossen durften natürlich auch beim Kombi nicht fehlen und waren geschickt in die Hecklinie integriert.

Jaguar Mk II (2.4 Litre, 3.8 Litre, 240, 340)

Eine völlig andere Formensprache als die des Mainstream verkörperte der Jaguar MK II 1959. Die Designer hatten identitätstiftende Merkmale der Nachkriegs-Jaguars wie die Frontmaske und die rundliche Form des Hecks übernommen, dem MK II jedoch eine Dynamik verliehen, die bis heute fasziniert. Größere Fensterflächen als die des Vorgängers ließen den MK II viel moderner erscheinen. Der MK II wurde fast unverändert bis 1969 gebaut. Die Sechszylinder-Motoren zwischen 2,4 und 3,8 Litern Hubraum begeisterten die Liebhaber der Marke in aller Welt mit Leistungen von 120 bis 223 PS. Wie kein anderes Fahrzeug verkörperte der damals kleinste Jaguar das Ideal der sportlichen Oberklasse-Limousine mit Eleganz und Flair.

[**ca. 51.500 €**]

Land	GB
Marke	Jaguar
Baujahr	1959-1969
Motor-Bauart	Sechszylinder (Reihe)
Lage	Front
Antrieb	Heck
Hubraum (ccm)	2483 bis 3781
Leistung (PS/U/min)	120 bei 5750
	bis 223 bei 5500
Vmax (km/h)	165 bis 200
Bauart	Limousine (4-türig)
Material	Stahlblech
Produktionszahl	60.940

Mercedes-Benz 220 b, 220 Sb, 220 SEb (W 111)

Land	Deutschland
Marke	Mercedes-Benz
Baujahr	1959-1965
Motor-Bauart	Sechszylinder (Reihe)
Lage	Front
Antrieb	Heck
Hubraum (ccm)	2195
Leistung (PS/U/min)	95 bei 4800,
	120 bei 4800
Vmax (km/h)	160 bis 172
Bauart	Limousine (4-türig)
Material	Stahlblech
Produktionszahl	296.896

Aus heutiger Sicht kaum nachzuvollziehen ist, dass die konservative Mercedes-Klientel der 1959 erschienenen „Heckflosse" anfangs kritisch gegenüberstand. Dabei hielt sich die Karosserieform mit den hinteren Kotflügeln, deren Extremitäten vom Hersteller selbst schamvoll „Peilstege" genannt wurden, in ihrer Grundform bis 1968 und wurde zu einem großen Erfolg für die Schwaben. Umfangreiche Crashtests hatten erstmals die Entwicklung bestimmt und sowohl zu noch wirksameren Knautschzonen als auch erstmals zu einem Lenkrad mit Prallplatte und den Keilzapfenschlössern geführt, die verhindern sollten, dass die Türen im Fall eines Unfalls aufspringen. Im 220 b kamen ausschließlich Sechszylindermotoren zum Einsatz mit Leistungen zwischen 95 und 120 PS. Fast 300.000 Exemplare verließen bis 1965 die Stuttgarter Werkshallen.

ca. 35.000 €

Land	Deutschland
Marke	Opel
Baujahr	1959-1963
Motor-Bauart	Sechszylinder (Reihe)
Lage	Front
Antrieb	Heck
Hubraum (ccm)	2605
Leistung (PS/U/min)	90 bei 4100
Vmax (km/h)	150
Bauart	Limousine (4-türig)
Material	Stahlblech
Produktionszahl	145.618

Opel Kapitän P 2,6

Zu einem echten Verkaufsschlager in der Oberklasse hatte sich der Kapitän in den Fünfzigern entwickelt. Der 1959 vorgestellte P6 sollte der Höhepunkt dieser Entwicklung werden. Die Formgebung folgte mit vorderer Panoramascheibe dem – noch – modischen Trend, angedeutete Heckflossen gehörten ebenfalls zum Angebot. Der bewährte 2,6-Liter-Sechszylinder leistete nun 90 PS, während der Preis knapp unter 10.000 DM blieb. Mehr Auto fürs Geld gab es nirgendwo. Ab 1960 konnte eine Automatik, ab 1962 gar eine Servolenkung geordert werden. Der Kapitän P6 war in ganz Europa ein anerkannter Vertreter der Oberklasse und verkaufte sich bis 1963 mehr als 145.000 Mal.

[ca. 38.000 €]

Oldsmobile Super 98

Einer der spektakulärsten Vertreter der Heckflossen-Ära sollte der Oldsmobile Super 98 des Modelljahrgangs 1959 werden. Der 6,5-Liter-Motor war der bis dahin größte und leistungsstärkste V8, den General Motors in einen Personenwagen eingebaut hatte. Bei 4600 U/min schüttelte der Big Block lässig 319 PS aus dem Ärmel. Die gekrümmte „Vista Panoramic"-Frontscheibe entsprach dem Zeitgeschmack ebenso wie die Doppelscheinwerfer und die mächtigen Heckflossen mit den integrierten Heckleuchten. Innerhalb eines Jahres wurden mehr als 300.000 Fahrzeuge dieses Typs gebaut – nahezu alle mit dem „Jetaway-Hydramatic"-Automatikgetriebe.

Land	USA
Marke	Oldsmobile
Baujahr	1958-1959
Motor-Bauart	V8
Lage	Front
Antrieb	Heck
Hubraum (ccm)	6466
Leistung (PS/U/min)	319 bei 4600
Vmax (km/h)	165 bis 180
Bauart	Limousine (2-/4-türig), Kombi (5-türig), Hardtop, Cabriolet
Material	Stahlblech
Produktionszahl	382.864

[ca. 45.000 €]

Land	Tschechoslowakei
Marke	Tatra
Baujahr	1956-1975
Motor-Bauart	V8
Lage	Heck
Antrieb	Heck
Hubraum (ccm)	2472
Leistung (PS/U/min)	95 bei 4800
Vmax (km/h)	160 bis 165
Bauart	Limousine (4-türig)
Material	Stahlblech
Produktionszahl	k.A.

[ca. 53.000 €]

Tatra 603

Jenseits des Eisernen Vorhangs herrschten andere Maßstäbe, und so konnte sich der Tatra 603, der 1956 präsentiert wurde und konzeptionell auf dem Vorkriegs-Tatra 87 basierte, bis 1975 im Programm der tschechischen Firma halten. Der auf 2,5 Liter reduzierte luftgekühlte V8 mit 95 PS saß nach wie vor im Heck und wurde über die seitlich an den Kotflügeln angebrachten Kiemen beatmet. Aus aerodynamischen Gründen waren die drei (!) vorderen Scheinwerfer weit nach innen gerückt und von einem Chromrahmen zusammengefasst – was der Front ein äußerst charakteristisches Aussehen verlieh. Im Westen erhielt der Tatra 603 sogar Designpreise, wurde aber nie offiziell im Export angeboten. Dadurch fehlten zur Weiterentwicklung notwendige Devisen, und so wurde aus dem einst so fortschrittlichen Tatra-Konzept ein Sinnbild für Stillstand.

Land	GB
Marke	Rolls-Royce
Baujahr	1955-1966
Motor-Bauart	Sechszylinder (Reihe), V8
Lage	Front
Antrieb	Heck
Hubraum (ccm)	4887, 6230
Leistung (PS/U/min)	k.A.
Vmax (km/h)	160 bis 180
Bauart	Limousine (4-türig),
	Cabriolet, Sonderkarosserie
Material	Stahlblech
Produktionszahl	7365

[ca. 70.000 €]

Rolls-Royce Silver Cloud I, II, III

Wohl kaum eine andere Marke brauchte länger, um sich mit der Ponton-Karosserie anzufreunden, als Rolls-Royce. Aber wohl kaum eine andere Marke hatte eine derart konservative Kundschaft wie die Edel-Auto-schmiede in Crewe. Auch der Silver Cloud von 1955 hatte unverdrossen Vorkriegs-Formen zitiert, bekam aber 1959 endlich einen komplett neu-konstruierten Vollaluminium-V8 mit 6,2 Litern Hubraum spendiert, der den mit 2,1 Tonnen Fahrzeuggewicht überforderten Reihensechszylinder ablöste. Die Leistung war fortan kein Thema mehr und wurde stets als „genügend" angegeben. Ab 1964 prägten die Doppelscheinwerfer im Silver Cloud ein neues Markengesicht, das sich bis zu den Rolls-Royce des 21. Jahrhunderts fortsetzen sollte. Der Silver Cloud wurde immerhin bis 1966 gebaut.

81

Land	Italien
Marke	Alfa Romeo
Baujahr	1955-1965
Motor-Bauart	Vierzylinder (Reihe)
Lage	Front
Antrieb	Heck
Hubraum (ccm)	1290, 1570
Leistung (PS/U/min)	65 bei 6100
	bis 112 bei 6500
Vmax (km/h)	155 bis 180
Bauart	Cabriolet
Material	Stahlblech
Produktionszahl	26.346

[ca. 93.000 €]

Alfa Romeo Giulietta Spider, Giulietta Spider Veloce, Giulia Spider, Giulia Spider Veloce

Die Giulietta war Alfas erstes Großserien-Cabrio und somit Urahn einer langen Tradition, in der es stets Cabrios des italienischen Herstellers geben sollte. Stardesigner Pininfarina hatte mit dem Styling des Giulietta Spider ein echtes Meisterstück abgeliefert. Das Verdeck verschwand im geöffneten Zustand hinter den Passagieren – so störte keine Faltwulst die saubere Linienführung. Auch die Fahrleistungen wiesen den Spider als echten Alfa Romeo aus und unterschieden ihn von vielen Pseudo-Sportwagen seiner Zeit. Aus dem 1,3-Liter-Motor hatten die Alfa-Ingenieure 65 PS gekitzelt. Ab 1962 gab es die 1,6-Liter-Version, die bis zu 112 PS leisten sollte. Insgesamt zehn Jahre lang wurde der Giulietta Spider produziert. Die noch existierenden der 26.346 gebauten Cabrios stehen bei Oldtimerfreunden hoch im Kurs.

Land	GB
Marke	Austin-Healey
Baujahr	1958-1961
Motor-Bauart	Vierzylinder (Reihe)
Lage	Front
Antrieb	Heck
Hubraum (ccm)	948
Leistung (PS/U/min)	42,5 bei 5000
Vmax (km/h)	130
Bauart	Roadster
Material	Stahlblech
Produktionszahl	38.999

[ca. 28.500 €]

Austin-Healey Sprite MkI („Frog", „Frosch")

Die puren englische Roadster-Tugenden verkörperte ab 1958 der Austin Healey Sprite. Nachdem der große Austin Healey bereits ein Erfolg war, versuchten die Männer um Donald Healey dies auch für eine etwas weniger betuchte Klientel zu wiederholen. So entstand der wegen seiner ungewöhnlichen Frontscheinwerfer schnell „Frogeye" (Froschauge) genannte Zweisitzer, der sich mit dem 950 ccm großen und 42,5 PS starken Vierzylinder des Morris Minor begnügen musste. Wenigstens wurde so jede Werkstatt mit dem Flitzer fertig, der mit 669 Pfund ein unschlagbar günstiges Angebot darstellte und vielen den Traum vom Roadster ermöglichte. Die Kombination aus Roadster-Puristik, niedrigem Preis und anspruchsloser Mechanik war ein voller Erfolg: Bis 1961 wurden fast 39.000 Sprite produziert.

Austin-Healey 3000

[ca. 69.500 €]

Land	GB
Marke	Austin-Healey
Baujahr	1959-1968
Motor-Bauart	Sechszylinder (Reihe)
Lage	Front
Antrieb	Heck
Hubraum (ccm)	2912
Leistung (PS/U/min)	124 bei 4600
	bis 148 bei 5250
Vmax (km/h)	180 bis 195
Bauart	Roadster, Cabriolet
Material	Stahlblech
Produktionszahl	42.917

1959 war der Austin Healey erwachsen geworden: Schon 1956 hatte der „Big Healey" einen 2,6-Liter-Sechszylindermotor bekommen und war unter dem Spitznamen „The Pig", der sich auf das bisweilen unberechenbare Fahrverhalten bezog, vor allem in den USA ein großer Erfolg. Drei Jahre später wuchs der Hubraum auf drei Liter, und 124 PS sorgten für anständigen Vortrieb. Als zivilisatorische Maßnahme hatte man die flattrige Plastikplane durch ein solides Klappverdeck ersetzt, was die Alltagstauglichkeit erheblich verbesserte und fast cabrio-ähnlichen Komfort versprach. Der Healey 3000 wurde zur festen Größe im Austin-Programm und erfreut sich auch heute noch als Oldie großer Beliebtheit. Die Produktion wurde 1968 eingestellt, nachdem auch Triumph unter das BMC-Dach geschlüpft war und die Anzahl der Roadster im Konzern drastisch beschnitten werden musste. Einen Nachfolger hat es nie gegeben.

BMW 507

Der BMW 507 – das Meisterwerk des Designers Albrecht Graf Goertz – stand 1955 auf der IAA und begeisterte auf Anhieb das Publikum. Unter der hinreißend gestalteten Karosserie, die auf dem Fahrgestell des BMW 502 stand, fand sich Deutschlands erster und noch lange einziger Achtzylinder, der im 507 mit 3,2 Litern Hubraum 150 PS leistete. Für den Hauptabsatzmarkt, die USA, gab es eine höher verdichtete Variante mit 165 PS. Nur 251 Exemplare des mit 27.000 Mark extrem teuren 507 konnten bis 1959 verkauft werden – erheblich weniger als etwa vom Mercedes 300 SL. Das lag auch daran, dass BMW in den Fünfzigern auf der Sinnsuche zwischen Isetta und Traumwagen vom Schlage eines 507 war und über kein Produktprogramm wie Mercedes oder Jaguar verfügte. Immerhin fuhr Elvis Presley aber während seiner GI-Zeit in Deutschland einen weißen BMW 507.

Land	Deutschland
Marke	BMW
Baujahr	1955-1959
Motor-Bauart	V8
Lage	Front
Antrieb	Heck
Hubraum (ccm)	3168
Leistung (PS/U/min)	150 bei 5000
Vmax (km/h)	200 bis 220
Bauart	Cabriolet
Material	Aluminium
Produktionszahl	254

[ca. 2.100.000 €]

Land	Deutschland
Marke	DKW
Baujahr	1958-1965
Motor-Bauart	Dreizylinder-Zweitaktmotor
Lage	Front
Antrieb	Front
Hubraum (ccm)	980
Leistung (PS/U/min)	55 bei 4500
Vmax (km/h)	140
Bauart	Coupé, Cabriolet
Material	Stahlblech
Produktionszahl	6640

[ca. 45.500 €]

DKW Auto Union 1000 Sp

Auch bei DKW unternahm man 1958 den Versuch, biedere Alltagstechnik elegant zu verpacken und der Marke so ein wenig Glanz zu schenken. Vor der Gestaltung des Auto Union 1000 Sp hatten sich die DKW-Designer den US-amerikanischen Ford Thunderbird sehr genau angesehen. Unter der Motorhaube war allerdings Schluss mit den Gemeinsamkeiten. Statt des Bollerns eines großvolumigen V8 ertönte das wohlbekannte Zweitakt-Knattern aus dem Auspuff. Dank höherer Verdichtung leistete der Dreizylinder zwar immerhin 55 PS, aber auch ob des exorbitanten Preises von 10.750 Mark war der 1000 Sp nur etwas für hartgesottene Zweitakt- oder DKW-Fans. Kein Wunder, dass sich bis 1965 davon nur 6640 verkauften!

Chevrolet Corvette C1

Ein größerer Erfolg als der ersten Auflage sollte der Corvette in der zweiten Generation beschieden sein. Endlich standesgemäß mit V8-Motoren befeuert, zeigte sich auch die stark überarbeitete Kunststoffkarosserie im neuen Look. Die Doppelscheinwerfer und das rundlich auslaufende Heck kamen offensichtlich viel besser beim Publikum an als die zurückhaltende Formgebung der Erstausgabe. Fast 65.000 Käufer fanden sich bis 1962. Sie durften an das Fahrwerk keine großen Ansprüche stellen: Zeigten sich die blattgefederte starre Hinterachse und die vier Trommelbremsen schon vom 4,3-Liter-Basismotor und dessen 220 PS überfordert, galt das insbesondere für die 5,4-Liter-Version mit 360 PS. Wer mit 230 km/h Höchstgeschwindigkeit unterwegs war, unterzog sich einer veritablen Mutprobe.

Land	USA
Marke	Chevrolet
Baujahr	1956-1962
Motor-Bauart	V8
Lage	Front
Antrieb	Heck
Hubraum (ccm)	4342, 5359
Leistung (PS/U/min)	220 bei 5200
	bis 360 bei 6000
Vmax (km/h)	185 bis 230
Bauart	Cabriolet
Material	Kunststoff
Produktionszahl	64.375

[ca. 124.500 €]

Ford Thunderbird (Serie I)

Auch aus Fehlern der Konkurrenz kann man lernen: Zwei Jahre nach der ersten Corvette erschien der Ford Thunderbird. Statt halber Sachen mit Sechszylindermotoren setzte man von Anfang an auf V8-Motoren mit einer Leistung von 193 bis 300 PS und setzte sich damit auch gleich von den europäischen Wettbewerbern ab. Der Donnervogel wurde nicht nur zu einem großen kommerziellen Erfolg, sondern gilt heute als Ikone des amerikanischen Traumwagenbaus der Fünfziger. Bereits im ersten Jahr wurden mehr als 16.000 Thunderbirds verkauft – die Corvette brachte es zeitgleich nur auf 674 Exemplare. Die Ford-Designer durften sich darüber freuen, dass stilistische Elemente des Thunderbirds häufig kopiert wurden. Ford selbst verwässerte die saubere Linie der Erstausgabe und so wurde der Zweikampf Thunderbird-Corvette mit den Jahren anders entschieden als es zunächst ausgesehen hatte.

Land	USA
Marke	Ford (USA)
Baujahr	1955-1957
Motor-Bauart	V8
Lage	Front
Antrieb	Heck
Hubraum (ccm)	4780, 5113
Leistung (PS/U/min)	193 bei 4400
	bis 300 bei 4800
Vmax (km/h)	185 bis 210
Bauart	Cabriolet
Material	Stahlblech
Produktionszahl	53.166

[ca. 62.000 €]

Land	GB
Marke	Lotus
Baujahr	1957-1961
Motor-Bauart	Vierzylinder (Reihe)
Lage	Front
Antrieb	Heck
Hubraum (ccm)	1216
Leistung (PS/U/min)	76 bei 6100
	bis 105 bei 7250
Vmax (km/h)	180 bis 210
Bauart	Coupé
Material	Kunststoff
Produktionszahl	988

[ca. 83.000 €]

Lotus Elite

Für konsequenten Leichtbau standen die Fahrzeuge der Firma Lotus, die der geniale Konstrukteur Colin Chapman 1952 gegründet hatte. Anfangs waren die radikalen Sportwagen nur als Bausätze lieferbar, weil Lotus keine eigenen Fertigungskapazitäten besaß. Das änderte sich 1957 mit dem Lotus Elite. Der war nicht nur der erste in Serie hergestellte Lotus, sondern auch der erste Pkw überhaupt mit einer selbsttragenden Karosserie, die ganz aus Kunststoff bestand. Leichtbau war auch die Devise beim Motor von Coventry Climax, der eigentlich für eine tragbare Feuerwehrspritze entworfen worden war und aus Aluminium bestand. Das Leergewicht betrug sensationell niedrige 504 kg. Dank des niedrigen Gewichts und des cw-Wertes von 0,29 erreichte der Lotus Elite auch mit vergleichsweise moderaten 76 – später 105 PS – echte Sportwagenfahrleistungen.

Land	GB
Marke	Lotus
Baujahr	1958-1970
Motor-Bauart	Vierzylinder (Reihe)
Lage	Front
Antrieb	Heck
Hubraum (ccm)	1172 bis 1558
Leistung (PS/U/min)	40 bei 4500
	bis 125 bei 6200
Vmax (km/h)	130 bis 172
Bauart	Roadster
Material	Kunststoff/Aluminium
Produktionszahl	1940

[ca. 39.000 €]

Lotus Seven (Series 1, 2, 3)

1958 erschien mit dem Lotus Seven ein Fahrzeug, das aussah wie ein notdürftig auf die Anfordernisse des Straßenverkehrs umgebauter Formel-Rennwagen. Und genau das war er auch – sieht man einmal von dem 1,1-Liter-Vierzylinder mit 40 PS des ersten Seven ab. Bald waren jedoch auch Kombinationen mit stärkeren Motoren lieferbar, die mit den 500 Kilogramm des Seven leichtes Spiel hatten. Die Lotus Seven gelten bis heute als ultimative, puristische Fahrmaschinen. 1973 wurde die Fertigungslizenz an die britische Firma Caterham verkauft, bei der noch heute Fahrzeuge auf Basis des Lotus Seven entstehen.

Maserati 3500 GT und GTI

Land	Italien
Marke	Maserati
Baujahr	1958-1964
Motor-Bauart	Sechszylinder (Reihe)
Lage	Front
Antrieb	Heck
Hubraum (ccm)	3485
Leistung (PS/U/min)	220 bei 5500
	bis 235 bei 5500
Vmax (km/h)	215 bis 235
Bauart	Coupé
Material	Aluminium
Produktionszahl	ca. 2000

[ca. 275.000 €]

Mehrere Weltmeister-Titel in der Formel 1 ließen keinen Zweifel an der technischen Kompetenz von Maserati aufkommen. Den Anfang der Serienfertigung markiert der 3500 GT von 1958. Mit dem selbstkonstruierten 3,5-Liter-Sechszylinder-Reihenmotor hatte man sich knapp unterhalb von Ferrari angesiedelt – spielte aber in einer Liga mit dem Mercedes 300 SL. Das Fahrwerk war mit hinterer Starrachse und Blattfedern eher einfach konstruiert. Die von den Rennmotoren abgeleiteten Aggregate galten als robust und zuverlässig und waren mit zunächst 220 PS aber ausreichend potent, um in der Sportwagen-Oberklasse ernstgenommen zu werden. Später gab es unter der Bezeichnung „GTI" sogar einen Benzineinspritzer mit 235 PS. Die Karosserie nahm mit ihren Heckflossen stilistische Anleihen beim Ford Thunderbird und war sowohl offen als auch geschlossen lieferbar. Mit 2000 verkauften Exemplaren gelang Maserati mit dem 3500 GT ein eindrucksvoller Erfolg.

Mercedes-Benz 220 S und 220 SE Cabriolet und Coupé (W 128)

In Kleinserie und mit viel Handarbeit entstanden ab 1956 die Cabriolets und Coupés der 220er Baureihe von Mercedes-Benz auf Basis der Ponton-Limousine. Statt Sportlichkeit standen Komfort, Ausstattung und Luxus im Vordergrund. Für das Armaturenbrett und die Fenstereinfassungen etwa konnte die Holzmaserung individuell ausgesucht werden. Die serienmäßigen Lederpolster und das hochwertige Stoffverdeck des Cabriolets schufen das Ambiente eines für die Ewigkeit gebauten Automobils. Dessen Bauzeit war allerdings schon nach vier Jahren beendet. Mit der Einführung der „Heckflossen"-S-Klasse entfiel die technische Basis für Coupé und Cabrio. Ab 1959 erhielt der 2,2-Liter-Sechszylinder aber als 220 SE noch eine Benzineinspritzung. Mit knapp 11.000 Fahrzeugen zählt die W 128-Baureihe heute zu den Raritäten.

Land	Deutschland
Marke	Mercedes-Benz
Baujahr	1956-1960
Motor-Bauart	Sechszylinder (Reihe)
Lage	Front
Antrieb	Heck
Hubraum (ccm)	2195
Leistung (PS/U/min)	100 bei 4800,
	115 bei 4800
Vmax (km/h)	160
Bauart	Cabriolet, Coupé
Material	Stahlblech
Produktionszahl	3429 (220 S),
	1942 (220 SE),
	3290 (Cab.),
	2081 (Coupé)

ca. 97.000 € (Cabrio: 178.000) €

Land	GB
Marke	MG
Baujahr	1955-1962
Motor-Bauart	Vierzylinder (Reihe)
Lage	Front
Antrieb	Heck
Hubraum (ccm)	1489, 1588, 1622
Leistung (PS/U/min)	69 bei 5500
	bis 90 bei 5500
Vmax (km/h)	155 bis 170
Bauart	Roadster
Material	Stahlblech
Produktionszahl	98.967 (inkl. Coupé)

[ca. 40.000 €]

MG A Roadster

Eine beneidenswerte Auswahl hatten Kunden, die sich ab Mitte der Fünfziger für einen britischen Roadster interessierten. Der MG A löste 1955 den TF ab, dem eindeutig ein Vorkriegs-Image anhaftete. Dagegen überzeugte der MG A von Anfang an mit gelungenem, zeitgemäßem Design ohne modische Gimmicks. Die robuste Großserientechnik mit Motoren von 69 bis 90 PS wurde 1959 durch den MG A Twin Cam ergänzt. Dank zweier obenliegender Nockenwellen wurde die Drehzahl des 1,6-Liter-Motors deutlich erhöht, und statt 90 leistete der Twin Cam 105 PS, die eine Geschwindigkeit von 180 km/h ermöglichten. Besser verkauften sich aber die einfacher motorisierten Varianten: Der MG A wurde in den sieben Jahren seiner Bauzeit zum erfolgreichsten britischen Sportwagen.

Land	Deutschland
Marke	Porsche
Baujahr	1959-1963
Motor-Bauart	Vierzylinder (Boxer)
Lage	Heck
Antrieb	Heck
Hubraum (ccm)	1582, 1588
Leistung (PS/U/min)	60 bei 4500
	bis 115 bei 6500
Vmax (km/h)	160 bis 200
Bauart	Coupé, Cabriolet,
	Roadster, Hardtop
Material	Stahlblech
Produktionszahl	30.963

[ca. 126.000 €]

Porsche 356 B

Ein Facelift der 356-Typen, die seit 1949 den Ruf Porsches als Sportwagenhersteller begründet hatten, boten die Zuffenhausener ab 1959 an. Auf den 1,3-Liter-Einstiegsmotor verzichtete man fortan zwar, Porschefahren begann 1959 aber immer noch mit vergleichsweise moderaten 60 PS. Die Hinterachse hatte man überarbeitet, um schnelleres Kurvenfahren zu ermöglichen. Gebremst wurde aber immer noch mit vier Trommelbremsen – das sollte sich erst 1961 ändern. Zwischen vier Motorisierungen und drei Karosserieformen konnten sportbegeisterte Kunden Ende der Fünfziger wählen. Das Baukastensystem beherrschte Porsche also damals schon perfekt – ein Grund, warum sich der 356 B fast um 50 Prozent besser verkaufte als sein Vorgänger.

Renault Floride S und Caravelle

Elegante Coupés und Cabriolets, die von den Großserienfahrzeugen abgeleitet waren, aber ein eigenständiges Design besaßen, waren Ende der Fünfziger groß in Mode. Typische Vertreter waren die Floride- und Caravelle-Modelle von Renault. Die Entwürfe waren bei Pietro Frua in Italien entstanden, der Prototyp wurde 1958 auf dem Genfer Salon präsentiert, und die Form wirkt bis heute überzeugend. Technisch basierte die Floride, die in Amerika unter dem Namen Caravelle angeboten wurde, auf der Dauphine und musste sich anfangs mit einem 845-ccm-Motor und 35 PS begnügen. Ab 1962 wurde der Name Caravelle auch in Europa verwendet. Bis zum Produktionsende 1968 wurde die Caravelle äußerlich unverändert produziert – unter der Haube hatte allerdings der 1,1-Liter-Vierzylinder mit 52 PS aus dem Renault 10 Einzug gehalten, mit dem das hübsche Coupé immerhin 145 km/h lief.

ca. 23.500 €

Land	Frankreich
Marke	Renault
Baujahr	1959-1968
Motor-Bauart	Vierzylinder (Reihe)
Lage	Heck
Antrieb	Heck
Hubraum (ccm)	845, 956, 1108
Leistung (PS/U/min)	35 bei 5000
	bis 52 bei 5100
Vmax (km/h)	125 bis 145
Bauart	Cabriolet, Coupé
Material	Stahlblech
Produktionszahl	k.A.

Land	Deutschland
Marke	Volkswagen
Baujahr	1955-1974
Motor-Bauart	Vierzylinder (Boxer)
Lage	Heck
Antrieb	Heck
Hubraum (ccm)	1192, 1285,
	1493, 1584
Leistung (PS/U/min)	30 bei 3400
	bis 50 bei 4000
Vmax (km/h)	118 bis 140
Bauart	Coupé, Cabriolet
Material	Stahlblech
Produktionszahl	443.482

ca. 40.000 €

Volkswagen Karmann Ghia Coupé und Cabrio (Typ 14)

Eine sensationelle Erfolgsgeschichte schrieb der Karmann Ghia: Volkswagen-Boss Heinrich Nordhoff wollte eigentlich kein Coupé, muss aber der Schönheit des Ghia-Entwurfs erlegen sein, der ihm 1953 präsentiert wurde. 1955 stand das Coupé auf der IAA, zwei Jahre später ging das Cabriolet in Produktion. Nur selten gelang eine so gelungene Kombination aus hinreißender Linienführung und anspruchsloser Technik. Gebaut bei Karmann in Osnabrück, ließ sich der Karmann Ghia in jeder VW-Werkstatt warten. Die Käfer-Technik war freilich auch der Grund, warum die Fahrleistungen nie halten konnten, was die Optik versprach. Zwar wurden aus den anfangs 30 PS des 1,2-Liter-Käfer-Boxers später bis zu 50 – aber von einem reinrassigen Sportwagen war man noch relativ weit entfernt. Trotzdem blieben beide Varianten rekordverdächtige 19 Jahre lang im Programm und erfreuten sich bis zuletzt – vor allem in den USA – großer Beliebtheit.

Mehr Technologie wagen

Heftig gestritten wurde an den Stammtischen der sechziger Jahre nicht nur über politische Themen, sondern auch über die Autotechnik: Front- oder Heckantrieb, Wasser- oder Luftkühlung, Stahl- oder Hydrogasfederung, Kofferraum hinten oder vorne, Boxer- oder Reihenmotor. Von der konventionellen Antriebsform hatten sich viele Automobilhersteller gelöst und auf die unterschiedlichsten Konzepte gesetzt. Vielfalt dominierte in den Sechzigern, und die technologische Entwicklung nahm mit Scheibenbremsen und weiteren Sicherheitsmerkmalen wie dem Gurt oder berechneten Knautschzonen ihren Lauf.

Nonkonformistische Ideen wie der Renault 4 oder der Siegeszug der „Ente" von Citroën zeugen vom Zeitgeist jener Jahre. Und geradezu revolutionäre Konzepte wie der Autobianchi Primula oder der Renault 16 beseitigten auch unter dem Automobilblech den Muff vieler Jahre.

Doch es gab auch die Gegenbewegung: Eisern hielt man – vor allem in Wolfsburg – an Bewährtem fest und wollte Ideen aus den Dreißiger Jahren auch in die Siebziger herüberretten – was 1968 mit dem VW 411 spektakulär scheiterte. Dennoch: Nie waren die Automobile der Deutschen so bürgerlich wie in den Sechzigern. Mit großem Erfolg – denn der gehobene Lebensstil war in der Mitte der Gesellschaft angekommen.

Dass der frische Wind, der mit Konstruktionen aus Italien und Frankreich eingezogen war, überall in Europa für Veränderungen sorgen würde, war aber abzusehen, als die Fiats, Renaults und Alfa Romeos plötzlich reihenweise Vergleichstests in den einschlägigen Zeitschriften sowie internationale Auszeichnungen gewannen. Fast hätten die deutschen Hersteller diesen Trend verschlafen.

Land	Deutschland
Marke	DKW
Baujahr	1964-1966
Motor-Bauart	Dreizylinder-Zweitaktmotor
Lage	Front
Antrieb	Front
Hubraum (ccm)	1175
Leistung (PS/U/min)	60 bei 4500
Vmax (km/h)	135
Bauart	Limousine (2-türig),
	Limousine (4-türig)
Material	Stahlblech
Produktionszahl	52.753

ca. 16.000 €

DKW F 102

Der DKW F 102 beendete in Westdeutschland die Zweitakt-Ära. Auf der IAA 1963 vorgestellt, war er als erste DKW-Neukonstruktion mit selbsttragender Karosserie letzter Hoffnungsträger der Zweitakt-Fraktion. Aber die aus heutiger Sicht zeitlose Form erschien Anfang der Sechziger als zu nüchtern, zudem nervten Kinderkrankheiten und der hohe Verbrauch die wenigen Enthusiasten, die sich für den F 102 entschieden hatten. Mit 60 PS hatte der Dreizylinder-Zweitakter seine letzte Ausbaustufe erreicht, wurde aber nicht mehr als zeitgemäß empfunden. Nach dem DKW-Verkauf an Volkswagen bekam die moderne Karosseriekonstruktion jedoch eine zweite Chance: Als Audi, mit Viertaktmotor und retuschiertem Design, sollte er ab 1964 den Neustart der seit dem Krieg abhanden gekommenen Marke einleiten. Der Abverkauf der letzten auf Halde produzierten F 102 sollte sich indes bis 1967 hinziehen.

Ford Taunus 12 M (Werkscode P4)

[ca. 14.500 €]

Land	Deutschland
Marke	Ford
Baujahr	1962-1966
Motor-Bauart	V4
Lage	Front
Antrieb	Front
Hubraum (ccm)	1183 bis 1498
Leistung (PS/U/min)	40 bei 4500
	bis 65 bei 4500
Vmax (km/h)	120 bis 144
Bauart	Limousine (2-/4-türig),
	Kombi (3-türig),
	Coupé, Cabriolet
Material	Stahlblech
Produktionszahl	672.695

Eigentlich hätte der 12 M als „Cardinal" den US-Markt und den dort erfolgreichen Käfer aufmischen sollen. Aber den Ford-Chefs in Detroit erschien das fertig entwickelte Fahrzeug als zu primitiv und fragil – und damit, so die Annahme, genau richtig für Europa. Von 1962 an sollte der 12 M also den Käfer in seinem eigenen Revier stellen. Ähnlich wie Opel setzte Ford auf ein konventionelles Stufenheck-Konzept – die eigentliche Revolution aber war der Frontantrieb, der erstmals in einem Produkt aus Köln zu finden war. Auch die wassergekühlten 1,2-Liter-V4 mit 40 und 50 PS waren eine Neuheit und lösten die Vorkriegs-Konstruktion des alten 12 M ab. Neben der zwei- oder viertürigen Limousine gab es auch ein Coupé und einen Kombi sowie ab 1964 eine 1,5-Liter-Version, die als 15 M TS sogar 65 PS mobilisierte. Den Käfer konnte der 12 M nicht stellen – sich aber immerhin, auch dank sorgfältiger Modellpflege, gut gegen den Kadett behaupten.

Hillman Imp

[ca. 8.000 €]

Land	GB
Marke	Hillman
Baujahr	1963-1976
Motor-Bauart	Vierzylinder (Reihe)
Lage	Heck
Antrieb	Heck
Hubraum (ccm)	875, 998
Leistung (PS/U/min)	39 bei 5000
	bis 60 bei 6200
Vmax (km/h)	125 bis 155
Bauart	Limousine (2-türig)
Material	Stahlblech
Produktionszahl	440.032

Er sollte die Speerspitze im Kampf des Rootes-Konzerns gegen den Mini werden. Konstruktiv orientierte er sich eher an Kleinwagen aus Italien oder Frankreich: Der komplett aus Aluminium gefertigte OHC-Vierzylinder des Hillman Imp (Kobold) war im Heck untergebracht. Das quicklebendige Triebwerk des Formel-1-Motorenbauers Coventry Climax gab es in drei Leistungsstufen zwischen 39 und 60 PS im Rally Imp. Drehzahlen bis 6200 U/min waren möglich – so erreichte der Imp im Motorsport schnell ähnlich große Popularität wie der Mini. Gegen dessen Markterfolg kam er jedoch nicht ansatzweise an. Ob es daran lag, dass ihm der Ruf der Unzuverlässigkeit anhaftete oder ob sich die Kunden mit dem Corvair-Styling des Hillman Imp einfach nicht anfreunden konnten? Immerhin blieb der Kobold fast 13 Jahre im Programm.

Glas 1004, 1204, 1304 Limousine, Coupé und Cabriolet

Selten hat sich ein Technik-Meilenstein so unauffällig getarnt: Unter der Motorhaube des Glas 1004 verbarg sich 1962 der erste Serienmotor, dessen obenliegende Nockenwelle mit einem Zahnriemen angetrieben wurde – heute nahezu überall Standard. Das 992-ccm-Aggregat leistete 42 PS und sollte Pionier einer Motorenfamilie werden, die auf bis 1,7 Liter und 100 PS kommen sollte. Dem anfangs ausschließlich als Coupé lieferbaren 1004 wurde 1963 eine Limousine zur Seite gestellt. Beiden Varianten gemein war das schlichte Styling, das überhaupt nicht den Zeitgeist traf. Der kurze Radstand – der 1004 nutzte die Gene des Glas-Kleinwagens Isar – sorgte zudem für erhebliche Nickschwingungen. Von der Leistung her konnten es die späteren Versionen 1204 und 1304 mit Alfa Romeo oder BMW aufnehmen. Trotzdem entstanden bis 1967 lediglich knapp über 30.000 Fahrzeuge.

Land	Deutschland
Marke	Glas
Baujahr	1962-1967
Motor-Bauart	Vierzylinder (Reihe)
Lage	Front
Antrieb	Heck
Hubraum (ccm)	992, 1189, 1290
Leistung (PS/U/min)	42 bei 4800
	bis 60 bei 5000
Vmax (km/h)	130 bis 165
Bauart	Limousine (2-türig),
	Coupé, Cabriolet
Material	Stahlblech
Produktionszahl	30.437

[ca. 22.500 €]

Land	Frankreich
Marke	Renault
Baujahr	1961-1992
Motor-Bauart	Vierzylinder (Reihe)
Lage	Front
Antrieb	Front
Hubraum (ccm)	747, 845, 956
Leistung (PS/U/min)	24 bei 4500
	bis 34 bei 5000
Vmax (km/h)	105 bis 120
Bauart	Limousine (5-türig)
Material	Stahlblech
Produktionszahl	ca. 8 Mio.

[ca. 16.500 €]

Renault 4

Bis heute der erfolgreichste Renault aller Zeiten – danach sah es bei der Premiere des Renault 4 allerdings nicht aus. Auf ein so konsequent nach funktionalen Gesichtspunkten konstruiertes Auto reagierte man Anfang der Sechziger mit großem Befremden. Wer sich aber näher mit dem kistenförmig gestylten Renault 4 befasste, fand ein erschwingliches Auto mit vier Sitzplätzen, vier Türen, einen großen Kofferraum – der über eine Heckklappe zudem gut erreichbar und dank herausnehmbarer Sitzbank auch gut erweiterbar war – sowie eine komfortable Federung vor. Nicht ganz so spartanisch wie der Citroën 2CV und mit vier Zylindern statt zweien sowie Wasserkühlung statt Luftkühlung hatte der R4 seine Lücke bald gefunden. Bis zu seinem Produktionsende 1992 nach mehr als acht Millionen Exemplaren hatte er längst Kultstatus erreicht.

Simca 1000, Rallye 1, Rallye 2, Rallye 3

Land	Frankreich
Marke	Simca
Baujahr	1961-1978
Motor-Bauart	Vierzylinder (Reihe)
Lage	Heck
Antrieb	Heck
Hubraum (ccm)	944, 1294
Leistung (PS/U/min)	32 bei 5000
	bis 103 bei 6200
Vmax (km/h)	115 bis 180
Bauart	Limousine (4-türig)
Material	Stahlblech
Produktionszahl	1.642.091

[ca. 33.500 €]

In Italien, Deutschland und Frankreich war der Heckmotor in den 1950er Jahren bei Kleinwagen das Maß aller Dinge. Erst spät schloss man sich auch bei Simca diesem Trend an und stellte 1961 mit dem Simca 1000 einen viertürigen Kleinwagen mit wassergekühltem Heckmotor und 32 PS vor, der genau auf die Renault Dauphine zielte. Das Konzept kam an. Die Käufer mochten den kleinen, aber geräumigen Simca. Der sollte ab 1970 eine sportliche Karriere entwickeln. Der Rallye 1 mit 60 PS und martialischem Rallyestreifen quer über das Heck dominierte ebenso wie seine Nachfolger, Rallye 2 und Rallye 3, das Motorsportgeschehen in der Klasse bis 1300 ccm. Mit bis zu 103 PS gab es nirgendwo ein besseres Leistungsgewicht. Erst 1978 wurde die Produktion nach gut 1,6 Millionen Fahrzeugen eingestellt.

Škoda 1000 MB, 1000 MB de luxe, 1000 MBX

Land	Tschechoslowakei
Marke	Škoda
Baujahr	1964-1969
Motor-Bauart	Vierzylinder (Reihe)
Lage	Heck
Antrieb	Heck
Hubraum (ccm)	988, 1107
Leistung (PS/U/min)	35 bis 45 bei 4650
Vmax (km/h)	125
Bauart	Limousine (2-/4-türig)
Material	Stahlblech
Produktionszahl	k.A.

[ca. 13.000 €]

Bei Škoda wurde 1964 die Heckmotor-Ära eingeleitet. Ihr waren achtjährige Entwicklungsarbeiten vorangegangen, in deren Verlauf das Konzept mehrmals geändert wurde. Schließlich entschied man sich für die Heckmotor-Variante mit wassergekühltem Aluminium-Vierzylinder. Für den neuen Fahrzeugtyp wurde in Mlada Boleslav eigens ein neues Werk gebaut. Galten die Vorgänger als robust, ließ sich das vom 1000 MB nicht unbedingt behaupten. Speziell Korrosion, aber auch durchbrennende Zylinderkopfdichtungen gehörten bald zum Alltag der Škoda-Fahrer. Das Werk lieferte Fahrzeuge sogar mit einer Plastikkanne aus, mit der bei Bedarf Kühlwasser nachgefüllt werden konnte. Im Export begründete der 1000 MB den schlechten Ruf der Ostblock-Autos. Mangels Alternativen blieb er im Osten selbst begehrt.

Alfa Romeo Giulia (Giulia, Giulia Nuova)

Ein schweres Erbe hatte die Alfa Romeo Giulia 1962 anzutreten. Ihre Vorgängerin Giulietta war der erfolgreichste Alfa Romeo aller Zeiten gewesen. Und tatsächlich störte man sich zunächst am kantigen, unkonventionellen Design sowie an technischen Lösungen wie den vorderen Trommelbremsen. Schnell wurde aber auch den Kritikern klar, dass die Giulia eine damals einzigartige Synthese aus sportlichem Charakter, Alltagstauglichkeit und italienischem Flair darstellte und noch heute als die Inkarnation der Marke Alfa Romeo gilt. Einen wesentlichen Anteil daran hatten die Doppelnockenwellen-Motoren mit 1,3 und 1,6 Litern Hubraum, die hohe Literleistungen mit Laufkultur, tollem Sound und mechanischer Zuverlässigkeit kombinierten. Zusammen mit der ab 1974 angebotenen Giulia Nuova wurden mehr als 570.000 Einheiten des sportlichen Viertürers gebaut.

ca. 25.500 €

Land	Italien
Marke	Alfa Romeo
Baujahr	1962-1978
Motor-Bauart	Vierzylinder (Reihe)
Lage	Front
Antrieb	Heck
Hubraum (ccm)	1290, 1570
Leistung (PS/U/min)	78 bei 6000
	bis 112 bei 6500
Vmax (km/h)	160 bis 185
Bauart	Limousine (4-türig)
Material	Stahlblech
Produktionszahl	ca. 570.000

BMW 1500 und 1600 („Neue Klasse", Werkscode E1)

Mit der „Neuen Klasse" konnte BMW endlich wieder an die Vorkriegs-Tradition des BMW 326 anknüpfen und bot ein dynamisches Fahrzeug in der oberen Mittelklasse an. Schon im ersten Jahr wurden mehr als 20.000 Exemplare des BMW 1500 verkauft, trotz des hohen Preises von 9500 Mark. Der 80-PS-Motor, das aufwändige Fahrwerk mit McPherson-Federbeinen und Schräglenker-Hinterachse und die elegante Optik begeisterten das Publikum. So hatte man sich einen BMW gewünscht. Die Baureihe wurde zügig mit dem BMW 1600 und dem 1800 ausgebaut. Dessen Motorsport-Basisvariante TI/SA setzte für Limousinen der Mittelklasse neue Maßstäbe: Die beiden Doppelvergaser des TI/SA mobilisierten 130 PS. Im ab 1966 lieferbaren BMW 2000 wurde 1970 erstmals eine Benzineinspritzung eingesetzt. Die „Neue Klasse" blieb bis 1972 in Produktion und wurde vom ersten „Fünfer" abgelöst.

Marke	BMW
Baujahr	1961-1966
Motor-Bauart	Vierzylinder (Reihe)
Lage	Front
Antrieb	Heck
Hubraum (ccm)	1499, 1573
Leistung (PS/U/min)	80 bei 5700, 83 bei 5500
Vmax (km/h)	148 bis 155
Bauart	Limousine (4-türig)
Material	Stahlblech
Produktionszahl	k.A.

ca. 15.500 €

Ford Taunus 17 M (Werkscode P3, „Badewanne")

Land	Deutschland
Marke	Ford
Baujahr	1960-1964
Motor-Bauart	Vierzylinder (Reihe)
Lage	Front
Antrieb	Heck
Hubraum (ccm)	1498 bis 1758
Leistung (PS/U/min)	55 bei 4250
	bis 75 bei 4500
Vmax (km/h)	136 bis 154
Bauart	Limousine (2-/4-türig),
	Kombi (3-türig), Cabriolet
Material	Stahlblech
Produktionszahl	669.731

ca. 20.500 €

Keineswegs übertrieben war es 1960, vom „Wunder aus Köln" zu sprechen. Der 17 M P3 hatte gegenüber seinem Vorgänger die barocken Formen und den Chromschmuck abgelegt und erschien in einer Schlichtheit und Eleganz, die man den Kölnern nicht zugetraut hätte. Als „Linie der Vernunft" wurde er beworben und der mutige Paradigmenwechsel hatte Erfolg. Der Opel Rekord sah plötzlich alt aus, und Ford konnte erstmals (und auch letztmals) zu den Verkaufszahlen der Rüsselsheimer Mittelklasse-Modelle aufschließen. Den P3, der aufgrund seiner rundlichen Form auch Badewanne genannt wurde, gab es zunächst mit zwei, später mit drei Motorisierungen zwischen 55 und 75 PS im 17 M TS. Zwei- und Viertürer waren lieferbar sowie der „Turnier" genannte dreitürige Kombi. Fast 670.000 Badewannen entstanden bis 1964 in Köln.

Land	Deutschland
Marke	Glas
Baujahr	1964-1967
Motor-Bauart	Vierzylinder (Reihe)
Lage	Front
Antrieb	Heck
Hubraum (ccm)	1682
Leistung (PS/U/min)	80 bei 4800
	bis 100 bei 5500
Vmax (km/h)	150 bis 165
Bauart	Limousine (4-türig)
Material	Stahlblech
Produktionszahl	13.789

ca. 21.000 €

Glas 1700, 1700 TS

Zum Scheitern verurteilt schienen alle Versuche des erfolgreichen Kleinwagenproduzenten Glas, auch in höheren Klassen Fuß zu fassen. Dabei hätte der Glas 1700 die Anlagen gehabt. Auf der IAA verblüffte der Viertürer das Fachpublikum mit seiner gekonnt gezeichneten, eleganten Karosserie (die Pietro Frua eigentlich 1960 für den Borgward-Konzern entworfen hatte). In der oberen Mittelklasse konkurrierte der Glas 1700 mit dem BMW 1600 und der Giulia von Alfa Romeo. Der 1,7-Liter-Motor leistete 80 PS, die TS-Version, die 1965 erschien, brachte es dank eines Doppelvergasers sogar auf 100 PS. Mit knapp 14.000 Fahrzeugen gelang dem Glas 1700 bis zur BMW-Übernahme 1967 nicht mehr als ein Achtungserfolg – allerdings wurde er von 1968 bis 1977 in Südafrika mit BMW-Technik und -Logo als BMW 1804 weitergebaut.

ca. 12.000 €

Land	Italien
Marke	Lancia
Baujahr	1963-1972
Motor-Bauart	V4
Lage	Front
Antrieb	Heck
Hubraum (ccm)	1091 bis 1298
Leistung (PS/U/min)	58 bei 5800
	bis 87 bei 6000
Vmax (km/h)	140 bis 160
Bauart	Limousine (4-türig)
Material	Stahlblech
Produktionszahl	192.097

Lancia Fulvia Berlina

Der Lancia Fulvia hatte die rundlichen Formen des Appia abgelegt und sich mit seinen klaren Designlinien eindeutig am Zeitgeschmack der frühen Sechziger orientiert. Technisch waren die Lancia jener Jahre Besonderheiten: Einen V4-Motor mit einem Zylinderwinkel von nur 13 Grad gab es sonst nirgendwo. Das Aggregat war um 45 Grad geneigt eingebaut, besaß zwei obenliegende Nockenwellen und leistete in der 1,1-Liter-Version 58 PS. Ein Jahr später wurde eine Version mit Doppelvergaser angeboten, die 71 PS leistete. Bis zum Produktionsende der Limousine blieb man beim V4, vergrößerte den Hubraum aber bis auf 1,3 Liter, aus denen immerhin bis zu 87 PS geschöpft wurden. Vor allem mit ihrem Nutzwert konnte die geräumige, viertürige Limousine überzeugen. Bis 1972 wurden fast 200.000 Fulvia verkauft.

Mercedes-Benz 190 c und Dc, 200 und 200 D (W 110)

Land	Deutschland
Marke	Mercedes-Benz
Baujahr	1961-1968
Motor-Bauart	Vierzylinder (Reihe)
Lage	Front
Antrieb	Heck
Hubraum (ccm)	1897, 1988
Leistung (PS/U/min)	55 bei 4200
	bis 95 bei 5400
Vmax (km/h)	130 bis 160
Bauart	Limousine (4-türig),
	Kombi (5-türig)
Material	Stahlblech
Produktionszahl	588.024

ca. 30.000 €

Zwei Jahre nach den Sechszylinder-Modellen bot Mercedes die Heckflossen-Karosserie auch für die Vierzylinder an. Von ihren größeren Brüdern unterschieden sie sich nur durch eine andere Frontgestaltung mit Rundscheinwerfern statt der aufrechtstehenden Leuchteneinheiten sowie durch die kürzere Motorhaube. Anfangs rüstete Mercedes die „kleine Flosse" vorn noch mit Trommelbremsen aus – erst ab 1962 gab es vorn grundsätzlich Scheibenbremsen. Ansonsten waren die beiden Baureihen nahezu identisch und teilten sich auch den skurrilen Walzentacho, bei dem eine vertikale Säule ihre Farbe je nach Geschwindigkeit veränderte. Die Baureihe W 110 entwickelte sich bis 1968 zum typischen Alltags-Mercedes und war noch Jahrzehnte später in aller Welt im Einsatz. Speziell die Diesel-Varianten 190 D und 200 D waren als Taxi überall beliebt.

Opel Kadett (Serie A)

Anfang der Sechziger hatte man bei Opel in Rüsselsheim endlich realisiert, dass nur ein komplett neues Fahrzeug dem Käfer seinen Erfolg würde streitig machen können. In Bochum wurde eigens ein komplett neues Werk gebaut, wo im Oktober 1962 die Produktion begann. Als Name wählte man „Kadett" und knüpfte damit an eine Vorkriegs-Tradition an. Mit vorn eingebauten wassergekühlten Vierzylindern und einer Stufenheckkarosserie mit großem Kofferraum setzte man sich nicht nur von den Wolfsburgern konstruktiv ab, sondern ebenso von der Heckmotor-Armada anderer Hersteller. Coupé und Kombi (CarAVan) rundeten das Angebot ab. Schon nach drei Jahren wurde der A-Kadett ersetzt – trotz ungebrochenen Erfolgs. Den hatten auch seine Nachfolger, wenngleich auch sie den Käfer nie vom Thron stoßen konnten.

Land	Deutschland
Marke	Opel
Baujahr	1962-1965
Motor-Bauart	Vierzylinder (Reihe)
Lage	Front
Antrieb	Heck
Hubraum (ccm)	993
Leistung (PS/U/min)	40 bei 5000
	bis 48 bei 5400
Vmax (km/h)	120 bis 133
Bauart	Limousine (2-türig),
	Kombi (3-türig), Coupé
Material	Stahlblech
Produktionszahl	649.512 (inkl. Coupé)

[ca. 11.500 €]

ca. 15.000 €

Land	Deutschland
Marke	Opel
Baujahr	1963-1965
Motor-Bauart	Vierzylinder (Reihe),
	Sechszylinder (Reihe)
Lage	Front
Antrieb	Heck
Hubraum (ccm)	1488 bis 2605
Leistung (PS/U/min)	55 bei 4500
	bis 100 bei 4600
Vmax (km/h)	130 bis 170
Bauart	Limousine (2-/4-türig),
	Kombi (3-türig), Coupé, Cabriolet
Material	Stahlblech
Produktionszahl	887.488

Opel Rekord (Serie A)

Vom Erfolg des 17 M P3 waren die erfolgsverwöhnten Rüsselsheimer kalt erwischt worden. Ab 1963 sollte der Rekord A die alten Verhältnisse wieder geraderücken. Stilistisch stellte auch er einen radikalen Bruch mit seinem Vorgänger P2 dar. Aber die in Detroit entworfene, dem Chevrolet II ähnliche, schlanke Karosserie mit niedriger Gürtellinie wirkte deutlich amerikanischer als die des Konkurrenzmodells aus Köln. Technisch war weitgehend alles beim Alten geblieben: Die 1,5- und 1,7-Liter-Motoren mit seitlicher Nockenwelle basierten noch auf Vorkriegs-Konstruktionen. Auch die starre, blattgefederte Hinterachse markierte keinen neuen Standard. Im März 1964 brachte immerhin der 2,6-Liter-Sechszylinder des Opel Kapitän mit 100 PS ordentlich Pep unter die Haube. Das Konzept kam an: Bis zu seiner Ablösung durch den „B" fand der Rekord A reißenden Absatz.

Land	Frankreich
Marke	Peugeot
Baujahr	1960-1975
Motor-Bauart	Vierzylinder (Reihe)
Lage	Front
Antrieb	Heck
Hubraum (ccm)	1469 bis 1948
Leistung (PS/U/min)	53 bei 5000
	bis 88 bei 5700
Vmax (km/h)	110 bis 160
Bauart	Limousine (4-türig),
	Kombi (5-türig)
Material	Stahlblech
Produktionszahl	2.769.361

ca. 16.500 €

Peugeot 404

Er prägte maßgeblich das Image vom „französischen Mercedes", das den Peugeot-Modellen lange zuerkannt blieb: Der 1960 vorgestellte Peugeot 404 war vom italienischen Star-Designer Pininfarina entworfen worden und folgte dem glattflächigen und geradlinigen Trend seiner Zeit. Komfort, Geräumigkeit und Langlebigkeit waren die markantesten Eigenschaften des 404, der in Frankreich bis 1975, in einigen Exportmärkten aber bis Ende der achtziger Jahre produziert wurde. Motoren zwischen 1,5 und 2 Litern Hubraum deckten ein Leistungsspektrum von 53 bis 88 PS ab. Auch zwei Dieselversionen waren lieferbar. Neben dem Viertürer gab es den Kombi (wahlweise mit drei Sitzreihen), ein Cabriolet, ein Coupé sowie einen Pick-Up. Mit 2,8 Millionen Fahrzeugen übertraf der 404 den Erfolg seines bis 1966 parallel gebauten Vorgängers deutlich und war lange in Frankreich fester Bestandteil im Straßenbild – in vielen afrikanischen Ländern ist er das bis heute.

Volkswagen 1500, 1500 S (Typ 3)

Ende der 1950er Jahre war den VW-Managern bewusst geworden, dass sie ein Fahrzeug brauchten, um das Abwandern zufriedener Käfer-Fahrer, denen der Sinn nach einem größeren Fahrzeug stand, zu verhindern. Der Typ 3 erfüllte ab 1961 genau diese Aufgabe – und das mit Bravour. Technisch basierte er zwar auf dem Käfer, bot aber mit seiner unaufdringlich gezeichneten Stufenheck-Karosserie deutlich mehr Raum für Passagiere und Gepäck. Außerdem gab es einen Kombi, der wie die Limousine sowohl vorne als auch hinten einen Kofferraum hatte und sich vor allem in den USA großer Beliebtheit erfreute. Der 1500er Boxermotor in Unterflurbauweise leistete 45 PS, der 1500 S gar 54 PS – für Volkswagen-Kunden durchaus ein Wort. Der Typ 3 blieb – als VW 1600 ab 1965 nur unwesentlich verändert – bis 1973 im Programm.

Land	Deutschland
Marke	Volkswagen
Baujahr	1961-1965
Motor-Bauart	Vierzylinder (Boxer)
Lage	Heck
Antrieb	Heck
Hubraum (ccm)	1493, 1584
Leistung (PS/U/min)	45 bei 3800
	bis 54 bei 4000
Vmax (km/h)	130 bis 140
Bauart	Limousine (2-türig),
	Kombi (3-türig)
Material	Stahlblech
Produktionszahl	704.475

[ca. 22.500 €]

ca. 61.000 €

Lincoln Continental

Mit dem Lincoln Continental beendete man 1961 in Detroit die Heckflossen-Ära. Und das radikal: Der neue Continental war so schlicht und geradlinig gezeichnet, dass er sogar einen Award als „herausragender Beitrag zur Einfachheit und Eleganz des Automobildesigns" gewann. John F. Kennedy jedenfalls wählte den Lincoln Continental zu seiner Repräsentations-Limousine. Erstmals seit den Dreißigern gab es mit dem Convertible wieder ein viertüriges Cabrio. Dabei war die Karosserie des Continental nicht auf einem Kastenrahmen, sondern selbsttragend ausgeführt. Weniger schlicht als das Design gerieten die Motoren: Mit 7 und 7,5 Litern stellten sie Anfang der Sechziger den Höhepunkt im Aufrüstungsrennen dar. Mit maximal 365 PS erreichte der Continental die 200-km/h-Marke. Im Gedächtnis vieler blieben die Bilder von 1963, als Kennedy im offenen Lincoln Continental erschossen wurde.

Land	USA
Marke	Lincoln
Baujahr	1961-1967
Motor-Bauart	V8
Lage	Front
Antrieb	Heck
Hubraum (ccm)	7045, 7560
Leistung (PS/U/min)	320 bei 4600
	bis 365 bei 4600
Vmax (km/h)	190 bis 210
Bauart	Limousine, Cabriolet
Tragstruktur	selbsttragend
Produktionszahl	21.347

Mercedes-Benz 600 (W 100)

Der Auftrag an Fritz Nallinger, Mercedes-Entwicklungschef, war schlicht formuliert: Er sollte für den „Großen Mercedes" das realisieren, was technisch machbar war. Oder: Das beste Auto der Welt konstruieren. Auf der IAA 1963 konnte das Fachpublikum das Ergebnis, den 600er, bewundern: Die 5,54 m lange Limousine wurde von einem 6,3-Liter-V8 mit 250 PS angetrieben, der trotz 2,5 Tonnen Leergewichts für sportwagenähnliche Fahrleistungen sorgte. Maximalen Komfort erreichte man durch Luftfederung und Zentralhydraulik, die Funktionen wie verstellbare Sitze und Fensterheber regelte. Eine elektrisch regulierbare Klimaanlage war serienmäßig. Ab 1964 gab es die Pullman-Limousine mit 6,24 m Außenlänge – wahlweise auch als Landaulet. Geld verdiente Mercedes an der Repräsentationslimousine nie. Aber bis zum Produktionsende 1981 galt der 600 als die ultimative Staatskarosse – und tatsächlich als bestes Auto der Welt.

Land	Deutschland
Marke	Mercedes-Benz
Baujahr	1963-1981
Motor-Bauart	V8
Lage	Front
Antrieb	Heck
Hubraum (ccm)	6330
Leistung (PS/U/min)	250 bei 4000
Vmax (km/h)	200 bis 207
Bauart	Limousine (4-/6-türig),
Material	Stahlblech
Produktionszahl	2677

[ca. 400.000 €]

Opel Kapitän, Admiral, Diplomat, Diplomat V8 (KAD A)

Land	Deutschland
Marke	Opel
Baujahr	1964-1968
Motor-Bauart	Sechszylinder (Reihe), V8
Lage	Front
Antrieb	Heck
Hubraum (ccm)	2605, 2784, 4638, 5354
Leistung (PS/U/min)	100 bei 4600 bis 230 bei 4700
Vmax (km/h)	155 bis 200
Bauart	Limousine (4-türig), Coupé
Material	Stahlblech
Produktionszahl	89.277

Von seinem Vorgänger ließen sich in nur vier Jahren mehr als 145.000 Exemplare verkaufen. Doch der 1964 vorgestellte große Opel mit drei Typenbezeichnungen leitete den Abstieg ein. Kapitän, Admiral und Diplomat waren formal gelungen und technisch ausgereift. Und nach wie vor bot man in Rüsselsheim eine Menge Auto fürs Geld. Aber wer in den Sechzigern Oberklasse fahren wollte und konnte, griff lieber zum Stern. Daran konnte auch der 4,6-Liter-V8 mit 195 PS, der ab 1964 den Reihensechszylindern zur Seite gestellt wurde, nichts mehr ändern. Das bei Karmann in Osnabrück gebaute Diplomat V8-Coupé mit 230 PS war die Krönung der Baureihe. Doch letztlich konnte Opel bis 1968 keine 90.000 Exemplare von dem Dreigestirn losschlagen – die Nummer-eins-Position bei Sechszylinderfahrzeugen hatte man längst verloren.

ca. 29.000 €

111

Rover 2000, SC, TC, 2200 SC, TC, 3500 und 3500 S (Werkscode P6)

Land	GB
Marke	Rover
Baujahr	1963-1977
Motor-Bauart	Vierzylinder (Reihe), V8
Lage	Front
Antrieb	Heck
Hubraum (ccm)	1978 bis 3532
Leistung (PS/U/min)	81 bei 5000
	bis 161 bei 5200
Vmax (km/h)	160 bis 195
Bauart	Limousine (4-türig),
	Kombi (5-türig)
Material	Stahlblech
Produktionszahl	439.135

ca. 15.500 €

Von 1949 bis 1963 hatte Rover die P4-Serie fast unverändert produziert. Der 1963 vorgestellte P6 sollte als Rover 2000 einen konstruktiven Meilenstein setzen. Unter der völlig neuen, selbsttragenden Karosserie, deren Außenbleche ähnlich wie beim Citroën DS nur angeschraubt waren, fanden sich nicht nur Scheibenbremsen rundum, sondern auch eine aufwändig konstruierte DeDion-Hinterachse, die für eine gelungene Kombination aus Fahrkomfort und -sicherheit sorgen sollte. Im Innenraum waren an allen vier Sitzplätzen Sicherheitsgurte montiert. Für den Antrieb zuständig waren moderne OHC-Motoren mit 2 Litern Hubraum und 90 PS oder – mit Doppelvergaser – 123 PS. 1978 ergänzte ein von Buick zugekaufter Aluminium-V8 mit 3,5 Litern Hubraum und 160 PS die Motorenpalette. Der V8 trug maßgeblich zur Beliebtheit des P6 bei, die bis zur Produktionseinstellung 1977 andauerte.

Alfa Romeo Giulia Sprint GT (GTC, GTA, GTV), GT 1300 Junior, 1750 GTV, 2000 GTV („Bertone-Coupé")

[**ca. 49.500 €**]

Land	Italien
Marke	Alfa Romeo
Baujahr	1963-1977
Motor-Bauart	Vierzylinder (Reihe)
Lage	Front
Antrieb	Heck
Hubraum (ccm)	1290 bis 1962
Leistung (PS/U/min)	87 bei 6000
	bis 131 bei 5500
Vmax (km/h)	170 bis 200
Bauart	Coupé, Cabriolet
Material	Stahlblech
Produktionszahl	222.805

Als „Bertone"-Coupé sollten die Nachfolger des Giulietta-Coupés in die Geschichte eingehen – angesichts der verwirrenden Typenvielfalt eine willkommene Vereinfachung. Das 1963 vorgestellte kompakte, maskulin wirkende Coupé ist einer der gelungensten Entwürfe der Automobilgeschichte und baute auf der verkürzten Bodengruppe der 1962 vorgestellten Giulia auf. Von der Giulia übernommen wurden auch die Motoren – alles Vierzylinder mit doppelten Nockenwellen. Die Basis war der 1,3-Liter mit strammen 87 PS. Als GTA verfügte der „Bertone" gar über eine Leichtmetall-Karosserie mit 200 kg Gewichtsersparnis und Doppelzündung. Die von Autodelta montierten GTA-Versionen begründeten den legendären Motorsport-Erfolg der Alfa-Coupés. Bis zu 180 PS leistete der kleine 1,3 Liter im Renntrimm – und wog nur 795 kg. Das Bertone-Coupé lief bis 1977 vom Band. Mit über 220.000 Fahrzeugen waren die Bertone-Modelle auch wirtschaftlich extrem erfolgreich.

Alpine A 110

Der begeisterte Rallye-Fahrer Jean Rédélé hatte in den 1950er Jahren auf getunten Renault 4CV spektakuläre Erfolge erzielt. Ende der Fünfziger begann er, in Kleinserien GFK-Karosserien für Renault-Fahrzeuge zu entwickeln. 1962 erschien mit dem Alpine A 110 das erste Serienfahrzeug. Die GFK-Karosserie des nur 113 cm hohen Zweisitzers war auf einem Zentralrohrrahmen aufgebaut. Mit nur 600 kg Leergewicht hatte schon der Einliter-Vierzylinder mit 48 PS aus dem Renault 8, der im Heck untergebracht war, leichtes Spiel. Trotzdem wurde die Motorenpalette zügig ausgebaut. Bis zu 140 PS waren lieferbar, die den Alpine A 110 nicht nur zur ultimativen Fahrmaschine machten, sondern auch die Basis für eine beispiellose Rallye-Karriere lieferten. Der „französische Porsche" wurde bis 1977 gebaut.

Land	Frankreich
Marke	Alpine
Baujahr	1962-1977
Motor-Bauart	Vierzylinder (Reihe)
Lage	Heck
Antrieb	Heck
Hubraum (ccm)	956, 1108, 1255
	bis 1565
Leistung (PS/U/min)	48 bei 5200
	bis 140 bei 6100
Vmax (km/h)	160 bis 215
Bauart	Coupé
Material	Kunststoff
Produktionszahl	7160

[**ca. 108.000 €**]

Aston Martin DB5

[ca. 750.000 €]

Als Dienstwagen von James Bond machte sich der Aston Martin DB5 unsterblich. Das elegante Coupé des englischen Herstellers war 1963 erschienen und eigentlich eine überarbeitete Version des DB4, der von 1959 an gebaut worden war. Der DB5 hatte einen auf vier Liter aufgebohrten Reihensechszylinder mit 286 PS, der auch dem Geheimagenten Seiner Majestät standesgemäße Fahrleistungen versprechen sollte. In der Romanvorlage hatte James Bond-Autor Ian Fleming noch einen DB2 MKIII beschrieben – der wurde aber bei der Verfilmung durch einen DB5-Prototypen ausgetauscht. Der als klassischer GT konzipierte DB5 erreichte in den vergangenen Jahren bei Oldtimer-Auktionen Phantasie-Preise – auch wenn Interessenten damals wie heute auf Radargerät, ausfahrbare schusssichere Rückwand und Schleudersitz verzichten müssen.

Land	GB
Marke	Aston Martin
Baujahr	1963-1965
Motor-Bauart	Sechszylinder (Reihe)
Lage	Front
Antrieb	Heck
Hubraum (ccm)	3995
Leistung (PS/U/min)	286 bei 5500
	bis 330 bei 5750
Vmax (km/h)	240 bis 260
Bauart	Coupé, Cabriolet
Material	Aluminium
Produktionszahl	1063

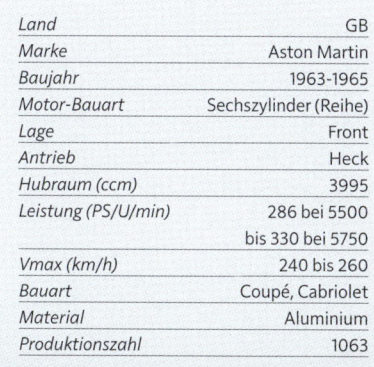

Ferrari 250 GTO

Der Ferrari 250 GTO gilt zu Recht als automobile Ikone und verkörpert für viele Automobilenthusiasten die Seele von Ferrari. Kein Wunder, schließlich hatte man in Maranello dem straßenzugelassenen Sportwagen so viel waschechte Renntechnik mit auf den Weg gegeben, wie es 1962 möglich war. Das begann bei dem renntypischen Rohrrahmen und der dynamisch gezeichneten Leichtmetall-Karosserie und ging weiter über den „Colombo"-V12, der inzwischen auf drei Liter Hubraum angewachsen war und 290 PS bei 7500 U/min leistete. Nur dank der Trockensumpfschmierung mit 15 Litern Öl fand der Zwölfzylinder, der von sechs Doppelvergaseranlagen beatmet wurde, im flachen Motorraum des GTO Platz. Drei der insgesamt 39 gebauten 250 GTO verfügten sogar über vier Liter Hubraum und 390 PS – alle gelten als fast unbezahlbare Raritäten.

Land	Italien
Marke	Ferrari
Baujahr	1962-1964
Motor-Bauart	V12
Lage	Front
Antrieb	Heck
Hubraum (ccm)	2953
Leistung (PS/U/min)	290 bei 7500
Vmax (km/h)	270
Bauart	Coupé
Material	Stahlblech
Produktionszahl	39

[k.A.]

Ford Mustang

Land	USA
Marke	Ford (USA)
Baujahr	1964-1973
Motor-Bauart	Sechszylinder (Reihe), V8
Lage	Front
Antrieb	Heck
Hubraum (ccm)	2781 bis 6964
Leistung (PS/U/min)	101 bei 4400 bis 390 bei 5400
Vmax (km/h)	150 bis 225
Bauart	Hardtop, Coupé, Cabriolet
Material	Stahlblech
Produktionszahl	k.A.

ca. 46.500 €

Lange Schnauze, kurzes Heck, Platz für vier und bei Bedarf richtig viel Leistung. Das war das Erfolgsrezept des Ford Mustang, den Tausende von Interessenten 1964 so sehr ersehnt hatten, dass sie vor den Toren ihrer Ford-Händler übernachtet hatten, um am Premieren-Tag als Erste die Bestellungen abgeben zu können. Der Mustang sollte die Fahrzeugklasse der „Pony-Cars" begründen und wurde ein gigantischer Erfolg. Allein in den beiden ersten Jahren wurden mehr als 600.000 Fahrzeuge verkauft. Ein Geheimnis war das breite Motorenangebot, das vom 2,8-Liter-Sechszylinder mit 101 PS bis zum 7-Liter-V8 mit 390 PS keine Wünsche offen ließ. Ab den Siebzigern wurde die Linie des Mustang stark verwässert – und erlebte erst 2005 ein erfolgreiches Comeback.

Honda S 600

Der Japaner Soichiro Honda stellte Anfang der Sechziger die Automobilwelt auf den Kopf – nicht nur durch sein Engagement in der Formel 1. Als schon damals einer der erfolgreichsten Motorradproduzenten der Welt war er 1962 ins Automobilgeschäft eingestiegen – mit einem Kleinwagen, der ausschließlich in Japan verkauft wurde. Der S 600 von 1964 war ein bildschöner Roadster im Bonsai-Format. Weniger die Leistung von 57 PS sorgte für Aufsehen als vielmehr die Art und Weise, wie sie erreicht wurde. Bei Volllast drehte der kleine, aber hochmoderne Vierzylinder mit 600 ccm unglaubliche 8800 U/min. Bestenfalls 6000 U/min galten damals für Serienfahrzeuge als vorstellbar. Die beiden Hinterräder wurden vom Differenzial aus mit je einer im Ölbad laufenden Rollenkette angetrieben – auch das hatte man noch nie so gesehen. Der S 600 wurde bald im Motorsport zu einer festen Größe – zu einem kommerziellen Erfolg für Honda wurden freilich erst die Civic-Typen Anfang der Siebziger.

Land	Japan
Marke	Honda
Baujahr	1964-1966
Motor-Bauart	Vierzylinder (Reihe)
Lage	Front
Antrieb	Heck
Hubraum (ccm)	606
Leistung (PS/U/min)	57 bei 8800
Vmax (km/h)	155
Bauart	Coupé, Cabriolet
Material	Stahlblech
Produktionszahl	13.084

ca. 37.000 €

Iso Grifo, Grifo 7 Litri

Unter die Luxusautomobil-Hersteller wollte der italienische Kühlschrankhersteller ISO Anfang der 1960er Jahre gehen – nachdem er bereits in den Fünfzigern mit dem Kleinwagen, dessen Lizenzen BMW für die Isetta erworben hatte, erfolgreich gewesen war. Unter der Leitung des renommierten Konstrukteurs Giotto Bizzarini entstand ab 1962 der Rivolta und ein Jahr später der Grifo, der das Bild der Marke bis zu ihrem Aus prägen sollte. Die bullige – von Bertone entworfene – Karosserie wirkt auch heute noch elegant. Auf eigene Motoren verzichtete man bei ISO und baute amerikanische V8 mit 5,4 und 7 Litern Hubraum ein, die bei hoher Beanspruchung aber thermische Probleme bekamen. Die Ernsthaftigkeit der Konstruktion belegt das aufwändige Fahrwerk mit DeDion-Hinterachse, vier Scheibenbremsen sowie einem Chassis in Halbmonocoque-Struktur. Bis 1974 waren jedoch nur etwas mehr als 500 Kunden dazu bereit, sich für einen ISO Grifo zu entscheiden.

Land	Italien
Marke	ISO
Baujahr	1963-1974
Motor-Bauart	V8
Lage	Front
Antrieb	Heck
Hubraum (ccm)	5354, 6996
Leistung (PS/U/min)	304 bei 5000
	bis 406 bei 5200
Vmax (km/h)	240 bis 270
Bauart	Coupé (auch mit
	entfernbarem Dachteil)
Material	Stahlblech
Produktionszahl	414, 90

ca. 560.000 €

Lamborghini 350 GT

ca. 700.000 €

Land	Italien
Marke	Lamborghini
Baujahr	1963-1966
Motor-Bauart	V12
Lage	Front
Antrieb	Heck
Hubraum (ccm)	3464
Leistung (PS/U/min)	270 bei 6500
	bis 360 bei 8000
Vmax (km/h)	260 bis 280
Bauart	Coupé, Cabriolet
Material	Stahlblech
Produktionszahl	129

1963 erschien das erste Produkt einer Marke, die Automobil-fans innerhalb kürzester Zeit in einem Atemzug mit Ferrari und Maserati nannten: Lamborghini. Der Traktorenfabrikant aus der Nähe von Bologna hatte sich der Legende nach über Ferrari geärgert und beschlossen, selbst einen Sportwagen zu bauen. Das geschah mit höchstem Anspruch: So wurde kein amerikanischer Big-Block-V8 in eine italienische Designkarosserie implantiert, sondern ein eigener Motor entwickelt – ein V12, wie bei Ferrari, mit 3,4 Litern Hubraum und 270 PS. Das Triebwerk verfügte über vier obenliegende Nocken-wellen – Ferraris V12 hatte nur zwei. Und auch für das Fahrwerk des ersten Lamborghini, der als 350 GT auf dem Turiner Salon 1963 präsentiert wurde, war man mit Einzelradaufhängung an allen vier Rädern einen Schritt weiter gegangen als die Konkurrenz. Dem 350 GT gelang ein Achtungserfolg. Der Miura von 1965 bedeutete den endgültigen Durchbruch für die Boliden aus Sant' Agata.

Jaguar E-Type 3.8 Litre (Series 1)

[ca. 144.000 €]

Radikal hatte der Jaguar E-Type mit der Form seines Vorgängers XK 120 gebrochen und das Publikum des Genfer Salons von 1961 kam aus dem Staunen kaum noch heraus. Der neue E-Type hatte sich formal eng am Rennwagen und Le Mans-Sieger D-Type orientiert. Trotz Jaguar-typischer Rundungen gab sich der E-Type mit seinen knapp geschnittenen Formen ungewohnt maskulin. Die Karosserie von Roadster wie Coupé war selbsttragend. Der Stahlgitterrohrrahmen, der den Motor trug und über den sich die schier unendlich lange Motorhaube spannte, war an der Spritzwand angeschraubt. Technisch vertraute man weiter auf den 3,8-Liter-Reihensechszylinder aus dem XK 150. Selbstredend übernahm man auch die vier Scheibenbremsen, die schon beim Vorgänger serienmäßig eingebaut wurden. Die erste E-Type-Serie wurde bis 1968 gebaut und gilt vielen heute als die begehrenswerteste Version.

Land	GB
Marke	Jaguar
Baujahr	1961-1964
Motor-Bauart	Sechszylinder (Reihe)
Lage	Front
Antrieb	Heck
Hubraum (ccm)	3781
Leistung (PS/U/min)	265 bei 5500
Vmax (km/h)	240
Bauart	Cabriolet, Coupé
Material	Stahlblech
Produktionszahl	7827, 7669

119

Lotus Elan S1, S2, S3, S4, Sprint

Der Lotus Elan war dem Dogma seines Vorgängers treu geblieben: Auch er wurde mit dem Ziel konsequenter Gewichtsreduzierung entwickelt. Von der problembehafteten, selbsttragenden Kunststoffkarosserie hatte man allerdings Abstand genommen. Ein selbstentwickelter Rahmen aus Stahl sorgte für die nötige Stabilität – darüber blieb es beim Kunststoffkleid. Mit seinem geringen Gewicht von nur 680 kg und dem aufwändigen Fahrwerk sollte der zunächst nur als Cabrio lieferbare Elan noch lange Maßstäbe in Sachen Agilität und Handling setzen. Zum Einsatz kamen Motorblöcke aus dem Ford Cortina, deren Zylinderköpfe mit Doppelnockenwellen und halbkugelförmigen Brennräumen eine Lotus-Entwicklung waren. Der Elan blieb bis 1973 in Produktion und war nach Lotus-Maßstäben mit mehr als 12.000 Fahrzeugen ein voller Erfolg. Konzept und Styling inspirierten Ende der Achtziger maßgeblich die Entwickler des Mazda MX-5.

Land	GB
Marke	Lotus
Baujahr	1962-1973
Motor-Bauart	Vierzylinder (Reihe)
Lage	Front
Antrieb	Heck
Hubraum (ccm)	1558
Leistung (PS/U/min)	106 bei 5500 bis 126 bei 6500
Vmax (km/h)	185 bis 195
Bauart	Cabriolet, Coupé
Material	Kunststoff
Produktionszahl	12.224

ca. 46.500 €

Mercedes-Benz 230 SL, 250 SL, 280 SL (W 113)

Eine Design-Revolution für das konservative Mercedes-Publikum war die Roadster-Baureihe W 113. Mit den rundlichen Formen der Fünfziger hatte man radikal gebrochen und auf gerade, schlichte und unspektakuläre Linien gesetzt. Der Krümmung des serienmäßigen Hardtops wegen wird der zunächst als 230 SL vorgestellte Roadster bis heute als „Pagode" bezeichnet – dabei war das Ziel der Designer nicht, die Dachform japanischer Tempel zu kopieren, sondern den Köpfen der Passagiere mehr Raum zu bieten. Der 230 SL wurde auf Anhieb ernster genommen als sein Vorgänger 190 SL, verkaufte sich fast doppelt so gut und blieb acht Jahre lang im Programm des Stuttgarter Autobauers – ab 1967 als 250 SL und ein Jahr später wahlweise auch als 280 SL mit 170 PS. Sein zeitloses Design kann auch heute noch begeistern.

Land	Deutschland
Marke	Mercedes-Benz
Baujahr	1963-1971
Motor-Bauart	Sechszylinder (Reihe)
Lage	Front
Antrieb	Heck
Hubraum (ccm)	2281, 2496, 2778
Leistung (PS/U/min)	150 bei 5500
	bis 170 bei 5750
Vmax (km/h)	190 bis 200
Bauart	Cabriolet
Material	Stahlblech
Produktionszahl	48.912

[ca. 134.000 €]

ca. 26.500 €

MG B

Land	GB
Marke	MG
Baujahr	1962-1980
Motor-Bauart	Vierzylinder (Reihe)
Lage	Front
Antrieb	Heck
Hubraum (ccm)	1798
Leistung (PS/U/min)	92 bei 5400
	bis 95 bei 5500
Vmax (km/h)	165 bis 175
Bauart	Roadster
Material	Stahlblech
Produktionszahl	387.259

Mit Bravour löste der MG B die Aufgabe, Nachfolger des meistverkauften englischen Roadsters der fünfziger Jahre zu sein. Die selbsttragende Karosserie, die sogar über berechnete Sicherheits-Knautschzonen verfügte, zeigte sich stilistisch dem Zeitgeschmack angepasst und modernisiert. So war der klassische Hüftknick des MG A verschwunden. Kurbelscheiben und mehr Platz im Fuß-raum erhöhten zudem beträchtlich den Komfort, hinter den Sitzen war ein Stauraum, für den bei Bedarf ein zusätzlicher dritter Sitz bestellt werden konnte. Der MG B durchlebte eine wechselvolle, aber sehr erfolgreiche und vor allem lange Geschichte, in deren Verlauf er – um den amerikanischen Sicherheitsbestimmungen zu genügen – mit hässlichen Plastikstoßfängern ausgerüstet und 25 mm höhergelegt wurde.

Porsche 356 2000 GS Carrera 2

Land	Deutschland
Marke	Porsche
Baujahr	1961-1964
Motor-Bauart	Vierzylinder (Boxer)
Lage	Heck
Antrieb	Heck
Hubraum (ccm)	1966
Leistung (PS/U/min)	130 bei 6200
Vmax (km/h)	200
Bauart	Coupé, Cabriolet, Hardtop
Material	Stahlblech
Produktionszahl	436

[ca. 640.000 €]

Mit vollen zwei Litern Hubraum und stattlichen 130 PS Leistung war die zweite „Carrera"-Serie zwar nicht weniger sportlich als die erste ausgefallen, aber weniger kapriziös. Als leistungsfähiger Langstrecken-Sportwagen machte er nun eine bessere Figur als sein Vorgängermo-dell. Erhältlich war der Carrera 2 als Coupé, Cabriolet und Hardtop/Cabriolet. Die Produktionsstückzahlen des ebenso exklusiven wie technisch aufwendigen Carrera blieben bei Einstandspreisen zwischen 23.700 und 25.750 D-Mark – je nach Karosserievariante – erwartungs-gemäß auch bei der zweiten Serie gering.

Porsche 911, 911 L, 911 T, 911 S (ab 1967: A-Serie)

Wer Porsche sagt, meint 911. Welche Bedeutung die Sportwagen-Ikone für den Zuffenhausener Hersteller haben würde, war aber 1963, als man den 901 genannten Neuling auf der IAA präsentierte, noch nicht absehbar. Ein Jahr später war – einer Klage Peugeots wegen – aus dem 901 der 911 geworden und für das von F. A. Porsche offenbar für die Ewigkeit gezeichnete Coupé mit dem Zweiliter-Sechszylinder-Boxer und 130 PS wurden 21.900 Mark aufgerufen. Befürchtungen, die Porsche-Gemeinde könne sich nicht vom 356er lösen, erwiesen sich als unbegründet. Die Fahrmaschine aus Schwaben fand auf Anhieb reißenden Absatz. Die Baureihe wurde – ähnlich wie beim 356 – rasch ausgebaut, und schon 1967 konnte man zwischen drei Motoren von 110 bis 160 PS wählen. Produziert wird der 911 bis heute – wohl kein anderes Fahrzeug wurde während seiner Bauzeit so konsequent und beständig weiterentwickelt.

Land	Deutschland
Marke	Porsche
Baujahr	1964-1969
Motor-Bauart	Sechszylinder (Boxer)
Lage	Heck
Antrieb	Heck
Hubraum (ccm)	1991
Leistung (PS/U/min)	110 bei 5800
	bis 160 bei 6600
Vmax (km/h)	195 bis 220
Bauart	Coupé (auch mit
	entfernbarem Dachteil)
Material	Stahlblech
Produktionszahl	k.A.

[ca. 168.000 €]

Porsche 904, Carrera GTS

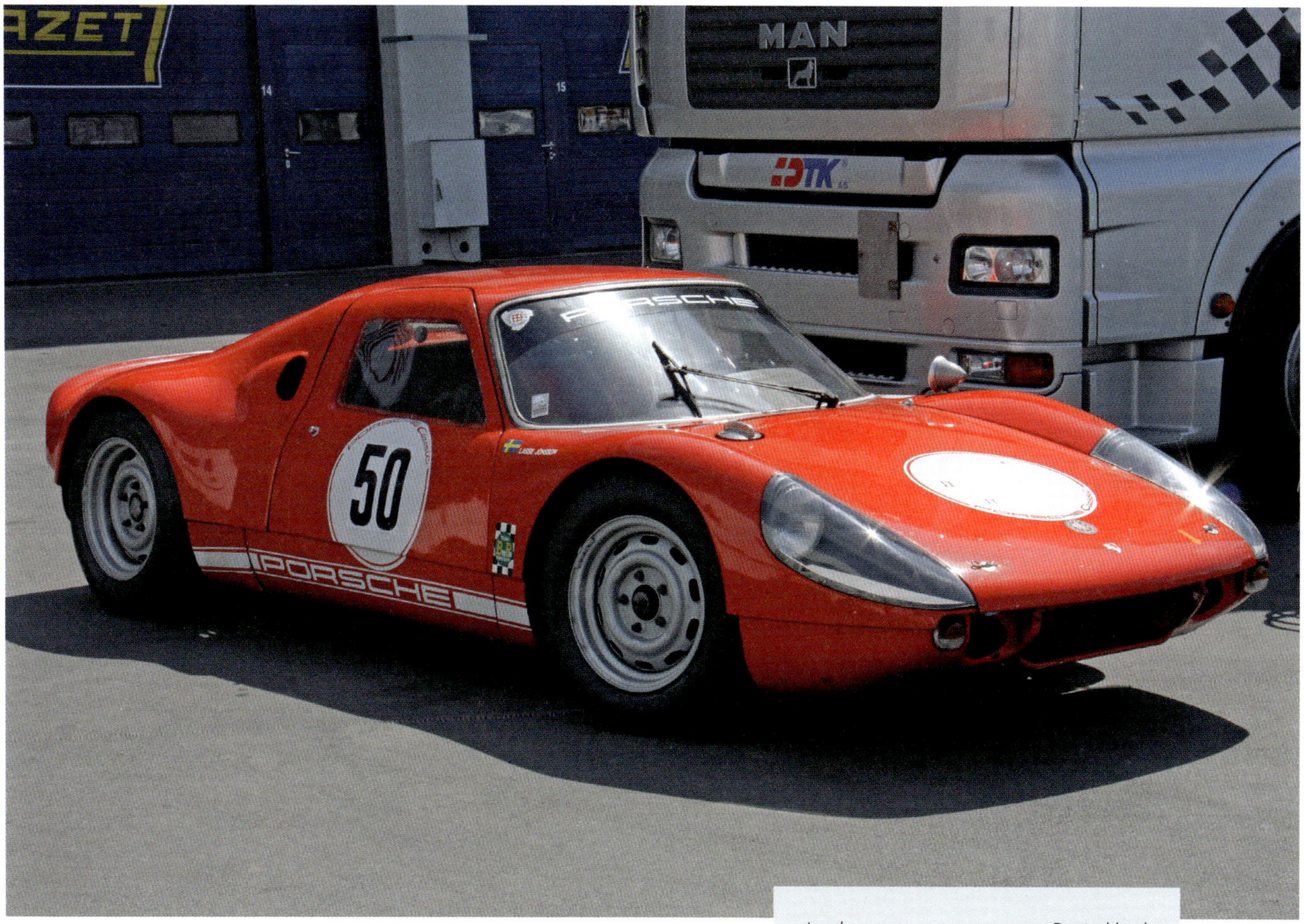

Um Anfang der Sechziger bei GT-Rennen antreten zu dürfen, mussten in einer Homologationsserie mindestens 100 Fahrzeuge eines Typs gebaut werden. Um auf erste Plätze abonniert zu bleiben, wollte man 1963 in Zuffenhausen einen möglichst leichten GT-Rennwagen, in den mittig – wie schon beim Porsche 550 Spyder – der Zweiliter-„Fuhrmann"-Motor eingebaut werden sollte. Die von Heinkel in Speyer gefertigte Karosserie aus einem glasfaserverstärkten Polyesterharz der BASF wurde auf einen Kastenrahmen aus Stahlblech aufgeklebt. Wegen des vergleichsweise günstigen Preises und der großen Nachfrage entstanden so immerhin 116 Exemplare des ersten Porsche mit Kunststoffkarosserie. 650 kg wog der nur wenig mehr als einen Meter hohe 904 – und war mit dem 155 PS leistenden Boxermotor fast 250 km/h schnell. Die Rennerfolge des Carrera GTS waren legendär – allerdings gab es die späteren Sechs- und Achtzylinder-Modelle nicht mit Straßenzulassung.

Land	Deutschland
Marke	Porsche
Baujahr	1963-1965
Motor-Bauart	Vierzylinder (Boxer), Sechszylinder (boxer), Achtzylinder (Boxer)
Lage	Mitte
Antrieb	Heck
Hubraum (ccm)	1966, 1991, 1982, 2195
Leistung (PS/U/min)	155 bei 6900 bis 270 bei 8600
Vmax (km/h)	über 250
Bauart	Coupé
Material	Kunststoff
Produktionszahl	ca. 120

[**je nach Originalität und Historie bis zu 2,5 Mio €**]

Triumph TR 4, TR 4 IRS

Land	GB
Marke	Triumph
Baujahr	1961-1967
Motor-Bauart	Vierzylinder (Reihe)
Lage	Front
Antrieb	Heck
Hubraum (ccm)	1991, 2138
Leistung (PS/U/min)	100 bei 4600
	bis 104 bei 4700
Vmax (km/h)	175
Bauart	Roadster
Material	Stahlblech
Produktionszahl	71.665

ca. 40.000 €

Auch beim Triumph TR 4 sollte die puristische Roadster-Härte ab 1961 etwas aufgeweicht werden. Richtigerweise hatte man erkannt, dass auch Roadster-Fahrer in den Sechzigern Kurbelfenster haben wollten. Auch die im TR 3 noch tief eingeschnittenen Türen machten einer geradlinigen Lösung Platz. Überhaupt brach der von Giovanni Michelotti entworfene TR 4 stilistisch mit seinem Vorgänger und zeigte sich auch optisch durchaus zeitgemäß. Technisch blieb es dabei, dass man keine Experimente wagte, sondern mit den 2,0- und 2,2-Liter-Motoren auf solide Großserientechnik aus eigenem Haus setzte. Die blattgefederte Starrachse ersetze man 1965 durch eine Einzelradaufhängung. Nach knapp 72.000 Exemplaren wurde der TR 4 im Jahr 1967 durch den optisch kaum veränderten TR 5 mit dem 2,5-Liter-Reihensechszylinder aus dem Triumph 2000 ersetzt.

Volkswagen Karmann Ghia Coupé (Typ 34)

Nicht alles, was man in Wolfsburg in den Sechzigern anfasste, geriet zum Millionen-Erfolg. Der „große Karmann Ghia", wie der Typ 34 auch genannt wurde, konnte nicht an den Erfolg des parallel gebauten Typ 14 anknüpfen. Im Gegensatz zu diesem basierte er nicht auf dem Käfer-Fahrgestell, sondern auf dem des Volkswagen 1500, der ebenfalls 1961 vorgestellt worden war. Der Typ 34 war auch nur als Coupé lieferbar. Pläne, ebenfalls ein Cabrio zu realisieren, scheiterten an zu hohen Kosten. Der Typ 34 machte alle Evolutionsschritte des Typ 3 mit – so war er ab 1965 als 1600 L mit 54 PS und 150 km/h der schnellste damals lieferbare Volkswagen. Nach nur 42.000 Exemplaren wurde der Typ 1969 aus dem Programm genommen. Offizielle Begründung war der anstehende Produktionsstart des VW-Porsche 914.

Land	Deutschland
Marke	Volkswagen
Baujahr	1961-1969
Motor-Bauart	Vierzylinder (Boxer)
Lage	Heck
Antrieb	Heck
Hubraum (ccm)	1493, 1584
Leistung (PS/U/min)	45 bei 3800
	bis 54 bei 4000
Vmax (km/h)	135 bis 150
Bauart	Coupé
Material	Stahlblech
Produktionszahl	42.505

ca. 55.500 €

Land	Schweden
Marke	Volvo
Baujahr	1961-1972
Motor-Bauart	Vierzylinder (Reihe)
Lage	Front
Antrieb	Heck
Hubraum (ccm)	1780, 1986
Leistung (PS/U/min)	90 bei 5500
	bis 124 bei 6000
Vmax (km/h)	165 bis 180
Bauart	Coupé
Material	Stahlblech
Produktionszahl	39.407

[ca. 43.000 €]

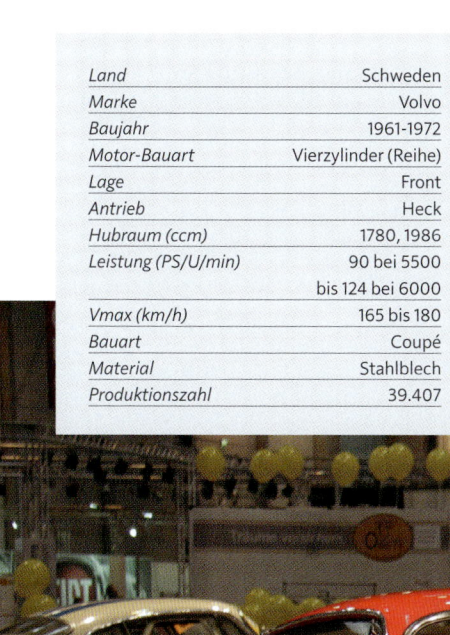

Volvo P 1800 (P 1800, P 1800 S, P 1800 E)

Mit dem Volvo P 1900 hatte Volvo in den Fünfzigern einen wenig erfolgreichen Ausflug ins Sport-Segment unternommen. Das sollte sich mit dem P 1800 ändern. Der spektakulär gestylte Schwede ging ab 1961 mit dem 1,8-Liter-Triebwerk aus dem P 122 ins Rennen, dessen Leistung auf 90 PS erhöht worden war. Der 2+2-Sitzer wurde ursprünglich bei Jensen in England gebaut, wegen Qualitätsproblemen ab 1963 aber im Volvo-Stammwerk in Göteborg. Trotzdem hatte ein Engländer maßgeblichen Anteil am Erfolg des sportlichen Schweden: Als Detektiv Simon Templar fuhr Roger Moore in der gleichnamigen Fernsehserie einen P 1800 – und verhalf dem Coupé damit zu enormer Popularität. 1966 wurde der 1,8-Liter durch ein Zweiliter-Aggregat ersetzt – 1969 krönte ein Einspritzer mit 124 PS die Leistungs-Evolution.

Land	Deutschland
Marke	Amphicar
Baujahr	1961-1968
Motor-Bauart	Vierzylinder (Reihe)
Lage	Heck
Antrieb	Heck
Hubraum (ccm)	1147
Leistung (PS/U/min)	38 bei 4750
Vmax (km/h)	115
Bauart	Cabriolet
Material	Stahlblech
Produktionszahl	3500

ca. 76.000 €

Amphicar (Modell 770)

Eine Kuriosität in der Automobilgeschichte war der Amphicar des Ingenieurs Hans Trippel. Der hatte sich schon in den 1930er Jahren mit schwimm-fähigen Fahrzeugen befasst – vorwiegend mit militärischem Hintergrund. Zu Beginn der Sechziger erhielt er einen Entwicklungsauftrag aus Amerika. Zwar kam es nicht zu einer Serienfertigung, aber für die fertige Entwicklung interessierte sich der Quandt-Konzern. Ab 1961 lief die Fertigung in Lü-beck und Berlin an. Angetrieben vom Vierzylinder-Motor des Triumph Herald war der 10.500 Mark teure Amphicar aber weder ein gutes Auto noch ein gutes Boot. Zwei Kunststoffpropeller fanden sich am Heck, gelenkt wurde zu Wasser und zu Lande mit den Vorderrädern. Nach jeder Wasserfahrt mussten 13 Schmiernippel gefettet werden, wozu das Fahrzeug aufgebockt und die Rückbank ausgebaut werden musste. Sicher ein Grund, warum sich bis 1968 nur 3500 Käufer fanden – mehr als 80 Prozent davon in den USA.

Land	Italien
Marke	Fiat
Baujahr	1969-1985
Motor-Bauart	Vierzylinder (Reihe)
Lage	Front
Antrieb	Front
Hubraum (ccm)	1116 bis 1290
Leistung (PS/U/min)	55 bei 6000 bis 67 bei 6200
Vmax (km/h)	140 bis 152
Bauart	Limousine (2-türig), Limousine (4-türig), Kombi
Material	Stahlblech
Produktionszahl	k.A.

[ca. 7.500 €]

Fiat 128 (Berlina, Familiare, Rally)

Wie moderne Kompaktwagen konzipiert wurden, zeigte 1969 auch Fiat: Für das im kantigen Fiat-Stil jener Jahre gezeichnete Modell, das den 1100 ersetzte, hatten die Turiner Ingenieure erstmals auf den Frontantrieb gesetzt. Der wassergekühlte 1,1-Liter mit obenliegender Nockenwelle und 55 PS war nicht nur eine komplette Neukonstruktion, sondern zudem quer vor der Vorderachse eingebaut, was dem 128 eine gegenüber seinen Konkurrenten überlegene Raumökonomie verlieh. Auch die hinteren Räder waren einzeln aufgehängt und unterstrichen den technischen Anspruch des neuen Kompaktwagens, den es als Zwei- und Viertürer sowie als Kombi gab. Die Fahrleistungen aller Varianten – als Rally leistete der auf 1,3 Liter aufgebohrte Vierzylinder 67 PS – waren denen der Wettbewerber überlegen. Mit 14 Jahren war der Fiat 128 eines der am längsten gebauten Modelle des italienischen Herstellers.

Ford (Taunus) 12 M, 15 M, 15 M TS, 15 M XL, 15 M RS (Werkscode P6)

ca. 12.000 €

Land	Deutschland
Marke	Ford (D)
Baujahr	1966-1970
Motor-Bauart	V4
Lage	Front
Antrieb	Front
Hubraum (ccm)	1183, 1288, 1498, 1699
Leistung (PS/U/min)	45 bei 4500 bis 75 bei 5000
Vmax (km/h)	125 bis 158
Bauart	Limousine (2-/4-türig), Kombi (3-türig), Coupé
Material	Stahlblech
Produktionszahl	668.187

Ein Jahr später als der B-Kadett erschien das Konkurrenzmodell von Ford, der 12 M P6. Hatten A-Kadett und 12 M P4 einander noch auf Augenhöhe begegnen können, verlor Ford mit dem P6 den Anschluss. Das Fahrzeug mit der Seitensicke, deren Sinn man nicht so recht verstehen konnte, kam optisch bei weitem nicht so gut an wie sein Rüsselsheimer Konkurrent. Technisch bot der P6 keinerlei Highlights. Wie sein Vorgänger verfügte er über V4-Motoren zwischen 1,2 und 1,5 Litern Hubraum, welche die Vorderräder antrieben. Die waren jetzt immerhin an McPherson-Federbeinen aufgehängt und übertrugen weniger Antriebskräfte in die Lenkung. Auch die aufgepeppte 15 M-Version mit Rechteckscheinwerfern, die in der TS-Version sogar den 75-PS-Motor des 17 M unter die Haube bekam, konnte die Kunden nicht begeistern. Schon 1970 wurden die P6-Modelle durch den Taunus ersetzt. Für mehr als ein Jahrzehnt nahm man in Köln Abschied vom Frontantrieb.

Ford Escort I

Land	Deutschland
Marke	Ford
Baujahr	1968-1974
Motor-Bauart	Vierzylinder (Reihe)
Lage	Front
Antrieb	Heck
Hubraum (ccm)	1098, 1298, 1993
Leistung (PS/U/min)	40 bei 5300
	bis 100 bei 5700
Vmax (km/h)	127 bis 170
Bauart	Limousine (2-türig),
	Limousine (4-türig), Kombi
Material	Stahlblech
Produktionszahl	über 2,14 Mio.

[ca. 16.500 €]

Einen schweren Stand hatte der Ford Escort, der unterhalb der 12 M-Baureihe das Ford-Programm ergänzen sollte. Das rundliche Styling konnte seine britische Herkunft nicht verleugnen und fand hierzulande wenig Anhänger. Bei dem simplen Fahrwerk mit der blattgefederten hinteren Starrachse hatte man im Gegensatz zum 12 M auf den konventionellen Heckantrieb gesetzt. Motoren von 40 bis 100 PS deckten ein großes Spektrum ab und die Ausstattungsvarianten boten eine nahezu verwirrende Vielfalt. In England übertraf der Escort die hohen Erwartungen und wurde sehr erfolgreich. In Deutschland entdeckten vor allem Sportfahrer, die eine günstige Basis für den Motorsport suchten, den Escort für sich. Der hatte schließlich weltweit im Rallye- und Tourenwagensport eine beispiellose Karriere vorzuweisen.

Opel Kadett (Serie B)

Schon nach drei Jahren löste man in Rüsselsheim den erfolgreichen Kadett A ab. Was zunächst unverständlich erschien, erwies sich schnell als richtige Entscheidung. Der Kadett B war deutlich länger und breiter als sein Vorgänger – und nicht zuletzt die Geräumigkeit war ein Grund für seinen immensen Erfolg. In der B-Version erreichte das Kadett-Programm eine schier unüberschaubare Vielfalt. Von Beginn waren Zweitürer, Kombi und diesmal auch ein Viertürer lieferbar – und das Coupé stand 1965 ebenfalls auf der IAA. 1967 folgte im Rahmen eines Facelifts, das dem Kadett unter anderem eine neue Hinterachse mit Schraubenfedern bescherte, der viertürige Kombi sowie – als absolutes Novum – die viertürige Fließheck-Limousine. Und für Sportfahrer: der Rallye-Kadett mit 1,1 Litern und 60 PS, der später den 1,9-Liter-Motor des Rekord mit 90 PS erhalten sollte. Fast acht Jahre lang wurde der Kadett B gebaut und gilt bis heute mit fast 2,7 Millionen Fahrzeugen als einer der erfolgreichsten Opel überhaupt.

Land	Deutschland
Marke	Opel
Baujahr	1965-1973
Motor-Bauart	Vierzylinder (Reihe)
Lage	Front
Antrieb	Heck
Hubraum (ccm)	1078 bis 1897
Leistung (PS/U/min)	45 bei 5000
	bis 90 bei 5100
Vmax (km/h)	125 bis 165
Bauart	Limousine (2-/4-türig),
	Kombi (3-/5-türig), Coupé
Material	Stahlblech
Produktionszahl	2.691.300

[ca. 13.500 €]

Peugeot 204 Cabriolet und Coupé

Die Zusammenarbeit mit Pininfarina hatte sich für Peugeot schon mit dem 404 als erfolgreich erwiesen. Mit dem 204, der 1965 in Paris seine Premiere feierte, sollte sich dies fortsetzen. Technisch ging man, beim ersten Fahrzeug der unteren Mittelklasse für Peugeot, ganz neue Wege. Nicht nur, dass der 204 der erste Peugeot mit Frontantrieb war: Der neukonstruierte Aluminiummotor mit 1,1 Litern, 53 PS und einer obenliegenden Nockenwelle war zudem aus Platzgründen quer zur Fahrtrichtung eingebaut. Damit noch nicht genug: Der kleinste Peugeot war 1965 auch noch der erste mit Einzelradaufhängung an allen vier Rädern und serienmäßigen Scheibenbremsen vorn. Da diese geballte Ladung moderner Technik auch noch in einem hübschen und geräumigen Blechkleid verpackt war, konnte dem Erfolg nichts mehr im Wege stehen.

Land	Frankreich
Marke	Peugeot
Baujahr	1966-1970
Motor-Bauart	Vierzylinder (Reihe)
Lage	Front
Antrieb	Front
Hubraum (ccm)	1130
Leistung (PS/U/min)	53 bei 5800
Vmax (km/h)	ca. 140
Bauart	Cabriolet, Coupé
Material	Stahlblech
Produktionszahl	18.181 (Cabriolet), 42.765 (Coupé)

[ca. 20.500 €]

133

Simca 1100

Vielleicht eines der verkanntesten Autos der Geschichte: 1967 bot der Simca 1100 nahezu alle Konstruktionselemente, die mehr als fünfzehn Jahre später zum Allgemeingut von Kompaktwagen in aller Welt werden sollten: Ein wassergekühlter, quer eingebauter Vierzylindermotor, der die Vorderräder antrieb und in einer knapp vier Meter langen Karosserie untergebracht war, deren Rückbank bei Bedarf umgelegt werden konnte, um über die Heckklappe auch mit größeren Transportgütern beladen zu werden. Der 1100 war Simcas erster Ausflug in die Kompaktklasse, wurde aber nicht konsequent weiterentwickelt und konnte die Übernahme der Marke durch die PSA-Gruppe 1978 auch nicht verhindern. Immerhin wurde er aber als Talbot bis 1981 weitergebaut.

[**ca. 12.500 €**]

Land	Frankreich
Marke	Simca
Baujahr	1967-1982
Motor-Bauart	Vierzylinder (Reihe)
Lage	Front
Antrieb	Front
Hubraum (ccm)	944 bis 1294
Leistung (PS/U/min)	45 bei 6000
	bis 82 bei 6000
Vmax (km/h)	130 bis 160
Bauart	Limousine (2-türig),
	Limousine (4-türig),
	Kombi (3-türig), Kombi (5-türig)
Material	Stahlblech
Produktionszahl	k.A.

Land	Deutschland
Marke	Volkswagen
Baujahr	1965-1973
Motor-Bauart	Vierzylinder (Boxer)
Lage	Heck
Antrieb	Heck
Hubraum (ccm)	1285, 1493
Leistung (PS/U/min)	40 bei 4000
	bis 44 bei 4000
Vmax (km/h)	120 bis 130
Bauart	Limousine (2-türig)
Material	Stahlblech
Produktionszahl	k.A.

[ca. 24.500 €]

Volkswagen 1300 und 1500

Ständige Modellpflege war eines der Geheimnisse des Käfer-Erfolgs. An den Stammtischen der Sechziger wurden epochale Veränderungen wie der Wechsel von 6 auf 12 Volt bei Deutschlands Nummer eins engagiert diskutiert. Gesprächsstoff gab es 1965 reichlich: Der VW 1300 ersetzte das Export-Modell und leistete 40 PS, der 1500 gar 44 PS. 1967 kamen das Zweikreis-Bremssystem sowie zwei Geschwindigkeiten für den Scheibenwischer. Ab 1968 gab es vorne auf Wunsch Scheibenbremsen. Ein Anachronismus war der Käfer also bereits in der zweiten Hälfte der Sechziger – und trotzdem immer noch der Deutschen liebstes Auto. Seine eigentlichen Qualitäten, die sprichwörtliche Zuverlässigkeit, die hervorragende Verarbeitung, die niedrigen Unterhalts- und Reparaturkosten sowie den geringen Wertverlust hatte er bei allen tiefgreifenden Modellpflegemaßnahmen beibehalten. Zum Glück.

Land	Deutschland
Marke	Audi
Baujahr	1965-1972
Motor-Bauart	Vierzylinder (Reihe)
Lage	Front
Antrieb	Front
Hubraum (ccm)	1496, 1696, 1770
Leistung (PS/U/min)	55 bei 4750
	bis 90 bei 5200
Vmax (km/h)	137 bis 163
Bauart	Limousine (2-türig),
	Limousine (4-türig), Kombi
Material	Stahlblech
Produktionszahl	416.852

ca. 12.500 €

Audi (Audi 75, Audi 80, Audi Super 90, Audi 60)

Die Aufgabe war ungefähr so dankbar wie die, als Spieler wenige Spieltage vor Saisonende in eine Mannschaft zu kommen, die kurz vor dem Abstieg steht. In der Karosserie des glücklosen DKW F 102 sollte ein Viertaktmotor die Ingolstädter 1965 vor dem Aus retten. Das 1,5-Liter-Aggregat war noch unter Mercedes-Ägide als „Mitteldruck-Motor" mit einer Verdichtung von 1:11,2 entstanden. Nur wenige Modifikationen musste die Karosserie über sich ergehen lassen – wirkte aber mit den Rechteckscheinwerfern deutlich erwachsener. Und ein neuer Name musste her, weil man sich vom DKW-Zweitaktimage endgültig lösen wollte. „Sag' einfach Audi zu mir", hätte der Neue sagen können – denn man hatte den Namen aus der Vorkriegszeit ohne weiteren Zusatz aufleben lassen. Auf den Audi schienen viele gewartet zu haben: Mit geschickten Ergänzungen der Modellpalette gelang es, den Grundstein für eine beispiellos erfolgreiche Karriere zu legen.

Land	GB
Marke	Austin
Baujahr	1969-1981
Motor-Bauart	Vierzylinder (Reihe)
Lage	Front
Antrieb	Front
Hubraum (ccm)	1485, 1721
Leistung (PS/U/min)	75 bei 5500
	und 72 bei 4900
Vmax (km/h)	140 und 148
Bauart	Limousine (3-türig),
	Limousine (5-türig)
Material	Stahlblech
Produktionszahl	ca. 472.000

ca. 3.000 €

Austin Maxi 1500, Maxi 1750

Seit dem Austin 1800 von 1964 hatte man versucht, das erfolgreiche Mini-Konzept in höhere Segmente zu transferieren. Letzter Vertreter dieser Versuche war der Austin Maxi, der 1969 vorgestellt wurde. Der lange Radstand garantierte extrem gute Raumausnutzung ebenso wie souveränen Fahrkomfort. Die Heckklappe gewährte eine Variabilität, die Ende der Sechziger keineswegs selbstverständlich war. Auch der quer eingebaute Frontmotor mit 1,5 Litern und 75 PS war eine moderne Konstruktion. Schließlich war auch die Hydrolastic-Verbundfederung ebenso avantgardistisch wie effektiv. Aber die Kunden konnten sich nie mit den ungewohnten Proportionen jener Austin-Fahrzeuge anfreunden – weshalb von 1969 bis 1981 nur ungefähr 400.000 entstanden und davon lediglich wenige die Insel verließen.

Land	Deutschland
Marke	Audi
Baujahr	1968-1976
Motor-Bauart	Vierzylinder (Reihe)
Lage	Front
Antrieb	Front
Hubraum (ccm)	1760, 1871
Leistung (PS/U/min)	80 bei 5000
	bis 112 bei 5700
Vmax (km/h)	156 bis 180
Bauart	Limousine (2-türig),
	Limousine (4-türig)
Material	Stahlblech
Produktionszahl	796.787

[ca. 18.500 €]

Audi 100 Limousine (Werkscode C1)

Der Erfolg des „Audi" in der Mittelklasse gegen die etablierte Konkurrenz von Opel und Ford hatte in Ingolstadt Mut gemacht. Hatten die VW-Eigner eigentlich vor, langfristig aus Ingolstadt nur ein Montagewerk für die Heckmotor-Fahrzeuge zu machen, entwickelte ein verschworenes Team rund um Chefentwickler Ludwig Kraus quasi im Alleingang den Audi 100, mit dem auch in der oberen Mittelklasse angegriffen werden sollte. Dabei setzte man als Einziger außer Citroën und NSU in diesem Segment auf den Frontantrieb, den man noch aus DKW-Zeiten geerbt hatte. VW ließ sich auf das Experiment ein – das Projekt wurde auf maximal 100.000 Fahrzeuge kalkuliert. Anfangs nur als Viertürer lieferbar, schlug der Audi 100 ein wie eine Bombe. Zwischen der „Massenware" von Opel und Ford sowie der Oberklasse von BMW angesiedelt, schuf er sich rasch einen großen Käuferkreis. Mit dem Zweitürer und dem ab 1969 lieferbaren Coupé liefen insgesamt 900.000 Audi 100 vom Band und etablierten Audi endgültig als feste Größe auch im Volkswagenkonzern.

BMW 1600-2, 1602, 1802, 2002, 1502 („02er Reihe")

[ca. 26.500 €]

Land	Deutschland
Marke	BMW
Baujahr	1966-1977
Motor-Bauart	Vierzylinder (Reihe)
Lage	Front
Antrieb	Heck
Hubraum (ccm)	1573 bis 1990
Leistung (PS/U/min)	75 bei 5800, 100 bei 5500
Vmax (km/h)	157 bis 173
Bauart	Limousine (2-türig)
Material	Stahlblech
Produktionszahl	753.000

Der Erfolg der „Neuen Klasse" hatte das Überleben der Marke BMW abgesichert. Jetzt ging es darum, den Erfolg auszubauen. Die BMW-Manager hatten erkannt, dass die Betonung der Sportlichkeit endlich den notwendigen Gegenpol zu Mercedes setzen würde. Mit einem neuen Modell sollte dies noch stärker akzentuiert werden. So entstand 1966 auf dem verkürzten Fahrgestell der „Neuen Klasse" der 1600-2. Der Zweitürer verfügte über den 1,6 Liter großen 85-PS-Motor des BMW 1600, der mit nur 940 kg Gewicht leichtes Spiel hatte. Das Motorenprogramm wurde auf Basis des M10-Vierzylinders rasch ausgebaut und 1971 mit dem 2002 tii und 130 PS gekrönt. 1973 gab es sogar den ersten serienmäßigen Turbomotor: Der 2002 turbo leistete 170 PS, geriet aber nicht nur wegen der Ölkrise zum Flop. Die 02-Baureihe war ein Meilenstein für BMW und prägt bis heute das Image der Marke.

Land	Frankreich
Marke	Citroën
Baujahr	1967-1975
Motor-Bauart	Vierzylinder (Reihe)
Lage	Front
Antrieb	Front
Hubraum (ccm)	1985
Leistung (PS/U/min)	84 bei 5250, 90 bei 5500
Vmax (km/h)	165, 167
Bauart	Limousine (4-türig), Kombi (5-türig)
Material	Stahlblech
Produktionszahl	k.A.

[ca. 40.000 €]

Citroën DS 20

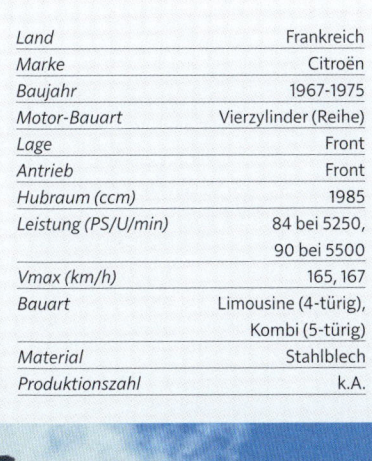

Seit zwölf Jahren war der Citroën DS bereits im Angebot der avantgardistischen Franzosen und, immer noch war seine Alleinstellung im Markt die gleiche wie zur Zeit seiner Premiere. Eine weitere Innovation bot Citroën mit der Renovierung der Baureihe 1967 an: Hinter einem Deckglas waren in einer Einheit zwei Scheinwerfer zusammengefasst, von denen der innere mitlenkend war. Außerdem hatte der Innenraum eine Überarbeitung erhalten, und das Motorenprogramm wurde – bis zum Auslaufen der Reihe 1975 – immer weiter den steigenden Ansprüchen angepasst. Die letzte Ausbaustufe war 1972 mit einem 2,35-Liter-Vierzylinder und 126 PS erreicht, der den DS 23 Pallas Injection auf immerhin 188 km/h beschleunigte. Das einzigartige Fahrgefühl eines Citroën DS bietet bis heute kein anderes Fahrzeug.

Land	Italien
Marke	Fiat
Baujahr	1966-1974
Motor-Bauart	Vierzylinder (Reihe)
Lage	Front
Antrieb	Heck
Hubraum (ccm)	1197
Leistung (PS/U/min)	60 bei 5600
Vmax (km/h)	145 bis 147
Bauart	Limousine (2-/4-türig),
	Kombi (5-türig)
Material	Stahlblech
Produktionszahl	1,92 Mio.
	(plus Lizenzbauten)

[ca. 13.000 €]

Fiat 124 Berlina, 124 Familiare

„Keine Experimente" hieß in Turin die Devise für die Entwicklung des neuen Mittelklassewagens, der 1966 vorgestellt werden sollte. Von der ursprünglichen Idee eines Fronttrieblers hatte man sich verabschiedet und setzte auf konstruktive Einfachheit. Das galt auch für die Form: Wohl selten wurde ein Fahrzeug stilistisch so der „Neuen Sachlichkeit" untergeordnet wie der Fiat 124. Das rief durchaus auch Kritiker auf den Plan. Die Zeit freilich hat Fiat Recht gegeben. Denn der Fiat 124 verkaufte sich nicht nur in Italien vom Start weg hervorragend, sondern auch als russisches Lizenzprodukt „Lada", als das er von 1970 an gebaut wurde. Für ein großzügiges Platzangebot, einen großen Kofferraum, niedrige Unterhaltskosten, ein unkompliziertes Fahrwerk und zuletzt auch sportlichere Motoren konnten sich bis 1974 mehr als 1,9 Millionen Fiat-Käufer entscheiden.

Land	Deutschland
Marke	Ford
Baujahr	1968-1971
Motor-Bauart	V4, V6
Lage	Front
Antrieb	Heck
Hubraum (ccm)	1498 bis 1998, 2293, 2250
Leistung (PS/U/min)	60 bei 4800
	bis 125 bei 5100
Vmax (km/h)	135 bis 170
Bauart	Limousine (2-/4-türig),
	Kombi (3-türig),
	Kombi (5-türig),
	Coupé, Cabriolet
Material	Stahlblech
Produktionszahl	155.780

[ca. 23.000 €]

Ford (P7B) 17 M, 20 M, 26 M

Der Ford 17 M P7a hatte sich mit seiner ungeliebten Hüftschwung-Optik und der trampelnden, blattgefederten Hinterachse schnell als Flop erwiesen. Schon ein Jahr später zeigten die Kölner mit dem P7b, dass sie die Kritik ernst genommen hatten. Mit zusätzlichen Längslenkern wurde die Hinterachse in Zaum gehalten, während die Optik stark geglättet wurde und nun den Gefallen der Ford-Kunden fand. Man war zur „Linie der Vernunft" zurückgekehrt und bot weiterhin viel Auto fürs Geld. Großes Plus der Baureihe war, nach wie vor den mit Abstand günstigsten Sechszylinder im Programm zu haben. Der 20 M V6 mit 82 PS kostete keine 10.000 Mark! Die in vielfältigen Motoren-, Karosserie- und Ausstattungsvarianten lieferbare Baureihe fand 1970 ihre Krönung im 26 M, der aus einem 2,6-Liter-Motor drehmomentoptimierte 125 PS holte.

Land	Deutschland
Marke	Mercedes-Benz
Baujahr	1967-1976
Motor-Bauart	Vierzylinder (Reihe),
	Fünfzylinder (Reihe)
Lage	Front
Antrieb	Heck
Hubraum (ccm)	1988 bis 3005
Leistung (PS/U/min)	55 bei 4200
	bis 110 bei 4800
Vmax (km/h)	125 bis 171
Bauart	Limousine (4-türig)
Material	Stahlblech
Produktionszahl	ca. 1,4 Mio.

[ca. 24.000 €]

Mercedes-Benz 200, 220, 230.4, 200 D, 220 D, 240 D, 240 D 3.0 (W 115, „Strich-8")

Die 1967 vorgestellte „Strich-8"-Baureihe konnte als erster Mercedes die Millionenmarke überspringen – und zwar deutlich. Von der Heck-flossen-Ära war nichts übriggeblieben: Sachliche, geometrische Formen prägten das Design des kleinsten Mercedes, der allein als Diesel (auch als Fünfzylinder gebaut) fast eine Million Mal produziert werden sollte. Laufleistungen von 300.000 Kilometern waren keine Ausnahme und setzten den enormen Erfolg im Taxi-Markt fort, die schwächste Version mit 55 PS und einem Top-Tempo von 125 km/h (Automatik) wurde allerdings gerne als „Wanderdüne" bezeichnet. Das moderne Fahrwerk mit Schräglenker-Hinterachse konnte aber tatsächlich auch dynamische Ansprüche befriedigen – besonders bei den Sechszylinder-Modellen sowie den sportlichen Coupé-Varianten (W 114), deren Motoren bis zu 185 PS leisteten. 1974 gelang es dem Mercedes sogar, den Käfer von Platz 1 der Zulassungsstatistik zu verdrängen – ein unglaublicher Erfolg. Der Strich-8 wurde bis Dezember 1976 gebaut – da lief sein Nachfolger W 123 bereits seit einem Jahr vom Band. Insgesamt rund 1,9 Millionen Stück fanden Abnehmer.

NSU Ro 80

Revolutionen im Automobilbau haben oft zum Erfolg geführt. Citroën DS und Renault 16 sind Beispiele dafür. Der NSU Ro 80 wurde leider das Gegenbeispiel. Heute kann man kaum glauben, dass die von Claus Luthe gezeichnete, aerodynamische Karosserie tatsächlich schon 1967 vorgestellt wurde. Allein wegen seiner Vorreiterstellung für das Design in den Achtzigern wäre ihm heute ein Platz im Auto-Olymp sicher. Aber da ist noch der revolutionäre Wankel-Motor, der ihn einzigartig machte. Das Zweischeiben-Aggregat mit einem Kammervolumen von 497 ccm leistete 115 PS und überzeugte mit nie dagewesener Laufkultur. Die mangelnde Standfestigkeit der ersten Exemplare vermieste allerdings den Ruf, der hohe Spritverbrauch tat sein Übriges, dass der Ro 80 bald nur noch Exzentriker überzeugen konnte. Die konnten sich über ein hochmodernes und komfortables Fahrwerk ebenso wie über das großzügige Platzangebot freuen. Mit dem letzten Ro 80 verschwand 1977 auch der Markenname NSU aus der Automobilgeschichte.

ca. 30.000 €

Land	Deutschland
Marke	NSU
Baujahr	1967-1977
Motor-Bauart	2-Scheiben/Wankel
Lage	Front
Antrieb	Front
Hubraum (ccm)	497,5 Kam.-Vol
Leistung (PS/U/min)	115 bei 5500
Vmax (km/h)	176 bis 181
Bauart	Limousine (4-türig)
Material	Stahlblech
Produktionszahl	37.398

Opel Commodore, Commodore GS, Commodore GS/E, Commodore GS 2800 (Serie A)

ca. 29.500 €

Land	Deutschland
Marke	Opel
Baujahr	1967-1971
Motor-Bauart	Sechszylinder (Reihe)
Lage	Front
Antrieb	Heck
Hubraum (ccm)	2239 bis 2784
Leistung (PS/U/min)	95 bei 4800
	bis 150 bei 5800
Vmax (km/h)	160 bis 195
Bauart	Limousine (2-türig),
	Limousine (4-türig),
	Coupé, Cabriolet
Material	Stahlblech
Produktionszahl	156.330

Den Trend zu mehr Dynamik hatte man auch in Rüsselsheim nicht verschlafen – obwohl man eigentlich eher für automobile Betulichkeit stand. Radikal ändern sollte das der Commodore, der 1967 auf Basis des Rekord C präsentiert wurde. Von diesem unterschied er sich nicht nur durch die Sechszylindermotoren zwischen 2,2 und 2,8 Litern Hubraum, sondern auch durch allerlei optischen Zierrat und bessere Ausstattung. Die Motoren basierten alle auf der neuen cih-Generation, die bis in die Neunziger angeboten wurde. Mit Benzineinspritzung und 150 PS setzte der Commodore GS/E 1970 vollkommen neue Dynamik-Maßstäbe für einen Mittelklasse-Opel. Die im Vergleich günstigen Preise trugen erheblich dazu bei, dass von der ersten Commodore-Generation mehr als 156.000 Fahrzeuge ihre Liebhaber fanden.

Land	Deutschland
Marke	Opel
Baujahr	1966-1971
Motor-Bauart	Vierzylinder (Reihe),
	Sechszylinder (Reihe)
Lage	Front
Antrieb	Heck
Hubraum (ccm)	1492 bis 2239
Leistung (PS/U/min)	58 bei 4800
	bis 106 bei 5600
Vmax (km/h)	130 bis 175
Bauart	Limousine (2-/4-türig),
	Kombi (3-/5-türig),
	Coupé, Cabriolet
Material	Stahlblech
Produktionszahl	1.276.681

ca. 20.500 €

Opel Rekord (Serie C)

Der Rekord C war der erste Mittelklasse-Opel, der über eine Million Mal hergestellt wurde. Das lag zum einen an der Modellkonstanz, die den hektischen Wechsel der Vorjahre beendete und von 1966 bis 1971 dauerte. Zum anderen aber darin, den Zeitgeist mit der repräsentativen, bauchig wirkenden Karosserie im Coke-Bottle-Look genau getroffen zu haben. Die neu entwickelten cih-Motoren aus dem Vorgänger – der nur ein Jahr lebte – waren in breiter Palette von 1,5 bis 1,9 Litern lieferbar, aus der jeder Passendes für sich heraussuchen konnte. Wer mehr wollte, konnte gar einen 2,2-Liter-Sechszylinder mit 106 PS ordern. Allen gemein war die neue „Fünflenker-Hinterachse", die deutlich mehr Fahrstabilität bot und bis 1986 beibehalten wurde. Vielfalt war auch bei den Karosserien Trumpf: Neben der Limousine fanden das elegante Coupé und der praktische Kombi viele Liebhaber.

Land	Frankreich
Marke	Peugeot
Baujahr	1968-1983 (2005)
Motor-Bauart	Vierzylinder (Reihe)
Lage	Front
Antrieb	Heck
Hubraum (ccm)	1795 bis 2112
Leistung (PS/U/min)	50 bei 4500
	bis 104 bei 5200
Vmax (km/h)	130 bis 175
Bauart	Limousine (4-türig),
	Kombi (5-türig), Pick-Up
Material	Stahlblech
Produktionszahl	ca. 3,7 Mio.

[ca. 15.000 €]

Peugeot 504

Seit 1956 zeichnete Pininfarina für das Design der Fahrzeuge aus Sochaux verantwortlich – kein Wunder, dass man angesichts des Erfolgs von 403, 404 und 204 auch beim 504 das italienische Design-Büro beauftragte. Heraus kam ein Entwurf in der Peugeot-typischen Sachlichkeit – aber mit eigenständigen Zügen wie dem Knick im Kofferraumdeckel. Der 504 sollte eigentlich das Modellprogramm nach oben abrunden – daher die „5" als erste Ziffer. Die Technik war aufwändig: Schräglenkerhinterachse, vier Scheibenbremsen und höhenverstellbare Kopfstützen waren 1968 keine Selbstverständlichkeit. Die Motoren wurden zunächst in überarbeiteter Form aus dem 404 übernommen. 1971 gab es einen Kombi mit verlängertem Radstand, der auch in einer achtsitzigen Variante angeboten wurde. Für Exportmärkte gab es einen Pick-Up mit der Starrachse des 404. Nachdem die Produktion 1983 in Sochaux endete, wurden die Anlagen zunächst nach Argentinien verschifft. Im Dezember 2005 wurde der letzte von mehr als 3,7 Millionen 504 schließlich in Nigeria gebaut. In Afrika gehört das Modell noch heute zu den beliebtesten Fahrzeugen überhaupt.

Renault 12 R, 12 L, (R 12 TL, R 12 TS, R 12 Gordini)

Land	Frankreich
Marke	Renault
Baujahr	1969-1979
Motor-Bauart	Vierzylinder (Reihe)
Lage	Front
Antrieb	Front
Hubraum (ccm)	1289, 1565
Leistung (PS/U/min)	50 bei 5000
	bis 113 bei 6250
Vmax (km/h)	135 bis 185
Bauart	Limousine (4-türig),
	Kombi (5-türig)
Material	Stahlblech
Produktionszahl	über 4 Mio.

[**ca. 10.000 €**]

Ein unscheinbarer Million-Seller war der Renault 12 zwischen 1969 und 1979. Um die Lücke zwischen Renault 6 und Renault 16 zu schließen und die Ära der Heckmotor-Renaults langfristig zu beenden, hatten die Entwickler eine charakteristische viertürige Stufenhecklimousine auf die Räder gestellt, deren 1,3-Liter-Vierzylinder seine Kraft auf die Vorderräder übertrug. Der fünftürige Kombi ergänzte 1972 das Angebot ebenso wie stärkere Motorisierungen bis zum R12 Gordini, den es mit 113 PS aber nur in Frankreich gab. Zu den vier Millionen Exemplaren, die in der Heimat vom Band liefen, gesellten sich zwischen 1975 und 2004 noch fast zwei Millionen Fahrzeuge, die der rumänische Hersteller Dacia für den osteuropäischen Markt produzierte. Auch in der Türkei lief der Renault 12 bis 2003 vom Band.

Land	Frankreich
Marke	Renault
Baujahr	1965-1979
Motor-Bauart	Vierzylinder (Reihe)
Lage	Front
Antrieb	Front
Hubraum (ccm)	1470 bis 1647
Leistung (PS/U/min)	55 bei 5000
	bis 94 bei 6000
Vmax (km/h)	140 bis 165
Bauart	Limousine (5-türig)
Material	Stahlblech
Produktionszahl	1.846.000

[**ca. 17.500 €**]

Renault 16 (R 16 TL, R 16 TS, R 16 TX)

Wohl kaum ein anderer europäischer Hersteller war in den Sechzigern so innovativ wie Renault. Nach dem Renault 4 schickte man sich 1965 an, die Mittelklasse zu revolutionieren. Der avantgardistische Viertürer mit großer Heckklappe war der erste Mittelklassewagen seiner Art. Auch Renault setzte nun auf den Frontantrieb und installierte den Motor in Fahrtrichtung hinter der Vorderachse – das Getriebe davor. Die Einzelradaufhängung ermöglichte durch die Verwendung von Torsionsstäben lange Federwege – der Fahrkomfort des Renault 16 ist legendär. Die Rückbank ließ sich umklappen oder – ohne Werkzeug – ausbauen, was den Mittelklasse-Renault zum Multi-Talent werden ließ. Der Mut, neue Wege zu beschreiten, hatte sich gelohnt: Bis 1979 blieb der R 16 in Produktion und verkaufte sich fast 1,9 Millionen Mal.

ca. 12.000 €

Saab 99

Auch für Saab war das Thema Sicherheit Ende der Sechziger von zentraler Bedeutung: schließlich verkaufte man einen großen Teil der Produktion in die USA. Mit dem 99 wollte man das Modellprogramm nach oben ausweiten und wagte eine komplette Neukonstruktion. Die solide Verarbeitung und das sichere Fahrwerk mit den vier Scheibenbremsen überzeugten Kunden in aller Welt. Und auch motorisch hatte man mit dem gemeinsam mit Triumph entwickelten 1,7 Liter großen 80-PS-Vierzylinder endlich ein überzeugendes Aggregat im Angebot. Im Gegensatz zum heimischen Konkurrenten Volvo vertraute man aber auf den Frontantrieb. 1978 kam der 96 in den Genuss des ersten Turbomotors der schwedischen Marke und begründete so eine lange Tradition. Das aufgeladene Aggregat mit inzwischen zwei Litern Hubraum leistete 145 PS und beschleunigte den Schweden auf bis zu 195 km/h.

Land	Schweden
Marke	Saab
Baujahr	1968-1977
Motor-Bauart	Vierzylinder (Reihe)
Lage	Front
Antrieb	Front
Hubraum (ccm)	1709
Leistung (PS/U/min)	80 bei 5200
	bis 87 bei 5500
Vmax (km/h)	155
Bauart	Limousine (2-/4-türig)
Material	Stahlblech
Produktionszahl	k.A.

Land	Deutschland
Marke	Volkswagen
Baujahr	1968-1974
Motor-Bauart	Vierzylinder (Boxer)
Lage	Heck
Antrieb	Heck
Hubraum (ccm)	1679, 1795
Leistung (PS/U/min)	68 bei 4500
	bis 85 bei 5000
Vmax (km/h)	140 bis 160
Bauart	Limousine (2-/4-türig),
	Kombi (3-türig)
Material	Stahlblech
Produktionszahl	355.087

ca. 22.500 €

Volkswagen 411 und 412

Der Versuch, das Käfer-Prinzip eine Klasse höher zu transferieren, hatte mit dem VW 1500 überaus gut funktioniert. Anlass genug für die Wolfsburger Produktplaner, nun einen weiteren Schritt nach oben zu gehen: Die Idee für den VW 411 war geboren. Zwar verfügte der 411 über eine selbsttragende Karosserie und technische Highlights wie eine hintere Schräglenkerachse und eine serienmäßige benzingetriebene Zusatzheizung, und die 1,7- und 1,8-Liter-Boxermotoren waren komplette Neuentwicklungen. Sein Heckmotorprinzip aber war bei seinem Erscheinen bereits veraltet – und hatte dazu beigetragen, dass der 411 optisch eine so unglückliche Figur machte, dass er bald als „Nasenbär" in die Geschichte einging. Doppelscheinwerfer im zweiten Modelljahr und eine komplette Überarbeitung als VW 412 halfen da auch nicht mehr. Nach sechs Jahren Bauzeit endete der „Typ 4" als einer der größten Flops der VW-Geschichte.

Volvo 142, 144, 145 und S

Land	Schweden
Marke	Volvo
Baujahr	1966-1974
Motor-Bauart	Vierzylinder (Reihe)
Lage	Front
Antrieb	Heck
Hubraum (ccm)	1780, 1986
Leistung (PS/U/min)	75 bei 4700
	bis 124 bei 6000
Vmax (km/h)	145 bis 180
Bauart	Limousine (2-/4-türig),
	Kombi (5-türig)
Material	Stahlblech
Produktionszahl	1.205.111

ca. 14.000 €

Waren die „Amazon"-Modelle noch eindeutig sportlich akzentuiert, galten bei der Entwicklung der 140er Baureihe andere Prioritäten. Vor allem durch Sicherheit und Komfort sollte der neue Schwede glänzen – schließlich war vor allem das US-Publikum durch die Medienkampagnen von Ralph Nader für dieses Thema besonders sensibilisiert geworden. So präsentierte sich der 140er 1966 erstmals als kantiger Geselle, während seine Vorgänger eher rundlich geformt waren. Mit den charakteristischen breiten Schultern hatte Jan Wilsgaard dabei ein Designelement geschaffen, das sogar heute aktuelle Volvo-Modelle zitieren. Sicherheit war das zentrale Argument: Die Karosseriestruktur sollte den Aufprall auf einen Betonblock bis 50 km/h unbeschadet überstehen. Und da sowohl Limousine als auch Kombi zu den geräumigsten Vertretern ihrer Klasse gehörten, war der 140er Serie ein außergewöhnlicher Erfolg beschieden. Als erster Volvo verkaufte er sich mehr als eine Million Mal.

BMW 2500, 2800, 3,0 S, 3,0 Si, 2,8 L, 3,0 L, 3,3 L, 3,3 Li (Werkscode E3)

ca. 38.500 €

Land	Deutschland
Marke	BMW
Baujahr	1968-1977
Motor-Bauart	Sechszylinder (Reihe)
Lage	Front
Antrieb	Heck
Hubraum (ccm)	2494 bis 3295
Leistung (PS/U/min)	150 bei 6000 bis 200 bei 5500
Vmax (km/h)	190 bis 210
Bauart	Limousine (4-türig)
Material	Stahlblech
Produktionszahl	ca. 222.000

Fünf Jahre nach Produktionseinstellung des „Barockengels" wagte man sich in München wieder an die Produktion eines Oberklasse-BMW. Der sollte aber die mit der Neuen Klasse wiedergefundene Philosophie der Marke repräsentieren und auf Dynamik und Eleganz statt auf Repräsentation setzen. Der BMW 2800 punktete bei seiner Premiere mit 170 PS, jugendlicher Straffheit und einem begeisternden Sechszylinder-Reihenmotor, der in über 20 Baujahren Karriere machen sollte. Ihm zur Seite stand der 2500 als kleinere Variante mit 150 PS. Die Baureihe E3 wurde mit 3- und 3,3-Liter-Motoren weiter ausgebaut, auch eine Langversion stand zur Verfügung. Sie erreichte nicht ganz die Image-Werte der Mercedes S-Klasse und wohl deswegen – bei ähnlichem Preis – auch nicht deren Verkaufszahlen. Aber die Doppelscheinwerfer des E3 prägten ganze Generationen von BMW-Fahrzeugen, und eines hat die Baureihe E3 mit Sicherheit geschafft: BMW wieder fest in der Oberklasse zu etablieren.

Fiat 130 Berlina

Mit dem Fiat 2300 war den Turinern auch in der oberen Mittelklasse zwischen 1959 und 1968 durchaus ein Achtungserfolg gelungen. Aber wer an Fiat dachte, dem fielen zuerst die Erfolge der Kleinwagen ein, große Fahrzeuge brachte man immer weniger mit der Marke in Verbindung. Das sollte der Fiat 130 ändern, von 1969 bis 1976 Fiats ständige Vertretung in der Oberklasse. Ein modernes Fahrwerk und der von Ferrari konstruierte 2,9-Liter-V6 mit 140 PS lieferten dafür die Basis. Beides wurde aber von einer Karosserie umhüllt, die schon 1969 als zu ausladend und in ihren Proportionen unausgewogen angesehen wurde. So geriet der letzte Oberklasse-Fiat zum verheerenden Misserfolg. Auch eine Hubraumerweiterung auf 3,2 Liter und 165 PS Leistung konnten daran nichts mehr ändern.

[ca. 21.000 €]

Land	Italien
Marke	Fiat
Baujahr	1969-1976
Motor-Bauart	V6
Lage	Front
Antrieb	Heck
Hubraum (ccm)	2866, 3235
Leistung (PS/U/min)	140 bei 5800
	bis 165 bei 5600
Vmax (km/h)	175 bis 190
Bauart	Limousine (4-türig)
Material	Stahlblech
Produktionszahl	k.A.

Jaguar XJ 6 2.8 und 4.2 (Series I)

Mit der XJ-Baureihe brachte man bei Jaguar 1968 Übersicht ins etwas durcheinander geratene Limousinen-Programm. Gleich drei Modellreihen, die S-Modelle, der 420 und der MK II, wurden langfristig ersetzt. Mit ihrer für eine Oberklassenlimousine extrem flachen Gestaltung setzte der XJ für Jaguar einen Gestaltungsmaßstab, der bis heute prägend ist. Mehr als 4,80 Meter Länge sorgten für die notwendigen Repräsentationsfähigkeiten. Den XJ gab es anfangs mit zwei neuentwickelten 2,8-Liter-Sechszylindermotoren, die 149 und 186 PS leisteten sowie dem bekannten 4,2-Liter-Sechszylinder mit 186 PS. Kurz vor Ende der erfolgreichen Serie 1 sorgte 1972 der Jaguar XJ 12 5.3 für eine Sensation. Erstmals nach dem Krieg hatte ein Serienhersteller wieder einen Zwölfzylindermotor in eine Limousine eingebaut. Der V12 mit 253 PS und unerreichter Laufkultur bescherte den XJ-Modellen lange einen Sonderstatus unter allen Oberklasse-Limousinen.

ca. 33.000 €

Land	GB
Marke	Jaguar
Baujahr	1968-1973
Motor-Bauart	Sechszylinder (Reihe)
Lage	Front
Antrieb	Heck
Hubraum (ccm)	2791 bis 4235
Leistung (PS/U/min)	149 bei 6000
	bis 186 bei 4750
Vmax (km/h)	190 bis 230
Bauart	Limousine (4-türig)
Material	Stahlblech
Produktionszahl	78.891

Mercedes-Benz 250 S, 250 SE, 280 S, 280 SE, 280 SE 3.5, 300 SEb (W 108)

Mit der neuen S-Klasse landete Mercedes ab 1965 einen spektakulären Erfolg. Das Design war vom 600 inspiriert und bedeutend sachlicher als das des Vorgängers. Die Kunst gelang, trotzdem spezifische Erkennungsmerkmale wie die hochstehenden Scheinwerfer und den Kühlergrill beizubehalten, so dass der Neue auf Anhieb als Mercedes zu erkennen war. Die Entscheidung, S-Klasse und die „kleinen Mercedes" stärker zu differenzieren als noch bei der Heckflosse, sollte sich als goldrichtig erweisen und verlieh der S-Klasse mehr Reputation. Als Langversion kam der 300 SEL 1966 gar mit Luftfederung und noch üppigeren Platzverhältnissen auf der Rückbank. 1971 schließlich begann für die S-Klasse das Achtzylinder-Zeitalter. Der neue 3,5-Liter-V8 mit 200 PS hatte mit dem im 600 verwendeten Aggregat nichts gemein, doch auch das fand noch mit 6,3 Litern Hubraum den Weg in die S-Klasse und machte den 300 SEL 6.3 zur schnellsten Serienlimousine der Welt.

Land	Deutschland
Marke	Mercedes-Benz
Baujahr	1965-1972
Motor-Bauart	Sechszylinder (Reihe), V8
Lage	Front
Antrieb	Heck
Hubraum (ccm)	2496 bis 3499
Leistung (PS/U/min)	130 bei 5400
	bis 200 bei 5800
Vmax (km/h)	177 bis 210
Bauart	Limousine (4-türig)
Material	Stahlblech
Produktionszahl	129.858 (250),
	184.986 (280),
	11.309 (280 3,5),
	2737 (300 SE)

[ca. 39.500 €]

Opel Kapitän, Admiral, Diplomat, Diplomat V8 (Serie B)

[**ca. 28.500 €**]

Land	Deutschland
Marke	Opel
Baujahr	1969-1977
Motor-Bauart	Sechszylinder (Reihe), V8
Lage	Front
Antrieb	Heck
Hubraum (ccm)	2784, 5354
Leistung (PS/U/min)	129 bei 5000
	bis 230 bei 4700
Vmax (km/h)	170 bis 190
Bauart	Limousine (4-türig)
Material	Stahlblech
Produktionszahl	51.000

An der Technik lag es nicht, dass auch die zweite Ausgabe der KAD-Baureihe den Niedergang der großen Opel-Modelle nicht stoppen konnte. Die neukonstruierte, aufwändige DeDion-Hinterachse sorgte für exzellente Fahreigenschaften, und auch das Motorenangebot mit den Sechszylinder-cih-Motoren und dem 5,4-Liter-V8 mit 230 PS, den es nur im Diplomat gab, war absolut Oberklasse-tauglich. Aber den großen Opel haftete ihr Billigheimer-Image an. So gerieten sie zum Flop, nicht obwohl ein Diplomat V8 mehr als 8000 Mark billiger als ein Mercedes 300 SEL 3.5 war, sondern genau deswegen. Problematisch war auch das gegenüber dem Vorgänger geglättete, aber immer noch sehr amerikanisch wirkende Design. Die Ölkrise von 1973 gab den Rest: Die Verkaufszahlen brachen um 90 Prozent ein, und niemand in Rüsselsheim dachte mehr ernsthaft an einen Oberklasse-Nachfolger.

Rolls-Royce Silver Shadow I und II

Land	GB
Marke	Rolls-Royce
Baujahr	1965-1980
Motor-Bauart	V8
Lage	Front
Antrieb	Heck
Hubraum (ccm)	6230, 6750
Leistung (PS/U/min)	k.A.
Vmax (km/h)	180 bis 200
Bauart	Limousine (4-türig),
	Coupé, Sonderkarosserie
Material	Stahlblech
Produktionszahl	29.025

[**ca. 41.500 €**]

Der Rolls-Royce Silver Shadow markiert einen Meilenstein in der Geschichte der Automobile aus Crewe. Als erster Rolls-Royce verfügte er über eine selbsttragende Karosserie und hatte auch – man könnte sagen: mit mehr als zehnjähriger Verspätung – zur Ponton-Karosserie gefunden und die barocken Vorkriegsformen abgelegt. Mit hinterer Einzelradaufhängung, vier Scheibenbremsen und dem modernen Aluminium-Achtzylinder zeigte er sich 1965 auch technisch auf der Höhe der Zeit. Das Aggregat verfügte zunächst über 6,2 Liter, später über 6,7 Liter Hubraum und leistete zwischen 180 und 200 PS. Davon wurde allerdings kein Aufhebens gemacht. Die Leistung wurde offiziell stets als „genügend" angegeben. Mit 29.000 Fahrzeugen, die bis 1980 gebaut wurden, setzte der Silver Shadow für die englische Traditionsmarke einen neuen Rekord.

Volvo 164, 164 E

Land	Schweden
Marke	Volvo
Baujahr	1968-1975
Motor-Bauart	Sechszylinder (Reihe)
Lage	Front
Antrieb	Heck
Hubraum (ccm)	2978
Leistung (PS/U/min)	130 bei 5000
	bis 160 bei 5500
Vmax (km/h)	170 bis 190
Bauart	Limousine (4-türig)
Material	Stahlblech
Produktionszahl	155.068

[**ca. 14.500 €**]

Eine Nische in der Oberklasse besetzte der Volvo 164 ab 1968. Er basierte zwar unverkennbar auf den zwei Jahre zuvor vorgestellten 140er-Typen, war aber durch geschickte optische Differenzierung mit einem beeindruckenden Kühlergrill deutlich von ihnen zu unterscheiden. Der Sechszylinder-Reihenmotor mit drei Litern Hubraum, für dessen Einbau eigens Radstand und Motorraum hatten verlängert werden müssen, war eine Eigenkonstruktion und leistete anfangs nur 130 PS, was den Anforderungen an eine Oberklasse-Limousine nicht ganz genügte. Das änderte sich 1972, als dank einer Bosch-Einspritzung immerhin 160 PS mobilisiert wurden. Der Volvo 164 sprach all jene an, die ein Fahrzeug mit allen Annehmlichkeiten der Oberklasse verlangten, ohne dabei prätentiös zu wirken. 1975 war er sogar das erste Fahrzeug mit serienmäßigem (ungeregeltem) Katalysator.

Land	Italien
Marke	Alfa Romeo
Baujahr	1966-1969
Motor-Bauart	Vierzylinder (Reihe)
Lage	Front
Antrieb	Heck
Hubraum (ccm)	1290 bis 1779
Leistung (PS/U/min)	87 bei 6000
	bis 113 bei 5000
Vmax (km/h)	170 bis 190
Bauart	Cabriolet
Material	Stahlblech
Produktionszahl	6325

[ca. 51.000 €]

Alfa Romeo Spider „Duetto" (Spider 1600 Duetto, Spider 1750, Spider 1300)

Mit dem jugendlichen Dustin Hoffman in „Die Reifeprüfung" wurde er weltberühmt. Der Alfa Spider, der 1966 das schwere Erbe des Giulietta Spider antrat, war in den USA begeistert aufgenommen worden. In Europa war die Resonanz – vor allem auf das rundliche Heck – nicht ganz so begeistert, und man hätte sich mehr Maskulinität gewünscht. Tatsächlich verschwand das Rundheck schon 1969 und wurde vom energischer gestylten „Fastback" abgelöst. Das Heck blieb ein ständiges Thema: Ab 1982 trug es eine ungeliebte Gummilippe, die 1990 wieder durch einen gelungeneren Abschluss ersetzt wurde. Erst 1993 liefen die letzten klassischen Alfa Spider vom Band – als letzte Alfa Romeo mit Heckantrieb – und beendeten eine 27 Jahre währende, einmalige Erfolgsgeschichte.

AC Cobra 427 (Shelby Cobra)

ca. 1.370.000 €

Land	GB
Marke	AC
Baujahr	1965-1967
Motor-Bauart	V8
Lage	Front
Antrieb	Heck
Hubraum (ccm)	6989
Leistung (PS/U/min)	425 bei 6000
	bis 485 bei 6500
Vmax (km/h)	280 bis 300
Bauart	Roadster
Material	Aluminium
Produktionszahl	410

Der schlichte AC Ace hatte sich von 1953 an über verschiedene Ausbaustufen langsam, aber kontinuierlich zu einer Sportwagen-Ikone entwickelt. Spätestens seit Carroll Shelby sich 1962 des AC angenommen und dem nun „Cobra" heißenden Roadster einen 4,3-Liter-V8 von Ford unter die Haube gepflanzt hatte, war der AC Cobra für viele Fans die heißeste Verbindung aus europäischer Fahrwerkstechnik und amerikanischer V8-Power. 1965 setzt Carroll Shelby dieser Symbiose die Krone auf und schuf ein Fahrzeug, das bis heute legendär ist: Die AC Cobra 427. Der Siebenliter-V8 aus dem Ford-Regal stellte nach der Shelby-Kur nicht weniger als 485 PS zur Verfügung und peitschte den Roadster, dessen Fahrwerkstechnik angepasst worden war, auf mehr als 300 km/h. Heute existieren mehr Nachbauten als die 410 „echten" Cobras, die bis 1967 gebaut wurden.

BMW CS (2800 CS, 3,0 CS, 3,0 CSL, 3,0 CSi, 2,5 CS)

Kleine Ursache, große Wirkung. Obwohl er über dieselbe Grundform wie der nur verhalten aufgenommene 2000 CS verfügte, wurde das Erscheinen des 2800 CS mit Begeisterung quittiert. Statt der „Schlitzaugen" des 2000 CS prägten nun Doppelscheinwerfer das Antlitz – und machten den entscheidenden Unterschied. Aber auch die Fahrleistungen wussten zu überzeugen. Mit dem 170-PS-Sechszylinder fielen zwei entscheidende Barrieren: Er beschleunigte in weniger als zehn Sekunden von Null auf 100 und knackte die 200-km/h-Marke. 1971 erweiterte BMW das Angebot um den 3.0 CS sowie den 3.0 CSI mit elektronischer Benzineinspritzung. 1973 erschien mit dem 3.0 CSL eine mit aerodynamischen Hilfsmitteln versehene Basisversion für den Motorsport, die 206 PS leistete und den Grundstein für eine jahrelange Dominanz im Tourenwagensport legte.

Land	Deutschland
Marke	BMW
Baujahr	1968-1975
Motor-Bauart	Sechszylinder (Reihe)
Lage	Front
Antrieb	Heck
Hubraum (ccm)	2494 bis 3153
Leistung (PS/U/min)	150 bei 6000
	bis 206 bei 5600
Vmax (km/h)	201 bis 220
Bauart	Coupé
Material	Stahlblech
Produktionszahl	30.546

ca. 71.500 €

Land	USA
Marke	Chevrolet
Baujahr	1967-1982
Motor-Bauart	V8
Lage	Front
Antrieb	Heck
Hubraum (ccm)	5359 bis 7440
Leistung (PS/U/min)	300 bei 4800
	bis 435 bei 5200
Vmax (km/h)	200 bis 250
Bauart	Coupé
Material	Kunststoff
Produktionszahl	ca. 150.000

[ca. 58.000 €]

Chevrolet Corvette C3

Mit der dritten Generation folgte die Corvette dem einmal eingeschlagenen Weg zum ernstzunehmenden Sportwagen auch außerhalb der USA. Der Coke-Bottle-Look hatte seine vielleicht aufregendste Ausprägung gefunden. Was die Hülle versprach, vermochte die Technik zu halten. Mit bis zu 7,4 Litern gehörten die Corvette-Bigblocks zu den größten ihrer Zeit und leisteten bis zu 435 PS. Obwohl das Cabrio beim Vorgänger deutlich beliebter als das Coupé war, mussten Frischluftfanatiker bei dieser Generation ab 1975 aus Sicherheitsgründen darauf verzichten. Immerhin aber gab es erstmals in einem Serienauto ein „T-Bar-Roof", bei dem beide Dachhälften herausgenommen werden konnten und nur ein Mittelsteg zwischen Scheibenrahmen und Überrollbügel verblieb. Es gab sogar Varianten, bei denen sich die Heckscheibe herausnehmen ließ. Den kommerziellen Erfolg der Vorgängerin übertraf die dritte Corvette-Generation trotzdem.

Land	Japan
Marke	Datsun
Baujahr	1969-1974
Motor-Bauart	Sechszylinder (Reihe)
Lage	Front
Antrieb	Heck
Hubraum (ccm)	2393
Leistung (PS/U/min)	130 bei 5600
Vmax (km/h)	190
Bauart	Coupé
Material	Stahlblech
Produktionszahl	150.076

[ca. 48.000 €]

Datsun 240 Z

Der Datsun 240 Z des japanischen Herstellers, der später in Nissan umfirmierte, sollte nicht nur die Fähigkeit des Hauses unter Beweis stellen, technisch hochwertige Autos zu bauen, sondern hatte auch die Aufgabe, sich gut zu verkaufen. Das gelang dem Zweisitzer, dessen Grundentwürfe auf Albrecht Graf Goertz zurückgehen, in hervorragender Weise. Vor allem in den USA erfreute sich das Coupé großer Beliebtheit. Der 2,4 Liter große Reihensechszylinder leistete 130 PS und sorgte für ordentliche Fahrleistungen. Auch in Deutschland wurde der 240 Z ab 1973 angeboten. Für 17.600 Mark erhielt man das umfangreich ausgestattete Fahrzeug, das gerade die berüchtigte East African Safari gewonnen hatte. Aber Sportwagen aus Japan trauten die Deutschen offenbar noch nicht: Nur 300 ließen sich hier verkaufen – von mehr als 150.000 weltweit.

Land	Italien
Marke	De Tomaso
Baujahr	1967-1972
Motor-Bauart	V8
Lage	Mitte
Antrieb	Heck
Hubraum (ccm)	4728
Leistung (PS/U/min)	305 bei 6200
Vmax (km/h)	240
Bauart	Coupé
Material	Stahlblech
Produktionszahl	ca. 400

[ca. 395.000 €]

De Tomaso Mangusta

Wohl kaum jemand war während seines Lebens an so vielen Automobilfirmen beteiligt wie Alejandro de Tomaso. 1963 hatte er die Automobilfertigung begonnen. Erster kommerzieller Erfolg hätte der Mangusta werden sollen, der 1967 vorgestellt wurde. Wie Monteverdi oder ISO kombinierte De Tomaso italienisches Design mit amerikanischer Antriebstechnik. Giorgio Giugiaro hatte das dem Maserati Ghibli nicht unähnliche Mittelmotor-Coupé entworfen und ein Design geschaffen, das für seine Zeit enorm sachlich, schlicht und funktional wirkte. Der Fünfliter-V8 mit 305 PS aus dem Ford-Regal bescherte angemessene Fahrleistungen. Konstruktive Schwächen wie das zu weiche Chassis oder die starke Aufheizung des Innenraums verhinderten jedoch einen nachhaltigen Erfolg des nachlässig konstruierten Mangusta.

(Ferrari) Dino 206 GT, 246 GT und 246 GTS

[ca. 440.500 €]

Land	Italien
Marke	Ferrari
Baujahr	1969-1973
Motor-Bauart	V6
Lage	Mitte
Antrieb	Heck
Hubraum (ccm)	1987, 2418
Leistung (PS/U/min)	180 bei 8000
	bis 195 bei 7500
Vmax (km/h)	230 bis 240
Bauart	Coupé (auch mit
	entfernbarem Dachteil)
Material	Stahlblech/Aluminium
Produktionszahl	100, 3912

Land	Italien
Marke	Fiat
Baujahr	1966-1972
Motor-Bauart	V6
Lage	Front
Antrieb	Heck
Hubraum (ccm)	1987, 2418
Leistung (PS/U/min)	160 bei 7200
	bis 180 bei 6600
Vmax (km/h)	200 bis 210
Bauart	Cabriolet
Material	Stahlblech
Produktionszahl	1588

ca. 135.000 €

Fiat Dino Spider

1966 fanden sich bei Fiat nicht weniger als drei offene Fahrzeuge im Programm. Star des Programms war der Dino Spider. Nicht nur die ebenso wie bei 850 Spider und 124 Spider von Pininfarina gezeichnete Karosserie konnte überzeugen. Vor allem der V6-Motor setzte neue Maßstäbe für den italienischen Massenhersteller. Bei ihm handelte es sich um ein von Ferrari entwickeltes Zweiliter-Aggregat, das komplett aus Leichtmetall bestand und bei 7200 U/min 160 PS leistete – ein echtes Hochleistungstriebwerk. Die Kraft des Motors überforderte jedoch bisweilen die hintere Starrachse, und das Fiat-Logo auf der Haube des Spiders wirkte sich auch nicht gerade förderlich auf die Nachfrage aus. 1969 bekam der Dino nicht nur eine hintere Einzelradaufhängung, sondern 40 PS mehr aus jetzt 2,4 Litern Hubraum. Genützt hat es wenig: Mit insgesamt weniger als 1600 Fahrzeugen bis 1972 blieb der Dino eine absolute Rarität.

Fiat 124 Spider (124 Sport Spider, Spider 2000)

Als Nachfolger der 1200/1500 Spider präsentierte Fiat auch auf Basis der neuen 124er-Baureihe ein zweisitziges Cabriolet. Das Dogma der Nüchternheit, das bei der Entwicklung der Limousine Pate gestanden hatte, galt für Pininfarina bei der Gestaltung des Spiders zum Glück nicht. Der Spider erschien 1966 als elegantes, zeitgemäßes Fahrzeug, das auch technisch zu überzeugen wusste: Der 1,4-Liter-Motor verfügte über doppelte Nockenwellen, die über einen Zahnriemen angetrieben wurden, und mobilisierte kräftige 90 PS. Das serienmäßige Fünfganggetriebe war damals keinesfalls selbstverständlich. Dem stets bei Pininfarina gebauten Zweisitzer sollte ein langes Leben beschieden sein. Oft modifiziert, blieb er bis 1985 in Produktion, zuletzt von einem Zweiliter-Kompressormotor befeuert, der ihn mit 135 PS auf über 200 km/h trieb.

Land	Italien
Marke	Fiat
Baujahr	1966-1985
Motor-Bauart	Vierzylinder (Reihe)
Lage	Front
Antrieb	Heck
Hubraum (ccm)	1438 bis 1995
Leistung (PS/U/min)	90 bei 6600
	bis 135 bei 6000
Vmax (km/h)	165 bis 200
Bauart	Cabriolet
Material	Stahlblech
Produktionszahl	ca. 197.000

[ca. 23.000 €]

Fiat 850 Spider

Land	Italien
Marke	Fiat
Baujahr	1965-1973
Motor-Bauart	Vierzylinder (Reihe)
Lage	Heck
Antrieb	Heck
Hubraum (ccm)	843, 903
Leistung (PS/U/min)	49 bei 6400
	bis 52 bei 6400
Vmax (km/h)	140 bis 145
Bauart	Cabriolet
Material	Stahlblech
Produktionszahl	124.600

[ca. 14.500 €]

Die englischen Roadster der Fünfziger hatten bewiesen, dass es einen Markt für kleine Cabriolets gab. Dem wollte man sich auch bei Fiat nicht verschließen und bot auf Basis des erfolgreichen 850 ab 1965 den Spider an. Während man die bewährte Technik der Heckmotor-Limousine kaum antastete, durfte die mit dem Entwurf beauftragte Firma Bertone bei der Formgebung mit dem sprichwörtlichen weißen Blatt Papier anfangen. Ergebnis war eine Karosserie, deren Linienführung eigenständig und klar geriet und auch heute noch überzeugen kann. Die einfache Verdeckkonstruktion war einfach zu bedienen, wer in der kalten Jahreszeit mehr Komfort wollte, konnte ein praktisches Hardtop bestellen und Coupé-Komfort genießen. Bis 1973 entschieden sich fast 125.000 Kunden für den kleinen Frischluft-Italiener.

Ford GT 40

je nach Originalität und Historie bis zu 10 Mio €

Land	GB
Marke	Ford
Baujahr	1966-1972
Motor-Bauart	V8
Lage	Mitte
Antrieb	Heck
Hubraum (ccm)	4728
Leistung (PS/U/min)	340 bei 6250
Vmax (km/h)	270
Bauart	Coupé
Material	Stahlblech
Produktionszahl	107

Anfang der Sechziger hatte Henry Ford II. beschlossen, seiner Firma ein sportlicheres Image zu geben. Zeichen dieser Entwicklung war nicht zuletzt der große Erfolg des Mustang. Nach der Devise „race on sunday – sell on monday" sollten aber auch spektakuläre Rennerfolge die Kunden in die Ford-Autohäuser treiben. Nachdem 1963 die Verhandlungen mit Enzo Ferrari über eine Übernahme der italienischen Rennschmiede gescheitert waren, beschloss man, selbst Rennwagen zu bauen, und gründete dafür in England eigens ein Entwicklungszentrum mit dazugehöriger Fertigung. Ergebnis war der GT 40, der 1964 vorgestellt wurde und dessen Straßenversion einen 4,7-Liter-V8 mit 340 PS besaß. Die Rennversion des GT 40 sollte die 24 Stunden von Le Mans von 1966 an viermal in Folge gewinnen.

Land	Deutschland
Marke	Ford (D)
Baujahr	1969-1973
Motor-Bauart	V4, Vierzylinder (Reihe), V6
Lage	Front
Antrieb	Heck
Hubraum (ccm)	1288 bis 2993
Leistung (PS/U/min)	50 bei 5000 bis 150 bei 5600
Vmax (km/h)	133 bis 205
Bauart	Coupé
Material	Stahlblech
Produktionszahl	784.000 (deutsche Produktion)

[ca. 41.500 €]

Ford Capri (Serie I)

Nach dem gewaltigen Erfolg des Ford Mustang in den USA stellten sich die Ford-Manager die Frage, ob so etwas auch in Europa zu wiederholen sei. 1969 erschien der in Deutschland und England entwickelte Capri – und schlug ein wie eine Bombe. Die Kunden liebten die sportliche Form mit der langen Motorhaube und dem kurzen Stummelheck ebenso wie das liebevoll auf Sportlichkeit getrimmte Interieur. Zum Erfolg führte den Capri – ebenso wie den Mustang – das große Motorenangebot, das ihn für breite Kreise erschwinglich machte. Ob es dabei allerdings der 1,3-Liter-V4 aus dem 12 M mit 50 PS als Basismotor hätte sein müssen, erscheint zumindest fragwürdig. Auch die V6-Varianten waren preiswert und so war das Coupé, das in seiner höchsten Ausbaustufe als 2600 RS satte 150 PS leistete und im Tourenwagensport Erfolge feierte, zeitweise der meistverkaufte Pkw der Marke Ford in Deutschland.

Glas V8 2600, Glas V8 3000, BMW V8 3000

Die besten Zeiten bei Glas waren Mitte der Sechziger vorbei. Über das Goggomobil war die Zeit hinweggegangen, und allen danach erschienenen Modellen blieb – mit Ausnahme der Coupés – trotz fortschrittlicher Technik ein Markterfolg vorenthalten. Also wagte man sich in Dingolfing an ein aberwitzig anmutendes Projekt: Man entwickelte als einziger deutscher Hersteller neben Mercedes einen Achtzylinder und installierte ihn in ein von Pietro Frua gestyltes, an Maserati erinnerndes viersitziges Coupé. Der 2,6-Liter-Motor war als V8 aus zwei 1,3-Liter-Motoren entstanden und leistete, natürlich mit Zahnriemen angetrieben, 150 PS. Die Linienführung des Coupés, das 1965 auf der IAA präsentiert wurde, gefiel. Aber erst ein Jahr später lief die Produktion des mit DeDion-Achse und Niveauregulierung ausgerüsteten Fahrzeugs an. Bis zur Übernahme durch BMW entstanden keine 300 Fahrzeuge, davon ein kleiner Teil mit aufgebohrtem Dreiliter-Motor und 160 PS. Der Glas 3000 V8 sollte als BMW 3000 V8 noch ein Jahr leben und immerhin fast 400 Mal verkauft werden.

Land	Deutschland
Marke	Glas
Baujahr	1966-1968
Motor-Bauart	V8
Lage	Front
Antrieb	Heck
Hubraum (ccm)	2580, 2982
Leistung (PS/U/min)	150 bei 5600, 160 bei 5100
Vmax (km/h)	195
Bauart	Coupé
Material	Stahlblech
Produktionszahl	277 + 389 = 666

[ca. 128.000 €]

Honda S 800

Land	Japan
Marke	Honda
Baujahr	1966-1970
Motor-Bauart	Vierzylinder (Reihe)
Lage	Front
Antrieb	Front
Hubraum (ccm)	791
Leistung (PS/U/min)	67 bei 7750 bis 70 bei 8000
Vmax (km/h)	165
Bauart	Coupé, Cabriolet
Material	Stahlblech
Produktionszahl	11.406

[ca. 33.000 €]

Mit dem Honda S 600 hatten die Japaner ihr Potenzial gezeigt, aber einige der technischen Lösungen, wie die Rollenketten für den Antrieb, waren kaum großserientauglich. Zwei Jahre später hatte man daraus gelernt: Der S 800 hatte etwas mehr Hubraum spendiert bekommen, und die Drehzahl betrug nun 800 U/min weniger. Trotzdem war man mit 8000 U/min immer noch an der Spitze aller Serientriebwerke. Obendrein entsprachen 67 PS umgerechnet einer Literleistung von fast 84 PS! Den Antrieb besorgte nun eine konventionelle Kardanwelle mit hypoidverzahntem Differenzial; vorn besaß er Scheibenbremsen. Als erster Honda wurde der S 800 auch in Deutschland angeboten und konnte sich hier in drei Jahren immerhin 2500 Mal verkaufen. Die Technische Hochschule Braunschweig überprüfte seinerzeit die Drehzahlfestigkeit des kleinen Vierzylinders, dem die Japaner 10.000 U/min zutrauten, auf ihrem Prüfstand. Bei 12.000 U/min gab es einen Knall: der Motor war intakt, der Prüfstand kaputt.

Land	GB
Marke	Jensen
Baujahr	1967-1976
Motor-Bauart	V8
Lage	Front
Antrieb	Heck
Hubraum (ccm)	6286, 7217
Leistung (PS/U/min)	330 bei 4600
	bis 384 bei 5000
Vmax (km/h)	220
Bauart	Coupé
Material	Stahlblech
Produktionszahl	4500

ca. 67.500 €

Jensen Interceptor, Interceptor FF und Interceptor SP (Mk I, Mk II, Mk III)

Als einer der zahlreichen englischen Kleinserienhersteller hatte Jensen von 1946 an Limousinen gefertigt, für die Motoren anderer Hersteller eingekauft wurden. Innovation war eine klare Zielvorgabe: So rüstete man bereits 1956 mit dem 541 de Luxe den ersten Viersitzer weltweit mit vier Scheibenbremsen aus, und 1965 überraschte Jensen mit dem weltweit ersten permanenten Allradantrieb. Der Interceptor, der zwischen 1967 und 1976 mit seiner charakteristischen Glaskuppel über dem Heck gebaut wurde, war ein viersitziges Luxuscoupé, das wahlweise nicht nur mit Chrysler-Motoren von 6,3 oder 7,2 Litern ausgerüstet werden konnte, sondern ebenso mit einem permanenten Allradantrieb und sogar mit einem mechanischen ABS-System von Dunlop. Der Interceptor wurde der erfolgreichste Jensen – aber leider auch der Letzte.

Lancia Fulvia Coupé

Land	Italien
Marke	Lancia
Baujahr	1965-1976
Motor-Bauart	V4
Lage	Front
Antrieb	Heck
Hubraum (ccm)	1216 bis 1584
Leistung (PS/U/min)	80 bei 6200
	bis 114 bei 6500
Vmax (km/h)	160 bis 190
Bauart	Coupé
Material	Stahlblech
Produktionszahl	140.409

ca. 28.000 €

Einen eigenen Weg ging Lancia 1965 bei der Gestaltung des Fulvia-Coupés. Merkmale sind die sehr niedrige Gürtellinie und das auf grazilen Säulen ruhende Dach überm lichten Innenraum. Der V4-Motor mit engem Ventilwinkel aus dem Fulvia Berlina leistete 80 PS und verlieh dem Coupé eine Geschwindigkeit von 160 km/h. 1966 erschien der Fulvia HF mit 88 PS und reduziertem Gewicht dank Aluminiumhauben und Plexiglasscheiben. Der HF sollte Basis für eine erfolgreiche Motorsportkarriere werden, die in Gesamtsiegen der Rallye Monte Carlo sowie dem zweimaligen Gewinn der Rallye-Weltmeisterschaft gipfelte. Weitere HF-Versionen für den Motorsporteinsatz mit 1,6 Litern Hubraum sollten bis zu 132 PS leisten. Bis 1976 genossen mehr als 140.000 Käufer den individuellen und kultivierten Fahrgenuss eines Lancia Fulvia Coupé.

Lamborghini Miura P 400, Miura S und SV

Hatte bereits der 350 GT die Ernsthaftigkeit des Sportwagenprojekts von Ferruccio Lamborghini unter Beweis gestellt, gelang ihm mit dem 1965 vorgestellten Miura endgültig der Sprung in den Auto-Olymp. Die Mittelmotor-Einbaulage des V12 wurde für Jahrzehnte zum Vorbild für andere Supersportwagen. Selbst Ferrari musste dieser Maxime bald folgen. Das von Bertone entworfene zeitlose Design des extrem flachen Boliden stand lange als Sinnbild automobiler Träume sowohl von Quartett spielenden Jungs als von erwachsenen Autofans. Die wussten, dass man mit 300 km/h Höchstgeschwindigkeit oder bis zu 385 PS zwar jeden Stich machen konnte – aber nicht, dass der Miura seine Insassen mit unbequemer Sitzposition und kritischem Geradeauslauf quälte.

[ca.2.000.000 €]

Land	Italien
Marke	Lamborghini
Baujahr	1966-1973
Motor-Bauart	V12
Lage	Mitte
Antrieb	Heck
Hubraum (ccm)	3929
Leistung (PS/U/min)	350 bei 7000
	bis 385 bei 7850
Vmax (km/h)	290 bis 300
Bauart	Coupé
Material	Aluminium
Produktionszahl	474, 140, 150

Maserati Ghibli

Land	Italien
Marke	Maserati
Baujahr	1966-1973
Motor-Bauart	V8
Lage	Front
Antrieb	Heck
Hubraum (ccm)	4719, 4920
Leistung (PS/U/min)	310 bei 5500
	bis 300 bei 5000
Vmax (km/h)	270 bis 280
Bauart	Coupé, Cabriolet
Material	Stahlblech
Produktionszahl	1247

ca. 278.000 €

Die elegante Formgebung des von Giugiaro gezeichneten Ghibli brach 1966 mit der Maserati-Tradition und zeigte sich unerwartet schlicht und glattflächig. Anfangs nicht auf Anhieb als Maserati zu erkennen, spielte der Ghibli bis 1973 die Rolle des Spitzenmodells und prägte die Formgebung der Marke mit dem Dreizack bis weit in die Achtziger. Der 4,7 Liter große V8 aus eigener Entwicklung wurde 1970 durch eine auf 4,9 Liter vergrößerte Version mit 335 PS ergänzt. Im Gegensatz zu Ferrari setzte Maserati nicht auf Drehzahl, sondern auf Drehmoment. So galt der Ghibli als Durchzugswunder seiner Zeit, konnte aber trotzdem – mit blattgefederter Starrachse – bis zu 280 km/h erreichen. Mit mehr als 1200 gebauten Ghibli war das Spitzenmodell auch lange der kommerziell erfolgreichste Maserati.

Mazda Cosmo 110 S

Land	Japan
Marke	Mazda
Baujahr	1967-1973
Motor-Bauart	Zweischeiben-Wankel
Lage	Front
Antrieb	Heck
Hubraum (ccm)	2 x 654 Kam.-Volumen
Leistung (PS/U/min)	110 bei 6000
Vmax (km/h)	185
Bauart	Coupé
Material	Stahlblech
Produktionszahl	ca. 1600

ca. 112.000 €

Nicht nur NSU experimentierte in den Sechzigern mit dem Wankelmotor. Auch Mazda hatte sich bereits 1961 in Neckarsulm entsprechende Lizenzen gesichert und brachte zeitgleich mit dem Ro 80 auch den ersten japanische Wankel-Pkw auf den Markt: den Mazda Cosmo 110 S. Anders als NSU hatte man auf einen formschönen Sportwagen gesetzt, der zudem nur in Japan verkauft wurde. Damit wollte man Erfahrung in der Fertigung und dem Betrieb der neuen Antriebstechnologie gewinnen, ohne direkt das Risiko großer Stückzahlen einzugehen. So wurden von dem Zweischeiben-Wankel mit 110 PS bis 1973 nur knapp 1600 Exemplare gebaut. Technische Probleme blieben aber aus, und so wurde der Cosmo 110 der Grundstein für eine Wankel-Historie, die bei Mazda äußerst erfolgreich verlaufen sollte.

Land	DDR
Marke	Melkus
Baujahr	1969-1980
Motor-Bauart	Dreizylinder-Zweitaktmotor
Lage	Mitte
Antrieb	Heck
Hubraum (ccm)	993, 1100
Leistung (PS/U/min)	70 bis 90 bei 3500
Vmax (km/h)	165 bis 210
Bauart	Coupé
Material	Stahlblech, Kunststoff
Produktionszahl	101

[**ca. 93.000 €**]

Melkus RS 1000

Auch in der DDR schlugen Herzen für sportliche Fahrzeuge – der Weg zum Objekt der Begierde war allerdings ungleich beschwerlicher als im Westen. Das galt nicht nur für Kunden, sondern auch für ambitionierte Hersteller wie Heinz Melkus, der ab den späten 1960er Jahren mit Beharrlichkeit sein Sportwagen-Projekt verfolgte. Als Basis diente ihm der Kastenrahmen des Wartburg 353. Der Zweitaktmotor wurde als klassischer Mittelmotor in die flache Kunststoffkarosserie mit den Flügeltüren eingebaut und trieb die Hinterräder an. Dem Dreizylinder entlockte Melkus immerhin 20 PS mehr als dem Original. Mit 70 PS erreichte die Sportflunder 165 km/h – mit 90 PS im Renntrimm gar 210 km/h. Nur mit exquisiten Beziehungen ließ sich an einen der insgesamt 101 Melkus RS 1000 kommen, die zwischen 1969 und 1980 gebaut wurden.

Monteverdi High Speed 375 S, L, C und Palm Beach

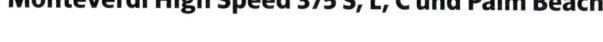

Land	CH
Marke	Monteverdi
Baujahr	1967-1977
Motor-Bauart	V8
Lage	Front
Antrieb	Heck
Hubraum (ccm)	7206
Leistung (PS/U/min)	350 bei 4600
Vmax (km/h)	250 bis 255
Bauart	Coupé, Cabriolet
Material	Stahlblech
Produktionszahl	k.A.

[**ca. 390.000 €**]

Peter Monteverdi war nicht nur Autohändler, sondern auch einer der bekanntesten Rennfahrer der Schweiz und hatte in den Fünfzigern bereits mit Eigenkonstruktionen für Furore gesorgt. 1961 war unter seiner Regie der erste Schweizer Formel-1-Rennwagen entstanden. 1967 präsentierte Monteverdi auf der IAA ein 2+2-sitziges Coupé, für dessen Gestaltung er Pietro Frua beauftragt hatte. Das zunächst MBM GT getaufte Fahrzeug wurde bald in Monteverdi High Speed umbenannt und ab 1967 in Kleinserie hergestellt. Unter die Karosserie hatte Monteverdi einen 7,1 Liter großen Chrysler-V8 platziert, der mit 350 PS bei moderaten 4600 U/min für exzellente Fahrleistungen sorgte. Die Hinterräder wurden von einer zeitgemäßen DeDion-Achse geführt, während der Kastenrahmen zwar nicht von Modernität, aber von schweizerischer Solidität zeugte. Stückzahlen ließ Monteverdi nie offiziell verlauten. Der High Speed 375 wurde bis 1977 angeboten. 1984 gab Peter Monteverdi die Pkw-Produktion auf.

Opel GT, GT/J

[ca. 32.500 €]

Eigentlich sollte er als „Experimental-GT" auf dem Opel-Stand der IAA 1965 nur die technischen Potenziale der Rüsselsheimer GM-Tochter aufzeigen. Die Reaktion auf die im Coke-Bottle-Look gezeichnete flache Sportwagenkarosserie fiel jedoch so begeistert aus, dass man gar nicht mehr anders konnte als über eine Serienfertigung nachzudenken. Da die boomenden Opel-Werke keine Kapazitäten frei hatten, musste die Fertigung nach Frankreich vergeben werden. Das Serienfahrzeug sollte die Bodengruppe des Kadett B und den 1,9-Liter-Motor des Rekord C mit 90 PS nutzen. 1968 stand der GT – beworben mit dem Slogan „Nur Fliegen ist schöner" – bei den Opel-Händlern und verkaufte sich auf Anhieb hervorragend, auch als Buick in den USA, wo Opel-Produkte ansonsten ein Mauerblümchen-Dasein geführt hatten. 1973 war trotzdem Schluss – hauptsächlich wegen neuer Sicherheitsbestimmungen in den USA, die Front- und Heckstoßfänger erforderten, mit denen die einmalige Linie des GT zerstört worden wäre.

Land	Deutschland
Marke	Opel
Baujahr	1968-1973
Motor-Bauart	Vierzylinder (Reihe)
Lage	Front
Antrieb	Heck
Hubraum (ccm)	1078, 1897
Leistung (PS/U/min)	60 bei 5200 bis 90 bei 5100
Vmax (km/h)	155 bis 190
Bauart	Coupé
Material	Stahlblech
Produktionszahl	103.373

Peugeot 504 Cabriolet und Coupé

Land	Frankreich
Marke	Peugeot
Baujahr	1969-1983
Motor-Bauart	Vierzylinder (Reihe), V6
Lage	Front
Antrieb	Heck
Hubraum (ccm)	1796 bis 2664
Leistung (PS/U/min)	90 bei 5000
	bis 144 bei 5500
Vmax (km/h)	170 bis 190
Bauart	Cabriolet, Coupé
Material	Stahlblech
Produktionszahl	8135, 26.629

[**ca. 41.500 €**]

Schon von 403 und 404 hatte es Cabriolet-Versionen gegeben. Die schönste Variante aber sollte das 504 Cabriolet werden, das 1969 präsentiert wurde. Auch hier hatte Peugeot-Hausdesigner Pininfarina seine Hand im Spiel. Die Linienführung des eleganten, gediegenen Zweisitzers wirkt bis heute unaufdringlich und gelungen. Anfangs kam nur der 1,8 Liter große Vierzylinder-Einspritzer mit 90 PS zum Einbau, der später auf zwei Liter aufgebohrt wurde und 104 PS leistete. Standesgemäß motorisiert wirkte das immerhin mehr als 1,2 Tonnen schwere Cabrio aber vor allem mit dem ab 1974 lieferbaren Euro-V6-Motor, der es mit 2,7 Litern Hubraum auf 144 PS brachte. Aufgrund strengerer Abgasbestimmungen entfiel der V6 1981 wieder. Mit dem Vierzylinder wurde das große Peugeot Cabriolet in kleiner Stückzahl bis 1983 gebaut und ist heute extrem rar.

Porsche 911 E, 911 T, 911 S (B-Serie)

ca. 145.000 €

Land	Deutschland
Marke	Porsche
Baujahr	1968-1971
Motor-Bauart	Sechszylinder (Boxer)
Lage	Heck
Antrieb	Heck
Hubraum (ccm)	1991, 2195
Leistung (PS/U/min)	110 bei 5800
	bis 180 bei 6500
Vmax (km/h)	195 bis 225
Bauart	Coupé (auch mit
	entfernbarem Dachteil)
Material	Stahlblech
Produktionszahl	k.A.

1968 hatte sich der Porsche 911 seinen Platz in den Herzen aller Sportwagenfans weltweit gesichert. Es wurde Zeit für die zweite Ausbaustufe. Die B-Serie hatte einen längeren Radstand, größere Radhäuser und breitere Kotflügel. 1969 wuchs auch der Hubraum erstmals: 2,2 Liter stellten 180 PS bei 6500 U/min bereit, die den nun 911 S genannten Sportwagen auf 225 km/h beflügelten. Die Zweiliter-Variante blieb als 911 T mit 110 PS im Angebot und kostete knapp unter 20.000 Mark. Für das Spitzenmodell waren nun 27.000 Mark fällig – was dem Erfolg keinen Abbruch tat.

Reliant Scimitar GTE

Land	GB
Marke	Reliant
Baujahr	1968-1975
Motor-Bauart	V6
Lage	Front
Antrieb	Heck
Hubraum (ccm)	2495, 2994
Leistung (PS/U/min)	121 bei 4750
	bis 136 bei 4750
Vmax (km/h)	175 bis 195
Bauart	Kombi-Coupé
Material	Kunststoff
Produktionszahl	5927

ca. 115.000 €

Der englische Kleinserienhersteller Reliant („der Zuverlässige") hatte von 1935 an Dreiräder gefertigt und erst 1964 sein erstes vierrädriges Automobil, ein Coupé, auf den Markt gebracht. Klagen über das mangelnde Raumangebot ließen Designer Tom Karen nicht ruhen, und er entwarf erstmals die Kombination aus Coupé und Kombi: der „Shooting-Brake" war geboren. Das attraktive Coupé nutzte Komponenten zahlreicher anderer Hersteller. Die 2,5- und 3-Liter-Motoren lieferte Ford, während die Lenkung des Austin 1800 eingebaut wurde. Besonders der englischen Prinzessin Anne hatte es der sportliche Dreitürer angetan: Sie soll nicht weniger als sieben Reliant Scimitar besessen haben. Der Reliant Scimitar verkaufte sich von 1968 bis 1985 nahezu 10.000 Mal – was das Ende der kleinen Firma nicht verhinderte. Sein Design war Vorbild für den Volvo P 1800 ES und den Lancia Beta HPE.

Land	GB
Marke	Triumph
Baujahr	1969-1976
Motor-Bauart	Sechszylinder (Reihe)
Lage	Front
Antrieb	Heck
Hubraum (ccm)	2498
Leistung (PS/U/min)	143 bei 5500,
	USA: 104 bei 4500
Vmax (km/h)	170 bis 200
Bauart	Roadster
Material	Stahlblech
Produktionszahl	94.619

ca. 35.500 €

Triumph TR 6

Deutsche Gene trägt der Triumph TR 6, die man ihm freilich nicht ansieht. Den ursprünglichen Entwurf des TR 4 hatte Anfang der Sechziger Triumph-Hausdesigner Michelotti vorgelegt. Für den Nachfolger TR 6 wurde die Firma Karmann beauftragt. Mehr als ein Facelift ließen die Finanzmittel allerdings nicht zu. Trotzdem zeigte sich die Karosserie des Roadsters überraschend gut dem Zeitgeist angepasst. Das galt für den unverändert übernommenen, 143 PS leistenden Sechszylinder, der dem nur wenig mehr als eine Tonne wiegenden Zweisitzer zu beeindruckenden Fahrleistungen verhalf, ohnehin. 90 Prozent der Produktion gingen ins Ausland, vor allem in den USA erfreute sich der TR 6 trotz auf 104 PS gedrosselten Motors großer Beliebtheit.

Toyota 2000 GT

Land	Japan
Marke	Toyota
Baujahr	1967-1970
Motor-Bauart	Sechszylinder (Reihe)
Lage	Front
Antrieb	Heck
Hubraum (ccm)	1988
Leistung (PS/U/min)	150 bei 6600
Vmax (km/h)	220
Bauart	Coupé
Material	Stahlblech
Produktionszahl	337

[ca. 820.000 €]

Mit einem Traumwagen der besonderen Art wollte Toyota 1965 auf sich aufmerksam machen. Lange vor dem Markteintritt in Europa stellte man mit dem 2000 GT die technische Kompetenz unter Beweis. Dabei hatte man sich allerdings fremder Hilfe bedient: Albrecht Graf Goertz, der bereits den BMW 507 designt hatte, war für die Formgebung des Sportcoupés verantwortlich. Und bei Yamaha wurde der Zweiliter-Sechszylinder mit doppelten, obenliegenden Nockenwellen gebaut, der bei 6600 U/min 150 PS entwickelte und das elegante Fahrzeug, das sowohl an die Corvette wie an den Jaguar E-Type erinnerte, auf 220 km/h Höchstgeschwindigkeit brachte. Die konnte allerdings in Japan niemand ausfahren, und woanders sind die insgesamt 337 Toyota 2000 GT von 1967 bis 1970 nie verkauft worden.

VW-Porsche 914, 914 1.7, 914 1.8, 914 2.0

„Bin ich ein VW oder bin ich ein Porsche?" Diese Frage ließ der VW-Porsche, der von 1969 an für 12.560 Mark erhältlich war, bewusst offen. Eigentlich sollte der von Porsche und VW gemeinsam entwickelte Mittelmotor-Sportler mit Vierzylinder nur als VW und mit Sechszylinder als Porsche verkauft werden. Aber eine diesbezügliche Vereinbarung mit VW-Chef Heinrich Nordhoff existierte nur mündlich, und nach dessen Tod im April 1968 musste neu verhandelt werden. Ergebnis war, dass beide Autos beide Logos bekamen, eine Kuriosität in der Autogeschichte. Der 1,7-Liter-Boxermotor aus dem VW 411 mit 80 PS war die Basis für den 940 kg schweren Zweisitzer, zusätzlich wurde ab 1972 eine Zweiliter-Variante mit 100 PS angeboten. Der 914/6 erhielt den Zweiliter-Motor des Porsche 911 mit 110 PS, war allerdings auch fast genauso teuer und wurde mangels Erfolg bereits 1972 wieder aus dem Programm genommen. Erfolgreich war der 914, der heute als erster Großserien-Pkw mit Mittelmotor gilt, vor allem in den USA, wo er nur als Porsche vermarktet wurde.

Land	Deutschland
Marke	VW-Porsche
Baujahr	1969-1975
Motor-Bauart	Vierzylinder (Boxer)
Lage	Mitte
Antrieb	Heck
Hubraum (ccm)	1679 bis 1971
Leistung (PS/U/min)	80 bei 4900
	bis 100 bei 5000
Vmax (km/h)	170 bis 190
Bauart	Coupé (Dachteil entfernbar)
Material	Stahlblech
Produktionszahl	115.646

[ca. 36.000 €]

Volkswagen Bus T2

Land	Deutschland
Marke	Volkswagen
Baujahr	1967-1979
Motor-Bauart	Vierzylinder (Boxer)
Lage	Heck
Antrieb	Heck
Hubraum (ccm)	1584 bis 1970
Leistung (PS/U/min)	47 bei 4000
	bis 70 bei 4200
Vmax (km/h)	100 bis 130
Bauart	Kleinbus, Kastenwagen,
	Pritsche
Material	Stahlblech
Produktionszahl	ca. 3 Mio.

Nach 17 Jahren und 1,8 Millionen Bullis war es Zeit für einen Nachfolger des T1, der seinerzeit eher zufällig entstanden war. Im August 1967 erschien der T2, dessen Konzept zwar nahezu unverändert auf dem Vorgänger aufbaute, der sich im Detail jedoch stark verbessert gab. Das fing vorn bei der jetzt ungeteilten Frontscheibe an und endete hinten beim 1,6-Liter-Motor, der 47 PS leistete. Nach wie vor war der „VW-Bus" das Arbeitstier Nummer eins – nicht nur in Deutschland. Obendrein machte der T2 als „Hippiemobil" vor allem in den USA eine Karriere, die ihm wohl nicht in die Wiege gelegt war. Während seiner Laufzeit sollte er bis auf 70 PS erstarken und auch als komfortable Großraumlimousine immer beliebter werden. Bis zum nächsten Generationswechsel sollten erneut zwölf Jahre vergehen – und drei Millionen T2 vom Hannoveraner Band laufen.

ca. 39.500 €

Die Unschuld geht verloren – die Moderne beginnt

Die revolutionären Ideen wurden in den Sechzigern gesät. In den Siebzigern wurden sie zum Allgemeingut. Moderne Kleinwagen fanden sich ab Mitte des Jahrzehnts in den Portfolios aller europäischen Hersteller. Dem Konstruktionsprinzip des wassergekühlten, quer eingebauten Vierzylinder-Reihenmotors mit Frontantrieb in einer dank Schrägheck und Heckklappe praktischen Kompaktlimousine konnte und wollte sich spätestens ab Ende der Siebziger kein Hersteller mehr entziehen. Weltweite Konstruktionsstandards entstanden, die bis heute Gültigkeit haben und nahezu keine Abweichung mehr dulden. Der Nebeneffekt: Konstruktive Unterschiede waren immer weniger auszumachen und raubten Marken wie Alfa Romeo oder Citroën ihre Identität.

Das Automobil hatte seine Unschuld verloren. Die erschreckenden Unfallzahlen Anfang der Siebziger, immer mehr und immer längere Staus und die wahrnehmbare Smog-Belastung legten sich wie ein Schatten auf die Erfindung, die im 20. Jahrhundert wie kaum eine andere das Leben der Menschen verändert hatte. Die Ölkrise von 1973 versetzte die Automobilwelt zusätzlich in eine Schockstarre. Einen Ausweg fand man mit der Elektronik, die mit Beginn der 1970er Jahre ihren Siegeszug im Automobil antrat, der bis heute an Dynamik gewinnt. Die Elektronik begann nicht nur, Abgasausstoß, Leistung und Verbrauch zu regeln, sondern ermöglichte auch die ersten Airbag- und ABS-Systeme. Und mit Computern in der Entwicklung ließ sich auch das Verhalten im Crash-Fall noch vor den entsprechenden Tests immer genauer simulieren, um entsprechende konstruktive Vorbereitungen zu treffen.

Wo allerdings in den Sechzigern noch südländische Kreativität für neue konzeptionelle Impulse gesorgt hatte, übernahm jetzt technologische Perfektion aus Deutschland die Vorreiterstellung. Mercedes-Benz und BMW – ab den Achtzigern auch Audi – sollten, unterstützt von einer innovativen Zulieferindustrie, zu ihrer Rolle als technologische Trendsetter finden. Auf Kosten der Vielfalt: Luxus- und Oberklassefahrzeuge aus anderen Ländern gerieten zunehmend zu Nebendarstellern oder sind ganz ausgestorben.

Alfa Romeo Alfasud

Ende der Sechziger entschied die Mailänder Geschäftsleitung, das Modellprogramm ein weiteres Mal nach unten auszubauen und einen Alfa Romeo für die Kompaktklasse zu entwickeln. Das Konzept löste sich – mit Frontantrieb, wassergekühltem Vierzylinder-Boxermotor und Schrägheck-Karosserie – von allem, was man bis dahin von dem Sportwagenhersteller kannte. Der Charakter änderte sich freilich nicht: Der 1,2-Liter-Motor besaß obenliegende Nockenwellen und leistete 63 PS, was einen in dieser Klasse unüblichen, Alfa-typischen Fahrspaß garantierte. Der Alfasud war hochmodern, geräumig und preiswert – eine glänzende Zukunft sollte ihm bevorstehen. Aber die Entscheidung der vom italienischen Staat kontrollierten Firma, für den Alfasud eine neue Fabrik im wirtschaftlich schwachen Süditalien zu bauen und den neuen Wagen ausschließlich dort zu produzieren, sollte sich wegen massiver Qualitätsprobleme als verhängnisvoll herausstellen. Das Alfa-Image leidet darunter bis heute.

Land	Italien
Marke	Alfa Romeo
Baujahr	1972-1983
Motor-Bauart	Vierzylinder (Boxer)
Lage	Front
Antrieb	Front
Hubraum (ccm)	1186 bis 1490
Leistung (PS/U/min)	63 bei 6000
	bis 105 bei 6500
Vmax (km/h)	160 bis 185
Bauart	Limousine (2-türig),
	Limousine (4-türig)
Material	Stahlblech
Produktionszahl	715.170

ca. 13.500 €

Audi 50

Das Kleinwagensegment, das Anfang der Siebziger praktisch nur von Franzosen und Italienern bedient wurde, hoffte man bei Audi ab 1974 mit dem Audi 50 erobern zu können. Was aus heutiger Sicht verwundert, schließlich hatte man sich mit dem Audi 100 in der oberen Mittelklasse festgesetzt, und eine Erweiterung des Programms wäre eher nach oben plausibel gewesen. Der Audi 50 präsentierte sich indes als topmoderner Kleinwagen, dessen in nur 21 Monaten entstandenes Konzept auch heute noch überzeugt. Unter dem Eindruck der Ölkrise verkaufte er sich vom Start weg hervorragend – so gut, dass ihn die Konzernmutter VW ein halbes Jahr nach der Premiere als „Polo" adoptierte und mit deutlich magererer Ausstattung und kleinerem Motor als neuen VW-Kleinwagen präsentierte. Das besiegelte das „Aus" für die Luxusversion: Im Juli 1978 lief der letzte Audi 50 vom Band. Einen Nachfolger sollte es nicht geben. Aber der Ruhm des ersten modernen deutschen Kleinwagens ist dem Audi 50 nicht mehr zu nehmen.

Land	Deutschland
Marke	Audi
Baujahr	1974-1978
Motor-Bauart	Vierzylinder (Reihe)
Lage	Front
Antrieb	Front
Hubraum (ccm)	1093, 1272
Leistung (PS/U/min)	50 bei 5800, 60 bei 6000,
Vmax (km/h)	142 bis 152
Bauart	Limousine (2-türig)
Material	Stahlblech
Produktionszahl	180.812

[ca. 11.000 €]

177

Autobianchi A112, A112 Abarth

Land	Italien
Marke	Autobianchi
Baujahr	1970-1986
Motor-Bauart	Vierzylinder (Reihe)
Lage	Front
Antrieb	Front
Hubraum (ccm)	903, 982
Leistung (PS/U/min)	44 bei 6000
	bis 58 bei 6600
Vmax (km/h)	140 bis 160
Bauart	Limousine (2-türig)
Material	Stahlblech
Produktionszahl	ca. 1,3 Mio.

ca. 8.500 €

Lange hatte es gedauert, bis das Mini-Konzept im Kleinwagensegment konsequent kopiert wurde. Der Autobianchi A 112 – 1969 vorgestellt und ab 1970 in Produktion – war einer der ersten. Dem Original voraus hatte er allerdings die praktische Heckklappe. Als Edel-Mini positioniert, bekam das kleinste Fahrzeug der Fiat-Tochter neben dem 900-ccm-Basismotor mit 44 PS auch einen Einliter-Abarth-Motor mit 58 PS spendiert. Schon die Basisversion zeigte sich technisch mit Scheibenbremsen, Einzelradaufhängung und einem Zweikreis-Bremssystem auf der Höhe der Zeit. Der A 112 wurde zum Technologieträger für den Fiat 127, der zwei Jahre später erscheinen sollte. Ab 1982 wurde er außerhalb Italiens als Lancia A 112 verkauft und erst mit dem Erscheinen des Lancia Y 1986 nach fast 1,3 Millionen Exemplaren eingestellt.

Fiat 127

Land	Italien
Marke	Fiat
Baujahr	1971-1983
Motor-Bauart	Vierzylinder (Reihe)
Lage	Front
Antrieb	Front
Hubraum (ccm)	903 bis 1301
Leistung (PS/U/min)	40 bei 5400
	bis 70 bei 6500
Vmax (km/h)	130 bis 162
Bauart	Limousine (2/4--türig),
	Kombi (3-türig)
Material	Stahlblech
Produktionszahl	über 5 Mio.

ca. 8.000 €

Der Fiat 127 sollte das Ende der Heckmotor-Ära im Kleinwagenmarkt einläuten. Konzeptionell hatte er zwar Vorbilder wie den Autobianchi Primula, aber keinem anderen Kleinwagen gelang es, das Konzept mit quer eingebautem Frontmotor, Frontantrieb und praktischer Heckklappe so zum Erfolg zu führen wie dem kleinen Italiener. Das „Auto des Jahres" von 1971 bestimmte für Jahrzehnte das Layout und die Eckdaten zeitgemäßer Kleinwagen und verkaufte sich selbst mehr als 5,6 Millionen Mal. Nur knapp über 700 Kilogramm leicht, war der Fiat 127 auch mit seinem 900-ccm-Basismotor und 45 PS flott motorisiert. Im 127 Sport leistete der 1049-ccm-Vierzylinder sogar 70 PS und ermöglichte sportliche Fahrleistungen. Der 127 wurde für Fiat auch weltweit zum Erfolg: Erst 1996 liefen die Letzten seiner Art in Argentinien vom Band.

Renault 5

Mit dem R4 hatte Renault schon 1961 den Frontantrieb im Kleinwagenbereich eingeführt. Er blieb aber ein – extrem erfolgreicher – Sonderweg. Nur die größeren Typen wurden nach und nach auf Frontantrieb umgestellt – im Kleinwagenbereich dominierten lange die Heckmotor-Renaults. Das änderte sich 1972. Mit vollkommen neuem, modernem und frischem Styling präsentierte sich der kompakte, aber geräumige Renault 5, dessen Charme vor allem viele Damen kaum widerstehen konnten. Die längs eingebauten Vierzylindermotoren boten ein breites Leistungsspektrum von 36 bis 63 PS. Wer mehr wollte, konnte sich unter den Alpine-Modellen umsehen und sich über 93, später gar beim Renault 5 Alpine Turbo über 110 PS freuen. Bis 1984 entschieden sich mehr als 5,5 Millionen Kunden für den „kleinen Freund" aus Billancourt.

Land	Frankreich
Marke	Renault
Baujahr	1972-1984
Motor-Bauart	Vierzylinder (Reihe)
Lage	Front
Antrieb	Front
Hubraum (ccm)	845 bis 1397
Leistung (PS/U/min)	36 bei 5500
	bis 63 bei 5250
Vmax (km/h)	124 bis 160
Bauart	Limousine (3-/5-türig)
Material	Stahlblech
Produktionszahl	ca. 5,5 Mio.

[ca. 6.000 €]

Opel Kadett (Serie C)

Land	Deutschland
Marke	Opel
Baujahr	1973-1979
Motor-Bauart	Vierzylinder (Reihe)
Lage	Front
Antrieb	Heck
Hubraum (ccm)	933 bis 1979
Leistung (PS/U/min)	40 bei 5400
	bis 115 bei 5600
Vmax (km/h)	120 bis 190
Bauart	Limousine (2-/4-türig),
	Kombi, Coupé
Material	Stahlblech
Produktionszahl	1.701.076

[**ca. 13.500 €**]

Als der Kadett C 1973 erschien, war der Heckantrieb bei Opel noch Standard, und die Rüsselsheimer hatten stets den Vorteil besserer Raumausnutzung gegenüber ihrer Wolfsburger Konkurrenz hervorgehoben. Den im Vergleich zu seinem Vorgänger zierlich, aber elegant gezeichneten Bochumer gab es in gewohnter Vielfalt als Zwei- und Viertürer, als Kombi und als Coupé. Dem großen Erfolg des VW Golf versuchte man ab 1975 mit der verkürzten, dreitürigen Fließheck-Variante „City" zu begegnen. Legendär waren die Erfolge des C-Coupés im Rallye-Sport. Walter Röhrl etwa fuhr mit dem Modell zahlreiche Siege ein, und die Basisversion, der Kadett GT/E mit 115 PS starkem Zweiliter-Motor, erfreut sich bei Sportfahrern noch heute großer Beliebtheit. Den Erfolg seines Vorgängers vermochte der C-Kadett allerdings angesichts der modernen Fronttriebler-Konkurrenten nicht ganz zu wiederholen.

Toyota Corolla 1200

Land	Japan
Marke	Toyota
Baujahr	1970-1975
Motor-Bauart	Vierzylinder (Reihe)
Lage	Front
Antrieb	Heck
Hubraum (ccm)	1166
Leistung (PS/U/min)	55 bei 5600
	bis 58 bei 6300
Vmax (km/h)	145
Bauart	Limousine (2-/4-türig),
	Coupé, Kombi (3-türig)
Material	Stahlblech
Produktionszahl	k.A.

ca. 7.500 €

Zu den ersten japanischen Fahrzeugen, die in Deutschland verkauft wurden, gehört der Toyota Corolla. In zweiter Generation war er 1970 erschienen und ab 1971 auch für deutsche Kunden erhältlich. Die mussten sich zwar mit dem simplen und unkomfortablen Starrachsenfahrwerk abfinden – aber dergleichen bekam man auch von einheimischen Herstellern serviert. Die Preise des 58 PS starken 1,2-Liter-Hecktrieblers waren dafür sehr günstig und seine Ausstattung ungewohnt komplett. Außerdem gab es mit einer Limousine, einem Kombi und einem Coupé auch ein breites Angebot. Der Corolla machte auch in Deutschland seinen Weg und gilt heute vor dem VW Golf als meistverkauftes Auto der Welt. Der Vergleich hinkt aber, da er im Gegensatz zu dem Wolfsburger Erfolgsmodell nur seinen Namen behielt, konzeptionell aber mehrfach stark verändert wurde.

Volkswagen 1302 L, S, LS und 1303, A, L, S, LS

Land	Deutschland
Marke	Volkswagen
Baujahr	1970-1975
Motor-Bauart	Vierzylinder (Boxer)
Lage	Heck
Antrieb	Heck
Hubraum (ccm)	1192 bis 1584
Leistung (PS/U/min)	34 bei 3800,
	bis 50 bei 4000
Vmax (km/h)	115 bis 135
Bauart	Limousine (2-türig)
Material	Stahlblech
Produktionszahl	k.A.

ca. 20.000 €

Die tiefstgreifende Veränderung in seiner Geschichte erlebte der VW Käfer 1970. Der vordere Gepäckraum war nun doppelt so groß wie bisher. Zu verdanken war das einem längeren Radstand und der neuen Vorderachse mit McPherson-Federbeinen. Hinten verbesserte eine Doppelgelenkachse die Fahreigenschaften. Bei so vielen Neuerungen musste auch die Typenbezeichnung geändert werden: Als VW 1302 stand der überarbeitete Käfer in den Verkaufsräumen. Seine Motoren mit 44 und 50 PS erwarben sich jedoch schnell einen Ruf als „Spritsäufer". Auch mit der Haltbarkeit der Boxer-triebwerke stand es nicht zum Besten. 1972 sollte der 1303 mit Panoramascheibe und modernisiertem Cockpit den Käfer nochmals beflügeln – doch seine Ära stand spätestens mit Erscheinen des VW Golf vor dem Ende.

Volkswagen Golf (Baureihe I)

Volkswagen war durch das zu lange Festhalten am Heckmotor in eine existenzbedrohende Krise geraten. Nun langsam versuchte sich das Unternehmen davon zu lösen – mit gleich zwei Stiefkindern: Von NSU kam 1970 der dann wenig erfolgreiche K 70, von Audi 1973 der Passat. Der von Giorgio Giugiaro gestylte Golf aber sollte 1974 die erste komplett neue Eigenkonstruktion sein, die es tatsächlich in die Serienfertigung schaffte. Der Käfer-Nachfolger löste die schwierige Aufgabe, die konservative VW-Klientel nicht zu verprellen und gleichzeitig abgewanderte Kunden zurückzugewinnen, mit Bravour. Seine erste Serie verkaufte sich bis 1983 mehr als sechs Millionen Mal und sollte nicht nur den Bestand des Volkswagen-Konzerns sichern, sondern auch das erste Kapitel einer Erfolgsgeschichte schreiben, die die seines Vorgängers noch übertrifft. Die erste Baureihe des Golf war auch die Geburtsstunde eines erfolgreichen Sportmodells, das neue Maßstäbe setzte und bis zur aktuellen Modellgeneration im VW-Portfolio ist: der GTI. Zwar wird der Wolfsburger Kultsportler an dieser Stelle nicht näher vorgestellt, aber 350.000 verkaufte Einheiten und aktuelle Sammlerpreise jenseits der 30.000 Euro zeigen, welches Potenzial die Basis des Golf I hatte.

Land	Deutschland
Marke	Volkswagen
Baujahr	1974-1983
Motor-Bauart	Vierzylinder (Reihe)
Lage	Front
Antrieb	Front
Hubraum (ccm)	1093 bis 1781
Leistung (PS/U/min)	50 bei 5000 bis 75 bei 5600
Vmax (km/h)	135 bis 190
Bauart	Limousine (2-/5-türig)
Material	Stahlblech
Produktionszahl	ca. 6 Mio.

[ca. 14.000 €]

Audi 80

Zurückhaltung und Bescheidenheit der Linienführung lassen die Bedeutung, die der Audi 80 für Audi und den Volkswagen-Konzern hatte, kaum erahnen. Tatsächlich geriet die 1972 vorgestellte Stufenhecklimousine zum Trendsetter. Als komplette Neukonstruktion wurde der Audi 80 zum Ausgangspunkt eines Baukastensystems, durch das Scirocco, Passat und Golf erst möglich wurden. In die Technik-Historie ging er als erstes Serienauto mit Lenkrollradius Null ein, was eine besondere Richtungsstabilität beim Bremsen ermöglichte. Die zwei oder viertürige Limousine lief bis 1978 und verkaufte sich – wohl auch dank des breit gefächerten Programms vollkommen neu konstruierter, moderner Motoren von 55 bis 110 PS – mit mehr als 1,1 Millionen Exemplaren hervorragend.

Land	Deutschland
Marke	Audi
Baujahr	1972-1978
Motor-Bauart	Vierzylinder (Reihe)
Lage	Front
Antrieb	Front
Hubraum (ccm)	1297 bis 1588
Leistung (PS/U/min)	55 bei 5500 bis 110 bei 6100
Vmax (km/h)	147 bis 181
Bauart	Limousine (2-türig), Limousine (4-türig)
Material	Stahlblech
Produktionszahl	1.103.766

[ca. 9.500 €]

Citroën GS

Das „Auto des Jahres" von 1971 sollte die Lücke zwischen den auf der Ente basierenden Ami-Modellen und dem Citroën DS schließen. Dass seine Erbauer große Stückzahlen erwarteten, verriet schon der Name „Grande Série" (Großserie). Tatsächlich sollten bis 1987 mehr als 2,5 Millionen GS und GSA (Grande série athlète) verkauft werden. Wichtigstes Merkmal war die hydropneumatische Federung, die es jetzt erstmals in der Mittelklasse zu volkstümlichen Preisen gab und dem Fahrkomfort des kleinen Citroën einen Sonderstatus verlieh. Vier Scheibenbremsen und eine strömungsgünstige, geräumige Karosserie, der noch ein Kombi mit viel Platz zur Seite gestellt wurde, waren Anfang der Siebziger auch keineswegs selbstverständlich. Der Erfolg hätte aber noch überzeugender ausfallen können, wenn die Verarbeitungsqualität besser gewesen wäre und die mit obenliegenden Nockenwellen modernen, luftgekühlten Boxermotoren nicht so durchzugsschwach gewesen wären.

Land	Frankreich
Marke	Citroën
Baujahr	1970-1987
Motor-Bauart	Vierzylinder (Boxer), Wankelmotor
Lage	Front
Antrieb	Front
Hubraum (ccm)	1015, 1299
Leistung (PS/U/min)	54 bei 6500 bis 65 bei 5500
Vmax (km/h)	145 bis 160
Bauart	Limousine (4-türig), Kombi (5-türig)
Material	Stahlblech
Produktionszahl	k.A.

[**ca. 13.000 €**]

Ford Taunus (Werkscode TC, „Knudsen-Taunus")

Land	Deutschland
Marke	Ford
Baujahr	1970-1975
Motor-Bauart	Vierzylinder (Reihe), V6
Lage	Front
Antrieb	Heck
Hubraum (ccm)	1285 bis 2274
Leistung (PS/U/min)	55 bei 5500
	bis 108 bei 5000
Vmax (km/h)	135 bis 173
Bauart	Limousine (2-/4-türig),
	Kombi (3-türig),
	Kombi (5-türig), Coupé
Material	Stahlblech
Produktionszahl	ca. 1,1 Mio.

[**ca. 15.500 €**]

Zum Heckantrieb kehrte Ford 1970 mit dem nur noch „Taunus" genannten Nachfolger des P6 zurück. Den charakteristischen Erker im Kühlergrill soll der damalige Ford-Chef Knudsen initiiert haben – daher ist bis heute vom „Knudsen-Taunus" die Rede. Im Gegensatz zu den jeweiligen Vorgängern wurde der Taunus parallel in England und Deutschland entwickelt und gebaut. Die neuen Reihenvierzylinder mit 1,3 und 1,6 Litern lösten die V4-Motoren ab, während V6-Motoren mit 2 und 2,3 Litern zur Verfügung standen. Es gab ein Coupé, eine Limousine und einen Kombi – und alle litten unter massiven Verarbeitungsproblemen, die den ADAC zur Verleihung der „Silbernen Zitrone" veranlassten. Als „Otosan" wurden Taunus-Modelle bis Mitte der neunziger Jahre in der Türkei für den lokalen Markt gebaut.

Lancia Beta

Land	Italien
Marke	Lancia
Baujahr	1972-1975
Motor-Bauart	Vierzylinder (Reihe)
Lage	Front
Antrieb	Front
Hubraum (ccm)	1438 bis 1756
Leistung (PS/U/min)	90 bei 6000
	bis 110 bei 6000
Vmax (km/h)	165 bis 185
Bauart	Limousine (4-türig)
Material	Stahlblech
Produktionszahl	194.916 (1972-1981)

[**ca. 5.000 €**]

Der Lancia Beta war das erste Fahrzeug der Marke, das unter der Entwicklungshoheit des Fiat-Konzerns entstand und auf Konzern-Komponenten zurückgreifen musste. So war den avantgardistischen V4-Motoren des Vorgängers keine Zukunft beschieden. Stattdessen fanden sich moderne Fiat-Triebwerke mit Hubräumen zwischen 1,4 und 1,8 Litern unter der Motorhaube der konventionell gezeichneten viertürigen Fließheck-Limousine, die auf eine große Heckklappe verzichten musste. Das Fahrwerk zeigte sich mit Einzelradaufhängung rundum sowie mit einem Zweikreis-Bremssystem modern, und ein serienmäßiges Fünfganggetriebe schon für die 90-PS-Basisversion war 1972 auch nicht eben Klassenstandard. Trotzdem musste sich der Beta – genau wie viele Lancia später – stets mit dem Image des „maskierten Fiat" herumschlagen.

Opel Ascona (Serie A)

Land	Deutschland
Marke	Opel
Baujahr	1970-1975
Motor-Bauart	Vierzylinder (Reihe)
Lage	Front
Antrieb	Heck
Hubraum (ccm)	1196 bis 1897
Leistung (PS/U/min)	60 bei 5400
	bis 90 bei 5100
Vmax (km/h)	135 bis 160
Bauart	Limousine (2-/4-türig),
	Kombi (3-türig)
Material	Stahlblech
Produktionszahl	691.438

[ca. 15.500 €]

Er war eigentlich als Nachfolger des Kadett B geplant: Aber der Entwurf war den Rüsselsheimern so groß geraten, dass sie fürchteten, die Stammklientel der Kompaktklasse zu verlieren. Außerdem erfreute sich der B-Kadett ungebrochener Beliebtheit. Somit bestand für eine Ablösung eigentlich keine Notwendigkeit. Also entschied man, das neue Modell „Ascona" zu nennen und genau zwischen Kadett und Rekord zu platzieren. Die Entscheidung sollte sich als goldrichtig erweisen – zumal Ford mit dem Taunus einen ähnlichen Weg beschritt. Der klar und unaufdringlich gezeichnete Ascona A verkaufte sich vom Start weg blendend und war mit den großen Triebwerken von 1,6 bis 1,9 Litern so gut motorisiert, dass er eine Menge Fahrspaß bot. Mit der „Voyage" genannten Kombi-Ausführung startete man erstmals bei Opel den – allerdings glücklosen – Versuch, einen Edel-Kombi zu lancieren.

Opel Rekord II (Serie D)

Die zum Verkaufsstart verwendete Bezeichnung „Rekord II" war durchaus erklärungsbedürftig für die – je nach Zählweise – immerhin sechste Ausgabe des Bestsellers in der oberen Mittelklasse. Die Rüsselsheimer wollten unterstreichen, dass sie den Neuen tatsächlich als Entwicklungssprung ansahen. Von den rundlichen, ausladenden Formen seines überaus erfolgreichen Vorgängers hatte er sich komplett gelöst und das sachliche, gefällige Styling des ein Jahr zuvor erschienenen Ascona fortgesetzt. Technisch blieb dagegen nahezu alles beim Alten – auch die in der Werbung als „Tri-Stabil" abgefeierte, starre Hinterachse wurde weitestgehend vom Rekord C übernommen. 1972 bekam der Rekord den ersten Dieselmotor in einem Opel-Pkw – erkennbar an der Hutze in der Motorhaube. Der Rekord D war der letzte seiner Art, der die Millionen-Grenze überspringen konnte.

Land	Deutschland
Marke	Opel
Baujahr	1971-1977
Motor-Bauart	Vierzylinder (Reihe)
Lage	Front
Antrieb	Heck
Hubraum (ccm)	1698, 1897,
	1979, 2068
Leistung (PS/U/min)	60 bei 4400
	bis 100 bei 5200
Vmax (km/h)	130 bis 170
Bauart	Limousine (2-/4-türig),
	Kombi (3-/5-türig), Coupé
Material	Stahlblech
Produktionszahl	1.128.196

[ca. 14.000 €]

Land	Japan
Marke	Toyota
Baujahr	1971-1978
Motor-Bauart	Vierzylinder (Reihe)
Lage	Front
Antrieb	Heck
Hubraum (ccm)	1588
Leistung (PS/U/min)	75 bei 5400
	bis 86 bei 5600
Vmax (km/h)	150 bis 160
Bauart	Limousine (4-türig)
Material	Stahlblech
Produktionszahl	k.A.

ca. 6.000 €

Toyota Carina 1600

Das Erfolgsrezept, mit dem sich Toyota ab Anfang der Siebziger auch in Deutschland etablierte, verwendeten die Japaner auch beim Mittelklasse-Modell Carina: Robuste, trotzdem moderne Technik, günstige Preise und ein überdurchschnittliches Ausstattungsniveau. Getönte Scheiben, Drehzahlmesser und abschließbarer Tankdeckel waren 1971, als der Carina erstmals in Deutschland angeboten wurde, keineswegs selbstverständlich. Der 1,6-Liter-Motor leistete 79 PS und beschleunigte die viertürige Limousine auf 150 km/h. In Verbindung mit dem 86-PS-Motor gab es gar ein serienmäßiges Fünfgang-Getriebe. Auch das Fahrwerk mit McPherson-Vorderachse und hinterer Starrachse entsprach den Gepflogenheiten der Zeit. Gewöhnungsbedürftig war allenfalls das barocke Styling, mit dem sich die Kunden des Carina abfinden mussten.

Land	Deutschland
Marke	Volkswagen
Baujahr	1970-1975
Motor-Bauart	Vierzylinder (Reihe)
Lage	Front
Antrieb	Front
Hubraum (ccm)	1605, 1807
Leistung (PS/U/min)	75 bei 5200
	bis 100 bei 5300
Vmax (km/h)	148 bis 165
Bauart	Limousine (4-türig)
Material	Stahlblech
Produktionszahl	211.127

ca. 12.500 €

Volkswagen K 70

Auch wenn der VW K 70 der erste Volkswagen war, der mit dem Dogma von Heckmotor und Luftkühlung brach, kann er nicht als Ahne der später so erfolgreichen, modernen VW-Modelle gelten. Dazu war das kantig gezeichnete, viertürige Modell zu sehr als Erbmasse der im VW-Konzern aufgegangenen Firma NSU zu erkennen. Als NSU K 70 hatte er 1969 auf den Markt kommen sollen. Das hatten die Wolfsburger aus Sorge um den Erfolg des VW 411 verhindert. Da dieser aber ausblieb, bekam das Konzept als VW K 70 eine zweite Chance. VW-Kunden fremdelten mit dem ungewohnten Design. Trotz modernster Technologie mit Frontantrieb, McPherson-Vorderachse und Schräglenker-Hinterachse konnten sich in fast fünf Jahren nur 211.127 Kunden für den K 70 erwärmen. Wohl auch, weil die aufgebohrten NSU-Motoren als wenig sparsam galten. Für den K 70 war Ende 1974 Schluss. Einen Nachfolger sollte er nicht bekommen.

Volkswagen Passat (Typ B1)

Der VW Passat konnte 1973 zu Recht für sich in Anspruch nehmen, der erste Vertreter einer neuen Generation moderner Fahrzeuge aus Wolfsburg zu sein. Dabei hatte sich VW allerdings aus dem Gen-Pool von Audi bedienen müssen, denn der Passat, der den VW 1600 ablöste und gegenüber diesem einen enormen Schritt nach vorn darstellte, basierte auf dem ein Jahr zuvor präsentierten Audi 80. Im Unterschied zu diesem hatte er ein Schrägheck und sollte 1974 noch einen Kombi zur Seite gestellt bekommen. Die sparsamen Motoren erwiesen sich in Verbindung mit der leichten Karosserie gerade in den Jahren nach der Ölkrise als zeitgemäß. Ein großes Facelift gab es 1977, ein Jahr später wurde erstmals eine Diesel-Variante mit 50 PS eingeführt. Das andere Ende des Leistungsangebots markierte der 110-PS-Einspritzer aus dem Golf GTI. Mehr als zwei Millionen Käufer entschieden sich bis 1980 für den Passat der ersten Generation.

Land	Deutschland
Marke	Volkswagen
Baujahr	1973-1980
Motor-Bauart	Vierzylinder (Reihe)
Lage	Front
Antrieb	Front
Hubraum (ccm)	1297 bis 1588
Leistung (PS/U/min)	55 bei 5500 bis 110 bei 6100
Vmax (km/h)	140 bis 175
Bauart	Limousine (2-/4-türig), Kombi (3-/5-türig)
Material	Stahlblech
Produktionszahl	ca. 2 Mio.

[ca. 13.000 €]

Alfa Romeo Alfetta

Konzeptionell bot Alfa Romeo mit der Alfetta eine echte Alternative in der oberen Mittelklasse. Die Transaxle-Bauweise mit dem Getriebe vor der Hinterachse und der ausgewogenen Gewichtsverteilung von 50:50 hätte die Antwort auf die Glaubensfrage zwischen Front- oder Heckantrieb sein können. Die Alfetta vereinte mustergültiges sportliches Handling mit guter Traktion. Dazu kam die aufwändige DeDion-Hinterachse, die Komfort und Spurtreue versprach. 121 PS holte die Alfetta aus dem üblichen Doppelnockenwellen-Motor und war im Programm zwischen Giulia und Alfa 2000 angesiedelt. Als Folge der Alfasud-Misere fehlte die Konsequenz, das Programm schnell auszubauen und die Alfetta zum ernstzunehmenden 5er-Konkurrenten zu machen.

Land	Italien
Marke	Alfa Romeo
Baujahr	1972-1984
Motor-Bauart	Vierzylinder (Reihe)
Lage	Front
Antrieb	Heck
Hubraum (ccm)	1570, 1779
Leistung (PS/U/min)	108 bei 5600, 121 bei 5500
Vmax (km/h)	175, 180
Bauart	Limousine (4-türig)
Material	Stahlblech
Produktionszahl	478.812

[ca. 17.000 €]

189

BMW 5er-Reihe, Werkscode E 12 (518, 520, 520i, 525, 528, 528i, 530i, M 535i)

Rechtzeitig zu den Olympischen Spielen präsentierte BMW 1972 die 5er-Reihe als Nachfolgerin der seit zehn Jahren gebauten Neuen Klasse. Dem Konzept der sportlichen Limousine in der oberen Mittelklasse war das neue Modell trotz deutlich stattlicheren Auftritts treu geblieben. Etwas völlig neues gab es im Innenraum: Das im 5er erstmals gezeigte fahrerorientierte Cockpit sollte für Jahrzehnte zum Markenkern aller BMW-Fahrzeuge gehören. Anfangs als 520 und 520i nur mit Vierzylinder-Motoren lieferbar, begründete der ab 1973 lieferbare 525i mit 145 PS den legendären Ruf des Fünfers als dynamische Sechszylinder-Limousine, die mit dem M 535i und 218 PS ihre ultimative Interpretation fand. Fast zehn Jahre lang blieb die erste Generation des Fünfers nahezu unverändert.

Land	Deutschland
Marke	BMW
Baujahr	1972-1981
Motor-Bauart	Vierzylinder (Reihe), Sechszylinder (Reihe)
Lage	Front
Antrieb	Heck
Hubraum (ccm)	1766 bis 3453
Leistung (PS/U/min)	90 bei 5500 bis 218 bei 5200
Vmax (km/h)	160 bis 222
Bauart	Limousine (4-türig)
Material	Stahlblech
Produktionszahl	699.094

[ca. 16.000 €]

Citroën CX

Man kann wohl kaum ein schwierigeres Erbe antreten als das einer Legende. Vor dieser Aufgabe stand der Citroën CX 1974. Eine ähnlich revolutionäre Erscheinung wie Traction Avant 1934 oder DS 1955 war der CX sicher nicht. Aber seine aerodynamische Form passte auch deswegen in die Zeit nach der Ölkrise, weil er bei ähnlichen Motorisierungen deutlich sparsamer als sein Vorgänger war. Und mit Hydropneumatik sowie selbstrückstellender DIRAVI-Lenkung war er avantgardistisch genug, um als echter Citroën wahrgenommen zu werden – was auch für den Innenraum mit Lupentacho und gewöhnungsbedürftigen Armaturen galt. 1975 kam der Kombi mit verlängertem Radstand und bis zu drei Sitzreihen, als „Prestige" gab es auch die Limousine mit verlängertem Radstand. Mit dem 2,2-Liter-Diesel war der CX die schnellste Diesel-Limousine der Welt.

Land	Frankreich
Marke	Citroën
Baujahr	1975-1989
Motor-Bauart	Vierzylinder (Reihe)
Lage	Front
Antrieb	Front
Hubraum (ccm)	1975 bis 2482
Leistung (PS/U/min)	66 bei 4500
	bis 115 bei 5600
Vmax (km/h)	146 bis 186
Bauart	Limousine (4-türig)
Material	Stahlblech
Produktionszahl	k.A.

[ca. 14.000 €]

ca. 18.000 €

Ford Consul (Consul, Consul L und Consul GT)

Ford und Opel müssen unterschiedliche Orakel verwendet haben. Während bei den Rüsselsheimern die Sachlichkeit einzogen war, fanden sich in den Autos aus Köln – die immer eher für den britischen Markt konzipiert waren – 1972 plötzlich wieder barocke Hüftschwünge und opulente Formen. Beim 17 M/20 M-Nachfolger hatten die Modellentwickler die Doppelstrategie beibehalten und die einfachere Variante Consul, die teurere Granada getauft. Beiden gemeinsam war das aufwändige Fahrwerk mit hinterer Schräglenkerachse. Das breite Motorenangebot zwischen 65 (!) und 138 PS ließ keine Wünsche offen. Niemand baute Mitte der Siebziger mehr Sechszylinder-Autos in Europa als Ford – besonders beliebt war der Granada Turnier mit V6-Motor. In fünf Jahren verkaufte Ford mehr als 1,6 Millionen Consul/Granada, die anschließend eine Zweitkarriere als große, günstige Gebrauchtwagen machten.

Land	Deutschland
Marke	Ford
Baujahr	1972-1975
Motor-Bauart	V4, Vierzylinder (Reihe), V6
Lage	Front
Antrieb	Heck
Hubraum (ccm)	1699 bis 2993
Leistung (PS/U/min)	65 bei 4800
	bis 138 bei 5000
Vmax (km/h)	136 bis 182
Bauart	Limousine (2-/4-türig), Kombi (5-türig), Coupé
Material	Stahlblech
Produktionszahl	ca. 1,6 Mio.

Land	Deutschland
Marke	Mercedes-Benz
Baujahr	1972-1980
Motor-Bauart	Sechszylinder (Reihe), V8
Lage	Front
Antrieb	Heck
Hubraum (ccm)	2746 bis 4520
Leistung (PS/U/min)	156 bei 5000
	bis 225 bei 5000
Vmax (km/h)	190 bis 210
Bauart	Limousine (4-türig)
Material	Stahlblech
Produktionszahl	437.021

ca. 22.500 €

Mercedes-Benz 280 S, 280 SE, 280 SEL, 350 SE, 450 SE, 450 SEL (W 116)

Dass sie als erste Oberklasse-Limousine zum „Auto des Jahres" gekürt wurde, sagt eigentlich alles über die Bedeutung der Baureihe W 116. Mit ihr definierte Mercedes-Benz 1972 im Automobilbau, was technisch machbar war. Die Form dokumentierte den repräsentativen Anspruch, überzeugt aber mit ihrer Eleganz noch heute. Die V8-Motoren mit 3,5 und 4,5 Litern und bis zu 225 PS sorgten für souveräne Fahrleistungen. Ab 1973 konnte die SEL-Version mit verlängertem Radstand auch jene befriedigen, die sich überwiegend vom Chauffeur von Termin zu Termin fahren ließen. Auch als Technologie-Träger war die W 116-Baureihe wichtig: 1978 gab es erstmals in einem Mercedes optional ABS. Die Krönung fand die S-Klasse im 450 SEL 6.9. Der aus dem Mercedes 600 adaptierte Achtzylinder leistete atemberaubende 286 PS und verfügte serienmäßig über hydropneumatische Federung, Sperrdifferenzial und Klimaanlage. In den Fahrleistungen lag die Luxus-Limousine auf dem Niveau eines Porsche 911.

Opel Commodore (Serie B)

Land	Deutschland
Marke	Opel
Baujahr	1972-1977
Motor-Bauart	Sechszylinder (Reihe)
Lage	Front
Antrieb	Heck
Hubraum (ccm)	2490, 2784
Leistung (PS/U/min)	115 bei 5200
	bis 160 bei 5400
Vmax (km/h)	170 bis 200
Bauart	Limousine (2-/4-türig), Coupé
Material	Stahlblech
Produktionszahl	140.827

ca. 14.500 €

Das erfolgreiche Commodore-Konzept behielt Opel auch beim 1972 eigeführten Rekord D bei. Auch den Commodore B gab es nur mit Sechszylindermotoren, die jetzt zwischen 115 und 160 PS leisteten. Beim B-Modell war die optische Differenzierung zum Rekord nicht ganz so überzeugend gelungen. Gegenüber den Vorgängern fehlten Biss und sportliche Ausrichtung. Auch das Fahrwerk mit hinterer Starrachse war nicht mehr zeitgemäß. Vielleicht fehlte auch einfach der Überraschungseffekt, den der Commodore A ausgelöst hatte, als er 1967 in BMW- und Alfa-Gewässern zu fischen begonnen hatte. Mit etwas mehr als 140.000 Fahrzeugen geriet der Commodore B jedenfalls nicht zum kommerziellen Erfolg für die Hessen – was diese nicht davon abhielt, 1978 einen Commodore C vorzustellen.

Tatra T 613

Land	Tschechoslowakei
Marke	Tatra
Baujahr	1974-1983
Motor-Bauart	V8
Lage	Heck
Antrieb	Heck
Hubraum (ccm)	3495
Leistung (PS/U/min)	165 bei 5200
Vmax (km/h)	195
Bauart	Limousine (4-türig)
Material	Stahlblech
Produktionszahl	ca. 11.000

ca. 15.500 €

Mit Schützenhilfe von Vignale aus Italien wurde die tschechische Oberklasse-Limousine fit für die Siebziger gemacht. Dabei schaut die Schrägheck-Limousine wie eine Kreuzung aus dem VW 412 und dem ersten Audi 100 Avant aus – der aber erst 1978 erscheinen sollte. Konzeptionell veränderte man wenig – auch der Tatra T 613 behielt seinen luftgekühlten V8-DOHC-Motor im Heck. Der verfügte nun aber über 3,5 Liter Hubraum und leistete 165 PS. Der besseren Fahrdynamik angepasst – der Tatra T 613 erreichte immerhin 195 km/h – hatte man allerdings das Fahrwerk: Eine moderne Schräglenkerhinterachse verbesserte sowohl Fahrkomfort als auch -sicherheit. 11.000 Tatra T 613 wurden bis 1996 gebaut. Nach 1991 stieg die Leistung gar auf 200 PS. Da war aber die Zeit längst über die eigenwillige Limousine hinweggegangen.

ca. 21.500 €

Land	Italien
Marke	Alfa Romeo
Baujahr	1974-1980
Motor-Bauart	Vierzylinder (Reihe)
Lage	Front
Antrieb	Heck
Hubraum (ccm)	1570 bis 1962
Leistung (PS/U/min)	109 bei 5600
	bis 150 bei 5500
Vmax (km/h)	180 bis 210
Bauart	Coupé
Material	Stahlblech
Produktionszahl	120.000

Alfa Romeo Alfetta GT, GTV 2000

Das 1974 vorgestellte Coupé auf Alfetta-Basis, das erst später die Bezeichnung GTV erhielt, sollte die Bertone-Coupés ablösen, konnte aber nie aus deren Schatten treten. Die Alfa-Designer hatten kein glückliches Händchen gehabt: Zu wenig Dynamik strahlte der Viersitzer aus, der mit seinen großen hinteren Seitenfenstern eher an eine dreitürige Sportlimousine erinnerte. So wurden die Bertone-Coupés noch drei Jahre parallel mit ihrem Nachfolger gebaut, den man mit zahlreichen Varianten des klassischen Doppelnockenwellen-Motors attraktiv zu machen versuchte. Technisch war das Coupé mit Transaxle-Bauweise und DeDion-Hinterachse sowieso auf der Höhe der Zeit. Richtig interessant wurde es erst 1980 als Alfa GTV: Mit Wegfall des Namens Alfetta gab es endlich auch den in Klang und Leistung begeisternden 2,5-Liter-V6 mit 158 PS.

Audi 100 Coupé S

Land	Deutschland
Marke	Audi
Baujahr	1970-1976
Motor-Bauart	Vierzylinder (Reihe)
Lage	Front
Antrieb	Front
Hubraum (ccm)	1871
Leistung (PS/U/min)	112 bei 5700, 115 bei 5500
Vmax (km/h)	185
Bauart	Coupé
Material	Stahlblech
Produktionszahl	30.687

ca. 43.000 €

Es war der erste Versuch, der zwar in der Mittelklasse erfolgreichen, aber als bieder geltenden Marke Audi ein dynamischeres Image zu verschaffen: Das Audi 100 Coupé S, dessen Produktion im Herbst 1970 anlief, ähnelte deshalb nicht zufällig der Sportwagen-Ikone Maserati Ghibli. Statt eines V8 verbarg sich unter der Motorhaube jedoch der bekannte Motor des Audi 100, der für das elegante Coupé zwar auf 1,9 Liter aufgebohrt war und 115 PS leistete, Anfang der Siebziger jedoch für einen ernstzunehmenden Sportwagen der Gewichtsklasse von über 1100 Kilogramm nicht wirklich sensationell war. Auch die optische Nähe zur Limousine verhinderte einen durchschlagenden Erfolg. Alfas und BMW seiner Zeit waren deutlich eigenständiger.

BMW 2002 Turbo

Land	Deutschland
Marke	BMW
Baujahr	1973-1974
Motor-Bauart	Vierzylinder (Reihe)
Lage	Front
Antrieb	Heck
Hubraum (ccm)	1990
Leistung (PS/U/min)	170 bei 5800
Vmax (km/h)	211
Bauart	Limousine (2-türig)
Material	Stahlblech
Produktionszahl	1672

ca. 125.000 €

Da hatten sich die Münchner Marketingstrategen verkalkuliert: Der 2002 turbo passte so gar nicht in die Zeit der ersten Ölkrise mit ihren Sonntagsfahrverboten. Aggressive Optik, hohe Leistung bei hohem Verbrauch und die noch unausgegorene Turbo-Technik der frühen Jahre ließen den 2002 turbo so schnell wieder aus den Verkaufskatalogen verschwinden, wie er gekommen war – ein klassischer Fehlschlag, wenn auch ohne schwerwiegende Folgen für BMW.

Citroën SM

Die Ehe mit Maserati, die 1967 geschlossen wurde, eröffnete den Citroën-Verantwortlichen endlich die Möglichkeit, einen Gran Turismo zu bauen, der Citroën-Markenspezifika wie die Hydropneumatik in ein völlig neues Segment transportieren sollte. Bei Maserati entstand ein 2,7-Liter-V6 mit vier obenliegenden Nockenwellen, der 170 PS leistete. Citroën-Designer Robert Opron gestaltete dazu ein Blechkleid mit extrem windschlüpfiger Karosserie, das mit den markanten sechs Frontscheinwerfern einen extravaganten Auftritt hinlegte. Der mit 225 km/h schnellste Citroën aller Zeiten bot hervorragenden Fahrkomfort, stellte allerdings mit seiner hochkomplexen Mechanik viele SM-Besitzer und so manchen Mechaniker auf eine harte Geduldsprobe. Auf den nächsten Sechszylinder in einem Citroën mussten die Fans bis 1989 warten.

[ca. 77.500 €]

Land	Frankreich
Marke	Citroën
Baujahr	1970-1975
Motor-Bauart	V6
Lage	Front
Antrieb	Front
Hubraum (ccm)	2670
Leistung (PS/U/min)	170 bei 5500
	bis 178 bei 5500
Vmax (km/h)	225
Bauart	Coupé
Material	Stahlblech
Produktionszahl	12.920

Ferrari 365 GT/4 BB, 512 BB, 512 BBi

Der Ferrari 365 GT4/BB läutete eine neue Ära für Ferrari ein. Lamborghini hatte als Newcomer bereits Mitte der Sechziger auf einen mittig eingebauten V12 gesetzt. Mit dem Dino hatte Ferrari 1969 auch erstmals ein Mittelmotorfahrzeug gebaut – allerdings mit einem V6-Motor. 1973 zog Ferrari konsequenterweise auch mit dem Zwölfzylinder nach. Dabei hatte man sich vom legendären „Colombo"-V12 verabschiedet: Das komplett neu entwickelte 4,4-Liter-Aggregat mit 380 PS war als Boxermotor mit zwei gegenüberliegenden Zylinderreihen konstruiert. Der ultraflache Zweisitzer knackte als erster Serien-Ferrari die 300-km/h-Schallmauer. Über 2000 Fahrzeuge, die bis 1984 in Maranello entstanden, zeugten von der Richtigkeit des Mittelmotor-Konzepts.

[ca. 380.500 €]

Land	Italien
Marke	Ferrari
Baujahr	1973-1984
Motor-Bauart	V12 (Flachmotor)
Lage	Mitte
Antrieb	Heck
Hubraum (ccm)	4391, 4943
Leistung (PS/U/min)	380 bei 7200;
	360 bei 6200;
	340 bei 6000
Vmax (km/h)	300
Bauart	Coupé
Material	Stahlblech
Produktionszahl	365 GT/4 BB: 387;
	512 BB: 929;
	512 BBi: 1007

Land	Italien
Marke	Lamborghini
Baujahr	1974-1979
Motor-Bauart	V12
Lage	Mitte
Antrieb	Heck
Hubraum (ccm)	3929
Leistung (PS/U/min)	385 bei 8000
Vmax (km/h)	300
Bauart	Coupé
Material	Stahlblech/Aluminium
Produktionszahl	150

[ca. 925.000 €]

Lamborghini Countach LP 400

Ein automobiles Extrem war der Lamborghini Countach, der 1974 die Nachfolge des Miura antrat. Das Wort „Countach" entstammt einem Dialekt aus der schweizerisch-italienischen Grenzregion und bedeutet sinngemäß Nonplusultra. Eine bessere Beschreibung für den kantigen, ultraflachen Sportwagenkeil aus Sant'Agata, der nichts mehr mit dem abgerundeten Design des Miura gemeinsam hatte, hätte man kaum finden können. Der jetzt längs eingebaute V12-Motor holte 385 PS aus vier Litern Hubraum und übertraf damit nicht nur den Ferrari BB um symbolisch wichtige 5 PS, sondern schaffte auch die magischen 300 km/h. Die spektakulär öffnenden, vorn angeschlagenen Flügeltüren waren 1974 ein Novum und wurden von Auto-Tunern bis heute oft kopiert.

Lancia Stratos

Anfang der Siebziger hatte Lancia mit dem Fulvia HF den Rallye-Sport dominiert. Um diese Vormachtstellung zu erhalten, plante man ein spektakuläres Projekt. Eigens für eine Homologationsserie für den Rallye-Sport wurde ein komplett neues Fahrzeug entwickelt. In einen stabilen Rohrrahmen wurde quer zur Fahrtrichtung der 2,4-Liter-V6 des Dino 246 GT implantiert. Mit 3,67 Metern Länge und 1,08 Metern Höhe geriet der Zweisitzer äußerst kompakt. Zur Gewichtsreduzierung trug bei, dass die aufklappbaren Front- und Heckhauben aus glasfaserverstärktem Kunststoff gefertigt waren. Mit 190 PS waren so exzellente Fahrleistungen möglich: Von 0 auf 100 km/h brauchte der Lancia Stratos nur 6,8 Sekunden, die Spitzengeschwindigkeit betrug 248 km/h. Bis 1977 feierten die Fahrer des italienischen Faustkeils zahlreiche Rallye-Erfolge.

Land	Italien
Marke	Lancia
Baujahr	1973-1974
Motor-Bauart	V6
Lage	Mitte
Antrieb	Heck
Hubraum (ccm)	2418
Leistung (PS/U/min)	190 bei 7000
Vmax (km/h)	230
Bauart	Coupé
Material	Kunststoff
Produktionszahl	592

[ca. 490.000 €]

Mercedes-Benz
280 SL, 300 SL, 350 SL, 380 SL, 420 SL, 450 SL, 500 SL, 560 SL (R 107)

[ca. 44.000 €]

Land	Deutschland
Marke	Mercedes-Benz
Baujahr	1971-1989
Motor-Bauart	Sechszylinder (Reihe), V8
Lage	Front
Antrieb	Heck
Hubraum (ccm)	2746 bis 4973
Leistung (PS/U/min)	177 bei 6000
	bis 245 bei 4750
Vmax (km/h)	205 bis 225
Bauart	Cabriolet
Material	Stahlblech
Produktionszahl	237.000

Mit 19 Jahren Bauzeit stellte der Mercedes SL der Baureihe R 107 einen absoluten Rekord auf. Der erfolgreichste Mercedes-Roadster aller Zeiten nahm 1971 viele stilistischen Elemente der ein Jahr später präsentierten S-Klasse vorweg, etwa die prägnanten Scheinwerfer und die geriffelten Heckleuchten. Der von Friedrich Geiger, der auch den legendären 300 SL entworfen hatte, gezeichnete Roadster erschien zunächst nur als 350 SL mit 3,5-Liter-V8 und 200 PS. Zwei Jahre später kam der 450 SL hinzu, ein Jahr darauf - unter dem Eindruck der Ölkrise – der 280 SL als Sechszylinder mit immerhin 185 PS. Die Motorenvielfalt ist schier unüberschaubar und zum großen Teil den immer schärferen und weltweit unterschiedlichen Abgasgesetzgebungen geschuldet. So gab es das US-Spitzenmodell, den 560 SL, nie in Europa.

Opel Manta (Serie A)

Dem Erfolg des Capri konnte man in Rüsselsheim nicht tatenlos zusehen. Im Sommer 1970 debütierte der Manta, dessen elegante Coupé-Form mit den Doppelscheinwerfern und den doppelten Rückleuchten, die an den Opel GT erinnerten, sofort Begeisterungsstürme auslöste. Technisch mit dem zeitgleich erschienenen Ascona weitgehend identisch, bot der Manta unterm Blech nur brave Hausmannskost – ohne sich darin allerdings vom Rivalen aus Köln zu unterscheiden. Die Motorenpalette war zwar schmaler als die des Capri, reichte aber immerhin von 60 bis 90 PS. Später gab es gar 105 PS im Manta GT/E, der über eine moderne Benzineinspritzung verfügte. Das fünfsitzige Sportcoupé verkaufte sich bis 1975 gut eine halbe Million Mal. Immerhin 170.000 Exemplare gelangten in die USA.

[ca. 17.000 €]

Land	Deutschland
Marke	Opel
Baujahr	1970-1975
Motor-Bauart	Vierzylinder (Reihe)
Lage	Front
Antrieb	Heck
Hubraum (ccm)	1196, 1584, 1897
Leistung (PS/U/min)	60 bei 5200
	bis 105 bei 5400
Vmax (km/h)	145 bis 185
Bauart	Coupé
Material	Stahlblech
Produktionszahl	498.553

Land	Deutschland
Marke	Porsche
Baujahr	1972-1975
Motor-Bauart	Sechszylinder (Boxer)
Lage	Heck
Antrieb	Heck
Hubraum (ccm)	2687
Leistung (PS/U/min)	210 bei 6300
Vmax (km/h)	240
Bauart	Coupé
Material	Stahlblech
Produktionszahl	1590

[ca. 600.000 €]

Porsche 911 Carrera RS

1972 wurde die Bezeichnung „Carrera", die seit 1965 für keinen Porsche mehr verwendet worden war, wiederbelebt. Für Homologationszwecke muss-ten 500 Exemplare einer für den Motorsport vorbereiteten Version gebaut werden, um diese Basis für GT-Tourenwagen zu nutzen. Der Porsche Carrera RS entstand auf Basis des 911 und besaß einen auf 2,7 Liter aufgebohrten Motor, der 210 PS leistete. Erkennbar war der Carrera am charakte-ristischen Heckspoiler, der sehr bald „Entenbürzel" genannt wurde und für Abtrieb sorgen sollte, der bei 240 km/h auch dringend gebraucht wurde. Durch die Verwendung von Dünnglas und anderen gewichtssparenden Materialien blieb das Gewicht des Porsche 911 Carrera RS unter der Marke von 1000 Kilogramm. Statt der avisierten 500 Exemplare verließen bis 1975 insgesamt 1590 Fahrzeuge das Werk in Zuffenhausen.

Porsche Turbo

1975 erreichte Porsche Leistungsdimensionen, die man zuvor nur von italienischen oder amerikanischen Sportwagen kannte: Mit 260 PS übertraf der Porsche 911 Turbo den Carrera RS um 50 PS und katapultierte seine Insassen in 5,5 Sekunden auf 100 km/h. Der nach dem BMW 2002 Turbo zweite Serien-Pkw der Welt mit einem Abgasturbolader beeindruckte aber ebenso mit seinem gewaltigen Drehmoment von 350 Nm. Wer in den Genuss des Turbos kommen wollte, musste 21.000 Mark zahlen – nicht für das Auto, sondern als Aufpreis gegenüber dem 911 Carrera 2.7. Im Jahr 1977 erhielt der Motor mehr Hubraum und einen Ladeluftkühler. Aus 3,3 Litern hatten die Porsche-Ingenieure 300 PS gezaubert und den 911 im dreizehnten Baujahr mit 260 km/h Spitze endgültig unter den Supersportwagen etabliert.

Land	Deutschland
Marke	Porsche
Baujahr	1975-1989
Bauart	Sechszylinder (Boxer)
Lage	Heck
Antrieb	Heck
Hubraum (ccm)	2993, 3299
Leistung (PS/U/min)	260 bei 5500
	bis 300 bei 5500
Vmax (km/h)	220 bis 260
Bauart	Coupé (auch mit
	entfernbarem Dachteil),
	Cabriolet
Material	Stahlblech
Produktionszahl	20.652

ca. 190.000 €

Toyota Celica (Celica LT, ST, GT, TA 22, TA 23)

Land	Japan
Marke	Toyota
Baujahr	1970-1978
Motor-Bauart	Vierzylinder (Reihe)
Lage	Front
Antrieb	Heck
Hubraum (ccm)	1588, 1968
Leistung (PS/U/min)	79 bei 5400
	bis 120 bei 5800
Vmax (km/h)	165 bis 195
Bauart	Coupé, Kombi-Coupé
Material	Stahlblech
Produktionszahl	k.A.

[**ca. 28.500 €**]

Auch Toyota hatte Anfang der Siebziger das Potenzial viersitziger Coupés erkannt. Nach dem kommerziellen Flop mit dem 2000 GT wollte man aber nun eine breitere Käuferschicht ansprechen. Das gelang ab 1971 vorzüglich mit der Celica, an deren Formgebung der Japan-Barock jener Jahre zwar nicht spurlos vorübergegangen war, die Eleganz der Linienführung aber kaum störte. Solide technische Basis war der Carina, und Celica-Kunden durften sich nicht nur über eine reichhaltige Ausstattung freuen, zu der auch ein Fünfganggetriebe gehörte, sondern ab 1972 auch über einen Zweiliter-120-PS-Doppelnockenwellenmotor, der die beiden aus dem Carina bekannten Aggregate ergänzte und der Celica fast den Eintritt in den 200-km/h-Club ermöglichte. Während ihrer Bauzeit bis 1978 war die Celica eines der erfolgreichsten Coupés der Welt.

Land	GB
Marke	Triumph
Baujahr	1970-1980
Motor-Bauart	Vierzylinder (Reihe)
Lage	Front
Antrieb	Heck
Hubraum (ccm)	1296, 1474
Leistung (PS/U/min)	62 bei 5500
	bis 69 bei 5250
Vmax (km/h)	150 bis 160
Bauart	Roadster
Material	Stahlblech
Produktionszahl	70.021, 95.829

[**ca. 19.000 €**]

Triumph Spitfire Mk IV, 1500

In den 1970ern waren er und der MG B – allerdings in der „Gummiboot"-Variante – die Letzten ihrer Art. Anders als zahlreiche englische Roadster hatte sich der Triumph Spitfire unter dem Dach von British Leyland halten können. 1970 war er letztmals von Giovanni Michelotti, der 1962 die Urform gezeichnet hatte, modifiziert worden und erfüllte dank seiner hochverlegten Stoßstangen die strengen US-Sicherheitsregularien. Und das, im Gegensatz zum MG B, ohne seinen urwüchsigen Roadster-Charakter einzubüßen: Die flache Front und das Heck in Schwalbenschwanz-Optik konnten überzeugen, die neue Hinterachse beseitigte das Trampeln auf unebenen Straßen, und 1975 gab es einen auf 1,5 Liter aufgebohrten Vierzylinder, der mit 69 PS standesgemäße Fahrleistungen garantierte. Mit über 160.000 Stück war der Spitfire erfolgreichster englischer Roadster der 70er.

Land	Deutschland
Marke	Volkswagen
Baujahr	1974-1980
Motor-Bauart	Vierzylinder (Reihe)
Lage	Front
Antrieb	Front
Hubraum (ccm)	1093 bis 1588
Leistung (PS/U/min)	54 bei 6000
	bis 110 bei 6100
Vmax (km/h)	145 bis 190
Bauart	Coupé
Material	Stahlblech
Produktionszahl	ca. 495.000

ca. 21.000 €

Volkswagen Scirocco (Baureihe I)

Er nahm die Technik des VW Golf um wenige Wochen vorweg, als er 1974 in Genf Premiere feierte: Der VW Scirocco sollte nicht nur Capri und Manta Konkurrenz machen, sondern auch den Typ 14 als sportlichen VW ablösen. Technisch und formal hätte der Unterschied freilich kaum größer sein können: ein knackiges, von Giorgio Giugiaro gezeichnetes Design statt der rundlichen Formen, dazu ein quer eingebauter, hochmoderner Frontmotor statt des luftgekühlten Heckmotors. Und während vorher bei 54 PS Schluss war, setzte der Scirocco TS mit Doppelscheinwerfern erst bei 85 PS die Höchstmarke. 1976 erschien gar der Scirocco GTI mit 110 PS. Das von Karmann in der Entwicklung finanzierte und auch gebaute Coupé verkaufte sich deutlich besser als sein Vorgänger. Bis 1980 entschieden sich fast eine halbe Million Käufer für den Keil aus Osnabrück.

Volvo P 1800 ES

Der Volvo P 1800 ES wurde zwar nur zwei Jahre lang gebaut und gehört mit einer Auflage von gut 8000 Exemplaren auch nicht gerade zu den Bestsellern – aber vom Start weg bis heute hat er sich eine feste Liebhabergemeinde erschließen können. Die Volvo-Stylisten hatten einfach ihrem – damals schon mit elf Jahren Bauzeit nicht ganz taufrischen – Coupé P 1800 die Dachlinie verlängert und einen steilen Heckabschluss mit Heckklappe spendiert. Ähnliche „Shooting-Breaks" hatte es zwar schon etwa vom Kleinserienbauer Reliant gegeben – aber nicht von einem Großserienhersteller. Wegen der vermutlich längsten hinteren Seitenscheibe der Welt bekam der P 1800 ES den Spitznamen „Schneewittchensarg", den er sich allerdings mit dem Messerschmitt Kabinenroller teilen muss.

ca. 40.000 €

Land	Schweden
Marke	Volvo
Baujahr	1971-1973
Motor-Bauart	Vierzylinder (Reihe)
Lage	Front
Antrieb	Heck
Hubraum (ccm)	1986
Leistung (PS/U/min)	124 bei 6000
Vmax (km/h)	185
Bauart	Kombi-Coupé
Material	Stahlblech
Produktionszahl	8078

Fiat Panda

Land	Italien
Marke	Fiat
Baujahr	1980-1985
Motor-Bauart	Zweizylinder (Reihe), Vierzylinder (Reihe)
Lage	Front
Antrieb	Front
Hubraum (ccm)	652, 903
Leistung (PS/U/min)	30 bei 5500, 45 bei 5600
Vmax (km/h)	115 bis 140
Bauart	Limousine (2-türig)
Material	Stahlblech
Produktionszahl	ca. 4.000.000

[**ca. 10.000 €**]

Dass Pragmatismus auch Charme haben kann, hatten bereits die Ente von Citroën und der Renault 4 bewiesen. 1980 lieferte der Fiat Panda den Beweis aufs Neue. Mit nicht mehr ausgestattet als dem, was man unbedingt zum Fahren braucht, wusste der Panda durch clevere Ideen wie den verschiebbaren Aschenbecher oder die zum Doppelbett umbaubare Bestuhlung zu überzeugen. Als Symbol für Nonkonformismus blieb die „tolle Kiste" bis 1996 im Fiat-Programm, in Italien gar bis 2003. Dabei ließen die Fiat-Entwickler dem Panda zahlreiche Modellpflegen angedeihen: So verschwand die blattgefederte Starrachse 1986 zugunsten der „Omega"-Achse. Die neuen FIRE-Motoren ersetzten die OHV-Konstruktion aus den Fünfzigern. Sogar eine Automatik- und eine Allrad-Version gab es von dem kleinen Bären, der sich insgesamt mehr als vier Millionen Mal verkaufte.

Ford Fiesta (Serie I)

Dass man auch bei Ford einen Kleinwagen brauchen würde, hatte man Anfang der siebziger Jahre erkannt und das Bobcat-Projekt gestartet. Der neue Kleinwagen sollte weltweit antreten. Eigens für ihn wurde eine Fertigungsstätte in Spanien gebaut, die Henry Ford II. 1975 gemeinsam mit dem spanischen König einweihte. Die spanische Herkunft gab dem Kleinen auch den Namen: Fiesta. Obwohl er spät ins Segment kam, war er von Anfang an – vor allem bei der weiblichen Kundschaft – beliebt und schoss gleichsam auf Platz 1 seiner Klasse. Das pfiffige Design, die niedrigen Unterhaltskosten und der Ruf der Robustheit, den er sich schnell erarbeitete, waren die Ursachen für den phänomenalen Erfolg, der bis zu seiner Ablösung 1989 anhalten sollte.

Land	Deutschland
Marke	Ford
Baujahr	1976-1983
Motor-Bauart	Vierzylinder (Reihe)
Lage	Front
Antrieb	Front
Hubraum (ccm)	957 bis 1598
Leistung (PS/U/min)	40 bei 5500 bis 84 bei 5500
Vmax (km/h)	132 bis 172
Bauart	Limousine (2-türig)
Material	Stahlblech
Produktionszahl	k.A.

[**ca. 4.500 €**]

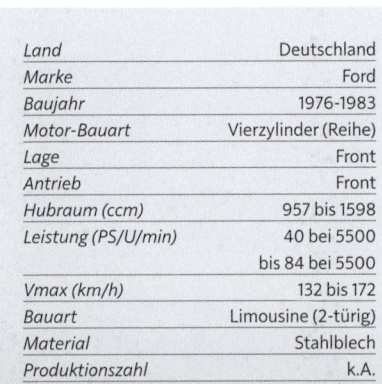

Ford Escort (Serie III)

Noch länger als Opel beim Kadett hatte Ford beim Escort gewartet. Der Escort II, mit Starrachse und Blattfedern, hatte sich immer zäher verkauft, und die Händler warteten sehnsüchtig auf ein modernes Kompaktwagen-Konzept. Das kam 1980: Der erste Frontantriebs-Escort hatte das Layout seiner Wettbewerber übernommen, zeigte sich aber mit kurzem Stummelheck – vielleicht, um Alt-Kunden nicht zu vergrätzen. Das Fahrwerk mit Einzelrad-aufhängung übertraf sogar den Klassenstandard, wurde aber oft als unausgewogen bezeichnet. Punkten konnte der Escort mit seiner Variantenviel-falt: Neben der zwei- und der viertürigen Limousine gab es einen Kombi, einen Kastenwagen und sogar ein Cabrio. Mit Leistungen zwischen 52 und 132 PS gab es auch kaum Motorisierungswünsche, die nicht erfüllt werden konnten.

Land	Deutschland
Marke	Ford
Baujahr	1980-1986
Motor-Bauart	Vierzylinder (Reihe)
Lage	Front
Antrieb	Front
Hubraum (ccm)	1117 bis 1608
Leistung (PS/U/min)	52 bei 5000
	bis 132 bei 6000
Vmax (km/h)	145 bis 202
Bauart	Limousine (2-/4-türig),
	Kombi (3-/5-türig), Cabriolet
Material	Stahlblech
Produktionszahl	k.A.

[**ca. 4.000 €**]

Honda Accord

War Honda seit Ende der Sechziger vor allem mit skurrilen Kleinwagen und erst ab 1972 mit dem Civic in Europa vertreten, sollte der Accord die ja-panische Marke endgültig als ernstzunehmenden Automobilhersteller profilieren. Der neue Honda erschien zunächst nur als zweitüriges Coupé mit zeitgemäßem Fahrwerk, modernem Design und 1,6-Liter-Motor. Die viertürige Limousine wurde 1977 nachgeschoben und verkaufte sich auf Anhieb sehr erfolgreich. Während die ersten fünf Accord-Generationen weltweit weitgehend identisch waren und sich nur in der Motorisierung unterschie-den, gingen die US-Versionen und die europäischen Accord ab der sechsten Generation getrennte Wege. Zählt man alle zusammen, entstanden seit 1976 mehr als 17 Millionen Accord. Damit belegt der Honda auf der Verkaufsrangliste aller jemals gebauten Autos Rang 7.

Land	Japan
Marke	Honda
Baujahr	1976-1981
Motor-Bauart	Vierzylinder (Reihe)
Lage	Front
Antrieb	Front
Hubraum (ccm)	1599
Leistung (PS/U/min)	80 bei 5300
	bis 82 bei 5900
Vmax (km/h)	147 bis 163
Bauart	Limousine (4-türig), Coupé
Material	Stahlblech
Produktionszahl	k.A.

[**ca. 6.000 €**]

[ca. 7.500 €]

Land	Deutschland
Marke	Opel
Baujahr	1979-1984
Motor-Bauart	Vierzylinder (Reihe)
Lage	Front
Antrieb	Front
Hubraum (ccm)	1196 bis 1796
Leistung (PS/U/min)	543 bei 5400
	bis 115 bei 5800
Vmax (km/h)	140 bis 185
Bauart	Kombilimousine (2-/4-türig),
	Kombi (2-/4-türig), Kastenwagen
Material	Stahlblech
Produktionszahl	2,02 Mio.

Opel Kadett (Serie D)

1979 rüstete Opel nach. Mit dem Kadett C hatte man zu lange am Heckantrieb festgehalten. Erstmals in der Geschichte der Marke mit dem Blitz sollte nun ein Opel seine Kraft auf die Vorderräder übertragen. Die amerikanische Muttergesellschaft hatte Entwicklungschef Fritz Lohr in zähen Gesprächen von dieser Notwendigkeit überzeugen müssen, weshalb die Abkürzung FWD (= Front-Wheel-Drive) in Rüsselsheim auch gerne mit „Fritz-Will-Das" übersetzt wurde. Den 1,2-Liter-Motor hatte man, quer eingebaut, vom Vorgänger übernommen, während die 1,3- und 1,6-Liter-Aggregate komplette Neukonstruktionen mit obenliegender Nockenwelle waren – eine weitere Premiere bei den Hessen. Der D-Kadett verkaufte sich bis 1984 mit mehr als zwei Millionen Exemplaren deutlich besser als sein Vorgänger: Fritz hatte Recht behalten.

Volkswagen Polo (Typ 86)

Land	Deutschland
Marke	Volkswagen
Baujahr	1975-1981
Motor-Bauart	Vierzylinder (Reihe)
Lage	Front
Antrieb	Front
Hubraum (ccm)	771 bis 1093
Leistung (PS/U/min)	34 bei 6000
	bis 60 bei 6000
Vmax (km/h)	125 bis 152
Bauart	Limousine (3-türig)
Material	Stahlblech
Produktionszahl	ca. 1,05 Mio.

[ca. 11.000 €]

Der erste moderne deutsche Kleinwagen, der Audi 50 von 1974, war gut ausgestattet – aber für viele Interessenten auch zu teuer. Als abgestrippter Ableger präsentierte sich 1975 der VW Polo. Die Innenausstattung spartanisch zu nennen, wäre fast übertrieben gewesen. Und anfangs gab es ihn auch nur mit einem 40 PS leistenden 0,9-Liter-Motor, der im Audi 50 gar nicht angeboten wurde. Aber der niedrige Preis von 7555 Mark, die geringen Unterhaltskosten sowie die praktische und geräumige Karosserie sorgten dafür, dass der Polo schnell seine Käufer fand. Nach sechs Jahren, und damit drei Jahre länger als der Audi 50, wurde der letzte Polo I in Wolfsburg produziert. Mit knapp über einer Million Exemplaren war der erste moderne VW-Kleinwagen ein voller Erfolg geworden.

Alfa Romeo Giulietta (1.3, 1.6, 1.8, 2.0)

Land	Italien
Marke	Alfa Romeo
Baujahr	1977-1985
Motor-Bauart	Vierzylinder (Reihe)
Lage	Front
Antrieb	Heck
Hubraum (ccm)	1290 bis 1962
Leistung (PS/U/min)	87 bei 6000
	bis 130 bei 5500
Vmax (km/h)	165 bis 190
Bauart	Limousine (4-türig)
Material	Stahlblech
Produktionszahl	370.028

[ca. 15.000 €]

Auf Augenhöhe hatten Alfa Romeo und BMW in der zweiten Hälfte der Sechziger um die Gunst sportlich orientierter Limousinenfahrer gekämpft. Wegen der Probleme mit der Einführung des Alfasud hatte sich das Blatt jedoch in den Siebzigern zugunsten der Münchner gewendet. Das sollte die Giulietta ändern, deren Aufgabe 1977 es war, die Giulia nach 15 Jahren als erfolgreichste Alfa-Baureihe abzulösen. Trotz des traditionellen Namens setzten die Italiener bei der Giulietta Nuova auf modernes Styling und die von der Alfetta bekannte Transaxle-Bauweise. Aber die Keilform, mit der sie auch nach mehr als 30 Jahren noch modern und zeitgemäß wirkt, war in den Siebzigern offenbar ihrer Zeit zu weit voraus. Bis 1985 konnten sich nicht einmal 400.000 Käufer dafür erwärmen.

BMW 3er-Reihe, Werkscode E21 (315, 316, 318, 318i, 320, 320i, 323i)

Land	Deutschland
Marke	BMW
Baujahr	1975-1983
Motor-Bauart	Vierzylinder (Reihe),
	Sechszylinder (Reihe)
Lage	Front
Antrieb	Heck
Hubraum (ccm)	1563 bis 2315
Leistung (PS/U/min)	75 bei 5800
	bis 143 bei 6000
Vmax (km/h)	160 bis 195
Bauart	Limousine (2-türig)
Material	Stahlblech
Produktionszahl	ca. 1,36 Mio.

[ca. 23.000 €]

Keine leichte Aufgabe: Die Baureihe E21 sollte 1975 die bis dato erfolgreichste BMW-Baureihe, die 02-Typen, ablösen. Die Planer verfuhren nach dem gleichen Rezept wie drei Jahre zuvor beim Fünfer. So änderte man nicht nur die Nomenklatur und sollte fortan von der „Dreier"-Reihe sprechen. Das neue Modell sollte sich auch etwas komfortbetonter und weniger puristisch geben als sein Vorgänger. Das ließ die Hardcore-Fans murren, öffnete aber neue Kundenkreise für BMW. Spätestens 1977 mit Einführung der Sechszylindermotoren im 320i und im 323i hatte sich die neue Baureihe auch die Herzen der Sportfahrer-Fraktion erobert, verwöhnte dabei aber mit unvergleichlichem Antriebskomfort. Der nur als Zweitürer lieferbare Ur-Dreier verkaufte sich fast 1,4 Millionen Mal und hat damit den Erfolg seines Vorgängers verdoppelt.

Mercedes-Benz
200, 200 D, 220 D, 230 E, 240 D, 250, 280 E, 300 D (W 123)
200 T, 230 T, 230 TE, 240 TD, 250 T, 280 TE, 300 TD, 300 TD Turbo (S 123)
230 C, 230 CE, 280 C, 280 CE (C 123)

Land	Deutschland
Marke	Mercedes-Benz
Baujahr	1978-1985
Motor-Bauart	Vierzylinder (Reihe),
	Sechszylinder (Reihe)
Lage	Front
Antrieb	Heck
Hubraum (ccm)	1988 bis 3005
Leistung (PS/U/min)	55 bei 4200
	bis 185 bei 5800
Vmax (km/h)	125 bis 200
Bauart	Kombi (5-türig)
Material	Stahlblech
Produktionszahl	ca. 5 Mio.

ca. 23.500 €

Fast neun Jahre lang wurde die W 123-Baureihe produziert, die 1976 erschienen war und unter vielen Mercedes-Fans als die robusteste aller Zeiten gilt. Viele der insgesamt 5 Millionen gebauten Exemplare aller Modellversionen finden sich auch Jahrzehnte später noch im alltäglichen Einsatz in aller Welt. Vor allem die Dieselmotoren gelten zwar als wenig antrittsstark, aber auch als nahezu unzerstörbar. Der Erfolg stellte sich auf Anhieb ein: Drei Jahre Lieferzeit und ein Aufschlag für zuteilungsreife Kaufverträge von bis zu 5000 Mark sprachen Bände für die Beliebtheit des Viertürers, der zeitweilig sogar den VW Golf von Platz 1 der Zulassungsstatistik verdrängte. Das zwei Jahre später lieferbare T-Modell – der erste von Mercedes entwickelte und produzierte Kombi – sollte die Popularität noch steigern. Mit fast 80.000 Mark war der T 300 Turbodiesel die teuerste Variante der Modellreihe, die mit 18.000 Mark für den Mercedes 200 startete.

Audi 200 (200, 200 5E, 200 5T)

Die erste Generation des Audi 100 hatte die 1965 wiederbelebte Ingolstädter Marke ab 1968 in der oberen Mittelklasse etabliert. Die 1976 eingeführte zweite Generation C2 hat diesen Erfolg wiederholen können. Zeit, die nächste Stufe zu zünden: Als Audi 200 kam 1980 ein Top-Modell auf Basis der 100-Baureihe auf den Markt, dessen Technik sensationell war: Ein Fünfzylindermotor holte mit Turbounterstützung 170 PS aus den 2,1 Litern Hubraum und trieb die nicht mal 1,3 Tonnen schwere Limousine zu sportlichen Fahrleistungen. Zwar blieb der Audi 200 hinter den Verkaufserwartungen zurück, aber die Ingolstädter hatten ein erstes Zeichen gesetzt, dass sie ihren Slogan „Vorsprung durch Technik" auch in die Tat umsetzen wollten.

Land	Deutschland
Marke	Audi
Baujahr	1980-1982
Bauart	Fünfzylinder (Reihe)
Lage	Front
Antrieb	Front
Hubraum (ccm)	2144
Leistung (PS/U/min)	136 bei 5700
	bis 170 bei 5300
Vmax (km/h)	184 bis 203
Bauart	Limousine (4-türig)
Material	Stahlblech
Produktionszahl	ca. 50.000

[**ca. 21.500 €**]

BMW 7er-Reihe, Werkscode E23 (728, 728i, 730, 732i, 733i, 735i, 745i)

ca. 27.500 €

Nach dem Fünfer und dem Dreier übernahm 1977 das Top-Modell der Münchner ebenfalls die neue Nomenklatur. Auch die Siebener-Reihe war komfortabler und weniger puristisch geraten als ihre Vorgänger-Generation. Die kultivierten Motoren hatte man freilich in drei Leistungsstufen zwischen 170 und 197 PS übernommen. Topmodell der E23-Baureihe war der 745i, für den der bewährte Sechszylinder erstmals mit einem Turbolader versehen wurde, der dem 3,2-Liter-Motor 252 PS entlockte. Die Siebener-Reihe hatte nicht ganz das Prestige der nahezu preisgleichen Mercedes S-Klasse. Wer aber die chrombeladene, prätentiöse Erscheinung der W 116-Baureihe als zu protzig empfand, dem bot die Oberklasse aus München eine feine Alternative.

Land	Deutschland
Marke	BMW
Baujahr	1977-1986
Bauart	Sechszylinder (Reihe)
Lage	Front
Antrieb	Heck
Hubraum (ccm)	2788 bis 3430
Leistung (PS/U/min)	170 bei 5800
	bis 252 bei 4900
Vmax (km/h)	195 bis 230
Bauart	Limousine (4-türig)
Material	Stahlblech
Produktionszahl	285.000

Mercedes-Benz
260 SE, 280 S/SE/SEL, 300 SE/SEL, 380 SE/SEL, 420 SE/SEL, 500 SE/SEL,
560 SE/SEL, (W 126)

Land	Deutschland
Marke	Mercedes-Benz
Baujahr	1980-1991
Bauart	Sechszylinder (Reihe), V8
Lage	Front
Antrieb	Heck
Hubraum (ccm)	2746, 4973
Leistung (PS/U/min)	156 bei 5500
	bis 240 bei 4750
Vmax (km/h)	200 bis 225
Bauart	Limousine (4-türig)
Material	Stahlblech
Produktionszahl	ca. 350.000

[ca. 24.500 €]

Mit der W 126-Baureihe vollzog Mercedes-Benz Ende 1979 erneut einen Paradigmenwechsel. Wo der Vorgänger noch protzig daherkam, wirkte die neue Oberklasse-Limousine aus Stuttgart elegant und fast sportlich. Trotzdem hatte die neue S-Klasse nichts von ihren repräsentativen Eigenschaften verloren. Den Anspruch, bestes Auto der Welt zu sein, hielt sie ohnehin aufrecht: Mit deutlich effizienteren Motoren und einer hervorragenden Aerodynamik hatte man auch in Stuttgart die Zeichen der Zeit erkannt und den Verbrauch um bis zu 30 Prozent reduziert. Im W 126 wurden Sicherheitstechnologien wie Airbags, ABS und ASR eingeführt. Zu seiner Bauzeit war er eine Ikone für automobilen Fortschritt und die Liste der Prominenten, die ihn fuhren oder sich darin fahren ließen, ist schier endlos.

Opel Senator (Serie A)

Land	Deutschland
Marke	Opel
Baujahr	1978-1986
Bauart	Vierzylinder (Reihe),
	Sechszylinder (Reihe)
Lage	Front
Antrieb	Heck
Hubraum (ccm)	1979 bis 2968
Leistung (PS/U/min)	110 bei 5400
	bis 180 bei 5800
Vmax (km/h)	170 bis 200
Bauart	Limousine (4-türig)
Material	Stahlblech
Produktionszahl	129.644

[ca. 12.500 €]

Ganz aufgeben wollte Opel die Oberklasse auch nach dem Auslauf der KAD-Baureihe nicht: Mit dem Senator A startete man 1978 einen neuen Versuch. Die technische und optische Sonderstellung hatte der eigentlich als Commodore C geplante Senator freilich eingebüßt. Der Neuling kam viel europäischer daher und musste auf einen V8-Motor verzichten. Stattdessen gab's als Top-Motor den Dreiliter-Sechszylinder mit 180 PS. Entscheidender aber war, dass man ihm innen wie außen die Verwandtschaft zum Opel Rekord ansah, mit dem er die Bodengruppe teilte. Auch das aufwändige Fahrwerk mit Schräglenker-Hinterachse, das er dem Rekord voraus hatte, konnte nichts mehr daran ändern, dass der Senator unter einem massiven Image-Defizit litt. Die Verkaufszahlen sackten nach anfänglichen Erfolgen ab – woran auch der nachträglich angebotene, günstigere 2,2-Liter-Vierzylinder nichts ändern konnte.

Rover 2600, 3500, Vanden Plas (Werkscode SD1)

Land	GB
Marke	Rover
Baujahr	1976-1987
Bauart	Sechszylinder (Reihe), V8
Lage	Front
Antrieb	Heck
Hubraum (ccm)	2597, 3532
Leistung (PS/U/min)	126 bei 5000
	bis 158 bei 5250
Vmax (km/h)	175 bis 190
Bauart	Limousine (4-türig)
Material	Stahlblech
Produktionszahl	k.A.

[ca. 13.500 €]

Gegen den Citroën CX und den BMW 5er wollten die Modellplaner von British Leyland ihre Oberklasse-Limousine antreten lassen, die ab 1976 die Vorgänger von Rover und Triumph beerben sollte. So radikal das Styling in Richtung Moderne ging und Impulse etwa vom Ferrari Daytona aufgenommen hatte, so wandte man sich beim SD1 gleichzeitig von avantgardistischen Lösungen des Rover-Vorgängers ab. Statt der DeDion-Hinterachse verrichtete nun eine Starrachse ihren Dienst, und die McPherson-Vorderachse repräsentierte immerhin Durchschnitt. Das galt leider nicht für die wenig haltbaren 2,6-Liter-Triumph-Motoren, die ab 1979 den 3,5-Liter-Achtzylinder mit 158 PS ergänzten. So schrieb der Rover SD1, der bis 1987 produziert wurde und den es sogar als Turbodiesel gab, sein eigenes Kapitel in der Niedergangsgeschichte der britischen Autoindustrie.

Rolls-Royce Silver Spirit

Land	GB
Marke	Rolls-Royce
Baujahr	1980-1998
Bauart	V8
Lage	Front
Antrieb	Heck
Hubraum (ccm)	6750
Leistung (PS/U/min)	k.A.
Vmax (km/h)	193 bis 225
Bauart	Limousine
Material	Stahlblech
Produktionszahl	18.989

[k.A.]

Nach 15 Produktionsjahren stand mit dem Silver Spirit ein Nachfolger für den erfolgreichen Silver Shadow am Start. Die Basis lieferte freilich immer noch die Konstruktion von 1965, und so fungierte auch als Antriebsquelle nach wie vor der 6,75-Liter-Achtzylinder, dessen Leistung stets mit „genügend" angegeben wurde. Mit einem Garrett-Turbolader brachte er es schließlich auf geschätzte 300 PS. Gashydraulische Stoßdämpfer wichen später einer Hydropneumatik, um standesgemäßen Fahrkomfort zu garantieren. Die „Spirit of Ecstasy" konnte auf Wunsch als Schutz gegen Langfinger im Kühlergrill versenkt werden und war nur ein Element aus der schier endlosen Liste aus Einzelanfertigungen und Sonderausstattungen, die für die handgefertigte Luxus-Limousine bestellt werden konnte. Der Silver Spirit gilt heute als letzte Rolls-Royce-Eigenkonstruktion vor der Übernahme durch BMW.

Land	Italien
Marke	Alfa Romeo
Baujahr	1976-1987
Bauart	Vierzylinder (Boxer)
Lage	Front
Antrieb	Front
Hubraum (ccm)	1286 bis 1490
Leistung (PS/U/min)	75 bei 6000
	bis 105 bei 6000
Vmax (km/h)	170 bis 190
Bauart	Coupé
Material	Stahlblech
Produktionszahl	ca. 100.000

[ca. 19.000 €]

Alfa Romeo Alfasud Sprint, Sprint Veloce

Das Alfetta-Coupé hatte es nicht vermocht, als legitimer Nachfolger der Bertone-Coupés akzeptiert zu werden. Agilität und Kompaktheit hatten die Kanthauber eher an den Alfasud Sprint vererbt, der 1976 als sportliche Karosserievariante des Alfa-Sorgenkinds erschien. Von diesem hatte er – unter komplett eigenständigem Blechkleid – die Technik: Boxermotoren von 1,3 bis 1,7 Litern und das Frontantriebs-Fahrwerk. Das von Giorgio Giugiaro gezeichnete Coupé, dem VW Scirocco nicht unähnlich, überzeugte die Alfa-Fans auf Anhieb. Mehr als 100.000 Kunden ließen sich bis 1987 auch nicht von der spärlichen Rost-Prophylaxe abhalten, dem aparten Viersitzer aus Pomigliano ihr Vertrauen zu schenken. Kein Wunder: Der Fahrspaß, vor allem mit dem 105 PS starken 1,7-Liter-Motor aus dem Alfa 33, war enorm.

Land	Deutschland
Marke	BMW
Baujahr	1978-1981
Bauart	Sechszylinder (Reihe)
Lage	Mitte
Antrieb	Heck
Hubraum (ccm)	3453
Leistung (PS/U/min)	277 bei 6500
Vmax (km/h)	260
Bauart	Coupé
Material	Kunststoff
Produktionszahl	450

[ca. 490.000 €]

BMW M1 (Werkscode E26)

Mit der Studie „BMW Turbo" wollten die Münchner 1972 den klobigen Sicherheitsstudien ihrer Wettbewerber etwas entgegen setzen. Der von Paul Bracq gezeichnete Sportwagen mit seinen charakteristischen Flügeltüren sollte eigentlich eine Studie bleiben. Aber das Lob für den Entwurf und die Forderung nach Realisierung hielten sich derart hartnäckig, dass 1976 der Startschuss für eine Kleinserie fiel. Statt des Vierzylinder-Turbos sollte nun aber ein 3,5-Liter-Sechszylinder mit 277 PS für den Vortrieb sorgen. Auch die Flügeltüren waren verschwunden, als 1978 der BMW M1 vorgestellt wurde. Das von Giorgio Giugiaro designte Mittelmotor-Coupé wurde bei Baur in Stuttgart montiert und kostete genau 100.000 Mark. In drei Jahren entstanden 450 Exemplare, die später allerdings nur schwer verkäuflich waren. Immerhin bildete der M1 aber die Basis für die jahrelang ausgetragene ProCar-Serie, in der Formel-1-Piloten mit bis zu 850 PS im Rahmenprogramm der Grand Prix die Zuschauer begeisterten.

Ferrari 208, 308, 328 (GTB, GTS, GTBI, GTSI, Quattrovalvole, Turbo)

Land	Italien
Marke	Ferrari
Baujahr	1976-1989
Bauart	V8
Lage	Mitte
Antrieb	Heck
Hubraum (ccm)	2926, 3195
Leistung (PS/U/min)	255 bei 7700, 270 bei 7000
Vmax (km/h)	250 bis 270
Bauart	Coupé (auch mit entfernbarem Dachteil)
Material	Kunststoff/Stahlblech
Produktionszahl	k.A.

[**ca. 155.500 €**]

Die Baureihe 208 bis 328 markiert gleichzeitig Anfang und Ende einer Epoche bei Ferrari. Der 308 war 1975 der erste V8-Ferrari mit „richtigem" Mittelmotor und Anordnung des Triebwerks vor der Hinterachse. Gleichzeitig war die Baureihe die letzte, bei der man in Maranello auf den klassischen Gitterrohrrahmen statt auf eine selbsttragende Karosserie vertraute. Die Form des Sportwagens, für die Pininfarina verantwortlich war, gilt vielen bis heute als unübertroffen. Aus 2,9 Litern Hubraum holte der 308, der durch die US-Fernsehserie „Magnum" besondere Popularität erhalten sollte, zunächst 225 PS und verkaufte sich mehr als 6000 Mal. Ersetzt wurde er 1981 durch den äußerlich nur wenig modifizierten 328, der mit einem auf 3,2 Liter aufgebohrten und 270 PS starken Motor ausgerüstet wurde. Der 328 blieb bis 1989 im Programm.

Land	Deutschland
Marke	Opel
Baujahr	1975-1988
Bauart	Vierzylinder (Reihe)
Lage	Front
Antrieb	Heck
Hubraum (ccm)	1196 bis 2410
Leistung (PS/U/min)	55 bei 5400
	bis 144 bei 5200
Vmax (km/h)	138 bis 210
Bauart	Coupé
Material	Stahlblech
Produktionszahl	534.634

[ca. 22.000 €]

Opel Manta (Serie B)

Als Opel 1975 den Nachfolger des erfolgreichen Manta A präsentierte, ahnte noch niemand, welches Schicksal dem neuen Coupé aus Rüsselsheim blühen würde. Der inzwischen zum Klassiker gereifte Manta B sollte sich als Statussymbol der deutschen Land- und Arbeiterjugend entwickeln – mit dem Nebeneffekt, dass der Rest der Republik über die Fahrer des viersitzigen Coupés Witze machte, die es sogar zu zwei Kinofilmen und Buchveröffentlichungen brachten. Die kollektive Begeisterung, die der Manta A erzeugt hatte, konnte sein Nachfolger nie erreichen – vielleicht, weil der Überraschungseffekt fehlte. Auch als bei Opel mit dem Ascona C längst das Frontantriebszeitalter in der Mittelklasse angebrochen war, lief die Fertigung des auf dem B-Ascona basierenden Manta weiter, bis sie 1988 fast zeitgleich mit der des Erzrivalen Ford Capri endete. Kein Opel wurde länger gebaut.

Land	Deutschland
Marke	Opel
Baujahr	1978-1986
Bauart	Vierzylinder (Reihe),
	Sechszylinder (Reihe)
Lage	Front
Antrieb	Heck
Hubraum (ccm)	1979 bis 2968
Leistung (PS/U/min)	110 bei 5400
	bis 180 bei 5800
Vmax (km/h)	180 bis 200
Bauart	Coupé
Material	Stahlblech
Produktionszahl	43.812

[ca. 17.000 €]

Opel Monza

Ein Oberklasse-Coupé hatte es bei Opel seit dem Diplomat-V8-Coupé 1967 nicht gegeben. Um der neuen Senator-Baureihe zusätzliches Prestige zu verleihen, stellten die Rüsselsheimer der Limousine vom Start weg ein viersitziges Coupé zur Seite, das auf den klangvollen Namen Monza hörte. Trotz der eleganten Form und der modernen Technik, zu der endlich auch eine Schräglenkerhinterachse gehörte, litt der Edel-Opel – ähnlich wie der Senator – unter der kaum verborgenen Ähnlichkeit zum ein Jahr zuvor vorgestellten Rekord. So blieb das Interesse stark begrenzt, woran auch die breite Motorenpalette mit 110 bis 180 PS nichts ändern konnte. Aus dem angepeilten Revier der Oberklasse-Coupés sollte sich Opel 1986 endgültig verabschieden.

[ca. 21.000 €]

Porsche 924, 924 Turbo

Das wenig erfolgreiche VW-Porsche-Konzept war beendet, die Idee eines „Volks-Porsche" aber nach wie vor aktuell. 1975 sollte es aber ein „richtiger" Zuffenhausener sein – jedenfalls dem Namen nach. Dabei brach der Typ 924 mit nahezu allen Porsche-Prinzipien, während er gleichzeitig auf zahlreiche Teile aus dem VW/Audi-Regal zurückgriff. Das Coupé mit der charakteristischen Linienführung trug den aus dem Audi 100 entlehnten, wassergekühlten Zweiliter-Motor mit 125 PS unter der Fronthaube und trieb die Hinterräder mittels Transaxle-Bauweise an. Hierzulande stieß das Konzept des 924, das später als 944 und 968 bis 1994 weiter modifiziert werden sollte, nie auf große Begeisterung. Er war aber einer der weltweit erfolgreichsten Sportwagen seiner Zeit und verkaufte sich bis Mitte der Achtziger besser als die 911er-Varianten.

Land	Deutschland
Marke	Porsche
Baujahr	1976-1985
Bauart	Vierzylinder (Reihe)
Lage	Heck
Antrieb	Heck
Hubraum (ccm)	1984
Leistung (PS/U/min)	125 bei 5800
	bis 177 bei 5500
Vmax (km/h)	195 bis 230
Bauart	Coupé
Material	Stahlblech
Produktionszahl	k.A.

Porsche 928, 928 S

Er sollte den 911er ablösen – aber schon 1977, als der Porsche 928 präsentiert wurde, sahen Elfer-Fans in dem 1,5 Tonnen schweren Luxus-Coupé keine Alternative zu ihrem sportlichen Fahrgerät. Ähnlich aufgebaut wie der zwei Jahre zuvor vorgestellte 924, folgte der 928 dem Frontmotor-Prinzip mit Transaxle-Bauweise. So bot er auch dank der aufwändigen „Weissach"-Achse ungleich mehr Fahrsicherheit und -komfort als der zur Heckschleuder tendierende 911er. Unter der Haube bollerte ein 4,5-Liter-V8-Kraftwerk mit 240 PS, das in späteren Evolutionsstufen auf 350 PS aus 5,4 Litern anwachsen sollte. Die Karosserie des mit zahlreichen Designpreisen ausgezeichneten 928, der 1978 gar als erster Sportwagen „Auto des Jahres" werden sollte, wurde in neun Jahren kaum verändert. Bis zuletzt gelang es dem „Gran Turismo" aber auch nicht, aus dem Schatten seines sportlichen Heckmotor-Bruders herauszutreten, der ihn schließlich überlebte.

Land	Deutschland
Marke	Porsche
Baujahr	1977-1986
Bauart	V8
Lage	Heck
Antrieb	Heck
Hubraum (ccm)	4474, 4664
Leistung (PS/U/min)	240 bei 5250
	bis 310 bei 5900
Vmax (km/h)	225 bis 255
Bauart	Coupé
Material	Stahlblech
Produktionszahl	k.A.

[ca. 44.000 €]

Moderne Zeiten

In den 1980er Jahren zog etwas in die Autos ein, das heute nicht mehr wegzudenken ist: Elektronik. Das erkannte auch der Club of Rome, der schon 1981 darüber nachdachte, ob Mikroelektronik ins Paradies und gleichzeitig in die Hölle führen würde – wie wir heute wissen, hatten die Experten recht. Die Deutschen nahmen das Leben trotzdem leicht, was sich zum Beispiel in der aufkommenden neuen Deutschen Welle manifestierte und in dem Raserhit von Markus mit dem Titel „Ich will Spaß" gipfelte.

1985 betrug der Weltbestand an Motorfahrzeugen 361 Millionen Stück, ein Jahr später feierte die Welt und besonders das Erfinderland Deutschland „100 Jahre Auto". Allein in Deutschland waren 1987 knapp 25 Millionen Autos im Betrieb, allerdings zog sich die Farbe auf den Straßen – in den 1970ern waren die Autos teilweise grellbunt – zurück: Die Kunden bevorzugten bei Neuwagenkauf nun Grau. Dieser Farbton hatte schon fast Symbolkraft, denn nachdem am 17. Januar 1979 im westlichen Ruhrgebiet der erste Smogalarm der deutschen Geschichte ausgerufen worden war, lernten die Deutschen, fortan mit dieser Warnmeldung zu leben. Dabei war die Automobilindustrie in Sachen Umweltschutz nicht untätig: Sparsame Vierventil-Motoren wurden langsam Standard, BMW begann, mit Wasserstoffantrieb zu experimentieren und in München wurde 1983 die erste Bleifrei-Zapfsäule in Betrieb genommen.

Allerdings ermöglichte Elektronik auch Dinge, die bislang noch niemandem wirklich gefehlt hatten, zum Beispiel die Vierradlenkung, die Honda als erster im Pkw einführte, die elektronische Drosselklappenregelung, mit der BMW das elektronische Gaspedal erfand oder der Allradantrieb bei Pkw, erstmals 1980 präsentiert im Audi quattro. 1988 wurde die Antriebsschlupfregelung eine Massentechnologie, die Stotterbremse ABS zog nun sogar ins Motorrad ein. Und Philips machte das Reisen einfacher: Die Holländer stellten mit „Carin" das erste echte Navigationssystem vor, es arbeitete mit Satelliten und Compact Discs.

1989 wurden in Deutschland nur noch Neuwagen mit Katalysator neu zugelassen. Davon war allerdings besonders in und um Berlin nicht viel zu merken, denn mit der Deutschen Wiedervereinigung, die am 3. Oktober 1990 vollzogen wurde, knatterten unzählige zweitaktige Trabant Richtung Westen. Kurz danach konnten sich die Ostdeutschen endlich ihren Traum von Kadett, Golf und Co. verwirklichen, was auch einem Franzosen zugutekam: Der R19 wurde zweitweise sogar Bestseller nach dem Opel. Aber – wir greifen vor …

Land	Frankreich
Marke	Peugeot
Baujahr	1983-1998
Bauart	Reihenvierzylinder
Lage	Front
Antrieb	Front
Hubraum (ccm)	954 bis 1905
Leistung (PS/U/min)	42-200
Vmax (km/h)	155 bis 209
Bauart	Schräghecklimousine
	(2-/4-türig), Cabrio
Material	Stahlblech
Produktionszahl	5.278.000

[ca. 18.500 €]

Peugeot 205

Charmante Wägelchen fürs Volk: Darin hat den Franzosen lange kein Konkurrent das Wasser reichen können! Peugeot zum Beispiel bewies das 1983 mit dem erfolgreichen 205: Ein sympathischer Kompakter, der nicht nur in der GTI-Version dem VW Golf kräftig Konkurrenz machte. Der flinke Franzose war etwas kleiner und handlicher und galt als absoluter Spaßmacher auf kurvigen Strecken. Und auf der Geraden schaffte so ein GTI-Knirps immerhin 200 km/h. Wem das alles zu wild war, der griff alternativ zum sparsamen Diesel. Ab 1986 gab es zudem ein attraktives Cabrio. Nicht nur französische Kunden waren so begeistert, dass sich der 205 sowohl den Titel „Auto des Jahres" als auch das „Goldene Lenkrad" als bester Kleinwagen sicherte. Auch im Motorsport fand der 205 seine Bestimmung – wo er weltmeisterliche Rallye-Auftritte in der Gruppe B hatte. Die Basis dazu bildete der spektakuläre 205 Turbo 16. Bester Beweis jedoch für den Erfolg: fast 5,3 Millionen gebaute Exemplare!

VW Golf II

Land	Deutschland
Marke	Volkswagen
Baujahr	1983-1992
Bauart	Vierzylinder
Lage	Front
Antrieb	Front/Allrad
Hubraum (ccm)	1272 bis 1781
Leistung (PS/U/min)	54 bei 4800
	bis 139 bei 6500
Vmax (km/h)	155 bis 230
Bauart	Schräghecklimousine (2-/4-türig)
Material	Stahlblech
Produktionszahl	ca. 6.301.000

ca. 13.500 €

Der Golf I war ein durchschlagender Erfolg – an den der Golf II nahtlos anknüpfte. Er kam 1983 im neuen (teilverzinkten) Kleid. Neu war auch der Produktionsprozess, der erstmals voll automatisiert ablief. Dass der Golf in allen Dimensionen zeitgemäß zugenommen hatte (17 Zentimeter länger, 7,5 Zentimeter mehr Radstand, 95 Kilo mehr Gewicht), wurde wohlwollend registriert. Genauso, dass er wie der Vorgänger als drei- und fünf-türige Schräghecklimousine erhältlich war (das Stufenheck lief erneut als Jetta vom Band, ein Cabrio gab's dagegen nicht). Mindestens 54 PS standen zur Verfügung, mit Modelljahr 1989 erhielten alle Varianten ab 68 PS ein Fünfganggetriebe in Serie. Etliche Ausstattungsfeatures wie Servolenkung, ABS (ab Februar 1987), elektrische Fensterheber oder Zentralverriegelung wurden in dieser Golf-Generation erstmals angeboten, wenn auch zu teils saftigen Aufpreisen. Neben skurrilen Varianten wie dem Golf Country gab's natürlich auch die legendären GTI-Versionen.

Land	Deutschland
Marke	Opel
Baujahr	1984-1993
Bauart	Reihenvierzylinder
Lage	Front
Antrieb	Front
Hubraum (ccm)	1196 bis 1998
Leistung (PS/U/min)	55 bei 5600
	bis 150 bei 6000
Vmax (km/h)	157 bis 220
Bauart	Schräghecklimousine (2-/4-türig),
	Stufenhecklimousine, Kombi,
	Cabrio, Kastenwagen
Material	Stahlblech
Produktionszahl	3.779.289

ca. 3.500 €

Opel Kadett E

Manche Baureihen prägen gleich mehrere Generationen – so wie der Opel Kadett. Der erste gleichnamige Opel tauchte bereits Ende 1939 auf, ver-schwand 1940 wieder, um als Kadett A (in Bochum) 1962 reanimiert zu werden. Das Kadett-Alphabet reichte bis zum E, der 1984 als letzter Vertreter anrollte, bevor der Astra eine neue Ära begründete. 1984 erschienen zunächst drei- sowie fünftürige Fließheck-Limousinen und der Kombi, später das (von Bertone gestylte) Cabrio, die Stufenhecklimousine sowie der Kastenwagen. Eine ganze Reihe Benzin- und Dieselmotoren waren hierzulande erhältlich, der stärkste (Turbo-)Diesel kam seinerzeit auf 82 PS. Ab 1988 war der 150 PS starke Kadett GSi16V mit dohc-Vierzylinder und G-Kat das Top-Modell. Der sportliche Zweitürer war seinem direkten Gegner, dem VW Golf GTI 16V, klar überlegen. Der Kadett E blieb volle neun Jahre im An-gebot, knapp 3,8 Millionen Stück wurden gebaut.

Land	Deutschland
Marke	Audi
Baujahr	1980-1989
Bauart	Reihenfünfzylinder
Lage	vorn längs
Antrieb	Allrad
Hubraum (ccm)	2226
Leistung (PS/U/min)	200 bei 5500
Vmax (km/h)	222
Bauart	Coupé
Material	Stahlblech
Produktionszahl	11.452

[ca. 73.000 €]

Audi Quattro

Die 1980er sind zweifellos das Jahrzehnt, in dem einige der besten deutschen Autos gebaut wurden. Mit dem Quattro setzte Audi gleich zum Auftakt ein klares Zeichen! Dank des sportlichen Allradlers bekam der Slogan „Vorsprung durch Technik" Flügel, und die Ingolstädter schufen damit das Fundament, auf dem ihr Image noch heute aufbaut. Dabei ist der „Urquattro" quasi einem Zufall zu verdanken, weil ein allradgetriebener VW Iltis mit nur 75 PS bei Audi-Probefahrten im Schnee eine phänomenale Performance bot. Audis Technik-Chef Jörg Bensinger kombinierte daraufhin den Iltis-Antrieb mit einem Serien-Audi 80. Danach entstand in kurzer Zeit der Quattro-Prototyp EA 262 – mit dem Fünfzylinder-Turbo des Audi 200 5T, Radaufhängungen vom Audi 100, der Bodengruppe des Audi 80 mit verkürztem Radstand sowie der Rohkarosse des Audi Coupé. Technikbegeisterte zahlten gerne rund 50.000 Mark fürs Gesamtpaket. 1982 gewann der Quattro erstmals die Rallye-Marken-WM, 1983 siegte Audi-Pilot Hannu Mikkola in der Fahrer-Wertung. 1984 gab's einen Doppelerfolg und den Fahrertitel für Stig Blomqvist. Die in allen Belangen extreme Kurz-Version mit der Bezeichnung Sport Quattro entstand als Homologationsfahrzeug zwischen 1983 und 1985 – 200.000 Mark teuer und nur 200-mal gebaut.

Land	Deutschland
Marke	Opel
Baujahr	1981-1988
Bauart	Reihenvierzylinder
Lage	vorn quer
Antrieb	Front
Hubraum (ccm)	1297 bis 1998
Leistung (PS/U/min)	54 bei 5800
	bis 130 bei 5600
Vmax (km/h)	150 bis 193
Bauart	Limousine (2-, 4-türig), Schrägheck
Material	Stahlblech
Produktionszahl	1.721.647

[ca. 5.500 €]

Opel Ascona C

Auffälliges Design ist beim Anblick eines Opel Ascona C eigentlich nicht im Spiel – der Ur-Ascona von 1970 war da wesentlich stimmiger. Die dritte Generation geriet insofern eher schmucklos. Der Rüsselsheimer ist im Rückblick allerdings fast revolutionär, denn der Ascona C war der erste Mittelklasse-Opel mit Frontantrieb und quer eingebauten Motoren. Hierzulande nur als Limousine und Schrägheck angeboten, bastelten einige Karosseriebauer aus der zweitürigen Variante immerhin ein Cabrio. In Großbritannien lief der Ascona als Vauxhall Cavalier – und auch als Kombi. In Deutschland gab es zum Einstieg 60 PS im 1.3-Liter-Vierzylinder, das Top-Modell kam mit Zweiliter-Motor und letztlich 130 PS. Einziger Dieselmotor war ein 1.6 Liter-Vierzylinder mit 54 PS.

BMW 3er (E30)

Die zweite Generation des 3er BMW war ein Riesenerfolg – in welcher Karosserieform und mit welcher Motorisierung auch immer. Der zweitürige E30 kam Ende 1982 auf den Markt, ab September 1983 war der Viertürer erhältlich. Zur großen Modellpflege im September 1987 folgte eine Kombivariante mit dem bereits beim Schrägheck-02 verwendeten Namen „Touring". Das E30 Cabrio debütierte 1985 und war nach vielen Jahren der erste offene Serien-Pkw aus München. Als potente M3-Version entzückte der 3er alle, die sich einen sportlich-schnellen Zweitürer wünschten. Mit dem 325 eta wurde eine besonders drehmomentstarke und durchaus sparsame Variante eingeführt. Zudem kam auch der bereits aus dem 5er E28 bekannte Sechszylinder-Diesel mit und ohne Aufladung im 324d/td zum Einsatz. BMW entwickelte darüber hinaus erstmals einen Allradantrieb für die Pkw-Serie, der 1985 im 325iX debütierte.

Land	Deutschland
Marke	BMW
Baujahr	1982-1994
Bauart	Reihenvierzylinder, Reihensechszylinder
Lage	vorn längs
Antrieb	Hinterrad/Allrad
Hubraum (ccm)	1596 bis 2693
Leistung (PS/U/min)	86 bei 4600 bis 238 bei 7000
Vmax (km/h)	165 bis 241
Bauart	Limousine (2-/4-türig), Kombi, Cabrio
Material	Stahlblech
Produktionszahl	ca. 2.340.000

[ca. 28.000 € (M3: ca. 90.000 €)

Mercedes-Benz 190 (W 201)

Die Baureihe W 201, die 1982 debütierte, bedeutete für Mercedes-Benz den Einstieg in eine völlig neue Fahrzeugklasse. Und auch für die Kunden: War doch so ein „Baby-Benz" bis dato kaum denkbar! Noch heute ist der 190er allerdings eins der populärsten und mit fast zwei Millionen gebauten Exemplaren auch erfolgreichsten Modelle der Marke. Das lag unter anderem an der kompakten Größe, einer neuen Raumlenkerhinterachse, neuentwickelten, clever gekapselten Dieselmotoren und der strömungsgünstigen wie zugleich überzeugenden Karosserieform. Und natürlich am Motorsport-Engagement, das Mercedes ab 1988 mit Hilfe von AMG (wieder) werksmäßig betrieb. Zugpferd war dabei die Top-Variante, der 190E 2,3-16, der rundum verspoilert und mit 185 PS aus einem kernigen dohc-Vierzylinder daher kam. Der Vierventiler war zusammen mit der britischen Motorenschmiede Cosworth entwickelt worden. Der Power-Benz machte sich später als Evo-Renntourenwagen einen Namen.

ca. 20.000 €

Land	Deutschland
Marke	Mercedes-Benz
Baujahr	1982-1993
Bauart	Reihenvierzylinder, Reihensechszylinder
Lage	vorn längs
Antrieb	Heck
Hubraum (ccm)	1797 bis 2597
Leistung (PS/U/min)	72 bei 4600 bis 185 bei 6200
Vmax (km/h)	160 bis 230
Bauart	Limousine
Material	Stahlblech
Produktionszahl	ca. 1.500.000

Land	Deutschland
Marke	Ford
Baujahr	1982-1993
Bauart	Hinterrad/Allrad
Lage	Heck
Antrieb	Heck
Hubraum (ccm)	1593 bis 2933
Leistung (PS/U/min)	67 bei 4200 bis 220 bei 6000
Vmax (km/h)	155 bis 239
Bauart	Schrägheck-/Stufenhecklimousine (2-/4-türig), Kombi
Material	Stahlblech
Produktionszahl	2.700.500

ca. 4.500 €

Ford Sierra

Als die Kölner Ford-Dependance 1982 ihre neue Baureihe Sierra vorstellte, rieben sich Laien wie Fachleute die Augen: Die bisherige barocke Langeweile war offensichtlich Mut und Progressivität gewichen! Fürs Design zeichnete Uwe Bahnsen verantwortlich, und wenn auch der Schrägheck-Ford polarisierte, sorgte sein cw-Wert von 0,34 doch für Begeisterung. Technisch war der Sierra nicht ganz up to date – Motoren und Getriebe wurden mit nur geringen Modifikationen vom Taunus übernommen. Auf die fünftürige Schräghecklimousine folgte Ende 1982 der Kombi „Turnier". Für den Sierra standen in Deutschland zunächst sechs Motoren zur Verfügung. Im Jahr 1983 folgte der dynamische Sierra XR4i mit dem 2.8 Liter großen V6-Einspritzer und 150 PS. 1985 wurde erstmals der spektakuläre Spoiler-Sierra RS Cosworth mit 204 PS gezeigt (mit dem Ford 1988 die DTM gewann). Später wandelte sich der Sportler zum Stufenheck-Allradler mit 220 PS.

Volvo 740, 760, 780

[ca. 7.500 €]

Volvos 700er-Serie gilt als anerkannter Dauerläufer und eine der langlebigsten Pkw-Baureihen überhaupt. Fakt ist jedenfalls, dass die unverwechselbaren Schweden dank großflächiger Verzinkung und sprichwörtlich dickem Blech auch mit 500.000 Kilometern und mehr auf der Uhr noch zuverlässig im modernen Straßenverkehr mitlaufen. Gleich, ob die 1982 erstmals gezeigte Limousine, der 1985 erschienene Kombi oder das rare, primär für den US-Export konzipierte Coupé mit der Ziffer 780, das ebenfalls 1985 debütierte. Durchs kantige Design bekamen die 700er-Modelle schnell Spitznamen wie „Container-Volvo" oder „Swedish Bricks". Verantwortlich für die charakteristische Formensprache war der langjährige Volvo-Stylist Jan Wilsgaard. Offenbar traf er auch den Geschmack der DDR-Politspitze, die neben Volvos 200er-Reihe auch auf die 700er setzte und diese – gern auch in verlängerter Form – als Repräsentations- und Behördenfahrzeug nutzte.

Land	Schweden
Marke	Volvo
Baujahr	1982-1992
Bauart	Reihenvierzylinder, V6, Reihensechszylinder
Lage	vorn längs
Antrieb	Heck
Hubraum (ccm)	1986 bis 2849
Leistung (PS/U/min)	82 bei 4800
	bis 182 bei 5300
Vmax (km/h)	150 bis 210
Bauart	Limousine, Kombi, Coupé
Material	Stahlblech
Produktionszahl	1.239.222

231

Land	Großbritannien
Marke	Lotus
Baujahr	1980-1987
Bauart	Reihenvierzylinder
Lage	Mitte längs
Antrieb	Heck
Hubraum (ccm)	2174
Leistung (PS/U/min)	214 bei 6250
Vmax (km/h)	235 bis 250
Bauart	Coupé
Material	Kunststoff
Produktionszahl	ca. 3200

[ca. 51.000 €]

Lotus Esprit Turbo

Den kantigen Esprit, dessen faszinierende Grundform Giorgetto Giugiaro entwarf, ließ Lotus schon 1974 auf die Straße los. Besonders spektakulär geriet aber der zweimalige Auftritt als Dienstfahrzeug von 007. Nach 1977 setzte James Bond alias Roger Moore 1980 erneut auf die Flunder – diesmal mit Turboaufladung. Dieser Esprit Turbo war mit einem 2,2-Liter-Vierzylinder-Sechzehnventiler ausgerüstet, der dank Garrett-Turbolader eine Top-Leistung von 214 PS erreichte. Unter maßgeblicher Regie von GM wurde die Esprit-Karosserie in der zweiten Auflage ab 1987 geglättet und erschien fortan etwas runder und moderner als die kantige Form der ersten Baureihe. Das Backbone-Chassis wurde dabei im Wesentlichen nicht verändert, mehr Platz für die Passagiere gab's trotzdem.

Maserati Biturbo

Wer sich einen Maserati Biturbo zutraut, hat entweder sehr viel Ahnung vom Schrauben – oder gar keine. So die landläufige Meinung. In jedem Fall empfehlen sich intensive Vorkenntnisse, denn der Biturbo ist bekanntermaßen eine echte Diva. Sein Antrieb gilt als hochsensibel und will entsprechend behandelt werden. Den Doppelturbo-V6 gab es in diversen Hubraumversionen mit Vergaser und Einspritzung, je nach Baujahr waren verschiedene Ausbaustufen erhältlich, zum Beispiel Biturbo i, Biturbo S, Biturbo E oder Biturbo Si. Die Baureihe, zu der neben dem Zweitürer auch Limousine und Spyder zählten, war Maseratis erste komplette Neuentwicklung nach der Übernahme durch Alejandro de Tomaso. Serienmäßig waren alle Varianten mit einem ZF-Fünfganggetriebe ausgerüstet, wahlweise gab's eine Dreigang-Automatik. Angetrieben wurden die Hinterräder. Maserati verlor durch den Biturbo ein Stück weit seinen exklusiven Status, denn das vergleichsweise preiswerte Modell kam auf weit höhere Stückzahlen als jeder Sportwagen mit Dreizack zuvor.

Land	Italien
Marke	Maserati
Baujahr	1981-1990
Bauart	V6
Lage	vorn längs
Antrieb	Heck
Hubraum (ccm)	1996 bis 2491
Leistung (PS/U/min)	180 bei 6000
	bis 220 bei 6350
Vmax (km/h)	215 bis 228
Bauart	Coupé, Limousine, Cabrio
Material	Stahlblech
Produktionszahl	11.919

[ca. 13.000 €]

Pontiac Firebird III. Gen.

Das Schwestermodell des Chevrolet Camaro wurde erstmals 1967 vorgestellt. Die Vorteile des Firebird: stark und bezahlbar – was ihn 35 Jahre lang am Leben hielt. Ab 1969 gab es optional das „Trans Am Performance and Appearance"-Paket – derart ausgerüstet wurde der Feuervogel eine echte US-Ikone. Solche frühen Trans Am waren ab Werk weiß mit blauen Rallyestreifen. Die dritte Generation sorgte ab 1982 als TV-Serienheld „K.I.T.T." in sattem Schwarz für Furore: Das futuristische Wunderauto in „Knight Rider" fuhr restlos autonom, konnte sprechen, denken – und seinem Piloten David Hasselhoff alias Michael Knight so ziemlich in jeder Folge den Hintern retten. In der Realität kam dieser Firebird allemal mit einem ordentlichen cw-Wert von 0,34 daher. Der Innenraum lehnte sich im Styling an die Instrumente von Concorde und Learjet an. Die Motorisierung reichte vom 2,5-Liter-Vierzylinder mit 90 PS bis zum 5,7-Liter-Achtzylinder mit 245 PS.

Land	USA
Marke	Pontiac
Baujahr	1982-1992
Bauart	Vierzylinder, V8
Lage	vorn längs
Antrieb	Heck
Hubraum (ccm)	2474 bis 5733
Leistung (PS/U/min)	90 bei 4500
	bis 245 bei 4000
Vmax (km/h)	180 bis 235
Bauart	Coupé
Material	Stahlblech/Kunststoff
Produktionszahl	763.783

[ca. 17.000 €]

233

Land	USA
Marke	Chevrolet
Baujahr	1983-1996
Bauart	V8
Lage	vorn längs
Antrieb	Heck
Hubraum (ccm)	5733
Leistung (PS/U/min)	233 bei 4000
	bis 405 bei 5800
Vmax (km/h)	200 bis 290
Bauart	Coupé, Cabrio
Material	Kunststoff
Produktionszahl	358.180

[**ca. 30.000 €**]

Chevrolet Corvette C4

Nach der eher verspielten Cokebottle-Corvette kam die vierte Generation des „einzigen Sportwagens der USA" ab 1983 klarer gezeichnet daher. Die neue Form geriet glatter, auch dank der mit 64 Grad sehr flach stehenden Frontscheibe, was besonders den cw-Wert beeinflusste: Der Wert von 0,34 galt in jener Ära jedenfalls als exzellent. Neben dem Coupé mit erstmals einteiligem Targadach gab es ab 1986 auch das Cabrio, das knapp 75.000-mal gebaut wurde. Das Fahrwerk war so oder so aufwändig konstruiert, kuriose Spezialität dabei: die Kunststoff-Querblattfedern vorn und hinten. Im Laufe der Produktion zogen ABS (ab 1986) und Traktionskontrolle (ab 1992) ein. Nach den Hubraum-Riesen früherer Tage kam in der C4 ausschließlich der Small Block-V8 mit 5,7 Litern Hubraum zum Einsatz. Power gab's dennoch, besonders im Topmodell: Die C4 ZR-1 leistete (hierzulande) bis zu 405 PS!

Land	Japan
Marke	Honda
Baujahr	1983-1987
Bauart	Reihenvierzylinder
Lage	vorn quer
Antrieb	Front
Hubraum (ccm)	1477 bis 1579
Leistung (PS/U/min)	100 bei 5750
	bis 125 bei 6800
Vmax (km/h)	190 bis 202
Bauart	Coupé
Material	Stahlblech, Kunststoff
Produktionszahl	k.A.

ca. 8.000 €

Honda CRX (AF)

Anfang der 1980er hatten einige Konzernlenker noch ein Faible für sportliche Fahrzeuge, auch wenn diese meist von Massenware abgeleitet werden mussten. Ein gutes Beispiel: der Honda CRX. Das günstige Sportcoupé für den amerikanischen und europäischen Markt konnte nur auf dem Honda Civic basieren. Im Lastenheft des Flitzers stand unter anderem Zweisitzer, Frontmotor und Frontantrieb, hochdrehender Saugmotor, geringer Hubraum, viel Kraft und geringer Verbrauch. Die erste CRX-Generation (Typ AF) stand dann im September 1983 auf der IAA in Frankfurt. Das geringe Gewicht von nur rund 830 Kilo resultierte unter anderem aus einer Karosserie, die zu 38 Prozent aus Kunststoff bestand. Der 1.5-Liter-Alumotor leistete in Deutschland genau 100 PS, später erstarkte er mit 1.6 Litern Hubraum auf 125 PS. 1984 kostete das Coupé in Deutschland 19.490 Mark.

Land	Japan
Marke	Datsun/Nissan
Baujahr	1983-1989
Bauart	V6
Lage	vorn längs
Antrieb	Heck
Hubraum (ccm)	2000 bis 3000
Leistung (PS/U/min)	170 bei 6000
	bis 228 bei 6400
Vmax (km/h)	210 bis 240
Bauart	Targa-Coupé
Material	Stahlblech
Produktionszahl	329.900

ca. 12.000 €

Nissan 300 ZX (Z31)

War der 280 ZX noch ein echter Hit in Europa, kam der Nachfolger 300 ZX (Name in Japan: Fairlady Z) zunächst nur in den USA gut an. Dieser Z der dritten Generation erschien Anfang 1984 auf der Bildfläche, zunächst mit der Bezeichnung Datsun 300ZX. Erst ab Ende 1985 hielt der Markenname Nissan weltweit Einzug. Anstelle des vormaligen Reihensechszylinders kamen im neuen Z31 erstmals V6-Motoren zum Einsatz. Die Fahrwerkskonstruktion lehnte sich an den 280ZX an, vorn verrichteten Federbeine ihren Dienst, hinten Längslenker. Die Turbo-Modelle erhielten dreifach verstellbare, elektronisch geregelte Dämpfer. In Deutschland gab es nur eine 2+2-Variante mit längerem Radstand. Im Herbst 1985 erhielt der 300ZX ein Facelift: Der Gummiheckspoiler wich einem GFK-Exemplar mit integrierter dritter Bremsleuchte. Im Juli 1987 wurde die Karosserie erneut einem Facelift unterzogen. Im Spätherbst 1989 kam die Ablösung durch die neue Z32-Reihe.

Ferrari Testarossa

Als der Zwölfzylinder-Sportler auf dem Pariser Salon 1984 mit großem Pomp vorgestellt wurde, schlug er ein wie der Haken eines Boxers. Auch wenn der 180-Grad-V12 eben kein solcher war. Ferrari-Hausdesigner Pininfarina fand hier eine extravagante Formensprache, die ihresgleichen suchte. Mit dem Testarossa, der eine Reminiszenz an den glorreichen 250er gleichen Namens war, hatte er nichts anderes als eine Ikone kreiert. Dabei waren die markanten Lamellen in den Türen notwendig, um die riesigen, beidseitigen Kühler anzuströmen, die erstmals vor die Hinterachse an den Mittelmotor gerückt waren. Neu war auch das keilförmige Profil mit extrabreiten Kotflügeln hinten und riesiger Heckklappe. Der Einspritzmotor war konstruktiv vom Vorgänger 512BBi abgeleitet, aber es gab viele Detailänderungen. Letztlich kamen atemberaubende 390 PS dabei heraus, was den Testarossa zu einem der schnellsten Sportler seiner Zeit machte. Tempo 300 verfehlte er nur knapp, der Sprint auf 100 km/h lief unter sechs Sekunden ab. Eine Performance, die ihren Preis hatte: 1985 kostete der Top-Ferrari 222.300 Mark.

Land	Italien
Marke	Ferrari
Baujahr	1984-1991
Bauart	V12
Lage	Mitte längs
Antrieb	Heck
Hubraum (ccm)	4942
Leistung (PS/U/min)	390 bei 6300
Vmax (km/h)	290
Bauart	Coupé
Material	Stahl/Aluminium
Produktionszahl	7177

[ca. 140.000 €]

Peugeot 309

Hatten Peugeot-Modelle wie der 504 oder der 205 durch technische oder optische Finessen unsere teutonische Aufmerksamkeit bekommen, gab es gleichwohl auch solche, denen dies eher nicht gelang. Wie der eigentlich als Talbot geborene 309, der in der unteren Mittelklasse antrat. Immerhin wurde diese graue Maus acht Jahre lang gebaut und fand in Europa durchaus Freunde. Auch in England, denn neben dem ehemaligen Talbot-Werk bei Poissy wurde der 309 auch dort einem Werk bei Coventry produziert. Zunächst nur als Schrägheck-Fünftürer zu haben, kam später ein Dreitürer hinzu. Die mit etlichen Benzinern und zwei Dieseln gespickte Motorenpalette wies Parallelen zur Baureihe 205/405 auf, das 309-Topmodell war der 1.9 GTi 16V – mit immerhin 160 PS.

Land	Frankreich
Marke	Peugeot
Baujahr	1985-1993
Bauart	Reihenvierzylinder
Lage	vorn quer
Antrieb	Front
Hubraum (ccm)	1124 bis 1905
Leistung (PS/U/min)	60 bei 5000
	bis 160 bei 6500
Vmax (km/h)	150 bis 220
Bauart	Schräghecklimousine (2-/4-türig)
Material	Stahlblech
Produktionszahl	1.635.132

[**k.A.**]

Land	Italien
Marke	Lancia
Baujahr	1985-1995
Bauart	Reihenvierzylinder
Lage	vorn quer
Antrieb	Front
Hubraum (ccm)	999 bis 1049
Leistung (PS/U/min)	45 bei 5000
	bis 85 bei 5750
Vmax (km/h)	145 bis 180
Bauart	Schräghecklimousine (2-türig)
Material	Stahlblech
Produktionszahl	ca. 1,13 Mio.

[**ca. 2.000 €**]

Lancia Y10

Lancias pfiffiger Y10-Kleinwagen füllte ab Frühjahr 1985 eine bis dato eigentlich nicht vorhandene Lücke: Denn er trat quasi als erster Lifestyle-Mini an – und erwies sich der innovativen Marke damit allemal als würdig. Das gekonnt-kantige Design des werkseigenen Centro Stile überzeugte jedenfalls auf Anhieb, ein Alleinstellungsmerkmal des Y10 war dabei die in der Regel mattschwarz lackierte Heckklappe, die das aerodynamisch clever gemachte Heck betonen sollte. Allerdings war unter dem Blech kaum mehr etwas von Lancias einstiger technischer Finesse übrig. Baute der designierte Nachfolger des Autobianchi A112 doch auf der Bodengruppe des Fiat Panda auf. Immerhin debütierte hier jedoch der verbrauchsarme und laufruhige FIRE-Motor von Fiat-Lancia. Spritziges Topmodell: Der 85 PS starke Turbo.

Volvo 480 ES

Kantige Raumriesen, dafür war Volvo bekannt. Dass die Schweden auch anders konnten, bewiesen sie 1986 mit dem dynamischen 480 ES. Keil-Design samt Klappscheinwerfer, das kannte man zwar schon, aber der 480 interpretierte die „Schlafaugen"-Mode erfrischend neu. Übrigens nicht allein aus aerodynamischen Gründen, sondern weil der Zweitürer auch für den US-Markt tauglich sein musste, wo eine gewisse Mindesthöhe für die Scheinwerfer galt. Top-Motorisierung war ab 1988 ein Zweiliter-Turbo, dessen 121 PS – erstmals bei Volvo – auf die Vorderräder losgelassen wurden. Zur Verwirklichung des 480 ES hatte sich Volvo kooperativer Hilfe versichert: Lotus kümmerte sich um die Hinterachs-Konstruktion, die Motoren waren gemeinsam mit Renault entwickelt worden. Die Abstimmung der Turbotriebwerke erledigte Porsche.

Land	Schweden
Marke	Volvo
Baujahr	1986-1995
Bauart	Reihenvierzylinder
Lage	vorn quer
Antrieb	Front
Hubraum (ccm)	1721 bis 1998
Leistung (PS/U/min)	95-122
Vmax (km/h)	190 bis 200
Bauart	Coupé
Material	Stahlblech
Produktionszahl	76.375

ca. 5.000 €

480 ES

Land	DDR
Marke	IFA VEB Automobilwerk Eisenach
Baujahr	1988-1991
Bauart	Vierzylinder
Lage	vorn quer
Antrieb	Front
Hubraum (ccm)	1272
Leistung (PS/U/min)	58 bei 5400
Vmax (km/h)	150
Bauart	Limousine, Kombi
Material	Stahlblech, teilweise Kunststoff (Kombi)
Produktionszahl	152.775

[ca. 12.000 €]

Wartburg 1.3

Wie der Trabant erhielt auch der Wartburg in seiner letzten Version einen VW-Vierzylinder, um das DDR-Relikt halbwegs konkurrenzfähig zu halten. Krähte doch nach dem Dreizylinder-Zweitakter ab November 1989 kein Hahn mehr… Günther Mittag, ZK-Sekretär der SED und zuständig für Wirtschaft, hatte den VW-Deal bereits 1984 eingefädelt. Die Polo-Maschine EA111 erwies sich allerdings als zu groß für den Wartburg-Motorraum, so dass viel neu entwickelt und angepasst werden musste. Für frisches Design fehlte somit leider das nötige Kleingeld. Die Serienfertigung des Wartburg 1.3 lief damit 1988 im gewohnten Gewand an, immerhin gab's dazu noch ein neues Vierganggetriebe. Doch auch die modernisierte Technik in der 20 Jahre alten Karosserie überzeugte kaum mehr, 1991 kam das endgültige Aus.

Land	DDR
Marke	VEB Sachsenring
Baujahr	1989-1991
Bauart	Vierzylinder
Lage	vorn quer
Antrieb	Front
Hubraum (ccm)	1043
Leistung (PS/U/min)	40 bei 5300
Vmax (km/h)	125
Bauart	Limousine, Kombi, Tourer
Material	Kunststoff
Produktionszahl	39.474

[ca. 9.000 €]

Trabant 1.1

Mit dem „Trabi"-Zweitakter mobilisierte der ostdeutsche Sozialismus einen Großteil des Volks: 1976 kam jedenfalls fast jeder zweite Pkw im Arbeiter- und Bauernstaat vom VEB Sachsenring aus Zwickau. Wobei sich die meisten DDR-Bürger an Wartezeiten von mehr als zehn Jahren gewöhnt hatten. Nahezu unverändert bis 1989 gebaut, erhielt der Trabi dank eines VW-Deals nochmal eine neue Chance. Leicht retuschiert kam er als Trabant 1.1 mit einem 40 PS starken Polo-Vierzylinder und optimiertem Fahrwerk auf den Markt. Für wesentlich mehr Neuerungen reichten die finanziellen Rücklagen nicht. Mitten in der Nach-Wende-Ära hatte jedoch auch ein modernisierter Trabi einen schweren Stand – und sah gegen die West-Konkurrenz schlicht (zu) alt aus. Fast 40.000 Exemplare liefen immerhin noch vom Band, bis im April 1991 das Produktionsende besiegelt war.

Mercedes-Benz 200 D-500 E (W 124)

Von der Ponton-Ära über Strichacht und W123: Die „mittlere Baureihe", wie sie im Mercedes-Werks-jargon genannt wird, zementiert traditionell den guten Ruf der Marke. Und das galt mindestens auch für die 1984 vorgestellte und runderneuerte Baureihe W124. Das Image vom grundsoliden, vertrauenerweckenden Mercedes-Pkw erfüllte der progressive Bestseller vorbildlich, Seitenauf-prall- und Überschlagschutz sowie ausgeklügelte Deformationszonen an Bug und Heck zählten selbstverständlich dazu. Vielfältig auch die Motorenpalette mit Otto- und Dieselmotoren, die wie die ganze Reihe laufend optimiert wurden. Im Herbst 1985 kam das T-Modell hinzu, ab März 1987 das Coupé. Zum Modelljahr 1991 folgte das viersitzige Cabriolet. 1990 lieferte Mercedes noch ein besonderes Bonbon, das in Kooperation mit Porsche entstand: die 326 PS starke 500 E-Limousine mit dem V8 des 500 SL. Zum Start kostete dieser Überflieger mindestens 134.520 Mark.

Land	Deutschland
Marke	Mercedes-Benz
Baujahr	1984-1993
Bauart	Reihenvierzylinder, Reihenfünfzylinder Reihensechszylinder, V8
Lage	vorn längs
Antrieb	Hinterrad/Allrad
Hubraum (ccm)	1997 bis 4973
Leistung (PS/U/min)	72 bei 4600 bis 326 bei 5700
Vmax (km/h)	145 bis 250
Bauart	Limousine, Kombi, Cabrio, Coupé
Material	Stahlblech
Produktionszahl	2.562.143

[ca. 19.000 € (500 E: ca. 79.000 €)]

Saab 9000

Kein Zweifel: Der 1985 präsentierte 9000 war für Saab aus Kostengründen ein Kompromiss, wurde er doch gemeinsam mit Lancia/Fiat/Alfa entwickelt. Die Verwandtschaft zu Fiat Croma, Lancia Thema und Alfa 164 war insofern unvermeidlich, worunter der Saab-Nimbus als Exot mit außergewöhnlicher Eigenständigkeit gehörig litt. Schwedenfans waren zum Beispiel auch enttäuscht, dass sich das Zündschloss nun an üblicher Stelle neben dem Lenkrad und nicht mehr wie beim Saab 99 oder 900 am Schalthebel befand. Der Vierzylinder-Turbotechnik blieben die Schweden jedoch treu, zunächst mit einem 175 PS starken Zweiliter-16V. 1986 kam eine 128-PS-Version auf den Markt. Mit dem GM-Einstieg 1989 bei Saab zog ein 2,3-Liter-Sauger mit 146 PS unter die Haube, kurz darauf folgte die aufgeladene Version mit 195 PS. Die Stufenheck-Limousine CD ergänzte bereits im Herbst 1988 die Palette. 1993 folgte als Höhepunkt der damals stärkste und schnellste Saab – der 9000CS Aero mit nochmals deutlich optimiertem 2,3-Liter-Turbo und 224 PS. Ein Dreiliter-V6 von General Motors ergänzte schließlich die Baureihe, die 1997 vom 9-5 abgelöst wurde.

Land	Schweden
Marke	Saab
Baujahr	1985-1998
Bauart	Reihenvierzylinder
Lage	vorn quer
Antrieb	Front
Hubraum (ccm)	1985 bis 3000
Leistung (PS/U/min)	128 bei 5200
	bis 224 bei 5300
Vmax (km/h)	190 bis 240
Bauart	Coupé
Material	Stufenheck-, Schräghecklimousine
Produktionszahl	ca. 500.000

[ca. 7.000 €]

Alfa Romeo 75

Der letzte echte Alfa – so sehen Hardcore-Alfisti den 75 gern. Tatsächlich erschien der sportliche Italiener im Frühjahr 1985 als letzter Alfa vor der Übernahme durch Fiat im Jahr darauf. Passend zum 75. Geburtstag der Mailänder Marke war nochmal alles drin, was Alfa-Herzen höher schlagen ließ: Transaxle-Bauweise und Hinterradantrieb, kernige dohc-Vierzylinder (auch mit Turbo) und kraftvolle V6 mit bis zu drei Liter Hubraum. Auch das Fahrwerk war vom Feinsten: Vorn gab's Doppelquerlenker, hinten die aufwendige De-Dion-Achse, die per Wattgestänge geführt wurde. Dabei überzeugte der 75 mit ausgeglichener Gewichtsverteilung von 50 zu 50. Die Karosserie des 75 entstammte der Feder von Ermanno Cressoni, Leiter des Centro Stile. Die Fahrgastzelle übernahm Alfa aus Kostengründen von der Giulietta, ein geplanter Kombi fiel letztlich der Fiat-Übernahme zum Opfer.

Land	Italien
Marke	Alfa Romeo
Baujahr	1985-1992
Bauart	Reihenvierzylinder, V6
Lage	vorn längs
Antrieb	Heck
Hubraum (ccm)	1570 bis 2959
Leistung (PS/U/min)	95 bei 4850
	bis 192 bei 5700
Vmax (km/h)	180 bis 220
Bauart	Limousine
Material	Stahlblech
Produktionszahl	375.257

[ca. 11.000 €]

Land	Deutschland
Marke	Ford
Baujahr	1985-1998
Bauart	Reihenvierzylinder, V6
Lage	vorn längs
Antrieb	Hinterrad/Allrad
Hubraum (ccm)	1796 bis 2933
Leistung (PS/U/min)	69 bei 4200
	bis 195 bei 5750
Vmax (km/h)	158 bis 225
Bauart	Schrägheck-, Stufenhecklimousine, Kombi
Material	Stahlblech
Produktionszahl	ca. 850.000

[ca. 3.500 €]

Ford Scorpio

Beim Stichwort Scorpio haben Autofans vor allem jene unglückliche Facelift-Version im Blick, die mit Glubschaugen und eher unförmigem Heck daherkam. Der Ford Scorpio der ersten Generation dagegen war ein durchdachtes und seriöses Auto – an das sich dennoch kaum jemand erinnert. Immerhin gewann die Kölner Schräghecklimousine 1986 die Fachjournalisten-Wahl zum „Auto des Jahres"! Das Platzangebot (besonders im Fond) suchte im Segment der oberen Mittelklasse seinesgleichen, die frühe V6-Topversion hatte eine Leistung von 150 PS. Für 38.800 Mark gab's hierzulande kaum Vergleichbares. Technisch war der Ford allemal up-to-date: 1985 erschien er als erster europäischer Großserien-Pkw serienmäßig mit Antiblockiersystem (ABS). Im Frühjahr 1986 kam der Scorpio 4×4 Allrad. Ende 1989 ergänzte die konventionelle Stufenhecklimousine die Palette, 1992 der Turnier genannte Kombi. Nach dem (missglückten) Facelift 1994 waren auch Fahrer- und Beifahrerairbags serienmäßig, ab Frühjahr 1998 Seitenairbags.

Opel Omega A

Griechische Buchstaben nach Opel-Lesart – 1986 kam dabei der Omega heraus! Mit frischem Namen und innovativer Technik löste er den altehrwürdigen Rekord ab. Das „Auto des Jahres 1987" hatte ein neu konstruiertes „DSA"-Fahrwerk mit hinterer Schräglenkerachse, die formschlüssige Karosserie bestach durch ihren sensationellen cw-Wert von 0,28, was zusammen mit dem relativ geringen Gewicht gute Fahrleistungen bei gleichzeitig niedrigem Verbrauch ergab. Vorteile, die auch die traditionell Caravan genannte Kombi-Version des Omega mitbrachte. Die Benzinmotoren leisteten zunächst 82 bis 156 PS im sportlichen „Omega 3000", wobei die Palette laufend verfeinert wurde. Etwa mit einem aufwendigen dohc-Kopf für den Sechszylinder, der derart gerüstet im Evo-Modell für die DTM-Homologation zur Hochform auflief und dort 230 PS leistete. Der faszinierendste (und teuerste) Exot der Baureihe blieb jedoch zweifellos der Lotus-Omega, der mit 377 Biturbo-PS selbst so manchen Ferrari das Fürchten lehrte!

Land	Deutschland
Marke	Opel
Baujahr	1986-1994
Bauart	Reihenvierzylinder, Reihensechszylinder
Lage	vorn längs
Antrieb	Heck
Hubraum (ccm)	1796 bis 2969
Leistung (PS/U/min)	73 bei 4400 bis 204 bei 6000
Vmax (km/h)	163 bis 242
Bauart	Limousine, Kombi
Material	Stahlblech
Produktionszahl	ca. 840.000

[ca. 7.000 €]

Land	USA
Marke	Cadillac
Baujahr	1985-1991
Bauart	V8
Lage	vorn quer
Antrieb	Front
Hubraum (ccm)	4100 bis 4900
Leistung (PS/U/min)	130 bei 4400
	bis 200 bei 4100
Vmax (km/h)	k.A.
Bauart	Limousine
Material	Stahlblech
Produktionszahl	145.017

[k.A.]

Cadillac Seville

Die Bezeichnung Seville kursierte bei Cadillac bereits in den 1950ern. Die erste echte Baureihe gleichen Namens wurde indes ab 1975 als kompakte Luxusklasse angepriesen – und erwies sich als veritabler Erfolg. 1980 kam der Nachfolger mit dem skurrilen, abgeflachten Heck, der noch unter GM-Chefdesigner Bill Mitchell entstand. Im Fokus steht hier aber die dritte Generation, die 1985 debütierte. Auch diese Version war wiederum markant gezeichnet und hob sich klar vom US-Einerlei ab. Wofür nicht zuletzt auch ein erstmals vorn quer eingebauter V8 sorgte! Hubraum und Kraft nahmen mit der Zeit zu: Kam der Seville zunächst mit nur 130 PS aus 4,1 Litern Hubraum, waren es am Ende gut 200 PS aus knapp fünf Litern. Richtig gut kam der „kurze", rund 4,80 Meter lange Seville bei den US-Kunden dennoch nicht an – anders als der Nachfolger, der 1991 auf 5,20 Meter wuchs.

[ca. 27.500 €]

Land	Deutschland
Marke	BMW
Baujahr	1987-1994
Bauart	V12
Lage	vorn längs
Antrieb	Heck
Hubraum (ccm)	4988
Leistung (PS/U/min)	300 bei 5200
Vmax (km/h)	250
Bauart	Limousine
Material	Stahlblech
Produktionszahl	48.316

BMW 750i (E32)

Nichts anderes als das beste Luxusauto der Welt wollte BMW auf die Straße bringen: Was den ehrgeizigen Bayern mit dem 750i der Baureihe E32 gelang – der 1987 einschlug wie eine Bombe! Mit dem ersten deutschen Nachkriegs-Zwölfzylinder schuf BMW nicht bloß einen Meilenstein mit enormem Prestigewert, sondern düpierte auch die Sterne-Konkurrenz aus Stuttgart. Dabei war der konstruktive Trick im Prinzip genial: Man nehme zwei Sechszylinder-M20, kombiniere sie im 60-Grad-Winkel und füge das Ganze im Alu-Kurbelgehäuse zusammen. So wurden im M70 aus fünf Litern Hubraum überlegene 300 PS generiert, die eine Viergang-Automatik zügelte. Mehr als 250 km/h Spitze wären locker drin gewesen, aber die Münchner hatten sich mit Audi und Mercedes auf dieses maximale Tempo geeinigt. Gern genommen wurde der 750er mit allem erdenklichen Luxus in der Langversion (750iL). In der Variante „Highline" verfügte er über D-Netz-Telefon und Kühlschrank, optional waren auch elektronische Dämpferkontrolle und das Stabilitätssystem ASC zu haben.

Porsche 959

Der Porsche 959 war nichts anderes als der absolute Überflieger der 1980er. Und der blechgewordene Beweis dafür, was die kreativen Zuffenhausener quasi mit allen Freiheiten ausgestattet auf die Räder stellen konnten: 450 PS leistete der legendäre Sechszylinder-Biturbo mit Registeraufladung, dazu Allradantrieb, erstmals variabel elektronisch gesteuert – Top-Speed 317 km/h! Dach, Kotflügel und Heckpartie aus aramidfaserverstärktem Kunststoff, Frontschürze aus Polyurethan und Fronthaube sowie Türen aus Aluminium: Eine Fertigung wie im Flugzeugbau! 420.000 Mark Kaufpreis waren damals rekordverdächtig, wobei die meisten Kunden die Komfortversion wählten, nur wenige die leichtere Sportversion. Dabei sollen 29 Exemplare mit größeren Turbos und modifiziertem Überdruckventil gebaut worden sein, wodurch 515 PS erzielt wurden. 1992 fertigte Porsche nochmal acht 959 in Sonderserie zum Preis von je 747.500 Mark nach. Insgesamt sind 292 Stück entstanden.

[**ca. 1.200.000 €**]

Land	Deutschland
Marke	Porsche
Baujahr	1986-1988
Bauart	Sechszylinder-Boxer
Lage	Heck
Antrieb	Allrad
Hubraum (ccm)	2849
Leistung (PS/U/min)	450 bei 6500
Vmax (km/h)	317
Bauart	Coupé
Material	Aluminium, Kunststoff
Produktionszahl	292

Land	Italien
Marke	Ferrari
Baujahr	1987-1992
Bauart	V8
Lage	Mitte längs
Antrieb	Heck
Hubraum (ccm)	2936
Leistung (PS/U/min)	478 bei 7000
Vmax (km/h)	324
Bauart	Coupé
Material	Stahlblech, CFK
Produktionszahl	1315

ca. 1.700.000 €

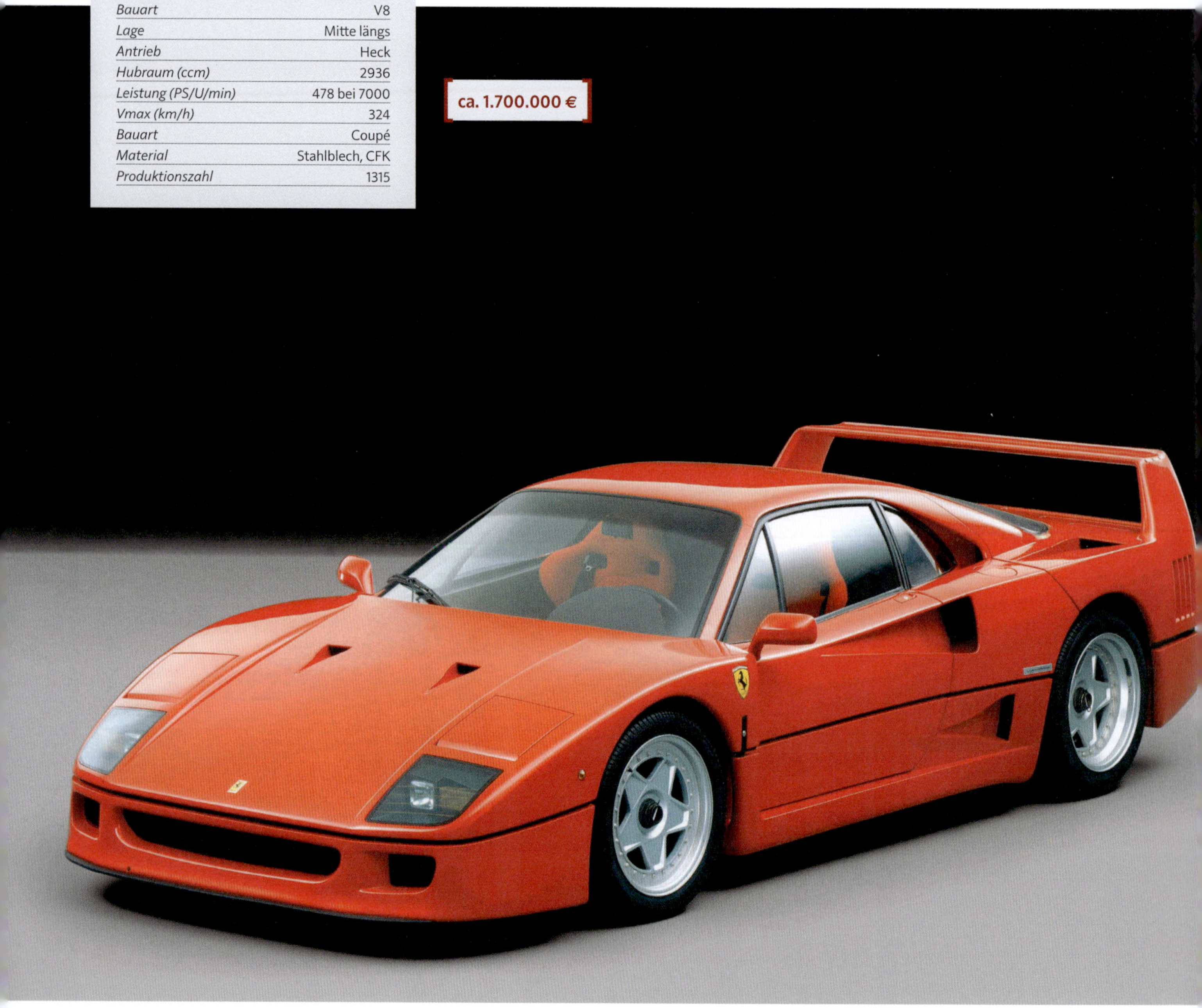

Ferrari F40

Der F40 war 1987 nicht nur das „Geschenk" von Gründer Enzo Ferrari zum 40. Jubiläum seiner legendären Firma, sondern die ebenso faszinierende Antwort auf den fantastischen Porsche 959: V8-Mittelmotor, zwei Turbolader, 478 PS – damit erreichte der Ferrari 324 km/h. Etwas schneller also als der 959, und mit offiziell 444.000 Mark auch einen Tick teurer. Kostspielige CFK-Karosserieteile sorgten für die nötige Leichtigkeit des Supersportlers, der den Sprint auf 100 km/h in knapp vier Sekunden erledigte. Das knapp geschnittene, durch den riesigen integrierten Heckflügel gekennzeichnete F40-Kleid hatte Pininfarina geschneidert. Wobei Ferraris letzte Entwicklung zu Enzos Lebzeiten auf dem GTO Evoluzione basierte, einer für den Rennsport weiterentwickelten Variante des 288 GTO. Dessen Rekord-Rundenzeit auf der Teststrecke in Fiorano unterbot der F40 im Übrigen um 6,4 Sekunden! Ursprünglich wollte Ferrari lediglich 450 Fahrzeuge fertigen – aufgrund der hohen Nachfrage entstanden am Ende 1315 Exemplare.

BMW Z1

Sandwich-Boden, GFK-Haut – und elektrisch versenkbare Türen: Vorm Café ist der verblüffende BMW Z1 noch heute eine Schau. Die man allerdings nicht allzu oft geboten bekommt, denn nur 8000 Z1-Roadster wurden bis 1991 gefertigt. Neu kostete der rare BMW zunächst gut 80.000 Mark. Für Planung und Ausführung des innovativen Projekts, das die wesentliche Antriebstechnik des 325i E30 erhielt, war die 1985 gegründete BMW Technik GmbH unter Leitung von Ulrich Bez verantwortlich. Das Stahlblech-Chassis wurde komplett verschweißt und am Stück feuerverzinkt. Das garantierte hohe Torsionssteifigkeit – und verlängerte die Lebensdauer. Dazu trugen auch etliche Kunststoff-Karosserieteile bei, etwa Front- und Heckklappe sowie der Verdeck-Deckel aus GFK.

[**ca. 70.000 €**]

Land	Deutschland
Marke	BMW
Baujahr	1988-1991
Bauart	Reihensechszylinder
Lage	vorn längs
Antrieb	Heck
Hubraum (ccm)	2494
Leistung (PS/U/min)	170 bei 5800
Vmax (km/h)	225
Bauart	Roadster
Material	Stahlblech, Kunststoff
Produktionszahl	8000

Aston Martin Virage

Bis zum Ford-Einstieg 1987 hatte Aston Martin wegen anhaltend kritischer Finanzlage und verfehlter Modellstrategie schwer zu kämpfen. Ein Dilemma, unter dem zunächst auch der neue Virage litt, der 1989 debütierte – und den Scheinwerfer vom Audi 200, Heckleuchten vom VW Scirocco II sowie Außenspiegel vom Citroën CX zierten. Das kräftige Coupé und die Cabrio-Version Volante standen ganz in der Tradition des Vorgängers, dessen Käuferschicht seinerzeit nicht unbedingt zunahm. Trotz der zwingenden Neuausrichtung hielt sich die Modellreihe immerhin mehr als zehn Jahre im Programm. Dabei stammt die Bezeichnung „Virage" – französisch für Kurve – von Firmenchef Victor Gauntlett, obwohl Aston Martin eigens einen Namenswettbewerb unter der Belegschaft und Mitgliedern des Aston Martin Owners Clubs ausgerufen hatte. Der Virage-V8 mit neuen Vierventilköpfen produzierte zunächst 330 PS und schob den knapp 1,8 Tonnen schweren Wagen bis auf Tempo 254 an. Ein auf 6,3 Liter aufgebohrtes Triebwerk folgte 1992. Die traditionell Vantage genannte Topversion mit zwei Eaton-Kompressoren sorgte 1993 für Furore, denn erstmals durchbrach ein Aston Martin mit Straßenzulassung die 300 km/h-Schallmauer!

Land	Großbritannien
Marke	Aston Martin
Baujahr	1989-2000
Bauart	V8
Lage	vorn längs
Antrieb	Heck
Hubraum (ccm)	5341 bis 6300
Leistung (PS/U/min)	335 bei 5300
	bis 550 bei 6000
Vmax (km/h)	254 bis 300
Bauart	Coupé, Cabrio
Material	Stahlblech
Produktionszahl	1050

[ca. 50.000 €]

Land	Deutschland
Marke	BMW
Baujahr	1989-1999
Bauart	V8, V12
Lage	vorn längs
Antrieb	Heck
Hubraum (ccm)	3982 bis 5576
Leistung (PS/U/min)	286 bei 5800
	bis 380 bei 5300
Vmax (km/h)	250
Bauart	Coupé
Material	Stahlblech
Produktionszahl	30.603

[ca. 18.500 €]

BMW 8er (E31)

1989 trat der BMW 8er die Nachfolge des bereits seit 1976 produzierten 6er-Coupés an. Der elegante GT (Werkscode E31) entstand unter Leitung von BMW-Chefdesigner Claus Luthe, für die gefällige Form zeichnete aber vor allen Klaus Kapitza verantwortlich, später Designchef der BMW Technik GmbH. Zunächst war der 8er ausschließlich mit dem bereits bestens etablierten Zwölfzylinder des 750i erhältlich, hier wie dort mit 300 PS. Im Gegensatz zum 7er bot BMW den 850i jedoch auch mit Sechsgang-Schaltgetriebe an. Damit dauerte der Sprint auf Tempo 100 nur etwas mehr als sechs Sekunden. Noch bessere Werte lieferte der 1992 nachgeschobene Top 8er, der als 850 CSi mit 380 PS für Furore sorgte! Während der V12 hier mit einem halben Liter Hubraumplus daher kam, folgte im Sommer 1993 der „kleine" 840i mit 286 PS starkem V8. Nochmals modifiziert und mit Ci-Kürzeln versehen wurde die Reihe zum Modelljahr 1994.

[k.A.]

Land	BRD/Großbritannien
Marke	Opel/Lotus
Baujahr	1989-1992
Bauart	Reihensechszylinder
Lage	vorn längs
Antrieb	Heck
Hubraum (ccm)	3615
Leistung (PS/U/min)	377 bei 5200
Vmax (km/h)	283
Bauart	Limousine
Material	Stahlblech
Produktionszahl	ca. 900

Lotus Omega

Im Normalfall sorgte so ein Opel Omega nicht für allzu viel Aufsehen. Anders sah es bei jenen Exemplaren aus, die sich Lotus vornahm: Denn der britische Sportwagenhersteller aus Hethel pflanzte dem Opel einen doppelt aufgeladenen Sechszylinder ein – und machte den Lotus Omega damit (neben Alpinas B10 Biturbo) zur schnellsten Serienlimousine der Welt! Der aufgebohrte dohc-Vierventiler mit 3,6 Liter Hubraum erzeugte satte 377 PS, ein ZF-Sechsgang-Getriebe sorgte für die Kraftübertragung. Der Sprint gelang in 5,4 Sekunden, das Spitzentempo lag bei 283 km/h. Fahrwerk und Karosserie wurden ebenfalls von Lotus überarbeitet, es gab allerdings viele fertigungstechnische Probleme – bei etlichen Exemplaren waren vor der Auslieferung Nacharbeiten nötig. Hierzulande wurde der gedopte Omega offiziell über das Opel-Händlernetz vertrieben, der Neupreis lag bei 125.000 Mark.

Mercedes-Benz SL (R 129)

Auf Anhieb viel Applaus erntete der Nachfolger des 18 Jahre lang gebauten R 107. Der revolutionäre R 129 war ein kompletter Neuanfang, die Kürzel S (wie sportlich) und L (wie leicht) konnte man aber auch hier nicht allzu ernst nehmen. Dennoch bewies dieser von Bruno Sacco geformte SL, dass mit Mercedes immer zu rechnen war, wenn es darum ging, ein Statement zu setzen: Jedenfalls hielt 1989 kaum ein Konkurrent mit der Fülle an Innovationen mit, die den SL auszeichneten. Dazu zählten etwa die Sitze mit integriertem Gurtsystem oder der in Sekundenbruchteilen ausfahrbare Überrollbügel. Auf dem neuesten Stand war auch das Fahrwerk, die Motorenpalette umfasste zunächst Reihensechszylinder und V8. 1992 wurde der mächtige, rund 400 PS starke V12 aus der S-Klasse implantiert. Mit der neuen Mercedes-Nomenklatura, die das Typkürzel ab 1993 voran stellte, setzte der SL seine Karriere unbeirrt fort und lief speziell im AMG-Paket zur Hochform auf. Gegen Ende der Bauzeit hielten nicht nur neue V6 Einzug, sondern auch der 7,3 Liter große AMG-V12 mit 525 PS – wobei sportliche Naturen lieber beim leichteren und keinesfalls schwächlichen V8 blieben!

Land	Deutschland
Marke	Mercedes-Benz
Baujahr	1989-2001
Bauart	Reihensechszylinder, V6, V8, V12
Lage	vorn längs
Antrieb	Heck
Hubraum (ccm)	2799 bis 7291
Leistung (PS/U/min)	190 bei 5700
	bis 525 bei 5500
Vmax (km/h)	225 bis 250
Bauart	Coupé, Cabrio
Material	Stahlblech
Produktionszahl	205.865

[ca. 45.000 €]

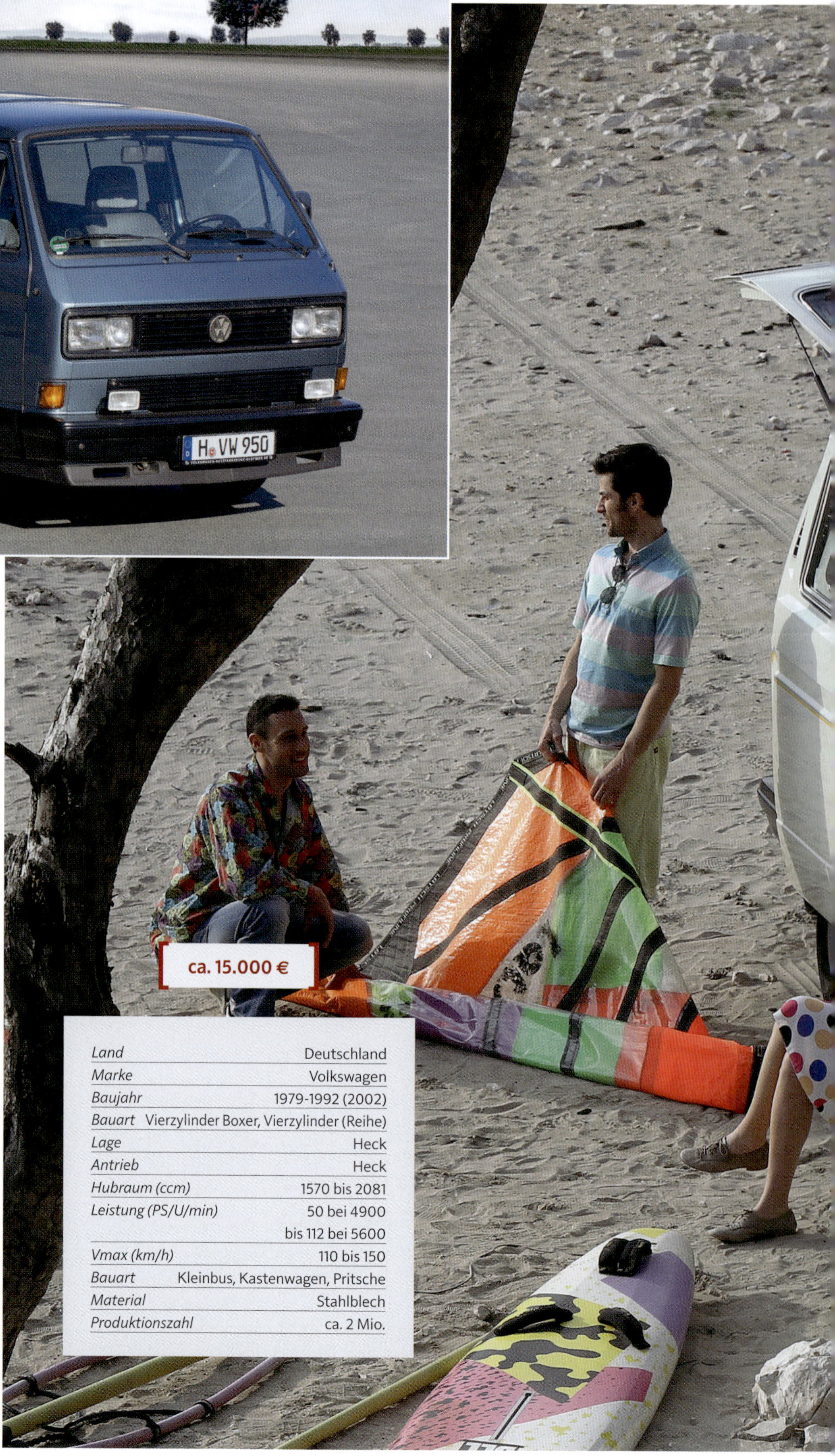

VW Bus T3

Natürlich kann man angesichts der Tatsache, dass seine Premiere bereits 1979 erfolgte, darüber diskutieren, ob der VW Bus T3 in dieses Kapitel gehört. Aber die 1980er Jahren waren nun mal seine Hauptproduktionszeit. Ganz der Tradition von T1 und T2 verpflichtet, so bot auch das neue Nutzfahrzeug vom Kastenwagen bis zum Camper ein Höchstmaß an Variantenreichtum.

Zwar startete der T3 zunächst mit den luftgekühlten Benzin-Varianten des Vorgängers, allerdings erfolgte der Systemwechsel auf die wassergekühlten Motoren im Jahr 1982. Ein Jahr zuvor präsentierte Volkswagen erstmals einen Selbstzünder in der Transporterreihe: Das 50 PS starke Triebwerk stammte vom Golf. ABS und Katalysator für die Benzinmotoren hielten ebenso Einzug in die Serienfertigung, wie der ab 1985 lieferbare Allradantrieb namens Syncro.

Nach rund zwei Millionen T3 folgte 1990 das Produktionsende (Syncro: 1993). Heute hat der T3 längst Kultstatus erlangt und ist aus der Wohnmobil- und Vanlife-Szene nicht mehr wegzudenken. Hier laufen auch noch Exemplare aus südafrikanischer Fertigung, wo noch bis 2002 der Erfolgstransporter als Microbus bei den Händlern stand – bei den letzten Exemplaren sorgte ein 133 PS starker Audi-Motor für Vortrieb.

ca. 15.000 €

Land	Deutschland
Marke	Volkswagen
Baujahr	1979-1992 (2002)
Bauart	Vierzylinder Boxer, Vierzylinder (Reihe)
Lage	Heck
Antrieb	Heck
Hubraum (ccm)	1570 bis 2081
Leistung (PS/U/min)	50 bei 4900 bis 112 bei 5600
Vmax (km/h)	110 bis 150
Bauart	Kleinbus, Kastenwagen, Pritsche
Material	Stahlblech
Produktionszahl	ca. 2 Mio.

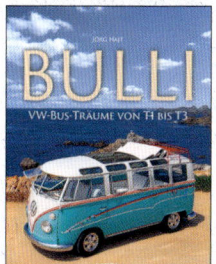
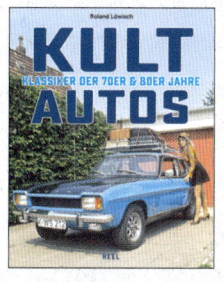

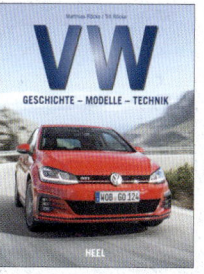

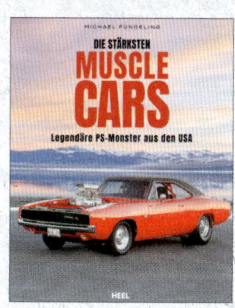

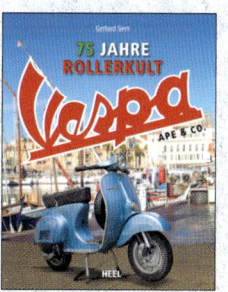

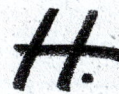